B. TRAVEN — DIE UNBEKANNTEN JAHRE

Jan-Christoph Hauschild

B. Traven — Die unbekannten Jahre

Edition Voldemeer Zürich
Springer Wien New York

Jan-Christoph Hauschild, Bochum

Die Recherchen zu diesem Buch und ein großer Teil der Niederschrift wurden durch zwei sechsmonatige Stipendien der Kunststiftung NRW ermöglicht. **KUNSTSTIFTUNG ⊜ NRW**

Edition Voldemeer Zürich
Postfach 2174
CH-8027 Zürich

Gestaltung: Edition Voldemeer Zürich
Bildbearbeitung: DPI Publishing, Zürich
Druck: Ernst Kabel Druck, Hamburg

SPIN 86056867

Mit 52 Abbildungen

ISBN 978-3-7091-1154-3 SpringerWienNewYork

SpringerWienNewYork
Sachsenplatz 4–6
A-1201 Wien
www.springer.at
www.springer.com

ZIELKE	Warum machen sich die Menschen nur soviel Mühe um ihn?
HEIDEMANN	Weil es das letzte Geheimnis in der Literatur ist. Es ist doch eine interessante Geschichte.
ZIELKE	Ich glaube, sie wird nie gelöst werden.
HEIDEMANN	Ich werde sie lösen.
ZIELKE	Ich glaube es nicht.
HEIDEMANN	Es ist ja eine komplizierte Sache.
ZIELKE	Ja, und das wird auch so bleiben. Ich kenne meinen lieben Ret.

»Stern«-Reporter Gerd Heidemann im Interview mit Ret Maruts früherer Lebensgefährtin Elfriede Zielke 1963 in Berlin.

EINLEITUNG

ERSTES KAPITEL

»Ich bin nichts als ein Ergebnis der Zeit«
Von Schwiebus nach Gelsenkirchen

ZWEITES KAPITEL

»Der einzige Sinn des Lebens liegt im Wechsel, in der Veränderung«
Von Idar nach Düsseldorf

DRITTES KAPITEL

»Immer in der Ferne
ist die Freiheit«
Von München nach London

ANHANG

> Le mystère commence après
> les aveux. — Jean Cocteau

Die Verwandlung

Am Mittag des 30. November 1923 überprüfte ein Scotland-Yard-Beamter im Londoner East End, Unterschlupf der Kleinkriminellen und Fluchtstation der politischen Emigration, die Papiere eines 41-jährigen Maschinenschlossers. Er war der Polizei aufgefallen, weil er in »kommunistischen Kreisen« verkehrte. Als sich herausstellte, daß es sich um einen US-Amerikaner namens Ret Marut handelte, der die ordentliche Anmeldung versäumt hatte, wurde er wegen Verstoßes gegen das Ausländergesetz festgenommen und am nächsten Tag dem Haftrichter vorgeführt, nach zweimaliger erneuter Anhörung am 17. Dezember zur Ausweisung vorgeschlagen und am 20. Dezember in den Abschiebeknast nach Brixton verlegt. Acht Tage später unterzeichnete der Innenminister den Ausweisungsbefehl. Doch wohin konnte er ausgewiesen werden? Sein einziges Identitätsdokument war ein deutscher Personalausweis, ausgestellt vom Polizeipräsidenten in München, auf dem seine Geburt in San Francisco vermerkt war. Eine US-Staatsbürgerschaft wurde damit nicht glaubhaft gemacht, und sie konnte seitens der amerikanischen Behörden auch nicht bestätigt werden. Der Verdacht kam auf, daß Marut während des Krieges mit Spionage zu tun gehabt haben könnte, vielleicht gar mit Sabotage.

Nach Anwendung gewisser Zwangsmaßnahmen legte der angebliche Amerikaner in der Haft das Geständnis ab, in Wahrheit Hermann Otto Albert Maximilian Feige zu heißen und 1882 in Schwiebus als Sohn eines Töpfers und einer Fabrikarbeiterin geboren zu sein. Nachforschungen der deutschen politischen Polizei auf Ersuchen der amerikanischen Botschaft in Berlin erbrachten allerdings keinen Beweis für diese Behauptung, wenngleich die detaillierten Angaben über Schwiebus gute Ortskenntnisse verrieten. Ein Mann namens Ret Marut dagegen war der deutschen Polizei als Rädelsführer während der kommunistischen Münchner Räterepublik nur allzu gut bekannt; sie war daher lebhaft an der Feststellung seines derzeitigen Aufenthalts interessiert.

Überraschenderweise wurde Marut mit der Auflage, England binnen zwei Monaten zu verlassen, am 15. Februar 1924 auf Anweisung des Innenministers aus der Abschiebehaft entlassen. Am 17. April 1924 heuerte er auf einem norwegischen Schiff als Kohlentrimmer an; am 19. verließ der Dampfer London Richtung Lissabon. Damit verlor sich seine Spur.

Spätestens am 11. Juli 1924 traf in Tampico, einer großen Hafenstadt in der mexikanischen Provinz Tamaulipas, ein Mann ein, der sich Traven Torsvan nannte und fortan unter wechselnden Namen mit wechselnden Berufen an wechselnden Orten lebte. Unter dem Namen B. Traven entfaltete er bald schon eine rege literarische Tätigkeit. Neben einem ethnographischen Reisebericht – Traven selbst bezeichnete das Werk als »eine Forschungsreise dargestellt vom Standpunkt der proletarischen und der antibuergerlichen Weltanschauung« – und einem Erzählband ließ er zwischen 1926 und 1940 von Mexiko aus eine Reihe von Kurzgeschichten und elf sozialkritische Abenteuerromane erscheinen, darunter »Das Totenschiff«, »Die Brücke im Dschungel«, »Der Schatz der Sierra Madre« und der »Caoba«-Zyklus. Anschaulich und klar schildert Traven darin die Lebens- und Arbeitsbedingungen der sozial Benachteiligkeiten und Entrechteten. Übersetzt in mehr als 24 Sprachen erreichten seine Bücher eine geschätzte Gesamtauflage von 30 Millionen Exemplaren.

Die Bedeutung eines Schriftstellers, der der Literaturgeschichte angehört, ist nicht zuletzt am Preis abzulesen, den seine Briefe und Werkmanuskripte im Autographenhandel erzielen. 1989 zahlte die Universitätsbibliothek im kalifornischen Riverside für eine umfangreiche Sammlung mit Manuskripten und andern Dokumenten aus Travens deutscher Zeit 180000 Dollar; als 1990 ein Konvolut mit Briefen an John und Lina Schikowski aus den Jahren 1925–1932 in den Autographenhandel gelangte, wurde es für stattliche 90000 Mark ausgerechnet von der Verlagsgruppe Ullstein/Langen-Müller erworben. Das Berliner »Rote Antiquariat« bot 2009 14 Briefe Travens aus den Jahren 1926 bis 1958 für zusammen 30900 Euro an. Der Marktwert also ist unverändert hoch. Doch ebenfalls 2009 wurde des 40. Todestages gedacht, und an den spärlichen Pressereaktionen ist abzulesen, daß das Interesse seitdem merklich nachließ; selbst die Fokussierung auf den Mythos ist mittlerweile erschöpft. Ein Grund ist wohl darin zu sehen, daß sich sein Publikum verändert hat: Der Autor B. Traven, obgleich er seines anarchistischen Ideals wegen nicht zum Parteischriftsteller taugte (»Nicht der Staat ist das Wichtigste, sondern der Einzel-Mensch ist das Wichtigste«), ist untrennbar verknüpft mit dem emanzipatorischen Programm der Büchergilde, der Arbeiterpresse mit ihren Fortsetzungsromanen, dem System der Leihbüchereien. Audiovisuelle Massenkommunikationsmittel haben diese Form proletarischer Kultur inzwischen abgelöst. Bereits für die Generation der heute 40-Jährigen ist Traven ein Autor der Literaturgeschichte, Jüngere wissen mit seinem Namen meist nichts mehr anzufangen; zwei Drittel seines Werks sind heute nur noch antiquarisch erhältlich. Zwar kümmert sich die Literaturwissenschaft mit anhaltendem Eifer um ihn, doch sein außerordentlich facettenreiches, Zartes und Grobes vereinendes, zwischen Aphorismus und Schnurre, Kolportage und Pamphlet, Kampflied und Epos angesiedeltes literarisches Werk bedarf noch gründlicher philologischer Aufarbeitung und Erschließung.

Was genau an Traven sich als unbrauchbar für das 21. Jahrhundert erweist, ist nicht einfach auszumachen. Indem er – als Ret Marut – 1919 die Arbeiter zum Boykott und passiven Widerstand aufrief (siehe S. 443 f.), erscheint er als Vordenker der italienischen Operaisten, die in den sechziger Jahren in der Störung der Entwicklung der Produktivkräfte ein wirksames Mittel im Kampf gegen den Kapitalismus sahen. Zwei Jahre später plädierte er dafür, den Vorzug eines Wirtschaftssystems nicht an der allgemeinen Möglichkeit zur grenzenlosen Bedürfnisbefriedigung zu messen. Damit sprach er sich im Grunde für eine globale Rücknahme des Konsum- und Produktionswachstums aus, wie sie spätestens seit der Studie des Club of Rome breit diskutiert und heute keineswegs nur von Kapitalismuskritikern verlangt wird. Statt dessen forderte er eine Ökonomie, die nicht vom Akkumulationsbegehren, sondern von der Einsicht in die Notwendigkeit des Verzichts bestimmt ist. Nicht die entfremdete Arbeit wollte er beseitigt sehen, sondern das Konsumgebaren des Proletariats. In der Reduzierung auf die nötigsten Bedürfnisse sah er die Chance auf die Selbstbefreiung des Menschen vom Trieb des Erwerbs als Voraussetzung für ein weitgehend herrschaftsfreies Leben. Indem er nicht weniger als die freiwillige Senkung des materiellen Lebensniveaus forderte, erscheint er – obgleich seine sozioökonomischen Überlegungen krude anmuten – als Vordenker von *New Work*, *Smart Consumption* und ähnlichen Konzepten, wozu auch der 1992 ins Leben gerufene, mittlerweile in 80 Ländern organisierte *Kauf-Nix-Tag/Buy Nothing Day* zählt. Reduzierung oder gar Befreiung von Lohnarbeit und Konsumverzicht erscheinen hier als Antworten auf die Herausforderungen am Ende der Ära der Vollbeschäftigung.

Auch die von Traven 1928 aufgeworfenen Fragen: »Wodurch werden die Mühen und Leiden der Menschheit am wirkungsvollsten verringert? Was muß getan werden, um die beschränkte Lebenszeit des einzelnen Menschen so reich und so nützlich zu gestalten, wie immer es die verfügbaren Mittel nur irgendwie zulassen?« sind nach wie vor unbeantwortet; seine Themen, im »Totenschiff« das Schicksal der paßlosen Billiglohnarbeiter, im »Caoba«-Zyklus die Unterdrückung und Ausbeutung der indigenen Bevölkerung in Südmexiko, haben nicht im geringsten an Aktualität eingebüßt. Selbst sein entschlossener Griff zu

Pseudonymen nahm nur vorweg, was der amerikanische Polit-Aktivist Abbie Hoffman, Mitbegründer der Youth International Party, 1968 als Parole ausgab (und einige Jahre später in die Tat umsetzte), als er zu einem Leben außerhalb des etablierten Systems aufrief: »Destroy your name, become unlisted, go underground«.

Mangelnde Relevanz ist es also nicht. Eher schon liefern Travens militanter Rationalismus und die von ihm angewandten Kunstmittel einen Grund für sein allmähliches Verschwinden aus dem öffentlichen Diskurs. Sein gutgemeinter Anspruch, journalistisch-tendenziös »für Männer und Frauen« zu schreiben, »die wissen wollen, wie es im Ernst draußen in der Welt aussieht«, jene charakteristische Mischung aus ethnographischer Fiktion, realistischer Darstellung und didaktischem Impetus, scheint sich gegen ihn zu wenden. Das Mißtrauen an seinem Werk gründet in unserer literarischen Überlieferung: In der deutschsprachigen Literatur, die keine koloniale Tradition kennt, gilt das Exotische seit jeher als Urgrund des Trivialen. Genau dort, in den Dschungeln und an den Peripherien der industriellen Zivilisation in den mexikanischen Bundesstaaten Chiapas, Tamaulipas und Vera Cruz, spielen fast alle Traven-Romane. Sein einstiger Vorzug, aus einer fernen Fremde zu erzählen, hat sich in ein Handikap verkehrt. Und der Rückgriff auf Elemente der Unterhaltungs- und Spannungsliteratur ist einer dauerhaften Etablierung im Kanon der deutschen Literatur auch nicht gerade förderlich gewesen. In Verbindung mit seiner scharfen Kritik am kapitalistischen System, dem modernen Verwaltungsstaat und den Staatsreligionen verschaffte es ihm weltweit Geltung als proletarischer Schriftsteller ersten Ranges; die gesellschaftliche Mitte mußte er damit verfehlen. Nicht der antibürgerliche Reflex als solcher, wohl aber der scharfe, nicht selten aggressive Dozententon, mit dem er seiner materialistischen Weltsicht Ausdruck verleiht, steht dem entgegen.

Vor allem aber hat er es ausgeschlagen, das Amt eines öffentlichen Sprechers für sich zu reklamieren und sich auch in außerliterarischen Diskursen zu Wort zu melden. Denn es sind die »freischwebenden, spontan eingreifenden, oft larmoyanten, aufgeregt-polemischen und unberechenbaren Intellektuellen«, wie Jürgen Habermas den Typus definiert hat, die die öffentlichen Auseinandersetzungen anregen und so dauerhaft im Gespräch bleiben, im besten Fall noch Jahrhunderte nach ihrem Tod. Um seine literarische Autorität in politisch-publizistische Einmischung umzumünzen, hätte sich Traven jedoch ein Gesicht geben müssen. Und das war das letzte, was der Maskenträger wollte. Was durch die Maske tönt, ist die *persona* eines Schauspielers, der darauf trainiert war, etwas darzustellen, was er nicht war, der sein öffentliches Leben inszenierte bis in die letzten Bestimmungen seines Testaments, und dem das Kunststück gelang, Ruhm ohne Biographie zu begründen.

Ein Liebhaber des Halbschattens

In Mexiko wurde der Schriftsteller, sechs Jahre nach seiner Einreise, als amerikanischer Staatsbürger Traven Torsvan, geboren am 3.5.1890 in Chicago als Sohn skandinavischer Einwanderer, offiziell registriert. Im übrigen führte er dort eine unauffällige, zurückgezogene Alltagsexistenz. Dem wachsenden Interesse eines von Jahr zu Jahr größer werdenden Lesepublikums an lebensgeschichtlichen Informationen widersetzte er sich konsequent und beanspruchte stattdessen das Recht auf Anonymität. »Ich fühle mich nicht als eine Person, die im breiten Licht stehen will. Ich fühle mich als Arbeiter innerhalb der Menschheit, namenlos und ruhmlos wie jeder Arbeiter, der seinen Teil dazu beiträgt, die Menschheit einen Schritt weiter zu bringen«, zitierte ihn Manfred Georg 1929 in der »Weltbühne«. 1931 ließ Traven durch seinen Hausverlag, die Büchergilde Gutenberg, erklären, daß er »ein schlichter einfacher Mensch« sei, »der sich um nichts wichtiger hält als die einfachen Männer, die seine Bücher setzen, drucken, einbinden, verpacken und versenden«. Schon Travens Vorgänger-Ich, der politische Publizist Ret Marut, hatte erklärt: »Ich bin nichts als ein Ergebnis der Zeit, das innigst wünscht, so namenlos in die große Allgemeinheit wieder zu verschwinden, wie es völlig namenlos [...] heute [...] seine Worte hinausschreien muß. [...] Ich habe auch nicht den geringsten literarischen Ehrgeiz und lasse alle Fragen von Verlegern, die den Namen des wirklichen Verfassers vom Schriftleiter wissen wollen, unbeantwortet« – womit er obendrein einen Unterschied zwischen dem Herausgeber und dem Autor der Aufsätze konstruierte.

Neugierige Besucher hielt Traven Torsvan durch ein umfassendes Sicherheitssystem von Deckadressen und Postschließfächern auf Distanz; für geschäftliche Termine, soweit er sie nicht von Mitarbeitern wahrnehmen ließ, schlüpfte er in die Rolle seines angeblichen Bevollmächtigten Hal Croves, als der er mit der Verwertung und Vermarktung der Werke von B. Traven beschäftigt war. Unter diesem Namen hat er sich 1947 als Berater für die Verfilmung des »Schatz der Sierra Madre« engagieren lassen und 1959 die Dreharbeiten am »Totenschiff« in den Ufa-Studios in Berlin-Tempelhof begleitet – eine obskure Mehrfaltigkeit, die jahrzehntelang Journalisten, Gelehrte und ein unübersehbares Publikum in aller Welt beschäftigte und ihm selbst Schutz und Waffe war. In gewisser Weise nahm er mit seiner virtuellen Zweit- und Drittexistenz nur vorweg, was heute – in epidemischen Ausmaßen – im Second Life geschieht. Mit der Zeit allerdings wurden die Grenzen zwischen den bis dahin sorgfältig geschiedenen Pseudonymen, wohl auch aus Schwäche und Ermüdung, fließend: Als Traven im Herbst 1959 zur Premiere des »Totenschiff«-Films nach Berlin kam, ließ er sich von seiner Frau im Hotel als »Torsvan called also Croves« registrieren, bestätigte damit also die Identität von zweien seiner Aliasse, die er jahrelang auseinandergehalten hatte.

Ein einziges Mal nur gelang es einem Enthüllungsjournalisten, sich Traven auf eine Weise zu nähern, die aus dem Spiel Ernst werden ließ. Luis Spota, Reporter der Illustrierten »Mañana«, spürte ihn im Sommer 1948 in seinem geheimen Domizil auf, einer Finca mit Gartenrestaurant bei Acapulco. Das Magazin bediente damit das Interesse einer

breiten Öffentlichkeit an dem mysteriösen Mann, der die Romanvorlage zu John Hustons neuem Film »The Treasure of the Sierra Madre« geliefert und sich bei den Dreharbeiten durch einen nicht minder merkwürdigen Beauftragten namens Hal Croves hatte vertreten lassen, von dem schon bald gemunkelt wurde, er sei mit dem Schriftsteller B. Traven identisch. All das war seit der Filmpremiere am 6. Januar 1948 Teil einer weltweiten Publicity-Maschine geworden. Unter Anwendung illegaler Ermittlungsmethoden fand Spota heraus, daß B. Traven seit 1930 in Acapulco in der Maske des Obstfarmers Berick Traven Torsvan lebte. Als Spota diesen damit konfrontierte, daß er die Post von B. Traven empfange und ein Schließfach auf den Namen B. Traven besitze, weshalb er ihn für B. Traven halte, spaltete er das Pseudonym B. Traven kurzerhand in zwei Personen auf und gab die bizarre Erklärung ab, er heiße Berick Traven und sei der Vetter von Barbick Traven, dem Schriftsteller; dieser habe schon vor Jahren das Land verlassen. Was er weiter über seinen Cousin zu sagen wußte, klang, als würde er sich einen lang gehegten Groll von der Seele reden, Groll über einen cleveren Literatur-Handwerker, der zu Unrecht im Fokus der Öffentlichkeit stand: Barbick Traven habe sehr wenig von dem gesehen, was er beschrieben habe, er sei nie in den Busch gegangen und habe nie mit der Bevölkerung Kontakt gehabt; das meiste sei ihm von anderen erzählt worden. Seine Bücher habe er mit seiner und der Hilfe anderer geschrieben – eine Erniedrigung des eigenen Ich, die gewiß eine professionelle Untersuchung verdiente.

Max Schmid hat das Bekenntnis ernst genommen und 1963 daraus kurzerhand die »Erlebnisträger«-These abgeleitet: Demnach sei der 1890 in Wisconsin geborene Berick Torsvan in Mexico-City eines Tages dem deutschen Flüchtling Ret Marut begegnet, dieser habe sich seiner Manuskripte angenommen, sie »ergänzt« und »übersetzt«. In jüngster Zeit hat insbesondere Michael L. Baumann die »Zwei-Männer-These« vertreten, zuletzt in »Mr. Traven, I Presume?« (Bloomington 1997), und zwar auf äußerst poin-

tierte Weise: »The first, the author of the core B. Traven works [...] was an unknown American with an American sense of humor and an American's thorough grasp of American idioms and of the language used by American workingmen and sailors. Needless to say, he wrote in English. He was also a genuine humanist. The second was a man who hardly knew English – his English was shockingly Germanic – even though he claimed to have written his books in English. [...] This man arrived in Mexico in 1924 – from Germany. I made the unfortunate discovery that he was, among other things, a plagiarist. He was also a racist and an inveterate prevaricator about who he really was. He died in Mexico City in 1969 as B. Traven«.

Es nutzte dem angeblichen Traven-Cousin nichts, daß er gegenüber Spota die Identität mit dem berühmten Schriftsteller vehement bestritt und sogar mit Selbstmord drohte; dessen mit Fotos gespickter Enthüllungsbericht erschien im August 1948 und bereitete seinem Inkognito ein abruptes Ende. Ja, er erwies sich sogar als dem Schnüffler Spota eindeutig unterlegen: Ein von B. Traven mit Poststempel London an die Illustrierte gesandtes briefliches Dementi wurde von dem Reporter prompt an ein Labor gegeben und als Briefpapier mexikanischer Herkunft identifiziert. In Spota hatte Traven seinen Meister gefunden.

Auf sämtliche außerliterarischen Wirkungsmöglichkeiten mußte der Anonymitätsobsessionist verzichten, etwa auf Werbeauftritte vor Publikum oder die Wirkung eines symbolisch aufgeladenen Porträtfotos: der Dichter, entspannt rauchend, oder nachdenklich über die Remington-Schreibmaschine gebeugt, oder mit Körperspannung auf dem Pferd sitzend, den Revolver an der Seite, oder, à la Karl May, in seinen Rollen als Schiffsheizer, Baumwollpflücker, Goldsucher posierend. Dazu das ganze Arsenal gestischer und mimischer Darbietungsmöglichkeiten, mit der Schriftsteller ihre Sondermission unterstreichen, man denke nur an Platens Münchner Spaziergänge mit einem Lorbeerkranz auf dem Haupt. Obwohl Friseure und Fotografen also nicht zu seinem Ruhm beigetragen haben, ist dieser nicht minder Produkt einer Inszenierung. Der Mythos Traven wurde umfassend beworben und genoß multimediale Präsenz, er selbst machte im Briefwechsel mit Lektoren und Redakteuren Vorschläge zu Druck, Ausstattung, Illustrationen, Preis und Reklame seiner Bücher und half so mit, seinem Publikumserfolg den Weg zu ebnen. Das Besondere ist lediglich, daß Traven, der die Überzeugungskraft seiner Persönlichkeit offenbar sehr niedrig ansetzte, sich durch Distinktion inszenierte, daß er sich der gängigen Ikonisierung verweigerte und dadurch ebenfalls zur Ikone wurde, gewissermaßen körperlos, als reines Geistwesen. »Traven has worked very hard at being mysterious... in a world where too much is known about too many«, meinte seinerzeit John Huston nicht ohne Respekt.

Er gehört damit zu den wenigen Autoren von Rang, neben derem Werk wenig oder gar nichts überliefert ist, wodurch sich ihre Existenz beglaubigen ließe, deren schattenhaftes Dasein jedoch nicht – wie etwa bei den Minnesängern des 14. Jahrhunderts oder bei Shakespeare – durch zeitliche Distanz und damit einhergehenden Quellenverlust zu erklären ist, die sich vielmehr absichtsvoll dem Interesse ihres Lesepublikums an lebensgeschichtlichen Informationen widersetzt haben. Im 19. Jahrhundert ist Charles Sealsfield so einer gewesen, der erst aufgrund von Hinweisen in seinem Testament als ehemaliger Kreuzherrenmönch Karl Postl identifiziert werden konnte. Wer sich hinter dem Pseudonym El Hor (auch El Ha) verbirgt, unter dem seit 1913 in expressionistischen Zeitschriften Prosaskizzen sowie die Bücher »Die Schaukel« (1913) und »Schatten« (1920) erschienen, ist bis heute unbekannt. Als sicher gilt nur, daß es eine Frau war, die in Wien lebte. Durchaus nicht der mysteriöseste Autor, aber unübertroffen in seiner konsequenten Verweigerung gegenüber dem Publikum, war Jerome D. Salinger. Thomas Pynchon und Patrick Süskind wissen sich sogar im Medienzeitalter biographischen Nachforschungen relativ erfolgreich zu entziehen: Die von Süskind freigegebenen vier Fotos sind sämtlich über 20 Jahre alt, seit ebenso langer Zeit verweigert er Interviews und

Auskünfte; private Details über Thomas Pynchon, der sich nach Erscheinen seines ersten Romans 1963 aus der Öffentlichkeit zurückzog und von dem nur einige über 40 Jahre alte Fotos kursieren, fanden Journalisten erst 1996 heraus. Unumstrittener Meister der Mystifizierung aber war B. Traven, und nicht ohne kaufmännisches Kalkül entfachte er auf diese Weise das Interesse an seiner Person nur um so stärker.

Seit dem Ende des 2. Weltkriegs war das Enigma B. Traven für über drei Jahrzehnte fest in der Hand der investigativen Journalisten. Ähnlich wie im Fall der schottischen Seeschlange lieferten sie in regelmäßigen Abständen Material, das den Mythos entzaubern sollte, ihn tatsächlich aber nur mit einer weiteren Imprägnierung gegen fremdes Verlangen versah. Mit den Jahren mußte Traven allerdings feststellen, daß seine öffentliche Verweigerung der Öffentlichkeit die Neugier eines Millionenpublikums ins gefährlich Grenzenlose steigerte. Mit durchaus unbequemen Folgen für den Autor, der sich zeitweilig wie bei einer Treibjagd vorkommen mußte. Klüger war es, das Interesse dosiert zu bedienen und in ungefährliches Fahrwasser zu steuern. Zu diesem Zweck rief er 1951 ein unregelmäßig erscheinendes Nachrichtenblatt ins Leben, die Zürcher »BT Mitteilungen«. Sie ersetzten Interviews, die Traven bis 1966 rundweg verweigerte. Zehn Jahre lang wurde die Presse auf diese Weise mit ausgewählten Informationen über Leben, Werk und Wirkung versorgt. Was Fakten über den Autor anging, war es ein reines Desinformationsmedium in der Hand bzw. aus der Feder Travens. Gleich in Nr. 3 stellten die Herausgeber die Frage: »Ist Traven Deutscher?«; sie wurde verneint. Vieles in den Romanen würde dagegen die amerikanische Abstammung des Autors belegen. Bald schon war ein vager und deshalb urkundlich nicht überprüfbarer Lebenslauf zu lesen, in dem der Verfasser seiner Phantasie freien Lauf ließ. Demnach sollte Traven »um die Jahrhundertwende in der Middle-West-Region der USA geboren« sein, als Abkömmling »nordskandinavischer« Einwanderer; »seit seinem siebten Lebensjahr« habe er selbst für seinen Unterhalt aufkommen müssen, »niemals eine Schule besucht«; in Mexiko lebe er »seit vierzig Jahren«, also seit 1912. Bereits in seiner vor 1929 entstandenen, nie erschienenen Abhandlung »Kunst der Indianer« hatte sich Traven in eine Aufzählung amerikanischer Autoren geschmuggelt, die unter den fremdsprachigen Schriftstellern in Europa die meistgelesenen seien: »Upton Sinclair, Sinclair Lewis, Jack London, Theodore Dreiser, Walt Whitman, B. Traven, Mark Twain, Joseph Hergesheimer«.

Die »BT Mitteilungen« erschienen bis 1960. Ihr Ziel, die biographischen Nachforschungen ins ferne Amerika und damit in eine Sackgasse umzulenken, erreichten sie jedoch nicht. Denn neben mehr oder weniger sensationslüsternen Journalisten traten nun auch Philologen wie Johannes Schönherr und Rolf Recknagel in Leipzig, Peter Lübbe in Rostock, Max Schmid in Herrliberg am Zürichsee und Kurt Haase in Stuttgart auf den Plan, die Beweise für die in Literatenkreisen der Weimarer Republik verschiedentlich geäußerte Vermutung herbeischafften, wonach Traven mit dem nicht minder geheimnisvollen Herausgeber der individual-anarchistischen Zeitschrift »Der Ziegelbrenner« und Funktionär der Münchner Räterepublik Ret Marut identisch sei, dessen Spur sich 1919 mit seiner Flucht aus Bayern verlor.

Aufmerksamen Lesern war zudem aufgefallen, daß Traven in seinen Werken große Vertrautheit mit deutschen Verhältnissen und deutscher Geographie offenbart. Im »Totenschiff« wird auf den Schußwaffenhersteller Mauser in Oberndorf angespielt und die Waffenstadt Suhl genannt; in der »Brücke im Dschungel« sind die Textilstädte Chemnitz und Crimmitschau erwähnt. Im »Land des Frühlings« ist die Rede von einem »Landarbeiter in Pommern« und einem »Waldarbeiter im Fichtelgebirge«, außerdem finden sich Bemerkungen über »Drill und Disziplin« deutscher Schulen, »wo die Kinder häufig wie preußische Rekruten behandelt werden« sowie Seitenhiebe gegen deutsche Kultur, das »tränenreiche Gewinsel eines Werther mit einem stupiden Selbstmord« etwa und die »Klarinettendudelei des

Hirtenknaben im Tannhäuser«. In den »Baumwollpflückern« wird eine Prostituierte aus »Charlottenburg« vorgestellt, mit der sich der Erzähler auf Deutsch unterhält. In einem rein mexikanischen Umfeld müssen sich diese deutschen Reminiszenzen überaus merkwürdig ausnehmen. Indem Traven diese Spuren in den ab 1950 erschienenen Neuauflagen sämtlich entfernte oder ersetzte (die Hure etwa läßt er nun in fließendem Spanisch sprechen), gab er einen deutlichen Fingerzeig auf ihren Indiziencharakter, bekräftigte den Verdacht, ein Deutscher zu sein, der nicht als Deutscher gelten wollte, um so mehr. Seine Erwiderung, daß diese Stellen eigens von ihm für die deutschen Ausgaben geschrieben worden seien oder von seinen deutschen Übersetzern stammten, wurde schnell als Finte erkannt.

Warum Traven, der Virtuose des Verschwindens, ohne Not Spuren hinterließ, die – wie wir heute wissen – häufig auf realen lebensgeschichtlichen Fakten basieren, sodaß mehr und mehr Widersprüche zutage traten, die seine Selbstaussagen als unwahr erscheinen ließen, wird wohl für alle Zeit sein Geheimnis bleiben. Die fünfzig Jahre alte Diagnose des Journalisten Wolfgang Cordan, wonach Travens »Kryptomanie« mit seiner Publizitätssucht hadere (von Alexander von Cube noch dahingehend verschärft, daß es sich um krankhafte Kryptomanie »in ständigem Kompensationsstreit« mit »krankhafter Überheblichkeit« handle), ist nicht von der Hand zu weisen, ebensowenig jedoch die pure Freude an Spiel und Komödie. Obendrein war die Selbstinszenierung zur Falle geworden, weil Traven seinen tatsächlichen Lebenslauf nicht mehr preisgeben konnte, wollte er nicht als »Prahlhans« (Marut), als Angeber und Aufschneider dastehen. Und von seiner neuen Identität als Traven Torsvan konnte er auch deswegen nicht mehr lassen, weil er gegenüber den mexikanischen Einwanderungsbehörden falsche Angaben gemacht hatte und nicht ausschließen konnte, von einer ihm weniger geneigten Regierung abgeschoben zu werden. In den Versuchen, seine Identität zu lüften, sah er eine Verlängerung der polizeilichen Ermittlungen, denen er als Ret Marut ausgesetzt gewesen war.

Entnervt, vielleicht aber auch bloß amüsiert, flüchtete sich Traven schließlich in den Mythos aristokratischer Abkunft. Das Gerücht vom »Hohenzollernprinz«, der sein Alias nach der Trave gebildet haben und vielleicht aus Travemünde stammen könnte, war schon im »Tagesspiegel« vom 18. Oktober 1959 diskutiert worden. Gezeichnet ist der Artikel mit »Alo«; wahrscheinlich stammt er mittelbar von Traven, der im September 1959 nachweislich in Berlin gewesen ist. Auch Maruts Kölner Freund Franz W. Seiwert schien es bemerkenswert – so überliefern es wenigstens seine Bekannten Schmitt-Rost und Schmitz im Gespräch mit Heidemann – daß Marut sich nie um Geld kümmerte, sondern allein an einer möglichst weiten Verbreitung des »Ziegelbrenner« interessiert war. In diesem Zusammenhang soll in Kölner Künstlerkreisen bereits das Gerücht vom Kaisersohn kursiert haben, ohne daß sicher zu entscheiden wäre, ob es auf Seiwert selbst, seinen Umkreis oder spätere Veröffentlichungen über Traven zurückzuführen ist. Luis Suarez in seinem Exklusiv-Bericht für das Magazin »Siempre« vom 19. Oktober 1966 (eine deutsche Übersetzung verbreitete zeitgleich die Ostberliner Nachrichtenagentur ADN) war der erste, der nach einem Besuch bei Traven die Weltöffentlichkeit mit der Spekulation versorgte, wonach der Autor der Sohn Wilhelms II. oder eines bayrischen Herzogs sei. Als die Journalistin Judy Stone ihn (d.h. Hal Croves, der auf diesem Namen beharrte) wenige Wochen später darauf ansprach, bezeichnete er Suarez' Reportage als ebenso unwahr wie alle früheren. Im Mai 1966 hatte er ihr gegenüber seinerseits die Frage aufgeworfen: »What does it matter if he is the son of a Hohenzollern prince or anyone else?« Gleichwohl hielt seitdem seine Frau Rosa Elena Luján das Gerücht einer aristokratischen Abstammung durch mündliche Andeutungen und schriftliche Dementis gewissermaßen in der Schwebe. Luján hatte durchaus Grund, an den Legenden ihres Mannes festzuhalten: zu seinen Lebzeiten der von ihm verlangten Loyalität wegen, nach seinem

Tod, weil zu befürchten stand, daß sie ihr Erbe mit der Tochter Travens aus seiner Beziehung mit Elfriede Zielke würde teilen müssen. Stone, Stern-Reporter Gerd Heidemann aus Hamburg und später der Literaturwissenschaftler Jonah Raskin aus New York wurden von ihr mehr oder weniger dezidiert darüber informiert, daß Traven ein illegitimer Hohenzollernsproß sei. Während Stone und Raskin diesen Offenbarungen gegenüber skeptisch blieben, auch auf gegenteilige Erklärungen ihrer Quelle verwiesen, ließ Heidemann im April 1967 seine »Stern«-Reportage (und wenig später auch eine ausführlichere Fassung in vier Ausgaben der Zeitschrift »konkret«) bar jeder Skrupel in dem Clou gipfeln, »Frau Traven« habe ihm anvertraut, der Vater ihres Mannes sei »William the Second«.

Es war der absurde Höhepunkt der Jagd nach einem Phantom, in deren Verlauf immer neue »Enthüllungen« immer aberwitzigere Herkunfts-Hypothesen generierten – ein beliebtes Genre, dem regelmäßig auch der wackere Recknagel anheim fiel, der Ret Marut beispielsweise 1976 zum Sohn einer anscheinend von ihm frei erfundenen irischstämmigen Schauspielerin namens Helene Mareth machte, Mätresse des Kronprinzen (und späteren Kaisers) Wilhelm. Dieser »Alfred W. Mareth« habe dann – hier trifft er sich mit der These von Peter Lübbe, die Recknagel 1965 bejaht, 1982 als bloße »Vermutung« zurückgewiesen hatte – unter dem Falschnamen Charles Trefny 1902 in Freiburg Theologie studiert und sei dort wegen »unsittlicher Handlungen« inhaftiert worden. Bis 1908 »verschwinde [...] seine Spur«. Falschname hin oder her: dieser Charles Trefny, geboren am 2.7.1879 in St. Louis, Missouri, ist am 12. Juli 1924, von Bremen kommend, in die USA eingereist; als Aufenthaltsort hat er New Salem, Pennsylvania, angegeben.

Daß Traven mit dem verschollenen Räterepubliksfunktionär Ret Marut identisch sei, mutmaßten schon in den zwanziger und dreißiger Jahren Erich Mühsam, Oskar Maria Graf, Egon Erwin Kisch, Franz W. Seiwert und andere. Erich Wollenberg, der ab August 1932 bei Erich Mühsam wohnte, seinem »alten Freund aus der bayerischen Rätezeit und den bayerischen Festungen«, berichtet: »Mühsam war erstaunt, daß ich von Traven noch nichts gehört hatte. [...] Er war mit Red Marut aus der Münchner Zeit eng befreundet. [...] Als dann wenige Jahre später die Bücher von Traven auftauchten, fragte Mühsam sich, welcher Schriftsteller deutscher Zunge könnte deren Verfasser sein. Damals besaß Mühsam alle Hefte des ›Ziegelbrenner‹ und anhand von Stilproben hatte er festgestellt, daß es sich nur um Red Marut handeln könne, ganz abgesehen von der gesamt-geistigen Konzeption. Meinen Vorschlag, die Identität zwischen Red Marut und Traven zu publizieren, lehnte er entrüstet ab. ›Endlich findet sich ein Mensch – sagte Mühsam – der den Mut hat, alle Brücken seiner Vergangenheit abzureißen und ein neues Leben als ganz neuer Mensch anzutreten – und da soll man die Sensationslust befriedigen? Das wäre ein Verrat an Traven!‹« Oskar Maria Graf stellte später klar, Kisch habe aus seinem Beitrag von ca. 1949, wo er vermutet hatte, Marut sei Traven, die Nachricht gemacht, er (Graf) sei ein alter Freund Travens, was aber nicht stimme. Der Kölner Bildhauer Hans Schmitz erzählte Heidemann, Seiwert habe 1926 nach der Lektüre des »Totenschiffs« angenommen, daß Marut mit Traven identisch sei.

Die Marut-Hypothese war die einzige, die sich als substantiell erwies; ohne daß es dessen noch bedurft hätte, wurde sie von Travens Witwe unmittelbar nach dem Tod ihres Mannes für zutreffend erklärt. Doch wer sich hinter dem Pseudonym Ret Marut versteckte, blieb unaufgeklärt. Und es sah auch nicht danach aus, daß man es je herausbekommen würde. Denn Traven alias Torsvan alias Croves alias Marut starb am 26. März 1969 als mexikanischer Staatsbürger und nahm sein Geheimnis mit in sein Grab, das in diesem Fall der anonyme mexikanische Dschungel war: Gemäß testamentarischer Verfügung wurde seine Asche von einem Flugzeug aus über dem Rio Jatatè im Bundesstaat Chiapas ausgestreut. Als hätte der alte Mann gewußt, daß heute wissenschaftliche Methoden zur Verfügung stehen, mit denen Tote noch lange nach ihrem Ableben identifiziert werden können. »One of literature's strangest paper chases came to an end«, schrieb damals John Skow – aber noch nicht zu einer Lösung.

Akten beginnen zu sprechen

Ein paar Jahre hatte die Mystifikation noch Bestand. Doch 1974 öffneten sich in den Vereinigten Staaten durch die Novellierung des *Freedom of Information Act*, jenes Gesetzes, das jedermann freien Zugang zu amtlichen Dokumenten ermöglicht, die Archive von Außenministerium, Bundespolizei und Auslandsnachrichtendienst. Der in Kalifornien lehrende Germanist Michael Baumann, die Literaturhistoriker Charles R. Humphrey und Richard E. Mezo in Pueblo/ South Colorado und der New Yorker Publizist Jonah Raskin konnten auf diese Weise Dokumente des State Department einsehen, aus denen hervorging, daß Ret Marut im Winter 1923/24 in London gewesen und mit dem Gesetz in Konflikt geraten war.

Vom Home Office in Whitehall, London, erhielt Raskin folgende Auskunft: »An alien named Ret and Rex Marut, alias Albert Otto Wienecke, or Adolf Rudolf Feige or Barker or Arnolds, was convicted at Thames Magistrates' Court on 17 December, 1923 of failing to register with the police, an offence under Article (18) (1) (a) of the Aliens Order 1920 (Statutory Rules and Orders 1920, No. 448), and the Court recommended the S[ecretary] of S[tate] to make a deportation order. A deportation order was made on 28 December 1923 but extant records do not show whether the order was executed. Marut left the United Kingdom in 1924, apparently as a member of a ship's crew (a fireman) but records do not show what ship he sailed on or its destination. We have no further record of Marut's movements and the deportation order was revoked in 1949«. Diese Auskunft machte Raskin 1977 dem BBC-Journalisten Will Wyatt zugänglich, der 1977 eine TV-Dokumentation mit dem bescheidenen Arbeitstitel »A Search for B. Traven« vorbereitete.

Mit einer Freigabeerklärung von Travens Witwe stellte Wyatt Anträge auf Akteneinsicht bei State Department, FBI und CIA; zugleich beim Home Office in London. Und einige Monate später konnte er tatsächlich in den Akten blättern, die im Winter 1923/24 zum Fall Ret Marut generiert worden waren und dessen Geständnis enthielten, er heiße in Wahrheit Feige und sei in Schwiebus geboren. Vom Standesamt in Świebodzin, wie Schwiebus seit 1945 heißt, erhielt Wyatt am 24. März 1978 die Auskunft, daß dort im Jahr 1882 tatsächlich ein Hermann Albert Otto Max Feige geboren worden sei. Als er wenig später mit seinem BBC-Team nach Świebodzin kam und sich die alten Standesamtbücher vorlegen ließ, stellte sich heraus, daß das Kind zunächst den Familiennamen seiner ledigen Mutter erhalten hatte, Wienecke. Erst ein Vierteljahr später, anläßlich der Eheschließung seiner Mutter mit dem Töpfer Adolf Feige, erfolgte die Anerkennung der Vaterschaft durch seinen Erzeuger. Außerdem entdeckte Wyatt einen zusätzlichen Hinweis auf einen jüngeren Bruder, zu dem noch das Datum einer späteren Eheschließung in Hamburg vermerkt war. Durch diesen glücklichen Umstand konnte Wyatt die Spur der Familie Feige, die Schwiebus zur Jahrhundertwende verlassen hatte, bis nach Wallensen verfolgen, einer 1000-Seelen-Gemeinde südlich von Hannover. Hier konnte er Ende Mai 1978 sogar zwei noch lebende Geschwister des *mystery man* interviewen, die elf Jahre jüngere Schwester Margarethe verh. Henze und den dreizehn Jahre jüngeren Bruder Ernst.

»Der Strom der Tradition, solang er ununterbrochen fließt, kann unter Umständen ebenso wertvoll, ja wertvoller sein als das verbürgteste Aktenstück. Aber nichts ist seltener als solche Kontinuität der Überlieferung« – so Theodor Fontane. Hier nun lag solch ein seltener Fall vor. Eben noch rechtzeitig war Wyatt nach Wallensen gekommen; schon drei Jahre später waren Ernst und Margarethe ihrem älteren Bruder nachgefolgt. Ihre Kindheitserinnerungen sind in Wort und (Fernseh-) Bild dokumentiert; auf dem Internetportal YouTube kann man sich ihre plötzliche Begegnung mit Fotos von ihrem verschollenen Bruder, über 50 Jahre nach seinem Verschwinden, ansehen. Wyatt schildert diesen berührenden Moment in der Buchausgabe seines Reports:

»Wir hatten weder Frau Henze noch Herrn Feige vor dem Drehen unsere Traven-Fotos gezeigt. Nun schaute ich erwartungsvoll zu, wie [der BBC-Mitarbeiter] Robinson vor der Kamera die Mappe mit den Fotos – Familienbilder aus Mexiko, Paßfotos aus den Torsvan-Dokumenten und die Marut-Fotos aus dem Londoner Verbrecher-Album – hervorholte und die Bilder eines nach dem anderen den alten Leuten reichte. Sie erwarteten nun, Bilder von ihrem Bruder zu sehen, und sie waren von der Ähnlichkeit nicht überrascht. Es gab Kommentare zum mexikanischen Hintergrund und zur Kleidung. Dann blickte Margarethe Henze auf die Frontalansicht aus der Polizeiakte und rief aus: ›Was für ein böses Gesicht er da macht. Das Kinn ist wie bei meiner Mutter.‹ Sie machte eine kleine Pause, ließ ihren Blick über die auf dem Tisch ausgebreiteten Fotos schweifen, lächelte und nickte: ›Ja, das ist er.‹« Und Ernst pflichtete ihr, wie ihm Film zu sehen und zu hören ist, sogleich bei: »Das ist er, ja.«

Konnte man Traven vor Wyatt, wie etwa Heidemann seit 1967, für einen Grandseigneur von kaiserlichem Geblüt, einen Freiburger Theologiestudenten aus St. Louis, der wegen eines Sittlichkeitsdelikts im Gefängnis saß (so Lübbe und, darauf basierend, Recknagel) oder auch, wie Guthke im Anschluß an Judy Stone, für das Gegenteil, eine Art Kaspar Hauser halten, für jemanden ohne eigenes Wissen um seine Herkunft, woraus sich jeweils reizvolle Schlußfolgerungen ergaben, so trat an die Stelle der berauschenden Phantasmagorien nun die triste Realität einer kümmerlichen Kindheit und Jugend im Ostzipfel Brandenburgs. Die Eltern Proletarier, sechs Geschwister, acht Umzüge in 18 Jahren, und vor allem: kein Kindermädchen und keine Universitäten. Schließlich dieser Name: Otto Feige! Noch dazu aus Schwiebus! Im heutigen Polen! Wie sich herausstellte, ist das mehr, als ein deutscher bzw.

amerikanischer bzw. deutsch-amerikanischer Gelehrter vertragen kann.

Daß sich die ersten Traven-Biographen damit behalfen, Travens Lebensweg »vorwiegend durch sein literarisches Werk darzulegen« (neben Recknagel pflegte insbesondere Max Schmid diese Disziplin; vorangegangen war Johannes Schönherr mit einem Vortrag im September 1947), ist nachzuvollziehen. Es gab ja auch kaum wirkliche Fakten. Also hakten sie überall dort nach, wo sich im Werk ein subjektiver und authentischer Zugriff auf die Welt zu verraten schien, ließen Traven von dort herkommen, aufwachsen, Erfahrungen sammeln. In den forensischen Wissenschaften ist es bekanntlich gang und gäbe, Täterprofile aufgrund von Indizien zu erstellen, etwa der Stimme oder der Schrift; häufig muß sogar die Ausführungsweise der Tat genügen. In der Literaturwissenschaft sind Rückschlüsse vom Werk auf die Biographie indes mehr als problematisch, sie nähern sich dem Genre der Traumdeutung, gehen aber noch darüber hinaus, indem vom Traum auf die irdische Existenz geschlossen wird. Die kategoriale Grenze zwischen Fiktion und Realität wird aufgehoben, der Text dient dazu, das Leben zu illustrieren, wird quasi zum Sekundärtext herabgestuft, der den Primärtext, das Leben, verständlich machen soll. Wolfdietrich Schnurre sprach 1983, in anderem Zusammenhang, von dem »verzeihlichen, wenn auch absolut unliterarischen Wunsch, Werk und Autor möchten wie zwei Sandwichhälften konturgleich aufeinanderpassen«. Im Falle Travens ist dies bis heute Praxis, wie die 2005 erschienene Abhandlung von Roy Pateman zeigt, die in kaum einem Schriftenverzeichnis der Traven-Sekundärliteratur fehlt, obgleich sie hanebüchenen Unsinn enthält.

Zwischen Selbstinszenierung und Fremdkonstruktion

Daß sich die meisten Travenologen noch heute, 30 Jahre nach Wyatt, gewissermaßen zu Erfüllungsgehilfen von Travens Verdunkelungsstrategie machen, ist bedauerlich und für die Betreffenden, bedenkt man es genau, wenig schmeichelhaft. Ohne daß ihnen dies bewußt wäre (Ahnungslosigkeit, Ignoranz und Verstocktheit greifen hier ineinander), sind sie Teil der Inszenierung des Autors, der 1926 durch seinen Hausverlag, die Büchergilde Gutenberg, erklären ließ: »Mein Lebenslauf ist meine Privatangelegenheit, die ich für mich behalten möchte. Nicht aus Egoismus. Vielmehr aus dem Wunsche heraus: In meiner eignen Sache mein eigener Richter zu sein. Ich möchte es ganz deutlich sagen. Die Biographie eines schöpferischen Menschen ist ganz und gar unwichtig. Wenn der Mensch in seinen Werken nicht zu erkennen ist, dann ist entweder der Mensch nichts wert oder seine Werke sind nichts wert. Darum sollte der schöpferische Mensch keine andere Biographie haben als seine Werke«. Die biographische Traven-Forschung gleicht daher dem Berliner Ensemble unmittelbar nach dem Tod Brechts: Der Intendant-Regisseur ist gestorben, aber die Inszenierungen finden in seinem Geist und mit Hilfe seiner Anweisungen statt, sie sind museal.

Dabei läßt sich gerade am Beispiel Travens zeigen, daß Schriftsteller mit ihrer Selbstinszenierung auf reale oder auch bloß imaginierte Zuweisungen, Vorwürfe und Vorurteile reagieren. Die von Marut bzw. Traven behauptete Uneitelkeit und Ehrgeizlosigkeit war alles andere als eine Bescheidenheitsgeste, sondern eine Reaktion auf die Erkenntnis, daß der literarische Markt dem generellen Trend zur Personalisierung in der öffentlichen Kommunikation folgte: Autoren mitsamt ihren höchst privaten Usancen wurden in direkte Beziehung zu ihrer Literatur gesetzt und mußten mit ihrer Biographie für die Wahrhaftigkeit ihres Werks einstehen.

Was war das aber für eine Biographie? Jedenfalls keine, mit der man als proletarischer Abenteuerschriftsteller punkten konnte. Mehrfach machte der Autor die Erfahrung, daß auf dem literarischen Feld, auf dem er tätig war, Kriterien wie Glaubwürdigkeit und Authentizität wirksam waren und er nicht umhin kam, dem Rechnung zu tragen. Sein Publikum – vermittelt durch Verleger, Lektoren, Kritiker – wollte sich nicht mit dem Rückgriff auf allgemein zugängliche Quellen abspeisen lassen und verlangte, gerade was ausländische Schauplätze anging, nach erfahrungsgesättigter Literatur. Zumal nach dem Ende der Karl-May-Legende galt es als Qualitätsmerkmal, wenn nicht gar als Signatur ›echter‹ Literatur überhaupt, daß Persönlichkeit und Werk eines Dichters sich nicht fremd gegenüberstehen.

Als er 1925 von Mexiko aus unter dem universal wirksamen, keiner Landsmannschaft zuzuordnenden Namen B. Traven den Neubeginn wagte, tat er dies daher mit dem überzeugenden Profil eines Arbeiterschriftstellers unter Verweis auf einen reichen Erfahrungsschatz in exotischen Gefilden. Allgemeingültige Werte, ja sogar Prinzipien, die er eben noch lautstark reklamiert hatte, waren seiner Durchsetzungsstrategie eindeutig nachgeordnet. Er zeigt hier eine Geschmeidigkeit, die geradezu sprachlos macht. In diesem Zusammenhang ist auch an die von Michael L. Baumann nachgewiesenen Plagiate von fünf Kurzgeschichten Owen P. Whites aus der Februarausgabe 1925 der Zeitschrift »The American Mercury« zu denken: In der Abwandlung der Geschichten (Traven verwandelt amerikanische Staatsbürger mexikanischer Herkunft in einfältige mexikanische Indianer) kommt eine erstaunliche Indifferenz gegenüber dem Gegenstand selbst zum Ausdruck; dies nicht einmal aus Nachlässigkeit, sondern aus echter Geringschätzung. Mit dem neuen, unbelasteten Namen konnte er unter Hintansetzung moralischer Skrupel sogar Kontakt zu jenen Zeitungen und Zeitschriften aufnehmen, die er wenige Jahre zuvor als Ret Marut heftig attackiert hatte: Die im »Ziegelbrenner« wegen ihres militarisierten Humors kritisierte »Jugend« bekam ebenso wie der dort zutiefst verachtete »Simplicissimus« von B. Traven umgehend eine Kurzgeschichte angeboten; der »Vorwärts«, gegen den Marut gegiftet hatte, weil er sich im Krieg am systematischen Belügen beteiligte, erhielt Travens ersten Roman zum Vorabdruck, und sogar beim Ullstein-Verlag, dessen Produktion an Kriegsbüchern Marut mit einer Pestseuche gleichgesetzt hatte, reichte Traven 1925 die Detektivgeschichte »Der Farmarbeiter« ein. Gegenüber dem Büchergilde-Lektor Preczang bemerkte er dazu: »Die Novelle ist zur Zeit dem Ullstein-Auswurf angeboten, aber sie wird ihm hoffentlich zu stark sein.« Eine Entschuldigung für seinen obszönen Flirt mit dem verhaßten Presseimperium bot er nicht an.

Traven wußte, daß er die Ernsthaftigkeit und damit auch Erstklassigkeit seiner Prosa durch die Behauptung der Selbsterfahrung beglaubigen mußte und wartete daher sogleich mit einem neuen Mythos auf. Als er Anfang Januar 1925 der Feuilletonredaktion des sozialdemokratischen »Vorwärts« das Manuskript eines Romans anbot, wies er bereits im Eingangssatz darauf hin, daß er darin das Leben der Baumwollpflücker in den Tropen »aus eigener Erfahrung« schildere. In einer Nachschrift entschuldigte er sich dafür, daß er diesen Brief mit Bleistift habe schreiben müssen, doch sei »die nächste Gelegenheit, Tinte zu kaufen 36 Meilen entfernt«. Sofern er sich nicht – wie mit Bezug auf »Die Brücke im Dschungel« – direkt mit den Protagonisten seiner Romane identifizierte, legte er nahe, daß er zumindest in allen von ihm geschilderten Berufen tätig gewesen war und täuschte auf diese Weise Expertenwissen vor. Ende Februar 1925 pries er sich als jemand an, der »das Leben in Mexico, in Nord-Amerika, in Central-Amerika« kenne, der »als Oelmann, als Farmarbeiter, Kakaoarbeiter, Fabrikarbeiter, Tomaten- und Apfelsinenpflücker, Urwaldroder, Maultiertreiber, Jäger, Handelsmann unter den ›wilden‹ Indianerstämmen in der Sierra de Madré« tätig gewesen sei und »genuegend erlebt habe, um zwanzig Baende Brockhaus Konv. Lexicon zu fuellen«; Preczang ließ er 1927 wissen, er sei »durch Dschungel und Urwald geritten, durch Suempfe und Moraeste gewatet, durch Fluesse geschwommen und ueber steile Felsen geklettert, in unerforschte Hoehlen gekrochen, habe [s]ich Vampiren zum Blutaussaugen angeboten« und »wilde und halbwilde Indianer aufgesucht«. »In allen« seinen »Arbeiten« sei viel von seinem »Fleisch und Blut« enthalten, von seinen »verfluchten und verrotteten Handlungen und Eigenschaften, um die gesegneten und ehrenwerten nicht zu erwähnen«. »Ich kann mir nichts aus dem Bleistift herauskauen [...]. Ich muß mich erst selbst bis nahe zum Wahnsinn gefürchtet haben, ehe ich Grauen schildern kann, ich muß alle Trauer und alles Herzweh selbst erleiden, ehe ich es die Gestalten erleiden lassen kann, die ins Leben gerufen werden sollen«. Die stilisierenden Bekundungen schufen ein atmosphärisches Szenario, das bei seinen Korrespondenzpartnern entsprechende Vorstellungen evozierte. Vielfach wurden solche Formulierungen von seinem Verlag für Werbezwecke benutzt. Ähnlich dem Spitzweg-Klischee vom armen Poeten wurde so ein Genrebild des Dschungeldichters geprägt, das bis heute Bestand hat.

Dabei entsprachen die frühen Jahre im Leben des Mannes, der als B. Traven berühmt wurde, durchaus nicht der Normalbiographie eines Schriftstellers. Der Lebensweg Otto Feiges ist nicht weniger faszinierend als die fabelhaften Legenden, die über B. Traven in Umlauf sind; nur eben auf eine andere, allzu seriöse Weise, die ihm keine Schlagzeilen in Publikumszeitschriften verschaffen. »Mein Lebenslauf würde nicht enttäuschen«, hat Traven einmal sybillinisch gegenüber Preczang angemerkt, und nach allem, was heute bekannt ist, kann dem nur beigepflichtet werden. Insofern bestätigt sich auch, was Traven in einer seiner ersten Arbeiten aus Mexiko, der jahrzehntelang verschollenen, erst 2008 im Bundesarchiv Berlin aufgefundenen »Detektivgeschichte«, einleitend notiert hat: »Das wahre Leben ist viel romanhafter als der phantasiereichste Schreiber je erdichten kann.« Vom einst »packendsten literarischen Rätsel unserer Epoche« bleibt am Ende die Erkenntnis, daß sich ein Mensch über Regeln und Konventionen, über Vorschriften und Gesetze hinwegsetzte, einzig und allein, um seine Anlagen und Fähigkeiten zur Geltung bringen zu können, ohne sich mit Vorbehalten und Vorurteilen auseinandersetzen zu müssen. Und zwar kein Durchschnittsmensch, sondern ein märkischer »Pfiffikus«, wie Theodor Fontane den landsmannschaftlichen Typus beschrieb.

Wyatts mustergültige Recherche mündete zunächst in eine BBC-Dokumentation, zwei Jahre später kam sie unter dem Titel »The Secret of the Sierra Madre. The Man Who Was B. Traven« als Buch heraus. Wyatts lebendig geschilderte Reportage untersuchte den Mythos gründlich, bis in die verschlungensten Windungen hinein, folgte der dünnen Spur der Fakten und verkündete am Ende die Wahrheit – eine Wahrheit freilich, der es an Pikantem und Sensationellem mangelte. Gleichwohl sah es zunächst danach aus, als würde sie sich als Arbeitsbasis in der Forschung etablieren.

George Woodcock mutmaßte 1980, auch wenn manche »Traveniten« wohl unverdrossen an ihren Theorien festhalten würden, werde kein vorurteilsloser Leser von Wyatts Buch bezweifeln können, daß er die Lösung des Rätsels gefunden habe. Doch blickt man in aktuelle Literaturlexika oder Universal-Enzyklopädien, stellt man verwundert fest, daß dem nicht so ist. »*25.2.1888 (?) San Francisco (?) oder 3.5.1890 (?) Chicago (?)« lesen wir etwa in Killys »Literatur Lexikon« von 1991. Das Schweigen zur Identität mit Otto Feige und Geburt in Schwiebus (einzig »Kindlers Neues Literatur Lexikon« wagt die Vermutung auszusprechen: »*1882 (?) Deutschland (?)«) ist freilich alles andere als ein Zufall, sondern Folge der komfortablen Alleinstellung des maßgeblichen Traven-Biographen Karl S. Guthke, dessen voluminöse Biographie 1987 in Travens Hausverlag, der Büchergilde Gutenberg, erschien: Autor der Traven-Artikel in Killys »Literatur Lexikon« (1991), der »Deutschen Biographischen Enzyklopädie« (1999) oder »Metzlers Autoren Lexikon« (3. Auflage 2004) ist stets Karl S. Guthke. Daß er ans Ende seines Artikels für »Metzlers Autoren Lexikon« (Stuttgart 1986) lediglich zwei Literaturhinweise setzte, nämlich Guthke 1984 und Guthke 1987 (wobei der Titel von 1984 durch die intensive Verarbeitung in der Biographie von 1987 obsolet wurde; gleichwohl findet sich das seltsame Paar noch in der 3. Auflage des Lexikons von 2004) und kein Wort für Wyatt übrig hatte, bedarf wohl keines Kommentars.

Weil lebensgeschichtliche Realien in der Regel den Zugang zum Werk und dessen möglichen Intentionen erleichtern, wäre es methodisch legitim gewesen, das neue biographische Material für ein tieferes Verständnis der Texte zu nutzen. Genau das geschah jedoch nicht, denn Guthke befand Wyatts Lösung nach sorgfältiger Prüfung als »nicht die richtige«, hielt sie sogar für »undenkbar« (was schon in der Formulierung ein krasser Fehlgriff ist). »Wahrscheinlicher« erschien ihm, daß Otto Feige mit »Stanislaw«, dem Kohlentrimmer aus dem »Totenschiff«, identisch sei. 1999 zog er einen regelrechten Schlußstrich unter seine und künftige Forschungen anderer, als er apodiktisch erklärte: »Wann, wo, von welchen Eltern, unter welchem Namen ›B. Traven‹ geboren wurde, wo er aufwuchs, bleibt unbekannt«. Mit dieser ein für allemal ab- und zuschließenden Bemerkung des weltweit renommiertesten Traven-publizisten war die biographische Forschung zum Stillstand gekommen. Auf den jüngsten Traven-Kongressen in Stockholm (1999) und Eutin (2003) wurden denn auch keine Referate zu biographischen Fragen vorgetragen, und auch die Marbacher Tagung 2010 schloß biographische Beiträge von vornherein aus. Selbst das World Wide Web ist von dieser Blockadehaltung affiziert. Die Homepage der »Internationalen B. Traven-Gesellschaft« teilt verbindlich mit: »Geburtsjahr und -ort sind nicht bekannt«. Ganz ähnlich behalf sich der Traven-Liebhaber Wolf-Dietrich Schramm, der ihm 2008 eine Ausstellung im Industriemuseum Geschichtswerkstatt Herrenwyk in Lübeck widmete: »Herkunft und Geburtsdatum sind unbekannt«. Die Recherchen von Wyatt, den Schramm für einen »BBC Reporter« hielt, blieben nicht unerwähnt: »Er behauptet die Herkunft von B. Traven ermittelt zu haben«. Und dann folgt: »Ein Irrtum, wie der Schriftsteller Karl S. Guthke in seiner 800seitigen Biografie über Traven richtig stellt.« Lakonisch-komischer geht es nicht. Auch Recknagel hat Wyatts Lösung seinen Segen verweigert; in der 3. Auflage seiner »Beiträge zur Biografie« von 1982 mochte er lediglich akzeptieren, daß Traven Feige »gut gekannt haben« müsse. Ein schwerer Verkehrsunfall hinderte ihn daran, seine Forschungen nach 1977 mit gleicher Intensität fortzusetzen.

Mag sein, daß dabei der für manchen Gelehrten existenzielle Kampf um die Deutungshoheit auf seinem Fachgebiet und akademische Eitelkeiten im Spiel gewesen sind; schließlich war man es ja nicht selbst, dem die entscheidende Aufklärung gelang, nicht einmal ein Zunftgenosse war es, sondern ein Journalist, noch dazu einer vom Fernsehen, und nun gar vom britischen. Ein tieferer Grund aber dürfte sein, daß die Feige-Lösung nicht nur mit der Entmystifizierung des Autors und der Desillusionierung eines an Geheimnissen aller Art stets interessierten Publikums einhergeht, sondern daß sie zugleich das Faszinosum Traven zu zerstören droht. Ein Travenologe, dessen Namen ich seiner Aufrichtigkeit wegen hier nicht nennen mag, hat 2009 in einem Rundfunk-Interview unverblümt eingeräumt: »Es wäre für alle Travenologen schöner, wenn das Geheimnis nicht aufgeklärt wird, weil ein ungeklärtes Geheimnis immer viele Möglichkeiten bietet, etwas hineinzudeuten. Und insofern fände ich welche Auflösung auch immer unbefriedigend«. Wie das Beispiel des irrlichternden Sensationsreporters Heidemann zeigt, war Traven lange Zeit nahrhafte Projektionsfläche für kommerziell einträchtige Mythen aller Art. Nach Recknagels Vorbild, dem dafür noch 10 Druckseiten genügten, hat sie zuletzt Guthke, um eigene Hypothesen vermehrt, in seiner Biographie auf über einhundert Seiten in entsetzlicher Ausführlichkeit ausgebreitet.

Nun gibt es ein paar faktische Gewißheiten, die selbst Wyatts Widersacher durchaus als solche anerkennen. Daß Marut in London inhaftiert wurde und im Verhör den Namen Otto Feige preisgab, gilt auch ihnen als erwiesen. Aber von einer *Identität* mit Feige wollen sie nichts wissen; es handle sich lediglich um ein weiteres Pseudonym. Den Einwand, es habe diesen Feige wirklich gegeben, sein Leben sei urkundlich und durch die Berichte seiner Geschwister dokumentiert, kontern sie mit der Behauptung, es habe sich zweifellos um einen engen Freund gehandelt, auf dessen Identität Marut/Traven, der »Meister des Bluffs und der Doppelbluffs« in der Drangsal der Londoner Untersuchungshaft kurzerhand zurückgegriffen habe. Der Vorhalt, wonach Marut/Traven offensichtlich nicht nur gute Ortskenntnisse von Schwiebus bewies, sondern auch beide Vornamen von Otto Feiges Vater sowie seinen auf Wienecke lautenden Geburtsnamen korrekt angeben konnte, was ja nicht selbstverständlich sei, wird von Guthke zum einen mit dem kleinstädtisch-familiären Milieu, zum andern mit Maruts besonderer Cleverness erklärt.

An dieser Stelle sei daher darauf hingewiesen, daß Marut solche Cleverness, ja sogar einfache Gewitztheit bei seiner »American passport application« vom 8.3.1917 beim amerikanischen Vize-Konsul in München, wo sie wirklich angebracht gewesen wäre, gänzlich vermissen ließ. Da sollte er sich an vier Persönlichkeiten aus San Francisco erinnern und konnte, auch was örtliche Gegebenheiten anging, nur mit vagem Wissen aufwarten: »1) Ret James Chambers (or Champers, or Chambears). My father told me I got my Christian name from him. He lived in one of the streets to the left of the Market Street (coming from Blue Mountain) between City Hall and Ferry and between the border of the Chinese quarter and the Market Street. 2) John Carpenter, he was a commercial friend of my father, he lived in the third or fourth street behind the Mint, coming from Blue Mountain. 3) Dick (Richard?) Jawcelf, clerk at a printer's; he was a friend of mine and lived with his mother. 4) Mrs Jawcelf (Christian name, I believe, Elinor); she was a widow. lf I wanted to visit them I had to go along St Patrick, behind it, coming from Market Street.« Mehr als den Stadtplan, wie ihn zeitgenössische Lexika abdruckten, scheint er für die Vorbereitung seines Gesuchs nicht konsultiert zu haben. Der US-Diplomat zeigte sich denn auch nicht überzeugt und brachte seinen Zweifel an der Glaubwürdigkeit von Maruts Vorstellung in seinem Bericht an das State Department deutlich zum Ausdruck.

Guthkes Annahme, Ret Marut habe lediglich auf Informationen seines Freundes Otto Feige zurückgegriffen, vernachlässigt zum einen die nicht zu widerlegende Übereinstimmung in der Gesichtsgeometrie. Zum andern kann er nicht plausibel erklären, wieso Marut 1924 beide Vornamen von Otto Feiges Vater, die Tatsache seiner Geburtsregistrierung unter dem Mädchennamen der Mutter, die Berufe der Eltern zum Zeitpunkt seiner Geburt und seine sämtlichen vier Vornamen auswendig herzusagen wußte, außerdem über gute Ortskenntnisse in Schwiebus verfügte und den gegenwärtigen Wohnort der Feiges kannte. Indem Guthke meint, daß in einer Kleinstadt wie Schwiebus jedermann solches Wissen haben konnte, macht er Marut immerhin schon einmal zu einem Schwiebuser Bürger, der Feige obendrein »halbwegs ähnlich« gesehen habe, ja er will sogar eine Blutsverwandtschaft nicht ausschließen. Die einfachste Erklärung hierfür lautet doch wohl, daß Marut mit Feige identisch ist. Stattdessen aber dichtet Guthke Feige eine Tätigkeit als Seemann »Stanislaw« an, womit sich für ihn Travens im »Totenschiff« bekundete Milieukenntnisse erst plausibel erklären. (Wissen aus zweiter Hand, ergänzt durch Schriftstellerphantasie, reicht ihm zur Verständlichmachung nicht aus.)

Ein allgemein anerkanntes wissenschaftliches Grundprinzip, das in der biographischen Travenforschung freilich kaum zum Tragen gekommen ist, besagt, daß unter mehreren Erklärungen für ein Phänomen diejenige zu bevorzugen ist, die mit den einfachsten bzw. der geringsten Anzahl an Annahmen auskommt. In diesem Licht ist Guthkes Hypothese weder robust noch nützlich, da sie mehrere zusätzliche Annahmen erfordert: die Existenz von zwei Personen, eine enge Freundschaftsbeziehung zwischen beiden, das spurlose Verschwinden des einen (zu welchem Zeitpunkt, sagt Guthke nicht), dessen Tätigkeit als Seemann (obgleich es sich um einen gelernten Maschinenschlosser handelt). Die Identifizierung Feiges mit Marut dagegen entspricht dem wissenschaftlichen Sparsamkeitsprinzip, weil keine weiteren Annahmen eingeführt werden müssen, um den Sachverhalt ausreichend zu beschreiben und empirisch nachprüfbar zu erklären. Wie schon seinerzeit Travens Witwe Rosa Elena Luján mögen sich heute seine Erben in Mexico City, aus einem familiären Solidaritätsgefühl heraus, der biographischen Wahrheit weiter verschließen; von einem renommierten Hochschullehrer wie Guthke wäre zu erwarten gewesen, daß er Auffassungen der Nachlaß- und Copyrighteigentümer keine publizistischen Weihen verleiht und – notfalls unter Verzicht auf deren Unterstützung – unbeeinflußt nach wissenschaftlichen Prinzipien urteilt und handelt. Zwei frühere Kandidaten für eine autorisierte Traven-Biographie bewiesen in dieser Frage Rückgrat: 1970 warf William Weber Johnson das Handtuch, nach ihm Jonah Raskin; von Wyatts Forschungsergebnissen distanzierte sich seine Witwe förmlich. Erst Guthke gelang ein Arrangement mit Travens Witwe, der ihr denn auch seine Biographie widmete: »Para Chelena«.

Für das Verschwinden von Otto Feige just zu dem Zeitpunkt, als die Existenz von Ret Marut beginnt, Mitte Oktober 1907 nämlich, haben manche Travenologen eine außerordentlich kühne Erklärung. Roy Pateman, nicht etwa weltentrückter Erzschelm oder Schabernack treibender Wissenschaftssatiriker (ein amerikanischer Kollege meinte, Pateman sei einfach »nicht ganz bei Trost«; das wäre natürlich auch eine Erklärung), sondern im Gegenteil nach Auskunft seines Verlags »Professor Emeritus of Political Science at the University of California« in Los Angeles, hat im »Schatz der Sierra Madre« einen Fingerzeig dafür gefunden, daß Traven den Identitätsspender Feige kurzerhand mit einem Mord aus der Welt geschafft haben könnte. Er hält es für möglich, daß Otto Feige gemeinsam mit Traven Torsvan zwischen 1924 und 1926 auf Goldsuche gegangen und der Roman die Frucht dieser gemeinsamen Arbeit sei. »There could then have been a fatal break in the relationship, and one of the two men (Feige) disappeared possibly after a serious fight [...] Feige was left for death«. Wyatts Nachforschungen, auf die Pateman sich gleichwohl stützt, werden dadurch kleingeredet, daß sie mit Hilfe der BBC und dem Geld des britischen Steuerzahlers angestellt worden seien. Ein renommierter Kölner Travenologe vertraute mir in einem längeren Telefongespräch gleichfalls an, daß er einen Mord an Feige nicht ausschließen wolle. Von Wyatts begründeter Mutmaßung, Feige habe sich, ohne daß an ihm ein Kapitalverbrechen begangen worden wäre, ganz simpel in Marut verwandelt, wie sich dieser anerkannterweise 17 Jahre später in B. Traven verwandelte, wollte dieser Gelehrte nichts wissen, das sei völlig undenkbar. Indessen dürfte Maruts Mord mangels Leiche schwer zu beweisen sein. Was dagegen tatsächlich geschah, war, daß ein bis dahin einwandfrei beleumundeter Literaturwissenschaftler Otto Feige kaltblütig für ermordet und Ret Marut zu seinem Mörder erklärte. Zum Glück nur am Telefon.

Guthkes detaillierte Auseinandersetzung mit Wyatts Rechercheergebnissen war demgegenüber geradezu überwältigend seriös, seine Schlußfolgerung jedoch nicht minder verquer. Für ihn war der Fall klar: Traven, nach Auskunft seiner Witwe »a highly cultured man, who understood eight languages and played the piano and the violin«, »liebte eine gewisse Förmlichkeit im Familienleben, Förmlichkeit der Kleidung, der Tischsitten, der Umgangsformen, wie sie einem Proletarier […] denn doch nicht recht zu Gesicht stehen würde. Ein Proletarier aus Schwiebus würde sich kaum tagaus, tagein zu den Mahlzeiten umziehen, wie Traven es tat nach Berichten seiner Familie«. So lautet nicht etwa eine Kleiderordnung für gebildete und ungebildete Stände aus dem 19. Jahrhundert; so äußert sich vielmehr im Jahr 1987 der Harvard-Professor für German Art and Culture Karl Siegfried Guthke, Jahrgang 1933. Konsequenterweise müßte, wer in solchen Schemata denkt, in des Publizisten Ret Marut Neigung zu plebejischen Pöbeleien (»anpissen«, »auf die Fahnen scheißen«, »vollrotzen«) die Bekräftigung seiner proletarischen Herkunft erblicken. Genau dies geschah jedoch nicht.

Daß ein älterer Herr (hier ist von dem Endsiebziger bis Mittachtziger B. Traven die Rede, nicht von dem jungen Mann oder gar Jugendlichen; nur als solcher wäre er – im soziologischen Sinn – als Proletarier zu bezeichnen) weltmännisches Benehmen zeigt und sich vorteilhaft darzustellen weiß, sollte doch gerade bei einem ehemaligen Schauspieler nicht überraschen, dessen Rollenverzeichnis Gutsbesitzer und Großkaufleute, Offiziere, hohe Verwaltungsbeamte und Juristen, Gelehrte und Geistliche (vom Kaplan bis zum Bischof) ebenso aufweist wie englische Lords, französischer Marquis' und deutsche Barone, und der auf der Bühne auch als Student aus großbürgerlichem Haus oder gar von adeligen Eltern zu überzeugen wußte. Und daß Traven obendrein mit dem häuslichen Garderobenwechsel und andern »Förmlichkeiten« großbürgerliches Auftreten imitierte, gerade weil diese Angewohnheiten keine selbstverständlichen Bestandteile seiner Persönlichkeit waren (nicht anerzogen, sondern nachträglich antrainiert); daß also seine *Performance* geprägt war vom Habitus des sozialen Aufsteigers, der fürchtet, als Parvenü erkannt zu werden und den erreichten Status wieder zu verlieren, wurde von Guthke nicht erwogen. »Nachäffung besserer Umgangsformen« hat das Otto Feige 1907 genannt. »Daß doch Eure Lügen zu Scheiße würden und Euch das schwärende Maul verstopften!« (Marut)

Vorangegangen war H.D. Tschörtner, der 1982 darauf hingewiesen hatte, »daß Travens ›Bildungsvoraussetzungen und frühe Englischkenntnisse‹ nicht zu dem Proletarier Feige passen wollen«. Wie muß es Freunde ständischer Konfektion also befremden, daß Otto Feiges bzw. Ret Maruts erste nachzuweisende Bühnenrolle die eines Aristokraten mittleren Alters von »lässig-fremdländischer Eleganz« war; die Lokalpresse lobte die »tadellose Wiedergabe«. Würde »ein Proletarier aus Schwiebus« nach ihrem Verständnis doch niemals auf überzeugende Weise einen Aristokraten mimen können, weder auf der Bühne noch zu Hause. Wäre dies allerdings wirklich so, müßte es der intellektuelle Habitus des Erwachsenen ausschließen, daß Karl Philipp Moritz eine Hutmacher-, Uwe Timm eine Kürschnerlehre absolviert, Christa Reinig als Blumenbinderin gearbeitet haben könnte. Daß Menschen aus schwierigen sozialen Lagen deswegen nicht automatisch zu einem düsteren Lebensweg verurteilt sind, sondern sich entwickeln und emanzipieren können, ist eine Binsenweisheit, die sich auch nach Harvard, Köln und Berlin/Hauptstadt der DDR herumgesprochen haben sollte. Wäre dem nicht so, »proletarische« Politikerkarrieren wie die von Walter Scheel, Norbert Blüm oder Gerhard Schröder wären nicht statthaft; die Herren müßten sich eine schönere Herkunft andichten.

In einem Beitrag für die »Frankfurter Allgemeine Zeitung« habe ich im Sommer 2009 darauf hingewiesen, daß die Argumente der Gegner von Wyatts These fadenscheinig, nicht wirklich fundiert und auch in der Summe haltlos sind. Daraufhin meldete sich per Leserbrief der Kölner Germanist Jörg Thunecke zu Wort, der sich als verbohrter alter Traven-Forscher porträtiert sah (tatsächlich war dort, ohne Altersbezug, lediglich von »verstockten Travenologen« die Rede, die sich gesicherten Forschungserkenntnissen verschlössen) und die Leser der F.A.Z. darüber aufklären zu müssen meinte, daß hier »wieder einmal [...] ein ›Seiteneinsteiger‹« (waren wir das nicht alle einmal? Oder wird man als »Travenologe« geboren? Bzw. in Thuneckes eigenwilliger Orthographie als »Travologe«; demnach B. Trav?) glaube, »das Ei des Kolumbus« (gemeint ist wohl: den Stein der Weisen) »in Sachen Ret Marut / B. Traven entdeckt zu haben«, wo dies doch »dem ›Stern‹-Reporter Gerd Heidemann und dem DDR-Experten Rolf Recknagel« (»DDR-Experte«! Wäre Guthke somit ein USA-Experte?) »über Jahrzehnte nicht« gelungen sei. Zweierlei, so Thunecke weiter, »irritiere« an meinem Beitrag »besonders«, nämlich daß dort »ältere Traven-Forscher pauschal als ›verbohrt‹ abgestempelt« würden, während ich »im gleichen Atemzug großspurig« von mir behauptete, »die Quadratur des Kreises gefunden zu haben« (gemeint ist: ... sei mir gelungen), und daß ich mit meiner »Forschung« (das Wort setzte Thunecke in Anführungszeichen) »von einem viel wichtigeren Anliegen, nämlich der Aufarbeitung der Schriften Ret Maruts«, wie er, Thunecke, sie betreibe (und wofür er den prompten bibliographischen Nachweis nicht schuldig blieb), ablenke. Laut Thunecke sei sich nämlich »die Traven-

Forschung« (bis zum letzten Mann?) »eigentlich einig, zukünftig das schriftstellerische Werk des Autors in den Vordergrund zu stellen«. Die Unterstellungen und Stilblüten einmal beiseite gelassen; unausgesprochen lautet die Botschaft dieses Zwischenrufs: Rühr nicht an dem Geheimnis, uneingeweihter Fremder, nicht immer ist mit dem Wissen Heil verbunden, es lebt sich so gut unter dem verhangenen Himmel der Unwissenheit, die Wahrheit wird, wenn nicht Schmerz, so doch Enttäuschung bringen, der fruchtbringende Mythos wird weggeschwemmt von der Flut der Fakten, und an die Stelle des Enigmas tritt dürftige Wahrheit, mit der Du uns gefälligst verschonen sollst.

Brücken

Was Wyatt über die ersten 22 Jahre im Leben des Mannes, der sich B. Traven nannte, herausbekam, basierte ausschließlich auf den Erinnerungen von dessen beiden jüngeren Geschwistern bzw. deren Nichten. Auf den ersten Blick vermochten die Auskünfte keine Antwort auf die Frage zu geben (die auch im Hintergrund der Shakespeare-Debatte steht), wie sich der Abstand zwischen den lebensgeschichtlichen Fakten und dem literarischen Werk überbrücken läßt, mit anderen Worten: wie, wo und wann Otto Feige Zeit und Gelegenheit fand, sich die umfangreichen Kenntnisse und Fertigkeiten anzueignen, über die Marut-Traven verfügte, kurz: wie sich der Maschinenschlosser Feige in den Mimen Marut verwandeln konnte. Auf den zweiten Blick, den die meisten Travenologen aber nicht riskierten, schon: Otto war ein intelligenter, exzellenter Schüler, dem lediglich aus Geldmangel ein Studium versagt blieb; er war ein Bücherwurm; er achtete schon als junger Wehrpflichtiger sorgfältig auf seine Kleidung; er war mit Anfang Zwanzig politisch engagiert, sein Bruder Ernst betonte seine frühe Cleverness. In seiner Familie herrschte eine Atmosphäre des proletarischen Fleißes und des Bildungsdrangs, der Vater arbeitete sich vom Töpfer zum Betriebsaufseher hoch, die Mutter hatte eine Leidenschaft für das Laientheater, der Bruder Willi konnte Klavier spielen und las gern Jack London, der Bruder Ernst lebte und arbeitete vorübergehend in England und Irland.

Und schließlich beglaubigen sich Otto Feiges erlernter Beruf und Maruts bzw. Traven Torsvans nachweisliches Interesse an Technik und Ingenieurskunst gegenseitig. Das kommt bereits in einem Zeitungsaufsatz des Jahres 1912 zum Ausdruck: »Und befindet sich in jedem Kinoprogramm nur eine Naturaufnahme von fremden Ländern, Menschen, Tieren, Zeitereignissen, industriellen Anlagen und deren Produktionsweisen, so ist das gegenüber allen anderen Zerstreuungen [...] ein Gewinn«. Nicht minder bezeichnend die zwischen Kunst und Technik nicht unterscheidende Aufzählung nützlicher Menschenwerke in Maruts Roman »Der Mann Site und die grünglitzernde Frau«: »Denn es ist ja gleich, wie sich der Gedanke äußert, ob in einer Dichtung oder in einer Skulptur oder in einem Untermeerestunnel oder in einer unerhört großartigen Brücke«. In der »Fackel des Fürsten« läßt Marut einen Ingenieurstudenten »andächtig« vor der Forth-Bridge bei Edinburgh stehen, »in stiller Ehrfurcht die Hände gefaltet«. Weiter heißt es dort: »Für ihn hatte eine Maschine, ja selbst ein Stück Eisen, nichts Totes. Für ihn war eine Maschine ein Lebewesen. Eine hilfloses Kind, solange man an ihr arbeitete, ein lebensstrotzender Mann, wenn sie fertig in der Halle stand und ihre Räder schnaubend und keuchend zum ersten Male bewegte«. »Sie waren ausgeritten, um die Fabrikanlagen zu besichtigen [...]. Es gab hier Reis- und Ölmühlen, Farbenwerke, Seiden- und Teppichwebereien, Eisen- und Kupferwerke. Während in den meisten anderen Dörfern die Fabrikationsweise noch in althergebrachter Sitte ausgeübt wurde, hauptsächlich mit Göpeln, die von Büffeln und Rindern in Betrieb gesetzt wurde[n], gab es hier bereits kompliziertere Einrichtungen. In dieser Industrieanlage waren acht Kraftmaschinen tätig. [...]. In der Maschinenwerkstatt versuchte man jetzt sogar eine Dynamomaschine herzustellen«. Ein weiteres Beispiel, diesmal aus einer Kurzgeschichte Maruts: »Sie war ein Wunderwerk, die gewaltige

Fräsmaschine. [...] Wenn man diesen Koloß betrachtete, so konnte man nicht glauben, daß er imstande war, an Setzmaschinen, an Maschinen für Optik und mikrometrische Instrumente, an Maschinen, bei denen eine haargenaue automatische Auslösung von solcher Bedeutung war, daß bei einem Versagen die monatelange Arbeit vieler tüchtiger Männer wertlos wurde, Nuten, Marken und Rillen von einer Feinheit und bewundernswerten Genauigkeit zu fräsen, wie sie kein noch so genialer Arbeiter fertiggebracht hätte. Diese Maschine war der Stolz der Riesenfabrik, wo zwischen den gewaltigen Dampfhämmern, Pressen und Walzmaschinen es eine Fräsmaschine wahrlich schwer hatte, die Aufmerksamkeit in besonderem Maße auf sich zu lenken«.

Die beiden folgenden Beispiele stammen vom Autor B. Traven: »Eine moderne Expreß-Lokomotive der Trans-Continental-Schnellzüge Amerikas ist nicht nur ein technisches Wunder. Sie ist ein Kunstwerk. Ein Kunstwerk, das mir näher steht, mich mehr ergreift, meine Seele mehr erfreut als irgendein Bild von Rubens oder eine Venus von Milo. [...] Unsere Seele und unser Sehnen nach Befreiung aus dem nüchternen Alltag [empfangen] mehr künstlerische Befriedigung aus der Betrachtung des neuen Luftschiffes ›Graf Zeppelin‹, wenn es hoch über uns dahingleitet und siegesstolz zwei Kontinente verbindet, als aus dem wochenlangen Studium der Kunst der Renaissance«. »[D]as Wirtschaftsleben ist so kompliziert und so verwickelt geworden, daß ein Fabrikant, der ungebildete Arbeiter hat, von jenen Fabrikanten, die gebildete und hochintelligente Arbeiter um sich sammeln, zugrunde gerichtet wird. Ein Eisendreher, der nicht berechnen kann, welche Übertragungsräder er einstellen muß, wenn er ein Gewinde von zehn Gängen auf einen Zoll Länge bringen soll, ist heute durchaus wertlos für den Fabrikanten. Die Maschinen, die ein Arbeiter heute zu bedienen hat, sind so kompliziert in den meisten Fällen, daß der Arbeiter, der nicht alle die vielen Aufschriften an den unzähligen Hebeln und Rädern und Armen an seiner Maschine blitzschnell zu lesen vermag, dem Fabrikanten in zwei Sekunden einen Schaden von zehntausend Dollar verursachen kann. Ein Arbeiter, der nicht vorgelegte Zeichnungen lesen, verstehen und nach ihnen arbeiten kann, ist unbrauchbar für den Fabrikanten von heute«.

Nach einer Besichtigung der Mühle El Rosario bei Jitotol in Chiapas am 21. Juli 1926, fasziniert von der Kunst spanischer Ingenieure, die bereits Mitte des 16. Jahrhunderts die durch ein Löffelrad betriebene Wassermühle errichtet hatten, in der er sogleich einen Vorläufer der modernen Freistrahlturbinen erkannte, verkaufte »Traven Torsvan«, der sich in Mexiko gelegentlich als Ingenieur ausgab, dem »Popular Mechanics Magazine« in Chicago am 23. November 1926 einen kurzen bebilderten Artikel, der im Februarheft 1927 erschien: »Although built in 1540, the mill still runs and the original wheel is in service. [...] Two wheels of this type were made for the mill. They make from seventy to 100 revolutions per minute«. Traven, erinnerte sich sein Arzt Federico Marin, ein Schwager von Diego Rivera, sei an Maschinen, Maschinenbau, Wolkenkratzern und Brücken interessiert gewesen (»Torsvan had what I'd call a scientific bent of mind. He was interested in machines, engineering, skyscrapers, and bridges«). Zu erwähnen ist schließlich noch die Bewunderung »menschlicher Intelligenz und menschlicher Tatkraft« am Beispiel des Lokomotivbaus in dem fragmentarisch überlieferten Entwurf der Schilderung einer Zugfahrt: »Und menschlicher Geist schuf dieses Meisterwerk, dem an Größe, Kraft, Urgewalt und den Menschen dienender Nützlichkeit kein von Götterhand geschaffenes Lebewesen gleichkommt«; ein »von unsern Brüdern geschaffenes Wunder«.

Weil der Forschung zu wenig aus diesem Leben bekannt oder deutlich geworden war, konnte Guthkes Stereotyp vom bildungsresistenten »deutsch-polnischen Schlosserlehrling Otto Feige aus Schwiebus bei Posen« (östliche Herkunft und handwerkliche Ausbildung sollten seine Bedeutungslosigkeit offenbaren) unter Travenologen bislang die Funktion eines Abwehrzaubers annehmen. »Der Lebenslauf Otto Feiges [...] und die Entwicklung Ret Maruts«, brachte es

H. D. Tschörtner 1986 auf den Punkt, »passen nicht recht zusammen«. Indes berechtigen weder die Stadtgeschichte noch die grenznahe Lage der Stadt dazu, Otto Feige als Deutsch-Polen oder gar »deutsch-polnischen Schlosserlehrling« zu bezeichnen – nach dieser Logik müßte Max Bense Deutsch-Franzose, Werner Bergengruen Deutsch-Lette, Johannes Bobrowski Deutsch-Russe, Paul Celan Deutsch-Ukrainer, Simon Dach Deutsch-Litauer sein: Schwiebus gehörte bis 1945 zur preußischen Provinz Brandenburg; als die Stadt polnisch wurde, lag der dortige Aufenthalt der Familie Feige schon über vier Jahrzehnte zurück. Auch findet sich Schwiebus bzw. das heutige Świebodzin auf der Landkarte nicht »bei Posen«: Die Entfernung zu Frankfurt an der Oder beträgt 70 Kilometer, nach Poznań sind es 110. Nach diesem Maß läge Hamburg an der Ostsee.

Wollte man Wyatts immerhin 30 Jahre alter Entdeckung zum Durchbruch verhelfen, mußte man mehr über Otto Feige in Erfahrung bringen, dessen Spur sich etwa 1904 mit seinem Weggang aus dem Elternhaus verlor, und mehr auch über die frühen Jahre von Ret Marut. Von Marut wußte man immerhin, daß er als Regisseur und Schauspieler erstmals durch einen Eintrag im »Bühnen-Almanach auf das Jahr 1907« in Erscheinung tritt, und zwar mit der Ortsangabe Essen. Zugleich ist damit seine Mitgliedschaft in der Genossenschaft Deutscher Bühnen-Angehöriger belegt. Irrigerweise hatte man hieraus geschlossen, daß er am Stadttheater Essen engagiert gewesen sei, obgleich es hierfür keinerlei Belege gibt. Tatsächlich besagt diese Quelle nur, daß ein Regisseur und Schauspieler dieses Namens 1907 Mitglied des Essener Lokalausschusses der Deutschen Bühnengenossenschaft war; auf ein Engagement läßt sich daraus nicht schließen. Tatsächlich war er zu dieser Zeit 250 Kilometer weiter südlich verpflichtet.

In der Ret-Marut-Sammlung der University of California, Riverside Libraries, haben sich einige Theaterkritiken erhalten, die bisher kaum beachtet worden sind. Ich konnte sie auf die Spielzeit 1907/08 datieren und auch das Theater identifizieren, an dem Marut damals engagiert war; unter anderem spielte er die Titelrolle in »Othello«. Ich hielt es für ausgeschlossen, daß Marut aus dem Stand und, wie die Besprechungen zeigen, mit großem Erfolg die Hauptrolle in einem Shakespeare-Drama übernehmen konnte; der Maschinenschlosser mußte schon vorher Erfahrungen mit dem Theater gemacht haben. Da seine Geschwister dergleichen nicht berichtet hatten, kam nur die Zeit nach 1904 in Betracht. Als Fazit war zu mutmaßen, daß Otto Feige zwischen 1904 und 1907 in der Nähe von Essen einer unbekannten Tätigkeit, vielleicht in seinem erlernten Beruf, nachging und entweder gleichzeitig oder anschließend Theater gespielt hat, eventuell an einer Laienbühne. Bereits Recknagel hatte Marut 1907 begründungslos »im westfälischen Bergbaugebiet« vermutet; im Hintergrund stand wohl eine Bemerkung Maruts im »Ziegelbrenner«, wonach er 1907 unter »sozialdemokratischen Wählern« agitiert habe.

Nun ist es nicht so, daß sich zwischen der Stadt Essen und dem Werk bzw. der Biographie von Ret Marut alias B. Traven gar keine Beziehung herstellen ließe. Die Region zwischen Rhein, Ruhr und Emscher wird auffällig oft erwähnt: In der Erstausgabe der »Baumwollpflücker« aus dem Jahr 1926, noch unter dem Titel »Der Wobbly«, wird an »eine Kohlenzeche in Herne« erinnert, im »Totenschiff« von 1926 wird zu »Westfalen« ein »Südfalen« erfunden, in der »Weissen Rose« von 1929 wird das effiziente »Transportsystem des Ruhrgebietes« namhaft gemacht, im Roman »Der Marsch ins Reich der Caoba« von 1933 werden »Kohlenminen an der Ruhr« erwähnt, in »Die Troza« (1936) heißt es von »Bergwerksorten«, daß dort »jede Tätigkeit, mittelbar oder unmittelbar dem Gewinn von Kohlen oder Erzen dient«, und unmittelbar darauf folgt ein Vergleich von Barackenbauten mit jenen »verwahrlosten Hütten, die man in Gartenkolonien am Rande großer Fabrikstädte in den zivilisierten Ländern gelegentlich sieht, wo Proletarier ihre Sonntage verbringen und Salat pflanzen, der immer von anderen geerntet wird«. Nehmen wir die Werke des Publizisten und Dichters Marut dazu, finden wir ein weiteres Mal das »Ruhrkohlengebiet« erwähnt, ferner eine nicht beim Namen genannte, aber »bekannte große Stadt des rheinisch-westfälischen Industriegebietes«, sowie die Städte Essen, Elberfeld und Duisburg und die (damals noch selbständige) Gemeinde Kupferdreh. In der »Rede des Ziegelbrenner« von Anfang Dezember 1919 erinnert er an die Emissionen der großen Industrieanlagen, wenn »die schneeweiße Farbe des Linnen vor den Ruß-Wolken eines Hüttenwerks« verschwindet – ein nicht nur aus dem Ruhrgebiet, aber dort noch bis in die 60er Jahre des 20. Jahrhunderts bekanntes Phänomen.

Die Stadt Gelsenkirchen ist Handlungsort in einem titellosen (jüngst in einer Ruhrgebiets-Anthologie erstveröffentlichten) Typoskript, das 1915/16 entstanden sein dürfte. Es geht darin um die Verwendung eines Schildes mit dem »Sinnspruch« »Unser die Jugend! Unser die Zukunft!« bei öffentlichen Umzügen. Je nachdem, welches politische Lager sich des Schildes bedient, wird es von der Obrigkeit geduldet oder auch eingezogen und der Träger bestraft. Die Stadt bleibt ungenannt, wird aber als »im rheinischwestfälischen Industriebezirk gelegene Grosstadt« beschrieben, »die – trotzdem sie bereits stark auf das zweite Hunderttausend Einwohner loswächst – nur eine einigermassen gut gepflasterte Strasse besitzt«. Im weiteren Verlauf werden neben einem sozialistischen »Verein der freien Arbeiterjugend« eine »Jugendwehr«, ein »Evangelischer Jünglingsverein«, ein »Katholischer Gesellenverein« sowie ein »St. Vinzenz Jugendturnverein« erwähnt. Während sich die Einwohnerzahl und die Klage über die Straßenverhältnisse auf mehrere Ruhrgebietsstädte anwenden läßt, verweisen die Vereinsnamen eindeutig auf Gelsenkirchen, wo für 1906 sowohl ein St. Vinzenz-Verein als auch ein evangelischer Jünglingsverein (»Bismarck«) und ein katholischer Gesellenverein (Kolping) nachgewiesen sind. Ein Verein »Freie Arbeiter-Jugend« bestand in Gelsenkirchen zu dieser Zeit zwar noch nicht (er bildete sich um 1907/08 im bis 1928 selbständigen Buer), dafür aber seit 1907 im benachbarten Essen. In Maruts Erzählung findet das Vereinsleben »bei schönem Wetter draußen in den Wäldern« statt, »bei schlechtem Wetter sassen die wenigen Mitglieder beieinander und liessen sich von erwachsenen Männern allerlei Interessantes und Wissenswertes vortragen. [...] Zuerst hatte der Verein eine lange Zeit hindurch nur acht Mitglieder. Nachdem Beichtstuhl, Kanzel und Polizei in zuvorkommender Weise und ausserdem auch noch unentgeltlich genügend Reklame gemacht hatten, wuchs die Zahl der Mitglieder auf fünfunddreissig an. Der Vorsitzende des Vereins war ein junger Lithographengehilfe.«

Verlängert man die Linie Essen-Gelsenkirchen um 10 Kilometer, landet man in Herne. In den »Baumwollpflückern« ist zu lesen: »Aber trotz alledem, Romantik ist auch im Ölfeld, das auf den ersten Blick so trostlos prosaisch und so nüchtern aussieht wie eine Kohlenzeche in Herne«. Die Annahme, daß sich hier blitzlichtartig ein subjektiver Zugriff auf die Welt verriet, die Region zwischen Rhein, Ruhr und Emscher ein biographisches Geheimnis enthielt, schien mir nicht abwegig. Wahrscheinlich hatten schon die Traven-Biographen nach Lebensstationen von Marut vor 1907 gesucht, vielleicht sogar im Ruhrgebiet. Aber hatten sie auch nach Otto Feige gesucht? Warum nicht einmal – es war Frühjahr 2008 – einen Rundbrief an die Archive der Ruhrgebietsstädte verschicken und um Auskünfte aus den Melderegistern bitten; gegebenenfalls selbst hinfahren und nachsehen. Es konnte ja nicht verkehrt sein und schien mir sogar eine lohnende Aufgabe, bei der Lösung des Rätsels Traven mitzuhelfen und gegenüber den verbreiteten biographischen Legenden ein faktengestütztes, differenziertes Bild zu etablieren. Schließlich war mir der Autor ja seit meiner Jugend bekannt.

(Bewegte) Bilder und Töne

Als ich Kind war, lief im vorabendlichen Regionalprogramm des Ersten Deutschen Fernsehens eine mehrteilige Dokumentation mit dem Titel »Im Busch von Mexiko«.

In meiner Erinnerung, die mich zweifellos täuscht, bestand sie hauptsächlich aus Szenen, in denen sportlich gekleidete Männer durch kakteenbestandenes Gelände ritten. Ein Erzähler mit sonorer Stimme hielt die Handlung am Laufen, ab und zu trat ein Mann namens Jürgen Goslar vor die Kamera, dessen Name sich auch im Abspann fand, als Regisseur. Am meisten eingeprägt hat sich mir jedoch der Titelsong, der indes nicht gesungen, sondern gesprochen wurde, und zwar von Günther Neutze.

Der Filmhandlung kann ich mich nur dunkel entsinnen. Sie war eigentlich ein Umherirren, die Suche nach einem Phantom, dem Schriftsteller B. Traven, der mit triftigen Gründen in Mexiko vermutet wurde. Ganz zum Schluß bekam man von ihm sogar einen Zipfel zu sehen; abzüglich dieser letzten Minuten dienten sämtliche Folgen lediglich dazu, die Geduld des Zuschauers auf die Folter zu spannen. Neunzig Prozent der Sendezeit gingen für Recherchen drauf, die in Sackgassen mündeten, für Interviews mit Menschen, die nichts Zweckdienliches beizutragen wußten. Ich mit meinen elfeinhalb Jahren hätte das damals so nicht formulieren können, aber mein Vater, der Traven sehr schätzte und mich animiert hatte, die Serie mit ihm gemeinsam zu sehen, weil es ihn wahrscheinlich freute, wenn ich seine Begeisterung teilte, mein Vater faßte gleich nach der ersten Folge seine Enttäuschung in die Worte, es handle sich um »großen Quatsch«.

Das war meine erste Begegnung mit B. Traven. Und obgleich diese Stern tv-Produktion für das Westdeutsche Werbefernsehen keine Sternstunde des Deutschen Fernsehens war, hat sie mich nicht von der Beschäftigung mit Werk und Person abgehalten. Was freilich auch keine Einbahnstraße war, auf der ich zügig geradeaus gefahren wäre. Die Lektüre des »Totenschiffs« fiel mir noch leicht, der Versuch, die »Baumwollpflücker« kennenzulernen, blieb dagegen auf der Strecke, ein weiterer mit der »Brücke im Dschungel« schon im Ansatz stecken. Irgendwann auch sah ich John Hustons Verfilmung des »Schatz der Sierra Madre«. Aber damit hatte es sich dann auch.

Jahre später las ich in der Zeitung, daß Traven, der in seiner Münchner Zeit unter dem Namen Ret Marut die Zeitschrift »Der Ziegelbrenner« herausgegeben hatte, angeblich als Sohn eines Ziegelbrenners identifiziert worden sei. Anfang 1979 muß das gewesen sein, ich studierte damals Literatur und Geschichte. Die Nachricht machte Sensation, aber ich nahm sie nur beiläufig zur Kenntnis, weil mich damals Autoren aus dem 19. Jahrhundert mehr beschäftigten, und bewahrte in meinem Herzen die wenig gegründete Überzeugung, daß Travens wahre Identität weiter unentdeckt sei.

Nur ganz am Rande nahm ich, wiederum Jahre später, zur Kenntnis, daß Travens Stieftochter Malú Montes de Oca im Jahr 1999 den Teilnehmern eines Traven-Kongresses in Stockholm eine Audiokassette mit Sprachaufnahmen Travens aus den sechziger Jahren schenkte. Inzwischen weiß ich: Es sind die einzigen Tondokumente des Autors überhaupt, ungefähr elfeinhalb Minuten lang. Auf dem Band spricht der alte Mann zunächst englisch und spanisch mit Frau und Tochter; dann singt er zwei deutsche Studentenlieder: »Du alte Burschenherrlichkeit« und »Sumatra und auch Java«, gefolgt von einem studentischen Toast, den er allerdings nicht mehr richtig zusammenbringt – korrekt könnte er heißen: »Laßt uns einen Salamander reiben!« bzw., wie es in der 1. Szene der Posse »Bummelstudenten« heißt, in der Marut in Danzig im Oktober und November 1911 den Heidelberger Studenten v. Schranken spielte: »Ad exercitium Salamandri!« (siehe S. 256 und Anm.).

Die »Berliner Zeitung« beauftragte daraufhin den Marburger Sprachwissenschaftler Hermann Künzel, der früher Sprachanalysen für das Bundeskriminalamt anfertigte, mit einem Gutachten über die Dialektfärbung der Sprachproben. Kenntnisse wissenschaftlicher Identifizierungsmethoden gehörten nachweislich zum Rüstzeug von Ret Marut. In der Kriminalgeschichte »Der Helfershelfer. Die Geschichte einer unheimlichen Tat« erzählt er, wie zwei Serientäter die Polizei dadurch in die Irre führen, daß sie bei ihren Einbrüchen die Fingerabdrücke eines bekanntermaßen

Verstorbenen hinterlassen. Nachdem sie sich mit reicher Beute nach Amerika abgesetzt haben, schicken sie dem Polizeipräsidenten einen spöttischen Brief, dem die präparierte, abgetrennte Hand des Toten beiliegt, als Gabe für eine neu zu gründende Abteilung des Kriminalmuseums, betitelt »Lichtseiten des Bertillon'schen Systems«. Der vermutlich um 1914 entstandene Text belegt eine nähere Beschäftigung mit dem von dem französischen Kriminalisten Alphonse Bertillon (1853–1914) entwickelten anthropometrischen System zur Personenerkennung, das wegen seiner Komplexität und dadurch bedingten Fehleranfälligkeit durch das Fingerabdruckverfahren, die sog. Daktyloskopie, abgelöst worden war; in Deutschland bereits seit 1903. Daß man Traven nun mit kriminalistischen Methoden zu Leibe rückte, war also nur folgerichtig. Laut einem Bericht von Frank Nordhausen kam der Experte Künzel zu dem Schluß, daß der Sprecher Westniederdeutsch bzw. Nordniedersächsisch spricht, denn er rolle in charakteristischer Weise das »R«, s-tolpere ower'n s-pitzen S-tein und spreche das »O« zuweilen als »Ou« aus, wie man es so nur im Raum zwischen Hamburg und Lübeck tue. Es sei daher anzunehmen, daß der Sprecher dort seine Sprachprägephase verbracht habe. Genau dies hatte Guthke in seiner Biographie von 1987 vermutet, wies doch der Name »Traven« nach Schleswig-Holstein, wo es bei Segeberg den Ort Traventhal und bei Kiel das ehemalige Adelsgut Marutendorf gab. Dort habe ein Zweig einer Familie gelebt, unter deren Vorfahren auch eine Schauspielerin gewesen sei, die in einem Bad Warmbrunner Theaterzettel des Jahres 1840 genannt werde; diesen wiederum habe Traven 1935 der Library of Congress geschenkt, und das habe mit Sicherheit etwas zu bedeuten. Thunecke sekundierte Guthke, indem er behauptete, daß mit der durch Heirat adeligen Mimin Josephine Stephanie von Sternfeldt geb. Dorsch (1812–1883) »die Urgroßmutter des Schriftstellers« identifiziert worden sei (»muß sich somit [...] gehandelt haben«). Die Sehnsucht nach einer adeligen Herkunft ihres Helden ist manchen Travenologen bzw. »Travologen« einfach nicht auszutreiben.

Von der erwähnten Tonbandaufnahme gibt es inzwischen eine Kopie, die auf CD erschienen ist. Ich habe sie mir besorgt und kann daher folgendes berichten: In der Tat ist Travens Gesang (wenn man ihn denn als solchen bezeichnen will, denn der alte Mann singt, wohl wegen seiner Schwerhörigkeit, keinen geraden Ton) norddeutsch gefärbt (zu Otto und Willi Feiges Plattdeutsch-Kenntnissen siehe S. 142 f.), insbesondere auffällig bei der Ersetzung des »sch« durch »st« oder »sp« (»vergebens s-pähe ich umher, ich finde seine S-pur nicht mehr«, »in dem S-tillen Ozean«). Jedoch handelt es sich nicht um eine Sprach- sondern um eine Gesangsprobe; die Analyse stützt sich allein auf die beiden Studentenlieder. Solche Lieder aber werden in der Regel einem Vorbild nachgesungen – unter Umständen in der mundartlichen Färbung des Originals. Und daß der schauspielernde Autor ein Ohr für Dialekte besaß, die er den Berlinern, Österreichern, Schlesiern, Bayern und Hamburgern ablauschte, läßt sich an zahlreichen Texten des Autors belegen. Berlinerisch: »Wat, forn Paket mit Goldsachen fünfundzwanzig Fennje? Schämen Se sich denn nich?« / »Na meinswejen. Schubjack! Jeizige Blase!« / »Ick wer Ihnen sagen, wat drinne war. Leichenteile. Kommen Se mit. Janz ruhig, Männeken, sonst jibst den Knebel, vastehste?«; »Du, Justav, merkste Lunte?«; »Du Hamburja, wat meenste? Jetzt jehn wa sammeln«; Österreichisch (Wienerisch?): »Thö-ater-spülln ist schwer«; Schlesisch: »Nu, Herbertche, geh ock bloß nich so dichte ra', de Russa sin der böse Ludersch«; Bayrisch (Dorfpfarrer): »Herrgott sakra«, »b'soffa«, »Uns're G'moan«, »a Wunder is g'schegn«; Plattdeutsch (Hamburger Zimmermann): »Waaat? Zwei grote Silberlinge und twintig Pence? Und dadafor min jonges Leven?«, Ostpreußisch: »N'bis'chen weit, aber das macht nischt«, »Bertchen«.

Studiert haben mußte er übrigens, um diese Lieder singen zu können, nicht: Das Lied »O alte Burschenherrlichkeit« wird in der 5. Szene des 5. Akts von »Alt-Heidelberg« gesungen, dem alten Schmachtfetzen, in dem Marut zwischen 1909 und 1911 an mindestens acht verschiedenen

Orten in verschiedenen Rollen mitgespielt und bei dem er auf der Ost- und Westpreußentournee 1910/11 neben seiner Rolle als Lutz auch Regie geführt hat. Das Sumatra-Lied wird, als eines der zeitüblichen Extemporés, ebenfalls in einem der Studentenstücke gesungen worden sein, in denen Marut mitwirkte.

Ganze fünf Worte spricht Traven in seiner Muttersprache, und die in reinstem Hochdeutsch: »Laßt uns einen steigen ... Salamander!« Daß er »schteigen« und nicht »s-teigen« sagt, macht alle nach Nordniedersachsen weisenden Mutmaßungen wieder zunichte. Für Maria Morian, die Ret Marut aus der Spielzeit 1914/15 am Schauspielhaus Düsseldorf kannte und mit ihm gelegentlich spazierenging, stand fest, daß er »aus dem Osten Deutschlands« stammte. Von ungleich größerer Beweiskraft als das Tondokument sind jene Fotografien, die uns mittlerweile aus den verschiedenen Lebensphasen vorliegen. Man muß nicht Kriminologe sein, um in den Gesichtern von Otto Feige, Ret Marut und Traven Torsvan eine gleichbleibende Geometrie zu erkennen. Auch die Plastik der Ohrmuschel, die beim Menschen nicht weniger individuell ausgeprägt ist als sein Fingerabdruck, erlaubt eine eindeutige Identifizierung. Wyatt gibt die Zufallswahrscheinlichkeit der Übereinstimmung mit 1:50000000 an und beruft sich dabei auf die Expertise von Dr. Graham Rabey, einem Spezialisten für Gesichtserkennung der Universität Manchester, der in seinem Auftrag Fotos von Feige und Marut verglich.

Schriftgutverwaltung

Zurück ins Jahr 2008. Ich schrieb meine Briefe. Nach Bochum, Castrop-Rauxel, Dortmund, Duisburg, Essen, Gelsenkirchen, Gladbeck, Herne, Herten, Recklinghausen, Remscheid und Wuppertal. Anfang April 2008 war das. Der Rücklauf geriet schleppend. Viele Archive mußten zu ihrem Bedauern mitteilen, daß sie über keine Meldeunterlagen mehr verfügten. Es stand also zu befürchten, Wyatts

Lösung auf Grund der eingetretenen Verluste nicht mehr verifizieren zu können.

Wochen vergingen. Ende Mai fehlten noch vier Antworten. Die vorletzte traf am 20. Juni bei mir ein, sie kam aus Gelsenkirchen. Diesmal war es kein Fensterumschlag im Längsformat, woran der Negativbescheid schon vor dem Öffnen zu erkennen war, sondern ein DIN-A-4-Umschlag. Dem Anschreiben lag die Fotokopie einer Meldekarte bei. Sie lautete auf den Namen Otto Feige aus Schwiebus. Der Mitarbeiter des Gelsenkirchener Instituts für Stadtgeschichte, der für mich die mikroverfilmten Melderegister überprüft hatte, faßte seinen Bescheid mit der berufsmäßigen Sachlichkeit des Behördenangestellten in die emotionslosen Worte: »Geburtstag und -ort lassen die Vermutung zu, daß es sich um den Gesuchten handelt. Der Berufsstand paßt wohl auch. Ich hoffe, Ihnen damit weiterhelfen zu können und verbleibe mit freundlichen Grüßen.« Norbert Silberbach, der meine Recherchen durch seine Auskunft ins Rollen brachte, gilt daher großer Dank.

Als Resultat dreijähriger Forschungen lege ich nun eine quellengestützte Teilbiographie zu Leben und Werk des Gewerkschafters, Schriftstellers, Schauspielers und revolutionären Journalisten Otto Feige vor, der sich ab 1907 Ret Marut, ab 1924 Traven Torsvan, als Schriftsteller seitdem B. Traven nannte. Neben der einschlägigen Forschungsliteratur wurden zahlreiche Archive und Bibliotheken benutzt. Mit der örtlichen Überlieferung besser vertraute Historiker werden unter Umständen noch Ergänzungen zu Einzelpunkten beisteuern können; vielleicht gelingt durch eine nähere Beschäftigung mit Maruts Lektüre und den Stücken, in denen er zwischen 1907 und 1915 aufgetreten ist, die Aufdeckung intertextueller Bezüge. Sehr zu wünschen ist in jedem Fall die weitere Erschließung und Auswertung der B. Traven Collections im kalifornischen Riverside und des Nachlasses in Mexiko.

Die Arbeit ist dem Prinzip der Beleg- und Überprüfbarkeit verpflichtet. Sie entspricht damit dem Wunsch nach einer sorgfältig ermittelten, die bisherigen biographischen

Forschungsergebnisse nicht bloß zusammenfassenden, sondern kritisch überprüfenden Darstellung, die zugleich als Grundlage künftiger Werkinterpretation dienen kann. Die älteren Arbeiten von Gale (1963), Lübbe (1965) und Recknagel (1965/1982) sowie Guthkes Biographie (1987) sind breiter angelegt und suchen das ganze Leben zu beschreiben; eingehendere Untersuchungen zu einzelnen Lebensabschnitten bieten sie nicht.

Bei meinen Untersuchungen bin ich mit Spurenarmut auf der einen, Spurenfülle auf der anderen Seite konfrontiert worden und mußte nicht selten bei der Dokumentation der Fakten weit vorausgreifen, ohne daß mir bereits der Schritt zur Interpretation gelungen wäre. Die Vielzahl der Namen, die den Umkreis Otto Feiges in Magdeburg und Gelsenkirchen bilden, die Namensfülle von Ret Maruts Ensemblekollegen und -kolleginnen sowie die vollständige Verzeichnung der »Ziegelbrenner«-Korrespondenzpartner sind gewiß nicht dazu angetan, die Lektüre zu erleichtern. Für weitere personenbezogene Recherchen stellen solche Listen jedoch eine unabdingbare Voraussetzung dar.

Aufwand und Ergebnis flächendeckender biographischer Ermittlungen stehen ohnehin in einem schiefen Verhältnis zueinander, ihr tieferer Sinn und Zweck offenbart sich oft erst spät, manchmal auch nie. Aber der Grund beispielsweise für Maruts aggressive Auseinandersetzung mit dem Kölner Polizeipräsidenten Runge im Jahr 1921 offenbart sich erst nach einer Durchsicht amtlicher Berichte an den Regierungspräsidenten in Arnsberg: Als Bochumer Parteisekretär der SPD hatte sich Runge 1906 gegen Autonomiebestrebungen der Genossen in Gelsenkirchen gewehrt, die sich vom Bochumer Bergarbeiterverband dominiert fühlten und unter anderem die Finanzierung einer eigenen »Gelsenkirchener Arbeiterzeitung« forderten; als junger Gewerkschaftssekretär war Otto Feige damals Mitglied einer Schiedskommission gewesen. Weiterhin bedurfte es tagelanger Durchsicht der mikroverfilmten Lokal- und Gewerkschaftspresse, um die Feststellung treffen zu können, daß Otto Feige Ende 1906 in Gelsenkirchen ein Arbeiter-theater ins Leben gerufen hat – und nur dadurch ist sein plötzlicher Einstieg ins Schauspielfach im Herbst 1907 in Idar plausibel nachzuvollziehen. Die von da an nahezu vollständig (manche erstmals) nachgewiesenen Stationen zeigen die Glanzlosigkeit seiner Bühnenkarriere; durch die fast lückenlose Ermittlung seines Repertoires gelang wiederum der Nachweis, daß Traven auch ohne akademisches Studium eine Vertrautheit mit studentischen Liedern und Ritualen an den Tag legen konnte.

Sehr herzlich danke ich Arthur Constabel in Thüste bei Wallensen, dem Enkel von Otto Feiges Bruder Willi, bei dem ich 2009 verschiedene Materialien einsehen konnte, die noch aus der Schwiebuser Zeit der Familie Feige stammen: Fotos, Druckschriften, Bücher, Zeugnisse und Urkunden. Darunter ist auch ein Maschinenbaulehrbuch aus dem Besitz von Otto, das er mit seinem Namenszug und einer Erinnerungsnotiz versah und bei seinem Weggang aus Wallensen zurückließ. Die Notiz, überwiegend in deutscher Kurrentschrift geschrieben, ist nicht nur die bisher einzige Handschriftenprobe von Otto Feige; sie ermöglicht auch einen Vergleich mit dem ältesten Manuskript von Ret Marut, der Prosaskizze »Im Walde« vom 21.4.1901, die ebenfalls in Kurrentschrift verfaßt ist (James Goldwasser bezeichnete die Spitzschrift irrtümlich als »Suetterlin«, die jedoch erst 1911 entwickelt wurde). Auch auf diesem Weg gelangt man zu der Erkenntnis, daß es sich bei Otto Feige und Ret Marut um ein und dieselbe Person handelt. Bis auf den Unterschied, daß die Tinte auf dem Buchdruckpapier breiter, bisweilen klecksig ausfließt, gleichen sich beide Handschriftenproben sehr: die A-Versalie oben sauber geschlossen, der Abstrich deutlich kürzer, die H-Versalie mit schwungvollem Anfangs- und bauchigem Unterbogen, die L-Versalie mit großzügigem Unterbogen, d und e im bestimmten Artikel ohne Bindung, über dem u ein schwebender Dreiviertelbogen.

Will Wyatt hat meine Untersuchungen durch Auskünfte und Bereitstellung von Dokumentenkopien erleichtert, Heidi Hutchinson, Special Collections Cataloger und Kuratorin der B. Traven Collections an der University of California, Riverside, durch unermüdliche Nachforschungen in den dort aufbewahrten Sammlungen (Archive of Ret Marut & Der Ziegelbrenner, B. Traven Collection of Gerd Heidemann, Edgar Pässler Archive) mir den Verzicht auf Recherchen vor Ort weniger schwer gemacht. Dr. Michael Matzigkeit, Leiter der Sammlungen im Theatermuseum der Stadt Düsseldorf, überließ mir großzügig die Ergebnisse seiner Durchsicht der Danziger Tagespresse 1911/12 und leistete auch darüber hinaus tatkräftige Unterstützung.

Eine Vielzahl von Archivaren und Archivarinnen, Bibliothekaren und Bibliothekarinnen, Museumsmitarbeitern und -mitarbeiterinnen, aber auch von Kolleginnen und Kollegen, Freunden und Bekannten, Feige-Nachkommen, Traven-Forschern und -Liebhabern, denen ich am Schluß des Buchs namentlich meine Dankbarkeit bekunde, hat die Arbeit durch Rat und Tat gefördert. Dem Vorstand der Kunststiftung NRW, Stiftungspräsident Dr. Fritz Schaumann und Generalsekretärin Regina Wyrwoll, danke ich für zwei sechsmonatige Arbeitsstipendien.

Bochum, im Mai 2011

Jan-Christoph Hauschild

ERSTES KAPITEL

»Ich bin nichts als ein Ergebnis der Zeit«
Von Schwiebus nach Gelsenkirchen

Landeskunde: Was man über Schwiebus wissen sollte

Obgleich die Reichshauptstadt ungefähr in der Mitte zwischen Aachen und Königsberg lag, war Deutschland für viele Zeitgenossen des Kaiserreichs und der Weimarer Republik in Berlin zuende; am Schlesischen Bahnhof, dem heutigen Ostbahnhof, nur wenige Kilometer vom Stadtzentrum entfernt, begann scheinbar eine andere Welt. Sie war geprägt von den polnischen und jüdischen Landarbeiter-, Handwerker- und Kaufmannsfamilien, die hier aus dem Zug stiegen und in der Nähe ihr Glück und ihr Auskommen suchten. Manche behaupteten sogar salopp, daß dort Europa aufhöre, denn von hier aus erstreckte sich, nur vom Ural unterbrochen, bis Wladiwostok eine weite, unendliche Ebene. Dabei begann Preußen hinter Berlin erst so richtig, zunächst mit dem östlichen Brandenburg, an das sich im Norden Pommern, West- und Ostpreußen, im Osten Posen und im Süden Schlesien schlossen. Zum Kerngebiet der Mark Brandenburg und damit zu den ältesten Besitzungen der preußischen Monarchie gehörte die Neumark am rechten Oderufer und an der Warthe, mit Arnswalde im Norden, Cottbus im Süden, Frankfurt/Oder im Westen und Schwiebus im Osten.

Die Stadt Schwiebus hat eine wechselvolle Geschichte: 1319 erstmals urkundlich erwähnt, kam sie zunächst vorwiegend unter schlesische und österreichische Herrschaft. Von 1686 bis 1694 war sie brandenburgisch, 1742 fiel sie an Preußen. Von 1818 bis 1945 gehörte der Landkreis (Schwiebus-) Züllichau zum Regierungsbezirk Frankfurt in der preußischen Provinz Brandenburg, 1890 wurden dort 49 477 Einwohner gezählt, davon 42 397 Evangelische, 6 859 Katholiken, 216 Juden. Nach einer Statistik von 1840 hatte Schwiebus 485 Wohngebäude und 4 689 Einwohner, »Pierer's Universal-Lexikon« gibt für 1862 5 400 Einwohner an, deren Zahl sich bis 1885 rasant auf 8 400 vermehrte und bis zur Jahrhundertwende auf 9 332 stieg. Heute ist Świebodzin eine Kreisstadt mit rund 22 000 Einwohnern im gleichnamigen Landkreis (Powiat Świebodziński) und gehört zur polnischen Woiwodschaft Lebus.

Im Deutschen Reich war Schwiebus damit eine Kleinstadt – um 1900 lebten nur sechzehn Prozent der Bevölkerung in Großstädten mit über 100 000 Einwohnern – mit den charakteristischen Besonderheiten: Die Stadt war wirtschaftlich spezialisiert (vor dem Dreißigjährigen Krieg waren hier fast 200 Tuchmacher ansässig) und bot als zentrierte Arbeitsmarktregion ein relativ großes Spektrum an Arbeitsplätzen. Und sie war mit allem versorgt, was ein funktionierendes Gemeinwesen benötigt: Industrie und Gewerbe, Hotels und Gasthöfen, Eichamt und Amtsgericht – die höheren Instanzen befanden sich in Guben (Landgericht) und Berlin (Kammergericht) –, Kleinkinderbewahranstalt, Elementar-, Volks- und Mittelschulen für Knaben und für Mädchen, Krankenhäusern und Kirchen, Friedhöfen und Feuerwehren, Postamt und Polizeistation, Schlachthof und Schankwirtschaften, Apotheken, Brauereien und Buchhandlungen, Reichsbank-Nebenstelle und Nachtwächtern, Lohnkutschern, Photo-Ateliers und Verlagen, Druckereien, eigenen Tageszeitungen, einem regen Vereinsleben, gelegentlich sogar Theater (im Hotel »Zum Märkischen Hofe« an der Breiten Straße); seit den 1860er Jahren mit Gasbeleuchtung. In unserem Zusammenhang könnte sich als bedeutsam erweisen, daß in Schwiebus der Verlag Hermann Reiche ansässig war, der auf Bänkelsänger- und Kolportageliteratur spezialisiert war und über 1000 Titel im Angebot hatte.

Die bürgerliche Gesellschaft sonderte sich in Klubs, Gesellschaften und Vereine. Es gab zwei Turnvereine, einen Kriegerverein, einen »Verein zur Pflege deutscher Gesinnung« und – nach Aufhebung des Sozialistengesetzes – einen sozialdemokratischen Arbeiterbildungsverein. Diese Sozialstruktur mit lediglich regionalen Hierarchien stellte einen überschaubaren Wahrnehmungsraum dar, was einerseits die Eingliederung des Einzelnen erleichterte, andererseits seine Karrieremöglichkeiten beschränkte. Wer Karriere machen wollte, und sei es zunächst nur, daß er eine höhere Schule besuchen wollte, mußte gehen.

An Sehenswürdigkeiten konnte Schwiebus ein später mehrfach umgebautes Schloß und eine in Teilen erhaltene Stadtmauer mit Bastei aus dem 14./15. Jahrhundert aufweisen; auch die St. Michael-Kirche, eine der ältesten im Kreis, geht auf diese Zeit zurück. An der Nordseite des Marktes gab es noch einige altertümliche Häuser mit Laubengängen aus dem 17. Jahrhundert, über deren Schönheit man stritt; die Vorbauten ermöglichten es den Kaufleuten, ihre Geschäfte unabhängig vom Wetter abzuwickeln. Vor dem Rathaus wurde an jedem Samstag ein Wochenmarkt abgehalten; fünfmal im Jahr fand ein großer Jahrmarkt statt. Die Karschin hatte hier elf Jahre in unglücklicher Ehe mit dem Tuchmacher Hirsekorn gelebt. Zu lexikalischen Ehren kam 1889 auch ein »Rettungshaus für verwahrloste Kinder« auf der Brätzerstraße.

Im Rathaus am Marktplatz, das im 16. Jahrhundert im Renaissancestil errichtet worden war (das Tonnengewölbe aus Feldsteinen ist mindestens 200 Jahre älter, der zinnenbekrönte Turm an der Westseite, das heutige Wahrzeichen, wurde erst im 19. Jahrhundert hinzugefügt), führte der Bürgermeister die Verwaltungsgeschäfte; der Magistrat bestand 1892 aus einem Bürgermeister (1882 hieß er Schmidt, 1892 Warzecha), einem Beigeordneten und 6 Ratsherren. Das Meldeamt befand sich im 1. Stock. Der preußische Landrat, Chef der untersten staatlichen Verwaltungsbehörde, amtierte im 20 Kilometer entfernten Züllichau, wo sich auch das zuständige Finanzamt befand.

Unter den produzierenden Gewerben war besonders die Tuchfabrikation von Bedeutung, daneben der Maschinenbau, die Eisengießerei, die Ziegelbrennerei und der Braunkohlenbergbau; sogar Weinbau wurde getrieben. In der Brikettfabrik am Ostende der Stadt wurden Preßkohlen gefertigt, die Kohle kam per Drahtseilbahn aus dem 7 Kilometer entfernten Rietschütz. Insbesondere die Tuchfabrikation in Schwiebus hat enorm von dem fossilen Brennmaterial profitiert. Die ersten Dampfmaschinen befeuerte man noch mit Holz, wofür ganze Wälder weichen mußten.

Zur wirtschaftlichen Entwicklung hatte die Anbindung an überregionale Verkehrsnetze wesentlich beigetragen. Auf der Oder konnten Waren bis Tschicherzig im Süden des Kreises verschifft werden; von dort wurden sie mit Gespannen in die Stadt gebracht. 1854 war mit dem Bau einer »Kunststraße« von Reppen bis über Schwiebus hinaus begonnen worden; seit 1870 war die Stadt Haltebahnhof der Märkisch-Posener Eisenbahn, die Frankfurt/Oder und Posen verband. Während die Chausseen mit gewalztem Split bedeckt waren, gab es in der Stadt noch diverse ungepflasterte Straßen und Wege. Anläßlich des Kaisermanövers an der märkisch-posener Grenze hatte im September 1902 Wilhelm II. die Stadt besucht.

Ich widme mich der Landeskunde so ausführlich, weil in der Travenforschung beträchtliche Unkenntnis über die Verhältnisse herrscht. James Goldwasser etwa ortet Schwiebus in der Provinz Posen, der famose Roy Pateman, von dem auch nichts anderes zu erwarten war, glaubt, daß es in Ostpreußen liegt und nach dem 1. Weltkrieg an Polen fiel, Schürer/Jenkins vermuten es in »Pomerania«, Frank Nordhausen überläßt es Schlesien. Karl S. Guthke verlegt Schwiebus formelhaft in die Nähe von Posen, folgerichtig erklärt er 1992 den Preußen Otto Feige zu einem »Schlosserlehrling aus dem deutsch-polnischen Posen«. H.D. Tschörtner hält Schwiebus für ein Dorf, in dem Otto Feige die »Dorfschule« besucht habe.

Familienkunde

Am Vormittag des 28. Februar 1882, einem Dienstag, erschien auf dem Schwiebuser Rathaus die 43jährige Hebamme Johanne Kochale geb. Deutschmann, Ehefrau eines Ackerbürgers aus der Crossener Vorstadt, und zeigte dem Bürgermeister, der zugleich Standesbeamter war, an, »daß von der unverheiratheten Fabrikarbeiterin Hormine Wienecke«, »evangelischer Religion, wohnhaft zu Schwiebus bei ihrem Vater, dem Tuchmachergesellen Carl Wilh. Albert Wienecke«, »zu Schwiebus in ihrer Gegenwart am dreiundzwanzigsten Februar des Jahres tausend acht hundert achtzig und zwei, Vormittags um zehn Uhr ein Kind männlichen Geschlechts geboren worden sei, welches die Vornamen Herrmann Albert Otto Max erhalten habe«.

Die ledige Hermine war zum zweiten Mal Mutter geworden; bereits Anfang 1880 hatte sie eine Tochter zur Welt gebracht, die auf die Namen Martha Brunhilde Elisabeth getauft wurde und acht Monate später, am 11. August verstarb; als Todesursache ist »Brechruhr« angegeben. Auch hier wird in der Urkunde kein Erzeuger genannt.

Hermine ist die Tochter von Albert Wienecke und Friederi(c)ke Gottliebe geb. Bullack. Friederike war am 25. Dezember 1825 geboren, ihr Vater der Wächter Gottlob (auch Gottlieb) Bullack aus Schwiebus, ihre Mutter eine geborene Schnabel. Die Bullacks bildeten Ende des 19. Jahrhunderts ausweislich der Standesamtregister eine zahlreiche Familie in Schwiebus, die mindestens in dritter Generation hier lebte. Ein Tuchscherer und ein Schuhmacher finden sich in der um 1800 geborenen, ein Arbeiter und ein »Feuerwerker« bzw. »Feuermann«, vermutlich ein Feuerwehrmann und Pyrotechniker, in der zweiten, ein Tuchmacher, ein Maurer, zwei Klempner, ein Arbeiter in der dritten Generation. Der Großvater Albert Wienecke war dagegen ein Neubürger; er wurde Ende 1831/Anfang 1832 in Burg bei Magdeburg geboren. Dort im Jerichower Land sind noch heute zahlreiche Namensträger anzutreffen.

Hermine war Fabrikarbeiterin, vermutlich in einer der zahlreichen Textilfabriken (neun waren es 1892), wahrscheinlich in derselben, in der auch ihr Vater als Tuchmachergeselle arbeitete. Ihre Mutter war Hausfrau und kümmerte sich um das Neugeborene. Der Name des Vaters, Adolf Rudolf Feige, wurde erst drei Monate später bekannt, als Hermine und Adolf am 30. Mai vom Standesbeamten in Schwiebus getraut wurden. Die Urkunde hat folgenden Wortlaut:

»Schwiebus am dreißigsten Mai tausend acht hundert achtzig und zwei. Vor dem unterzeichneten Standesbeamten erschien heute zum Zweck der Eheschließung: 1. der Töpfer Adolf Rudolf Feige, der Persönlichkeit nach durch den Tuchmacher Gustav Haenel[t] von hier anerkannt, evangelischer Religion, geboren den dreiundzwanzigsten Mai des Jahres tausend acht hundert und sechszig zu Finsterwalde, wohnhaft zu Finsterwalde, Sohn des Tuchscheerers Joh. Gottlob Feige und dessen Ehefrau Johanne Wilhelmine geb. Reu, wohnhaft zu Finsterwalde, 2. die Friederike Dorothee Hormine Wienecke, der Persönlichkeit nach bekannt, evangelischer Religion, geboren den ersten Juni des Jahres tausend acht hundert fünfzig und neun zu Schwiebus, wohnhaft zu Schwiebus, Tochter des Tuchmachers Wilhelm August Karl Wienecke und dessen Ehefrau Friederike Gottliebe geb. Bullack, wohnhaft zu Schwiebus. Als Zeugen waren zugezogen und erschienen: 3. der Tuchscheerer Ferdinand Doktermann, der Persönlichkeit nach bekannt, achtundfünfzig Jahre alt, wohnhaft zu Schwiebus, 4. der Tuchmacher Gustav Haenel[t], der Persönlichkeit nach bekannt, dreiundvierzig Jahre alt, wohnhaft zu Schwiebus. In Gegenwart der Zeugen richtete der Standesbeamte an die Verlobten einzeln und nach einander die Frage: ob sie erklären, daß sie die Ehe mit einander eingehen wollen. Die Verlobten beantworteten diese Frage bejahend und erfolgte hierauf der Ausspruch des Standesbeamten, daß er sie nun-

mehr kraft des Gesetzes für rechtmäßig verbundene Eheleute erkläre. Hierauf erklärte der Töpfer Adolf Rudolf Feige: Ich erkenne hierdurch meine Vaterschaft an zu dem von meiner nunmehrigen Ehefrau Hormine geb. Wienecke am 23. Februar d. J. hier geborenen und Herrmann Albert Otto Max genannten Kinde und bitte dies bei No 57 des Geb. Registers de 1882 zu vermerken.
Vorgelesen, genehmigt und unterschrieben.
Adolf Rudolf Feige.
Hormine Feige. gbr Wienecke.
Ferdinand Doktermann
Gustav Hänelt
Der Standesbeamte.
Schmidt.«

Sodann wurde im Geburtsregister an der entsprechenden Stelle folgender Randvermerk angebracht:

»Schwiebus den 30. Mai 1882. Bei der heute vor dem unterzeichneten Standesbeamten erfolgten Eheschließung zwischen dem Töpfer Adolf Rudolf Feige, wohnhaft zu Finsterwalde, und der nebengenannten Hormine Wienecke hat der erstere seine Vaterschaft zu dem von der letzten geborenen und in dem nebenstehenden Protocoll näher bezeichneten Kinde anerkannt, wie auf seinen Antrag hier registrirt wird. (cfr. No 25 der Heirats-Register de 1882)
Der Standesbeamte.
Schmidt.«

Wyatt hat »die Geschichte der Familie Feige und Ottos Kindheit« aus den Aussagen von Margarethe und Ernst Feige sowie späteren Berichten dreier Nichten »einigermaßen zusammengestückelt«. Er konnte in Erfahrung bringen, daß Adolf zu dieser Zeit seinen Militärdienst ableistete und für die rechtzeitige Heirat keinen Urlaub erhielt. Ich würde sogar annehmen, daß er als Angehöriger des Militärstandes gar keine Heiratserlaubnis erhielt. Ob Adolf seine zukünftige Frau schon vor der Einberufung gekannt, ob vielleicht er im Frühjahr 1879 als Achtzehnjähriger die noch nicht Zwanzigjährige das erste Mal geschwängert hat, oder ob er zwei Jahre später als junger Soldat das erste Mal Schwiebus besuchte, entzieht sich einer Klärung. Adolf kam aus einer Kleinstadt im Kreis Luckau des preußischen Regierungsbezirks Frankfurt, war also ebenfalls Brandenburger; vielleicht hatte ihn ein Militärmanöver in die Nähe der Stadt geführt.

Der kleine Otto wurde in die Obhut der Großeltern in Schwiebus gegeben. »In der Familie ist überliefert, daß die Wieneckes ihren Enkel sehr lieb hatten, ihn hätschelten und verwöhnten, so daß er sie als seine eigentlichen Eltern betrachtete«. In späteren Jahren mag sich die »scheinbare Zurückweisung« der leiblichen Eltern »trotz erklärender Worte in die Seele des Kindes eingegraben haben«; sie verdüsterte seine Jugend und ließ ihn im Elternhaus keine Herzenswärme finden.

Proletarier auf Wanderschaft

Seinen ersten Hausstand errichtete das junge Ehepaar in Finsterwalde. Aus den fragmentarisch überlieferten deutschen Akten des Magistrats Schwiebus bis 1945 zur Töpferzunft sowie aus dem Adreßbuch von 1892 ergibt sich, daß 1888/92 in Schwiebus neun Töpfereien und sechs Ziegeleien existierten, die größte am westlichen Stadtrand, an der Bahnstrecke nach Frankfurt. Entweder fand Adolf in Schwiebus keine Arbeit in seinem erlernten Beruf, oder es zog ihn aus anderen Gründen in seine Heimat zurück, vielleicht, weil es dort nicht nur Arbeit, sondern auch Wohnung für ihn gab.

Im Taufbuch der evangelischen Kirchengemeinde von Finsterwalde ist die Geburt von Adolf Rudolph Feige unter dem Datum des 23. Mai 1860 vermerkt. Als Eltern sind der Tuchscherer Johann Gottlob Feige und Johanne Christiane Feige geb. Reu genannt. Wie auch in der Familie von Hermine handelte es sich bei der Familie der Mutter um Ortsansässige (ihr Vater Johann Karl Reu war Tuchmacher in F.), bei der des Vaters um Zugezogene: Adolfs Vater war am 18.12.1818 im niederschlesischen Kosendau (heute Kozów) als zweiter Sohn von Karl Gottlieb Feige geboren worden. Kosendau liegt 80 Kilometer westlich von Breslau und ist von Finsterwalde 190 Kilometer entfernt, von Schwiebus 152. Adolf war das neunte Kind seiner Eltern und das erste, das in Finsterwalde geboren wurde. Die Eltern waren 1844 zur Taufe ihres ersten Kindes nach Finsterwalde gekommen und hatten dort am 11. August geheiratet. Nach dem frühen Tod der Tochter 1847 hatten sie die Stadt verlassen und waren erst wieder 1860 dorthin zurückgekehrt. In den Hauseigentümer-Verzeichnissen von 1863 und 1898 sind keine Feiges genannt. 1882, zum Zeitpunkt der Hochzeit seines Sohnes Adolf, war Karl Gottlieb Feige jedenfalls als Tuchscherer in Finsterwalde tätig.

Die Kleinstadt in der Niederlausitz, verkehrsgünstig an der Preußischen Staatsbahnlinie Halle-Cottbus-Guben gelegen, war gleichsam ein Spiegelbild von Schwiebus, mit ungefähr ebenso vielen Einwohnern (7300 im Jahre 1880) und nahezu identischer Industrie: bedeutenden Tuchfabriken, Eisengießereien und Maschinenfabriken, Glashütten und Ziegeleien in der näheren Umgebung. Seit 1882 gab es außerdem eine Brikettfabrik, in der Braunkohle aus den zahlreichen Gruben der Umgebung verarbeitet wurde. Adolf Feige arbeitete wahrscheinlich in einer der Töpfereien, von denen im Adreßbuch von 1904 drei aufgeführt sind, in der Cottbuser Straße, der Linienstraße und der Berliner Straße; die erste nannte sich zugleich Ofenfabrik. Tonwaren für den Haushalt und Ofenkacheln wurden hier hergestellt. Als zweites Kind des Ehepaares kam hier am 5. Dezember 1884 Adolf Friedrich Wilhelm (genannt Willi) zur Welt. Unter den sechs Taufzeugen waren zwei aus der Familie: Gustav Feige und Hermann Wienicke; auch der ebenfalls genannte Adolf Bollack war möglicherweise ein entfernter Verwandter.

Wie lange die Feiges in Finsterwalde blieben, ist unsicher. Die Familienüberlieferung weiß zu berichten, daß die Eltern, als Albert Wienecke im Frühjahr 1886 schwer erkrankte, den fast vierjährigen Otto zu sich holten, trotz der Proteste des Großvaters, der behauptete, »es würde ihm das Herz brechen, wenn man ihm den Jungen wegnähme«, woraufhin Hermine versprochen haben soll, Otto zurückzubringen, sobald ihr Vater wieder genesen sei; »doch der alte Mann siechte dahin und starb bald darauf. Otto war durch den Umzug genauso entsetzt wie seine Großeltern, und die unglückliche Heimkehr zeichnete ihn fürs Leben«.

Albert Wienecke starb am 19. April 1886 im Alter von nicht einmal 55 Jahren an »Blutarmuth«. Als seine Witwe Friederike auf dem Standesamt den Tod ihres Mannes anzeigte, waren ihr Vornamen und Stand von dessen Eltern unbekannt; wegen »Schreibensunkunde« machte sie statt der Unterschrift drei Kreuze. Es gibt ein Foto des Schwiebuser Fotografen Bruno Reimann, das Hermine mit dem ein- bis zweijährigen Willi auf dem Schoß zeigt. Es dürfte entstanden sein, als die Feiges zur Beerdigung von Albert Wienecke nach Schwiebus kamen. Drei Wochen zuvor, am 29. März 1886, war in Schwiebus im Alter von 71 Jahren Hermines Stiefgroßmutter Eleonore Bullack geb. Schulz aus dem 6 Kilometer entfernten Koppen (heute Kupienino) gestorben; sie war nur 10 Jahre älter als ihre Stieftochter Friederike.

Wie lange Otto bei den Großeltern blieb, vermochte Wyatt »nicht eindeutig« festzustellen. Weder seine Schwester Margarethe noch sein Bruder Ernst waren damals schon geboren; sie hatten daher keine eigenen Erinnerungen an diese Zeit. Margarethes Angaben darüber schwankten; einmal sagte sie Wyatt, »Otto sei drei Jahre, ein andermal, er sei sechs gewesen, als sein Dasein als Nesthäkchen der Großeltern endete.« In jedem Fall waren es »die ersten Jahre«. Wyatt vermutete, »daß er sechs Jahre alt war«; dies verleihe »Ret Maruts Angaben gegenüber Elfriede Zielke eine metaphorische Wahrheit, daß er nämlich vom Alter von sechs Jahren an von einer Gouvernante erzogen worden war. In Wahrheit war es keine Gouvernante, sondern vielmehr die eigenen Eltern, die Otto durch Trennung von den Großeltern Herzweh bereiteten«. Im BBC-

Interview vom 25. Mai 1978 äußerte Margarethe: »Bis zu seinem sechsten Lebensjahr ist er ja da gewesen«; Ernst sagte: »Die Großeltern hingen an ihm«; »er war ein artiger Junge«; »und dann kam ja dazu, wie [...] mein Großvater krank war, daß meine Mutter ihn weggeholt hat. Das hat ihm ja nun nicht gepaßt, das kann man sich vorstellen. Wenn man allein ist und dann auf einmal mit sechs Kindern, das war nun bißchen viel«; »und da hat er sich nie wohl gefühlt.« Nimmt man wörtlich, daß Otto zurück in eine Familie mit sechs Kindern kam, wäre das sogar nicht vor 1895 geschehen, als er bereits 13 Jahre alt war. Man muß es aber nicht unbedingt wörtlich nehmen. In Maruts Kurzgeschichte »Brief eines Toten« wird der Protagonist von seiner Großmutter aufgezogen, nachdem er als Vierjähriger Vollwaise geworden ist. Das Frühjahr 1886 erscheint mir als plausibelster Zeitpunkt, zu dem er in den Schoß seiner Familie zurückkehrte. Vielleicht nur vorläufig.

Denn ebenfalls bei Wyatt ist als Resümee der Familienberichte zu lesen, daß Großmutter Wienecke nach dem Tod ihres Mannes zur Familie ihrer Tochter gezogen sei und dort »weiterhin ihren Liebling Otto« [verwöhnte], wodurch die anderen Kinder eifersüchtig wurden«. Da dies nachweislich nicht zutrifft, die Großmutter vielmehr bis zu ihrem Tod in Schwiebus einen eigenen Hausstand führte und allenfalls die letzten Wochen pflegehalber in Obhut genommen wurde, könnte dies auf einem Mißverständnis schon der Nachfahren beruhen und im Kern die Information beinhalten, daß die Eltern den Vierjährigen im Frühjahr 1886 nur vorübergehend zu sich geholt haben und er nach dem Tod von Albert Wienecke weiter bei seiner Großmutter lebte, vielleicht bis zur Rückkehr der Eltern aus Grünberg im Oktober 1892 oder auch darüber hinaus, längstens bis zum Tod der Großmutter im Dezember 1899. Endgültige Sicherheit läßt sich hier nicht gewinnen.

Wo die Wieneckes 1882 gewohnt haben und ihr Enkel Otto geboren wurde, ist dokumentarisch nicht nachzuweisen. Der Familienüberlieferung zufolge kam er »im Haus der Wieneckes am westlichen Stadtrand von Schwiebus zur

Welt«. Laut Adressbuch wohnte die Witwe Wienicke zum Stichtag August 1892 Äußere Neuestraße 1, was obiger Angabe entspricht. Nr. 2 wohnte der Tuchfabrikant Herrmann Knispel, der zugleich Hauseigentümer war; vielleicht arbeiteten Albert und Hermine für ihn. Es ist daher sehr wahrscheinlich, daß das Ehepaar Wienecke samt Tochter bereits zum Zeitpunkt von Ottos Geburt dort wohnte, vermutlich im 1. oder 2. Stock, wahrscheinlich unter dem Dach. Wie ein Umbauplan (nach 1900) zeigt, bestanden die Wohnungen im 1. Stock aus einer großen und einer bzw. zwei kleinen Stuben und einer Küche, die im 2. Stock aus je einer großen Stube, zwei kleinen Kammern und einer Küche, wobei die Wohnung rechts etwas kleiner war als die linke; sie kommt meines Erachtens am ehesten in Frage. Das Haus gehörte dem Rentier Reinhold Loosch; außer ihm selbst wohnten dort noch der Kgl. Eisenbahn-Stations-Assistent Gustav Teichert und die Schneiderin Emma Röstel, also vier Parteien (dabei ist von eventuellen Kostgängern auszugehen), im Adreßbuch von 1901 sind es dagegen sechs. Der Umbauplan bestätigt, daß zwei der größeren Wohnungen geteilt wurden.

Zur Jahrhundertwende wurde die Äußere Neuestraße in Poststraße umbenannt; so heißt sie bereits im Adreßbuch von 1901 und auch in dem von 1932; nach dem 2. Weltkrieg erhielt sie den Namen ulica Stycznia (Januarstraße). Die ehemalige Nr. 1 war zwischenzeitlich Nr. 7, heute trägt sie die Nr. 4; das Haus liegt in der Mitte der Straße, vom Markt kommend auf der rechten Seite. Eine zeitgenössische Ansicht ist nicht vorhanden. Eine im Stadtmuseum vorhandene Bildpostkarte stammt von ungefähr 1913; sie zeigt die Eckhäuser zum Lindenplatz und im Hintergrund von Nr. 1 den später hinzugekommenen repräsentativen Anbau und den herausspringenden Teil der linken Seitenfront.

Das Heim der Großmutter ist eine Insel der Beständigkeit gegenüber dem unruhigen Weg, den Adolf und Hermine Feige während der nächsten zwölf Ehejahre beschrieben. Er wird durch die Geburtsorte und -daten von Ottos und Willis Geschwistern markiert.

Spätestens im Sommer 1886 sind die Feiges in Grünberg nachzuweisen. Hier arbeitete der Vater als Töpfer; vermutlich in der Ziegelei von Carl Lorenz am Ziegelberg, zwischen Grüner Weg und Altkesseler Straße (entspricht heute einem Gelände zwischen ulica Waryńskiego Ludwika und ul. Podgórna). Lorenz war Maurermeister und, wie viele seiner Zunft, zugleich Bauunternehmer und Ziegeleibesitzer. Vier große Tongruben lagen im Osten der Stadt, unweit der Feigeschen Wohnadressen. Grünberg (heute Zielona Góra, Woiwodschaft Lebus), 40 Kilometer südlich von Schwiebus, war damals Kreisstadt im preußischen Regierungsbezirk Liegnitz in Niederschlesien und lag inmitten von Weinbergen (»Grünberger Champagner«) an der Eisenbahnlinie von Breslau nach Stettin. »Meyers Konversationslexikon« aus dem Jahr 1888 zählt die Besonderheiten auf: »eine evangelische und eine kathol. Kirche, eine Synagoge, ein Amtsgericht, ein Realgymnasium, eine Musterwebschule, eine Reichsbanknebenstelle, bedeutende Tuch- und Wollwarenfabrikation, Zwirnerei, Fabriken für Brückenbau und Maschinen (zur Landwirtschaft und Textilindustrie), Dachpappe und künstliche Blumen, Schaumweinfabrikation, Bierbrauerei, ein Braunkohlenbergwerk, Obst- und sehr bedeutenden Weinbau und (1885) 14.396 meist evang. Einwohner«; heute sind es fast 120 000.

Es ist bemerkenswert, daß der Publizist Ret Marut, Sohn eines Töpfers und Ziegeleiarbeiters, als er 1917 in München eine Zeitschrift gründete, diese »Der Ziegelbrenner« benannte. Doch ob er dies eingedenk des väterlichen Berufs tat, scheint mir alles andere als plausibel. Der patente Vater war ein Vorbild an Fleiß und Strebsamkeit, aber die Beziehung des Sohnes zu ihm war nicht so, daß man einen solchen Ehrenerweis erwarten könnte. Obendrein setzt Wyatt voraus, daß der Vater tatsächlich als Ziegelbrenner gearbeitet hat, was nicht belegt ist. Ein Töpfer ist kein Ziegler, sondern ein Keramiker, regional wird darunter auch der Ofensetzer verstanden. Ein Ziegelbrenner ist ein Fabrikarbeiter, der Baumaterial herstellt. Die Ziegeleien wurden meistens als Kampagnenbetrieb geführt, boten also nur für einen begrenzten Zeitraum Arbeit. Daher hatten sie auch keinen festen Arbeiterstamm und griffen auf Wanderarbeiter zurück. Paul Umbreit konstatierte 1895 in den Arbeits- und Wohnungsverhältnissen der Ziegeleiarbeiter »ein entsetzliches Elend, das die Lage der Industriearbeiter noch in den Schatten stellt«.

In Grünberg kamen vier Kinder zur Welt, zunächst am 23. September 1886 Arthur Max Richard (der bereits am 9. Oktober starb) und am 19. Mai 1888 Catharina Hermine *Gertrud* Ella Feige. In den Geburtsurkunden wird als Wohnung der Feiges die Adresse »Säure 4« angegeben (1925 Zeppelinstraße 4/5, heute ulica General Jozefa Béma/Ecke ulica Staszica 9). Aus den Baupolizeiakten geht hervor, daß dort 1877 der Ingenieur Richard Gleuwitz eine Fabrik mit einem »Theer-Koch-Apparat« hatte errichten lassen. Nachdem das Fabrik- und Kesselhaus durch einen Brand zerstört worden war, veranlaßte Maurermeister Wilhelm Lorenz 1885 dessen Wiederaufbau sowie den Neubau eines Lager- und Wohnhauses. Der Grundriß zeigt auf dem 3000 Quadratmeter großen Grundstück zwischen den Weingärten der Nachbarn verschiedene Gebäude. Die Feiges wohnten also in einem Neubau, den sie möglicherweise zu einem sehr geringen Mietzins oder gegen Hausmeistertätigkeit »trockenwohnten«. Die einräumige Wohnstube ohne Küche dürfte allerdings recht primitiv und für eine mehrköpfige Familie ungeeignet gewesen sein. So folgte zwischen Frühjahr 1888 und Frühsommer 1890 (vermutlich Ende 1889) ein Umzug nach Linde(n)berg (heute ulica Fryderyk Chopina), wo im Haus Nr. 17 am 11. Juni 1890 Oskar Gustav *Max* geboren wurde. Wieder war es ein Neubau, den die Feiges trockengewohnt haben könnten, wieder hieß der Bauunternehmer Lorenz.

Diesmal war es Maurermeister Carl Lorenz, der für seinen Nachbarn, den Winzer August Schreck, ein neues Wohnhaus errichtete. Der Aufriß von 1887 zeigt ein eingeschossiges Gebäude mit einem Ziegeldach und zwei Kaminen, die Straßenfront mit je zwei Fenstern neben der Eingangstür. Es war ein Zweifamilienhaus; der Grundriß zeigt zwei große Stuben an der Straßenseite, auf der Rückseite je eine Stube und eine Küche, durch den Flur getrennt, von dem aus eine Treppe auf den Dachboden führt. 1908 war hier die »Cognac- und Edelbranntwein-Brennerei F. Mangelsdorff Nachf. (Inh. Kliche & Behm)« nachgewiesen. Dem Anschein nach ist (nach diversen Umbauten) das heutige Haus ul. Fr. Chopina 23 mit diesem Haus identisch. Dafür spricht auch das erhaltene alte Weinlagerhäuschen hinter dem Haus.

Am 19. Juli 1892 wurde Editta Frieda Erna Feige geboren; als Wohnadresse ist in der Urkunde provisorisch »Hinterm Bahnhof 3« angegeben. Es handelte sich demnach wieder um einen Neubau; der Straßenname (Eisenbahnstraße, später Beucheltstraße; heute ulica Towarowa) wurde erst später vergeben. Maurermeister Carl Lorenz war, wie sich aus einem Plan der »Stadtmessung Grünberg« von 1925 ergibt, Eigentümer eines großen Grundstücks an der Eisenbahnstraße, wo er zwei größere Häuser errichten ließ; eines davon dürfte das Haus »Hinterm Bahnhof 3« sein.

Mitte Oktober 1892 kehrte die Familie Feige nach Schwiebus zurück, wo zwei weitere Kinder geboren wurden, am 14. Dezember 1893 Martha Klara Amalie *Margarethe* und am 5. August 1895 Johannes Walter *Ernst* Feige. Mittlerweile arbeitete der Vater nicht mehr als Töpfer, sondern laut Standesamtsurkunde als »Aufseher«, wofür er sich vermutlich schon in Grünberg qualifiziert hatte. Für 1899 ist nachzuweisen, daß er Betriebsaufseher in der Brikettfabrik war; nehmen wir also an, daß er dort auch schon 1893 angestellt war. Dafür spricht auch die Wohnadresse: Brätzerstraße 13 liegt genau gegenüber der Brikettfabrik »Victorsglück« (1896 »Schwiebuser Kohlenwerke«),1892 mit der Adresse Brätzerstraße 6a.

Wyatts Bericht über seinen Besuch des Hauses, »wo Hermann Albert Otto Maxens Vater Hausmeister war, als der Junge 13 Jahre alt war«, »ein großes, rosa gestrichenes klassizistisches Gebäude mit Säulen und Giebeln in herrschaftlicher Lage am Stadtrand«, basiert auf zwei irrtümlichen

Annahmen: erstens der Vorstellung, das Haus Nr. 13 der ul. Poznanska von 1978 sei mit der Adresse Brätzerstraße 13 von 1893 identisch; zweitens, Adolf sei in dem von ihm bewohnten Haus Hausmeister (»concierge«, »caretaker« gewesen. Gleiches gilt für seine Vermutung, Adolf habe in Schwiebus in einer Ziegelei an der Brätzerstraße gearbeitet. Tatsächlich war es die Brikettfabrik gegenüber.

Die Brätzerstraße (heute ulica Poznanska) lag damals am Rande von Schwiebus, sie ging über in die Chaussee, die nach Brätz (heute Brójce) führt. Damals hatte sie den Charakter eines Industriegebiets, von den 17 Gebäuden dienten so gut wie alle gewerblichen Zwecken. Nr. 4 (in der Zählung von 1892) war die Tuchfabrik von Reinhold Knispel, in der »Carbonisiranstalt« von Paul Schwanhäuser Nr. 7 wurde Wolle chemisch »gewaschen«, Nr. 8 war die Landwirtschaftliche Maschinenfabrik von Mayer, Nr. 10 die Olein-Fabrik von Heinrich Hoffmann; das farblose, dickflüssige Öl fand insbesondere in der Textilindustrie Anwendung. Unter Nr. 11 ist eine »Gewerksfabrik mit Appreturanstalt und Tuchfabrik« von Gottlieb Resch eingetragen, unter Nr. 12 u. a. die Kohlenhandlung von Gustav Langner. Nr. 14 gehörte dem Maurermeister, Bauunternehmer und Ziegeleibesitzer Reinhold Pfaender, der dort auch wohnte, in Nr. 15 befand sich F. W. Müllers Verkaufsgeschäft für landwirtschaftliche Maschinen und Geräte.

Brätzerstraße Nr. 13, die nachgewiesene Wohnung der Feiges zwischen 1893 und 1895, trägt diese Nummer noch im Adreßbuch 1901 (in dem von 1913 und 1932 ist sie Nr. 20, nach dem 2. Weltkrieg Nr. 33; heute ist es Nr. 21). Das Grundstück gehörte Reinhold Knispel (sicher ein Verwandter des mutmaßlichen Arbeitgebers der Wieneckes, Herrmann Knispel, Eigentümer des Hauses Äußere Neuestraße 1), der auf dem Hof eine Brauerei und im Haus eine Gastwirtschaft betrieb, dort auch wohnte und außerdem untervermietete. Das Anwesen ist sehr geräumig; vermutlich war die komplette 1. Etage Besitzerwohnung, die Kammern unter dem Dach dem Personal vorbehalten. In diesem Fall hätten sich Knispels Mieter die 2. Etage geteilt.

Das Haus ist erhalten, auch das Kesselhaus auf der rechten hinteren Grundstückseite mit dem Schornstein. Auf der linken und auf der hinteren Hofseite, im rechten Winkel zueinander stehend, befinden sich Lagerräume, eines der Gebäude diente früher vermutlich als Pferdestall und Remise.

Das Fabrikgelände der »Schwiebuser Kohlenwerke« entspricht heute einem Terrain hinter den Wohnhäusern aus den 30er Jahren gegenüber der ehemaligen Brauerei. Über dem Grundstück verlief die Drahtseilbahn, die über den Schloßsee zu den Gruben »Victorsglück« und »Industrie« bei Rietschütz führte und die Kohle bis zur Kohlenschurre transportierte, einem Fachwerkbau mit Pappdach, der ungefähr die hintere linke Ecke des äußerst links liegenden Neubaugrundstücks berühren würde. Dieses Gebäude lag der Brätzerstraße am nächsten, schätzungsweise 25 Meter dahinter. Ein Plan zeigt sowohl dieses Gebäude als auch die eigentliche Brikettfabrik, ausgeführt in Massivbauweise mit einem Wellblechdach; davor, direkt anschließend, das Kesselhaus, in etwa sechs Metern Entfernung links daneben den Schornstein. Adolf Feige hatte also bis zu seinem Arbeitsplatz in der Brikettfabrik lediglich 100 Meter zu gehen. 1892 wurde am hinteren Rand des Grundstücks, gegenüber vom Kesselhaus, ein Akkumulatorengebäude errichtet, gegenüber stand ein Wohnhaus. Ein späterer Plan noch aus deutscher Zeit spricht vom Neubau eines Stallgebäudes auf dem Grundstück der Brikettfabrik »Victorsglück« mit Pferdestall, Holzstall, Schweinestall und Abort. Sämtliche Gebäude wurden bis auf das ehemalige Wohnhaus in den 30er Jahren abgerissen. Am 3. Oktober 1896 wurde im Märkischen Hof das Knappschaftsfest der Schwiebuser Kohlenwerke gefeiert; die bei diesem Anlaß gesungenen Lieder sind als Heftchen erschienen, das sich im Besitz von Adolfs Urenkel gefunden hat.

Schule und Ausbildung

Da unsicher bleibt, wann Otto Feige endgültig zu seinen Eltern zurückkehrte, ist auch nicht zu klären, ob er wie sein

Bruder Willi die Friedrichschule (später »Gemeindeschule I«) in Grünberg oder die Volksschule in Schwiebus besucht hat. Sicher ist, daß er Ostern 1888 eingeschult wurde und entweder durchgängig die siebenklassige Volksschule (in Schwiebus unter dem Rektorat des Hauptlehrers Krüger und den Lehrern Schmidt, Tille, Tauchert, Jurge, Apitz, Barndt, Dräger und Rümpler) bis zum vollendeten 14. Lebensjahr, d.h. bis Ostern 1896 besucht hat, oder Ostern 1892 mit zehn Jahren auf die Mittelschule für Knaben (in Schwiebus unter Rektor Timm und den Lehrern Müller, Machule, Koch, Langheinrich, Mahrenholz, Schulz und Dammholz) gewechselt ist. Ab Oktober 1892, als die Eltern aus Grünberg zurückkehrten, fand der Schulbesuch auf jeden Fall in Schwiebus statt. Volks- und Mittelschule befanden sich am Lindenplatz, dem Postamt gegenüber.

In Preußen wurden unter Mittelschulen, bei insgesamt »großer Mannigfaltigkeit in der Einrichtung«, »gehobene Volksschulen« verstanden, »die, ohne zu den höhern Lehranstalten zu gehören, doch über den Bildungskreis der Volksschule hinausgehen«, und zwar in Mathematik, Chemie und Physik, erweitertem Geschichtspensum und Zeichnen. Als ihr »besonderer Zweck« wurde die »Vorbereitung für die feinern Handwerke« beschrieben, doch waren sie auch das Bindeglied zu den höheren Schulen. Die genaue Organisation der siebenklassigen Schwiebuser Mittelschule ist nicht bekannt, ab der Septima wurde Englisch gelehrt, in der Tertia kam Französisch dazu; Latein war fakultativ. Französisch scheint Otto nicht gelernt, die Tertia also nicht mehr erreicht haben zu haben, denn französische Wörter schreibt Ret Marut häufig falsch. Beispiele: »Bourgoisie« statt Bourgeosie (siehe S. 420), »Lagrilliére« statt Lagrilliere, »Comité de l'asie Française« statt »Comité de l'Asie Française«, Lannessan statt Lanessan, »Contes et l'histoire d'Annam« statt »Contes et légendes annamites« – Plural und Singular in einer Reihe! Ein Tippfehler (»Pater-nosta«) in der wohl 1915/16 entstandenen Marut-Erzählung »Die Himmelfahrt« könnte darauf deuten, daß der Schreiber das Lateinische nur vom Hörensagen kannte. Vielleicht dachte

Traven an seine eigene Schulzeit, als er 1918 im »Ziegelbrenner« die »Quarta« einer weiterführenden deutschen Schule erwähnte: »während meine lieben Mit-Gesellen von der Quarta wagemutig und schweißtriefend dem ehrlichen Caesar das Gedärm herumdrehten«; ein weiteres Mal erinnerte Traven im Brief an »Vorwärts«-Feuilletonchef John Schikowski vom 18.4.1925 an »jenes Lebensalter«, »in dem ein deutscher Junge mit den hochgeschwellten Gefuehlen, der hehren Wissenschaft abermals einen Schritt naehergekommen zu sein, die Quarta betritt« – die Quarta der Mittelschule hätte der Dreizehnjährige 1895 erreicht.

Über seinen Geschichtsunterricht an einer preußischen Volksschule bemerkte Ret Marut 1920/21: »Wir alle, die wir kürzere oder längere Zeit preussische Volksschüler gewesen sind, wissen, dass wir im Geschichtsunterricht die Note ›sehr gut‹ mit Sicherheit bekamen, wenn wir, nach den ›Taten‹ eines beliebigen Preussenkönigs gefragt, die Phrase herunterleiern konnten: ›Er förderte Ackerbau und Viehzucht, unter seiner Regierung blühten Handel und Gewerbe, er war ein Freund und Förderer der schönen Künste und freien Wissenschaften‹. [...] Vermochte man dann noch nach eingepaukten Merkversen die Reihenfolge der gekrönten Hohenzollern von Brandenburg und Preussen herzusagen, die Geschichtszahlen, wann sie zur Regierung kamen und wann sie starben und der nächste an der Reihe war, die ›schwere Bürde‹ der Regierung zu übernehmen, dazu die Kriege, die sie geführt hatten und in denen sie immer Sieger waren, dann wurde man Klassenerster, auch wenn man keine blasse Ahnung davon hatte, wer den Faust geschrieben hat«.

Otto war vielleicht nicht »Klassenerster«, aber doch nach Erinnerung seiner Schwester Margarethe »ein guter Schüler«, und sein Wunsch sei es gewesen, zu studieren und »Pastor« zu werden. Da es in Schwiebus keine höhere Schule gab, deren Abschluß zum Theologiestudium berechtigte, hätte Otto ein auswärtiges Gymnasium (etwa in Grünberg, Züllichau, Frankfurt oder Berlin) besuchen müssen.

Der Magistrat hätte »diesem hervorragenden Schüler« sogar das Schulgeld bezahlt, wenn die Eltern für Kost und Logis aufgekommen wären; dazu sahen sie sich jedoch außerstande. Margarethe: »Die Stadt Schwiebus wollte ihm das Studium bezahlen, aber meine Eltern sollten den Unterhalt bestreiten und dann sagten meine Eltern, [...] das könnten sie nicht, sie hätten sieben Kinder, und das durfte er denn nicht. [...] Und dann mußte er Schlosser lernen. Vier Jahre hat er Schlosser gelernt.«

Was der erzwungene Verzicht auf die Verwirklichung seines Berufswunsches für Otto bedeutete, hat seine Schwester niemals ermessen können. Ob er überhaupt realisierbar, also von den Eltern finanzierbar gewesen wäre, muß offen bleiben. Wir wissen nicht, welcherart die elterliche Didaktik war, ob es eine der Autorität, der Kraft und der Lautstärke, oder der Vernunft, der Güte und der Überzeugung war. Wir wissen nur, daß das Studierverbot neue Barrieren zwischen ihn und die Eltern legte. Die Eltern nachträglich zu verteufeln, weil sie Otto in eine Schlosserlehre zwangen, liegt kein Grund vor. Später hat er sich mit seinem kurvigen Bildungsgang arrangiert: »Gerade bei großen Organisatoren hat sich oft erwiesen, daß Hochschulbildung ein Ballast ist, den man erst wieder abzustoßen hat, ehe man erfolgreich arbeiten und organisieren kann. Denn Bildung schafft Vorurteile auch im Denkprozeß, und sie ist der Entdeckung und der Entfaltung neuer Ideen oft sehr hinderlich«. Aus diesen Sätzen spricht der Stolz des Bildungs-Autodidakten, dem Maschinenwerkstatt und gewerbliche Fortbildungsschule das Gymnasium ersetzten, der den Hochschulbesuch 1927–1929 in sechswöchigen Sommerkursen an der Universidad Nacional in Mexiko nachholte, mit Zertifikat, wobei er, wen wundert es, am besten im Seminar über politische und soziale Probleme Mexikos abschnitt.

Für den 14jährigen Otto war es zweifellos ein weiterer Beweis für die fehlende Liebe seiner Eltern, denen es offenbar nur ums Geld, nicht um die Ausbildung seiner Fähigkeiten ging – ein Thema, das noch den Autor Ret Marut beschäftigte. In der Kurzgeschichte »Betrüger«, die Marut 1913 dem »Vorwärts« anbot, redet eine Mutter ihrem Sohn seinen Wunschberuf mit dem Argument aus: »Mein Sohn, verdiene Geld, in erster Linie, damit du deiner Mutter, die dir das Leben gab und der du ewige Dankbarkeit schuldest, das Dasein erleichtern und verschönern kannst.« Woraufhin der Sohn »einen ihm verhaßten Beruf« ergreift, »der ihm aber sofort Geld einbrachte«. »Von Kindheit an«, so Ret Marut 1917 im » Ziegelbrenner«, würden dem Menschen »alle Bestrebungen, seinen Fähigkeiten und seinen Neigungen entsprechend zu leben, mit aller Macht und mit aller Strenge unterdrückt«. »Vom ersten Schultage des Kindes an ist das Ziel der Eltern gegenüber dem Knaben nur darauf gerichtet, die Grundlagen einer auskömmlichen Nahrungs-Sicherheit (Existenz) festzulegen, gegenüber dem Mädchen – von seltenen Ausnahmen abgesehen – es darauf vorzubereiten, ein guter Heirats-Gegenstand zu sein. Und es wäre doch unendlich wichtiger, aus dem Kinde einen vollkommenen, harmonisch durchgebildeten Menschen zu machen, überhaupt nur zu einem Menschen zu machen und nicht zu einem bloßen Futtersucher. Ist er wahrhaft Mensch, so findet er die Grundlagen und Voraussetzungen der ihm zusagenden Nahrungs-Sicherheit dann schon von selbst und braucht hierzu weder Ratschläge noch etwa gar Zwangs-Richtlinien«. Zwei Jahre später erinnerte er, wiederum im »Ziegelbrenner«, daran, daß »Leute mit aufnahmefähigem Sinn infolge Mangel an ›Betriebskapital‹ auf den Besuch guter Schulen verzichten mußten« – ein unüberhörbares Echo eigener leidvoller Erfahrungen. Otto wußte damit umzugehen: Die Erniedrigungen, Enttäuschungen, Frustrationen der Kindheit transformierte er in die Leidenschaft, sich unter anderem Namen Bildungs- und Erlebniswelten zu erobern, die ihm die Familie und die Gesellschaft verwehrt hatten. Viele seiner Befähigungen drängten nach Ausübung; sie an den Tag treten zu lassen, war sein sehnlichstes Ziel.

Ostern 1896 wurde Otto konfirmiert; das Konfirmationsbild hat sich in Familienbesitz erhalten. Es zeigt einen gutangezogenen Jungen von 14 Jahren im Atelier des Fotografen, der mit festem Blick sehr aufrecht neben einem rustikalen Stuhl steht, den Konfirmationshut in der Hand. Der Mund ist flach, die Oberlippe lang, das linke Nasenloch steht schräger als das rechte – eine charakteristische Physiognomie, die auf den Bildern von Marut und Traven wiederzufinden ist. Wohl ebenfalls zu Ostern 1896 (möglich wäre auch 1897) verließ Otto die Schule und begann, wie wir durch seine Schwester wissen, keine 100 Meter von der elterlichen Wohnung entfernt, Brätzerstraße 8 in der Maschinenfabrik von Carl A. H. Mayer, einem gut geführten Familienbetrieb, eine vierjährige Schlosserlehre. »Mechanic« gab denn auch 1923 Ret Marut bei seiner ersten Vernehmung durch den Haftrichter in London als seinen Beruf an, was sowohl mit Mechaniker als auch mit Maschinenschlosser übersetzt werden kann.

Die Hausnumerierung wurde seither mehrfach geändert; 1913 und 1932 lautete sie 15, nach dem 2. Weltkrieg 39; inzwischen war rechts neben dem Grundstück eine Straße (ul. Zwiazkowa) angelegt worden. Heute ist es die Nr. 7 der ul. Poznanska. Eine Bildpostkarte um 1908 zeigt neben dem Nachbarhaus zur Linken die mit einem Torbogen überbaute Toreinfahrt zur Maschinenfabrik und das daneben gelegene eingeschossige Mayersche Wohnhaus, das nach rechts ursprünglich von einem kleinen Garten gesäumt wurde. Toreinfahrt (links ist noch ein Pfeilerrest erhalten) und Wohnhaus existieren heute nicht mehr, aber die Betriebsgebäude scheinen im wesentlichen erhalten zu sein. Auf dem Gelände wird derzeit eine Farben- und Lacke-Fabrik (»Koloryt«) betrieben. Wahrscheinlich ist die damalige Maschinenwerkstätte, die ein massives Ziegeldach besaß und das Grundstück nach hinten abschloß, zumindest in den Grundrissen mit dem heutigen Fabrikgebäude identisch. Links und rechts des Hofraums standen weitere Gebäude: links eine Remise aus Fachwerk mit Pappdach, rechts zwei ziegelgedeckte Ställe, der vordere dürfte das Kohlelager gewesen sein. Anstelle des hinteren Stalles wurde später ein Kesselhaus samt Schornstein errichtet, wo die »Lokomobile«, die Dampfmaschinenanlage, ihren Platz fand, ein Fabrikat der Firma Th. Flöther in Gassen/Niederlausitz mit der Nr. 8013.

Ein Plan aus dem Jahr 1894 zeigt einen eingeschossigen Anbau an das Wohnhaus anstelle des Gartens mit zwei Fenstern zur Straße und sechs Fenstern nach Osten, wo sich noch Ackerland erstreckte, ebenfalls im Mayerschen Besitz. Das alte Wohnhaus verfügte über 3 Stuben, jetzt kamen zwei weitere sowie ein Comptoir und ein Abort dazu. Hinter der Maschinenwerkstätte wurden im bis dahin als Garten genutzten Teil des Grundstücks noch zwei kleinere Anbauten errichtet, darunter eine Schmiede. Als Otto Feige als Maschinenschlosser bei Mayer anfing, vermutlich zu Ostern 1896, dürfte das Grundstück in dieser Form bebaut gewesen sein.

Unterlagen zu Ottos Lehrzeit gibt es nicht. Aber von seinem fast drei Jahre jüngeren Bruder Willi, der vom 10. April 1899 bis zum 4. April 1903 ebenfalls bei Mayer eine Lehre als Schlosser absolvierte (auch der dritte, 1890 geborene Bruder Max Feige hat von 1904–1908 bei Mayer gelernt), haben sich im Besitz seines Enkels sowohl der Lehrvertrag – er wurde von Mayer erst am 5. August 1899, nach Ablauf der Probezeit, unterzeichnet – als auch der von der Polizeiverwaltung beglaubigte Gesellenbrief (»Zeugniß«) gefunden. Zwischen Adolf Feige und dem Lehrherrn war vertraglich vereinbart, daß der Vater für Kleidung, Kost und Logis zu sorgen hatte. Dafür zahlte Carl Mayer bereits im 1. Lehrjahr einen Wochenlohn von 3 Mark, der sich mit jedem weiteren Jahr um 50 Pfg. erhöhte. Wenn wir die auf diese Weise gewonnenen Informationen schematisch auf Otto übertragen, ergibt sich folgendes Bild: Otto lernte nicht Rohr- oder Blech-, Bau- oder Kunstschlosser, sondern Maschinenschlosser (»Erlernung der in das Maschinenfach einschlagenden Arbeiten« bzw. »Arbeiten des Maschinenbau-Gewerbes«); Wartung, Reparatur und Instandsetzung von Maschinen- und Anlagenteilen war seine Aufgabe. Das Berufsbild entspricht ungefähr dem heutigen Industriemechaniker, wofür eine dreieinhalbjährige betriebliche Ausbildung erforderlich ist. Die Eltern hatten ihm damit einen Beruf in einer stürmisch wachsenden Industriebranche ausgesucht, der Gewähr für einen ganzjährigen Arbeitsplatz bot.

In den zwei Jahrzehnten vor dem Ersten Weltkrieg, einer Zeit stabiler Konjunkturlagen, wandelte sich Deutschland endgültig vom Agrar- zum Industriestaat: Gemessen an den Beschäftigtenzahlen machten Industrie, Handel und Gewerbe laut Gewerbezählung von 1907 56,2 Prozent der gesamten Volkswirtschaft aus. Zu den klassischen Branchen Kohle, Eisen und Stahl traten Elektrotechnik, Chemie und insbesondere der immer mehr an Bedeutung gewinnende Maschinenbau. Ein Maschinenschlosser gehörte um 1900 zur Handwerkerelite, weil dieser Beruf Technikverständnis und -beherrschung voraussetzte. Er zählte daher zu den bestbezahlten Berufen; in einer Großstadt konnte ein Maschinenschlosser das Mehrfache eines Textilarbeiters auf dem Land verdienen. Ein ausgelernter Schlosser kam 1901 laut »Metallarbeiterzeitung« durchschnittlich auf 32 Pfg./Stunde; mit Montagezulage auf 37 Pfg. Bei einer jährlichen Stundenzahl von 3 900 Stunden, was bedeutete, daß er an 300 Tagen je 13 Stunden arbeitete, ergab das 1443 Mark im Jahr oder 120 Mark im Monat.

Aus dem Abschlußzeugnis des Bruders Willi geht außerdem hervor, daß er sich während seiner Ausbildung nicht nur »die nöthigen Kenntnisse als Schlosser«, sondern auch als »Fräser angeeignet« hat; dies möchte ich ebenfalls für Otto annehmen, der 1916 die Kurzgeschichte »Der Mann an der Fräse« veröffentlicht hat, in der die List und individuelle Gegenwehr eines Elite-Handwerkers im Kampf mit seinem Arbeitgeber geschildert wird.

Wahrscheinlich von 1896 bis 1899 besuchte Otto die Gewerbliche Fortbildungsschule im Schulzentrum Lindenplatz 14 (der gesamte Komplex ist längst in Wohnungen umgewandelt). Seit der Novelle zur Reichsgewerbeordnung von 1891 bestand für Gesellen, Lehrlinge und Gehilfen bis zum vollendeten 18. Lebensjahr Schulzwang, der Besuch der Fortbildungsschule war daher obligatorisch und kostenlos.

Die staatliche Aufsicht lag bei dem Minister für Handel und Gewerbe. Lehrpläne oder Curricula sind nicht überliefert; aus andern preußischen Städten liegen jedoch Ortsstatuten für Gewerbliche Fortbildungsschulen vor. Demnach wurden in der Woche an zwei bis vier Werktagabenden (meist 20–22 Uhr) und am Sonntag insgesamt zwischen vier und neun Unterrichtsstunden erteilt. Weitere Fingerzeige gibt das Abschlußzeugnis der Gewerblichen Fortbildungsschule für Willi Feige vom 23.3.1902. Er besuchte sie in den ersten drei Lehrjahren parallel zu seiner Ausbildung. Deutsch, Rechnen, Buchführung und Zeichnen wurden hier unterrichtet; als Lehrer firmieren Hoffmann, Tauchert und der als Schriftsteller und Lokalhistoriker bekannt gewordene spätere Stadtarchivar Gustav Zerndt.

Otto Feiges Handschrift

Im Herbst 1898 bekam Otto von seinem Lehrer an der Gewerbeschule Tauchert (der ihn folglich nur bis dahin unterrichtete?), damals 45 Jahre alt, als »Andenken« einen antiquarischen Bildband »Elemente von Maschinen« geschenkt, der in erster Linie als »Leitfaden für Gewerbschüler«, aber auch »zum Selbstunterricht« dienen sollte (Leipzig 1858); er hat sich in Familienbesitz gefunden. Auf dem Titelblatt und einem fliegenden Vorsatzblatt trägt er in lateinischer Schrift den eigenhändigen Namenszug »Otto Feige«, am rechten Rand des Titelblatts hat dieser in sorgfältiger deutscher Kurrentschrift (Eigennamen in lateinischer Schrift) vermerkt: »Zum Andenken erhalten von Herrn Tauchert, Lehrer der gewerbl. Fortbildungsschule zu Schwiebus 25. Oktober 1898.«

Dieselbe Handschrift finden wir auch in dem auf den 21.4.1901 datierten kurzen Prosatext »Im Walde«, der zur Ret-Marut-Sammlung der University of California, Riverside Libraries gehört. Es ist das älteste bisher bekannte literarische Zeugnis des Autors, eine kleine, unbeholfen erzählte, aber deutlich ambitionierte Schauergeschichte über einen »blutjungen Wanderer«, dem »Landleute« einen »falschen Weg gewiesen« haben (nehmen wir das ganze allegorisch, wäre der Protagonist ein Unbehauster, Einsamer, Irregeleiteter). Nun hat er sich bei Sonnenuntergang (»purpurn erglühn die Wolken, während sich an der entgegengesetzten Seite der Himmel wie mit einem schwarzen Tuche überzieht«) im »unermeßlichen Höhenwald« verirrt. Feldhühner und Eulen schreckt er auf; Rehe kreuzen seinen Weg, »unheimlich erklingt das Geschrei der Uhus und Bellen der Füchse durch die Grabesstille«. Erschöpft sinkt er zu Boden, da leuchten plötzlich »zwei grünlich schillernde Augen« durch die Nacht. »Er kennt sie, solche Augen besitzt nur eine Wildkatze und Grausen erfaßt den Wanderer. Er ist sich seiner Gefahr bewußt, fällt er diesem Tier zur Beute so ist er unrettbar verloren. Frischer Geist belebt seine ermatteten Glieder, er springt auf und eilends geht er weiter. Der Schlaf ist ihm vergangen. Stundenlang geht er durch den finstern Wald, bergauf, bergab. Versucht ihm die Schwäche zu übermannen, so denkt er an die Wildkatze und mit neuer Schnelligkeit schreitet er vorwärts.« Nach Stunden gelangt er endlich an eine Landstraße; Hundegebell verweist auf eine nahe Siedlung.

Die deutsche Romantik hatte den Wald für typisch deutsch erklärt, zu einem spirituellen Ort der Ruhe, an dem man göttlichen Frieden finden konnte, und ihm so seine Unheimlichkeit genommen; Otto Feige gab sie ihm zurück, versah ihn mit Gefahren, die einer Zeit entstammen, als der Mensch die belebte Natur noch als feindlich und gefährlich empfand. Das Waldabenteuer mit seinem naiven Erzählton erinnert an die Kolportageliteratur, mit der Hermann Reiches Verlag in Schwiebus Stadt und Land regelrecht überschwemmte; die gehäuften Adjektive verraten den Kunstanspruch des jungen Autors, die Aufzählung diverser Tierarten sein Naturinteresse; das tödliche Erschrecken vor der Wildkatze, die im übrigen in Brandenburg 1901 bereits nahezu, 1907 tatsächlich ausgerottet war, bezeugt indes Unkenntnis darüber, daß deren größtes Beutetier der Feldhase ist. Erwachsene pflegten solche Geschichten zu erzählen, um Kinder zu beeindrucken und im häuslichen Bannkreis zu halten. Daß die »Skizze« statt eines Urhebernamens die Angabe »von … …« trägt, bedeutet, daß Otto einerseits das Manuskript zu veröffentlichen gedachte, andererseits davor zurückschreckte, sich als Verfasser zu bekennen.

Der Rückzug in die Anonymität, das Markenzeichen des Autors B. Traven, ist hier bereits vollzogen; der Prozeß der künstlerischen Selbstfindung allerdings wird sich noch über mehr als zwei Jahrzehnte erstrecken. Erst dann hat er sich einen eigenen Stil und ein eigenes, unverwechselbares Idiom geschaffen, an dem der Romancier B. Traven denn auch als Publizist Ret Marut wiedererkannt werden wird. Erhalten bleibt bis zu seinem Tod das Mäandern zwischen journalistischer und belletristischer Literatur und eine eminente Vielseitigkeit und Vielgestaltigkeit. Damit ist nicht das Spiel mit dem Publikum gemeint, worin es ihm nur wenige Schriftsteller gleichtun, sondern – verlängert man die Linie bis nach Mexiko – die Dispersion in verschiedene Medien. Denn neben den Pamphleten aus seiner Münchner Zeit und den berühmten mexikanischen Romanen und Erzählungen hat er Gedichte, Theaterstücke und Filmdrehbücher geschrieben, fotografiert und gefilmt – ein weitgefächertes Angebot, mit dem er sich jeder Festlegung zu entziehen vermochte.

Noch einige weitere Druckschriften haben sich im Nachlaß von Willi Feige gefunden, zunächst die Bände »Der Maschinenkonstrukteur« 11 und 12 der »Unterrichtsbriefe für das Selbststudium des gesamten Maschinenbauwesens«, System Karnack-Hachfeld, ohne Jahresangabe erschienen im 1896 gegründeten Verlag Bonneß & Hachfeld in Potsdam; eine der Textabbildungen ist mit 1898 datiert. Das Lehrwerk wurde Ostern 1902 in der »Deutschen Metallarbeiter-Zeitung« inseriert. Viele der Lehrhefte sind nicht oder nur teilweise aufgeschnitten, einen Besitzvermerk tragen sie nicht. Selbst wenn man die Möglichkeit außer acht läßt, daß die Bände einst seinem Bruder Otto gehört haben könnten, belegen sie den Bildungseifer von Willi, worin er Otto kaum nachstand. Sodann drei aus Schwiebus stammende kleine Broschüren der Jahre 1893, 1894 und 1897, die wohl von Adolf Feige aufgehoben wurden: »Commers-Lieder zum Turnfeste des Märkisch-Posener Gaues«, das am 23. Juli 1893 in Schwiebus gefeiert wurde; »Lieder gesungen am Fest-Commers zur Feier des Geburtstages Sr. Durchlaucht des Fürsten Bismarck im Verein zur Pflege deutscher Gesinnung in Schwiebus am 1. April 1894«; und ein Festprogramm desselben Vereins zur »Feier des 100jährigen Geburtstages weiland Sr. Maj. Kaiser Wilhelms I. am 21. März 1897 im ›Märkischen Hofe‹«. Diese Heftchen belegen zum einen den dortigen Aufenthalt der Familie in diesen Jahren, zum andern die Teilnahme an bürgerlicher Geselligkeit. Die Mitgliedschaft im Turnverein möchte ich, ohne seinen 33-jährigen Vater rundweg auszuschließen, dem damals elfjährigen Otto zuschreiben, der als Theatertänzer in Danzig seiner Verlobten Elfriede Zielke mit Erfolg den Bären aufband, er habe bereits als Knabe in einem Ballettensemble mitgewirkt und mit diesem »Gastspiele in allen Ländern der Welt gegeben«. Die Zugehörigkeit des Vaters zum »Verein zur Pflege deutscher Gesinnung« ist einerseits als Bekenntnis zum Deutschtum in einer Region mit einem hohen Anteil polnischstämmiger Bevölkerung, andererseits aber wohl auch als Integrationsversuch des Vaters in eine ihm qua Herkunft verschlossene Gesellschaftsschicht zu deuten, der er als Betriebsaufseher und damit verlängerter Arm des Werkdirektors näher stand als seinen Klassengenossen. Die Belegschaft der »Schwiebuser Kohlenwerke« umfaßte 1903 105 Mitarbeiter. 30 Jahre später schilderte B. Traven im »Caoba-Zyklus« die Zustände in einem mexikanischen Holzfäller-Camp, wo die Aufseher, die Capataces, »brauchbare Henkersknechte« für die Mahagoni-Kompanien sind: »Es gibt Aufseher, die es verstehen, ihre Leute zum Arbeiten zu kriegen, und es gibt andere, die das nicht verstehen«. »Mestizische Kollaborateure« nennt sie Christine Hohnschopp. Aus dem großen Heer des Proletariats war Adolf Feige gleichsam desertiert und zum Gegner übergelaufen; Konflikte mit seinem Sohn, der gegen Ende der Lehrzeit Mitglied des Deutschen Metallarbeiterverbands (DMV) geworden sein dürfte, waren damit unausweichlich.

Ein mächtiger Verband

Der DMV hatte Ende 1905 reichsweit 259692 Mitglieder. Die Schlosser und Maschinenbauer, die sich 1892 dem Verband angeschlossen hatten, waren dabei mit über dreißig Prozent vertreten. Seit 1899 zahlte der DMV eine Unterstützung bei Arbeitslosigkeit, ab 1905 auch im Krankheitsfall. Schon vorher gab es Reisegeld- und Umzugs-, Gemaßregelten- und Streikunterstützung; auch bestand Anspruch auf Rechtsschutz. Eine Mitgliedschaft war also von offensichtlichem Vorteil. Außerdem schuf die Gesellschaft von Gleichgesinnten ein in seiner Attraktivität nicht zu unterschätzendes, nahezu familiäres Gefühl von Zusammengehörigkeit: Man traf sich auf den Verbandsversammlungen, war gemeinsam in Arbeitskämpfen aktiv, las die Gewerkschaftszeitung; die Älteren hatten dezidierte Auffassungen zu den zahlreichen Streitfragen und Richtungskämpfen innerhalb der Gewerkschaften und waren gerne bereit, ihr Wissen weiterzugeben.

Ottos Mitgliedschaft im DMV schließe ich zum einen aus dem Umstand, daß man 1906 zweifellos nur einem langjährigen Mitglied die Geschäftsführung der Verwaltungsstelle Gelsenkirchen anvertraute. Zum andern ist von Otto während seiner Zeit in Wallensen der Versuch einer nicht näher bekannten politischen, wahrscheinlich gewerkschaftlichen Kampagneaktion belegt (siehe S. 99). Jedes Jahr traten dem DMV einige tausend 20- bis 25-Jährige bei, und das mit steigender Tendenz: 1903 waren es 7114, 1904 10238.

Schwiebus gehörte zum 3. Bezirk des Deutschen Metallarbeiterverbands, der hier, ebenso wie der mit den freien Gewerkschaften rivalisierende Hirsch-Dunckersche Gewerkverein, seit mindestens 1892 mit einer Ortsverwaltung vertreten war. Ende 1900 hatten sich in Schwiebus 38 Mitglieder dem DMV angeschlossen, 1904 waren es 49. Die monatlichen Mitgliederversammlungen fanden im Restaurant Zur Seehandlung von Gustav Gondolatsch in der Mühlenstraße statt (belegt für einen Zeitraum zwischen mindestens 9.2.1901 und Dezember 1904).

Dem sozialdemokratischen Arbeiterbildungsverein, der 1897/98 von dem Tischler Wilhelm Wiesener geleitet wurde, gehörte Otto nachweislich nicht an, er könnte jedoch dessen öffentliche Veranstaltungen besucht haben. Eine Wahlkampfkundgebung vom 8. Mai 1898 wurde laut Polizeibericht »von etwa 240 Personen aus dem Arbeiterstande besucht«, Hauptredner war der sozialdemokratische Reichstagskandidat im Wahlkreis Frankfurt-Lebus Theodor Metzner, ein gelernter Schuhmacher aus Berlin. An der Seite von Wilhelm Liebknecht und August Bebel gehörte Metzner 1869 zu den Gründern der Sozialdemokratischen Arbeiterpartei.

Ich vermute – weil es der Regelfall war –, daß Otto von einem politisch informierten, mit den Ideen des Sozialismus vertrauten Arbeitskollegen für den Metallarbeiterverband geworben wurde, und ich spekuliere darüber hinaus, daß dieser Kollege eine Art Vorbild- oder Patenfunktion übernommen und Otto Feiges politische Ansichten wesentlich geprägt hat. In der Ret-Marut-Sammlung der University of California, Riverside Libraries, hat sich eine »Illustrirte Festzeitung für 1902« mit dem Obertitel »Freie Ostern« gefunden. Sie enthält Gedichte von Georg Herwegh, Gottfried Keller und Leopold Jacoby, Zitate über Krieg und Frieden von Campanella, Klopstock, Shelley, Byron, Heine, Hugo, Marx, Engels, Maupassant und anderen, einen Dialog zwischen zwei Bauarbeitern über die Tradition der Märzfeier (der eine, der den andern erfolgreich agitiert, heißt Otto) sowie eine Bildgeschichte und weitere Illustrationen, darunter – doppelseitig im Zentralfalz – eine Allegorie über die »Entwaffnung Europas«, die hier eine pikante Note erhält, weil die Jungfer bis auf die nackte Haut »entblößt« wird und ihre »Reize« bis unter den Nabel zur Schau stellt. Ostern wird hier als Zeichen des Völkerfrühlings, der nahen Befreiung von Krieg und Klassenherrschaft, Elend und

Ausbeutung, Hunger und Not begriffen, der Sozialismus als neuer »Welterlöser« gedeutet. Das Impressum weist das achtseitige Heftchen im Zeitungsformat als offizielle Publikation der Sozialdemokratie aus. Es ist anzunehmen, daß Otto es noch in Schwiebus entweder als Zeitungsbeilage (illustrierte Agitationsschrift und Handreichung für Veranstaltungen) oder auf einer Festveranstaltung der Sozialdemokratie oder des Gewerkschaftskartells erhalten hat (als Souvenir, das an die Festteilnahme erinnerte), wo es wahrscheinlich ein gedrucktes Programm ergänzte, das von dem örtlichen Festkomitee für diese Gelegenheit hergestellt wurde. Derartige Festzeitungen erschienen seit 1891 in zahlreichen Ausgaben, die Auflage betrug zwischen 25 000 und 500 000 Exemplaren. Sie begleiteten Gedächtnisveranstaltungen, Feiertage und Stiftungsfeste der Arbeiterbewegung oder unternahmen den Versuch, traditionellen kirchlichen Festen einen neuen, sozialistischen Inhalt zu geben.

Starpel, Schwiebus, Wallensen

1898 zog Adolf Feige mit seiner Familie erneut um; diesmal in das 14 Kilometer nördlich von Schwiebus gelegene Starpel, wo eine neue Brikettfabrik gebaut wurde. Allerdings nicht in das Dorf Starpel (heute Staropole), sondern in eine neue Siedlung im zum Gutsbezirk Starpel gehörenden Grunwald, drei Kilometer östlich gelegen. Hier waren um 1880 von dem Rittergutsbesitzer Egon von Vollard-Bockelberg sieben Kohleschächte »aufs neue ins Leben gerufen« worden, von denen sich allerdings nur einer als ergiebig erwiesen hatte, der von einer Handvoll Arbeiter oberflächennah abgebaut wurde. 1898 wurde die Gewerkschaft (hier in der Bedeutung »Kapitalgesellschaft«) »Berggeist« gegründet. »Der Absatz gedieh nun mehr; man teufte weitere größere Schächte ab und begann der guten Kohlenbeschaffenheit wegen mit dem Bau einer Brikettfabrik mit vier Pressen.« Binnen weniger Jahre verzehnfachte sich die Belegschaft. Eine normalspurige Güterbahn von acht Kilometer Länge führte von den dortigen Gruben zum Bahnhof Wutschdorf, wo die Kohlen und Briketts zur Verladung kamen. »Die Förderung betrug damals 1 ¾ Millionen Hektoliter und 50000 Zentner Briketts im Jahr«. Um die Fabrik herum entstanden im Laufe der Jahrzehnte Arbeiterwohnhäuser, die 1924 eine eigene Gemeinde mit dem Namen »Wutschdorfer Kohlenwerke« bildeten (ab 1937 Braunfelde, heute Buczyna).

Der Aufenthalt in Starpel dauert nur kurz; bereits zur Konfirmation Willis am 19. März 1899 sind die Feiges erneut in Schwiebus nachzuweisen, wo Adolf wieder in seinem alten Beruf als »Betriebsaufseher« in der Brikettfabrik arbeitete; in Willis Lehrvertrag wird er deshalb auch »Brikettaufseher Adolf Feige zu Schwiebus« genannt. Diesmal wissen wir genau, wo die Familie wohnte: Als Wyatt Ottos Schwester Margarethe einen Stadtplan vorlegte, »zeigte sie ohne zu zögern auf die Straße. Das Haus lag nördlich des Marktplatzes, gegenüber dem katholischen Krankenhaus. Es gehörte einem Schuhmacher namens Sinnert, der entweder nebenan oder im selben Haus wohnte, und, wie sich Frau Henze erinnerte, den jüngeren Feige-Kindern gerne Geschichten erzählte«. Bis auf die Himmelsrichtung – das Haus liegt östlich vom Marktplatz – ist all dies zutreffend: Die Adresse der Feiges war Ende 1899 Landhausstraße 3, gegenüber der von Borromäerinnen geführten »katholischen Krankenanstalt« (auch Katholisches Schwesternhaus, St. Josefs-Haus), das Eckhaus zum Brauhausplatz (entspricht heute ul. Wiejska 4/Plac Browarniany) gehörte damals dem Schuhmachermeister Oskar Sinner; der ehemalige Werkstatteingang liegt neben der Brauerei.

In dieser Wohnung Landhausstraße 3 starb am 6. Dezember 1899, 13 Jahre nach ihrem Mann, nachmittags 15.45 Uhr Friederike Wienecke. Sie wurde fast 74 Jahre alt. Bis zuletzt lebte sie, wie die Sterbeurkunde vermerkt, in ihrer eigenen Wohnung Äußere Neuestraße 1. Als Todesursache ist im Standesamt-Register »Alterschwäche« angegeben. Aufgrund seiner Recherchen bei den Nachfahren resümierte Wyatt: »Otto war etwa 15 Jahre alt, als die alte Dame starb, und er war sehr betroffen. Für ihn waren seine beiden wirklichen Eltern nun tot, und er erklärte sich zum Waisenkind«: Als Ret Marut tischte er 1924 dem amerikanischen Konsul in London das Märchen auf, im Alter von zehn Jahren von zuhause weggelaufen zu sein; in den »B. T. Mitteilungen« behauptete er gar, schon als Siebenjähriger »auf eigenen Füßen« gestanden und »seinen Lebensunterhalt selbst verdient« zu haben. Noch von dem alten Mann in Mexiko ist belegt, daß er einmal gegenüber seiner Frau zornig ausrief: »Ich hatte keine Mutter!« Wie seine Schwester zu berichten wußte, entwickelte er schon als junger Mann die »romantische Phantasievorstellung«, Kind anderer Eltern zu sein. In einem undatierten Prosafragment Ret Maruts, das die Liebe zweier junger Menschen zueinander skizziert, heißt es: »Den Mangel an jeder Art von Liebe, den sie bisher ertragen mußten, hatten sie vergeblich mit einer lebhaften Phantasie anzufüllen versucht«. Wer glaubt, daß ihn das Schicksal stiefmütterlich behandelt, verfällt wohl zwangsläufig auf die Idee, sich als Kind anderer, »besserer« Eltern anzusehen. Vielleicht bildete sich Otto ein, nicht seines leiblichen Vaters Sohn, sondern Frucht eines unstandesgemäßen Fehltritts seiner Mutter zu sein, ein (groß)bürgerlicher, wo nicht prinzlicher Bastard – zweifellos eine verführerische Idee, von der bekanntlich einige Travenologen bzw. »Travologen« bis heute besessen sind.

Für kurze Zeit war die gesamte Familie Feige wieder in Schwiebus vereinigt gewesen; nach dem Tod der Großmutter entfielen die Bindungen dorthin. Als im Jahr 1900 ein Arbeitskollege Adolfs von einer Bergbaugesellschaft im niedersächsischen Wallensen abgeworben wurde und von dort über angenehme Arbeitsbedingungen und verlockende Sozialleistungen berichtete, hielt es Adolf nicht länger. Im Sommer desselben Jahres siedelte er in die 50 Kilometer südlich von Hannover gelegene Kleinstadt über, wo er nach so vielen Stationen endlich zur Seßhaftigkeit fand. Hermine mit den fünf Kindern folgte wenig später; bei ihrem Bruder in Berlin legten sie einen Zwischenhalt mit Übernachtung ein.

Wallensen liegt an zwei alten Handelsstraßen in einer Senke zwischen dem schmalen Bergkamm des Ith und dem Thüsterberg im mittleren Weserbergland; Bodenwerder, die Heimatstadt des erfindungsreichen causeurs, ist nicht fern. 1351 hatte die Gemeinde das Stadtrecht erhalten, durch Kriegseinwirkung und verheerende Brandkatastrophen jedoch bereits um 1500 wieder verloren; zuletzt war sie nur noch ein Marktflecken mit ein paar hundert Einwohnern. Neuen Aufschwung brachte erst im letzten Drittel des 19. Jahrhunderts der Braunkohlentagebau, der bedeutendste im mittleren Niedersachsen. Mit der Umwandlung Wallensens zu einem Bergarbeiterort kam bescheidener Wohlstand ins Dorf, das seit 1866 zum Landkreis Hameln der preußischen Provinz (bzw. seit 1885 des Regierungsbezirks) Hannover gehörte und nach der Volkszählung von 1900 925 Einwohner zählte.

1899 begann die Bergbaugesellschaft Wallensen, die sich 1901 in die Gewerkschaft Humboldt umwandelte, mit dem industriellen Abbau im Tiefbau. 1902 wurde zwischen den Orten Wallensen und Thüste eine Brikettfabrik errichtet, die Rohbraunkohle zu Briketts weiterverarbeitete. Von der angelieferten Kohle wurde etwa ein Drittel zur Erzeugung von Dampfkraft und elektrischem Strom verbraucht. Den Transport der frisch geförderten Kohle von der Grube bei Weenzen zur Fabrik übernahm eine 1250 m lange Seilbahn, ein Anschlußgleis verband die Brikettfabrik mit dem Bahnhof in Thüste. Als 1903 Dampfbagger zum Einsatz kamen, konnte mit dem Abbau der Braunkohle im Tagebau begonnen werden.

Eine Korrespondenz über das Braunkohlewerk in der in Bochum erscheinenden »Bergarbeiter-Zeitung« aus dem Jahr 1906 läßt neben den »Lichtseiten für ein profithungriges Unternehmertum« das »Elend einer gedrückten Arbeiterschaft« nicht unerwähnt: »Das Werk ist erst seit einigen Jahren erbaut und macht von außen einen der Neuzeit entsprechenden Eindruck. [...] Die Arbeitszeit dauert von 6–6 Uhr. [...] Der höchste Hauerlohn wurde uns mit 3,80 Mk. bezeichnet. Man kann sich demnach denken, wie miserabel die Arbeiter, die eine große Familie haben, leben oder vielmehr dahinvegetieren müssen. [...] Hohes Kohlenflöz, geringer Abraum, günstige Absatzverhältnisse, geringe Produktionskosten, geben hier dem Besitzer die Garantie, Millionen an Gewinnen herauszuschlagen. Eine vorhandene Direktorenvilla läßt allen Komfort vermuten, und steht in schreiendem Kontrast gegenüber den geradezu elenden Arbeiterverhältnissen«.

Die erste Wohnung der Feiges in Wallensen lag unter dem Dach des Fachwerkhauses mit der Nummer 24 im Zentrum des Dorfes (heute Obertor 22). Der Bau aus dem Jahre 1738 gehörte einem Stellmacher namens Stichnothe, der, um nicht mit seinen zahlreichen Verwandten verwechselt zu werden, den Beinamen Ramarker (Radmacher) führte. Später zogen die Feiges in ein Haus am Ortsausgang Richtung Thüste in der Nähe der Brikettfabrik (heute Niedertor 24).

Die beiden ältesten Söhne Otto und Willi blieben zunächst in Schwiebus zurück, vermutlich als Kostgänger bei einer befreundeten Familie. Otto arbeitete noch einige Zeit bei Mayer (»nach seiner Lehre ist er arbeiten gegangen«) und zog zu einem unbekannten Zeitpunkt zu den Eltern nach Wallensen, Willi folgte im April 1903. Ostern 1904 verließ der mittlere Sohn Max das elterliche Nest, um bei Mayer in Schwiebus ebenfalls eine Schlosserlehre zu absolvieren; Ostern 1908 kehrte er heim und fing ebenfalls bei Humboldt an.

Jäger in Bückeburg

Anfang des Jahres 1902, mit dem für Otto, der am 23. Februar das 20. Lebensjahr vollendete, die Militärpflicht begann, mußte er sich zur Aufnahme in die Rekrutierungsstammrolle bei der Polizeibehörde in Schwiebus registrieren lassen. Nun, wo er nach Wallensen umgezogen war, wiederholte sich die Prozedur beim Bezirkskommando in Hameln. Im Oktober, dem üblichen Einberufungstermin, wurde er zum Königlich Preußischen Westfälischen Jäger-Bataillon Nr. 7 eingezogen, das aus vier Infanterie-Kompanien mit etwa 400 Mann bestand und von Major v. Larisch kommandiert wurde. Das Bataillon lag in Bückeburg, der Haupt- und Residenzstadt des Fürstentums Schaumburg-Lippe mit 5700 Einwohnern, rund 60 Kilometer nordwestlich von Wallensen. Unter Adolf Georg von Schaumburg-Lippe, der von Wilhelm I. zum Bataillons-Chef berufen wurde, war es preußische Garnison geworden, zwischen Bergdorfer Straße und Ulmenallee entstand 1867 ein Kasernenkomplex für die »Bückeburger Jäger«, die heute in den Namen zweier Orchester weiterleben.

Die Dienstzeit betrug zwei Jahre; der Bedarf »an Mannschaften wurde fast ausschließlich aus Freiwilligen gedeckt«. Jäger zeichneten sich durch Sonderaufgaben aus (z. B. Scharfschützen, Aufklärung, handstreichartige Kommando-Unternehmen), was sie zu einer Art Eliteeinheit machte und wofür sie eine besonders gute Schießausbildung erhielten. Otto muß also auf die Musterungskommission einen körperlich vorteilhaften Eindruck gemacht haben. Die Friedensuniform bestand aus lindgrünem Rock und Weste, die Hose dunkeloliv mit roten Biesen (Nahtverarbeitungen), darüber wurde ein dunkelgrüner Waffenrock mit Messingknöpfen getragen; Kragen, Aufschläge, Schulterklappen sowie Vorstöße waren rot. Dazu gehörte als Kopfbedeckung ein schwarzer Tschako, das zylinderförmige Oberteil zierte ein gelbmetallener Adler. »Margarethe erinnerte sich, daß sie stolz auf ihren älteren Bruder war, wenn er auf Urlaub in Wallensen mit seiner grünen Uniform eine schneidige Figur machte und offenbar die Herzen der Dorfschönen höher schlagen ließ. Der stets eitle Otto achtete sehr genau auf seine Uniform und schimpfte mit dem jungen Ernst, wenn er sie anfaßte. Margarethe durfte für ihn immerhin schon die Knöpfe putzen«.

In den Melderegistern der Stadt Bückeburg sind keine Garnisonsangehörigen verzeichnet, und da die Dokumente zum Jägerbataillon Nr. 7 mit dem Großteil der amtlichen

Unterlagen zur preußischen Armee durch Kriegseinwirkung vernichtet wurden, lassen sich substantielle Aussagen über den Gemeinen Otto Feige, wie der unterste Mannschaftsdienstgrad hieß, nicht machen. Eine Kurzgeschichte von Ret Marut, die zuerst am 10.11.1913 unter dem Titel »Die grüngesprenkelte Eule« im »Vorwärts« erschien (1919 Titelgeschichte des Bandes »Der Blaugetupfte SPerlinG«), erwähnt den Truppenbesuch eines garnisonierenden Regiments durch den Landesherrn, der hier als Großherzog Joachim Moritz erscheint, Spitzname »Gockel«. Landesherr von Schaumburg-Lippe und damit zugleich Bataillonschef der Westfälischen Jäger war seit 1893 General der Kavallerie Stephan Albrecht Georg zu Schaumburg-Lippe. 1920/21 schien sich Marut an die Subordination seiner Soldatenzeit zu erinnern, als er in einem antipreußischen Pamphlet formulierte: »Der Unteroffizier stand auf der untersten Sprosse der hohen Leiter, auf der die Machthaber Preussens hockten. War also der Unteroffizier schon zum Stellvertreter Gottes ernannt, so musste der Feldwebel bereits der liebe Gott selber sein; der Leutnant war infolgedessen schon ein Wesen, das erheblich mehr war als Gott«.

Als Otto Feige seine zwei Jahre abgedient hatte, wurde er der Ersatzreserve zugeführt, trat zum Beurlaubtenstand und blieb unter der Kontrolle des Hauptmeldeamts des Kgl. Preußischen Bezirkskommandos Hameln, mußte sich im Falle eines Umzugs beim Bezirksfeldwebel abmelden. Im August 1914 wäre er zweifellos – wie seine Brüder – eingezogen worden und womöglich unter den 791 Toten gewesen, die das Bataillon in den Feldzügen, Stellungskämpfen und Abwehrschlachten in Belgien und Frankreich, Rußland und Italien zu beklagen hatte. Doch zu diesem Zeitpunkt hatte er längst seinen Namen und die deutsche Staatsbürgerschaft ab- und sich eine neue Identität zugelegt.

Streit und Verschwinden

Nach seiner Entlassung im Herbst 1904 kehrte Otto in die elterliche Wohnung zurück und zog »mit all seinen Sachen in die gute Stube der Familie«, wo er arbeitete und schlief, mehr und mehr zum Mißfallen seiner Mutter. Vermutlich wurde er ebenfalls von Humboldt angestellt. Für einen Maschinenschlosser, Mechaniker bzw. Betriebsmonteur, wie es für Willi belegt ist, gab es in der Maschinenhalle und im Lokschuppen, wo die Eisenbahnen gewartet wurden, reichlich Arbeit. Vielleicht arbeitete Otto auch als Elektroschlosser.

Als Otto zu seiner Familie zurückkehrte, war er zweiundzwanzig, seine Geschwister Margarethe und Ernst waren zehn bzw. neun Jahre alt. Die Erinnerungen an ihren Bruder, soweit sie auf eigene Beobachtungen zurückgehen, dürften überwiegend aus der Zeit in Wallensen stammen. Beide berichten von Ottos abweisender, in sich gekehrter Gegenwart. »Ein eigenartiger, kluger Junge. Er war sehr eigenartig«, antwortete Margarethe auf Wyatts Frage, was ihr Bruder für ein Mensch gewesen sei. Und Ernst bestätigte: »Otto? Ein eigentümlicher, eigenartiger Mensch. Der mochte kein Spiel oder so. Der hat gearbeitet und an seinen Büchern rumgemacht. Er hatte so einige Bücher, und da hat er drin rumgegrabbelt«. Wyatt resümiert: »Margarethe und Ernst erinnerten sich übereinstimmend, daß Otto stets als etwas Besonderes galt, als Person, die abseits von der übrigen Familie stand. Dazu trug sicher bei, daß er als Knabe besonders intelligent war, doch sein Bruder und seine Schwester führten Ottos eigenwilliges und störrisches Verhalten darauf zurück, daß er sich gegen die erzwungene Rückkehr zu den Eltern auflehnte. [...] ›Er fühlte sich bei uns nie zu Hause‹, sagte Margarethe.« Von seinen Geschwistern habe ihm nur Willi nahegestanden, was nicht überrascht, wo doch beide bei Mayer gelernt bzw. gearbeitet und eine Zeitlang vielleicht auch zusammen gewohnt haben. Ein »eigenwilliger Einzelgänger« sei er gewesen, »der sehr stark auf seine Kleidung achtete und sein Eigentum behütete. Er zog sich fast immer von den anderen zurück, las sehr viel; in Ernsts Worten war er ›ein eigenartiger, seltsamer Junge, der ganz in seiner eigenen Welt lebte, einer Welt, in der es für andere keinen Platz gab‹«. Abgesondert wie ein Fremdling lebte Otto neben den Eltern und seinen Geschwistern.

Aber nicht nur die allzu große Nähe führte zu Konflikten. In Margarethes und Ernsts Erinnerung war Otto »als überzeugter Sozialist aus der Armee gekommen«. Jetzt plante er in Wallensen eine Kampagne: »Er hatte in seinem Zimmer Plakate und Flugblätter, und die Familie hörte, wie er in seinem Zimmer seine Reden probte«.

Nun ist zwar nicht gänzlich auszuschließen, daß Otto in Bückeburg zu radikalen politischen Ansichten gelangte, doch erscheint es mir plausibler, daß er, mittlerweile volljährig, lediglich konsequent Organisationsarbeit betrieb und unter den Arbeitern von Humboldt, von denen erst ein kleiner Teil dem Bergarbeiterverband angehörte, für den Beitritt zu den freien Gewerkschaften warb. Obgleich im Bericht der Geschwister davon nicht die Rede ist, hat er vermutlich wieder als Schlosser bei Humboldt anfangen können. Beispielsweise könnte er sich als Vertrauensmann des Metallarbeiterverbands zur Wahl gestellt haben. Solches erfolgte in der Regel in einer Werkstattversammlung, in der üblicherweise Differenzen mit der Betriebsführung zur Sprache kamen: Lohnverhältnisse, Arbeitszeiten, Überstundenunwesen ebenso wie die Schikanen und Maßregelungen am Arbeitsplatz durch Meister und Vorgesetzte. Die Vertrauensleute, zu denen »nur die intelligentesten, geachtetsten, erfahrensten und schlagfertigsten Mitglieder gewählt« wurden, waren das Bindeglied zwischen den Mitgliedern und der Gewerkschaftsleitung. Ihnen waren die Lohn- und Arbeitsverhältnisse vor Ort bekannt, sie lieferten der Organisation das Material für ihre Agitation. Wo die Vertrauensleute Gefahr liefen, als Agitatoren bekannt und entlassen zu werden, gingen sie von der Werkstatt- zur Hausagitation über, suchten die Arbeiter in ihren Wohnungen auf.

»Seine Mutter, der es schon genug mißfiel, daß Otto in ihrer guten Stube kampierte, sorgte sich, daß ihr ältester Sohn in dem kleinen Dorf zum politischen Agitator werden könnte. Die Leute ringsum lebten ruhig in bescheidenen Umständen. Es waren Kleinbauern und Arbeiter in der Landwirtschaft oder bei Humboldt, und beide Eltern fürchteten, daß durch Ottos Umtriebe den Feiges in der Gemeinde Schwierigkeiten entstehen würden«. Insbesondere für den Vater war es peinliches Vorhaben, das ihn in die Bredouille zu bringen drohte; mit der guten Stellung bei Humboldt wäre es vorbei gewesen, wenn sich der eigene Sohn als Arbeiterorganisator betätigt hätte. Zudem waren die deutschnational und monarchistisch eingestellten Eltern wohl auch mit Ottos politischer Grundhaltung nicht einverstanden. Jedenfalls untersagten sie ihm die Durchführung der Aktion, darüber gab es »Streit zu Hause«, Otto beugte sich und »verließ das Haus, um niemals wiederzukehren«. Man könnte wohl auch sagen: er wurde rausgeschmissen. Denn in diesem Konflikt konnte er sich nicht durchsetzen. Er konnte sich nicht gleichzeitig von seiner Mutter versorgen lassen und ihr die Stirn bieten. Er konnte nur auf alles pfeifen und den autoritätshörigen Eltern mit ihrem beschränkten Horizont den Rücken kehren, mit der Zuversicht eines Zweiundzwanzigjährigen, daß er sein ferneres Schicksal nicht nur meistern, sondern ihm eine bessere Wendung würde geben können. Zu kappen gab es nichts; er konnte einfach gehen. Das durch alltäglichen Umgang und gemeinsame Erfahrungen gefestigte gefühlsgetragene Band, das Eltern und Kinder über Raum und Zeit unsichtbar verbindet – für ihn hatte derartiges nie existiert.

»[I]ch bin allein, mutterseelenallein! So allein und einsam, wie es nur ein Mensch sein kann, der plötzlich wach wird und wie eine Erleuchtung empfindet, daß niemand auf Erden, kein einziger Mensch, selbst seine Mutter nicht, mit ihm in letzter Phase des Daseins verwandt ist, daß alle Liebe und Treue nichts sonst als nur reiner Egoismus ist«.

Nicht nur im Verständnis von Adolf und Hermine Feige war freigewerkschaftliche Organisation gleichbedeutend mit Sozialismus und Republikanismus oder gar noch Schlimmerem. So gaben sie es an ihre Kinder weiter, und so hat sich das Bild vom ungeratenen Onkel Otto, »dem Sozialisten und Gegner des Kaisers, der so viel Unruhe in der Familie Feige erzeugt hatte«, in der Familiengeschichte verfestigt, wie seine Nichten, die 1903 geborene Gertrude Constabel, die 1911 geborene Erna Hamann und die 1922 geborene Gertraud Fromme, es Wyatt überlieferten: »Nach seinem Verschwinden sprach man in der Familie nicht viel über Otto, aber sein Ruf hielt sich über Jahrzehnte hinweg«, und damit zugleich die »Angst«, daß dieser »Radikale« einem auf der Arbeit Probleme verursachen könnte. Daß im Sommer 1906 in der Bochumer »Bergarbeiter-Zeitung« eine (wie üblich anonyme) kritisch-ironische Berichtserie aus Wallensen begann, in der sowohl die Arbeitsverhältnisse bei Humboldt als auch die Schwierigkeiten bei der Werbung neuer Mitglieder für den »Alten Verband« (die freie Bergarbeitergewerkschaft) geschildert werden, buche ich als Zufall. Nicht völlig auszuschließen ist aber, daß Otto aus Wallensen briefliche Mitteilungen eines ehemaligen Arbeitskollegen erhalten hat, die er, evtl. in redigierter Form, an die »Bergarbeiter-Zeitung« weitergab.

Keiner der Feiges hat den Bruder je wiedergesehen, nicht einmal Willi, der ihm von allen Geschwistern am wenigsten fernstand. Er hielt Otto für tot, denn er war überzeugt, daß er sich andernfalls mit ihm in Verbindung gesetzt hätte. »Sie waren einander ähnlich, weil beide ›Außenseiter‹ waren«. Willi blieb – unterbrochen durch den Weltkrieg – bis 1921 bei Humboldt, zuletzt als Werkstattmeister. Nach dem Krieg erfand er eine Maschine zur Sortierung von Sand und Kies und machte sich gemeinsam mit seinem späteren Schwager Fritz Stichweh als Maschinenbauer selbständig. »Willi war Otto, was das Temperament betraf, nicht unähnlich. Er war kein Geschäftsmann – in der Firma steuerte er den Spürsinn und den Erfindergeist bei –, und oft lag er träumend auf einer nahen Anhöhe, von wo er notfalls durch das Hissen einer besonderen Flagge in die Fabrik gerufen wurde. Er hatte wenig Kontakt mit seinen Brüdern und Schwestern, obwohl sie im gleichen Dorf lebten. Er spielte Klavier und las gern, besonders Jack London. [...] Willi lebte nahe bei, doch getrennt von seiner Familie, die übrigen, mit der Ausnahme von Ernst, scharten sich um die Eltern«. Er war zweimal verheiratet, hatte aus seiner ersten Ehe zwei Kinder und starb 1950.

Die Schwester Gertrud heiratete den Schneider Heinrich Hage aus Wallensen, mit dem sie vier Kinder hatte. Sie starb 1951 in Hannover. Der Bruder Max kämpfte im 1. Weltkrieg, geriet in Kriegsgefangenschaft und kehrte danach nach Wallensen zurück, wo er bei Humboldt als Maschinist arbeitete und zwei Häuser von seinen Eltern entfernt wohnte. Er heiratete eine Wallensenerin, mit der er einen Sohn hatte, gestorben ist er 1970 in Hameln. Die Schwester »Erna, 10 Jahre jünger als Otto, litt an einer Gehirnkrankheit« und starb 1911, mit nicht einmal neunzehn Jahren. Die jüngste Schwester Margarethe blieb in Wallensen und heiratete Willi Henze, der bei Humboldt einen höheren Verwaltungsposten bekleidete; 1923 wurde der gemeinsame Sohn Rolf geboren. Sie starb 1981 in Gronau. Ernst, der jüngste Sohn, »riß sich los und arbeitete vor dem Ersten Weltkrieg als Kellner in London, nach dem Krieg in Irland, später ließ er sich in Hamburg als Taxifahrer nieder. Am Ende aber zog es auch ihn zurück nach Wallensen«. Er starb 1982 in Hameln.

Hermine Feige galt in Wallensen als »gebildete Frau«, weil sie »für des Lesens und Schreibens unkundige Dorfbewohner« Korrespondenzen erledigte. »Eine Zeitlang war sie aktives Mitglied« im »Bund Königin Luise«, einer 1923 gegründeten monarchistischen Frauenorganisation, Gegenstück zum »Stahlhelm. Bund der Frontsoldaten«, dem bewaffneten Arm der Deutschnationalen Volkspartei. Für die Feiern des Bundes studierte sie mit den Kindern aus dem Dorf Theaterstücke ein – eine Leidenschaft, die sie mit ihrem ältesten Sohn teilte – und reiste mit ihnen zu Aufführungen in die Nachbardörfer. Sie war überhaupt gern unterwegs, besuchte die Verwandtschaft ihres Mannes in Finsterwalde und ihren Bruder in Berlin, fuhr etliche Male auch nach Schwiebus, wo ihr jüngster Sohn noch bis 1908 beschäftigt war. »Sie strickte, häkelte und genoß es, sich schön anzuziehen, tat aber sonst anscheinend sehr wenig.« Während Adolf von emsiger Betriebsamkeit erfüllt war, saß sie häufig beschäftigungslos herum und pflegte beiläufig zu sagen: »Wir müssen dies und das tun«, und das war stets an ihren Mann adressiert. Denn Adolf, obgleich er »elegante Kleidung« schätzte, hatte in der Ehe den Part nicht nur des Ernährers, sondern auch des Hausmanns übernommen, kochte, putze, machte die Wäsche und bügelte. »Er schrubbte sogar die Treppe [...]. Wenn er Frühschicht hatte und um 2 Uhr nachmittags nach Hause kam, nutzte er die Extrastunden, um im Garten zu arbeiten. Und wenn er am Tag ein paar freie Minuten hatte, dann machte er aus Stoffresten und alten Autoreifen Schuhe für die Kinder. Er war ein umgänglicher Mann, weniger streng als seine Frau, und er liebte Kinder. Die Schilderungen seiner Enkelkinder ließen keinen Zweifel daran, daß er unter dem Pantoffel stand. [...] An warmen Tagen saß Adolf gern in einem Korbstuhl vor der Haustür und las«. Adolf starb 1934, Hermine 1936.

Spurlos in Magdeburg

Ottos »Verschwinden überraschte die Familie nicht, denn er war ein so ungewöhnlicher und eigenwilliger junger Mann, daß es ihnen klar geworden war, daß er nicht als Schlosser auf dem Dorf bleiben würde. Wahrscheinlich ging er 1904 oder 1905, und etwa ein Jahr später schickte er ein Mädchen zum Wohnen zu seinen Eltern nach Wallensen. Sie hieß Elsa (Ernst glaubte sich zu erinnern, daß sie mit Familiennamen Muste hieß) und kam aus Dresden, wo ihre Eltern eine Mühle besaßen. Sie liebte Otto, aber ihr Vater war gegen eine Heirat, und so hatte Otto vorgeschlagen, daß sie dem Ärger zu Hause entfliehen und bei seiner Familie in Wallensen wohnen sollte. Otto aber tauchte nicht auf, und nach ungefähr vier Wochen reiste Elsa weinend wieder ab – wahrscheinlich, weil die Beziehung zu Otto zu Ende war, wie Frau Henze annahm. [...] Elsa ließ bei den Feiges einen Koffer zurück, sei es versehentlich, oder um einen Grund zur Rückkehr zu haben, aber sie kam ihn niemals wieder abholen. Nach Elsas Besuch hörte man nichts mehr von Otto«.

Weiteren Aufschluß über Ottos Verbleib geben diese Erinnerungen nicht, insbesondere klären sie nicht, wo Otto diese Elsa kennengelernt hat. Weder zu einer Elsa Muste noch zu einem Mühlenbesitzer dieses Namens in Dresden ließ sich etwas herausfinden. Immerhin hat sich in Familienbesitz, zusammen mit andern Materialien aus dem Besitz von Adolf, Otto und Willi Feige, ein Leporello-Album mit Dresden-Ansichten gefunden, das auf die Zeit der Jahrhundertwende datiert werden kann. Otto selbst könnte es in der Stadt als Souvenir erworben oder, was wahrscheinlicher ist, als Geschenk von seiner Freundin Elsa erhalten haben. Möglicherweise war Otto in der Elbmetropole auf Montage und hat Elsa bei dieser Gelegenheit kennengelernt. Zudem wird – worauf schon James Goldwasser hinwies – die Erinnerung der Geschwister an eine Freundin Elsa dadurch bekräftigt, daß sich unter den Materialien der Ret-Marut-Sammlung der University of California, Riverside Libraries, eine über 100 Seiten starke handschriftliche Kladde mit eigenen, teils auf das Jahr 1906 datierten Gedichten befindet – inzwischen war Otto zur lateinischen Schrift übergegangen –, darunter auch zwei, die einer »Elsa« gewidmet sind, die als »liebes, stolzes Mädchen« gepriesen wird. Vielleicht stehen auch die auf »1906« bzw. »Febr. 1906« datierten Texte »Einsam«, »Volkslied« und »Morgenlied« mit dieser Freundschaft in Beziehung; bei letzterem handelt es sich um ein Abschiedsgedicht: »Bald bin ich meinem Liebchen fern«.

Bleiben wir noch einen Moment bei der erwähnten Kladde, in der Marut zu einem unbekannten Zeitpunkt drei Dutzend (teilweise korrigierte) Gedichtreinschriften gesammelt hat. Sie wurden vermutlich nicht in der Reihenfolge ihrer Entstehung notiert, denn sie muten wie eine roh komponierte Zusammenstellung an: notiert in unterschiedlichen Stimmungslagen, offenbar aus verschiedenen Zeiten stammend, mit einem bisweilen ironisch-leichten, bisweilen schwermütigen Ton, mal grob, mal sentimental, mal träumerisch-romantisch, mal kämpferisch-aggressiv. Vagantenlyrik (»ich geh derweil auf Reisen«; »ich zieh durchs Land mit meiner Kunst) steht neben naiver Naturpoesie (»Es lockt ein Vöglein aus dem Walde / Komm her, komm her«), Zeitgedichte formulieren Kritik an Religion (»Der Gott lebt in den Köpfen nur«) und Sozialverhältnissen (»Halt hoch den Kopf recht stolz und frei, / Beug Deinen Nacken nie, / Der König dankt sein Königtum / Dem menschlichen Hundevieh«), an bürgerlichen »Philistern« (»Das echte deutsche Bürgerlein / Ist folgsam, brav und bieder«) und dem Schriftsteller-Establishment (»Ach ihr armen deutschen Dichter / Der Teufel schont ein solch Gelichter«), mehrmals auch an überkommenen bürgerlichen Moralvorstellungen und an den Institutionen, mit denen diese überwacht und aufrecht erhalten werden: Das auf der Titelseite devisenartig notierte Gedicht ist »Dem Zensor ins Stammbuch« überschrieben, das folgende wendet sich im Titel an »Schnüffler und Tugendwächter«, womit Marut Kritik am frivolen Inhalt seiner »frechen Lieder« vorwegnimmt. Das nachfolgende Gedicht preist demgegenüber die persönliche Freiheit des Autors: »frei bin ich als Mensch, Künstler und Dichter / Ich pfeif' auf das heuchlerisch falsche Gelichter / Frei ist mein ganzes Handeln und Denken«. Mit dem anschließenden Text legt der Autor ein politisches Bekenntnis ab: »Vor nichts hab ich Respekt in der Welt / Ich ehre nur Arbeit, die alles erhält«.

Im Kern aber sind es Liebesgedichte, die die ganze Erotikskala von Tändelei, Flirt und Werbung bis zu Verführung und sexuellem Genuß umfassen, aber auch vom Trennungsschmerz und den Irritationen widersprüchlicher, komplizierter Beziehungen erzählen. Das Liebesobjekt ist meist ein gedachtes Gegenüber, ein »Du«, das gelegentlich auch »Liebchen« oder »Goldchen« genannt wird, zweimal auch »Schatzel«, als wäre Ganghofer am Werk gewesen. Einmal denkt er sich in eine Kellnerin namens Rosa hinein, die ihren »blühend schönen Leib« einem »hübschen Jungen« geschenkt hat, der sie jedoch im Stich ließ. Maruts Kunstmittel reichen von unbeholfenen Knittelversen bis zu gesuchten Reimzeilen, umfassen sowohl sublime Metaphorik als auch derbe Realistik, leiden jedoch darunter, daß sein Wortschatz für das, was er zum künstlerischen Ausdruck bringen will, zu beschränkt ist. Wirklich originell ist der Liebeslyriker Marut nur da, wo er grob, derb und drastisch formuliert, hier verfügt er über ein umfangreiches Repertoire. Dort, wo er sie bewußt einsetzt, vermag er sogar mit seiner Unbeholfenheit zu überzeugen, so wenn es in einem der letzten Gedichte der Sammlung lakonisch heißt: »Braune Augen hatte sie / Und gefärbtes Haar / Eine stolze Göttin die / Das Gegenteil etwas später war«. Poetische Erkundungen eines neuen Terrains sind es freilich nicht, das hatten zweihundert Jahre vor ihm schon Dichter wie Hoffmannswaldau und Celander geleistet, und auch Maruts Zeitgenossen Dauthendey, Bierbaum oder Dehmel hatten es besser verstanden als er.

Die beiden ersten, programmatischen Gedichte scheinen ebenso nachträglich hinzugefügt worden zu sein wie der Verfassername »Ret Marut« und der Titel der Sammlung, »Lieder eines Menschen«, den sich Marut von Ludwig Scharfs 1892 erschienenem Gedichtband geborgt hat, dessen nüchtern-naturalistischen Ton er gelegentlich aufzugreifen scheint. Auch bei der Datierung der Gedichte »Einsam« (»1906«), »Volkslied« (»1906«) und »Morgenlied« (»Febr. 1906«) scheint es sich um spätere Zusätze zu handeln. Gleiches gilt für die Einfügung der Namen »Elsa«, »Else«, »Math[ilde?]«, »Marianne« bzw. »M« (»Wunsch«, »Verlangen«; »Unruhe«; »Bitte«; »Allmacht«; »Vergeben«; »Laß ruhen meinen Kopf in Deinem Schoß«), »Cl« und »Rose«, mit deren Hilfe Marut offenbar einige Liebesgedichte zu Gruppen zusammenstellen wollte – vielleicht nach dem Vorbild von Heinrich Heine, der 1833 unter Frauennamen wie »Seraphine« oder »Diana« kleine Gedichtgruppen zusammengefaßt und mit dem Zyklustitel »Verschiedene« versehen hatte. Ebenso wie Heine entwirft Marut in diesen Gedichten Liebeskonstellationen, denen allerdings die Heinesche knappe Typisierung fehlt. Sogar das Melos erinnert an Heine, ein vulgarisiertes Heine-Melos: »Meinem glühenden Verlangen / Nach der höchsten Liebeslust / Kann ich keine Worte leihen / S' drängt in mir ganz unbewus[s]t« (»Verlangen«, einer »Marianne« gewidmet), oder: »Von der blöden keuschen Gattung / Ist sie Gott sei Dank noch nicht. / Sie begnügt sich nicht mit Worten, / Heuchelt nicht Bescheidenheit / Sie begehrt und bittet ehrlich / Nach der höchsten Seligkeit« (»Bitte«, »M« gewidmet).

In der RMS/UCR sind darüber hinaus mehrere Konvolute einzelner Manuskriptblätter überliefert, darunter frivole Liebeslieder im Stil der mittelalterlichen Vagantenlyrik. An ihnen hat Marut unter Umständen noch in München gearbeitet, denn dazu paßte die Selbststilisierung als »Bänkelsänger«, die Marut 1919 vornahm. Auch der Protagonist seines Märchens »Khundar« sagt von sich: »ich bin der sänger Khundar«. Ein Entwurfsvers sei hier zitiert: »Höre aber den Revers / Noch vor meiner Tür / Mädel weißt, ich bin pervers / Kann selbst nicht dafür«.

Ein Porträt Otto Feiges in Familienbesitz läßt darauf schließen, daß trotz der Freundschaft mit der Dresdnerin Else sein regulärer Arbeitsplatz nicht in Sachsen war, sondern in Anhalt: Es trägt den Firmenstempel »Atelier Modern Magdeburg Alte Ulrichstr. 18«. Unter dieser Adresse ist in den Magdeburger Adreßbüchern von 1902 und 1903 der Fotograf Theodor Höhne nachzuweisen; ab 1904 Hugo Paulsen, der bis 1903 in Oldenburg tätig war. Ein »Atelier Modern« findet sich in keinem Jahrgang. Paulsen versah seine Abzüge offenbar zunächst mit dem (modischen) Stempel »Atelier Modern«, der später nur noch als Zusatz diente. Die Aufnahme kann dadurch auf den Zeitraum 1904/1905 datiert werden; vermutlich hat Otto sie seinem Bruder Willi als Lebenszeichen geschickt. Das Porträt belegt deutlich Ottos Sinn für Selbstdarstellung: eine adrette, gepflegte Erscheinung, der man ihre proletarische Herkunft nicht ansieht; ein gutaussehender junger Mann in einem karierten Wolljackett, unter dem eine seidig schimmernde Weste zu erkennen ist, mit einem frischen Stehkragen und dunkler Fliege; glattrasiert, das dichte, leicht gewellte, krause

Haar sorgfältig frisiert. Das Halbprofil von rechts zeigt seine Schokoladenseite: Es bringt zwar die große Nase und die lange Oberlippe nicht zum Verschwinden, verbirgt aber die Asymmetrien: das etwas größere linke Ohr, die leichte Schlagseite des Nasenrückens und das stärker angewinkelte linke Nasenloch.

Dieses Bild benutzten die Eltern Feige, als sie im Mai 1907 anläßlich ihrer Silberhochzeit ein Familienfoto aufnehmen ließen, auf dem die siebenköpfige Kinderschar vollständig aufgestellt erscheinen sollte; Wyatt hat es in Familienbesitz entdeckt und veröffentlicht: Im Zentrum ein blumengeschmückter Tisch, rechts davon Adolf mit hängendem Seehundschnauzbart, ihm gegenüber wie festgenagelt Hermine, im Halbkreis um sie herum die Geschwister. Für den verlorenen Sohn stellte sich ein junger Mann als Platzhalter zur Verfügung, dem der Fotograf auf dem ersten Abzug eine Verkleinerung von Ottos Magdeburger Porträt auf den Kragen setzte. Die Montage ist ungeschickt gemacht, aber sie konnte vorgezeigt werden, ohne daß peinliche Fragen nach Ottos Verbleib beantwortet werden mußten.

1904 oder 1905 ist Otto also mit Sicherheit in Magdeburg gewesen, und da er sich laut polizeilicher Abmeldebestätigung auch im Sommer 1906 noch dort aufhielt, bevor er ins Ruhrgebiet übersiedelte, ist anzunehmen, daß er die gesamte Zeit dort verbracht hat. Daß er in den Adreßbüchern der Jahre 1905–1907 nicht verzeichnet ist, hat seinen Grund darin, daß er zweifellos möbliert zur Untermiete gewohnt hat; Untermieter sind in den Adreßbüchern nicht aufgeführt, Meldedokumente aus dieser Zeit nicht erhalten. Für Wohnung und volle Verpflegung zahlte ein Kostgänger, je nach Anspruch, zwischen 50 und 75 Mark im Monat. Die Abmeldebestätigung vom Sommer 1906 schließt aus, daß er schon damals einen neuen Namen angenommen hatte. Es gab auch keinen Grund, mit der Identität zu hadern. Ohne Anhang und Bindung stand er auf eigenen Füßen; allein bei ihm lag es, seinem Schicksal neue Wendungen und Impulse zu geben.

Magdeburg war Hauptstadt der preußischen Provinz

Sachsen und als Industriezentrum und Handelsplatz gleichermaßen bedeutend. Mit rund einer Viertelmillion Einwohner (1900) nahm es den 16. Platz unter den Großstädten im Deutschen Reich ein, mit einem hohen Anteil an Fabrikproletariat, starken Gewerkschaften und einem beachtlichen kulturellen Angebot. Für Otto Feige war es die erste Großstadt, in der er sein Domizil aufschlug. An sechs von sieben Tagen wird er zur Arbeit gegangen sein, einen erheblichen Teil seiner Freizeit mit Gewerkschaftsarbeit zugebracht und obendrein sowohl die gewerkschaftlichen als auch die sonstigen Kultur- und Bildungsangebote genutzt haben. Neben mehreren Theatern besaß Magdeburg auch eine »Freie Volksbühne«, hier könnte Otto sein Interesse an den darstellenden Künsten befriedigt haben, das sich möglicherweise schon in seiner Schwiebuser Zeit äußerte: Zum einen, weil es dort das Angebot im Märkischen Hof gab, zum andern, weil Marut 1917 beiläufig das »Stadttheater in Neutomischel« erwähnt; von Świebodzin bis Nowy Tomyśl sind es nur knapp 50 Kilometer, beide Städtchen liegen an der Bahnstrecke von Frankfurt/O. nach Posen. Eine Leidenschaft für eigene Bühnenerfahrung könnte er im Magdeburger »Arbeiter-Theaterverein ›Eintracht‹« gestillt haben.

Nach einer kurzen Phase wirtschaftlicher Stagnation hatte Mitte 1903 in Deutschland wieder der Aufschwung eingesetzt: Der Auslastungsgrad der Produktionskapazitäten nahm stetig zu, die Arbeitslosenquote sank. In Magdeburg war die Maschinen- und Metallindustrie seit langem strukturbestimmend. Neben dem Maschinenbau und dem Eisenguß stand die Fabrikation von Metallröhren, Geldschränken, Metallwaren und Armaturen im Vordergrund. Wahrscheinlich hat Otto Feige als Schlosser oder Fräser in einer der zahlreichen Maschinenfabriken gearbeitet. Drei der bedeutendsten Großbetriebe hatten sich in Buckau, einem Stadtteil unmittelbar an der Elbe, im Südosten der damaligen Stadt, niedergelassen. Am erster Stelle rangierte das Krupp'sche Grusonwerk an der Marienstraße. »Meyers Großem Konversations-Lexikon« aus dem Jahr 1908 zufolge erfreute es sich »eines Weltrufs«: »Dieses produziert Gußwaren, darunter Hartguß-Panzerplatten und -Geschosse, Stahlgußgeschosse und Stahlformgußstücke verschiedener Art, ferner Revolverkanonen, Panzerlafetten, Unterbauten zu Panzertürmen, Kräne, hydraulische Hebezeuge, Drehscheiben, Exzelsiormühlen etc.« Die »Maschinen- und Dampfkesselarmaturenfabrik vorm. C. Louis Strube« an der Porsestraße war auf Armaturen und Garnituren für Dampferzeuger und Maschinen spezialisiert, die Firma »Maschinenbau R. Wolf« an der Feldstraße (heute: Karl-Schmidt-Straße) stellte neben Lokomobilen, landwirtschaftlichen Maschinen und Fahrzeugen, Pumpen und Bohreinrichtungen auch Brikettpressen und andere Spezialapparaturen für die Braunkohleindustrie her. So wäre eine Verbindung nach Wallensen gegeben gewesen; möglicherweise war sie es, die Otto nach Mitteldeutschland verschlug.

Wie andernorts auch, hatten sich die Einzelgewerkschaften in Magdeburg zu einem Kartell zusammengeschlossen, das ein mit zwei Sekretären besetztes Arbeitersekretariat (eine Art Rechtsschutzbüro) unterhielt sowie verbandsübergreifende Informations- und Kulturabende veranstaltete. Sitz des Arbeitersekretariats Magdeburg war Große Münzstraße 3, 1. Stock; dort befand sich auch das von Albin Undeutsch geleitete Bezirkssekretariat der Gewerkschaftskartelle für die Provinzen Sachsen und Anhalt (Angabe für September 1908). Etwa seit Beginn des neuen Jahrhunderts betrieben die Gewerkschaften, neben der Funktionärsbildung, »mit Vorträgen und Veranstaltungen auch ein ausgeprägtes System der Mitgliederbildung, die zum größten Teil in Zusammenarbeit mit den seit 1906 existierenden örtlichen Bildungsausschüssen der SPD betrieben wurde«. Politische Aufklärungsarbeit im engeren Sinn wurde mit geselligen und Bildungszwecken gekoppelt. In Magdeburg belegt sind für die Jahre 1904 bis 1906 unter anderem Vorträge über Theorie und Praxis des Gewerkschaftswesens, über Gewerkschaften und Unternehmerverbände, Gewerkschaften und Parteien, Genossenschaftswesen, Arbeitsvertragsrecht und Folgen des Alkoholmißbrauchs, ferner zwei »Simplicissimus«-Abende, »an denen die Schauspieler Willi Hagen und Hans Naundorf die besten Darbietungen der am ›Simplicissimus‹ arbeitenden Künstler wiedergaben«, ein sogenannter »Walkotte-Abend« mit Rezitationen moderner Dichtung durch den Vortragskünstler Emil Walkotte, populärwissenschaftliche und familiengerechte Lichtbildvorträge von einem Direktor Laube aus Leipzig und ein Lieder- und Theaterabend in der Gaststätte Luisenpark; gemeinsam wurden die Handwerksausstellung und eine Aufführung von Gerhart Hauptmanns »Vor Sonnenaufgang« im Zirkustheater besucht. Starkes Interesse bei den Mitgliedern fanden auch eine philosophische Vortragsreihe und ein nationalökonomischer Kurs des »Kuratoriums für volkstümliche Vorlesungen«. Die Zahl der im Kartell vereinigten Gewerkschaftsmitglieder lag 1904 nahe bei 14000, 1905 bei über 18000.

Über zwei Drittel der Magdeburger Metallarbeiter waren zum Stichtag des 1.4.1906 im Deutschen Metallarbeiter-Verband organisiert. Innerhalb der letzten anderthalb Jahre hatte sich ihre Zahl auf 9 312 fast verdoppelt. Erster Geschäftsführer war der Schlosser Alwin Brandes, sein Stellvertreter der Gürtler (Metallbildner) Louis Hähnsen. Brandes bilanzierte den Erfolg Ende April 1906 in einer Korrespondenz der »Deutschen Metallarbeiter-Zeitung«: »Unsere Verwaltungsstelle bietet seit geraumer Zeit ein Bild emsigster Tätigkeit und erfreulichster Entwicklung. Es geht vorwärts. Die gute Geschäftskonjunktur veranlaßt die hiesigen Großbetriebe der Metallindustrie, ihre Arbeiterzahl noch fortgesetzt zu erhöhen. Die Aufträge laufen flott ein und einzelne Werke sind schon bis in den Herbst 1907 mit Aufträgen versehen. Da ist denn auch die Gelegenheit für die Arbeiter gegeben, an der Verbesserung ihrer Arbeitsbedingungen in zäher Weise tätig zu sein«. Am 29. April wurde auf einer von 2500 Mitgliedern besuchten Generalversammlung in der Gaststätte Luisenpark der Geschäftsbericht für das 1. Quartal 1906 vorgestellt. Geschäftsführer Brandes referierte zunächst über die 31 Lohnstreiks, von denen die meisten mit einem Erfolg für die Arbeiter endeten. Aufgrund der aktuellen Mitgliederzahlen konnte er feststellen, daß die Unternehmer »in den meisten Betrieben [...] jetzt mit einer großen Majorität von organisierten Kollegen zu rechnen« hätten. Das rege Interesse an einer Verbesserung ihrer Arbeitsbedingungen manifestiere sich auch in der hohen Zahl von Fabrik- und Abteilungsversammlungen; 112 seien es im Berichtszeitraum gewesen. Anschließend erstattete der Kassierer des DMV in Magdeburg, der Dreher August Flügge, den Kassenbericht. Die Bilanz des 1. Quartals 1906 erbrachte Überschüsse der Haupt- und der Lokalkasse von zusammen rund 47 000 Mark. »Dies günstige Resultat sei zumeist der fleißigen Tätigkeit der Zeitungsträger und der Bezirkskassierer zu danken«.

Als einen solchen fleißigen Zeitungszusteller oder Unterkassierer stellen wir uns Otto Feige vor. Obendrein war er vielleicht Vertrauensmann (und da er wahrscheinlich in einem Großbetrieb angestellt war, Abteilungs-Vertrauensmann), als der er Aufnahmescheine und -gebühren an die Ortsverwaltung weiterleitete und auch in allem anderen Bindeglied zwischen den Mitgliedern und der Gewerkschaftsleitung war. Als Aushilfsarbeiter auf dem Arbeitersekretariat kommt Otto ebenfalls in Frage, wo 1906 »die Steigerung des Verkehrs [...] beide Sekretäre in reichem Maße in Anspruch [nahm], so daß zeitweise noch eine Aushilfe eingestellt werden mußte. Der Vertrieb der Broschüren, die Sammlungen für die Ausgesperrten usw. bedingten dieses«. Ein Beweis läßt sich nicht führen: Die einschlägigen Aktenbestände des Landeshauptarchivs Sachsen-Anhalt (Regierung Magdeburg und Polizeipräsidium) sind aufgrund von Kriegseinwirkungen nur sehr lückenhaft überliefert und geben darüber keine Auskunft; auch im Bestand Oberpräsident der Provinz Sachsen hat seine Tätigkeit keinen Niederschlag gefunden. Ebensowenig führte eine Durchsicht der »Deutschen Metallarbeiter-Zeitung«, der »Magdeburger Volksstimme« und der Rechenschaftsberichte des Magdeburger Gewerkschaftskartells zu einem

Ergebnis. Auch in den Protokollen und Jahrbüchern des Deutschen Metallarbeiter-Verbandes oder der Generalkommission der Gewerkschaften Deutschlands als dem damaligen Dachverband (Vorgänger des Allgemeinen Deutschen Gewerkschaftsbunds) taucht er weder als Delegierter noch überhaupt als Gewerkschafter auf. Gleichwohl muß er in irgendeiner Funktion, ehrenamtlich oder besoldet, tätig gewesen sein, da auch hierfür gilt, daß man ihn sonst nicht zwei Jahre später ohne Auswahlverfahren als Geschäftsführer in Gelsenkirchen eingesetzt hätte (Erfahrung in der Verwaltung gehörte zu den Mindestvoraussetzungen). Vielleicht war er auch Leiter der verbandseigenen Bibliothek. Denn just zum Zeitpunkt von Otto Feiges Ausscheiden wurde im Juli 1906 die Bibliothek einer Revision unterzogen, was in der Regel bei einem Wechsel der Leitung geschieht. Das Stiftungsfest des DMV am 28. Juli 1906 hat er noch miterlebt; wenige Tage später verließ er die Stadt.

Von größerer Tragweite als Mutmaßungen über Otto Feiges Funktion innerhalb der Geschäftsstelle des DMV ist eine Selbstaussage, die er 13 Jahre später, nunmehr als Autor des »Ziegelbrenner«, gemacht hat: »Bereits im Jahre 1905« will er »sozialdemokratische Arbeiter« vor einer an »die Macht« gelangten Sozialdemokratie gewarnt haben; die heute Unterdrückten würden dann selbst zu Unterdrückern werden. Unter der Voraussetzung, daß dieses Erinnerungsbruchstück biographische Wahrheit enthält, erscheint es unwahrscheinlich, daß ein 23jähriger subalterner, vielleicht nur ehrenamtlich tätiger Gewerkschaftsangestellter diese Haltung gegenüber seiner Klientel offensiv hätte vertreten dürfen oder auch nur die Gelegenheit dazu gehabt hätte. Wahrscheinlicher ist, daß er sich damals stillschweigend dem Urteil linkssozialistischer Mentoren angeschlossen hat, die aus eigenem Erleben wußten, wie die Parteiführung mit parteiinterner – linkssozialistischer oder anarchistischer – Opposition umgegangen war. Daß er selbst solche Erfahrungen gemacht haben könnte, ist, trotz vieler Leerstellen in seiner Biographie, rundweg auszuschließen; als einfaches Gewerkschaftsmitglied geriet er nicht automatisch in die Einflußsphäre der Partei und in Konflikt mit deren hierarchischen Strukturen.

Wer nach solchen Mentoren Ausschau hält, muß nicht lange suchen. Es gab sie in Ottos unmittelbarer Umgebung: Alwin Brandes, August Flügge und Carl Lankau. Zwar waren Brandes, der 1. Geschäftsführer, und Flügge, der Kassierer des DMV, ebenso wie Lankau, der Wirt des Restaurants »Luisenpark«, langjährige Sozialdemokraten und saßen für die SPD in der Stadtverordnetenversammlung, sie gehörten jedoch zum linken Flügel. Nur der 2. Geschäftsführer, Louis Hähnsen (geb. 1873), der im Laufe des Jahres den Vorsitz des Gewerkschaftskartells übernahm und 1912 nach Essen wechselte, vertrat den Kurs der Parteiführung, die ihn 1922 auf den Posten des Landrats von Neuhaldensleben und 1927 in den Vorstand der Landesversicherungsanstalt der Provinz Sachsen beförderte. Von dem 1866 geborenen August Flügge, der politisch weniger hervortrat, ist immerhin bekannt, daß er 1917 zur USPD übertrat. Alwin Brandes (1866–1949), Sohn eines Maschinenmeisters und Werkstattaufsehers, machte sowohl als Partei- wie als Gewerkschaftsfunktionär weiter Karriere, ohne sich dafür der Parteidisziplin bedingungslos zu unterwerfen: 1915 gehörte er zur Minderheitsfraktion, die im Reichstag nicht für die Kriegskredite stimmte, innerhalb des DMV wandte er sich gegen die kriegsbejahende Politik der Gewerkschaftsführung. 1917 trat er zur USPD über, 1918 war er Vorsitzender des Arbeiter- und Soldatenrates in Magdeburg, 1919 wurde er zu einem der drei Vorsitzenden des Hauptvorstands des Deutschen Metallarbeiter-Verbandes gewählt. Sowohl für die SPD als auch für die USPD zog der über Sachsen hinaus bekannte, charismatische Arbeiterführer zwischen 1912 und 1933 mehrfach in den Reichstag ein. Wir haben es hier mit einem Sozialdemokraten und Gewerkschafter zu tun, dessen weiterer Lebensweg ihn nicht nur in Spitzenfunktionen brachte, sondern ihn auch als Linksoppositionellen erscheinen läßt, als der er Berührungspunkte mit dem Zeitschriftenagitator Ret Marut aufweist. Daß er am 6. April 1919 auf Anordnung

Noskes verhaftet und nach Berlin verschleppt wurde (Druck von unten erzwang nach einer Woche seine Freilassung), gibt dem Vorwurf des »Ziegelbrenner« an die Adresse der SPD-Führer mit ihrer »Diktatur-Demokratie« einen konkreten persönlichen Hintergrund.

Mit dem dritten der hier Genannten, dem gelernten Drechsler und Schlosser Carl Lankau (1853–1926), einem ehemaligen Vorstandsmitglied des Metallarbeiter-Fachvereins, dem Vorläufer der Magdeburger Verwaltungsstelle des DMV, betreten wir schließlich halbwegs anarchistische Gefilde. An dieser Stelle ist daran zu erinnern, daß Magdeburg in den frühen 1880er Jahren unter den ersten Städten in Deutschland war, in denen es zur Bildung von anarchistischen Gruppen kam. Zu Beginn der 1890er Jahre waren es dann die (halbanarchistischen) »Jungen«, für die Magdeburg neben Berlin und Dresden das wichtigste Organisationszentrum darstellte. Und um die Jahrhundertwende begehrte die revolutionäre »Freie Vereinigung deutscher Gewerkschaften« gegen den autoritären Zentralismus und kompromißbereiten Pragmatismus der Sozialdemokratischen Partei und der mit ihr verbundenen Freien Gewerkschaften auf. »Anarcho-Lokalisten« wurden sie von ihren Gegnern spöttisch genannt; 1912 hielten sie hier ihren Reichskongreß ab. Eine echte Konkurrenz stellten sie nicht dar, 1907 standen 1,87 Millionen Mitgliedern der Freien Gewerkschaften nur etwa 20000 Lokalisten gegenüber. Lankau sympathisierte in den 1880er Jahren mit der anarchistischen Strömung und half, deren Zeitschriften zu verbreiten. Nach der Spaltung der Magdeburger Sozialdemokratie 1885 gehörte er dem radikalen Flügel an, 1890 stand er den »Jungen« nahe, deren vorübergehendes Sprachrohr die Magdeburger »Volksstimme« war; Lankau war unter den Mitbegründern. Um 1900 übernahm er als Schankwirt die Gaststätte »Luisenpark«, Spielgartenstraße 1c (heute Maxim-Gorki-Straße in Stadtfeld), die von zahlreichen Organisationen der Arbeiterbewegung als Versammlungslokal genutzt wurde.

Daß allerdings einmal ein Schriftstück ans Tageslicht käme, das die Beziehung Otto Feiges zu den Genannten auch dokumentarisch bekräftigte, ist nicht zu erwarten: Revolutionen und zwei Weltkriege sind darüber hinweggegangen; die Zerstörungswut der Nationalsozialisten, die im Frühjahr 1933 die Gewerkschaftshäuser stürmten, das Eigentum der Gewerkschaften konfiszierten, Schriftgut beschlagnahmten und nicht selten vernichteten, tat ein übriges.

Gelsenkirchen

Otto Feiges nächste Station hieß Gelsenkirchen, in Gewerkschaftskreisen vor allem bekannt durch einen unaufhörlichen Bedarf an Arbeitskräften, besonders ungelernten, einen hohen Anteil an katholischer Bevölkerung (über fünfzig Prozent) und, damit zusammenhängend, einem extrem niedrigen Organisationsgrad der Arbeiter. Eine ungezeichnete Korrespondenz in der »Metallarbeiter-Zeitung« brachte die Malaise auf den Punkt:

> »Blühende Industrie, wohin man blickt. Unzählige Fabrikschlote, aus denen dicker, schwarzer Rauch quillt und die Luft verdunkelt und dem Himmel eine ewig bleigraue Farbe verleiht. Schwarz verrußte Häuser, die trostlos nüchtern aussehen. Schlechte, schmutzige Straßen, die von langen, gleichförmigen Häuserreihen gebildet werden. Nicht nur einzelne Straßen, nein, ganze Viertel sind von Arbeitern übervölkert. Alles atmet Arbeit, schwere, unermüdliche Arbeit. [...] Müde, bleich, mit schwarzumränderten Augen, das blecherne Eßgeschirr in der Hand, schleichen die Erzeuger des unermeßlichen Reichtums durch die Straßen, ihrer Wohnung zu. Wohnung? O, eher alles andere, nur kein Heim sind diese Wohnungen. Und die Frauen, die Trägerinnen der zukünftigen Generation? Verhärmt, interessenlos, gleichgültig. Not und Sorge flimmert in ihren brennend trockenen Augen und reicher Him-

> melsegen vergrößert alljährlich das Elend. Polen und Tschechen, Italiener und Kroaten, die hier zu Tausenden arbeiten, drücken dem Charakter der Stadt ihren eigentümlichen Stempel auf. Alle Geschäfte fast ganz ohne Ausnahme sind nur den Bedürfnissen der Arbeiter angepaßt. Abends elf Uhr sind die Straßen wie ausgestorben, ein Nachtleben, wie es andere viel kleinere Großstädte haben, kennt man hier nicht. Kirchen und Pfaffen, Betstuben und Missionszelte in unglaublicher Menge sprechen für die Rückständigkeit der Bevölkerung. Religiöse Kost im Überfluß, wo die leibliche, Brot und Fleisch, fehlt. So sehen wir denn in Gelsenkirchen eine Stadt, die so durch und durch proletarisch und nur proletarisch ist wie kaum eine andere im Ruhrkohlengebiet. Nun sollte man meinen, daß gerade eine solche Stadt eine Hochburg der modernen Arbeiterbewegung sein müßte, denn nirgends tritt der blutgierige Kapitalismus so brutal und rücksichtslos auf wie hier. Aber weit gefehlt.«

Gelsenkirchen lag im Herzen des rheinisch-westfälischen Industriegebiets, das sich aus drei unterschiedlich strukturierten Regierungsbezirken zusammensetzte, von denen zwei zur preußischen Provinz Westfalen, einer zur Rheinprovinz gehörte. Auch die industrialisierten Gebiete um Düsseldorf, Barmen und Elberfeld wurden zu diesem Ballungsraum gezählt. Am bevölkerungsstärksten (2,6 Millionen um 1900) war der Regierungsbezirk Düsseldorf mit Barmen, Duisburg, Elberfeld, Essen, Mülheim, Oberhausen, Remscheid und Solingen. Zum Regierungsbezirk Münster gehörten Bottrop, Coesfeld, Dorsten, Gladbeck und Recklinghausen; der Regierungsbezirk Arnsberg umfaßte neben Gelsenkirchen (das 1928 ausschied und zu Münster kam) Bochum, Dortmund, Hagen, Hamm, Herne, Iserlohn, Siegen und Unna. Über die Hälfte der Beschäftigten arbeitete in den Bereichen Kohle, Stahl und Eisen. Gelsenkirchen war insbesondere durch seinen »bedeutenden Steinkohlenbergbau« bekannt; in »Meyers Großem Konversations-

Lexikon« des Jahres 1907 fanden daneben seine Eisengießereien, Kleineisenindustrie und Hochofenanlagen sowie »Fabriken für Gußstahl, Dampfkessel, Glas, Spiegel, Seifen und Chemikalien« Erwähnung.

Weil der Bedarf an Arbeitskräften längst nicht mehr nur aus dem Umland befriedigt werden konnte, setzte ein starker Zuzug von Immigranten aus dem Osten ein, vornehmlich unqualifizierte Arbeitskräfte aus ländlicher Überschußbevölkerung, die vor allem auf den großen Zechen Beschäftigung fanden. Innerhalb nur eines Jahrzehnts stieg die Zahl der Einwohner von 1,51 auf 2,52 Millionen. Damit veränderte sich auch die Zusammensetzung der Einwohnerschaft. »Wohl nirgends ist das Durcheinander der Nationalitäten größer als im Industriebezirk«, lautete das Fazit in einem heimatkundlichen Werk aus dem Jahr 1900. »In den Bergwerken arbeiten Tausende von Polen, in den Steinbrüchen viele Italiener, in den Ziegeleien meistens Wallonen, Lipper und Waldecker, auf den Fabriken zahlreiche Hessen; ferner suchen und finden eine nicht geringe Zahl Ostpreußen, Schlesier, Österreicher u. a. hier Beschäftigung. Infolge dieser gemischten Bevölkerung ist die Verwaltung in den industriellen Kreisen eine sehr schwierige«. Prügeleien und blutige Auseinandersetzungen waren an der Tagesordnung.

Zwischen 1895 und 1913 stieg die Kohleförderung im Revier um 170 Prozent, die Eisenproduktion um 253 Prozent. Das rapide Wachstum ging mit umfangreichen Kartellierungsprozessen in der Schwerindustrie einher. Mit einem Massenstreik erkämpften sich Anfang des Jahres 1905 die Bergarbeiter die Anerkennung ihrer gewerkschaftlichen Vertretungen. Der Vorstand des Deutschen Metallarbeiterverbands schlug den Arbeitgebern der Eisen-, Stahl- und Metallindustrie im Juli 1904 Verhandlungen über Arbeitszeit, Mindestlohn, Normen für das Akkordsystem und die Einführung von Schlichtungskommissionen vor. Denn mangels gesetzlicher Verordnungen war der unternehmerischen Willkür Tür und Tor geöffnet; Fabrikinspektionen deckten immer wieder gravierende Mängel bei Arbeitsschutz und

Arbeitshygiene auf. Betriebsräte existierten nicht; im Konfliktfall wurde eine Kommission oder eine Delegation gebildet, die die Beschwerden bei der Betriebsleitung vorbrachte. Dabei hing es vom guten Willen der Firmenleitung ab, ob sie den Forderungen Gehör schenkte. Zwar konnten die paritätisch besetzten Schieds- und Schlichtungsstellen der Gewerbegerichte angerufen werden; ihre Entscheidungen waren allerdings rechtlich nicht bindend. Tarifverträge wurden, wenn überhaupt, in der Regel nur auf einen Betrieb oder einen Ort bezogen abgeschlossen. Über Betriebe, die Verhandlungen verweigerten, verhängte die Orts- oder Bezirksverwaltung des Verbands Sperren, um die Belegschaften bei ihren Bemühungen um Lohn- oder Arbeitsplatzverbesserungen zu unterstützen. Zuwanderungswillige Arbeiter wurden durch eine »Warnung« in der »Metallarbeiter-Zeitung« aufgefordert, so lange nicht anzuheuern, wie der Betrieb nicht die Forderungen der Arbeiter erfüllt hatte. Sperren waren nicht minder probate Zwangsmittel zur Durchsetzung von Lohnforderungen oder Arbeitszeitverkürzungen als Streiks, die jedoch eher selten zum Einsatz kamen, da sie, um das Finanzbudget des Verbandes nicht zu strapazieren, nur bei günstigen Erfolgsaussichten angewendet werden durften. Auf derlei Versuche der organisierten Arbeiterbewegung, einen Teil der enormen Profite denen zukommen zu lassen, die sie erarbeitet hatten, antworteten die Großkonzerne mit Massenaussperrungen.

Beim Gelsenkirchener Gußstahl- und Eisenwerk vorm. Munscheid & Co. in der Neustadt, zwischen Rheinelbe- und Mathildenstraße, einer der führenden deutschen Stahlformgießereien, betrug die Arbeitszeit 1904 »11 Stunden, von März bis September durchschnittlich 13 Stunden«, die Arbeitsordnung war »nicht behördlich genehmigt«, das »Strafsystem« stand »nicht mit der Gewerbeordnung in Einklang«, und bei Lohnabzügen wurde den Beschäftigten »am Lohntag einfach gesagt, die Firma hätte mit Verlust gearbeitet«. Für Arbeiter in den Werkstätten, für Schlosser, Dreher usw. galt zumindest in den Großbetrieben eine Regelarbeitszeit von 10 Stunden, in den kleineren von bis zu 15 Stunden. Insbesondere die Hilfsarbeiter meldeten sich freiwillig zu Überstunden und Schichtverlängerungen, weil sie mit ihrem geringen Taglohn von unter 3 Mark kaum ihre Familien ernähren konnten. Ein hoher Krankenstand und enorme Unfallziffern waren die Folge. »Schmutzkonkurrenz« nannte man in Gewerkschaftskreisen das Gebaren der Arbeitgeber, sich durch rücksichtslose Ausbeutung ihrer Mitarbeiter Wettbewerbsvorteile zu verschaffen.

Das Jahr 1905 stand ganz im Zeichen der Hochkonjunktur: Aufgrund starker Nachfrage waren die Wirtschaftskapazitäten voll ausgelastet; bei steigendem Lohnniveau herrschte nahezu Vollbeschäftigung. 1906 gab es noch einmal eine Steigerung, der Aufschwung erreichte seinen Höhepunkt. Die Wende kam in der Jahresmitte 1907. Schon gegen Ende des Jahres 1906 habe man beobachten können, daß in einigen Werken der Eisen- und Stahlindustrie Betriebseinschränkungen vorgenommen worden seien, resümierten später die beiden Leiter des DMV im 7. Bezirk, Spiegel und Wallbrecht, »aber auch die anderen Industriezweige litten schon stark unter den schlechten wirtschaftlichen Verhältnissen«. In einer Reihe von Betrieben hauptsächlich der Schwereisenindustrie hätten die Unternehmer »das, was ihnen auf dem Absatzmarkt durch den schlechten Geschäftsgang entgeht, auf die Schultern der Arbeiter« abgewälzt und Lohnabzüge vorgenommen.

Die Gewerkschaften konnten 1905/06 ungefähr 650000 Neuaufnahmen verzeichnen und erreichten Ende 1907 eine Mitgliederstärke von fast 1,9 Millionen. Unter den 63 Einzelverbänden stellten die Metallarbeiter mit durchschnittlich 350000 Mitgliedern den stärksten Verband, mehr als das Dreifache der Bergarbeiter (110888). Er war damit die stärkste Arbeitnehmerorganisation der Welt. Im 7. Bezirk, der das riesige Einzugsgebiet Rheinland-Westfalen und Lippe-Detmold umfaßte, das von Aachen über Bonn, Köln, Düsseldorf und Essen bis weit hinauf ins Münsterland und tief ins Sauer- und Siegerland reichte und seinen Kern im rheinisch-westfälischen Kohlen- und Industriegebiet hatte, lag der Organisationsgrad allerdings deutlich unter dem Reichsdurchschnitt. Sitz der Bezirksleitung war Düsseldorf, besoldeter Bezirksleiter als Generalbevollmächtigter des Vorstands Karl Spiegel. 1903 kam Rudolf Wallbrecht als 2. Bezirksleiter dazu, der die Zuständigkeit für das Rheinland übernahm, während Spiegel sich seitdem auf Westfalen beschränkte. Beide waren im Jahr 1906 nahezu täglich im Bezirk unterwegs.

Zwar konnte der DMV seine Mitgliederzahl im 7. Bezirk stetig steigern; gemessen an den 400–500 000 Beschäftigten in der Metallindustrie blieb es jedoch bei einem geringen Prozentsatz. Zudem herrschte hohe Fluktuation, und die Beitragsleistung, das heißt die Zahl der tatsächlich geleisteten Wochenbeiträge zum DMV, war in diesem Bezirk am niedrigsten. »Man hört überall räsonieren, die Fäuste ballen sich in der Tasche, aber zur Mitarbeit sind nur wenige bereit«, konstatierte Spiegel Ende 1904 in Gelsenkirchen, nicht ohne hinzuzufügen: »Das muß in Zukunft anders werden, ein jeder muß Agitator werden und bereit sein, der Ortsverwaltung seine volle Kraft zur Verfügung zu stellen, [...] bis der letzte Kollege Gelsenkirchens dem Verband angeschlossen ist«.

Der hohe Anteil an fremdsprachigen und ostdeutschen Arbeitern war ein Grund dafür, daß die gewerkschaftliche Agitation insbesondere unter den Hütten- und Walzwerkarbeitern in den Großbetrieben der Schwereisenindustrie bis zur Jahrhundertwende nur bescheidene Erfolge bei der Werbung neuer Mitglieder verzeichnen konnte: Stabile kirchliche Netzwerke mit zahlreichen Vereinen und Organisationen ließen die Freien Gewerkschaften, ebenso wie die Sozialdemokratie, in diesem Milieu nur schwer Fuß fassen. Weitere Gründe waren das im Vergleich zu andern Regionen hohe Lohnniveau (der Durchschnittslohn in der Eisen- und Stahlindustrie lag 1904 bei etwa 4 Mark/Tag) und die mitunter beachtlichen betrieblichen Sozialleistungen. Schließlich standen einer einheitlichen Gewerkschaftsorganisation auch die hochgradige Arbeitsteilung und der

Gegensatz zwischen Facharbeitern auf der einen, an- und ungelernten Arbeitern auf der anderen Seite im Weg; beides führte zu Isolierung und Fraktionierung. Das Solidaritätsprinzip, wie es im Bergbau zum Tragen kam, vermochte den Arbeitsalltag der Metallarbeiter kaum zu beeinflussen. Der geringe Organisationsgrad, das Ausbleiben von betriebsübergreifenden Arbeitskämpfen und die hohe Fluktuation unter den Beschäftigten führten dazu, daß zentrale Forderungen wie der Achtstundentag, die Beseitigung des Überstundenunwesens und der Akkordarbeit, ein umfassender Arbeitsschutz und besondere Unfallverhütungsvorschriften für die Hütten- und Walzwerkarbeiter vom DMV einstweilen zurückgestellt wurden.

Obendrein ist zu berücksichtigen, daß die Wirksamkeit der Gewerkschaften auch vom Verhalten der Polizei- und Justizbehörden abhängig war. Ein probates Mittel zur Verhinderung größerer, beschlußfähiger Zusammenkünfte war die polizeiliche »Saalabtreiberei«: Dem Regierungspräsidenten in Münster galt »die Entziehung der Versammlungssäle« als stets bewährtes, »wirksames Mittel zur Unterdrückung der Agitation«. »In Westfalen haben wir am meisten unter dem Drucke der Behörden zu leiden«, resümierten Spiegel und Wallbrecht für das Jahr 1906. 12 Jahre später, als Amtsträger der Münchner Räterepublik, erinnerte Ret Marut an jene Zeit, als »Polizisten sozialistische Versammlungen auflösten oder verhinderten«, als »man Sozialisten die Versammlungssäle verweigerte oder abtrieb« und »Wirte, die Säle hergegeben hatten, boykottierte und ihnen die Konzession entzog«.

Mit dem Zulauf, den die Gewerkschaften trotz aller Widrigkeiten erhielten, vermehrte sich die zu leistende Verwaltungsarbeit. Zu ihrer Bewältigung war eine steigende Zahl von Angestellten nötig. »Nur durch besoldete, ›freigestellte‹ Beamte im Hauptberuf kann eine so große Organisation ordentlich geleitet werden, da die Organisationsgeschäfte die Kräfte des einzelnen voll in Anspruch nehmen. Zwar sind auch nichtbesoldete Mitglieder an der Verwaltung im Nebenberuf beteiligt, doch sind sie von verhältnismäßig untergeordneter Bedeutung. Die größere Zahl der Beamten muß besoldet sein, da ihre Stellung sonst im wirtschaftlichen Kampf mit dem Unternehmertum zu gefährdet, zu unsicher wäre«.

Umgekehrt war aber eine personalintensive Agitation durch Lokalkräfte Voraussetzung für eine Ausweitung und Befestigung der örtlichen Organisation. Auch die Erweiterung der gewerkschaftlichen Aufgaben führte zu gesteigertem Personalbedarf, der prozentual stärker stieg als die Mitgliederzahl: Während sich diese zwischen 1904 und 1910 ungefähr verdoppelte, vervierfachte sich jene im gleichen Zeitraum. Allein der DMV unterhielt 1906 441 Verwaltungsstellen und 86 Geschäftsstellen mit 274 »angestellten Beamten«; ein Jahr später waren es bei 439 Verwaltungsstellen und 96 Geschäftsstellen bereits 349.

Beruf: Gewerkschaftssekretär

In Gelsenkirchen, das erst 1875 das Stadtrecht erhielt und noch bis zur Jahrhundertwende eine Mittelstadt von 37 000 Einwohnern war, gab es bis 1906 nur eine Zahlstelle (auch Verwaltungsstelle genannt) des DMV für Gelsenkirchen und Schalke. Solche Zahlstellen wurden überall eingerichtet, wo mindestens 5–20 Verbandsmitglieder tätig waren. Auf der Gründungsversammlung am 12. September 1891, bald nach dem Frankfurter Gründungskongreß des Verbandes, hatte Max König gesprochen, Leiter des Arbeitersekretariats für Westfalen und Bezirksparteisekretär der SPD in Dortmund. 1895 zählte der DMV in Gelsenkirchen ganze 16 Mitglieder. 1897 ging die Verwaltungsstelle ein, wurde vorübergehend von Bochum aus betreut und 1898 mit 40 Mitgliedern neu eröffnet.

Die Eingemeindung von Schalke, Heßler, Bismarck, Bulmke, Hüllen und Ückendorf im Jahr 1903 machte Gelsenkirchen zur Großstadt, deren Population jedes Jahr um einige Tausend wuchs. Damit ging ein Entwicklungsschub in der Mitgliederzahl einher: 1904 kam der DMV bereits auf 172 Mitglieder, 1905 auf 232. Dennoch konstatierte Karl

Spiegel Ende 1904, daß die Mitgliederversammlungen »immer nur« von fünfundzwanzig bis dreißig Prozent besucht würden. Regelmäßig appellierte er daher an die Arbeiter, »sich einer straffen und zielbewußten Organisation anzuschließen«. Weil die Mitgliederzahl immerhin stabil blieb und ohne einen Ausbau der Strukturen keine durchgreifenden Erfolge zu erzielen waren, wurden auf der Essener Bezirkskonferenz vom 18. Dezember 1904, an der 69 Delegierte aus 52 Ortsverwaltungen teilnahmen, »von einer Anzahl Redner weitere Anstellungen von Ortsbeamten verlangt«.

Vorläufig allerdings mußte man sich wie gehabt mit ehrenamtlich tätigen Kollegen behelfen. Zuletzt waren für den DMV in Gelsenkirchen Fritz Steinkamp (März 1905) und Peter Dohmen (Oktober 1905) als Bevollmächtigte tätig, als Kassierer wird ein W. Kolb genannt. Sein Vorgänger, der Hilfsarbeiter Theodor Scholz, wurde wegen Unterschlagung auf Antrag der Verwaltungsstelle aus dem Verband ausgeschlossen. »Verkehrslokal« war die Wirtschaft Rosing, Schalkerstraße 3, wo nach Feierabend Anmeldungen und Beitritte entgegengenommen wurden. Mitgliederversammlungen fanden so selten statt, daß sie »den Kollegen per Karte bekannt gegeben« wurden. Agitation wurde so gut wie keine betrieben; die jährlichen Ausgaben für »Drucksachen und Inserate« beliefen sich lediglich auf 109,04 Mark. Für die Verbandskasse in Stuttgart blieb nach Abzug der Aufwendungen für »Persönliche Verwaltungskosten« (498,98 Mark), »sonstige Ausgaben« (786,69 Mark) und »Lokalunterstützung« (43 Mark) sowie den Zuschüssen für Gewerkschaftskartell und Arbeitersekretariat (239,25 Mark) ein bescheidener Rest in Höhe von 218,40 Mark. Otto Feige konnte der Hauptkasse ein Jahr später mehr als das Fünfzehnfache überweisen.

Ein Antrag der Ortsverwaltung Gelsenkirchen auf der 7. General-Versammlung des DMV in Leipzig 1905 forderte den Vorstand auf, er möge »in Anbetracht der schwierigen Verhältnisse im hiesigen Industriebezirk [...] für Gelsenkirchen eine unabhängige, aus Verbandsmitteln besoldete

Person anstellen und die erforderlichen Mittel bewilligen«. Es scheint aber, als ob der Antrag von der Generalversammlung nicht genehmigt und stattdessen der Verwaltungsstelle ab dem 1. Januar 1906 die »Erhebung von Extrabeiträgen« gestattet wurde, pro Woche 5 Pfg., die sie zusätzlich zu den zwanzig Prozent, die der Lokalkasse von den Verbandsbeiträgen verblieben, verbuchen konnte. Denn die Kosten zur Unterhaltung einer Geschäftsstelle, auch die Personalkosten, sollten aus den Einnahmen der Lokalkasse bestritten werden.

So wurde zum 1.1.1906 in Gelsenkirchen eine Geschäftsstelle eingerichtet und Ende Januar in der »Metallarbeiter-Zeitung« die Geschäftsführerstelle ausgeschrieben; Bewerbungen sollten bis zum 9.2. an den Bezirksleiter Spiegel eingesandt werden: »Sie müssen Angaben enthalten über Lebenslauf und Tätigkeit in der Arbeiterbewegung, ferner einen kurzen Aufsatz über die Aufgaben eines Geschäftsführers. Die Bewerber müssen mindestens 3 Jahre dem Verband angehören, in der Verwaltung erfahren sein und Rednertalent besitzen«. Eine darüber hinausgehende Qualifikation wurde nicht verlangt, vielmehr versuchte man, »die Eignung der Funktionäranwärter während der Probezeit in den örtlichen und zentralen Verwaltungsstellen festzustellen«. Erst einige Monate später, zum 20. August 1906, wurden vierwöchige Kurse zur Weiterbildung der Gewerkschaftsbeamten oder -agitatoren eingerichtet, die zunächst vor allem vom Metall- und Bergarbeiterverband genutzt wurden. Einige Gewerkschaften begannen zur selben Zeit, »geeignet erscheinende Beamte zu den Kursen der 1891 [...] gegründeten Parteischule in Berlin« zu delegieren. »Die sechsmonatigen Lehrgänge der Arbeiterbildungsschule umfaßten Unterricht in Nationalökonomie, Rede- und Stilgewandtheit, Zeitungstechnik, Geschichte, Soziologie, Arbeiterrecht, Strafrecht, bürgerlichem Recht, Kommunalpolitik und Naturerkenntnis«.

Nr. 16 der »Metallarbeiter-Zeitung« vom 21. April 1906 war zu entnehmen, daß der »Kollege Franz Güth« aus Essen zum Geschäftsführer in Gelsenkirchen gewählt worden sei. Er trat sein Amt wahrscheinlich zum 1. Mai an, mußte jedoch bereits nach drei Monaten, vermutlich also nach Ablauf der Probezeit, aus nicht näher bekannten Gründen entlassen werden. Offenbar hatte es Güth an der nötigen Aufsicht mangeln lassen, denn wie schon 1905 gab es auch 1906 einen Betrugsfall durch zwei Unterkassierer, vielleicht hatte er sich überhaupt als unfähig erwiesen. »Die Anforderungen, die an die Beamten gestellt werden, wachsen Jahr für Jahr. Es genügt nicht, Lesen und Schreiben zu können; gründliche Kenntnis des Gewerkschaftslebens muß sich mit rednerischer Gewandtheit paaren. Wenigstens mit den hauptsächlichsten Erscheinungen des Wirtschaftslebens müssen sie bekannt sein und ein genügendes Maß von allgemeinen Kenntnissen und sozialpolitischer Bildung besitzen. Dazu kommt bei den mittleren Beamten (Bezirks- und Ortsbeamten) noch Vertrautheit mit dem Kassenwesen«.

Nachfolger von Franz Güth wurde Otto Feige. Daß er diese Herausforderung annahm, verwundert nicht, es winkte ja auch ein großartiges Angebot. Die Geschäftsführerstelle wurde monatlich mit etwa 175 Mark vergütet, mit der Dauer der Beschäftigung stieg das Gehalt nicht unerheblich. »Angesichts der schwierigen Aufgabe der Gewerkschaftsbeamten kann man solche Besoldung nicht als zu hoch bezeichnen. Man vergleiche dazu den höheren Verdienst manches gelernten Arbeiters, der nach Beendigung seiner regulären Arbeitszeit Ruhe hat, während dann für den Gewerkschaftsbeamten zuweilen die angestrengtere Tätigkeit beginnt, die ihm nicht als Überarbeit bezahlt wird. Hausagitation, Vorträge belehrenden und agitatorischen Inhalts nehmen die Abendstunden des Gewerkschaftsbeamten in Anspruch. Gerade für die Beamten der Ortsverwaltung in den Städten mit Groß- und Riesenbetrieben beginnt dann die Hauptarbeit, da eine Werkstättenagitation nicht möglich oder nicht erfolgreich ist. Hier wie in den Orten, wo die Arbeiter zerstreut wohnen, beginnt in den Abendstunden für die Gewerkschaftsbeamten die wichtigste Arbeit«.

Das ganze Verfahren war mehr als ungewöhnlich. Hätte die Neubesetzung der Geschäftsführerstelle zum 1. August von langer Hand vorbereitet werden können, wäre wohl alles anders gekommen. Üblicherweise wurde der Vorstand der Geschäftsstelle von den Mitgliedern in einer Vollversammlung gewählt und dem Vorstand vorgeschlagen, dem allein das Recht der Ernennung oblag. Eine Stellenausschreibung hatte mindestens 14 Tage vor Stellenantritt in zwei aufeinanderfolgenden Nummern der »Metallarbeiter-Zeitung« zu erfolgen, in der Rubrik »Mitteilungen der Ortsverwaltungen«. Dies geschah in diesem Fall jedoch nicht, der Nachfolger wurde ohne Ausschreibung vom Stuttgarter Vorstand oder der Düsseldorfer Bezirksleitung eingesetzt. Wenn der DMV die Leitung der Geschäftsstelle einer Großstadt einem Vierundzwanzigjährigen anvertraute, der bisher noch über keine Leitungserfahrung verfügte, allenfalls über glänzende Empfehlungen der Kollegen in Magdeburg, muß eine Notsituation vorgelegen haben.

Auf einen schnellen Entscheidungsprozeß deutet auch die Tatsache hin, daß Otto Feige Magdeburg geradezu überstürzt verließ, wobei er die polizeiliche Abmeldung versäumte. Bei fristgerechter Anstellung wäre er gewiß schon Ende Juli in Gelsenkirchen eingetroffen. Möglicherweise war er vertraglich bei seinem Arbeitgeber gebunden oder auch so stark in die Festlichkeiten zur Jubiläumsfeier des DMV in Magdeburg involviert, daß er weder zum Monats- noch zum Wochenende übersiedeln und die vakante Stelle in Gelsenkirchen erst mit Verspätung antreten konnte, was »eine Vertretung von 4½ Tagen [...] auf Kosten der Bezirkskasse notwendig« machte. Es war Bezirksleiter Spiegel selbst, die die Vertretung übernahm und sich bei dieser Gelegenheit ein Bild vom Zustand der Ortsverwaltung machen konnte, das in eine anonyme Gelsenkirchener Korrespondenz der »Metallarbeiter-Zeitung« eingeflossen sein könnte:

»Ein kleines Häuflein von den etwa 12000 hier beschäftigten Metallarbeitern hat sich erst im Deutschen

Metallarbeiter-Verband zu gemeinsamem Wirken zusammengefunden. Aber selbst diese paar Hundert können als überzeugte Anhänger der modernen Arbeiterbewegung kaum gelten. Den hohen Wert der Organisation haben sie noch nicht erfaßt, noch weniger aber arbeiten sie für das Gedeihen ihres Verbandes. Da sollte vor kurzem ein Flugblatt verbreitet werden, um neue Mitglieder zu gewinnen. Trotz mehrfacher mündlicher und schriftlicher Einladung hatten sich gerade vier Mann eingestellt. Kann man das vielleicht Interesse nennen? Da braucht sich kein Kollege wundern, wenn der Verband, statt Fortschritte hier zu machen, an Mitgliedern verliert. Geht es den Gelsenkirchener Kollegen denn schon so gut, daß sie glauben, sie brauchten keinen Verband? Sie haben doch jedenfalls Ursache genug, mit den Lohn- und Arbeitsverhältnissen unzufrieden zu sein. Der Lohn ist durchaus nicht glänzend zu nennen, um so weniger, als in Gelsenkirchen unerhörte Preise für Lebensmittel und Wohnungen gefordert werden. Und die Arbeitszeit? Überstunden, unzählige, und selten eine geregelte Arbeitszeit. Buchstäblich wahr ist es, was man oft in Versammlungen zu hören bekommt, daß viele Arbeiter ihre eigenen Kinder kaum Sonntags sehen können. Die sanitären Verhältnisse, die Behandlung, die skandalösen Arbeitsordnungen in den Betrieben spotten jeder Beschreibung. Die Lohnverhältnisse sind vielleicht jetzt noch einigermaßen günstig, zuweilen wenigstens. Dafür haben wir auch gegenwärtig eine Hochkonjunktur wie selten vorher. Arbeitslose gibt es hier nicht, im Gegenteil, überall herrscht Arbeitermangel. Die Kollegen sollen aber nur nicht denken, daß dies immer so sein wird. Kommen erst wieder die mageren Jahre und die Arbeiter haben nicht beizeiten daran gedacht, sich der Organisation anzuschließen, dann folgen Verschlechterungen der Arbeitsverhältnisse, daß es nur so eine Art hat. Jetzt ist es Zeit, Verbesserungen durchzuführen und sich für die Zukunft zu wappnen«.

Zu diesen erhofften »Verbesserungen« in der Organisation kam es unter der Ägide von Otto Feige in der Tat. Nicht nur nahm die Zahl der Mitglieder bis Ende des Jahres 1906 gegenüber 1905 um 222 auf 454 zu, auch die Beitragsleistung, das heißt die Zahl der pro Kopf tatsächlich geleisteten Wochenbeiträge zum DMV, lag über dem Durchschnitt, obgleich er erst 1907 Unterstützung durch einen besoldeten Unterkassierer bekam. Er muß 1906 also sehr viel unterwegs gewesen sein und eifrig neue Mitglieder geworben haben. Gesamteinnahmen für die Hauptkasse in Höhe von 8 658,91 Mark standen Ausgaben von 4 157,68 Mark gegenüber; statutengemäße Posten waren Rechtsschutz, Reise- und Sterbegeld, Umzugs-, Erwerbslosen- und Maßregelungsunterstützung, außerordentliche Agitation, Streiks sowie ein fixer Betrag von zwanzig Prozent als Zuschuß für die Lokalkasse. Nach Abzug einer Reservesumme in Höhe von 701,23 Mark konnte er der Hauptkasse den runden und – gemessen an den 218,40 Mark des Vorjahres – stattlichen Betrag von 3 800 Mark überweisen.

Ebenso erfreulich nahm sich der Zustand der Lokalkasse aus, die Gesamteinnahmen in Höhe von 3 727,94 Mark verbuchte: Zum Zuschuß aus der Hauptkasse von 1475,98 Mark kam ein Kassenrestbestand von 223,52 Mark, die Erhebung des Extrabeitrags erbrachte 720,55 Mark, weitere Einnahmen unbekannter Herkunft beliefen sich auf 1 313,08 Mark. Davon wurde als größter Posten das Geschäftsführergehalt bestritten (1 389,70 Mark, woraus sich ein Gehalt von etwa 175 Mark errechnet, das für die Monate August bis Dezember Otto Feige, für Mai bis Juli seinem Vorgänger zugute kam). Für Büromiete, Heizung und Licht wurden 413,10 Mark aufgewendet, Beitragssammler und Zeitungskolporteure mit 277,13 Mark entlohnt, die ehrenamtlich tätige Ortsverwaltung mit 108,96 Mark entschädigt. Für Bildungszwecke entstanden Kosten in Höhe von 252,28 Mark, für Drucksachen, Inserate und Porto von 248,50 Mark, der Zuschuß an das Gewerkschaftskartell betrug 248,10 Mark. Für Unterstützungszwecke (Reisegeld, Umzugskosten, Erwerbslosigkeit, Notfälle, Streiks) wurden 111,40 Mark ausgegeben. Weitere, unspezifizierte Ausgaben (etwa für das Arbeitersekretariat) beliefen sich auf 515,47, so daß Gesamtausgaben in Höhe von 3 564,72 Mark entstanden waren. Unter dem Strich verblieb sogar noch ein Überschuß von 163,22 Mark.

Die Arbeit vor Ort

Otto Feige traf am 2. August 1906, einem Donnerstag, in Gelsenkirchen ein, wo er sich zunächst um ein möbliertes Zimmer bemühte, das er in Bahnhofsnähe fand, Arminstrasse 10, 1. Stock, als Untermieter bei den Schwestern Maria und Emma Ratte. Das Haus gehörte August Stallmann, der im Erdgeschoß eine Konditorei betrieb; heute befindet sich dort das Café Arminstraße. Die Arminstraße (1939–1945 Karl-Laforce-Straße) war eine belebte Wohnstraße mit vielen Geschäften und Handwerksbetrieben; nebenan und gegenüber gab es zwei Metzger, einen Pferdehändler, eine Gaststätte und eine Huf- und Wagenschmiede – nicht bloß zu geräuschvoll für den Gewerkschaftssekretär, sondern vor allem fernab von seiner Klientel, die nicht im bürgerlichen 1. Bezirk, der Innenstadt, wohnte, sondern nahe bei den Arbeitsstätten, außerhalb des historischen Kerns, in Heßler und Horst, in Buer, in Ückendorf und in Schalke.

Am darauffolgenden Montag, dem 6. August, meldete er sich bei der Polizei an, wo eine Meldekarte für ihn angelegt wurde. Sie enthält neben seinem Namen die folgenden Vermerke: »Stand: Gewerkschaftssekretär«, »Letzter Wohnort: Magdeburg«. Darunter folgt erneut der Name, dann »Geburts-Tag und Jahr« (»23.2.82«), »Geburtsort und Kreis« (»Schwiebus«), »Religion« (»Diss[ident]«), »Staatsangehörigkeit« (»Pr[eußen]«), »Familienstand« (»l[edig]«). Die Rubrik »Militärverhältnis« blieb unausgefüllt. Weiter heißt es: Angemeldet am »6.8.06«, Straße »Armin« Nr. »10« bei »Katte« [Irrtum für Ratte], Bez. »I«. Schließlich ist noch notiert, daß Feige sich »s[eit] 2.8.06« in der Stadt aufhielt und die »A[mtliche] A[bmeldung]« aus Magdeburg »fehlt«; sie wurde später, wie sich aus einem weiteren Vermerk ergibt, »beigebr[acht]«. Da Untermieter in den Gelsenkirchener Adreßbüchern generell nicht aufgeführt werden, ist er in den in Frage kommenden Jahrgängen nicht verzeichnet.

Bereits wenige Tage später zog Otto nach Schalke, wo die eisenerzeugende und -verarbeitende Industrie konzentriert war (Schalker Eisenhütte, Drahtseilfabrik, Drahtwalzwerk, Wellblechwerk, Herdfabrik Küppersbusch usw.) und sich infolgedessen die Bebauung rasch verdichtete. Polizeilich gemeldet war er in der Viktoriastrasse 30, 1. Stock, allerdings erst ab dem 5. September 1906. Die Viktoriastraße (1934–1945 Anton-Hechenberger-Straße, seitdem Königsberger Straße; Numerierung unverändert) verlief östlich parallel zur Kaiserstraße, die den Kaiserplatz im Süden und den Schalker Markt im Norden verband. Das Haus Nr. 30 gehörte dem Rentier Jakob Schmitz, der in Gelsenkirchen weitere 17 Immobilien besaß. Es war ein 1900 erbautes Mehrfamilienhaus im Stadtteil Altstadt auf der Grenze zu Schalke, unweit vom Kaiserplatz, nahe an den Fabriken und Werkstätten der Metallindustrie, aber auch mit Bindung zur Innenstadt. 1907 wohnten dort laut Adreßbuch 12 Parteien, darunter fünf Arbeiter; im Erdgeschoß gab es einen Friseursalon.

Wie sah nun die konkrete Gewerkschaftsarbeit von Otto Feige in Gelsenkirchen aus? Werfen wir zunächst einen Blick auf die Organisation der Geschäftsstelle. Laut Statut sollte sie aus sieben Personen bestehen: zwei Bevollmächtigten, zwei Kassierern und drei Revisoren. Die Ortsverwaltung wurde vom Verbands-Vorstand auf Vorschlag der Mitglieder der örtlichen Verwaltungsstelle ernannt, ihre Tätigkeitsdauer war das Kalenderjahr, sie wurde alljährlich neu gewählt. Überall dort, wo – wie in Gelsenkirchen – besoldete Geschäftsführer tätig waren, sollten diese das Amt des Bevollmächtigten und des Kassierers übernehmen.

Die Aufgaben der Ortsverwaltung sind im »Verhaltungs-Reglement für die Ortsverwaltungen des Deutschen Metallarbeiter-Verbandes« aufgeführt, das der Vorstand 1908 herausgab: Sie nahm die Beitritts- und Austrittserklärungen entgegen, erhob die Verbandsbeiträge, prüfte und entschied über Beitragserlaß-, Unterstützungs- und Rechtsschutzanträge. Sie sorgte für Aufklärung und Information der Mitglieder, betrieb die Agitation am Ort und führte, »nach den statuarischen Bestimmungen und den Weisungen des Vorstandes und Bezirksleiters«, die Lohnbewegungen und Streiks durch. Sie machte sich für den freundschaftlichen und solidarischen Zusammenhalt der Kollegen stark und regelte Streitigkeiten untereinander. Außerdem hatte sie die statistischen Erhebungen des Vorstands zu unterstützen. Die Ortsverwaltungen bildeten auch die Wahlbezirke für die Wahlen der Delegierten zu den Generalversammlungen.

Auch die »Obliegenheiten« des Ersten Bevollmächtigten (in Gelsenkirchen identisch mit den Verhaltensanforderungen an den Geschäftsführer) waren genau definiert: Er führte in allen Verwaltungssitzungen, Mitglieder- und Vertrauensmännerversammlungen den Vorsitz, leitete den Schriftwechsel mit dem Vorstand und der zuständigen Bezirksleitung und überwachte »die Befolgung der Statuten, der statutengemäßen Beschlüsse der Generalversammlungen und der vom Vorstand erlassenen Anordnungen«. Er berief nach Bedarf die Verwaltungssitzungen und, im Einverständnis mit der übrigen Ortsverwaltung, die Mitgliederversammlungen ein, wobei er aufgrund der »vorhandenen Eingänge« die Tagesordnung bestimmte. Die Mitglieder-, Werkstätten- oder Vertrauensleuteversammlungen wurden durch Zirkular oder Anzeige in der Verbandszeitung bekannt gemacht. Sie fanden in einem bestimmten, aber nicht vorgeschriebenen Turnus statt und hatten je nach Anlaß einen eher allgemeinen oder speziellen, auf die Arbeitsverhältnisse eines bestimmten Betriebs ausgerichteten Charakter. Zur Öffentlichkeitsarbeit gehörte auch die Gestaltung sämtlicher Drucksachen, soweit sie nicht den Musterformularen des Verbands nachempfunden werden konnten (Programmhefte, Plakate, Postkarten, Briefpapier).

Bei all dem war der Bevollmächtigte an die Beschlüsse der Ortsverwaltung gebunden, »soweit sie sich mit den statuarischen Bestimmungen und Anordnungen des Vorstandes in Einklang« befanden. Er war auch der Sprecher der Ortsverwaltung gegenüber den Behörden, meldete die genehmigungspflichtigen Versammlungen bei der Polizei an. Im Konfliktfall war er es, der polizeilich vernommen, unter Umständen gerichtlich angeklagt wurde. In einem wenig bekannten Aufsatz vom April 1919, »Pressefreiheit oder Befreiung der Presse«, der sich an die »revolutionären Proletarier« wendet, bezeugte Ret Marut Kenntnisse der Schikanen, denen sozialistische Redner ausgesetzt waren, erinnerte sich an »Agitationsversammlungen« und »Maifeiern«.

Die Bevollmächtigten waren in der Regel auch die Delegierten auf den von den Bezirksleitern einberufenen Bezirkskonferenzen. »Besonders von undisziplinierten Arbeitern, deren größter Wunsch die Arbeitseinstellung ist«, wurden die Gewerkschaftsbeamten, »wenn sie in besserer Erkenntnis der Lage« vom Streik abrieten bzw. ihre Genehmigung dazu versagten, »zuweilen als ›Bremser‹ bezeichnet. »Zuweilen geht die Abneigung der Arbeiter gegen ihre Führer in solchen Fällen sogar so weit, daß sie ihnen ihre Stellung kündigen«. In der »Weißen Rose« schildert B. Traven einen solchen Konflikt zwischen Bergarbeitern und ihren »gewählten Vertrauensleuten«, der in wüsten Beschimpfungen eskaliert.

Otto Feige begann sein Amt mit Elan. In der wöchentlich erscheinenden »Metallarbeiter-Zeitung« finden sich unter dem Datum des 11.8.1906 gleich drei Notizen aus Gelsenkirchen. Die Klempner und Installateure wurden für den 14. August zu einer Mitgliederversammlung bei »Maschop« eingeladen, ein Hobler namens Engel aus Gelsenkirchen wurde »ersucht, sofort seine genaue Adresse der Ortsverwaltung Gelsenkirchen, Viktoriastr. 30, mitzuteilen« – er sollte vermutlich als Zeuge befragt werden –, und ein aktueller »Nachtrag« informierte darüber, daß »die Werkzeugmacher und Reparaturschlosser des Gelsenkirchener Gußstahl- und Eisenwerkes vormals Munscheid & C.« soeben »sämtlich wegen Nichtbewilligung einer Überstundenvergütung die Kündigung eingereicht« hatten: »In mehreren bürgerlichen Zeitungen von Rheinland und Westfalen werden bereits Schlosser zum Instandhalten von Werkzeugmaschinen und Laufkränen als Streikbrecher gesucht. Wir erwarten, daß sich kein Arbeiter findet, der unehrenhaft genug wäre, Streikbrecherdienste zu leisten«.

Die Kollektivkündigung hatte anscheinend den gewünschten Erfolg und konnte zurückgezogen werden, denn Berichte über einen Fortgang des Arbeitskampfs gibt es nicht. Überhaupt kam es bei den Metallarbeitern in Gelsenkirchen im Jahr 1906 zu keinen größeren Lohnbewegungen oder Streiks (sie werden im Bezirksbericht für 1906 immerhin erwähnt), die gewerkschaftlichen Aufwendungen blieben daher bescheiden: Aus der Hauptkasse wurden ganze 18 Mark für Maßregelungen, aus der Lokalkasse der Ortsverwaltung lediglich 40 Mark Streikunterstützung gezahlt.

Zugleich nahm sich Otto Feige der Angelegenheit der untreuen Beitragskassierer an. Eine Woche später war in der »Metallarbeiter-Zeitung« zu lesen: »Der Klempner Wilh. Lankau, geb. 14. Juni 1873 zu Berlin [...] und der Klempner Hermann Remmers, geb. 30. Nov. 1873 zu Friedrichsroda [...] werden ersucht, ihren Verpflichtungen gegenüber der Verwaltungsstelle Gelsenkirchen sofort nachzukommen, andernfalls Antrag auf Ausschluß aus dem Verband wegen Unterschlagung von Verbandsgeldern gestellt wird. Wir ersuchen um Angabe ihrer Adressen«. Da beide der noch zweimal wiederholten Aufforderung, sich »wegen Unterschlagung und Betrug« zu rechtfertigen, nicht nachkamen, erfolgte mit Bezug auf § 3 Abs. 8a des Statuts ihr Ausschluß. Über das Schicksal von Remmers ist nichts weiter bekannt. Wilhelm Lankau, vormals »Unterkassier« des DMV in Gelsenkirchen, hielt sich längere Zeit versteckt, wurde dann gefaßt und mußte sich am 25.4.1907 vor dem Amtsgericht Essen wegen Betrugs und Unterschlagung von Beitragsmarken im Wert von 72 Mark verantworten. Seine

Behauptung, die Marken verloren zu haben, konnte durch Aussagen von Zeugen widerlegt werden, denen er Marken verkauft hatte. Er wurde zu einer dreiwöchigen Gefängnisstrafe verurteilt.

In der »Metallarbeiter-Zeitung« vom 24. Oktober polemisierte Otto Feige gegen einen Artikel in Nr. 44 des »Regulator«, der konkurrierenden Wochenzeitung des liberalen Hirsch-Dunckerschen Gewerkvereins Deutscher Metallarbeiter. Die Gewerkvereine setzten auf Interessenausgleich und Kooperation zwischen Arbeitnehmern und Arbeitgebern; den Freien Gewerkschaften galten sie als Helfershelfer der Unternehmer. Der Artikelschreiber hatte berichtet, daß bei der Schalker Herd-Ofen-Fabrik F. Küppersbusch AG durch das unerschrockene Auftreten eines Mitglieds eine Überstundenvergütung erreicht worden sei; die Kollegen der christlichen und freien Organisationen hätten sich in dieser Angelegenheit ängstlich zurückgehalten. Wer die Notiz lese und die näheren Umstände nicht kenne, so Otto Feige, müsse natürlich annehmen, »die Freien seien Feiglinge und die Hirsche seien Helden.« In Wahrheit lägen »die Dinge« ganz anders. Er stellte die Angelegenheit nun aus seiner Sicht richtig, wobei er sich des damals verbreiteten Schmähvokabulars bediente, das die Auseinandersetzungen der konkurrierenden Gewerkschaften untereinander seit jeher prägte. Daß er sich der Sache überhaupt annahm, zeigt, daß ihn der Vorwurf, die Arbeiterinteressen seien in diesem Fall vom Gewerkverein besser vertreten worden, empfindlich getroffen hatte. Ich zitiere den Artikel ausführlich, weil er die literarische Überforderung Otto Feiges zeigt, der dem Gegenstand offensichtlich nicht gewachsen ist, und weil er Stilelemente aufweist, die sich später beim Pamphletisten Ret Marut wiederfinden, darunter die Verwendung der Modalpartikel »ja«, die der gesprochenen Sprache abgelauscht ist und mit der Evidenz, Verbindlichkeit und ein höherer Wahrheitsgehalt suggeriert werden sollen.

»Der Gewerkvereinler S. erklärte, er wolle mal zum Meister gehen und ihn wegen seiner Ansprache (›Es müßten Überstunden gemacht werden!‹) zur Rede stellen. Er nahm sich einen unserer Kollegen vor und forderte ihn auf, mit hinein zu gehen. Unser Kollege weigerte sich mitzugehen, nicht aus Angst, sondern weil die übrigen dort beschäftigten Kollegen von dem ganzen Vorgehen nichts wußten. Und so hatte unser Kollege auch nicht das geringste Recht, mitzugehen und Forderungen im Namen der Arbeiter zu stellen. Es war ja auch gar nicht die Absicht des Gewerkvereinlers, Forderungen zu stellen. Als er dann herauskam, war ihm eine Vergütung zugestanden worden. Daß er aber zum Meister gesagt hatte, die beiden anders organisierten Kollegen könnte er sofort hereinrufen, damit die Firma sehe, daß er nicht allein der Fordernde sei – o diese Angst –, ist in der Notiz wohlweislich verschwiegen. Kein Kollege hat an dem Verhalten der ›freien‹ und ›christlichen‹ Kollegen Ängstlichkeit bemerken können, im Gegenteil, man gab ihnen recht. Nur der Artikelschreiber scheint den Frieden zwischen den Hirschen und Freien nicht leiden zu können. Uns kann es recht sein. Dann packen wir mal aus, aber gründlich. Gelsenkirchen kann von Hirsch-Dunckerscher Taktik der letzten Wochen eine Nummer der Metallarbeiter-Zeitung allein füllen. Übrigens brauchen die Hirsche nicht so zu schreien. Der Erfolg des ›tapferen Hirsches‹ ist so gut wie Null. Der Artikelschreiber mag nur seine eigenen Kollegen fragen, die sagen ihm ganz etwas anderes. Ein Kollege, der als Vertreter der Hirsche in der letzten Lohnkommission tätig war und über vier Jahren Mitglied des Hirsch-Dunckerschen Gewerkvereins gewesen ist, gehört heute dem Deutschen Metallarbeiter-Verband an. Er weiß warum.«

Otto Feiges Kulturprogramm

Eine Durchsicht der regionalen Arbeiterpresse sowie der bürgerlichen Lokalpresse, der zentrumsnahen »Gelsenkirchener Zeitung« und der nationalliberalen »Gelsenkirchener Allgemeine Zeitung«, ergab mosaikartig weitere Hinweise auf die Tätigkeit der Ortsverwaltung Gelsenkirchen unter dem Geschäftsführer Otto Feige im Jahr 1906. Lücken sind der ungünstigen Überlieferung geschuldet: Da es in Gelsenkirchen vor 1919 keine sozialdemokratische Tageszeitung gab, ist an eine kontinuierliche Chronik oder Berichterstattung nicht zu denken. Die sozialdemokratische Dortmunder »Arbeiter-Zeitung« hatte keinen auf Gelsenkirchen bezogenen Regionalteil, brachte jedoch immerhin Artikel und Anzeigen aus der Stadt; die Essener »Arbeiterzeitung« kam erst ab dem 26.10.1907 heraus; das Bochumer »Volksblatt« ist erst ab Oktober 1907 überliefert, weshalb es nur Aufschluß darüber gibt, welche Kulturveranstaltungen der DMV nach Otto Feiges Weggang durchführte. Insgesamt aber ergibt sich auch in der Unvollständigkeit ein facettenreiches Bild gewerkschaftlicher Arbeit einschließlich der Vermittlung von »Interessantem und Wissenswertem« mit starken künstlerischen Akzenten; das Spektrum reicht von Oper und klassischem Liedgesang über die humoristischen Schriftsteller Busch und Reuter bis zum naturalistischen Gesellschaftsdrama eines Henrik Ibsen und dem Sozialdrama des Wuppertaler Arbeiterdichters Ernst Söhngen. Man darf vermuten, daß Otto Feige mit seinem vielseitigen Talent ein überzeugender Anreger seiner Kollegen war, die einen Abglanz der Kunstwelt mit in ihren grauen Alltag trugen. Die Verbindung von Agitation und Unterhaltung wird uns später als Markenzeichen des Autors B. Traven wiederbegegnen.

Am 25. November 1906, einem Sonntag, lud die Ortsverwaltung Gelsenkirchen des »Deutschen Metallarbeiter-Verbands« zu einem »Kunstabend« im Gedenken an Henrik Ibsen – er war am 23.5. gestorben – in die Gaststätte Krüner, Oststraße im Stadtteil Erle, ein. Die Anzeige erschien in der »Gelsenkirchener Allgemeinen Zeitung« vom 24.11.1906, was merkwürdig anmutet, da die Einladung, bestehend aus »Vortrag und Recitation«, ausdrücklich »nur für Mitglieder« galt. Otto Feige kam es augenscheinlich weniger darauf an, seine Klientel zu informieren (denn in der »Metallarbeiter-Zeitung«, die jedem Mitglied kostenlos zugestellt wurde, schaltete er keine Anzeige), als vielmehr die bürgerliche Leserschaft der »Gelsenkirchener Allgemeinen Zeitung« für das von ihm gestaltete Kulturprogramm des DMV einzunehmen. Es war bereits der »II. Kunstabend« des DMV; da der dritte im März stattfand, ist anzunehmen, daß der erste, zu dem sich keine Einladung auffinden ließ, im Herbst abgehalten wurde. Die Tatsache, daß sich das Heft Nr. 30 des »Simplicissimus« vom 22.10.1906 unter den Papieren der RMS/UCR befindet, könnte bedeuten, daß Otto Feige eine Veranstaltung mit der Wiedergabe von künstlerischen Beiträgen aus dem »Simplicissimus« durchführte oder zumindest plante.

Des weiteren ergibt sich aus einer späteren Einladung zum 1. Stiftungsfest, welches am 8. Dezember 1907 gefeiert wurde, daß Ende 1906 in Gelsenkirchen ein »Dramatischer Klub ›Freie Bühne‹« ins Leben gerufen wurde, der Lesungen und Aufführungen veranstaltete. Als Mindest-Mitgliederzahl eines solchen Theaterklubs möchte ich 15 annehmen und den Vorsitz keinem andern als Otto Feige zuerkennen, schon weil er den andern an künstlerischer Bildung und Organisationserfahrung voraus war. Er war zweifellos Leiter der Proben und damit auch Regisseur der ausgewählten Inszenierungen. Vielleicht war man auch gar nicht so sehr auf öffentliche Wirkung aus, verstand sich unter Umständen als »Lehrtheater« avant la lettre, also im (häufig falsch verstandenen) Sinne Brechts, der Selbstverständigung und Selbstbelehrung als Aufgaben des Lehrstücks bestimmt hat, weshalb es keines Publikums bedarf: Es lehrt dadurch, »daß es gespielt, nicht dadurch, daß es gesehen wird«. Mit der Konstituierung als »Klub« umging man das Vereinsgesetz und war damit nicht von der Willkür der Behörden bezüglich einer Zulassung abhängig, auch vermied man die Konkurrenz und Denunziation der konzessionierten Berufsbühnen. Im Staatsarchiv Münster sind daher weder im Vereinsregister noch unter den Vereinsregisterakten im Bestand des Amtsgerichts Gelsenkirchen Hinweise zu ermitteln, und da auch die Überlieferung der Regierung Münster zum Polizeiwesen und zur Vereinspolizei keine Informationen dazu enthält, sind Zeitungsanzeigen in der Arbeiterpresse die einzige Quelle für die Existenz und Arbeit des »Klubs«, und auch nur für die Zeit ab dem 1.10.1907. Dennoch ist der Nachweis von großer Bedeutung, denn von Ret Marut wissen wir, daß er ab der Spielzeit 1907/08 als Schauspieler und Regisseur tätig war, und zwar gleich in großen Rollen. Daß er dies unvorbereitet, gleichsam aus dem Stand geschafft haben könnte, war von jeher schwer vorstellbar. Die Feststellung, daß er als Gewerkschaftssekretär das Theaterspielen und Regieführen mit Laien gelernt hat, zeigt eine Kontinuität auf und macht den Wechsel ins Theaterfach nachvollziehbar.

Die Gelsenkirchener »Freie Bühne« war Mitglied des »Arbeiter-Theater-Bundes für Rheinland und Westfalen«, zu dem bisher nichts ermittelt werden konnte. Die Existenz eines Dachverbandes (»Arbeiter-Theater-Bund für Deutschland«) ist erst für 1908 nachzuweisen. Für beide Organisationen möchte ich annehmen, daß sie dem Vereinsgesetz unterlagen. Immerhin konnte ich, ohne umfangreichere Recherchen anzustellen, zwischen 1906 und 1908 im Ruhrgebiet weitere proletarische Theater-Klubs und -Vereine nachweisen, den »Dramatischen Club ›Freie Bühne‹« in Bocholt, eine Gründung des dortigen Textilarbeiter-Verbandes, den sozialdemokratischen »Arbeiter-Theater-Verein ›Freie Bühne‹ Essen-West«, den »Theater-Verein ›Freie Bühne‹« in Witten, und den »Theater Verein Freie Bühne« in Rotthausen (damals Landkreis Essen, seit 1924 zur Stadt Gelsenkirchen). Am meisten ist über den »Dramatischen Club ›Freie Bühne‹« in Bocholt bekannt, von dem eine polizeiliche Anmeldeakte mit Satzung und Mitgliederliste überliefert ist. Er wurde im Januar 1906 von Sozialdemokraten und Gewerkschaftern gegründet, um »durch Vorlesung dramatischer Werke, Aufführung von Theaterstücken, Vorträge ernsten und heiteren Inhalts« die »gesellschaftliche Unterhaltung und Bildung der Mitglieder zu pflegen«.

Die Mitglieder des Gelsenkirchener Klubs trafen sich anscheinend jeden Sonntag 14.00 Uhr zur Theaterprobe bei Wirt Ingenhaag, Hochstraße 1; im November/Dezember, als die Aufführung zum Stiftungsfest näher rückte, zusätzlich donnerstags abends. Einmal im Monat gab es abends zusätzlich eine Musikprobe, außerdem monatliche Versammlungen, einmal im Jahr offenbar eine Generalversammlung. Das ganze war also bestens organisiert. Am 8. Dezember 1907 feierte der Klub bei Ingenhaag mit Konzert, Gesangsvorträgen, Theater und Ball sein 1. Stiftungsfest, aufgeführt wurde die vieraktige Tragödie »An der Grenze« von Ernst Söhngen. Otto Feige stand zu diesem Zeitpunkt bereits in Idar auf der Bühne.

Söhngen (1870–1945) stammte aus Bochum, er war gelernter Bandwirker (Weber) und lebte in Elberfeld. Seine ersten nachgewiesenen Stücke, »Reserve hat Ruh«, »Eine Märznacht« und »Rebellenkinder«, erschienen 1905 bei A. Hoffmann in Berlin und waren für »Arbeiter-Theatervereine und andere Laienspielgruppen« zur Aufführung »auf sozialdemokratischen Parteiveranstaltungen oder Gewerkschaftsfesten« bestimmt. Dennoch ist es nicht selbstverständlich, daß an der Gelsenkirchener »Freien Bühne« Söhngens Arbeitertragödie zur Aufführung gelangte. Für gewöhnlich wurden dem proletarischen Publikum von umherziehenden Theatergesellschaften, ja sogar von den Arbeiter-Theatervereinen, bürgerliche Schauspiele serviert. Sie ersetzten damit das teure professionelle Theater, ließen die Vorstellungen außerhalb der Stadttheater, in einem möglicherweise angenehmer erscheinenden, familiären Rahmen stattfinden, behielten aber die bürgerliche Ausrichtung des Programms bei. So engagierte das Gelsenkirchener Gewerkschaftskartell beispielsweise das Ensemble »Modernes Theater« für ein Gastspiel am 30.8./1.9.1906 im Barbarossasaal bei Ingenhaag mit »Fräulein Doktor« von Oskar Walther [d.i. Oskar Friedrich Kunel] und Leo Stein, einer flachen Boulevardkomödie um die summa-cum-laude-Juristin Johanna, die als »emanzipiertes Mannweib« ihre Umgebung vor den Kopf stößt; 1910/11 spielte Marut das Stück auf Tournee. Die Essener »Freie Bühne« spielte am 8.9.1907 in Dortmund das Drama »Der ehrliche Name« (1896) von Rudolf Herzog (»der Ueberschuß ist für den sozialdemokr. Parteitag bestimmt«), die Wittener »Freie Bühne« stellte am 1.12.1907 dem »sozialen Schauspiel« »Um schnöden Mammon« von Felix Renker (1867–1935) ein romantisches Schicksalsdrama von Theodor Körner, den Einakter »Die Sühne«, voran. Demgegenüber beteiligte sich der Gelsenkirchener Klub nicht am üblichen bürgerlichen Amüsiertheater. Die Söhngen-Aufführung besaß einen dezidiert proletarischen Akzent.

Dahinter standen aber auch verschiedene Auffassungen von Arbeiterkultur. Während sich die eine durch Abgrenzung und Selbständigkeit definierte, kämpfte die andere um Gleichberechtigung und uneingeschränkte Teilhabe am Kulturerbe, an Wissensschätzen und Kunstschöpfungen. Kulturelle Bildung der Arbeiterklasse hieß Nutznießung der Ergebnisse fortschrittlicher bürgerlicher Kultur und Wissenschaft, und sei es um des reinen Genusses willen.

Ein in der Ret-Marut-Sammlung der University of California, Riverside Libraries, überliefertes, ungedrucktes Gedicht mit dem Titel »Gruß« wendet sich an das gemischte Publikum (Alt und Jung) einer öffentlichen Veranstaltung, bei der »Bier, Wein oder Wasser« angeboten wurde und »Cigarren« geraucht werden durften: »Ich will Euch die tollsten Sachen bieten / [...] Und wems nicht behagt, geh' meinetwegen vor die Tür / [...] Alles was Ihr tut, ist schnuppe mir und egal; / Denn mir und Euch gehört heute der Saal«; das unmittelbar darauf folgende Rätselgedicht bezieht sich auf ein »Theaterpublikum«, das der Autor »gern am Schnürchen [führt]«. Mit solchen Texten könnte Otto Feige seine Gelsenkirchener Kunst-Abende eröffnet haben.

Sonntag den 3. März 1907 fand im Festsaal der Gaststätte Urlaub in Ückendorf, Bochumerstraße 58, einer belebten Geschäftsstraße südlich vom Hauptbahnhof, der »Dritte Kunstabend« des DMV statt. Er war diesmal als »Opern- und Liederabend« deklariert. Otto Feige hatte den Eintritt an den Erwerb eines Programmheftes gekoppelt: »Textbücher berechtigen zum Eintritt und kosten für Verbandsmitglieder im Vorverkauf bei den Unterkassierern 30 Pf., an der Kasse 50 Pf., für Nichtmitglieder 75 Pf.« Mit dem Verzicht auf Eintrittsgelder konnte das häufig auftretende Problem umgangen werden, daß ohne Konzession nicht erwerbsmäßig gespielt werden durfte. Es galt also, den öffentlichen, gewerbsmäßigen Charakter zu dementieren und auf ein kleines Auditorium und geringe Einnahmen zu verweisen. Wohl deshalb auch war die Veranstaltung nur in der verbandseigenen Presse, der »Metallarbeiter-Zeitung«, annonciert. Dennoch hoffte Otto Feige offenbar auch auf bürgerliche Besucher, hieß es am Schluß der Anzeige doch: »Der Abend trägt auch diesmal einen rein künstlerischen Charakter«.

Ein »Vortragsabend« mit »Rezitation« aus den Werken von Fritz Reuter und Wilhelm Busch (er hatte am 15. April 1907 seinen 75. Geburtstag feiern können) samt musikalischem Beiprogramm wurde, wiederum in der »Metallarbeiter-Zeitung«, für Samstag, den 25. Mai in der Gaststätte Eckermann, Ottilienstr. 15, angekündigt. Die Ottilienstraße gehört zum Stadtteil Neustadt, der sich südlich vom Hauptbahnhof bis zur Grenze von Ückendorf und Rotthausen erstreckt, und verläuft parallel zur Bochumer Straße. Neben gründerzeitlicher Backsteinarchitektur gab es hier, besonders nach Ückendorf zu, auch einstöckige Zechenhäuschen. »Beginn des Konzerts« sollte »8 Uhr« sein, »Anfang der Rezitation punkt 8¾ Uhr. Karten à 50 Pf. sind bei den Unterkassierern und im Geschäftszimmer zu haben.« Weil musikalische und deklamatorische Künste nicht konzessionspflichtig waren, entfielen nicht nur zusätzliche Kosten, sondern auch Anzeige- und Genehmigungspflicht bei den Behörden. Für Interessenten, die noch nicht vollständig überzeugt waren, hatte Otto Feige hinzugefügt: »Nachdem gemütliches Beisammensein«.

Im Nachlaß von Willi Feige fand sich der 2. Band einer zweibändigen Reuter-Werkausgabe: »Fritz Reuters Werke. Neuillustrierte Ausgabe in zwei Bänden. Mit einer biographischen Einleitung von Adolf Wilbrandt«, Berlin: Th. Knaur Nachf., Klassiker-Verlag o. J.). Die Ausgabe ist wahrscheinlich unmittelbar nach Ablauf der 30jährigen Urheber-Schutzfrist 1905 erschienen. Ich ziehe nicht in Erwägung, daß der Band ursprünglich aus dem Besitz von Otto Feige stammt; wichtiger ist der Nachweis, daß sein Bruder offenbar flüssig Plattdeutsch lesen konnte. Daß dies für Otto ebenfalls gilt, ergibt sich bereits durch das längere Zitat aus Reuters »Ut mine Festungstid« im »Ziegelbrenner«. Wie auf S. 54 erwähnt, hatten B. Travens Plattdeutsch-Kenntnisse gelegentlich zu der Annahme geführt, er sei zwischen Grabow, Hamburg und Lübeck aufgewachsen.

Zusammenarbeit mit dem Gewerkschaftskartell

Aus dem statistischen Teil des Rechenschaftsberichts, den der DMV alljährlich als »Jahr- und Handbuch für Verbands-Mitglieder« veröffentlichte, lassen sich für 1906 Aufwendungen aus der Lokalkasse für »Drucksachen, Inserate, Porto« in Höhe von 248,50 und für »Bildungszwecke« in Höhe von 252,28 Mark sowie »für außerordentliche Agitation« in Höhe von 1000,00 Mark feststellen; letztere erhielt die Ortsverwaltung auf Antrag und mit Empfehlung des Bezirksleiters vom Vorstand bewilligt, der Betrag durfte aus der Hauptkasse einbehalten werden. Wenn Otto Feige einen Gutteil der Agitationsmittel für ein künstlerisches Angebot einsetzte, dann sicherlich mit Rückendeckung der Bezirksleitung. Denn es war eine seit langem gepflogene Praxis, zwischen Agitation auf der einen und Bildung und Kultur auf der anderen Seite keinen strikten Trennungsstrich zu ziehen. »Indirekt dienen nicht minder agitatorischen Zwecken die festlichen Veranstaltungen der Organisation, wie Abendunterhaltung, Ball, Weihnachtsfeier usw.«, war das Fazit des Volkswirtschaftlers Otto Hommer, der der Tätigkeit des deutschen Metallarbeiterverbandes 1918 eine umfangreiche Studie widmete. »Alles wird letzten Endes dem einen Zweck unterstellt: Überwindung der sich der Ausbreitung der Organisation entgegenstellenden Hindernisse, Stärkung des Verbandes durch Anwachsen der Mitgliederzahl und der finanziellen Mittel«.

Weitere 248,10 Mark aus der Lokalkasse flossen als Zuschuß an das Gewerkschaftskartell. Die Kartelle bildeten das berufsübergreifende Bindeglied zwischen den örtlichen Verwaltungsstellen der einzelnen Verbände, ihr Aufgabenkreis war daher – abgesehen von gelegentlichen Bezirks-Kartell-Konferenzen, etwa 1907 in Hagen – lokal begrenzt. Organisation und Agitation waren ihre Hauptaufgaben. Ohne daß sie sich in die inneren Angelegenheiten der einzelnen Gewerkschaften einmischen durften, sollten sie vor Ort für die Ausbreitung der Gewerkschaftsidee werben, sich für die Gründung neuer Verwaltungsstellen und die Einrichtung und den Erhalt der Arbeitersekretariate stark machen, die Schulung der Gewerkschaftsbeamten in die Hand nehmen und für ein ausreichendes Angebot an Bildungs- und Informationsveranstaltungen sorgen, etwa durch Vermittlung von Referenten und den Aufbau einer Kartellbibliothek. Auch bei der Schlichtung von Streitigkeiten spielten sie eine führende Rolle. »Sie verteilen Flugblätter, sie veranstalten Versammlungen, gründen Zahlstellen und helfen diesen bei der Kassenführung. Sie bestellen weibliche Vertrauenspersonen, errichten Arbeiterinnenagitationskommissionen, schaffen Nachweise, welche Referenten für Vorträge vermitteln, und suchen immer neue Berufe gewerkschaftlich zu organisieren«.

Ortskartelle konnten sich in unterschiedlicher rechtlicher Form konstituieren, als politischer oder gewerkschaftlicher Verein oder, sofern vereinsrechtliche Einschränkungen bestanden, auch als Kommission oder lediglich durch Zusammenkunft: Kartellsitzungen galten nicht als politische Versammlungen und waren daher nicht anmeldepflichtig. Organisiert waren sie wie die größeren Geschäftsstellen: Sie bestanden aus Delegierten je nach Stärke der am Ort vorhandenen gewerkschaftlichen Ortsvereine, gaben sich eine Satzung, trafen Bestimmungen über Kassenführung und Geschäftsordnung, wählten eine Leitung, einen Vorstand oder eine Kommission und hielten regelmäßig oder nach Bedarf Sitzungen ab. Entstanden waren sie 1891 zuerst in Bremen und Leipzig, seit 1894 bildeten sie sich in großem Umfang: Das »Correspondenzblatt der Generalkommission der Gewerkschaften Deutschlands« gab ihre Zahl im Februar 1906 mit 506 an. Während die Kartelle es als ihre Aufgabe ansahen, zur »Befriedigung der Bildungsbedürfnisse der Arbeiter beizutragen«, diente diese Tätigkeit in den Augen der Behörden »in Wirklichkeit aber lediglich der Propaganda für die sozialdemokratische Partei«, wie der Dortmunder Oberbürgermeister in seinem Bericht vom 14. Oktober 1907 formulierte.

Dem örtlichen Gewerkschaftskartell in Gelsenkirchen waren 1905 5035 Mitglieder aus 17 Gewerkschaften angeschlossen. Die Beitragseinnahmen betrugen ganze 739 Mark, allerdings waren dem Kartell 1905, im Jahr des großen Bergarbeiterstreiks, 6797 Mark gespendet worden, die mit einem geringen Zuschlag für Streikunterstützung verwendet wurden. Noch war das Kartell ohne Büro und ohne Beamte, verfügte weder über ein Gewerkschaftshaus noch über ein Versammlungslokal, hielt für Neuangekommene weder eine Zentralherberge noch einen Zentral-Arbeitsnachweis bereit. Kommissionen für Beschwerden in Gewerbeinspektions-Angelegenheiten, Kost- und Logiswesen und Bauarbeiterschutz existierten nicht, es gab weder eine gemeinsame Bibliothek noch ein Lesezimmer, nicht einmal einen Referentennachweis. Alles, was das Kartell vorzuweisen hatte, war die Veranstaltung von acht allgemeinen und drei beruflichen Versammlungen. Für Agitation waren nur 64 Mark ausgegeben worden. Mit anderen Worten: Es gab eine Organisation, aber sie leistete nichts.

Als sich ab 1907 aufgrund eines SPD-Parteitagsbeschlusses Gewerkschafts- und Parteiorganisationen in örtlichen Bildungsausschüssen vereinigten (1913 waren es über 400), konnten die Bildungsbestrebungen weitaus zielgerichteter verfolgt werden. Die Ausschüsse organisierten die gesamte lokale Bildungsarbeit: Kurse, Vorträge, künstlerische Veranstaltungen, Theatervorstellungen, Bibliothek, Arbeiterfeste und dergleichen mehr. Sofern die Bildungsausschüsse nicht durch hauptamtliche Bildungssekretäre verwaltet wurden, übernahmen die Leiter des Ortsausschusses diese Aufgabe im Nebenamt. Den Anfang hatten 1905 Gewerkschaftskartell und Sozialdemokratischer Verein in Bremen gemacht, als sie einen gemeinsamen neunköpfigen Bildungsausschuß einberiefen.

In Gelsenkirchen waren 1906 Fortschritte zu verzeichnen, vor allem im Beitragsaufkommen. Neu hinzu kamen ein Referentennachweis (ein Verzeichnis geeigneter Referenten für Fachvorträge) und eine gemeinsame Bibliothek. In diesem Jahr waren dem örtlichen Gewerkschaftskartell 3665 Mitglieder aus 19 Gewerkschaften angeschlossen, die 64 Delegierte benannten. Die Beitragseinnahmen beliefen sich 1906 auf 6981 Mark, weitere 321 Mark wurden dem Kartell für Streikunterstützung gespendet, die (mit einem geringen Zuschlag) in diesem Sinne verwendet wurden. Die Agitation hatte nachgelassen, was wohl daran lag, daß es bei den Bergarbeitern zu keinen größeren Ausständen kam; es wurden lediglich zwei allgemeine und fünf berufliche Versammlungen veranstaltet. Ausgaben in Höhe von insgesamt 4703 Mark verursachten das Arbeitersekretariat und die Neueinrichtung der Bibliothek; für Agitation gab man 257 Mark aus.

Von einer achtprozentigen Steigerung bei den Mitgliedern abgesehen, waren die Zahlen für 1907 rückläufig. 1907 waren dem örtlichen Gewerkschaftskartell in Gelsenkirchen 3976 Mitglieder aus 22 Gewerkschaften angeschlossen, die 63 Delegierte benannten. Die Beitrags-Einnahmen beliefen sich auf 2968 Mark, für Agitation gab man 248 Mark aus, für Streikunterstützung 157 Mark. Die wilden Lohnstreiks, die im April und Mai 1907 im Bereich des Oberbergamts Dortmund, ausgehend von Recklinghausen, dann übergreifend nach Gelsenkirchen, Gladbeck, Essen und Bochum, besonders unter den (in der Mehrzahl nicht organisierten) jugendlichen Arbeitern (Schlepper, Pferdetreiber, Lampenputzer, Bergklauber) ausgebrochen waren, wurden vom Bergarbeiterverband abgelehnt und vom Kartell nicht unterstützt. Arbeitersekretariat, Bibliothek und Lesezimmer kosteten das Kartell 1907 nur noch 102 Mark. Insgesamt wurden vom Kartell drei allgemeine und zwei berufliche Vorträge organisiert. Ein Referentennachweis wurde nicht mehr angeboten, dafür trat zur gemeinsamen Bibliothek ein Lesezimmer. Außerdem verfügte man mittlerweile über einen Versammlungssaal und konnte Herbergsplätze bei den Gastwirten Rosing, Schalkerstraße 3, und Ingenhaag, Hochstraße 1, anbieten. Versammlungen fanden im Jahr 1907 dort nicht statt, dafür aber »Festlichkeiten, bestehend in Konzert, Liedervorträgen, Vorlesung von Theaterstücken und Klaviervorträgen«. Der Gelsenkirchener Oberbürgermeister hatte keinen Zweifel daran, daß all dies »der Propaganda für die sozialdemokratische Partei dienen« sollte. Ein vom Kartell in Gelsenkirchen ausgerichtetes Gewerkschaftsfest am 29.9.1907 erbrachte einen Überschuß von 217,30 Mark.

Als Kartellangestellte werden verschiedene Namen genannt. Anscheinend war 1905/06 Josef Pütz, Fürstinnenstr. 54, Kartellvorsitzender, auf den der Arbeitersekretär Peter Meis, Karlstr. 19, folgte; Kassierer war im gesamten Zeitraum Karl Hunold, Schalkerstraße 3/I. Im Bericht des Oberbürgermeisters vom 12.9.1905 hieß es dagegen, daß »die Gewerkschaftsleitung hier in Gelsenkirchen, in den Händen des sozialdemokratischen Agitators August Kretschmar« liege, der »ein Intimus des Anarchisten Oskar Rüdiger« sei.

Neben dem Gewerkschaftskartell bestand seit 1900 noch eine weitere verbandsübergreifende gewerkschaftliche Einrichtung, das Arbeitersekretariat. Arbeitersekretariate waren Auskunftstellen, die gewerkschaftlich organisierte Arbeiter und Arbeiterinnen kostenlos in Anspruch nehmen konnten. Besoldete Sekretäre erteilten hier hauptsächlich Rechtsauskünfte (Arbeitsrecht, Arbeitsschutz, Sozialversicherung usw.), sie übernahmen aber auch die Interessenvertretung vor Gericht und vermittelten bei Beschwerden. Üblicherweise wurden sie vom Kartell eingerichtet und unterhalten; das Besondere am Arbeitersekretariat für den Stadt- und Landkreis Gelsenkirchen war, daß es nicht durch das Gewerkschaftskartell, sondern »vom Bergarbeiterverband gegründet und unentgeltlich an das Gewerkschaftskartell abgetreten« worden war. Die Bergarbeiter waren die mit weitem Abstand größten Beiträger, sie nutzten es auch am häufigsten. Dafür brauchte ihr Verband in der ersten Jahren nur einen reduzierten Beitrag für den Unterhalt des Sekretariats zu zahlen; der übliche Beitrag lag bei 70 Pfennig pro Mitglied.

Im fraglichen Zeitraum wurde es von Peter Meis, Karlstraße 19, geleitet, der dafür ein monatliches Salär von 210 Mark bezog. Vom 1.9.1905 bis zum 30.9.1906 wurde Meis von Rudolf Vogler als Zweitem Sekretär unterstützt, danach mußte er sich mit verschiedenen Hilfskräften behelfen. Nach und nach erweiterte das Sekretariat seinen Arbeitsbereich: 1906 kam »Agitation« dazu, 1907 »Statistik«. Im Sommer 1907 schloß Meis namens des Gewerkschaftskartells mit dem Gastwirt Heinrich Ingenhaag einen auf fünf Jahre befristeten Vertrag, wonach dieser seine »Lokalitäten« Hochstraße 1 (heute Hauptstraße) »den freien Gewerkschaften, sowie auch der sozialdemokratischen Partei« zur Verfügung stellte. Daraufhin konnte das Arbeitersekretariat dorthin verlegt werden. »Dieses Lokal«, so die Einschätzung des Oberbürgermeisters, »besitzt ungefähr den größten Saal Gelsenkirchens. Einige freie Gewerkschaften haben sich bereits dort niedergelassen und liegt die Vermutung nahe, daß die sozialdemokratische Partei dieses Haus demnächst als Gewerkschaftshaus ankaufen wird, vorläufig ist es allerdings nur gemietet«. Der Verkauf kam nicht zustande; für die Dauer des Vertrags allerdings diente es tatsächlich als Gewerkschaftshaus und wurde auch so adressiert; Ende 1912 wurde es von der Polizei geschlossen. Vorausgegangen waren jahrelange behördliche Schikanen.

1906 unterstützte die Ortsverwaltung des Metallarbeiterverbands das Gewerkschaftskartell aus der Lokalkasse mit 248,10 Mark, 1907 mit 482,45 Mark, das Arbeitersekretariat erhielt 1907 301,43 Mark, 1906 schätzungsweise die Hälfte. Umgekehrt gab es 1907 zwei Kartellveranstaltungen, bei denen Otto Feige als Redner in Erscheinung trat, und zwar vor einem weit größeren Forum, als es ihm die

Versammlungen der Metallarbeiter boten. Solche gewerkschaftsübergreifenden Gastauftritte darf man daher als Auszeichnung verstehen, die das Kartell einem geschätzten Kollegen angedeihen ließ – zumal 1907 insgesamt nur drei Informationsveranstaltungen von allgemeinem Interesse durchgeführt wurden. Bei der dritten Veranstaltung handelt es sich wohl um einen sogenannten »Walkotte-Abend«, zu dem das Gewerkschaftskartell für den 23.10., also kurz nach Feiges Weggang, einlud: Der Schauspieler und Rezitator Emil Walkotte las das Drama »Krieg« von Robert Reinert. Walkotte war ein rühriger Selbstvermarkter, der sich in der Gewerkschaftspresse als »Rezitator moderner Dichtungen« anbot.

Redner auf Großveranstaltungen

Wie aus einem Bericht des Gelsenkirchener Oberbürgermeisters an den Regierungspräsidenten in Arnsberg hervorgeht, fand in Gelsenkirchen am 17.3.1907 eine Märzfeier statt, auf der »der Gewerkschaftsbeamte Feige über die Revolution 1848 und die Märzgefallenen« referierte. Der 18. März, der an den Beginn der Barrikadenkämpfe in Berlin mit 270 Toten erinnerte, war der erste bedeutende politische Feiertag, den die organisierte Arbeiterschaft beging, insbesondere seitdem die Sozialisten den Jahrestag der Revolution von 1848/49 mit der Würdigung des 18. März 1871, des Beginns des revolutionären Aufstands der Arbeiter und der Nationalgarde in Paris, der Pariser Kommune, verbanden. Aus einem Bericht des Gelsenkirchener Bezirks-Polizei-Kommissars Krohn vom 8.9.1907, ebenfalls an den Regierungspräsidenten in Arnsberg, läßt sich ergänzen, daß die Märzfeier von einer eigens eingesetzten Kommission geplant und, unter geringerer Beteiligung, auch in Wanne und Wattenscheid abgehalten wurde. Im Vorfeld seien weit mehr Karten verkauft worden als dann Zuhörer erschienen waren, nämlich 717 Karten in Gelsenkirchen, 573 in Wanne und 680 in Wattenscheid. »Die Versammlung in Gelsenkirchen war von 200 Männern und 50 Frauen und die in

Wattenscheid von 130 Männern besucht. In Gelsenkirchen trat der [...] Distriktsleiter [des Sozialdemokratischen Vereins für den Reichstagswahlkreis Bochum-Gelsenkirchen-Hattingen-Witten] F. Haberland und in Wattenscheid, der Arbeitersekretär Wilhelm Arnswald, als Redner auf.« Seinem Bericht fügte Krohn ein gedrucktes »Programm dieser Feiern« bei: Auf einen »Gesangs-Vortrag« folgte als »Prolog« Ferdinand Freiligraths Gedicht »Die Revolution«, dem sich ein weiterer »Gesangs-Vortrag« anschloß. Danach hielt Otto Feige seinen Vortrag mit dem Titel »Der 18. März«. Ret Marut erwähnte die Märzrevolution 1919 in einem Essay über »Pressefreiheit oder Befreiung der Presse«. Mit dem gemeinsam gesungenen »Sozialistenmarsch« von Max Kegel und Carl Gramm klang die Veranstaltung aus.

Eine Beteiligung Otto Feiges an der Maifeier des Jahres 1907 in Gelsenkirchen ist nicht nachzuweisen, aber zu vermuten, nicht bloß wegen Ret Maruts späterer Erinnerung an »Maifeiern«: Von den drei im nachstehenden Bericht des Gelsenkirchener Oberbürgermeisters genannten Wirtschaften sind zwei als Treffpunkte des Metallarbeiterverbands bekannt; Rosing sogar als ehemaliges Verkehrslokal: »Am 1. Mai vormittags hatten sich etwa 100 Personen, darunter 1 Frau, im Vereinslokal Rosing versammelt, welche sich in kleineren Trupps in die Wirtschaft Jappe begaben, woselbst um 10 Uhr eine öffentliche Volksversammlung stattfand, die von etwa 200 Personen, darunter 50 Frauen besucht war. Hier wurde in erster Linie über Verkürzung der Arbeitszeit und Erhöhung des Lohnes gesprochen, sodann über die besitzenden Klassen geschimpft und endlich die Handhabung des Unfallversicherungsgesetzes, sowie die sozialen Einrichtungen Deutschlands getadelt und diejenigen Frankreichs gelobt. Die Versammlung wurde mit einem Gruß auf den Weltfeiertag geschlossen. Nachmittags hatten sich die Genossen wiederum versammelt und zwar diesmal in der Wirtschaft Eckermann, woselbst sie aber absolut kein Aufsehen erregten. Die Maifeier ist wie in den Vorjahren ruhig und ohne Störung verlaufen und hat irgend welche Bedeutung nicht gehabt«.

Im Bericht des Gelsenkirchener Bezirks-Polizei-Kommissars Krohn an den Regierungspräsident findet des weiteren eine Veranstaltung Erwähnung, die zu Ehren von Ferdinand Lassalle am 31.8.1907, seinem 43. Todestag, in der Gaststätte »Zum Barbarossa«, Hochstr. 1, »einem der schönsten und besten Lokale der Stadt Gelsenkirchen«, stattfand. Es war wahrscheinlich die erste Kartellveranstaltung im neuen Gewerkschaftshaus. Vor ungefähr 400 Gästen, darunter 50 Frauen, referierte Otto Feige; den anschließenden Salut auf die SPD sprach Heinrich Löffler (1879–1949), der Gelsenkirchener Bezirksleiter des Bergarbeiterverbands, laut Polizei-Kommissar Krohn ein »fanatischer Agitator und ein Hetzapostel schlimmster Sorte«, der erst vor kurzem von der »Berliner Rednerschule« zurückgekehrt sei. Danach wurde gemeinsam das Lied »Empor zum Licht« angestimmt (Text: Emanuel Wurm, Musik: Gustav Adolf Uthmann): »Empor zum Licht! Es wich die Nacht / Nur Wolken noch decken der Sonne Pracht / Erwache, Volk, erwache! // Die neue Zeit, sie ist genaht, / Männer und Frauen, nun auf zur Tat! / Reicht Euch die Hände zum Freiheitsbund! / Donnernd es töne vom Erdenrund: / Erwache, Volk, erwache! // Zum dichten Wall schließt Eure Reih'n, / Da kann nicht Sorge noch Not hinein: / Fest wie ein Felsen im wilden Meer / steht dann der Arbeit gewalt'ges Heer! / Erwache, Volk, erwache! // Herbei, herbei aus Stadt und Land, / Nehmet den Hammer in Eure Hand! / Schmiedet und schmiedet! Die Kette springt, / Das neue Jahrhundert Ihr Euch erringt! / Erwache, Volk, erwache! / Empor zum Licht!« Travens »Gesang der Baumwollpflücker in Mexiko«, der seinem ersten Roman voransteht, tradiert solch revolutionäres Pathos.

»Nach Absingung des Liedes« hielt Otto Feige den Festvortrag über Lassalle, in dem er unter anderm die blinde Autoritätsverehrung der Deutschen kritisierte, »das Verhalten der Nation, die in allen Kleinigkeiten schon in Ehrfurcht erstürbe« – ein Thema, das später Traven in einem Brief aufgriff, aus dem Manfred Georg 1929 in der »Weltbühne« zitierte: »Die Arbeiter sollen keine Autoritäten verehren, weder Könige noch Generäle noch Präsidenten noch Künstler noch Ozeanflieger. [...] ich will zu meinem Teil dazu beitragen, daß Autoritäten und Autoritätsverehrung verschwindet«. »Die Arbeiterschaft« dagegen, so Feige dem Polizeibericht gemäß weiter, »ehrte in erster Linie nur die großen Männer, die etwas geleistet, nicht aber, wie die anderen Parteien etc., schon die Männer der Gegenwart. Das beweise unter anderem für ihre Partei, die Verehrung des Ferdinand Lassalle, einer ihrer bedeutendsten Männer des Vorjahrhunderts. Am Schlusse der Versammlung forderte Löffler die Anwesenden auf, von nun ab das Ingen[haa]gsche Lokal fleißig zu besuchen, den Wirt zu unterstützen und schloß die ruhig verlaufene Versammlung mit einem dreifachen Hoch auf die ›völkerbefreiende Sozialdemokratie‹«.

Vor dem Hintergrund von Ret Maruts späterer, aus Enttäuschung geborener, dezidierter Abneigung gegen die SPD, die fälschlicherweise »einmal die Hoffnung aller Unterdrückten und Gequälten, die Morgendämmerung der Menschheit schien«, tut man gut daran, den Vorgang näher in Augenschein zu nehmen. Der erste Eindruck, wonach Otto Feige auf einer Veranstaltung ›seiner‹ Sozialdemokratischen Partei referiert hat, trügt; es handelte es sich um eine »Gedächtnisfeier« im Gewerkschaftshaus, nicht um eine Parteiveranstaltung. Die beiden Referenten waren zwei junge Gewerkschaftssekretäre, von denen der 28jährige Löffler als Bezirksleiter bereits die nächst höhere Stufe in der Organisationshierarchie erklommen hatte. Er war seit 1901 Mitglied der SPD und erst wenige Wochen zuvor zum Leiter des Gelsenkirchener Distrikts des »Sozialdemokratischen Vereins für den Reichstagswahlkreis Bochum-Gelsenkirchen-Hattingen-Witten« gewählt worden. Otto Feige dagegen war nie Mitglied der SPD; daher trat er auch nicht der »Unterstützungs-Vereinigung der in der modernen Arbeiterbewegung tätigen Angestellten«, einer Art Betriebsrentenkasse, bei. Grundbedingung für die Aufnahme war laut Satzung die Mitgliedschaft in der SPD. Üblicherweise meldeten sich Angestellte der SPD und ihrer

Zeitungen und Verlage wie auch hauptamtliche Gewerkschaftssekretäre bei der »Unterstützungsvereinigung« an; die Neueintritte wurden im »Correspondenzblatt der Generalkommission der Gewerkschaften Deutschlands« veröffentlicht. Die entsprechenden Jahrgänge wurden von mir durchgesehen; gefunden habe ich ihn nicht, dafür aber zahlreiche seiner Kollegen aus Gelsenkirchen und Umgebung. Die Haltung von Bebel, Bernstein und David auf dem eine Woche zuvor zuendegegangenen Internationalen Sozialistenkongreß in Stuttgart, auf dem die Sozialistische Internationale u. a. eine Positionsbestimmung zu Militarismus, Krieg und zur Kolonialpolitik versucht hatte, war auch nicht dazu angetan, einen prinzipienfesten Sozialisten, für den ich Otto Feige halte, für die SPD einzunehmen; vier Wochen später bestätigte der Parteitag in Essen den nahezu imperialistischen Standpunkt der Mehrheit ihrer Vertreter in der Kolonialfrage.

Und aus der Sympathie für Lassalle, der sowohl von der Sozialdemokratie als auch von den Gewerkschaften als Gründervater reklamiert wurde, ist keineswegs abzuleiten, daß Otto Feige dessen Bereitschaft zu taktischen Bündnissen mit bürgerlichen Regierungen gebilligt oder sich das Staatsvertrauen der Lassalleaner zueigen gemacht hätte (zumindest in Lassalles eigener Vision stand am Ende seines mehrstufigen gesellschaftlichen Entwicklungsmodells das Überflüssigwerden von Staat und Recht). Wie Otto Feige darüber dachte, muß offenbleiben; für Ret Marut war Staat gleichbedeutend mit Bürokratie: »Es ist mein Bestreben gewesen, immer wieder darauf hinzuweisen, daß der Mensch wichtiger ist als der Staat, während uns täglich das Gegenteil eingebläut wurde«. Darum forderte er nicht die Verstaatlichung, sondern die Vergesellschaftung der Presse, die Enteignung der Eigner, oder, mit Marx, die »Expropriation der Expropriateure«; trotzdem zitierte er Lassalle 1919 zustimmend (ebenso übrigens Wilhelm Liebknecht und August Bebel) und konnte gleichzeitig feststellen: »Die kaiserliche Sozialdemokratie hatte sich mit dem Gegenwarts-Staate vollständig ausgesöhnt, sie fühlte sich sauwohl darin. Auf dieses Ziel war im letzten Jahrzehnt die gesamte Gewerkschaftsbewegung, die gesamte Genossenschaftsbewegung und die gesamte Parteibewegung mehr oder weniger bewußt eingestellt worden«.

Noch eine Reihe weiterer Repliken auf »sozialdemokratische Gewerkschaftsbeamte« und »sozialdemokratische Parteibeamte« läßt sich als Reminiszenz an seine Zeit als Gewerkschaftssekretär deuten, als ungute Erinnerung an das Machtstreben und die Statusansprüche präpotenter Funktionäre, wie sie in Großorganisationen anscheinend unvermeidlich sind; an fruchtlose Diskussionen mit kompromißlosen Kadern, die keinen Fingerbreit von der Partei- oder Verbandslinie abzurücken gewillt waren; an strategische Winkelzüge und Intrigen; schließlich an Machtworte der Führer. Ebenso wie der Alte Verband der Bergarbeiter hatte sich auch der Deutsche Metallarbeiterverband zu einer sozialdemokratischen Richtungsgewerkschaft entwickelt. Als Faustregel kann gelten: Wer Mitglied der Sozialdemokratischen Partei war, war auch Gewerkschafter; für Gewerkschaftsfunktionäre galt auch der Umkehrschluß. In Verbindung mit der Expansion der sozialdemokratischen Organisation war eine stetig »wachsende Zahl beruflicher Existenzen« entstanden, ein dichtes Netzwerk aus »Partei- und Gewerkschaftssekretären, Konsumvereinsangestellten, Parteiwirten« und »Redakteuren«, in dem sich ein parteipolitisch ungebundener Gewerkschaftsfunktionär durchaus verstricken konnte. Ralf Lützenkirchen hat für den Reichstagswahlkreis Dortmund-Hörde festgestellt, daß sich »die verantwortlichen Funktionäre, der Reichstagsabgeordnete, der Landesvertrauensmann und der 1. Vorsitzende des Wahlkreisvereins [...] übereinstimmend« zur »Taktik der kleinen Schritte« bekannten, »womit sie das materielle Interesse der Arbeiter [...] über die revolutionären Ideale setzten. In dieser Zielsetzung fanden sich die Anhänger der parlamentarischen Reform in der Partei mit den Gewerkschaftsführern zusammen«. Ob das Schisma der SPD um die richtige Taktik (revolutionäre Ideologie und reformerisch-revisionistische Praxis, scharfer Klassenkampf oder Politik der parlamentarischen Reform) bis nach Gelsenkirchen durchschlug, ist nicht bekannt.

Die zitierten amtlichen Berichte der Verwaltungsspitze und der oberen Polizeibehörden an den Regierungspräsidenten über herausragende Kartellveranstaltungen folgen einer entsprechenden Verfügung vom 9. August 1905 und sind Lageberichte »zum Stand der sozialdemokratischen Bewegung« mit Seitenblicken auf »Bergarbeiter«, übrige »Gewerkschaften«, »Polen« und »Anarchisten«. Als solche fassen sie die Beobachtungen und Mitteilungen zusammen, die auf den unteren Stufen der Behördenhierarchie generiert wurden, etwa die Polizeiberichte. Diese selbst, die Primärquellen also, sind nicht überliefert. Auf das Alltagsgeschäft der Gewerkschaftsfunktionäre, etwa der Ortsverwaltung des DMV, werfen die Lageberichte kein Schlaglicht.

Meis (Gelsenkirchen) gegen Runge (Bochum)

Das Bild wäre nicht vollständig, wenn wir nicht noch einen Konflikt berücksichtigten, der sich innerhalb einer SPD-Wahlkreisorganisation abspielte, zu dessen Schlichtung, neben anderen, Otto Feige herangezogen wurde, wodurch er – kaum zu seinem Vorteil – in die Einfluß- und Interessensphären zweier sozialdemokratischer Distrikte geriet.

Weil die Quote der sozialdemokratischen Wähler, die zugleich Mitglied der Partei waren, nur bei rund zwanzig Prozent lag, beschloß die Wittener SPD-Kreiskonferenz von 1905 die Bildung eines Sozialdemokratischen Vereins für den Reichstagswahlkreis Bochum-Gelsenkirchen-Hattingen-Witten mit Distrikten und Filialen in den einzelnen Gemeinden und Städten zum 1. Januar 1906 und die Einstellung eines besoldeten Parteisekretärs. Jedes SPD-Mitglied im Wahlkreis war verpflichtet, sich dem Verein anzuschließen. Die Leitung teilte sich ein sechsköpfiger Zentralvorstand, der aus zwei Vorsitzenden, zwei Kassierern und zwei Schriftführern bestand. Zum Parteisekretär gewählt wurde der gelernte Maler und Lackierer Paul Runge aus Bochum. Der Wahlkreisverein hielt 1906 sechs Versammlungen ab und brachte es bis zum Jahresende auf 2 872 Mitglieder; 1907 wurden »ungefähr 35 öffentliche Volksversammlungen abgehalten, in welchen hauptsächlich über den Ausfall der diesjährigen Reichstagswahlen, die hohen Lebensmittelpreise und über die rücksichtslose Anziehung der Steuerschraube gesprochen wurde. In verschiedenen Versammlungen wurden die Anwesenden aufgefordert, aus der Landeskirche auszutreten, mit der Begründung, daß gerade die Kirche eine wesentliche Stütze der kapitalistischen Gesellschaft sei«; als Redner traten unter anderem Otto Hue, Fritz Husemann, Paul Runge, Fritz Haberland, Heinrich Löffler, Peter Meis und Rudolf Vogler auf. Die Mitgliederzahl stieg 1907 auf 4 200.

Im zu fünfzig Prozent katholischen Gelsenkirchen war der Organisationsgrad der SPD-Wähler noch geringer, er erreichte gerade einmal des Hälfte des Reichsdurchschnitts. In diesem Milieu bekannte man sich nicht gern zur SPD, die nicht einmal einen Stadtverordneten stellte. Immer wieder wurden die »Gleichgültigkeit« und »Lauheit der Genossen« und der schwache Versammlungsbesuch getadelt. Als der Zentralvorstand »auf Drängen der Gelsenkirchener« hier einen Distrikt des Wahlkreisvereins gründete und die Leiterstelle mit dem Genossen Salzmann aus Duisburg besetzte, verweigerten ihm die Gelsenkirchener ihre Anerkennung und wählten mit Fritz Haberland »einen ihnen genehmen Genossen«. Diesem 5. Distrikt des Wahlkreisvereins traten bis zum 31.8.1906 273 Mitglieder bei, zum 1.7.1907 waren es 571. Die Gelsenkirchener SPD meinte davon auch einen Anspruch auf größere Einflußnahme ableiten zu können. Nachdem das Bochumer »Volksblatt« den Abdruck eines vom Gelsenkirchener Arbeitersekretär Peter Meis herausgegebenen Flugblattes »Rückblick auf unsere Landtagswahlrechtsbewegung« verweigert hatte, machte sich dies zunächst in der Forderung geltend, in Gelsenkirchen eine Geschäftsstelle des »Volksblatts« mit einem Lokalredakteur einzurichten. Bei Gelegenheit einer Versammlung des Wahlkreisvereins in Gelsenkirchen am 1. Juli 1906, so der Bezirks-Polizei-Kommissar in Bochum, habe das dortige Pressekommissionsmitglied, der Kartellvorsitzende Josef Pütz, eine Resolution eingebracht, wonach ein Kopfblatt des Bochumer »Volksblatts« als »Gelsenkirchener Arbeiterzeitung« herauszubringen und ein eigener Lokalredakteur einzusetzen sei; der anwesende Parteisekretär Runge aus Bochum habe sich mit Hinweis auf die »finanziellen Schwierigkeiten« dagegen ausgesprochen. »Ohne die Tagesordnung zu erledigen, ist die Versammlung geschlossen worden«. Im Hintergrund stünden Rivalitäten zwischen Meis und Runge; Meis sei ein »entschiedener Gegner der Leitung in Bochum«, die ganz unter dem Einfluß des Bergarbeiter-Verbands stehe; er suche »auf alle mögliche Art und Weise, den Parteisekretär Runge u. a., zu chikanieren«.

Für den 16.8.1906 wurde daraufhin eine Schlichtungskommission einberufen, der im wesentlichen altgediente Funktionäre angehörten: als Vorsitzender Fritz Kahl (1859–1942), Bezirksleiter des Zentralverbands der Maurer in Westfalen in Dortmund und Vorsitzender des dortigen Gewerkschaftskartells, Mitbegründer des sozialdemokratischen Vereins für die Reichstagswahlen in Dortmund-Hörde, ferner Heinrich Hansmann (1861–1932), Bezirksleiter des Bergarbeiterverbands mit Sitz in Eichlinghofen-Aplerbeck, Ewald Demtröder (1872–1964) aus Kruckel, Bezirksleiter, Vorsitzender der Dortmunder Preßkommission, der Tischler und Redakteur Hermann Grimpe (1850–1907) aus Elberfeld, sodann Fritz Seegert aus Düsseldorf, Hubert Schmitz jr. aus Soest und Otto Feige aus Gelsenkirchen. Was die SPD-Führer veranlaßte, den jungen und wenig erfahrenen Gewerkschaftssekretär zu nominieren, muß offen bleiben.

Für die Gelsenkirchener brachte die Schlichtung eine vollkommene Niederlage. Die Kommission erkannte nicht nur »die Gründe der Redaktion und Presskommission« an, »welche diese veranlaßt haben, die Veröffentlichung des Inhalts des Flugblattes im ›Volksblatt‹ abzulehnen«;

sie mißbilligte auch »unter allen Umständen« Herausgabe und Verbreitung des Meis'schen Flugblattes, verbunden mit der »Hoffnung, dass die Genossen in Zukunft in Eintracht und Friedfertigkeit die Tätigkeit im Interesse der Partei gemeinsam ausüben mögen.« Und da »sämtliche Beschlüsse [...] einstimmig gefasst« wurden, war dies für Otto Feige, nur 14 Tage nach seinem Amtsantritt, sicherlich kein guter Einstand bei den Gelsenkirchener Genossen. Und es mag erklären, weshalb der Rechenschaftsbericht von Peter Meis über die Tätigkeit des Gelsenkirchener Arbeitersekretariats für 1907 – im Unterschied zu Berichten der Arbeitersekretariate anderer Orte – die von Otto Feige betriebene Agitations- und Bildungsarbeit der Metallarbeiter mit keinem Wort erwähnt.

Drei Tage später, am 19.8.1906, fand in Hattingen eine Generalversammlung des Vereins statt. Den Bericht über das Ergebnis der Beratungen der Schlichtungskommission in der Streitsache zwischen dem Gesamtvorstand des Sozialdemokratischen Vereins für den Reichstagswahlkreis Bochum und den Genossen in Gelsenkirchen sowie zwischen den Genossen Meis und Runge erstattete Max König, Landesvertrauensmann (Geschäftsleiter) des SPD-Agitationsbezirks Westliches Westfalen in Dortmund. Polizei-Kommissar Krohn glaubte nicht an die von der Schlichtungskommission beschworene »Eintracht«: »Solange Meis in Gelsenkirchen an der Spitze steht, wird es nicht zur Ruhe kommen. Oder, derselbe wird an die Bochumer Parteikrippe herangezogen«. Tatsächlich gab es zwei Monate später erneut Ärger mit den Gelsenkirchener Genossen. Am Provinzialparteitag in Bocholt am 27./28.10.1906 nahmen sie mit fünf Delegierten teil. Als der Parteitag diese nicht bedingungslos anerkannte, verließen sie den Parteitag und sperrten durch Mitgliederbeschluß ihre Mitgliedsbeiträge für den Kreisverein. Wieder wurde ein Schiedsgericht (bestehend aus Genossen außerhalb des Agitationsbezirks sowie einem Vorstandsmitglied), vermutlich im November 1906, einberufen. Der Schiedsgerichtbeschluß wurde von einer Versammlung des Distrikts am 2.12.1906 akzeptiert, die für den 9.12. eine außerordentliche Generalversammlung des Wahlkreisvereins nach Gelsenkirchen einberief, die die Angelegenheit als erledigt bezeichnete. Daß im Sommer 1907 dann der Gelsenkirchener Distriktsleiter Haberland, ein Protegé von Meis, der Unterschlagung von Vereinsgeldern beschuldigt wurde und sich aus dem Staub machte, ließ die früheren Auseinandersetzungen in einem schiefen Licht erscheinen, was die Stellung von Meis erheblich geschwächt haben dürfte. Zu Haberlands Nachfolger wurde am 13. Juli 1907 Heinrich Löffler gewählt. Bei seiner Wahl erklärte er, »daß die im Mitgliederbuch verzeichneten 500 Mitglieder, längst nicht mehr dem Verein angehörten. Er wolle aber dafür sorgen, daß in kurzer Zeit ein ganz anderer Wind wehe«. Wenig später war er der Gelsenkirchener Vertreter auf dem SPD-Parteitag in Essen.

Im Herbst 1906 begann der Wahlkampf für die Reichstagswahlen (die sog. »Hottentottenwahlen«), der schlagartig in seine heiße Phase trat, nachdem am 13.12. vorzeitig der Reichstag aufgelöst worden war und bis zu den Wahlen nur noch sechs Wochen Zeit blieben. Auf den zwölf Wahlkampfveranstaltungen der SPD in Gelsenkirchen (Redner u. a.: Reichstagskandidat Otto Hue, Max König, Paul Runge, Fritz Haberland und Peter Meis) ist Otto Feige nicht aufgetreten. Im Gegenteil will er im Jahr 1907 unter »sozialdemokratischen Wählern« agitiert und davor gewarnt haben, die SPD zu wählen – so jedenfalls Ret Maruts möglicherweise ein wenig dick aufgetragene Erinnerung im »Ziegelbrenner«. Immerhin würde es in die Chronologie seiner Biographie passen. Im Wahlkreis Bochum-Gelsenkirchen-Hattingen-Witten wurde erwartungsgemäß Otto Hue gewählt; in Gelsenkirchen selbst war er in der Stichwahl dem Kandidaten der Nationalliberalen knapp unterlegen.

An der Seite der Streikenden

Als Höhepunkt von Otto Feiges Geschäftsführertätigkeit kann der Streik der Gelsenkirchener Klempner- und Installateurgehilfen gelten, dem sich etwa 70 Arbeiter anschlossen, darunter je ein Mitglied des christlichen Verbands und des Hirsch-Dunckerschen Gewerkvereins. Er dauerte zwölf Wochen, endete mit einem Erfolg für die Gewerkschaft und fand auch Eingang in den Bericht des Oberbürgermeisters an den Regierungspräsidenten vom 14.9.1907, dort mit der ergänzenden bzw. abweichenden Information, daß an dem Streik 62 Gehilfen teilgenommen und »in der Woche durchschnittlich 12–19 Mark Unterstützung« erhalten hätten«. Dem steht im Rechenschaftsbericht für 1907 ein viel niedriger Betrag von 3 646,52 Mark gegenüber, der sich aus 719,55 Mark aus der Lokalkasse und 2 926,97 Mark aus der Hauptkasse zusammensetzt. Von den 27 nachzuweisenden Besuchen des Bezirksleiters Spiegel in Gelsenkirchen dürften viele in diesem Zusammenhang nötig geworden sein.

In fünf Notizen und Artikeln, die zweifellos alle von Otto Feige stammen, berichtete die »Metallarbeiter-Zeitung« über den Stand der Dinge und ihren Fortgang. Zunächst brachte sie am 8.6.1907 in einem »Nachtrag« die Meldung, daß in Gelsenkirchen »die Klempner und Installateure [...] in den Ausstand getreten« seien, deshalb gelte: »Zuzug fernhalten«: Der Streik sollte nicht von arbeitswilligen Neuankömmlingen unterlaufen werden. Nähere Einzelheiten schilderte eine Korrespondenz in der nächsten Ausgabe. Demzufolge hatten die Gehilfen auf einer »am 25. April abgehaltenen öffentlichen Klempnerversammlung den Auftrag erhalten, einen Tarif mit den Meistern abzuschließen.« Zwischen der Meister- und der Gehilfenkommission wurden daraufhin dreitägige Verhandlungen im »Zentral-Hotel« anberaumt. »Am ersten Verhandlungstag«, an dem »über die schwierigsten Punkte: Arbeitszeit, Entlohnung und Vergütung der Überarbeitszeit, eine Einigung zustande gekommen« sei, hätten noch »die Beamten des Deutschen Metallarbeiter-Verbandes und des christlichen Metallarbeiter-Verbandes« teilnehmen dürfen. »Am zweiten Verhandlungstag [...] erklärte der Vorsitzende der Meisterkommission«, daß man auf Rat des »Verbandsekretärs (Westdeutscher Verband selbständiger Klempner, Kupferschmiede und Installateure) beschlossen« habe, die Gewerkschaftsbeamten von der weiteren »Teilnahme an den Tarifverhandlungen auszuschließen.« »Im Interesse des Tarifvertrags« habe die Gehilfenkommission dem zugestimmt. Als die Meister nun aber »erklärten, sie wollten überhaupt keinen Tarif, sie wollten nur eine Arbeitsordnung (sprich: Gefängnisordnung), wie sie von ihnen ausgearbeitet und vorgelegt wurde«, brachen die Gehilfen die Verhandlungen ab. Nachdem eine den Meistern gewährte Frist von vier Tagen abgelaufen war, »wurde zum 21. Mai eine öffentliche Versammlung der Klempnergehilfen einberufen, wo in geheimer Abstimmung einstimmig beschlossen wurde, bei allen Meistern, die den Tarif nicht anerkennen, am nächsten Tage die Kündigung einzureichen.« Am 4. Juni dann seien die Gehilfen des Klempner- und Installationsgewerbes, »von denen 90 bis 92 Prozent organisiert« seien, »in den Ausstand getreten.« »Die Mehrzahl« von ihnen erhalte vom Metallarbeiterverband »volle Unterstützung, so daß sie es lange aushalten können.« Es werde vermutet, »daß hinter den Meistern der Arbeitgeber-Verband steht, der die ganze Sache geschoben und dabei verschoben hat.« Am Schluß erfolgte wieder der Appell an die Solidarität der Arbeitskollegen: »Es wird ersucht, dafür zu sorgen, daß kein Klempner nach Gelsenkirchen geht, um dort Streikbrecher zu werden«.

Am 24. August 1907 war in der »Metallarbeiter-Zeitung« zu lesen, daß der Streik »unverändert« fortdauere; »Zuzug« sei »deshalb noch fernzuhalten«. Eine Woche später wurde in einer Gelsenkirchener Korrespondenz »ein Fall unglaublicher Roheit eines Klempnermeisters« geschildert. Ich zitiere den Text vollständig, denn er enthält eine Reihe von Stilfiguren, die für Marut und Traven charakteristisch sind; die Modalpartikel »ja« habe ich durch ein »[!]« markiert:

> »In unserem geliebten Vaterland zählt sich jeder Unternehmer, und wenn er nur einen Mann beschäftigt, zu den sogenannten ›besseren‹ Leuten. Manchmal leiden die Betreffenden mit ihrer Nachäffung besserer Um-

gangsformen allerdings schweren Schiffbruch, denn ihre ureigene rohe Gesinnung können Sie nur unter dem Deckmantel einer widrigen Heuchelei und Kriecherei verbergen, sobald sie vor einem ›hohen Herrn‹ stehen. Zu solchen mit prahlerischer, oberflächlicher Bildung angefüllten Geistern können wir auch einzelne Klempnermeister zählen, die bei dem Streik der Klempner- und Installateurgehilfen in Gelsenkirchen eine Rolle spielen. Heute haben wir über einen Akt brutaler Roheit zu berichten. Und der Held dieses brutalen Roheitsaktes ist der höchstehrenwerte Gelsenkirchener Bürger und Klempnermeister, Vorsitzender der Ortsgruppe Gelsenkirchen des Verbandes selbständiger Klempner, der Obermeister Jakob van Rissenbeck, Weidenstraße [heute Wiehagen, Gelsenkirchen-Neustadt] wohnhaft. Wir wollen ohne Kommentar den Sachverhalt mitteilen, wie er uns von Augenzeugen geschildert wurde und der Leser mag sich selbst sein Urteil bilden. Am Samstag den 10. August, abends gegen 7 Uhr, kam der Meister Rissenbeck mit zwei arbeitswilligen Klempnern und einem Lehrling, der einen Materialkarren vor sich her schob, an die Ecke der Bochumer- und Weidenstraße, wo drei streikende Gesellen standen. Einer von ihnen ging, wie es seine selbstverständliche Pflicht erforderte, auf den Arbeitswilligen, der sich in väterlichem Schutze seines Meisters befand, zu und sagte zu ihm: ›Na, Kollege, wie geht's?‹ Meister Rissenbeck, der seines Mannes nicht sicher zu sein schien, brüllte den Streikenden an, er solle den Mann in Ruhe lassen. Er ist wahrscheinlich der Meinung, daß seine Arbeitswilligen Zuchthäusler seien, die auf der Straße mit niemand sprechen dürften. Als er sehen mußte, wie nun auch sein anderer Gehilfe von einem Streikenden, dem dieser am Morgen versprochen hatte, er wolle jetzt abends die Arbeit niederlegen, angeredet wurde, ging seine meisterliche Geduld zu Ende. Er zog eine Eisenstange vom Wagen und schlug einem der Streikenden, einem verheirateten Gehilfen, mit aller Wucht auf den Kopf. Dieser Kollege hatte aber ebenso rasch seinen Arm vorgehalten, so daß er den Hieb auffing. In dem Augenblick kam der nebenstehende Gehilfe in die Nähe, um seinen Kameraden zu schützen, da erhielt er auch schon einen so wuchtigen Schlag auf den Kopf, daß das Blut sofort aus einer klaffenden Wunde spritzte. Von Schmerzen gepeinigt, die Hände vor den Kopf gepreßt, rannte der Gehilfe durch die Straßen. Die Unverfrorenheit des Meisters Rissenbeck erreichte ihren Höhepunkt, als er dem Geschlagenen zwei Schutzleute zu Fuß und einen berittenen nachschickte, die den blutenden Gehilfen verhafteten und in Begleitung einer großen Menschenmenge zur Wache schleppten, wo der Bedauernswerte bis Sonntag vormittag um halb zehn Uhr festgehalten wurde. Wir wollen hier den Fehlgriff der Polizei, die auf das Gesuch des Täters ohne weiteres den Mißhandelten und nicht den Täter selbst verhaftete, auch die Tatsache, daß dem verhafteten Gehilfen erst nachts um 8 Uhr ein Strohsack als Lager gegeben wurde, nicht kritisieren, aber feststellen wollen wir, daß der Meister Rissenbeck die preußischen Behörden sehr genau zu kennen scheint. Zu einem streikenden Gehilfen, den er etwa eine Stunde nach dem Vorfall traf, sagte er nämlich: ›Jetzt habe ich es aber einem Streikenden, ohne ein Wort zu sagen, so gegeben, daß gleich das Blut nur so gespritzt ist. Mir passiert ja [!] doch nichts, denn wir leben ja [!] gar Gott sei Dank noch in Preußen!‹ Der Meister Rissenbeck ist ja [!] übrigens als eine ›fein‹ veranlagte Natur zur Genüge bekannt, davon können sein Lehrling und mehrere Gehilfen ein Liedchen singen. Und diese Sorte Leute entrüstet sich über den Terrorismus streikender Arbeiter!«

Anfang September konnte Otto Feige in der »Metallarbeiter-Zeitung« mit sichtlicher Genugtuung von der Einstellung des Arbeitskampfs am 24. August und den »Errungenschaften« zugunsten der Streikenden berichten. Erneut machte er mehrfach von der Modalpartikel »ja« Gebrauch, die Evidenz und Verbindlichkeit suggeriert und für Marut und Traven so charakteristisch ist. »Auf eine Anfrage des Kollegen Feige« hätten die Meister »den Gehilfen einen Tarifvertrag angeboten, den sie aber, um zu zeigen, daß sie die ›Herren im Hause‹ wären«, als »Arbeitsordnung« bezeichnet hätten. »Arbeitsordnungen sind ganz etwas anderes. Wir empfehlen den Herren Meistern das Studium eines nationalökonomischen Werkes, damit ihnen die Begriffsunterschiede zwischen Arbeitsvertrag und Tarifvertrag gründlich klar werden. Wie wenig die Meister ›Herren im eigenen Hause‹ sind, vielmehr nur als Mitglieder ihres Verbandes alle von Düsseldorf kommenden Beschlüsse und Verordnungen blindlings ausführen müssen, haben ja [!] verschiedene Meister während des Streiks am eigenen Leibe erfahren können. Für die Gehilfen ist es ja [!] im Grunde genommen gleich, ob das Ding Arbeitsordnung oder Tarifvertrag heißt. Die Hauptsache ist, daß der Inhalt den berechtigten Forderungen entspricht.« Und das tue er. Wären bisher »die Regelung des Arbeitsverhältnisses der freien Vereinbarung überlassen« gewesen, hätten die Gehilfen jetzt erstmals »tarifliche Vereinbarungen über Arbeitszeit und Entlohnung« durchgesetzt. Die tägliche Arbeitszeit sei von 10 auf 9 ½ Stunden reduziert worden, an Samstagen werde wie zuvor »1 Stunde, an den Vorabenden von Ostern, Pfingsten und Weihnachten 2 Stunden früher Feierabend« gemacht, dies jedoch bei vollem Lohnausgleich, Überstunden würden künftig mit 25 (statt 10) Prozent, Nachtarbeit mit 50 (statt 20) Prozent Zuschlag vergütet. Auch bei der Festsetzung der Arbeitslöhne seien Verbesserungen erzielt werden: »Im ersten Jahre nach beendeter Lehrzeit bleibt der Lohn der freien Vereinbarung überlassen. Dann erhalten die Gehilfen 40–55 Pf.« (vorher betrug der Stundenlohn für ausgelernte Gehilfen 35 Pf. und konnte in den nächsten sieben Jahren je nach Leistung auf bis zu 50 Pf. steigen); »selbständig arbeitende Gehilfen erhalten ohne Rücksicht des Alters 55 bis 59 Pfennig« (vorher 52 Pf. für über 25-Jährige). Neu eingeführt würde

»eine Montagezulage von 2,50 Mk. pro Tag« bei »auswärtigen Arbeiten, wo Übernachten notwendig ist«, und die Lohnzahlung erfolge künftig nicht mehr vierzehntägig, sondern wöchentlich.

Das seien »die wesentlichsten Errungenschaften des Streiks«. Ohne ihn »hätten die Gehilfen nicht nur nichts erreicht, es wäre ihnen auch eine Arbeitsordnung aufgezwungen worden, bei deren Anerkennung ihnen die Schamröte hätte ins Gesicht steigen müssen. Die Gehilfen als gleichberechtigte Faktoren im Gewerbe anzusehen und demgemäß mit ihnen zu verhandeln, dazu haben sich die Meister bis heute noch nicht aufraffen können. Sie glauben halt immer noch – bei ihrer mittelalterlichen Weltanschauung ist es ja [!] nicht anders denkbar –, der Gehilfe sei ein bloßes Arbeitstier und müßte sich bedingungslos allen Anforderungen des Meisters unterwerfen. Die Meister davon zu überzeugen, daß die Gehilfen ein unveräußerliches Recht haben, bei Abschluß eines Arbeitsvertrages mitbestimmend zu wirken, wird den späteren Bewegungen vorbehalten bleiben. Denn den Gang der Kulturentwicklung auch nur einen Tag aufzuhalten, wird den Gelsenkirchener Klempnermeistern ebensowenig gelingen, wie es ihnen gelungen ist, die Gehilfen in diesem Kampfe niederzuzwingen. Der Sieg, den die noch jung organisierten Gehilfen in einem zwölfwöchigen heißen Streite errungen haben, wird für sie ein Ansporn sein, unermüdlich für ihre Gewerkschaft, den Deutschen Metallarbeiter-Verband, tätig zu sein, um zukünftige Bewegungen ebenso erfolgreich durchzuführen«.

Mit einem Bericht über eine von ihm einberufene Versammlung der Elektromonteure am 23. September 1907 informierte Otto Feige ein letztes Mal die Leser der »Metallarbeiter-Zeitung« über seine Versuche, Mitglieder für den Verband zu gewinnen. Der Hinweis auf eigene Erfahrungen als Elektriker scheint sich auf eine frühere Tätigkeit als Elektroschlosser (in Wallensen oder Magdeburg?) zu beziehen; die pathetische Lobpreisung gewerkschaftlicher Organisation gewissermaßen am Vorabend seiner

Metamorphose zum Provinzschauspieler mutet indessen merkwürdig an. Ich zitiere den Korrespondenzartikel vollständig:

»Gelsenkirchen. Am 23. September wurde hier eine öffentliche Versammlung der Elektromonteure abgehalten. Kollege Feige hielt die einleitende Rede. Er schilderte die Entwicklung der elektrischen Industrie und deren Zukunft. Dann kam er auf die wirtschaftliche Lage der Elektromonteure zu sprechen. Aus eigener Erfahrung konnte er mitteilen, wie die Elektriker trotz der Intelligenz, die sie zur Ausübung ihres Berufs besitzen müssen, häufig noch zu Bedingungen arbeiten, für die ein ungelernter Arbeiter nicht zu haben wäre. Redner führte weiter aus, die Kollegen könnten sehr wohl Einfluß auf ihre wirtschaftlichen Verhältnisse gewinnen, wenn sie solidarisch handelten. Um das Solidaritätsgefühl aber zu fördern und zu stärken, sei es unbedingt notwendig, daß die Elektriker eine Vereinigung gründen, in der sie ihre beruflichen Verhältnisse besprechen und zugleich beraten können, welches die besten und sichersten Wege sind, ihre wirtschaftliche Lage zu verbessern. Redner empfiehlt den Anwesenden, eine Branchenabteilung der Elektromonteure zu gründen und diese dem Deutschen Metallarbeiter-Verband anzugliedern dadurch, daß jeder Elektromonteur dem Verband als Mitglied beitritt. Durch die Angliederung an den Verband, der der größte und somit auch der machtvollste Arbeiterverband sei, würde es der Branche auch möglich sein, lebensfähig zu werden und vor allen Dingen Einfluß auf die Regelung der Berufsverhältnisse zu gewinnen. Den Deutschen Metallarbeiter-Verband als Rückhalt haben heißt: gegen alle wirtschaftlichen Schäden in der denkbar besten Weise gesichert zu sein. Die Zusammenfassung aller unserer Berufskollegen zu gemeinschaftlichem Handeln muß unser erstrebenswertestes Ziel sein. Die Diskussionsredner sprachen sich ganz im Sinne des Referen-

> ten aus. Sie betonten, daß die Mitgliedschaft im Deutschen Metallarbeiter-Verband die Grundbedingung sei für ein erfolgreiches Arbeiten, um die wirtschaftliche Lage der Elektromonteure zu heben. Gegen zwei Stimmen wurde eine Resolution angenommen, die den Anschluß an den Deutschen Metallarbeiter-Verband und die Gründung einer Branche allen Berufskollegen empfiehlt. Nach Schluß der öffentlichen Versammlung ließen sich von elf anwesenden nichtorganisierten Kollegen neun in den Deutschen Metallarbeiter-Verband aufnehmen. Hierauf wurde zur Gründung der Branche geschritten. Es wurde beschlossen, in nächster Woche die erste Branchenversammlung abzuhalten, in der die Versammlungstermine und das Tagungslokal festgelegt werden sollen«.

Gleichsam als selbstironisches Echo erscheint demgegenüber der Bericht B. Travens über einen Bauarbeiterstreik in Chicago im Roman »Die Weisse Rose« (1929), mit dem Traven sarkastisch auf pathetische Funktionärsprosa – ein Beispiel unter vielen ist Karl Spiegels Appell an die Metallarbeiter Gelsenkirchens, der 1904 in der MZ abgedruckt wurde: »Ein jeder muß Agitator werden und bereit sein, der Ortsverwaltung seine volle Kraft zur Verfügung zu stellen, [...] bis der letzte Kollege Gelsenkirchens dem Verband angeschlossen ist« – reagiert: »Die Arbeiter redeten sich halb zu Tode in ihren Versammlungen über die Stärke des Unternehmertums und die unüberwindliche Macht des Kapitalismus und rackerten mit vereinten Kräften, ihre Organisation zu stärken und auch den letzten unorganisierten Mann heranzuschaffen, denn nur eine starke Organisation war vonnöten, um den Kapitalismus zu zerschmettern oder wenigstens einen auskömmlichen Tagelohn zu erhalten, wenn man die sozialistische Weltordnung denn doch nicht so bald erblicken sollte«. Psychologisch erfahrungsgesättigt scheint auch der Bericht über einen Konflikt zwischen französischen Regierungsvertretern und indigenen Häuptlingen in Ret Maruts Roman »Die Fackel des Fürsten«:

»Die Männer hatten sich in Feuer geredet und taten, als solle es morgen schon losgehen mit der Empörung. Sie sprachen mit großem Pathos, aber dahinter verspürte man doch nur [...] die Absicht, vor ihren Untertanen als einflußreiche Männer zu gelten, die sich nichts gefallen ließen«.

Der Autor B. Traven schrieb den sozialdemokratischen Richtungsgewerkschaften im Kapitalismus eine systemerhaltende Rolle zu: »Was immer Arbeiter auch tun mögen, innerhalb des kapitalistischen Wirtschaftssystems werden sie das tun, was dem Kapitalismus dienlich ist, weil sie ein Teil des Kapitalismus sind, weil sie mit ihm, während der Herrschaft dieses Systems, verbunden sind auf Tod und Verderben, auf Leben und Untergang«. Seine Stieftochter Rosa Elena (»Chele«) Montes de Oca zitierte ihn mit den Worten, die Gewerkschaften seien nur dazu da, die Arbeitnehmer im Interesse der Kapitalisten im Zaum zu halten. Und mit Streiks würde auch nichts erreicht, solange es kein Generalstreik sei, der sich gegen das gesamte System richte. Das war exakt der Standpunkt, den B. Traven nach seinen gründlichen Erfahrungen in Deutschland 1928 in »Land des Frühlings« vertrat: Dort wandte er sich entschieden gegen eine Gewerkschaft, die sich »lediglich damit begnügt, die Härten des kapitalistischen Systems zu mildern, anstatt das kapitalistische System zu stürzen, wo sie das kapitalistische System sogar erhält dadurch, daß sie mit dem kapitalistischen System Kompromisse schließt«. Es war auch der Standpunkt von Fritz Kater, dem Vorsitzenden der anarchistischen »Freien Vereinigung deutscher Gewerkschaften« (»Lokalisten«), der ein Jahr nach Otto Feiges Weggang am 19.10.1908 in einem Vortrag in Dortmund auf Einladung der radikalen Wahlkreisfiliale Brackel kritisierte, daß für viele Gewerkschaftsbeamte die gewerkschaftliche Organisation zum Selbstzweck geworden sei. Statt den Sturz der kapitalistischen Gesellschaft herbeizuführen, richteten sie sich darauf ein, die sozialistische Gesellschaft evolutionär, auf dem langsamen Entwicklungsweg zu erreichen und sorgten sich lediglich um die Verbesserung der materiellen Lage der Arbeiter.

Kollege Feige sucht einen Nachfolger

Wohl um den durch vielfältige Aktivitäten erhöhten Finanzbedarf zu decken, wurde der Verwaltungsstelle ab dem 1. Juli 1907 die Erhebung eines Extrabeitrags in Höhe von 10 Pfg. pro Woche gestattet, was statutengemäß (§6 Abs. 5) durch eine »Bekanntmachung« in der »Metallarbeiter-Zeitung« angezeigt werden mußte. Es war eine der letzten Maßnahmen Otto Feiges als Geschäftsführer. Ungefähr zu dieser Zeit muß er beschlossen haben, dem Deutschen Metallarbeiterverband und Gelsenkirchen den Rücken zu kehren. Am 3. August 1907 war in der »Metallarbeiter-Zeitung« zu lesen: »Gelsenkirchen. Die hiesige Verwaltungsstelle sucht einen Geschäftsführer. Für die Gehalts- und Anstellungsbedingungen sind die Beschlüsse der Münchener Generalversammlung maßgebend. Redegewandte Kollegen, die mit dem Rechnungswesen vollkommen vertraut und wenigstens fünf Jahre Mitglied des Verbandes sind, wollen ihre Bewerbungen bis zum 1. September d. J. an den Kollegen Geschäftsführer Feige, Gelsenkirchen, Viktoriastr. 30, einreichen«. Am 9. Oktober 1907 hat er sich laut Meldekarte bei der Gelsenkirchener Polizei abgemeldet. Statt eines Zielortes gab er an, auf »Reisen« zu gehen. Für alle, die ihn als Otto Feige aus Schwiebus gekannt hatten, verschwand er damit spurlos – bis zu jenem Novembertag des Jahres 1977, als Will Wyatt seinem Namen in einem Aktenkonvolut des Home Office in London erstmals begegnete. Als Gegner der Wyattschen Entdeckung kann man selbstverständlich der Ansicht sein, Otto Feige sei auf der Reise oder auch zu einem späteren Zeitpunkt verschollen und als unidentifizierte Leiche irgendwo anonym bestattet worden. Die Tatsachen (Ret Maruts übereinstimmende Gesichtsgeometrie und Handschrift, sein Geständnis in der Londoner Haft mit Detailkenntnissen zur Familie Feige, zwei Briefe aus London an die Eltern Feige in Wallensen) sprechen allerdings entschieden gegen eine solche Mutmaßung.

Ob Ende September sein Vertrag auslief und nicht verlängert wurde, ob man ihm den Rücktritt nahelegte, weil man mit seiner Arbeit unzufrieden war und ihn auf dieser Position für ungeeignet hielt, oder ob er selbst aus eigenem Antrieb diesen Schritt vollzog, wird sich zwar mit letzter Sicherheit nicht feststellen lassen. Vieles spricht aber dafür, daß die Entscheidung von ihm ausging. Denn wäre er 1906 auf ein Jahr befristet angestellt worden, wäre sein Vertrag bereits zum 31. Juli ausgelaufen; es waren aber gut 14 Monate, die er in Gelsenkirchen verbrachte. Hätte er sich auf einer DMV-Vollversammlung im Herbst 1907 erfolglos zur Wahl gestellt, wäre seine Tätigkeit erst mit dem Kalenderjahr beendet gewesen; die Stelle wurde jedoch bereits Anfang August 1907 neu ausgeschrieben. Und da schließlich er selbst es war, der einen Nachfolger suchte, erscheint es mir ziemlich sicher, daß er von sich aus gekündigt hat und nun für eine geordnete Übergabe Sorge tragen wollte, worin ihn der Bezirksleiter Spiegel, der in diesem Jahr wegen »Streiks, Aussperrungen oder sonstigen Differenzen« insgesamt siebenundzwanzigmal in Gelsenkirchen vorbeischaute, sicherlich unterstützte und deshalb ein paarmal von Düsseldorf herüberkam.

Die im »Jahr- und Handbuch« veröffentlichten statistischen Angaben aus dem Kassenbericht der Ortsverwaltung für das Jahr 1907 können sich sehen lassen und dementieren jede Mutmaßung über ein etwaiges Scheitern im Amt. Die Zahl der Mitglieder war zwar nur leicht um 64 auf 518 gestiegen, die tatsächlich gezahlten Wochenbeiträge waren – vermutlich als Folge des Streiks – sogar gesunken, dafür war die Kassenbilanz tadellos: Die Gesamteinnahmen für die Hauptkasse beliefen sich auf 13 033,68 Mark, die Ausgaben auf 10 009,04 Mark. Das war ein Überschuß von 3 024,64 Mark gegenüber 4 501,23 Mark im vergangenen Jahr. Aus der Hauptkasse wurden Kosten in Höhe von 1 145,80 Mark für »außerordentliche Agitation« bestritten. Dieser Posten könnte für den Aufbau einer Bibliothek verwendet worden sein, denn im »Jahr- und Handbuch« heißt es, diesbezüglichen Anträgen habe der Vorstand »stets entsprochen«; »durch Bewilligung, beziehungsweise Anschaffung von Bibliotheken für neugegründete Verwaltungsstellen sowie durch Gewährung von Mitteln zur Erweiterung bestehender Bibliotheken« sei »zur Agitation und Belehrung der Mitglieder beigetragen« worden.

Der Lokalfonds konnte seine Einnahmen von 3 727,94 Mark im Jahr 1906 auf 7 475,63 sogar verdoppeln. Der Ausbau der Organisation ging mit einem gesteigerten Bedarf und entsprechend höheren Aufwendungen einher, vor allem für Personal und Außendarstellung; insgesamt ein Betrag von 7 453,11 Mark. Davon wurden die »Gehälter der Geschäftsführer und Aushilfsarbeiter« bestritten, 2 065,70 Mark, woraus sich wieder eine durchschnittliche monatliche Vergütung von 175 Mark errechnet. Beitragssammler und Zeitungskolporteure erhielten mit 1 285,24 Mark mehr als das Vierfache des Vorjahres. Während die Kosten für Büromiete, Heizung und Licht auf 220,54 Mark zurückgingen, verursachten »Drucksachen, Inserate, Porto« Kosten in Höhe von 647,01 Mark gegenüber 248,50 Mark im Jahr 1906. Der (nach Mitgliedern berechnete) Beitrag zum Gewerkschaftskartell hatte sich mit 482,45 nahezu verdoppelt, die »sonstigen Ausgaben« mit 1 466,03 Mark fast verdreifacht.

Es war mithin kein Abschied mit Eklat, möglicherweise aber mit Wehmut: Das von ihm als Geschäftsführer des Deutschen Metallarbeiterverbands in Gelsenkirchen 1906/07 realisierte Bildungs- und Kulturprogramm schwebte auch noch dem Publizisten Ret Marut als Ideal vor: Im »Sozialisierungsplan für die Presse« vom April 1919 fordert er, Überschüsse aus dem Anzeigengeschäft teilweise dafür zu verwenden, »gute Bibliotheken einzurichten« und »dem Volke, dem arbeitenden Volke Theatervorstellungen, Konzerte und wissenschaftliche und künstlerische Vorträge zu gewähren«. Genau das hatte den Kern seiner Arbeit in Gelsenkirchen ausgemacht. Und rückblickend hat er seine Zeit als Gewerkschaftsangestellter sicherlich nicht als verloren angesehen, konnte er doch seine Erfahrungen als Geschäftsführer, insbesondere was Organisation, Kontrolle und Archivierung anging, in seine späteren Tätigkeiten einbringen, vor allem als Direktionsmitarbeiter am

Schauspielhaus Düsseldorf und als Verlagsleiter in München. Und noch der forschende Journalist in den mexikanischen Dschungeln und der fleißige Literat in seiner »Indianerhütte« in der Nähe von Columbus verblüfft durch sorgsame Registratur und archivalische Akribie, wozu ihn weder das Finanzamt noch ein enges Budget zwang.

Die Geschäfte des DMV vor Ort übernahm (ob kommissarisch oder als neuer Geschäftsführer, konnte ich nicht feststellen) Kollege M. Hartig. Auch die Dachorganisationen von Partei und Gewerkschaft führten ihr Programm fort, anscheinend sogar in erweiterter Form: Das Gewerkschaftskartell veranstaltete im Winter 1907/08 neben öffentlichen Versammlungen montägliche Unterrichtskurse und sogar Theaterabende, um »Bildung und Kunstsinn in der Arbeiterschaft zu wecken und zu heben«: Bis Ostern kam jeden Monat eine »Theatergesellschaft« mit einer neuen Inszenierung zu Ingenhaag ins Gewerkschaftshaus; den Anfang machte am 25.11.1907 Ludwig Fuldas Schauspiel »Das verlorene Paradies«, in dem ein Fabrikstreik den Hintergrund einer konventionellen Liebesgeschichte bildet, am 16.12. folgte das sonst nicht nachzuweisende, »heitere« Stück »Hypochonder, oder Die Herren Stadtverordneten«. Der SPD-Wahlkreisverein verpflichtete für 1908 »den Schriftsteller Otto Rühle aus Leipzig«, der als »Wanderredner des Zentralbildungsausschusses« der SPD unterwegs war und dessen Lebensweg, nicht nur wegen seines mexikanischen Exils ab 1935, in mancher Hinsicht Parallelen zu B. Traven aufweist. In Gelsenkirchen und in Witten referierte Rühle im Januar 1908 an jeweils acht Abenden über »Die Entwicklung der Wirtschaft«.

Über das Motiv für diesen doch überraschenden Ausstieg zu rätseln, ist müßig. Es liegt zwar nahe, aus späteren, kritischen Aussagen zu schließen, daß Otto Feige als Geschäftsführer in Gelsenkirchen diverse Male mit Sozialdemokraten und Gewerkschaftern aneinandergeraten sein und ihn dies bestimmt haben könnte, hinzuschmeißen; daß er also an seine Zeit in Gelsenkirchen dachte, als er konstatierte: »Leute, die was können, kann man in Aemtern nicht gebrauchen, weil Leute, die von ihren Fähigkeiten überzeugt sind, keine Untergebene sein können«. Doch für diesen künstlerisch ambitionierten Menschen bedurfte es keines Dauerkonflikts mit Parteisekretären oder Gewerkschaftsbeamten vor Ort oder auf Bezirksebene. Es genügte, daß er beim Laienspiel sein Herz für die Bühnenkunst entdeckt und genügend Gewandtheit und Selbstvertrauen gewonnen hatte, um sich nun als professioneller Schauspieler und Regisseur versuchen zu wollen. An dieser Stelle sei daran erinnert, daß auch August Bebel als junger Drechslergeselle von etwa achtzehn Jahren den sehnlichen Wunsch hatte, »zur Bühne zu gehen«. Keineswegs war damit eine vollständige, radikale Abkehr von seinen politischen Zielen verbunden: Der schriftstellernde Schauspieler ging, wie einem Aufsatz für die »Danziger Zeitung« aus dem Jahr 1912 zu entnehmen ist, von einer »künstlerischen und kulturellen Mission« des Theaters aus: »Aufgabe der Schriftsteller und Künstler« müsse es sein, »den Menschen die höchsten Kunstwerke zu bieten und sie dafür empfänglich zu machen«, kurz: sich »die kulturelle Hebung des Volkes« angelegen sein zu lassen. Der »Kunstgenuß« solle »den inneren Menschen veredeln«. Naiv, für den Materialisten Marut sogar geradezu einfältig, war allerdings seine gleichzeitig geäußerte Überzeugung, »das Größte und Edelste« müsse keine Konkurrenz mit dem Minderwertigen, insbesondere dem Kino als »Ideal der Zerstreuung und Unterhaltung« der »großen Masse«, fürchten, sondern werde sich von ganz allein durchsetzen, wenn es für das gleiche Geld »Besseres und Wertvolleres« biete – eine verallgemeinernde Setzung, an deren Evidenz Marut nicht zu zweifeln schien. Noch als politischer Publizist in München, nach Jahren voller künstlerischer Enttäuschungen, bescheinigte Marut dem Theater grundsätzlich, es sei »ein äußerst starkes Ausdrucksmittel unserer ganzen Kulturbewegung«; »mittelbar« könne »man durch den Einfluß auf das Theater ohne Zweifel einen Einfluß auf bestimmte Ziele und Bestrebungen, die man hinsichtlich der Kulturbewegung hat, ausüben«.

Mut gehörte allerdings auch zu dieser Entscheidung für die Kunst. Aber Otto Feige setzte alles daran, um der sozialen Rolle zu entkommen, die die eigenen Erfahrungsmöglichkeiten hemmte und einschränkte. Sein Lebenskompaß hatte ihn zuletzt auf Höhen geführt, von denen er als Schlossergeselle nur hatte träumen können. Und das verdankte er seiner Bereitschaft, sich auf das Unbekannte einzulassen. Auf eine zwanzigjährige, fest an Schwiebus gebundene Phase (allenfalls unterbrochen durch einen mehrjährigen Aufenthalt mit der Familie in Grünberg) waren mehrere Lebensstationen in immer schnellerem Wechsel gefolgt: zwei Jahre in Bückeburg, denen vermutlich ein halbes Jahr in Wallensen voranging und eine unbestimmte Frist im Elternhaus sich anschloß, dann ungefähr 20 Monate in Magdeburg und 14 Monate in Gelsenkirchen. Es scheint, als sei dadurch ein Rhythmus getaktet worden, der sein weiteres Leben bestimmen sollte. Neugier auf das Unbekannte und die Bereitschaft zu einer radikalen Änderung der Lebensumstände verbanden sich mit der Zuversicht, daß der Tausch des bisherigen Sicheren gegen das neue Unsichere neue Kräfte und Begabungen mobilisieren würde.

Dafür nahm er sogar erhebliche finanzielle Einbußen in Kauf: Das Salär, das er als Geschäftsführer bezogen hatte, wurde durch seinen Berufswechsel glatt halbiert. Die Gage des Schauspielers Ret Marut dürfte im Durchschnitt bei 80 Mark/mtl. gelegen haben, fünf Jahre später in Düsseldorf betrug sie anfangs 120 Mark. Dafür war man als darstellender Künstler in einem hohen Maß sein eigener Herr; Kündigungen und Wechsel im Engagement gehörten zum Alltag und vollzogen sich ohne größere Gemütsbewegung. Anscheinend bereitete es ihm nicht einmal Kummer, daß er sich als Wandermime zum Kunstproletariat zählen mußte. Denn soziale Sicherheit gab es am Theater nur für eine winzige Minderheit, und noch kleiner war die Zahl derjenigen, die es mit ihrer Kunst zu Wohlstand brachten: »Bekanntlich besitzt nur ein außerordentlich geringer Prozentsatz der deutschen Bühnen ein stabiles Personal.

Weitaus die meisten sind sogenannte ›Saisontheater‹, welche im Herbst eröffnet und um Ostern geschlossen werden. Die Direktionen dieser letzteren können daher mit ihren Mitgliedern nur Engagements auf die Dauer der Saison abschließen, und vom Frühling bis zum Herbst würde die große Mehrheit der deutschen Schauspieler aller Existenzmittel beraubt sein, wenn nicht in der Errichtung der Sommerbühnen ein allerdings recht zweifelhaftes Mittel gefunden wäre, ein starkes Kontingent der engagementlos gewordenen Schauspieler ungefähr zu versorgen. Sommer- und Winterbühnen stehen nur in Ausnahmefällen unter derselben Verwaltung. Und so kommt es, daß Tausende von Schauspielern unstet mit jedem Frühling und jedem Herbst von dannen ziehen und sich eine neue provisorische Heimat auf ein halbes Jahr suchen müssen«.

Bei einer Konkurrenz von etwa 10000 Schauspielerinnen und Schauspielern an den deutschsprachigen Theatern mußten sich schätzungsweise neunzig Prozent mit einem Brutto-Jahreseinkommen unter 1500 Mark bescheiden, wovon 25 Prozent unversteuert bleiben durften. Genaue Zahlen lagen 1910 für Österreich vor: Von 4400 Bühnen- und Orchestermitgliedern verfügten vierundachtzig Prozent über ein monatliches Einkommen zwischen 25 und 125 Mark. Nach Schätzung von Gustav Rickelt drängten, mehr oder weniger vorbereitet von den über 50 Theaterschulen und ungezählten Privatlehrern, jährlich ca. 1200 bis 1500 neue Eleven auf diesen Markt; viele boten sich umsonst an. »Um diese Kunst ausüben zu können, bedarf es oft gar keiner oder nur geringer Vorbildung. Und in der Tat strömt ein großer Teil zum Theater, der gar nicht oder nur sehr mangelhaft künstlerisch ausgebildet ist. Hinzu kommt noch, daß der Zauber und die Romantik, die vom Theater ausgehen, daß die vagen Vorstellungen von dem Beruf des Bühnenkünstlers in bezug auf Ruhm und Lorbeer, in bezug auf den Genuß besonderer Lebensfreuden und Schlaraffentums die Hirne so mancher, die nur dieses lockt, benebeln und daß unendlich viele, die in anderen Berufsarten sich nicht wohlfühlen, andere, die in ihrer Existenz Schiffbruch erlitten haben, beim Theater Rettung und Heil, Befriedigung und Erfüllung ihrer Daseinsinstinkte zu finden glauben. So drängt sich Bildung und Unbildung, höchste Vornehmheit, gemeinste Niedrigkeit und alles Mögliche am Theater zusammen, und die Schar der Schauspieler wird noch mit den Unzufriedenen durchsetzt, die nichts erreicht, denen die Ideale verloren gegangen, und denen die Tätigkeit am Theater eine Qual geworden, die aber nicht los können, weil sie einen anderen Beruf nicht mehr zu ergreifen in der Lage sind«.

Ein Winterengagement brachte in der Regel eine sechsmonatige Beschäftigung zu 80–120 Mark/mtl., ein »halbwegs anständiges« dreimonatiges Sommerengagement 240 Mark. Das monatliche Durchschnittseinkommen an Wanderbühnen betrug nach Rickelt 20 Mark. Engagements im Sommer waren seltener, oft mußte man sich mit einer Teilungsgesellschaft begnügen, »wo stets alle Schauspieler, die über eine ganze Hose verfügen, mit Kußhand aufgenommen werden«. Garantierte Gagen gab es hier nicht, es wurde verteilt, was nach Abzug der Unkosten übrig blieb. Der Durchschnittsverdienst lag bei 45 Mark, das Jahreseinkommen belief sich also, eine durchgehende Beschäftigung vorausgesetzt, auf 870 Mark oder 72 Mark monatlich. Kein absolutes Elend freilich, aber auch keine ausreichende Existenzgrundlage. Claire Waldoff kam in ihrem ersten Engagement beim Sommertheater in Bad Pyrmont 1903 auf 40 Mark/mtl., als jugendliche Liebhaberin am Kattowitzer Interims-Stadttheater im Hotel Deutsches Haus im Winter 1905/06 auf 60 Mark. Felix Alexander zog in seiner Dissertation über die nebenberuflichen Theatergesellschaften das Fazit: »Das zurzeit in kleinen Städten und Dörfern existierende hauptberufliche Schauspielertum ist zum großen Teil ein Proletariat, bei dem Arbeitslosigkeit und Unterernährung, Überanstrengung und Korruption herrschen und die meisten vor der Zeit alt und hinfällig machen«.

Es überrascht nicht, in der Publizistik Ret Maruts einen »Furcht vor dem Leben« betitelten Zeitschriftenaufsatz zu finden, in dem er sich mit dem bürgerlichen Streben nach sicheren Existenzgrundlagen auseinandersetzt und ein flammendes Plädoyer für die »Angehörigen der freien Berufe« hält, unter denen jene »Förderer«, »Stürmer« und »Wegbahner« anzutreffen seien, von denen »für die Kultur das Höchste und für den Fortschritt der Menschheit das Wertvollste und Wichtigste [...] geleistet« würde. In der Regel wüßten sie nicht, »wie sich ihr Leben im nächsten Jahr abwickeln« werde, die »Wechsel der Lebensbedingungen und der Lebensgewohnheiten« brächten »ein Auf und Ab«, »Glück und Unglück«. Doch nur wer ohne Furcht »vor den Wechselfällen des Lebens« sei, ohne »Angst, einmal kein Mittagessen zu haben«, ohne Sorge vor dem Alter, könne vollen Anteil nehmen an der »Reichhaltigkeit und Vielseitigkeit des Lebens«, das »ein Übermaß von Möglichkeiten« biete, alle »Kräfte und Begabungen ungehemmt in Bewegung zu setzen«. Der ständige Gedanke an die »Sicherstellung der Lebensgrundlage«, das Streben »nach früher Sorglosigkeit« und die Zuversicht einer »frühen Lebens- oder Ruhe-Rente« sei Ausdruck einer »Furcht vor dem Leben«. Dadurch aber werde »aller Unternehmungsgeist unterdrückt, jeder frische, lebendige, unbekümmerte Wagemut und Lebensmut in Fesseln geschlagen«. »Die wahren Werte« lägen »auf anderem Gebiete«. »Man arbeite, so gut man vermag; leiste das, wozu einem [!] Neigung und Begabung hinführen, unbekümmert um die Geldverdienst-Aussichten; man versuche mit allen Kräften und Kenntnissen gerade das am besten zu vollbringen, was man eben unter der Hand hat. Das Leben ist so unendlich kurz und in aller Ewigkeit lebt man es nur ein einziges Mal und man sollte es nur damit ausfüllen, nach dem größeren Geldgewinn ständig Ausschau zu halten?« Die »Furcht vor der Vielseitigkeit und Reichhaltigkeit des Lebens« mache »schlaff«, drücke »die Menschen auf eine niedere Stufe der Entwickelung hinab«. »Hat man eine Anstellung oder ein Amt, so ist die einzigste Not, daß man diese Stellung möglichst für die Ewigkeit habe, sofern sie nur einigermaßen ausreichend bezahlt wird und das Alter sicherstellt. Und darum wird der Mensch kriecherisch und unterwürfig, ängstlich vor dem leisesten Windhauch und läßt die besten und schönsten Kräfte, die einem von einer gütigen Natur mitgegeben worden sind, ungenützt verrosten. Nur keine Veränderung! Aber in der Veränderung, richtiger in dem Bewußtsein, vor keiner Veränderung Furcht zu haben, liegt der Fortschritt, der Aufschwung«.

Die Leute in Deutschland, sagt eine Figur in Maruts Roman »Der Mann Site und die grünglitzernde Frau«, »sind immer etwas schwerfällig im Umsatteln und glauben, das was man einmal gewählt hat, müsse man nun auch für das ganze Leben beibehalten. Deshalb bringen es auch die Leutchen zu nichts Rechtem«. »Echte Menschen« seien die, welche »ihr Leben weder nach der Krippe noch nach dem Ruhegeld lenken«. Otto Feige hatte sich von dieser angeblichen Nationaleigenschaft gelöst, befand sich gleichsam immer auf dem Sprung, in einem ewigen inneren Spannungszustand. Und hatte sich, durch immer wieder neue und schließlich auch gemeisterte Herausforderungen, immer wieder bestätigt gesehen. »Der einzige Sinn des Lebens liegt im Wechsel, in der Veränderung, in der Bewegung«, lesen wir zwanzig Jahre später bei B. Traven. Diese Sehnsucht nach Veränderung, verbunden mit einem starken Ausdrucksbedürfnis, der Ambition, sich künstlerisch geltend zu machen, wird von nun an Otto Feiges Leben bestimmen.

ZWEITES KAPITEL

»Der einzige Sinn des Lebens liegt im Wechsel, in der Veränderung«
Von Idar nach Düsseldorf

Traum – Armut – Ratet rum!

Das nächste Lebenszeichen von Otto Feige ist das erste unter seinem neu angenommenen Namen, ein winziger Eintrag im »Neuen Theater-Almanach« des Jahrgangs 1908, erschienen Mitte Dezember 1907. Im alphabetischen Namensregister sämtlicher Mitglieder der Genossenschaft Deutscher Bühnen-Angehöriger, das allein 167 engbedruckte Seiten ausmacht, findet sich auf S. 715 der Eintrag: »Marut, Ret, Reg. u. Sch. (8228). Essen«; die in runde Klammern gesetzten Ziffern signalisieren in den Registern des Almanachs eine Mitgliedschaft in der Bühnengenossenschaft »ohne Pensionsberechtigung«.

Irrigerweise hatte man hieraus geschlossen, daß Ret Marut in der Spielzeit 1907/08 am Stadttheater Essen engagiert gewesen sei. Hierfür gibt es jedoch keinerlei Belege. Im Textteil des »Neuen Theater-Almanachs«, dem alphabetischen Verzeichnis der deutschsprachigen Theater von Aachen bis Zwickau, ist sein Name unter den Mitgliedern des Stadttheaters Essen nicht aufgeführt, ebensowenig in einem früheren Jahrgang. Weder in der Theatergeschichte von Franz Feldens noch in den Akten des Essener Stadtarchivs zur Besoldung des Theaterpersonals, die auch Namenslisten der Beschäftigten beinhalten, taucht der Name Marut auf; die Überlieferung der Bühnenverträge setzt erst nach 1908 ein. Nicht völlig auszuschließen ist, daß Otto Feige auf eine Verpflichtung in Essen hoffte oder daß er eine getroffene Vereinbarung aus Termingründen nicht wahrnehmen konnte, denn just im Herbst 1907 gab es einen Intendantenwechsel: Die Winterspielzeit unter der neuen Direktion von Georg Hartmann wurde am 14. September eröffnet; vom alten Ensemble wurden nur zwei Darsteller übernommen.

Der Registereintrag bedeutet nicht mehr und nicht weniger, als daß ein Schauspieler und Regisseur namens Ret Marut zum Spielzeitbeginn der Saison 1907/1908 Mitglied des Lokalausschusses der Genossenschaft Deutscher Bühnen-Angehöriger in Essen und damit gewerkschaftlich organisiert war. An seinem Wohnort in Gelsenkirchen hätte Otto Feige der Bühnengenossenschaft nicht beitreten können, weil es am dortigen Stadttheater keinen Lokalausschuß gab, d.h. kein Büro, in dem man seinen Beitritt erklären, entsprechende Formulare ausfüllen konnte.

Ein winziger Restbestand des einstigen Archivs der Genossenschaft Deutscher Bühnen-Angehöriger (darunter Teile der Mitgliederkartei und der Aufnahmegesuche ab 1906) hat den 2. Weltkrieg überstanden, gelangte ins Archiv der Akademie der Künste und wurde 2001 an das Bundesarchiv Berlin abgegeben. Die niedrigste der von mir dort aufgefundenen Mitgliedsnummern ist 8192 (also dicht an Maruts 8228), sie wurde am 5.12.1906 vergeben; im entsprechenden Beitrittsformular wurde nach einem etwaigen Engagement gefragt, aber keines angegeben. Untersucht man im »Neuen Theater-Almanach« den engeren Umkreis von Maruts Mitgliedsnummer (8220–8235), stellt man fest, daß von zwölf Mimen fünf kein Engagement nachweisen konnten. Es war auch keine Voraussetzung für eine Mitgliedschaft; mit dem Eingang des ersten Beitrags war man aufgenommen.

Der Name Ret Marut ist vielfach auf anagrammatischen Hintersinn untersucht worden. »Raum«, »Marter« und »Trauer« stecken darin, allerdings nicht ohne einen willkürlichen Rest an Buchstaben zu hinterlassen. Durch Letterwechsel läßt sich aus »Marut« das Wort »Traum« bilden, ebenso »Armut«. Alle acht Buchstaben zusammen sind seltener als Anagramm gedeutet worden: »R traeumt« (=erträumt) wäre möglich, erscheint jedoch weniger plausibel als »Ratet rum«. Plausibilität allein ist jedoch, zumal bei Anagrammen, kein Beweis. Die Namensbildung könnte auch nach dem Vorbild des amerikanischen Schriftstellers Bret Harte (eig. Brett Hart) erfolgt sein, der in den 1860er Jahren mit Geschichten aus dem kalifornischen Goldgräbermilieu berühmt und in Deutschland insbesondere um die Jahrhundertwende als populärer Erzähler geschätzt wurde. Und da der Spielerei und Spekulation hier Tür und Tor geöffnet sind, tut man gut daran, sich nicht damit aufzuhalten, sondern zu untersuchen, wie es zu dieser Namenswahl kam.

Die Frage von Guthke, »warum er in dem Decknamen Marut Schutz suchte« bzw. »in das Pseudonym Marut flüchtete«, ist bereits falsch gestellt, da sie eine Unterstellung beinhaltet; Guthke erwägt infolgedessen auch »kriminelle«, »psychische oder gar psychotische« Gründe für den Namenswechsel. Otto Feige hatte jedoch nicht, wie Conrads Lord Jim, eine »Tatsache« zu verbergen, sondern eine »Persönlichkeit«; er war weder kriminell noch irre, er floh vor niemand und flüchtete in keine neue Identität. Der am Schreibtisch ersonnene Name war ein exotisches Attribut, das der Legitimationsbeschaffung diente. Zugleich war es sein einziges, weshalb es auch besonders gepflegt und ausgestellt wurde: Sorgfältig achtete er darauf, daß in den Schauspielerverzeichnissen der Vorname nicht abgekürzt, das Kunstprodukt »Ret Marut« nicht beschädigt wurde. Als gleichsam symbolische Bekräftigung und Beglaubigung der Künstlerexistenz erleichterte der fremd und geheimnisvoll anmutende Name dem Gewerkschaftssekretär Otto Feige den Einstieg ins Schauspielfach. Denn viel mehr hatte er nicht anzubieten: Weder konnte er auf eine künstlerische Familientradition verweisen, noch verfügte er über entsprechende Referenzen; seine Spielkompetenz hatte er sich selbst erarbeitet. Und der Name Feige mit all seinen negativen und sexuellen Konnotationen war ganz gewiß keine Empfehlung: In frischer Erinnerung war im Spätsommer des Jahres 1907 noch der Fall der schlesischen Giftmörderin Ernestine Feige aus Grunau bei Hirschberg. Sie stand wegen vierfachen Giftmordes (verübt zwischen 1897 und 1906, vermutet wurden acht Morde) seit dem 14. März 1907 vor Gericht, am 2. Oktober 1907 wurde sie hingerichtet. Gustav Rickelt, drei Jahre später Präsident der Genossenschaft Deutscher Bühnen-Angehöriger, stellte 1910 sachlich fest, daß Künstlernamen am Theater aus drei Gründen gang und gäbe seien: aus Rücksicht auf die Familie (da auf der Bühnenzugehörigkeit nach wie vor »ein gewisses gesellschaftliches Odium« laste), weil der wirkliche Name »einen lächerlichen Beigeschmack« habe, oder der Künstlereitelkeit wegen, sich mit einem »exotischen oder poetisch klingenden Namen« zu schmücken: Aus Adolf Aaronsohn wurde so Adolf L'Arronge, aus Bertha Schwarz Bianca Bianchi, aus Clara Wortmann Claire Waldoff. Vorwurfsvoller klang es zur selben Zeit bei dem Theaterdirektor Josef Alestra: »Sehr oft geben sich Kollegen so halb und halb mit verschleierten Worten für etwas anderes aus, als sie sind: oft auf Kosten der eigenen Mutter, nur um sich interessant zu machen. Sie lassen erkennen, ihr Vater sei eigentlich Graf, Fürst, Minister soundso, usw. Oft wird ganz handgreiflich gelogen«.

Allerdings beließ Otto Feige es nicht bei der Annahme eines Künstlerpseudonyms. Er ging noch einen Schritt weiter, indem er mit dem Ablegen des alten Namens zugleich seine bisherige Existenz radikal auslöschte, alles vernichtete, was auf sein bisheriges Leben verwies, sich mit einer neuen Identität und einem passenden Herkunftsmythos versah. Sein Leben unter dem neuen Namen unterschied sich von dem vorigen so beträchtlich, als habe nie eine Verbindung zwischen beiden bestanden. Keine Flucht, aber ein konsequenter Neuanfang. Im Roman »Der Mann Site und die grünglitzernde Frau« hat Marut ein Autodafé des Künstlers Felix geschildert, der, indem er den kompletten Inhalt seines Ateliers verbrennen läßt, »sein ganzes vergangenes Leben« auslöscht. »Die wenigen Briefe seines Freundes hatte er an sich genommen, alle übrigen Briefschaften und Schriftstücke wurden, ohne noch eines Ansehens oder Nachprüfens gewürdigt zu werden, in das Feuer geworfen. Und nichts machte eine Ausnahme, weder die zärtlichen Briefe von Freundinnen noch deren Locken, weder Schulzeugnisse noch Anerkennungsdiplome; kein Andenken und keine Erinnerung an diese Zeit wollte er mehr haben. [...] Immer war sein ununterbrochener Wunsch: Könnte mein ganzes verflossenes Leben so ausgelöscht werden wie dieses Sammelsurium von menschlichen Gebrauchsgegenständen [...]«. Um Selbstverwirklichung ging es, und um die Konstruktion eines Künstlers. Das einzige, was Otto Feige dabei im Wege stehen konnte, war Widerstand der Gesellschaft, war die Fremdsicht auf seine allzu biedere, allzu schlichte Vergangenheit. Also erschuf er sich eine neue.

Alle Dokumente und Erlebnisse, die sich an seine früheren Lebensstationen knüpften, verloren von einem Tag auf den andern ihre Wirklichkeit. Die Person Otto Feige war ausgelöscht, wie tot; sie feierte ihre Auferstehung in einem Schauspieler namens Ret Marut, der angab, am 25. Februar 1882 in San Francisco geboren worden zu sein. Von Otto Feige übernahm er nur den Familienstand und die Konfessionslosigkeit. Da sein Leben wie bei einem Neugeborenen eben erst begonnen hatte, verfügte er nun allerdings über keinerlei Dokumente, die älter waren als Oktober 1907 oder auch nur seine Existenz beglaubigten.

Der 25. Februar, zwei Tage nach Otto Feiges tatsächlichem Geburtstag, war – Zufall oder nicht – der Geburtstag von Karl May, dem großen Fabulator, und wie in Karl May realisierte sich in ihm, nach einem Wort von Ernst Bloch, der »Traum der unterdrückten Kreatur, die großes Leben haben will«. Die Erniedrigungen und Enttäuschungen der Kindheit transformierte er in die Leidenschaft, sich Bildungs- und Erlebniswelten zu erobern, die ihm die Familie d.h. die Gesellschaft verwehrt hatten. Sich mit May in eine Reihe zu stellen oder auch nur mit ihm zu vergleichen, fiel ihm freilich nie ein.

Mit der Wahl des Geburtsortes San Francisco machte sich

Otto Feige den Umstand zunutze, daß bei dem Erdbeben in Kalifornien vom 18. April 1906 und dem nachfolgenden Großbrand nahezu alle behördlichen Akten und Urkunden, darunter sämtliche Standesamtsunterlagen, vernichtet worden waren, so daß ein diesbezüglicher Anspruch nicht ohne weiteres dementiert werden konnte. Seine Abstammung war damit geheimnisvoll verschleiert. In den USA behaupteten damals Tausende illegale Einwanderer, im Land geboren, mithin amerikanische Staatsbürger zu sein und ihre Dokumente im Feuersturm verloren zu haben. Zeitungsberichte über die massenhafte Reklamierung zweifelhafter Staatsbürgerschaften und Schwierigkeiten behördlicher Wahrheitsfindung dürften auch in Deutschland kursiert haben und Otto Feige zur Kenntnis gekommen sein. Marut war damit ein sog. »Reichsausländer« aus den Vereinigten Staaten, von denen man in Preußen im Jahr 1905 8 293 zählte, was für ihn ökonomisch und bis zum Kriegseintritt der USA im April 1917 auch juristisch ohne Konsequenzen blieb. Zwar fehlten ihm, wie sich 1917 im Gespräch mit dem amerikanischen Vizekonsul in München zeigte, die passenden Lokalerinnerungen, doch im Umgang mit Landsleuten konnte er das Defizit durch ein überzeugendes Auftreten wieder wettmachen. Als Schauspieler war es seine Aufgabe, sich in eine Rolle hineinzufinden, ihr durch Sprache, Gestik und Mimik Authentizität zu verleihen. Derartige Rollen verkörperte er von nun an nicht nur auf, sondern auch diesseits der Bühne, machte sie mit einer entsprechenden Herkunftsgeschichte noch farbiger und faszinierender – eine habitualisierte Eigenschaft, die von nun an sein Verhalten prägte. Immerhin bis zum Winter des Jahres 1923/24 hatte die Verquickung von Selbstfindung und -erfindung, Rollenspiel und Performance Bestand, und auch danach pflegte er das Wechseln seiner Identität wie eine liebgewordene Gewohnheit, ja fast schon wie eine Schrulle.

»›Ja, meine Kleine‹, sagte Frau Lapoutier, ›die Männer haben oft ihre Absonderlichkeiten. Aber hinter ihren Geheimnissen, die sie uns häufig als überaus wichtig hinstellen, ist meist nichts von einem ernsthaften Geheimnis zu finden. Solche Geheimnisse sind immer höchst prosaischer Natur. Manchmal […] soll ihnen das sogenannte Geheimnis nur dazu dienen, sich mit einem Nimbus zu umkleiden‹.«

Othello in Idar

Ret Maruts Bühnenkarriere begann spätestens am 8. November 1907. Das geht aus einer kleinen Sammlung von Theaterrezensionen hervor, die unter den Papieren der Ret-Marut-Sammlung der University of California, Riverside Libraries, erhalten sind. Es handelt sich dabei um (teilweise unvollständige) Zeitungsausschnitte mit Berichten über Aufführungen im »Thalia-Theater«, allerdings nicht in Hamburg, sondern in Idar, zwischen November und März; die Jahresangabe fehlt. Auf der Rückseite finden sich Privat- und Geschäftsanzeigen, einmal sogar des Thalia-Theaters selbst, als dessen »Besitzer« ein Herr Carl Hahn zu einer Aufführung an einem »Freitag, den 27. März« einlud, wodurch ich diese Aufführung auf das Jahr 1908 datieren konnte. Die Rückseite eines anderen Ausschnitts enthält ein Titelseiten-Bruchstück der Zeitung, das daraufhin als »Idarer Anzeiger. Amtliches Anzeigenblatt für die Stadt und den Bürgermeistereibezirk Idar. Politisches Tageblatt zur Vertretung der Interessen des Fürstentums Birkenfeld« zu identifizieren war. Daß die Jahrgänge 1907 und 1908 heute in keiner Bibliothek und keinem Archiv mehr nachgewiesen werden können, macht die fünf Ausschnitte um so kostbarer. Goldwasser hatte sie lediglich erwähnt, Guthke irrtümlich für undatierbare Gastspiel-Rezensionen aus späterer Zeit gehalten. Tatsächlich handelt es sich um die frühesten Belege für Ret Maruts Bühnenkarriere. Im Sommer 2010 konnte das Stadtarchiv Idar-Oberstein dann einen Tageszettel des Thalia-Theaters zu einer Aufführung vom 22.3.1908 erwerben, der weitere Informationen liefert.

Aber wie kam Marut nach Idar, genauer: wie kam er an das Engagement? Meine Vermutung war, daß er sich auf eine Anzeige bewarb. Es gab damals nur zwei Fachzeitschriften, die solche Inserate abdruckten, die Berliner »Deutsche Bühnen-Genossenschaft« (auch unter dem Titel: »Der neue Weg«), die amtliche Zeitung der Genossenschaft Deutscher Bühnen-Angehöriger, und den »Theater-Courier« (Berlin/Wien); letzterer in größerer Fülle: Der »Theater-Courier« vom 10. März 1910 beispielsweise brachte 169 Engagementsinserate, der zur gleichen Zeit erschienene »Neue Weg« nur 51, im gesamten Monat März 1910 war das Verhältnis 748 zu 188. Beide Zeitungen erschienen wöchentlich und lagen miteinander im Dauerclinch. Den »Neuen Weg« erhielten die Mitglieder der Bühnengenossenschaft kostenlos; der »Theater-Courier«, der sich im Untertitel als »unabhängige Fachzeitschrift für das gesamte Theaterwesen« bezeichnete, kostete im Jahresabonnement 12 Mark, die Einzelnummer 30 Pfennig, sie konnte über Buchhandlungen und Postämter bezogen werden. Heute ist die Zeitschrift selten, es gibt sie nur in vier deutschen Bibliotheken, und nirgendwo komplett, den Jahrgang 1907 nur in der Staatsbibliothek Berlin. Das Datum von Otto Feiges polizeilicher Abmeldung im Kopf, begann ich mit der Durchsicht. Und fand in der Ausgabe vom 4. Oktober, fünf Tage vor seinem Weggang aus Gelsenkirchen, das folgende, 63 × 47 mm kleine Inserat:

> »Mitglieder / aller Fächer / ab sofort für Idar a. d. Nahe gesucht. Gespielt wird während der ganzen Saison in Idar. Es wird nur auf gute Kräfte reflektiert. Gagen von 70 bis 120 Mk. Reisevorschuß gegen Sicherheitspapiere. Off. an Carl Hahn, Besitzer und Direktor des Theater-Etablissements ›Zur schönen Aussicht‹, / Idar a. d. Nahe«.

Aus einer weiteren Anzeige, die am 8. November erschien, geht hervor, daß mittlerweile bis auf den »1. Liebhaber und Held, sowie eine Naive«, die »gegen hohe Gage« für »sofort gesucht« wurden, »alle anderen Fächer [...] besetzt« worden waren.« Der prosaische Gaststätten-Name war durch

»Thalia-Theater« ersetzt worden, als dessen »Besitzer und Direktor« Hahn jetzt paradierte. Das Ensemble bestand aus einigen wenigen Berufsschauspielern und zahlreichen Anfängern; eine gewisse Fluktuation war dabei nicht zu vermeiden. Über Bühnenerfahrungen verfügte das Ehepaar Paul Meischner (Charakterkomiker und 1. Charakterrollen) und Anita Meischner-Brand (Charakterrollen und Liebhaberinnen), das bis dahin in Zwickau arbeitslos auf ein Engagement gewartet hatte, Bruno Waldow, der zuvor im Chor des Magdeburger Wilhelm-Theaters gesungen hatte und es später immerhin in die Oper von Kattowitz schaffte, Alex Schlosser, der im Winter 1909/10 als Direktionssekretär und Schauspieler im böhmischen Tetschen engagiert war, und Mathilde Haas, die im Herbst 1909 am Stadttheater Offenburg-Lahr ein Unterkommen fand.

Als Darsteller weder vor noch nach 1907 nachweisbar sind Anna Hofherr, Mietze Piltz, Martha Schmidt, Else Sprengel, Fritz Helfer, Willy Schmidt, Reinhard Ulrich, Carl Werner, Ernst Wohlgemut sowie die Herren Martin und Wolf. Carl Werner und Paul Meischner fungierten auch als Regisseure, letzterer gelangte als solcher 1909 nach Allenstein, 1910/11 mit dem Dessauer Künstler-Ensemble nach Werdau und Zeitz, wo er Marut wiedertraf, 1911 nach Itzehoe. Marut kam ebenfalls als Anfänger, brachte aber seine Erfahrungen mit der Gelsenkirchener »Freien Bühne« ein und konnte möglicherweise mit einer attraktiven Garderobe aufwarten. Denn bis zur tarifvertraglichen Verpflichtung der Bühnen zur Bereitstellung eines Kostümfundus im Jahr 1919 war es gängige Praxis, daß Schauspieler ihre Theatergarderobe auf eigene Kosten beschaffen mußten; lediglich den Herren wurde das historische Kostüm gestellt. Insbesondere Schauspielerinnen gerieten dadurch nicht selten in Zwangslagen, die zu allseits beklagten sozialen und moralischen Mißständen führten. Es war Louise Dumont, die 1899 in Berlin einen gemeinnützigen Kostümfundus gründete, die »Centralstelle für die weiblichen Bühnenangehörigen Deutschlands«.

Idar, bis zu seiner Vereinigung mit Oberstein im Jahr

1933 eine selbständige Stadt, zählte damals rund 5 000 Einwohner. Die Gastwirtschaft »Zur schönen Aussicht«, deren geschäftstüchtiger Besitzer sich ein eigenes Theaterensemble zusammensuchte, befand sich Layenstraße 29. Die Aufführungen fanden, wie andere Großveranstaltungen auch, in einem großen Anbau der Wirtschaft statt, für den sich nach dem Verkauf an den Gastwirt Karl Korb im Jahr 1910 der Name »Korbs Saalbau« einbürgerte. Das Gebäude wird heute als Wohnhaus genutzt; Mitte des vergangenen Jahrhunderts war es unter der Bezeichnung »Lido-Bar« ein hauptsächlich von amerikanischen Soldaten frequentiertes Etablissement von zweifelhaftem Ruf. Immerhin läßt sich mit Hilfe der Zeitungsausschnitte, des erwähnten Theaterzettels sowie Anzeigen des »Thalia-Theaters« und Aufführungs-Besprechungen im Obersteiner »Nahethal-Boten«, die das Stadtarchiv Idar-Oberstein zur Verfügung stellte, ein Überblick über die Wintersaison 1907/08 gewinnen.

Den Anfang machten am 20. bzw. 27. Oktober 1907 die Lustspiele »Die goldene Eva« von Franz von Schönthan und »Zwei Wappen oder der Adel und die Arbeit« von Oscar Blumenthal und Gustav Kadelburg. Die daran beteiligten Schauspieler werden namentlich nicht erwähnt. Ret Maruts Auftritt ist erst für den 8. November nachweisbar, dafür aber in einer großen Rolle: In Hermann Sudermanns Naturalismus-Drama »Die Ehre« spielte er den Grafen von Trast-Saarberg, der als »Mann mit ergrauendem Kopf und langem blonden Barte« beschrieben wird, »zwischen 40 und 50, mit lässig-fremdländischer Eleganz gekleidet« (I/9). Trast, ein reicher Kaffeehändler, ja »Kaffeekönig« (II/2), »allmächtig von Yokohama bis nach Aden« (I/10), ist die heilbringende Zentralfigur des Stücks, der als »geistreicher Schneidigkeitsbekämpfer« antritt, einer bürgerlichen Familie die historisch überkommenen Ehr- und Moralvorstellungen auszureden, was ihm um so überzeugender gelingt, da die »erlösenden Schlagwörter« bzw. Halbwahrheiten »aus gräflichem Munde« kommen. Das Stück ging, laut »Idarer Anzeiger«, »vor gutbesetztem Saale in Szene, und wurde mit lebhafter Anerkennung aufgenommen.« Inszenierung und schauspielerische Leistungen galten dem Rezensenten als »im allgemeinen recht gut«. »Eine neue Kraft lernten wir in Herrn Red Marut kennen, der sich durch tadellose Wiedergabe des Grafen von Trast-Saarberg aufs günstigste hier eingeführt hat.« Am 18. November wurde das Stück, »auf vielseitigen Wunsch«, »zum 2. Male« gegeben.

Natürlich ist es purer Zufall, daß Marut, obgleich erst 25 Jahre alt, in seinem ersten öffentlichen Bühnenauftritt einen Aristokraten in mittleren Jahren mimte, was im wirklichen Leben geraume Zeit später zu einer seiner Lieblingsrollen wurde; ebenso, daß dieser Graf, mehr oder weniger zu seinem Vergnügen, »seit einem Vierteljahrhundert in den Tropen« hauste (II/7) und als Vielgereister mit allerlei Geschichten aufwartete, darunter einer, die »irgendwo in Südamerika« spielt, wo »die Spanier die Aristokratie« bilden und »die Hefe [...] ein Gemisch von Negern, Indianern und allerhand weißem Gesindel« ist (II/11). Aber daß er diese Rolle mit Erfolg spielen konnte, ist alles andere als ein Zufall, sondern darauf zurückzuführen, daß er (aus Gelsenkirchen, vermutlich auch aus Magdeburg) Metier-Erfahrung einbringen konnte.

Auf Sudermanns ernstes Schauspiel folgten zwei »Operetten-Possen«: am 10., 11. und 14. November »Die schöne Ungarin« (1883) von Wilhelm Mannstaedt und A. Keller, am 17. November »Unsere Don Juans« nach einem Libretto von Leon Treptow. Einer Anzeige vom 23. November ist zu entnehmen, daß an diesem Abend »zum 2. und letzten Mal« das Schauspiel »Verlorenes Glück« von Richard Voß gegeben wurde, am darauffolgenden Tag fand nachmittags eine »große Kinder-Vorstellung« statt, abends wurde Anzengrubers antiklerikales Volksstück »Der Pfarrer von Kirchfeld« (1870) gespielt. Mitwirkende sind sämtlich nicht erwähnt.

Die spärliche Berichterstattung im »Nahethal-Boten« bricht mit dem 18. November 1907 ab, was unter Umständen der Konkurrenz durch die Theatergesellschaft Anton Bräuning geschuldet ist, die zur selben Zeit im benachbarten Oberstein spielte; als Konsequenz blieben daraufhin auch die Inserate des »Thalia-Theaters« aus, über dessen weiteren Spielplan nur noch die Zeitungsfragmente der Marut-Sammlung und der genannte Theaterzettel Aufschluß geben. Am 18. März wurde »Othello« gespielt, am 20. März »Die Waise aus Lowood« (1853) von Charlotte Birch-Pfeiffer nach Charlotte Brontës Roman »Jane Eyre«, am 22. März »Berlin wie es weint und lacht«, am 25. März »Kean oder Genie und Leidenschaft« von Alexandre Dumas, am 27. März »Das Schloß am Meer« (1894) von Oskar Walther, danach unter anderem noch Henri Bernsteins Drama »Der Dieb« und das Schauspiel »Die Blinde von Paris« von Demetrius Schrutz. Von zwei weiteren Inszenierungen lassen sich die Aufführungsdaten nicht feststellen: »Das Glück im Winkel« (1896) von Hermann Sudermann und die erst ein Jahr alte Novität »Der Hund von Baskerville«, Schauspiel in vier Aufzügen von Ferdinand Bonn.

»Othello« wurde als Benefiz für Ret Marut gegeben, das heißt, daß ihm vertraglich ein erheblicher Anteil zugesichert worden war, in der Regel fünfzig Prozent von den Nettoeinnahmen. Die Wahl des Stückes oblag in diesem Fall dem Schauspieler, der natürlich ein zugkräftiges Stück wählte. Der Berichterstatter des »Idarer Anzeigers« jubelte: »Herr Ret Marut [...] war ein Othello, wie man ihn sich nicht besser wünschen konnte – voll auflodernder Leidenschaft, gleich groß in Liebe wie im Haß, rasend in seiner Eifersucht. [...] Das äußerst zahlreich erschienene Publikum dankte den Künstlern für den bereiteten Genuß durch lebhaften Beifall; Herr Marut wurde durch Ueberreichung eines großen Lorbeerkranzes ausgezeichnet«.

Die Mitwirkenden an der »Waise aus Lowood« und dem »Schloß am Meer« sind nicht bekannt. Mit »Berlin wie es weint und lacht«, einem Volksstück mit Gesang in 3 Aufzügen und elf Bildern von O. F. Berg und David Kalisch aus dem Jahr 1858, glaubte Hahn »dem Geschmack des verehrten Publikums nach allen Richtungen hin gerecht zu werden«. Er versprach ein »spannendes Schauspiel« und »herrliche Musik« und wies außerdem auf die »nur zweimaliche [!] Aufführung« hin. Obgleich Marut lediglich die Nebenrolle des leichtsinnigen Studenten Bernhard spielte, eines Rechtsanwaltssohnes, der aufgrund eines Diebstahls die Flucht nach Amerika antreten muß, erscheint er im Darstellerverzeichnis, wo die Personen nach der Reihenfolge ihres Auftretens geordnet sind, an der Spitze. Als Darsteller des Lehrjungen Karl wirkte ein Mitglied der Besitzerfamilie mit, Berta Hahn. Die Preise lagen zwischen 1,25 Mark (Sperrsitz) und 30 Pfennig (Galerie).

»Kean« hatte Regisseur Meischner als Benefiz für sich gewählt. Auch ihm wurden, wie der Kritiker vermerkte, neben »sehr reichem Beifall«, »mehrere schöne Geschenke«, darunter ein »Bouquet« zuteil. Von den Schauspielern fand Marut die meiste Beachtung, mehr sogar als der Benefiziant: »Was das Spiel angeht, so vollbrachte Herr Marut in der Titelrolle gestern abend eine Leistung, der alle Hochachtung gebührt. Er verstand es trefflich, sich in das Stück einzuleben und entledigte sich seiner Aufgabe in wirklich tadelloser Weise«. Als »schöne Leistung« galt dem Kritiker auch Maruts Darstellung des Rittergutsbesitzers Röcknitz in »Glück im Winkel«, »doch war er in vereinzelten Momenten vielleicht etwas zu überschwenglich«. Uneingeschränkten Beifall erhielt er wieder für seine Darstellung im »Hund von Baskerville«: »Hauptperson des Stückes ist natürlich Sherlock Holmes, und wurde derselbe von Herrn Marut in so brillanter Weise wiedergegeben, wie wir es, offen gestanden, nicht erwartet hatten«.

Die Dauer der Winterspielzeit wurde unterschiedlich gehandhabt; häufig wählten die Direktionen den Palmsonntag als Schlußtag, der 1908 auf den 12. April fiel. Zwar legt der Termin der beiden Benefizvorstellungen vom 18. und 25. März nahe, daß die Saison am Thalia-Theater früher, etwa zum 31. März geendet haben könnte, doch beginnt eine neue Anzeigenserie von Carl Hahn, in der er sein »Theaterlokal« als Spielstätte anbot, erst zum 24. April 1908. Näheren Aufschluß vermögen auch die Meldeunterlagen nicht zu geben. In der alten, lückenhaften Einwohnermeldekartei (1870–1945), die im Stadtarchiv Idar-Oberstein aufbewahrt wird, ist keine auf den Namen Ret Marut lautende Karteikarte zu ermitteln. So läßt sich nur mutmaßen, daß er kurz nach dem 9. Oktober 1907 eintraf und die Stadt bald nach dem 27. März 1908, der letzten nachzuweisenden Aufführung des Hahnschen Ensembles, wenn man es denn so nennen mag, verließ. Möglicherweise war er jener »Charakter-Darsteller«, der per Anzeige im »Theater-Courier« vom 10. Januar 1908 zum 1. Mai ein »Engagement an besserem Theater« suchte: Geflissentliche Offerten »mit Beding[ungen] sollten in verschlossenem Couvert mit der Chiffre »Schauspieler« an das »Thalia-Theater in Idar a. N.« geschickt werden. Eine solche Anzeige war leicht zu schalten: Engagements-Gesuche kosteten die viertelspaltige Zeile 15 Pfennig, für Abonnenten waren sie umsonst; die sechs Zeilen kosteten also ganze 90 Pfennig.

Charge in Ansbach und Ohrdruf

Wo Ret Marut die Sommerspielzeit 1908 verbracht, ob er angesichts des geringeren Angebots für den Sommer überhaupt ein Engagement bekommen hat, läßt sich dokumentarisch nicht nachweisen. In anderem Zusammenhang hat er 1917 bekundet, bis zum 26. September 1908 engagiert gewesen zu sein; der Ort wird nicht genannt. Auch die Tatsache, daß er bis 1909 seine Mitgliedsnummer bei der Bühnengenossenschaft (8228) behalten hat, spricht für durchgehende Beschäftigung. Sollte er weiter den »Theater-Courier« nach Offerten durchstöbert haben, konnte er auf das Angebot eines Theaterunternehmers in Idar stoßen, der seit dem 24. Januar 1908 ab Palmsonntag für Gagen zwischen 60 und 90 Mark »Mitglieder aller Fächer« für das Theater auf dem Truppenübungsplatz Elsenborn suchte, oder auf Anzeigen von Anton Bräuning in Oberstein, der unter dem 20. März bei 80 Mark Gage »ab sofort« und gegebenenfalls mit Sommeranschluß (16.6.–20.9) in Bad Niederbronn einen jugendlichen Chargenspieler suchte. Wer sich an solchen minderwertigen Engagements nicht stieß, genoß immerhin den Vorteil, daß er beim Wechsel häufig nur in den Nachbarort umzuziehen brauchte.

Aus dem »Neuen Theater-Almanach« des Jahrgangs 1909 geht hervor, daß Marut für die anschließende Wintersaison 1908/1909 von J. B. Drummer, Direktor des Stadttheaters in Amberg und des Königlichen Schloßtheaters in Ansbach, verpflichtet wurde. Die Theaterunion zwischen dem fränkischen Ansbach und dem oberpfälzischen Amberg war neu geschlossen worden, nachdem sie lange Jahre mit Erfolg bestanden hatte, zuletzt (1903–1904) unter Drummers Direktion, der auch Obmann des Lokalausschusses der Genossenschaft Deutscher Bühnen-Angehöriger war. Gespielt wurde nur im Winter, in Ansbach vom 1. Oktober bis Silvester, anschließend bis Palmsonntag in Amberg. Wohl aus finanziellen Gründen gingen die Theater ab 1905 eigene Wege; Drummer blieb Direktor in Amberg. Der erneute Versuch sah vor, die Saison nicht mehr unter beiden Städten aufzuteilen und so die bestehenden Kapazitäten effektiver auszunutzen. Die gut 100 Kilometer betragende Entfernung zwischen beiden Städten konnte mit dem Schienenverkehr (via Nürnberg) überbrückt werden.

Maruts Engagement muß im Sommer 1908 vereinbart worden sein. Wieder war der »Theater-Courier« das Medium, mit dessen Hilfe die Direktion nach neuen Ensemblemitgliedern suchte (nur ein kleiner Teil wurde übernommen), wieder bewarb sich Marut mit Erfolg auf eine Anzeige, in der ein »komplettes Schauspielpersonal aller Fächer« gesucht wurde. Die Spielzeit sollte am 4. Oktober 1908 beginnen und Palmsonntag 1909 enden; die eingereichten Offerten mußten »Material u. Rückporto« enthalten. Von der Assoziation mit Amberg war in der Anzeige wohlweislich nicht die Rede; die Tatsache, daß das Engagement mit einem hohen Reiseaufwand verbunden war, hätte erfahrene Darsteller sicherlich abgeschreckt. So wurde lediglich für das »Kgl. Theater Ansbach« gesucht. Das Gebäude war ursprünglich als Reithalle errichtet und im späten 18. Jahrhundert zum Theater umgebaut worden, zuletzt diente es als Kino. Eine Innenaufnahme aus der Theaterzeit existiert nicht.

Melderegister sind im Stadtarchiv Ansbach, damals Hauptstadt des bayrischen Regierungsbezirks Mittelfranken mit fast 20 000 Einwohnern, erst aus der Zeit nach dem Ersten Weltkrieg erhalten. Maruts Aufenthalt dauerte vermutlich von Ende September bis Ende Oktober 1908: Die »Fränkische Zeitung« meldete am 30.9.1908, das »arrangierte Personal« (»ausnahmslos neue Kräfte«, hieß es am 26.9.) des Schloßtheaters sei »bereits vollzählig eingetroffen«, die Proben für die erste Vorstellung des Schwanks »Die gelbe Gefahr« am 4.10. seien »schon flott im Gange«. Als Schauspieler kam er in Ansbach zwischen dem 4. und 24. Oktober zum Einsatz. Da das Ensemble Drummer in Ansbach mit Schauspiel und Operette über den 24. Oktober hinaus bis zum 19. Januar 1909 spielte, wurde Marut entweder in der Probezeit gekündigt oder er hat seinerseits, etwa wegen des unbequemen Hin und Her zwischen Franken und der Oberpfalz, den Vertrag aufgelöst. Die Theaterdirektionen waren berechtigt, den Vertrag innerhalb der ersten drei Wochen mit einer Frist von 14 Tagen zu kündigen; die Entschädigung bestand lediglich in der Zahlung von Gage und garantiertem Spielgeld für 10 Tage über den Entlassungstermin hinaus. Wegen »künstlerischem Unvermögen« (die Entscheidung darüber lag allein bei der Bühnenleitung) konnte äußerstenfalls schon nach der ersten Probe gegen eine halbe Monatsgage gekündigt werden. Der »Probemonat« lastete schwer »auf dem wirtschaftlichen Leben des deutschen Schauspielers«, er war »Ursache unzähliger Übel und Mißstände«, »Quelle größter Not und tiefsten Elends«.

Maruts durchweg gute Kritiken in der »Fränkischen Zeitung« sprechen allerdings nicht dafür, daß es Direktor Drummer war, der auf einer vorzeitigen Trennung bestand. Um Gefälligkeitsrezensionen handelt es sich dabei nicht, wenngleich ein Grundwohlwollen gegenüber dem »wackeren Ensemble« nicht zu verkennen ist. So manches Urteil findet sich zwischen den Zeilen versteckt, etwa wenn es in einer Besprechung lapidar heißt, der Text sei von den Darstellern »im allgemeinen [...] gut gelernt« worden. Insgesamt machen der oder die anonymen Berichterstatter einen kompetenten Eindruck: Lobhudelei bleibt aus, schwache Einzelleistungen werden ebenso zur Sprache gebracht wie Fortschritte im Zusammenspiel, zwischen Stückvorlage und Inszenierung wird strikt unterschieden. Selbst das Ansbacher Publikum wird einbezogen und für sein einseitiges Zerstreuungsbedürfnis getadelt: »Wenn die Direktion sich veranlaßt sehen sollte, von Schauspielaufführungen für einige Zeit abzusehen und sich mehr nur mit Schwänken usw. zu befassen, so wäre das bedauerlich, aber begreiflich«.

Die »Fränkische Zeitung« erschien im Druck- und Verlagshaus Brügel und war christlich-rechtsliberal ausgerichtet, ohne daß sie sich einer bestimmten Partei zuordnen ließe. Sie hatte damals neben dem Hauptredakteur nur noch einen weiteren Mitarbeiter, Friedrich Weber, der die Lokal-Redaktion betreute und vermutlich auch für Kultur zuständig war. Ob er tatsächlich in eigener Person jede Theatervorstellung besuchte oder eventuell Zuarbeiter hatte, muß offen bleiben.

Die Saison wurde am 4. Oktober mit dem Schwank »Die gelbe Gefahr« von Curt Kraatz und Georg Okonkowsky eröffnet. Die Aufführung erschien dem Rezensenten als durchaus »flott«: »Für eine Eröffnungsvorstellung mit neugebildeter Truppe klappte das Zusammenspiel bemerkenswert gut«, der Besuch allerdings ließ zu wünschen übrig. Während Marut als »gewandter Spieler« bezeichnet wurde, gab es für andere Darsteller durchaus auch kleinere Tadel. Am 7. Oktober folgte das spannende, wenngleich »in den grellsten Farben« gemalte Schauspiel »Staatsanwalt Alexander« von Karl Schüler. Diesmal fand Marut sogar herausgehobene Erwähnung: »Glaubhaft, zum Teil packend spielte Herr Marut in der Rolle des mißratenen Sohnes des Staatsanwalts«. Daß das »kriminalpsychologische Interesse« an dieser Figur weit stärker war als an der titelgebenden Hauptperson, wurde nicht der Regie, sondern dem Autor des Stücks zur Last gelegt, das wegen der anerkennenswerten »Darstellung« »stärkeren Zuspruch« verdient gehabt hätte. Die für den 9. Oktober ursprünglich geplante Operettennovität »Ein Walzertraum« von Oscar Straus mußte auf den 14. Oktober verschoben werden, da die Regimentsmusik »dienstlich verhindert« war. Statt dessen wurde – als erste »Schüler- und Volksvorstellung [...] zu kleinen Preisen« – Otto Ludwigs Trauerspiel in fünf Akten »Der Erbförster« gegeben. Unter den vier namentlich erwähnten Darstellern, deren Spiel als »gut« bezeichnet wird, ist auch Marut.

Am 11. Oktober wurde die Spiritismus-Satire »Der ungläubige Thomas« von Wilhelm Jacoby und Carl Laufs aufgeführt, »ein ulkiges, viele Lachsalven auslösendes Stück« in »flotter Darstellung«. Nur zwei Darsteller werden vom Rezensenten namentlich erwähnt; Marut ist nicht darunter. In rascher Folge kamen bis Ende Oktober zehn weitere Stücke zur Aufführung: am 16. Oktober Bonns »Hund von Baskerville« (das auch in Idar gegeben worden war), am 17. Oktober Lessings »Minna von Barnhelm« (als zweite »Schüler- und Volksvorstellung«), am 18. Oktober Charlotte Birch-Pfeiffers Volksschauspiel »Dorf und Stadt« nach Auerbachs Dorfgeschichte »Die Frau Professorin« (hier unter dem Titel »'s Lorle vom Schwarzwald«), am 21. Oktober die Vaudeville-Operette »Das Jungfernstift« von Ernest Guinot und Jean Gilbert, am 24. Oktober Schillers »Maria Stuart«, am 25. Oktober der Schwank »Telefongeheimnisse« von Herrmann Hausleiter und Max Reimann (voraus ging am Nachmittag als Kindervorstellung »König Drosselbart«), am 28. Oktober »Im Weißen Rößl«, am 30. Oktober Molières »Geiziger« und am 31. Oktober als dritte Volksvorstellung »Das Schloß am Meer« von Oskar Walther, das auch auf dem Spielplan des Thalia-Theaters in Idar stand. Maruts Mitwirkung läßt sich nur zweimal belegen, für »Der Hund von Baskerville« am 16. und »Maria Stuart« am 24. Oktober. Im Kriminalschauspiel wurde dem Ensemble eine »famose Leistung« bescheinigt; Marut, der in Idar als Hauptdarsteller geglänzt hatte, gehörte hier nur zu den kleineren Rollenträgern, die jedoch ebenfalls »befriedigten«. Dagegen hatte der Rezensent an den Mitwirkenden im Trauerspiel mancherlei zu mäkeln: Der sonst für seine Darstellungskunst häufig gelobte Oberregisseur Albert Schmidt »löste« als Lord Leicester wegen seines allzu »legeren« Spiels »bei einem Teile des Publikums Heiterkeit aus«. Ohne jede Einschränkung »gut war Herr Marut als Lord Burleigh«.

Das nächste Lebenszeichen stammt aus dem 350 Kilometer östlich gelegenen Ohrdruf im Herzogtum Sachsen-Gotha, wo sich am 6. November 1908 der »Schauspieler« Ret Marut, »von Ansbach« kommend, bei der Polizei anmeldete. Als Geburtsdatum gab er den 25. Februar 1882, als Geburtsort »S. Francisco« an. Er wohnte Gleichenstraße 4, unweit von Schloß Ehrenstein, das damals als Realgymnasium genutzt wurde. Die polizeiliche Meldekarte aus dem Stadtarchiv hat Recknagel 1982 veröffentlicht, sie ist dort heute nicht mehr vorhanden.

Aus dem »Neuen Theater-Almanach« des Jahrgangs 1909 geht hervor, daß Marut von der »Direktion Oscar Hansen u. Albert Eng-Straube« als Schauspiel- und Lustspiel-Regisseur und Schauspieler (jugendlicher Held und Liebhaber) für die Wintersaison engagiert wurde. Es war ein Notengagement, denn in Ohrdruf wurde bereits seit dem 1. November gespielt. Marut reagierte ein weiteres Mal auf eine Anzeige im »Theater-Courier«, mit der die Direktion »Hansen u. Eng, Ohrdruf bei Gotha«, zum nächstmöglichen Zeitpunkt zur Ergänzung seines Ensembles noch einige Darsteller suchte, darunter einen »jugendl. Held u. Liebhaber«, »alle Mitspieler mögl. singend«. »Anfänger und Anfängerinnen können sich unter guter Regie weiter ausbilden«, wurde versprochen; Offerten mit »Mat[erial] nebst billigst[en] Gagebeding[ungen]« sollten schleunigst eingereicht werden. Derartige Blitzengagements waren keine Seltenheit: Der »Theater-Courier« warb damit, daß Offertenanzeigen innerhalb von weniger als einer Woche zum Erfolg führen konnten: Dienstag war Anzeigenschluß; »am Freitag haben die Abonnenten die Zeitung. Sonnabend kann schon jeder Offerte haben, die bis Sonntag schon bei umgehender Erledigung beantwortet sein kann«.

Albert Eng war ein in Ohrdruf ansässiger Schauspieler (Gesellschafts- und Charakterkomiker), der sich auch »Theaterdirektor« titulierte. Er hatte »sich mit Herrn Direktor Oscar Hansen, welcher früher mehrere Jahre das Stadt-Theater in Goslar und das Kurtheater in Bad Ilmenau mit gutem Erfolg leitete, associiert«. Als Geschäftsführer fungierte der Schauspieler Walter Straube (1. Liebhaber und Bonvivant), seine Frau Dora Ricken-Straube war als 1. Liebhaberin und Soubrette engagiert, deren Schwester als 1. naive und muntere Liebhaberin. Zur Direktion gehörte außerdem Hansens Gattin Grete Nagedusch, die als 1. Heldin und Anstandsdame wirkte. Ursprünglich sollte auch in Suhl (Centralhalle und Jungsgarten) gespielt werden, aber die Verhandlungen mit dem dortigen Magistrat scheiterten, so daß es bei der »Vorsaison« in Ohrdruf blieb. »Eigentümer« der »Theater« in Ohrdruf und Umgebung war die Bierbrauerei Gustav Alt; es handelte sich also durchweg um Restaurationsbetriebe. Das Ensemble des »Ohrdrufer Saison-Theaters« bestand laut »Neuem Theater-Almanach« von 1909 aus 9 Herren und 8 Damen, Kapellmeister, Souffleuse und Kassierer eingerechnet. Wie Marut fungierten auch Eng und Hansen sowohl als Regisseur (ersterer bei Possen und Operetten, letzterer als Oberregisseur) wie auch als Schauspieler.

Ohrdruf, 15 Kilometer südlich von Gotha und 35 Kilometer südwestlich von Erfurt gelegen, hatte damals rund 6200 Einwohner und war damit unwesentlich größer als Idar, aber bedeutend kleiner als Ansbach. Theater wurde im »neuen Saal« des Traditionshotels »Zum goldenen Anker« am Marktplatz gespielt.

Auskunft über das Repertoire der Direktion Hansen-Eng geben allein die von dieser geschalteten Anzeigen in der Lokalpresse in Gestalt des »Thüringer Waldboten«. Daß diese Postille (wie später auch die Regionalzeitungen in Sachsen) kaum oder sogar überhaupt nicht über Theateraufführungen berichtet, ist wenig verwunderlich: Die Theaterkritik als urbanes Phänomen tritt nur dort in Erscheinung, wo eine kulturinteressierte Öffentlichkeit existiert und ein entsprechendes Anzeigenaufkommen die Erfüllung dieses Bedarfs zu finanzieren vermag. Das war aber – anders als in den Mittelstädten Ansbach und Crimmitschau – in Kleinstädten wie Ohrdruf, später Markranstädt, Hohenmölsen, Zwenkau, Eythra oder Pegau nicht der Fall. In Meuselwitz immerhin standen 33 Anzeigen im »Tageblatt« auf Kosten der Direktion 16 Besprechungen und redaktionelle Notizen gegenüber.

Hansen und Eng boten überwiegend arges Publikumsfutter. Zur Eröffnung des »Cyklus« am 1. November gab es Charlotte Birch-Pfeiffers Erfolgsstück »Die Grille«, ein »ländliches Charakterbild in fünf Aufzügen« unter Benutzung der Erzählung »Die kleine Fadette« (1856) von George Sand, das in der Ankündigung mit dem reißerischen, aber nicht ganz korrekten Untertitel »Die Hexe von St. Andoche« versehen worden war. Karten waren im Vorverkauf bei dem Buchbinder C. G. Albrecht und »Herrn Friseur Paul« zu bekommen, an der Abendkasse kosteten sie zwischen 30 Pfennig und 1,20 Mark. Der »Thüringer Waldbote« bescheinigte dem Ensemble, daß es sich tatsächlich wie versprochen um »eine ganz besonders tüchtige Künstlerschar« handle, »die das ernsthafte Interesse unserer Theaterfreunde voll und ganz verdient«.

Am 5. November spielte man im Gasthaus »Zur Käfernburg« im 6 Kilometer entfernten Schwarzwald, heute ein Ortsteil von Luisenthal, Gustav Kadelburgs Lustspiel »Der Weg zur Hölle«. Die Vorstellung wurde am folgenden Tag im »Goldenen Anker« wiederholt und mit dem zusätzlichen Hinweis beworben, es handle sich um »den lustigsten aller Schwänke«. Zwei Tage später folgte Donizettis Oper »Marie, oder Die Tochter des Regiments« in einer Einrichtung von Carl Blum als »großes Volksstück mit Gesang«; die Anzeige im »Thüringer Waldboten« versprach »reizende Musik«, »Humor u. Gesang«. Am 11. November wurde in der »Käfernburg« die Marut schon aus Idar bekannte »hochinteressante, berühmte Novität« »Der

Dieb« von Henri Bernstein gespielt, eine »Detektiv-Komödie in 3 Akten«, die angeblich »in Berlin und in allen anderen großen Städten ungeheures Aufsehen erregt« hatte (wiederholt am 17.11. im »Goldenen Anker«); voran ging »Klein Rotkäppchen und der böse Wolf« als »große Kindervorstellung«. Am 15. November folgte, diesmal in »Alt's Felsenkeller« in Ohrdruf, »Der Freischütz« in einer Einrichtung als »großes romant. Volksstück mit Gesang und Tanz in 5 Aufzügen nach Weber's berühmter Oper«. Für diese »große Volksvorstellung« galt ein Einheitspreis von 30 Pfennig auf allen Plätzen. Ein undatiertes und nicht zu lokalisierendes Foto im Stadtarchiv Ohrdruf zeigt ein 18köpfiges, folkloristisch gewandetes Ensemble in einer Gebirgsdekoration (Papp-Felsenlandschaft, zwei echte Nadelbäume, gemalte Natursteinhütte bei Vollmond). Es könnte sich um die »Freischütz«-Vorstellung des »Saison-Theaters in Ohrdruf« unter der Direktion Hansen-Eng am 15.11.1908 handeln; ein Schauspieler in der hintersten Reihe weist Ähnlichkeiten mit Marut auf.

Danach schied Oscar Hansen aus der Direktion aus. Zwar suchte Eng noch unter dem Datum des 20. November per Anzeige im »Theater-Courier« zwei Darstellerinnen und einen »ersten Chargenspieler«, doch einen Tag später fand in »Alt's Gasthof« in der Nachbargemeinde Wölfis die vorletzte Vorstellung statt. Gespielt wurden gleich drei Stücke hintereinander, am Nachmittag Carl August Görners »Lügenmäulchen und Wahrheitsmündchen« als »Kindervorstellung«, dann das weiter nicht nachweisbare »vaterländische Schauspiel« »Königin Luise, Deutschlands Frauenkrone oder Die Rose von Magdeburg« von Stutz. Den Beschluß machte Oscar Blumenthals vieraktiges Schauspiel »Ein Tropfen Gift«. Einen Tag später wurden »Königin Luise« und »Ein Tropfen Gift« im »Goldenen Anker« zu Ohrdruf gespielt, die Anzeige empfahl eine »außergewöhnlich brillante Vorstellung«, die »von besonderem Interesse für Militär-, Schützen- und Turnvereine« sei. »Trotz der jetzigen ungünstigen Geschäftslage« konnte der »Thüringer Waldbote« einen »ziemlich zahlreichen Besuch« vermerken. Die

Hauptrollen in »Königin Luise« hätten »in guten Händen« gelegen und für eine »gute« Aufführung gesorgt; der anschließende Schwank »mit der fortwährenden Mischung von Scherz und Ernst« den Zuschauern »wahre Lachsalven« entlockt, »sodaß wohl jeder Theaterbesucher das Haus mit Befriedigung verlassen« habe. Dennoch wurde die Saison mit dieser Vorstellung sang- und klanglos abgebrochen; die Ensemblemitglieder zerstreuten sich in alle Winde.

Mit der Direktion Schmidt in Crimmitschau

Ret Marut meldete sich am 27. November polizeilich »n[ach] Berlin« ab, wo er vermutlich auch vorübergehend Quartier bezog und auf ein neues Engagement wartete, das er dann recht schnell fand, 230 Kilometer südlich im sächsischen Crimmitschau. Für das dortige Stadttheater suchte bereits seit Anfang August vom Hotel Schwan in Hohenstein aus eine anonyme Theaterdirektion ein neunköpfiges Ensemble zusammen. Zuletzt, nämlich am 9. Oktober 1908, wurde für »sofort« u. a. noch ein »jugdl. Liebhaber« und »Chargenspieler« gesucht. Daß Marut sich auf diese Anzeige hin bewarb, ist unwahrscheinlich, da er noch bis zum 27.11. in Ohrdruf weilte; wahrscheinlicher ist, daß er seinerseits inserierte und daraufhin engagiert oder durch einen Theater-Agenten (der sich dafür üblicherweise mit fünf Prozent der vereinbarten Gage honorieren ließ) vermittelt wurde: Allein aus Berlin inserierten 1910 zehn Theateragenturen im »Theater-Courier«. Im Nachtrag zu den »Personal-Verzeichnissen« im »Neuen Theater-Almanach« (Stand: November 1908) ist er jedenfalls unter den Ensemble-Mitgliedern des Stadttheaters Crimmitschau verzeichnet.

Personenbezogene Unterlagen zu Ret Marut ließen sich weder im Stadtarchiv Crimmitschau noch im Kreisarchiv des Landkreises Zwickau ermitteln. Als Mitwirkender wird er im »Crimmitschauer Anzeiger und Tageblatt« zwischen dem 8.1. und 4.4.1909 erwähnt. Daher ist zu unterstellen, daß er mindestens 4–8 Tage (so lange dauerten die üblichen unentgeltlichen Vorproben) vor seinem ersten Einsatz, also um den 1. Januar 1909, in Crimmitschau eintraf, wo seit dem 31. Oktober 1908 (die Vorsaison ab dem 16. September hatte man in Stollberg/Erzgebirge gespielt) die Familie Schmidt das »Stadt-Theater« dirigierte: Thusnelde verw. Schmidt als alleinige Direktorin, ihr Sohn Otto Schmidt als Geschäftsführer und Oberregisseur. Zuvor hatte Thusnelde das Sommertheater in Schöneck/Vogtland geführt, während der Wintersaison 1907/08 die Städte Meerane und Limbach im Landkreis Zwickau bespielt und zuletzt im erzgebirgischen Eibenstock »privatisiert«. Jetzt beglückte sie die 24000 Einwohner der Fabrikstadt an der Pleiße, wo 1903/1904 einer der längsten Streiks in der Textilindustrie des Kaiserreichs stattgefunden hatte, mit Erfolgsstücken und »Novitäten«. Hauptspielort war A. Schmidts »Odeum« in der Badergasse 17 zwischen Marktplatz und Pleiße mit seinem 187 m² großen Theatersaal (1971 abgerissen, heute neu bebaut), im Ausnahmefall auch »Bechstedts Theater-Lokal«, Königstraße 7, und das »Theaterlokal Grüntal«. Daß das Unternehmen sich als »Stadt-Theater« bezeichnen durfte, läßt darauf schließen, daß die Witwe Schmidt ausreichendes Betriebskapital vorweisen konnte und auch über die nötigen Referenzen verfügte. Sie gehörte also offensichtlich zu den seriösen, soliden Theaterunternehmerinnen.

Das Ensemble bestand laut Personal-Verzeichnis im »Neuen Theater-Almanach« von 1909 aus 8 Damen und 13 Herren, von denen drei auch Regie führen sollten. Marut war nur als Schauspieler verpflichtet worden. Im Lauf der Spielzeit kam es zu einigen Umbesetzungen. So verließen kurz nach Neujahr ein Darsteller und der Souffleur heimlich das Engagement, was die Direktion umgehend durch eine Warnung im »Theater-Courier« zur Kenntnis brachte: »Der Schauspieler (Charakterkomiker) Willi Richard ist, nachdem er seine Gage in Empfang genommen, in der Nacht abgereist unter Hinterlassung div. Schulden. [...] Der Souffleur Schütky (alias Krüger) hat sich am Tage der Vorstellung tüchtig betrunken und das Engagement verlassen.

Durch das Vorgehen beider Ehrenmänner war die Sonntags-Vorstellung in Frage gestellt.« Als Ersatz für Richard und Schütky wurden in derselben Ausgabe ein »Souffleur (nüchtern) oder Souffleuse«, ein »guter Gesangskomiker«, ein »1. Liebhaber«, eine »Dame für Chargen« und »Chargenspieler« für »sofort« gesucht.

Mit der 22jährigen Elfriede Zielke (7.6.1886 – 20.6.1968) befreundete Marut sich näher. Sie war als »naiv-muntere Liebhaberin« engagiert worden (ihr Rollenfach findet sich auch auf der Rückseite eines der beiden Porträts Elfriede Zielkes angegeben, die der Crimmitschauer Fotograf August Seyffarth, Fa. »Otto Zeumers Nachf.« 1909 von ihr anfertigte). Wohl auf Maruts Rat hin trat sie ebenfalls der Genossenschaft Deutscher Bühnen-Angehöriger bei. Zielke, eine kleine und zierliche Person mit dunkelblonden, krausen Locken und großen, weit auseinanderliegenden blauen Augen, stand bereits als Zwanzigjährige auf der Bühne, zuerst in »W. Noack's Theater« in Berlin (als Frieda Z.), 1906/07 im Stadttheater in Stargard (Pommern), 1907/08 im »Gesellschaftshaus« im brandenburgischen Küstrin. Nach Crimmitschau war sie mit Spielzeitbeginn gekommen, wo sie im November in Thilo von Trothas Lustspielen »Hofgunst« und »Auf Strafurlaub« mitwirkte. »Wirklich köstlich« gelang ihr Mitte Dezember die Rolle als »Backfisch, der mit aller Gewalt heiraten will«, in Wilhelmine von Hillerns Lustspiel »Die Augen der Liebe«. Aber auch in Staacks »Else«, als Ilse in Voß' »Herzen« (»vorzüglich«), Wessels »Altar«, Mels' »Heine« und Lindaus »Leonoren«, wo sie an Maruts Seite spielte, wußte sie zu überzeugen. Eine Jugendstilschönheit, »hübsch, aber nicht sehr helle«, wie der alte Traven gegenüber seiner Frau bekannte.

Elfriede Zielke erinnerte sich (ohne daß ihr die Gründe bekannt waren), daß Marut sich in Crimmitschau »in kurzen Abständen auf der Polizei melden« mußte, was zweifellos mit seinen fehlenden Ausweispapieren zusammenhing: Außer der Mitgliedsbescheinigung der Genossenschaft Deutscher Bühnen-Angehöriger konnte er ja keinerlei Identitätsnachweis vorlegen; zudem galt er als Ausländer. Ob er

Fremdsprachen beherrschte, wußte sie später nicht mehr zu sagen. Nach ihrer Erinnerung hatte er, »als er nach Crimmitschau kam«, »zuerst noch so ein bißchen gebrochen deutsch« gesprochen; sicherlich eine bewußte Attitüde. Er »sprach gut deutsch mit kleinem fremdländischen Akzent«, informierte Irene Zielke den Journalisten Erich Grisar. Auskünfte über seine Eltern und über seine Vergangenheit gab er nie. »Fragen konnte ich nicht stellen. Wenn ich ihn fragte, sagte er: Ich möchte nicht gern darüber sprechen«. Als ihn Zielke einmal fragte, ob Ret Marut »sein richtiger Name wäre«, antwortete er mit einer Gegenfrage: »Liebst du den Menschen oder liebst du seinen Namen und seine Vergangenheit?«

Auf seine Herkunft angesprochen, gab er unterschiedliche Auskünfte. Zielke machte er weis, »auf einem Schiff geboren« zu sein; die Papiere seien »in San Francisco deponiert« und durch das Erdbeben »vernichtet worden«. Sein Vater sei Engländer, seine Mutter Irin gewesen. »Sie habe sich aus Schwermut das Leben genommen, als er zwölf Jahre alt war. Seit dem sechsten Lebensjahr habe er eine Gouvernante gehabt. [...] Frühzeitig – bereits als Knabe – habe er bei einem Ballett mitgewirkt. Dieses Ballett habe Gastspiele in allen Ländern der Welt gegeben«. Anderen Kollegen erzählte er, »seine Eltern seien Amerikaner«, wieder anderen, daß sein Vater »rumänischer Abstammung« sei«. Das Stichwort Rumänien verweist ebenso wie die Geburt auf einem Schiff auf die Biographien von Joán und Jens Lund in Hermann Bangs Roman »Die Vaterlandslosen« (siehe S. 217 und 380). Eine von ihm selbst geschaltete Anzeige im »Crimmitschauer Anzeiger« vom 21. März 1909, in der er zu seiner Benefiz-Vorstellung einlud, unterzeichnete er mit »Mc Ret Marut«, was seinem Namen wohl einen irischen oder schottischen Ursprung verleihen sollte (Mc als gängige Abkürzung von Mac oder Meic).

Witwe Schmidts Stadttheater-Ensemble führte überwiegend Lustspiele, Volksstücke und Kolportagestücke auf, ernste Stücke wie Ibsens »Nora« oder »Die Ehre« und »Heimat« von Hermann Sudermann blieben die Ausnahme. Den

Anfang machte »Im bunten Rock«, Lustspiel in 3 Akten von Franz von Schönthan und Freiherr von Schlicht (d.i. Wolf Graf von Baudissin); die Preise an der Abendkasse betrugen zwischen 30 Pfennig und 1,50 Mark. Über die weiteren Aufführungen des Crimmitschauer »Stadt-Theaters« im Winter 1909 informieren Anzeigen und Besprechungen im »Crimmitschauer Anzeiger«. Von diesem ist ein einziges Exemplar im Stadtarchiv Crimmitschau überliefert, auf dem auch ein Mikrofilm in der Staats-, Landes- und Universitätsbibliothek Dresden basiert. Recknagel hat das Archivexemplar zwischen 1965 und 1971 ausgewertet und in der 2. Auflage seiner Biographie sieben Fundstellen mit kurzen Marut-Erwähnungen zitiert; eine weitere, längere Besprechung ist als Ausschnitt abgebildet. Heute klaffen im Archivexemplar an ihrer Stelle rasiermesserscharf gezogene Lücken. Erhalten sind dagegen einige Anzeigen und zwei weitere Texte mit Marut-Bezug, die Recknagel nicht zitiert und offensichtlich (glücklicherweise) übersehen hat.

Aufgrund von Recknagels ausschnittweisen Zitaten und meiner erneuten Zeitungsdurchsicht läßt sich Maruts Beteiligung an mindestens neun Inszenierungen nachweisen. Seine Mitwirkung in Adolf L'Arronges »Hasemanns Töchter« am 4. Januar 1909 ist nicht zu belegen. In Heinrich Stobitzers Lustspiel »Die Barbaren, oder: Weihnachten in Feindesland« verkörperte er den Gelehrten Dr. Wendland. Das Stück wurde am 6.1. im Odeum gespielt und am 7.1. im Theaterlokal »Grüntal« als »Weihnachts-Vergnügen« des »Kgl. Sächsischen Jüngeren Militär-Vereins«, zu dem »die geehrten Kameraden« samt »Familienangehörigen« eingeladen waren, wiederholt. »Der im Waffenrock steckende junge Gelehrte Dr. Wendland machte einen vortrefflichen Eindruck«, hieß es im »Crimmitschauer Anzeiger«, »wir wollen Herrn Marut unsere Anerkennung dafür aussprechen«. Am 14.1.1909 wurde Sudermanns »Heimat« gespielt, am 15.1. »Der Trompeter von Säckingen« (»Romantisches Schauspiel mit Gesang in 3 Acten und 7 Bildern« von Emil Hildebrandt und Julius Keller, Musik von Brenner). Der zugehörige Bericht vom 16. Januar 1909 ist verloren.

Am 21.1. stand das Lustspiel »Unsere Käthe« von Hubert Henri Davies auf dem Programm (in der Übersetzung von Berta Pogson). Maruts zugkräftige Darstellung des Pfarrvikars fand beim Publikum Beifall: »seine Haltung, sein Gang, seine Augen, sein Mienenspiel, sie erregten helle Heiterkeit, sobald er sichtbar wurde«. Die Mitwirkenden am altbewährten »militärischen Lustspiel« »Der Veilchenfresser« von Gustav von Moser sind nicht bekannt, es wurde am 27. Januar in »Bechstedts Theater-Lokal« gespielt, als »große Fest-Vorstellung« zum 50. Kaisergeburtstag.

In Siegfried Conrad Staacks »Else vom Erlenhof« Ende Februar 1909 gestaltete Marut »die Rolle des außerordentlich jähzornigen Heiratskandidaten Bertel recht effektvoll«; Elfriede Zielke wurde als Vertreterin »froher Lust und Sorglosigkeit« gelobt. In Richard Voß' Schauspiel »Zwischen zwei Herzen oder: Am Tage der Konfirmation« spielte Elfriede Zielke Anfang März das Scheidungskind Ilse, das sich zwischen Vater und Mutter entscheiden soll und dem es stattdessen gelingt, »beide harte Herzen zu versöhnen«. »Sie löste diese Aufgabe in vorzüglichster Weise« und erhielt für ihr Spiel »wärmste Anerkennung«; Marut gefiel »in seiner würdigen versöhnlichen Weise als Dekan nicht minder gut«. Die Aufführung wurde »auf allgemeinen Wunsch« am 5.3. wiederholt, in der Besprechung vom 7.3. ist Marut nicht erwähnt. In dem sonst nicht nachweisbaren Schauspiel »Am Altar« von Karl Wessel wurden Marut als Gutsbesitzer und seine Kollegin Mimi Hahn als Gouvernante dafür gelobt, daß sie »Heiterkeit in die ernste, konfliktschwere Handlung brachten«. Mehr Beachtung fand das »frische Spiel« von Elfriede Zielke, »die seit ihrem Hiersein entschieden an Darstellungskraft gewonnen« habe. »Sie verstand es, naives Wesen, Treuherzigkeit und Gutmütigkeit reizvoll an den Tag zu legen«.

Für die französische Salonkomödie »Cyprienne« von Victorien Sardou und E. de Najac (vermutlich in Oscar Blumenthals Bearbeitung) hatte die Witwe Schmidt den Dresdner Königlich Sächsischen Hofschauspieler Maxim René und seine Gattin, die Königlich Württembergische Hofschauspielerin Fränzl René-Hilpert aus Radebeul als Gäste engagiert. Für den »abwesenden« Kollegen Heinz Uehr (er hatte in der Saison 1907/08 am Stadttheater in Gelsenkirchen gespielt) mußte Marut »eintreten« und die Rolle des Liebhabers übernehmen. Nicht nur dieses Handicaps wegen hatte er »einen schweren Stand«: »Einer fremden, routinierten Künstlerin gegenüber den heißblütigen Anbeter zu spielen, ist weit schwerer, als den bekannten Kräften gegenüber. Befangenheit gibt etwas Gezwungenes. Vielleicht war Ret Marut anfangs nicht ganz frei davon; später gefiel er uns besser«. Als »2. Gastspiel« hatte sich das Hofschauspieler-Ehepaar René-Hilpert Anzengrubers vieraktiges Volksstück »Der Pfarrer von Kirchfeld« gewählt; Marut spielte die Rolle des Michel auf »recht lobenswerte« Weise.

Mc Ret Marut spielt Heinrich Heine

Als Benefiz wählte Marut das heitere Schauspiel »Heinrich Heines junge Leiden« von A. Mels (eig. Martin Cohn) in der Regie des Kollegen Paul Baumert. Im »Crimmitschauer Anzeiger« erschienen nicht weniger als drei Hinweise, zwei davon im Anzeigenteil. Ich lasse die Texte, die Recknagel entweder übersah oder für unbedeutend hielt, hier folgen:

> »Benefiz-Einladung.
> Stadttheater Odeum.
> Dienstag, den 23. März 1909
> Benefiz für Ret Marut:
> Heinrich Heines junge Leiden.
> Schauspiel in 3 Aufzügen von A. Mels.
> Zu meinem Benefizabend erlaube ich mir ein geehrtes
> Publikum ergebenst einzuladen. Hochachtend
> Mc Ret Marut.«

> »Zu seinem Ehrenabend ladet für morgen Dienstag abend Herr Ret Marut die Theaterfreunde ein. Der Benefiziant hat für seinen Ehrenabend eine Novität

> für unsere Stadt gewählt: ›Heinrich Heines junge Leiden‹, Schauspiel in 3 Akten von A. Mels. Das zu Beginn des vorigen Jahrhunderts spielende Stück führt den Zuschauer[n] die Jugendjahre des Dichters Heinrich Heine vor Augen, wie dieser alles aufgibt, um sich den Musen zu widmen. Das Werk enthält packende Handlungen und hält den Zuschauer in gespanntester Aufmerksamkeit. Herr Ret Marut ist stets bemüht gewesen, den Aufführungen unseres Ensembles vollen Erfolg zu sichern; hoffentlich wird ihm morgen als Dank und Anerkennung ein recht volles Haus.«

> »Stadttheater Crimmitschau (Odeum).
> Heute Dienstag, den 23. März
> Benefiz für Ret Marut:
> Heinrich Heine's junge Leiden.
> Schauspiel in 3 Aufzügen von A. Mels. – Spielleitung: Paul Baumert.
> Kassenöffnung 7 ¼ Uhr. – Gewöhnliche Preise. – Anfang 8 ¼ Uhr.
> Zu meiner Benefizvorstellung erlaube ich mir unsere geehrten Theaterfreunde ergebenst einzuladen.
> Hochachtend
> Ret Marut.«

Die Aufführung wurde zwei Tage später im »Crimmitschauer Anzeiger« ausführlich besprochen. Ich lasse auch diesen Text vollständig folgen:

> »›Heines junge Leiden‹, Schauspiel von A. Mels, welches Ret Marut zu seinem Benefiz gewählt hatte, ist hier noch nicht gegeben worden. Wir sind ihm dankbar, daß er uns mit diesem Stück bekannt gemacht hat. Es war uns von literarischem und geschichtlichem Interesse, gab Veranlassung, Heines Lebensgeschichte aufzuschlagen und den Gründen seines eigenartigen Charakters nachzusinnen. Das Schauspiel schilderte uns des Dichters Aufenthalt in Hamburg bei seinem

Onkel Salomon Heine; seine Liebe zu dessen Tochter und die unerwiderte Liebe der Nichte zu ihm; seine Unfähigkeit als Kaufmann und seinen Entschluß, zu studieren. Geschickt ist Heines literarische Tätigkeit hineinverflochten.

Wir freuen uns, Ret Marut einmal in einer größeren Rolle gesehen zu haben, die uns sein Spiel besser würdigen ließ. Er ist in unsern Berichten, die einen gewissen Rahmen nicht überschreiten dürfen, des öfteren vielleicht zu knapp weggekommen. Um so mehr ist es uns Bedürfnis, heute durch rückhaltlose Anerkennung seiner gestrigen Leistung Versäumtes nachzuholen. Über Heine liegt der Zauber der Jugend, des Werdenden, des Großes Versprechenden; die Begeisterung für die Kunst, der eigenartige Reiz des in heißer, stürmischer Liebe entbrannten Jünglings, dessen Herz zugleich innige Dankbarkeit gegen den Onkel erfüllt, der ihm viel Gutes erwiesen; oft aber erfüllt ihn tiefe schmerzliche Bitterkeit, daß er den Erwartungen aller derer gerade, die ihn lieben, nicht entsprechen kann. Alles dies wußte Ret Marut in überaus lebenswahrer Weise zur Darstellung zu bringen. Vornehm in Miene, Wort und Haltung, packend in seiner Leidenschaftlichkeit, war sein Heine eine durchaus sympathische Persönlichkeit, der man die wärmste Anteilnahme nicht versagen konnte. Seine Partnerinnen Zielke und Hahn waren würdige Gegenstände seine Liebe und verschönten seinen Erfolg. Gustav und Grete Wilhelm hätten wir etwas mehr Herzlichkeit im Ton gewünscht. Uehrs Makler war gut. Für die nötige Heiterkeit sorgte in wirksamster Weise Paul Baumert, der den Juden Hirsch in überaus charakteristischer Weise darbot. So kann Ret Marut fröhlichen Herzens an seinen Ehrenabend zurückdenken, den auch der reichste Beifall und sonstige Aufmerksamkeiten auszeichneten. –e.«

Das Benefiz für Elfriede Zielke am 29. März 1909 (sie hatte sich die Rolle des Lorchen in Paul Lindaus Lustspiel »Die beiden Leonoren« gewählt) war mit Aufregung verbunden: Eine halbe Stunde vor Vorstellungsbeginn erklärte der Schauspieler Heinz Uehr, »am Spiel nicht teilzunehmen«, was einige Umbesetzungen »nötig machte«. »Die Handlungsweise des sonst so geschätzten Herrn fand im Publikum allseitige Mißbilligung, da Krankheit nicht vorlag.« Für Uehr sprang Marut ein, der seine Aufgabe »trotz alledem sehr lobenswert« erfüllte und daher nach Ansicht des Rezensenten »besondere Anerkennung verdiente«. Elfriede Zielke, die als Benefiziantin noch mit »mancherlei Ehrengaben« bedacht wurde, war in ihrer Rolle als »kaum dem Backfischalter entwachsene Tochter [...] gar niedlich und reizend« anzusehen. Mit Ibsens »Nora« schloß am 4. April 1909 die Theatersaison in Crimmitschau.

Auch diesmal zerstreute sich das Ensemble in alle Winde. Aber für drei Herren und zwei Damen, darunter Marut und Zielke, gab es umgehend ein erneutes Engagement, denn Witwe Schmidt, die in Crimmitschau »event[uell] ganzjährig« hatte gastieren wollen, war es unterdessen gelungen, andernorts Anschlußverträge zu akquirieren. Das geht aus dem »Nachtrag zu den Personal-Verzeichnissen« im »Neuen Theater-Almanach« des Jahrgangs 1910 hervor (Stand: November 1909). Dort ist eine »ganzjährige« Gastspielreise der Direktion Schmidt in Markranstädt, Eythra, Zwenkau und Pegau im Leipziger Land angegeben samt »Vorsaison« in Hohenmölsen und Meuselwitz im Altenburger Land. Es handelte sich durchweg um Kleinstädte mit Anschluß an das Eisenbahnnetz im heutigen Dreiländereck Thüringen, Sachsen und Sachsen-Anhalt. Hohenmölsen bei Weißenfels und Meuselwitz liegen 25 Kilometer auseinander und sind von Leipzig 45 bzw. 41 Kilometer entfernt. Zu dem immerhin 23köpfigen Ensemble gehörten neben Zielke und Marut auch die Crimmitschauer Kollegen Franz Riederer, Heinz Uehr und Mimi Hahn. Das Repertoire war gegenüber Crimmitschau stark verändert: Nur acht Stücke wurden in Markranstädt, Zwenkau, Hohenmölsen und Meuselwitz wiederholt.

Von den drei Wochen bis zum Saisonbeginn in Markranstädt verbrachten Zielke und Marut eine nicht näher bekannte Zeit gemeinsam in Berlin, denn im Register zu den Personalverzeichnissen im Hauptteil des »Neuen Theater-Almanachs« von 1910, dessen Redaktionsschluß vor dem der »Nachträge« lag, war Marut mit einer Berliner Adresse aufgeführt: »Marut, Ret., Sch. Studienhalber Berlin N, Veteranenstr. 7«. Eine Mitgliedsnummer der Bühnengenossenschaft ist nicht genannt, woraus zu schließen ist, daß er (wie auch Zielke) vorübergehend ausgetreten war. Die Daten dürften der Redaktion des »Almanach« bei der Kündigung der Mitgliedschaft übermittelt worden sein. Daß Schauspieler nach Palmsonntag ihre Schritte nach Berlin lenkten, um dort die Zeit ihrer Engagementlosigkeit zu verbringen, war üblich.

Bei der angegebenen Adresse handelt es sich um die Wohnung der Zielkes: Die Witwe Marie Zielke geb. Rosenbaum wohnte hier mit ihren Töchtern Margarete, Elisabeth und Elfriede. Die Familie hatte unter dem Namen der Mutter zunächst Veteranenstraße 25 gewohnt, war dann nach Christinenstraße 11 gezogen und ist in den Adreßbüchern von 1910 bis 1916 »Veteranenstraße 7 H II« gemeldet. Ab 1917 erscheint »Frl. Elfriede Zielke« als Wohnungsinhaberin (Adresse: Griebenowstraße 17, 2. Stock); dorthin schrieb Marut seinen Neujahrsgruß 1918 an Irene (siehe S. 340). Über die Lebensumstände der Witwe Zielke, ihrer drei Töchter und nachher zwei Enkelinnen berichtete Anni Faust, die Elfriede seit 1958 kannte: Marie Zielke war seit 1891 verwitwet, dann zu einem Verwandten gezogen, der sie heiraten wollte, gleichzeitig den älteren Töchter nachstellte. Die fünf Jahre ältere Margarete (»Grete«), von Beruf Schneiderin, blieb unverheiratet. Elisabeth (Lisbeth), die zweite Schwester, hatte wie Elfriede ein uneheliches Kind, Ilse, das mit 16 Jahren starb. Die Großmutter, die drei Töchter und die beiden Enkelinnen lebten bis zum Tod von Marie Zielke 1929 zusammen.

Die Veteranenstraße lag am Übergang zum proletarischen Norden in Berlin-Mitte; an der Ecke zur Brunnenstraße war 1904 das fünfetagige Warenhaus Jandorf (auch

Warenhaus am Weinberg) eröffnet worden, auf dem Gelände zwischen Hussiten- und Brunnenstraße entstand Ende des 19. Jahrhunderts eine Fabrikstadt der AEG. Als Marut 1912 und 1913 in zwei Kurzgeschichten für Düsseldorfer Lokalzeitungen Berliner Örtlichkeiten schilderte, griff er fast ausschließlich auf solche in seinem Wohnbezirk zurück: Im »Brief aus Berlin« (1912) sind es die Tanzsäle »Pavillon Mascotte« und »Moulin Rouge« im Metropol-Palast Behrenstr. 53/54 sowie die »Bierquelle« Aschinger am Bahnhof Friedrichstraße; in der Schwankerzählung »Ehrlichkeit« (1913) führen eine Tramfahrt vom Kastanienwäldchen hinter der Humboldt-Universität Unter den Linden zum Alexanderplatz und ein anschließender Spaziergang zum Rosenthaler Platz und zur Weidendammer Brücke an der Friedrichstraße ebenfalls durch Berlin-Mitte.

Irene Zielke notierte aufgrund der Informationen ihrer Mutter einen nur zweitägigen Aufenthalt in Berlin im Anschluß an Crimmitschau. Ein Kurzengagement in dieser Zeit ist daher nicht auszuschließen; beliebt waren 14tägige Gastspiele, die an Ostern begannen. 1963 erinnerte sich Elfriede Zielke, daß Marut und sie in den ersten Jahren ihrer Bekanntschaft beruflich viel unterwegs gewesen seien: »Da haben wir immer rumgetingelt«. Möglicherweise stecken »R[et Marut]« und »E[lfriede Zielke]« hinter einer Anzeige im »Theater-Courier«, mit der sich ein »1. Liebhaber« und »Bonv[ivant]«, der auch Regie führte, und eine »Muntere u. Naive« für die Zeit »ab Ostern« anboten; Offerten sollten an »R. E.« in Crimmitschau, Jakobsgasse 16 pt. gerichtet werden. In derselben Ausgabe boten sich noch zwei weitere Schauspieler mit der Adresse Crimmitschau »ab Palmarum« (4.4.1909) an, »L. K.« und Gustav Wilhelm. Möglicherweise wurden Zielke und Marut im April 1909 für eine Gastspielreise in Niederschlesien verpflichtet: Notizen Irene Zielkes, die sie 1963 Gerd Heidemann übergab, belegen, daß ihre Mutter und Marut mit einer weiter nicht bekannten Theatergesellschaft »1909 Goldberg, Steinau, Wohlau (Schles.) (Festenberg)« bereisten: Steinau (heute

Scinawa) und Goldberg (heute Zlotoryja) liegen 57 Kilometer, Steinau (Scinawa) und Wohlau (heute Wolow) 20 Kilometer, Wohlau (Wolow) und Festenberg (heute Twardogora) 68 Kilometer voneinander entfernt.

Zeugnisse oder andere Dokumente aus dieser Zeit gibt es nicht, und auch sonst ist wenig bekannt, was sich in diese Zeit setzen ließe. In der Ret-Marut-Sammlung der University of California, Riverside Libraries, wird die Nummer 957 der »Meggendorfer Blätter«, einer illustrierten Satirezeitschrift, aufbewahrt, die in der 4. Aprilwoche 1909 erschien. Neben einem lyrischen Nachruf von Alfred Beetschen auf den Burgschauspieler Adolf von Sonnenthal (1834–1909) enthält sie zahlreiche ungezeichnete Beiträge, doch muß Marut das Heft nicht als Beleg seiner Autorschaft aufbewahrt haben.

Gastspielreise im Leipziger und Altenburger Land

Vom 22. April bis zum 15. Mai und erneut vom 10. Juni bis 3. Juli 1909 gastierte die Schmidtsche Theatergesellschaft in Markranstädt (mit einem Abstecher nach Quesitz am 27. Juni). Für die Zeit vom 16.5. bis 9.6 konnte bisher kein Auftrittsort ermittelt werden. Mit einer Anzeige im »Theater-Courier« vom 17.6.1909 bemühte sich die Direktion Schmidt um eine sofortige Verstärkung des Ensembles mit Gesangskräften; offenbar wollte man an der nächsten Station verstärkt auf Gesangspossen setzen. Am 4. August spielte die Truppe in Eythra und am 6. August in Zwenkau, wohin sie am 17. August zurückkehrte, um dann bis zum 30. September durchgängig dort aufzutreten. Für die anschließende Zeit bis Ende Oktober lassen sich zwar keine Auftritte belegen, doch ist zu vermuten, daß im Leipziger oder Altenburger Land gespielt wurde; vom 22. Oktober bis zum 30. Dezember war man in Hohenmölsen engagiert, von wo aus man am 3. November zu einem »einmaligen Gastspiel« in den »Goldenen Adler« nach Zwenkau zurückkehrte, danach möglicherweise in Rötha (Sachsen). Am 8.2.1910 begann ein vierwöchiges Gastspiel in Meuselwitz, das am 1. April zu Ende ging. Den Nachweis liefern das »Markranstädter Tageblatt«, die »Zwenkauer Zeitung«, das »Wochenblatt für Hohenmölsen, Granschütz, Taucha und Umgegend« und das »Tageblatt für den Amtsgerichtsbezirk Meuselwitz und die umliegenden Ortschaften«.

Über das rein Faktische hinaus sind die Zeitungsbelege wenig ergiebig. Die »Zwenkauer Zeitung« und das »Wochenblatt für Hohenmölsen« enthalten lediglich Anzeigen der Direktion Schmidt bzw. der Benefizianten. Wenig mehr bietet das »Markranstädter Tageblatt«: Zwanzig Anzeigen stehen lediglich drei kurze redaktionelle Notizen und zwei Besprechungen gegenüber; das Ensemblemitglied Franz Riederer ließ darüber hinaus am Tag seines Benefiz-Abends gleich vier Anzeigen einrücken. Ganz anders im Falle des »Tageblatts« in Meuselwitz: Offenbar war es der Direktion Schmidt hier gelungen, eine Vereinbarung mit der Redaktion zu treffen, denn 33 Anzeigen wurden in dem immerhin bloß vierseitigen Blättchen mit 16 Besprechungen und redaktionellen Notizen erwidert.

Standort in Markranstädt war der Gasthof »Stadt Leipzig«. Ursprünglich war ein »6 wöchentlicher Cyclus theatralischer Vorstellungen« geplant, tatsächlich dauerte der Aufenthalt mehr als zehn Wochen, wenngleich nicht an einem Stück: Nach dem 15. Mai wurde eine dreiwöchige Pause eingelegt; die theaterlose Zeit überbrückten u. a. Cäsar Bellis Turmseilkünstler. Begonnen wurde am 22. April mit Thilo von Trothas Lustspiel »Auf Strafurlaub« in der Regie von Otto Schmidt, zu dem das »volle Orchester« der Stadtkapelle versprochen wurde, es folgten am 23. das Schauspiel »Alt-Heidelberg« und am 24. »Der Trompeter von Säckingen«; beide »auf vielseitigen Wunsch«. Sonntag den 25. April gab es als nachmittägliche Kindervorstellung »Aschenbrödel oder: Der gläserne Pantoffel«, gefolgt von Blumenthal/Kadelburgs »Im weissen Röss'l« und, von denselben Autoren, »die Fortsetzung« »Als ich wiederkam«. Am 27.4. wurde das Lustspiel »Husarenfieber« von Richard Skowronnek und Gustav Kadelburg gegeben, am 29. »Die Else vom Erlenhof«, am 30. Sudermanns »Ehre«. Dem »geehrten kunstsinnigen Publikum« von Markranstädt wurde zugleich die »ergebene Mitteilung« gemacht, daß an den Abenden vom 29. und 30.4. »eine Abonnementsliste« zirkuliere; die Direktion bat »um recht rege Beteiligung«. In Nr. 97 vom 30. April bescheinigte das »Markranstädter Tageblatt« der »seit einiger Zeit hier weilenden Schmidt'schen Theatergesellschaft« in einer kurzen Bilanz, sie habe »es verstanden«, durch »prächtige Leistungen der einzelnen Mitglieder« sich »die Gunst unseres kunstliebenden Publikums [...] zu erwerben«. »Der Besuch der Vorstellungen sei allen Kunstfreunden bestens empfohlen.«

Der Mai begann mit dem Drama »Zapfenstreich« von Franz Adam Beyerlein. Am 4.5. wurde der Schwank »Die Logenbrüder« von Carl Laufs und Curt Kraatz gespielt, am 11.5. von Trothas Lustspiel »Hofgunst«, am 10. Juni, als Benefiz für Mimi Hahn, Richard Voß' »Zwischen zwei Herzen«, worin Zielke in Crimmitschau beeindruckt hatte, am 12.6. »Der Hund von Baskerville«, am 15.6. als Benefiz für Otto Schmidt das Lustspiel »Der Militärstaat« von Gustav von Moser und Thilo von Trotha, wobei zum ersten Mal Carl Schneider, »1. Liebhaber und Regisseur« am Stadttheater in Bautzen, als Gast mitwirkte. Die bereits für den 13.6. geplante Aufführung von Kleists »Käthchen von Heilbronn«, mit Fred Dietrich, »1. jugendl. Held und Liebhaber aus Leipzig« als Gast, mußte auf den 17. Juni verschoben werden und wurde mit dem Versprechen annonciert: »Diesmal findet die Aufführung dieses Stückes bestimmt statt«. Es folgten die Volksstücke »Der Herrgottschnitzer von Oberammergau« am 24.6. als Benefiz für Franz Riederer und »Die schöne Klosterbäuerin« am 29.6. als Benefiz für Emma Engel, unterbrochen von einem Gastspiel in Quesitz (Gasthof zur Erholung) mit »Papageno oder der Ehemann in der Klemme«. Die Vorstellung am 29. Juni, an deren Ende Mimi Hahn im Namen des Ensembles eine »Abschiedsrede« hielt, sollte ursprünglich die letzte sein, doch dann wurde am 3. Juli noch eine »unwiderruflich letzte Vorstellung« gegeben, Birch-Pfeiffers »Lorle vom Schwarzwald oder: Die Frau Professorin«. Die Namen der Mitwirkenden werden in den Anzeigen nur im Ausnahmefall genannt, so bei den Benefiz-Abenden von Hahn, Schmidt, Riederer und Engel und bei den Gastauftritten von Schneider und Dietrich. Drei weitere Darsteller, Heinz Uehr, Else Boelsch und [Wilhelm?] Alder, werden in den beiden einzigen Besprechungen erwähnt; bei Alder handelt es sich offenbar um eine nachträgliche Verpflichtung. Marut und Zielke waren anscheinend als Chargen verpflichtet worden, fielen nicht durch gute Leistungen auf und blieben ungenannt.

Bereits am nächsten Tag, dem 4. August 1909, gastierte das Ensemble mit »Zwischen zwei Herzen« im Gasthof »Zum Deutschen Reichsadler« in Eythra, und zwar als weiteres Benefiz für den Geschäftsführer und Oberregisseur Otto Schmidt, am 6. August 1909 im »Goldenen Adler« in Zwenkau mit dem groß ausgestatteten (»neue Uniformen«) Lustspiel »Das Husarenfieber«. Zwar wurde diese Aufführung als »einmaliges Gastspiel der Direktion Schmidt Vereinigte Stadttheater Crimmitschau und Limbach i. Sa.« bezeichnet, doch bereits am 14. August folgte die »ergebene Mitteilung« der Direktorin, daß sie »am Dienstag, d. 17. August 1909 im Gasthof ›Zum goldenen Adler‹ einen 4–5 wöchentlichen Cyclus theatralischer Vorstellungen eröffne. Es wird mein Bestreben sein, nur Gutes zu bieten«. Inzwischen hatte sie sich per Anzeige im »Theater-Courier« erneut um eine Verstärkung ihres Ensembles bemüht: eine Soubrette und einen Chargenspieler suchte sie für »sofort«, zum 16.9. dann ein »ganzes Personal«. Obgleich das Ensemble gegenüber Crimmitschau verkleinert worden war (in der »Zwenkauer Zeitung« vom 14. August 1909 suchte Thusnelde Schmidt für ihre Mitglieder lediglich »10–12 Garconlogis«, d.h. möblierte Zimmer), belegen ihre weiteren Anzeigen, daß zwischen dem 17. August und dem 30. September nicht weniger als 22 verschiedene Stücke zur Aufführung kamen, also im Schnitt alle zwei Tage ein neues, was exakt der Erinnerung Claire Waldoffs an ihre Wintersaison in Kattowitz entspricht: »Wir Schauspieler hatten viel zu arbeiten, alle zwei Tage gab es ein anderes Stück. Es wurde Tag und Nacht gelernt [...]. Wir hatten so viel zu lernen, daß wir die Nächte zu Hilfe nehmen mußten«.

Die Mitwirkenden bleiben diesmal durchweg ungenannt. Der einzige Beleg für Maruts und Zielkes Beteiligung ist ein am 18. August 1909 von »Dr. med. Ickert, prakt. Arzt, Wundarzt u. Geburtshelfer« in Eythra, Neuhofer Straße 156h, ausgestelltes und am selben Tag bei Apotheker Max Becker in Zwenkau eingelöstes Rezept »für Frl. Zielke«, dessen Rückseite Marut für Notizen und literarische Entwürfe verwendete. Seine Bleistiftnotizen beziehen sich auf eine berühmte Glocke am Campanile von St. Marco (»Glocke tief klingend. / »Marangona« / auf dem (am) Campanile / verkündete Aufgang / der Sonne rief die / Handwerker zur Arbeit«). Gegenüber, entgegengesetzt zur Schreibrichtung, findet sich ein Entwurfsfragment (möglicherweise eine Liedeinlage) wahrscheinlich zu dem von Goldwasser erwähnten Dreiakter im italienischen Aristokratenmilieu (»Graf Orna Ramiasetti«). Zusammenhängend lesbar sind nur die Verse: »Bin arm, kl. Graf, ihm gabs der Herr im Schlaf« und »Ach wie tut der Fürst mir leid, altern wird er vor der Zeit«).

In der Ret-Marut-Sammlung der University of California, Riverside Libraries, sind eine ganze Reihe dramatischer Versuche und Entwürfe erhalten, darunter auch Notizen zu einem sozialen Familiendrama. Der Schauspieler Ret Marut versuchte sich ganz offensichtlich auch als Bühnenschriftsteller. Dem entspricht die von Recknagel mitgeteilte Erinnerung von Elfriede Zielke, daß Marut fortwährend schriftstellerisch tätig war: »Seit 1910/11 schrieb Ret Marut laufend Kurzgeschichten, Glossen und Humoresken«. Er »empfahl ihr« auch »Romane von H. Bang [...] immer und schenkte ihr auch solche«. Bilder, Artikel und Briefe Maruts in Elfriede Zielkes Besitz verbrannten 1943 in Berlin.

Gespielt wurden »Hofgunst« (17.8.), Friedrich Wilhelm Rieses Schauspiel mit Gesang »Muttersegen, oder: Die Perle von Savoyen« (22.8.), »auf vielfachen Wunsch« Wilhelm Meyer-Försters fünfaktiger »Schmachtfetzen« (Tucholsky) »Alt-Heidelberg« (25.8.), Birch-Pfeiffers »Lorle vom Schwarzwald oder Die Frau Professorin« (29.8.), das Alt-Berliner Lustspiel »Im Weißen Röß'l« von Oscar Blumenthal und Gustav Kadelburg (31.8.), Sudermanns »Heimat« (2.9.; mit Rudolf Portal vom Hoftheater in Altenburg als Gast), die Detektiv-Komödie »Sherlock Holmes« von Albert Bozenhard (4.9.; nach dem Bühnenstück von Arthur Conan Doyle und William Gillette, angekündigt als »Sensationsschauspiel«), die Posse »Papageno« von Rudolf Kneisel (5.9.; »Schwankabend! Großartiger Lacherfolg!«), das »berühmte« Volksstück mit Gesang »Das Buschliesl oder Im Edelgrund und tiefen Wald« von Josef Willhardt (7.9.), das »romantische Schauspiel mit Gesang »Preciosa« von Pius Alexander Wolff / Bühnenmusik von Carl Maria von Weber (10.9., wiederholt am 15.9.), Albert Emil Brachvogels historisches Schauspiel »Der Glockenguß zu Breslau. Die Unheilsglocke auf dem St. Magdalenenturme« (11.9.), »Der Trompeter von Säckingen« (17.9., wiederholt am 18.9.), Leo Falls Operette »Die Dollarprinzessin« (hier eingerichtet als »Große Posse mit Gesang in 5 Bildern«; 19.9.), »auf vielseitigen Wunsch« Sudermanns »Johannisfeuer« (21.9.), ein nicht nachweisbares Stück »Carl Stülpner« über den erzgebirgischen Volkshelden (25.9.; als »Volksvorstellung für Groß und Klein«), Birch-Pfeiffers Erfolgsstück »Die Grille« (26.9.) und schließlich, als »unwiderruflich letzte Vorstellung«, Schönthan/Baudissins »Im bunten Rock« (30.9.) sowie als »Kinderaufführungen« »Aschenbrödel« (22.8.), »Max und Moritz« (29.8.), »Der Prinzenraub« von Alexander Junghänel (5.9.), »Schneewittchen« (11.9.) und »Hänsel und Gretel«, Märchen mit Gesang (19.9.). Da die Sommersaison für Marut am 25.9.1909 endete, kam er in den beiden letzten Erwachsenen-Inszenierungen wohl nicht mehr zum Einsatz.

Im Stadtarchiv Hohenmölsen sind nicht alle Ausgaben des »Wochenblatts« fortlaufend überliefert. Deshalb lassen sich keine exakten Angaben für die Dauer des dortigen Gastspiels machen. Immerhin acht Aufführungen sind zu belegen, meist im Gasthof »Preussischer Hof«. Für den

22. Oktober 1909 wurde das »1. Gastspiel der Direktion Schmidt, Vereinigte Stadt-Theater Limbach und Crimmitschau in Sachsen« angekündigt. Gespielt wurde der bereits in Crimmitschau und Markranstädt zum Einsatz gekommene »Trompeter von Säckingen. Romantisches Schauspiel mit Gesang in 7 Bildern«, »mit großer Ausstattung« und »unter Mitwirkung der hießigen Stadtkapelle«. Die eigentliche »Eröffnungs-Vorstellung« wurde am 29. Oktober bestritten, und zwar mit »Im bunten Rock«. Hierzu lud die Direktion »ergebenst« ein; zugleich wurden »für einige Mitglieder [...] Wohnungen gesucht«. Am Sonntag, 31. Oktober, wurde als nachmittägliche Kindervorstellung »Schneewittchen und die 7 Zwerge« gegeben, gefolgt von Rieses Volksstück mit Gesang »Muttersegen und Vaterfluch, oder: Die Perle von Savoyen«, »unter Mitwirkung der Stadtkapelle«. Am 3. November kehrte man zu einem »einmaligen Gastspiel« in den »Goldenen Adler« nach Zwenkau zurück; gegeben wurde als »Novität« das »hier noch nicht aufgeführte« Schauspiel in 4 Akten »Staatsanwalt Alexander« von Karl Schüler, ein »Sensationsstück«. Die Anzeige versprach die »Mitwirkung« des »Herrn Paul Röbel« und »Auftreten des ganzen Personals«. Wo zwischen Anfang November und Mitte Dezember gespielt wurde, ist nicht bekannt. Anzeigen im »Theater-Courier« vom 7. und 19.11. sowie vom 9.12.1909 verraten allerdings, daß die Direktion Schmidt sich um die Ergänzung ihres Ensembles bemühte und in dieser Zeit für »sofort« nach Meuselwitz (Vorsaison Hohenmölsen) »1. sing. Held u. Liebh.«, »1. kom. Alte«, »Soubrette u. Naive«, »Chargenspieler« und »2 jg. Damen f. 2. Fach« suchte, zuletzt noch »Souffleur od. Souffleuse«; Offerten sollten an die Theaterdirektion in Hohenmölsen gerichtet werden. Die versprochene Gage belief sich auf 80–110 Mark, dem singenden Held und der Soubrette wurden zusätzlich ein halbes Saisonbenefiz versprochen.

Am 12. Dezember kam im Preußischen Hof ein weiterer Dauerbrenner zum Einsatz, »Husarenfieber« (»auf vielseitigen Wunsch zweite und letzte Aufführung«); voran ging eine Kindervorstellung unbekannten Inhalts. Am 14. Dezember 1909 folgte »Zwischen zwei Herzen« (als Benefiz für Spielleiter Otto Schmidt). Als »vorletzte Vorstellung« und Benefiz für Paul Schmidt wurde für den 30. Dezember 1909 die Marut aus Idar bekannte »Schöne Ungarin. Große Gesangsposse in 4 Akten« angekündigt, diesmal im Schützenhaus. Versprochen wurde die »Mitwirkung der Stadtkapelle« und »Auftreten des ganzen Personals«. Welches dann die allerletzte Vorstellung war, mit der das Ensemble Abschied von Hohenmölsen nahm, und wann sie stattfand, war nicht zu ermitteln.

Ob Thusnelde Schmidt ihr Ensemble anschließend andernorts beschäftigte, konnte ebenfalls nicht festgestellt werden. Die Durchsicht der genannten Zeitungen lieferte keine Belege; weder im Kreisarchiv der Stadt Weißenfels noch in der historischen Einwohnerkartei des Burgenlandkreises (zuständig für Hohenmölsen) ließen sich die Namen Marut oder Zielke nachweisen, gleiches gilt für die Meuselwitzer Meldekarteien. Die alten Melderegister von Markranstädt, Eythra und Zwenkau sind nicht mehr vorhanden; die von Pegau wurden ergebnislos geprüft. Eine Anzeige der Direktion Schmidt, die für Meuselwitz ab dem 7. Februar eine »1. Soubrette welche ev. auch Muntere u. Naive spielt« und »2 junge Damen für 2. Fach singend« sowie »2 junge Chargenspieler singend« suchte und die Offerten nach Rötha erbat, könnte darauf deuten, daß zwischen Hohenmölsen und Meuselwitz in Rötha gastiert wurde, das von Hohenmölsen etwa 32, von Meuselwitz etwa 25 Kilometer entfernt ist. Belegen ließ sich dies jedoch nicht.

Das Gastspiel in Meuselwitz, das wegen des forcierten Braunkohleabbaus gerade eine Blütezeit erlebte, dauerte vom 8. Februar bis zum 1. April 1910. Gespielt wurde an 38 von 53 möglichen Tagen, teilweise mehrfach, so daß es insgesamt 47 Aufführungen waren, davon nur drei nicht in Meuselwitz, sondern in der unmittelbaren Umgebung (Wintersdorf, Spora, Zipsendorf). Von den 37 Stücken waren nur zwölf in Crimmitschau, Markranstädt, Zwenkau und Hohenmölsen nicht zum Einsatz gekommen. Die Besprechungen sind außergewöhnlich zahlreich und bei allem

Wohlwollen durchaus seriös, vereinzelt wird mit Kritik nicht gespart. Von den Mitwirkenden werden nur die Benefizianten Otto Schmidt, Paul Schmidt, Mimi Hahn, Curt Moller und das Ehepaar Schindler sowie Grete Tränkner (auch Trankner) namentlich erwähnt; das anscheinend erst für Meuselwitz engagierte Ehepaar Else und Hugo Witkowski (auch Wittkowsky) geriet nur durch seinen (angeblichen) Kontraktbruch in die Zeitung. Marut und Zielke spielten also auch diesmal nur Chargen.

Auf die Eröffnung der »diesjährigen Theatersaison« in »Meuselwitz und Umgegend« bereitete »Theater-Direktorin« Thusnelde Schmidt das »hochgeehrte kunstsinnige Publikum« bereits ab Ende Dezember 1909 mit fünf Anzeigen im »Tageblatt« vor; noch am 3. Februar suchte sie per Anzeige im »Theater-Courier« nach fünf auch singenden Kräften. Standort und damit zum Stadttheater ausgerufen war der 1677 erbaute Gasthof »Zur goldenen Weintraube« gegenüber der Martinskirche, der über den größten Saal der Stadt verfügte (1911 sprach hier Rosa Luxemburg vor über tausend Bergarbeitern; 1967 abgerissen). Die Eröffnungsvorstellung fand am 8. Februar 1910 statt, gegeben wurde »Im bunten Rock«, das offenbar das Erfolgsstück der Direktion Schmidt war. Es ging trotz des beschämend »schwachen« Besuchs »in schönster Weise über die Bretter«; »gespielt wurde durchweg recht gut«, wenngleich es »bei einem der Hauptdarsteller« mit der »Aussprache« haperte: »Vielfach war er ganz unverständlich, sodaß dem sonst tüchtigen Künstler fortgesetzte Sprechübungen dringend zu empfehlen sind«. Unter den Mitwirkenden wurde lediglich Mimi Hahn als Darstellerin der »jungen amerikanischen Millionärswitwe« hervorgehoben, im übrigen dem Ensemble ein lobenswertes Zusammenspiel bescheinigt: »Jeder Darsteller füllte den übernommenen Platz trefflich aus«. Am 10.2. (wiederholt am 21.2.) folgte »Hofgunst« vor diesmal »leidlich gut besetztem« Haus; wie der Rezensent vermutete, hatte es sich wohl inzwischen herumgesprochen, »daß das Kunstunternehmen über durchweg gute Kräfte verfügt«. Als drittes Lustspiel in Folge kam am 11.2.

(»auf vielseitigen Wunsch« am 16.2. wiederholt) »Husarenfieber« zur Aufführung, »mit glänzender Ausstattung«, »neuen Uniformen« und »unter Mitwirkung der Stadtkapelle«. Es wurde »flott« gespielt, das Auditorium kam »aus dem Lachen gar nicht heraus« und applaudierte »bei jedem Aktschluß stürmisch«. Der Rezensent war des Lobes voll, insbesondere Paul Schmidt gegenüber, der den reichen Margarinefabrikanten höchst komisch verkörperte, konnte sich jedoch die abschließende Empfehlung nicht versagen, es sei gut, »wenn solchen Produktionen hinter der Szene auch etliche Proben vorangehen«. Einen Tag später stand »Die Else vom Erlenhof« auf dem Programm, das »berühmte Volksstück«.

Der 13. Februar, ein Sonntag, brachte eine Doppelaufführung: Auf die nachmittägliche »grosse Kinder-Vorstellung mit grosser Ausstattung« »Aschenbrödel oder: Der gläserne Pantoffel« folgte ein »Possenabend«; gegeben wurde das nicht nachweisbare Stück »Millionen-Schulze« von H. Wilken. Am 14.2. kam das Schauspiel »Haus Oddendahl« von Felix Philippi zur Aufführung, am 17. »Der Veilchenfresser«. Der anonyme »Tageblatt«-Rezensent zeigte sich mit der künstlerischen Leistung zufrieden: »Das Auditorium amüsierte sich köstlich und brach vielfach in wahre Lachsalven aus. Gespielt wurde wieder ganz ausgezeichnet und die Ausstattung war derartig, daß auch verwöhnte Ansprüche volle Befriedigung finden mußten«; dem Besucher »wurden einige Stunden wahren Genusses zuteil«. Um so bedauerlicher sei, »daß jene Kreise, die unserer aufstrebenden Stadt ihr Gepräge aufzudrücken suchen, einem solchen Kunstunternehmen so wenig Verständnis entgegen bringen. Auch gestern zeigten sich wieder auf den entsprechenden Plätzen klaffende Lücken und ließen den vielleicht zufällig anwesenden Fremden keine günstigen Schlüsse auf das geistige Niveau dieser Kreise ziehen«. Nach einem Gastspiel im 5 Kilometer westlich gelegenen Wintersdorf (mit »Husarenfieber«) am 18.2. (der Rezensent konstatierte eine gute Leistung, »stürmischen Beifall« nach jedem Akt und einen leider schlechten Besuch) kehrte man am 19. für das Schauspiel »Das Schloß am Meer« wieder nach Meuselwitz zurück.

Der 20. Februar, ein Sonntag, brachte wieder eine Doppelvorstellung: nachmittags »Hänsel und Gretel«, abends das »Schauspiel mit Gesang« »Muttersegen und Vaterfluch oder Die Perle von Savoyen« (wiederholt am 26.2.). Besprochen wurde jedoch erst die Aufführung vom 23.2., Wildenbruchs »Rabensteinerin«. Sie fand »bei vollbesetztem Hause« in »teilweise geradezu prächtiger« Ausstattung statt und wurde am folgenden Tag wiederholt. Diesmal hatte der Rezensent bei allem Verständnis doch einiges zu beanstanden: So war ihm die Regie nicht konsequent genug (wenn etwa »die bettelarme Rabensteinerin im 2. Akt in großer Toilette« erscheine), »der oder jener«, insbesondere der Darsteller des alten Welser, müsse »seine Rolle auch noch besser lernen«; weitere »Mängel« seien »auf die Lokalverhältnisse zurückzuführen«. All das entschuldige jedoch die Störungen durch »einige junge Leute« »auf den reservierten Plätzen« nicht; es beweise lediglich, »daß diese Herrchen keinen blauen Dunst haben von den Schwierigkeiten, mit denen die Künstler auf kleinen Bühnen häufig kämpfen müssen«.

Die Doppelvorstellung am 27.2. bestand aus Alexander Junghänels Drama »Der sächsische Prinzenraub zu Altenburg« und Rudolf Kneisels »Volksstück mit Gesang« »Der Geigerkönig oder Die Lieder des Musikanten« (am 26.2. auch angekündigt als »Der Geigerkönig oder Die feindlichen Brüder«), zu einer Besprechung kam es nicht. Am 1.3. erschien ein längerer redaktioneller Hinweis auf das Benefiz von Mimi Hahn am 2. März mit »Zwischen zwei Herzen«, wofür diese auch selbst mit einer eigenen Anzeige warb. Am Abend wurden, als »Doppel-Vorstellung«, die beiden Lustspiele »Im weißen Rößʼl« und die Fortsetzung »Als ich wiederkam« gespielt. »Das Haus war fast bis auf den letzten Platz besetzt«, notierte der Rezensent des »Tageblatts«, Beweis für die »Zugkraft« des »unverwüstlichen« Stücks, das dank der »straffen und verständnisvollen Regie« von Paul Schmidt und einer guten Ensembleleistung eine »wohlgelungene Aufführung« erlebt habe. »Es war bereits Mitternacht herangekommen, als der Vorhang unter starkem Applaus zum letzten Male fiel«. Die Aufführung des Vaudeville »Marie, die Tochter des II. Regiments« am 3. März (»unter Mitwirkung der Stadtkapelle«) wurde nicht besprochen. Mimi Hahns Benefiz am 2. März (wiederholt am 7.3.) blieb unter den Erwartungen, nicht zuletzt, weil sie »mit der Verkörperung dieser Rolle so ziemlich an der Grenze ihres Könnens« angelangt schien. Zwar war die Vorstellung »schier ausverkauft«, doch hatte kurz zuvor das Schauspielerehepaar Witkowsky das Engagement verlassen (wie der Rezensent vermutete, »um der sieghaften Rivalin ihren Ehrenabend zu verderben«), ein anderer Hauptdarsteller war erkrankt, wodurch es zu drei kurzfristigen Umbesetzungen kam. »An der lebhafteren Inanspruchnahme des Souffleurs machte sich das alles ja etwas bemerkbar, aber im ganzen genommen wurde doch ein genußreicher Abend geboten.«

Am 4. März wurde bei einem zweiten und letzten Abstecher nach Wintersdorf »Die Else vom Erlenhof« gespielt; die Aufführung war »sehr schwach besucht«, die wenigen Anwesenden wurden immerhin von den »Leistungen der einzelnen Spieler [...] in vollem Maße« befriedigt. Am 10. März gastierte man damit im Gasthof in Spora, 3 Kilometer südwestlich von Meuselwitz. Otto Schmidts Benefiz am 5. März mit der Operette »Der Stabstrompeter« blieb unbesprochen, wohingegen mit dem Volksstück »Die Lorle vom Schwarzwald oder Dorf und Stadt« am 6. März erstmals eine Sonntagabendvorstellung rezensiert wurde (vorangegangen war die »Kindervorstellung« von »Max und Moritz«). Der Besuch war diesmal »sehr stark«, der Beifall »rauschend«. Für das Benefiz von Paul Schmidt, den »überaus beliebten Komiker«, am 9. März warben die Direktion, er selbst und eine redaktionelle Notiz. Seine Hoffnung, »ein vollbesetztes Haus zu erzielen«, erfüllte sich nicht ganz, doch hatte er mit der Titelrolle von L'Arronges »Mein Leopold« die richtige Wahl getroffen: »Bei seinem jedesmaligen Auftreten setzte [...] ein starker Applaus ein, und bei offener

Szene wurden ihm ein mächtiger Lorbeerkranz und ein schönes Blumengewinde überreicht.« Auch »die übrigen Darsteller« hatten nach Ansicht des Rezensenten »wesentlich zu dem Gelingen des Abends« beigetragen«.

Am 11. März wurden als Doppelaufführung Heinz Gordons Schwank »In Vertretung« (hier unter dem Titel »Der falsche Leutnant«) und Gustav Kadelburgs Einakter »In Zivil« gespielt, am 12. März, als Benefiz für Curt Moller, »Charleys Tante« von Brandon Thomas, wozu »sich leider recht wenig Besucher eingefunden« hatten. Neben dem gefeierten Hauptdarsteller verkörperten »auch alle übrigen Spieler [...] ihre Rollen recht gut«. Der 13. März, ein Sonntag, brachte gleich drei Aufführungen: »Schneewittchen«, Kleists »Käthchen von Heilbronn« (»mit brillanter Ausstattung«) und das Lustspiel »Unsere Käthe« von Hubert Henri Davies. Das für den 16.3. vorgesehene »Historische Lustspiel« »Eine Jungfernrevolte« von Ludwig Rohmann, mit dem Hofschauspieler Rudolf Portal aus Altenburg als Gast, mußte wegen Erkrankung von Curt Moller auf den 27.3. verschoben werden; stattdessen wurde Sudermanns »Heimat« gespielt, und zwar von allen Mitwirkenden auf »annehmbare« Weise. Hervorgehoben wurden Otto Schmidt als Regisseur und die beiden Hauptdarsteller Rudolf Portal und Mimi Hahn. »Das ziemlich zahlreich erschienene Publikum kargte denn auch nicht mit dem Beifall«. Es war die letzte Besprechung im »Tageblatt«. Ein Abstecher führte am 17.3. nach Spora, wo im Gasthof Gordons »In Vertretung« wiederholt wurde, ein anderer am 20.3. zu einer Doppelaufführung in die Nachbargemeinde Zipsendorf, wo in Seiferths Gasthof, Zeitzer Straße 7, auf den »Glockenguß zu Breslau« »Die Grille oder Die Zwillingsbrüder« folgte. Ein weiteres Benefiz, diesmal für das Ehepaar Schindler, wurde am 18.3. gegeben; sie hatten sich dafür Wolffs romantisches Schauspiel mit Gesang »Preciosa« ausgesucht; am 19.3. stand Willhardts Volksstück mit Gesang »Das Buschliesel oder Die Mühle im Edelgrund« auf dem Programm. Am 27.3. wurde, unter Mitwirkung des »neuengagierten Personals«, Rudolf Portals

Gastspiel mit der »Jungfernrevolte« nachgeholt; voran ging »Der Rattenfänger von Hameln«. Am 29. und 31.3. gastierte die Direktion Schmidt abweichend im »Deutschen Kaiser«, einer Gaststätte mit Ausspannung und angebautem Saal am Kaiser-Wilhelm (heute Rathenau)-Platz; gespielt wurden das Drama »Zapfenstreich« von Franz Adam Beyerlein und, als Wiederholung, noch einmal »Das Buschliesel«. Als letzte Vorstellung, wieder in der »Goldenen Weintraube«, wurde am 1. April Franz von Schönthans Lustspiel »Das letzte Wort« aufgeführt; die anschließende Abschiedsrede sprach erneut Mimi Hahn.

Zwar suchte die Direktion des Meuselwitzer Stadttheaters ab Palmsonntag wieder »Mitglieder aller Fächer«, aber entweder handelte es sich bereits um die Nachfolgerin, oder Th. Schmidt suchte für andernorts, denn ebensowenig wie im Meuselwitzer und Markranstädter »Tageblatt« sind in der »Zwenkauer Zeitung« nach Palmsonntag 1910 Anzeigen der Direktion Schmidt zu finden. Auskünfte von Elfriede Zielke und Notizen von Irene Zielke, die sie 1963 Gerd Heidemann übergab, belegen aber, daß Marut und sie im Anschluß bei einer anderen Direktion ein neues Engagement erhielten: »1910 (Sommer): Zeitz, Schleiz/Thür.« Sogar ein Bonmot des dortigen Direktors Lange ist überliefert: »Schön sind Sie nicht, ein Knirps sind Sie auch – und ein Anarchist und Bombenschmeißer obendrein«.

Mit der Direktion Lange im thüringischen Vogtland

Die Angaben halten näherer Überprüfung stand: Franz Lange war 1910 Direktor des Dessauer Künstler-Ensembles, mit dem er von Herbst 1909 bis Frühjahr 1910 bereits zum vierten Mal die Wintersaison in Werdau und Zeitz (12 Kilometer von Meuselwitz entfernt) bestritt. Die Truppe war Anfang 1910 nach Zeitz gekommen, die ehemalige herzogliche Residenz zwischen Leipzig und Gera (heute Burgenlandkreis in Sachsen-Anhalt) mit damals 33 000 Einwohnern; Spielstätte war die Zentralhalle. Mitte März suchte Lange für das anschließende Gastspiel in Schleiz und Umgebung einige neue Kräfte, denen er durch den »Theater-Courier« ab dem 23.3.1910, also mitten in der Spielzeit, ein Engagement vom 27. März bis zum 10. April in Zeitz und eventuell einen Vertrag für die Wintersaison bot. Das Inserat galt zwar einem »ganz. Pers. Schauspiel, Operette (all. sing.)«; benötigt wurden jedoch nur einige Chargen. Erneut suchte Lange ab dem 15. Mai, nunmehr für Schleiz und Zeulenroda, ein »ganzes Personal auch Souffleuse und Kapellmeister alles singend«, stellte auch hier »event. Ausgang September Winteranschluß« (in Zeitz) in Aussicht. Zum 1. Juli suchte Lange dann noch einen jugendlichen Liebhaber. Auf dem Programm standen jetzt »Der kleine Lord. Lebensbild in drei Acten« nach dem gleichnamigen Roman von Frances Hodgson Burnett, das Lustspiel »Fräulein Doktor« von Walther und Stein, das Schauspiel »Maskerade« von Ludwig Fulda, die Operette »Mam'zelle Nitouche« von Hervé und Henri Meilhac, Max Halbes »Strom«, das Schauspiel »Das nackte Weib« von Henry Bataille, die Posse »Der Stabstrompeter« von Wilhelm Mannstaedt, Sudermanns jüngstes Schauspiel »Strandkinder« sowie das Lustspiel »Onkel Bräsig« nach Fritz Reuters Roman »Ut mine Stromtid« mit Ludwig Beckmann als Gast, von dem auch die Bearbeitung stammte. Die neuen Kräfte, zu denen Marut und Zielke gehörten, erhielten damit Gelegenheit, sich in das Repertoire einzuspielen. Als »Theater in der Zentralhalle« fanden die Darbietungen des »Dessauer Künstler-Ensembles« sowohl im »Zeitzer Anzeiger für Stadt und Land« als auch in den »Zeitzer Neuesten Nachrichten« ein Echo. Da Marut und Zielke in Zeitz nur kleine Nebenrollen übernahmen, wurden sie in den Besprechungen nicht erwähnt.

Vom 16. Mai bis zum 29. Juli 1910 gastierte das Dessauer Künstler-Ensemble unter Langes Direktion im Vereinsgarten in Schleiz; Quelle hierfür sind Anzeigen und Besprechungen im »Schleizer Wochenblatt. Zeitung und Anzeiger für das gesamte reußische Oberland«. Nach Schleiz, der ehemaligen Reußischen Residenzstadt im thüringischen Vogtland, wurde bis zum 21. September im 20 Kilometer entfernten Zeulenroda (Fürstentum Reuß, ältere Linie) gespielt; am 20. September kehrte die Truppe noch einmal zu einem Gastspiel nach Schleiz zurück. Am 25. September wechselte man – nun ohne Marut und Zielke – zur Wintersaison nach Zeitz.

In der Ausgabe des »Schleizer Wochenblatts« vom 10. Mai erschien zunächst eine Voranzeige für die Eröffnungsvorstellung des Sommertheaters am 16. Mai im Vereinsgarten (Besitzer: Otto Schatz). Zugleich suchte Lange »für uns und unsere Mitglieder 16 Wohnungen für 1–3 Personen. Um jedem Mißtrauen vorzubeugen, wird die Miete gern auf 14 Tage im voraus bezahlt.« Versprochen wurden »erstklassige Kräfte von guten Theatern«, »Novitäten und gute ältere Werke« und »erstklassige Ausstattung«. Gespielt wurde – unter dem Titel »Familie Rommel« – das Volksstück »Die Herren Söhne« von Oskar Walther und Leo Stein. »Großer Lacherfolg! Ernst und Scherz!« verhieß die Anzeige vom 14. Mai. Am 17. Mai folgte das Schauspiel »Im Forsthause« von Richard Skowronnek, am 20. und 26. das Lustspiel »Der dunkle Punkt« von Gustav Kadelburg und Rudolf Presber, am 22. die Posse »Die beiden Reichenmüller« von Anton Anno, am 25. das Schauspiel »Die fremde Frau« von Alexandre Bisson (Übersetzung: Max Epstein), ein »Sensationsschauspiel« und »Schauspiel-Schlager der letzten Saison«, wie die Direktion bekanntgab. In der Besprechung vom 28. Mai wurde Marut, der den »tugendstarken Staatsanwalt und späteren Gerichtspräsidenten Fleuriot« spielte, erstmals erwähnt. Regie und Darsteller fanden die Anerkennung des Rezensenten, nicht aber das Stück: »Eine Wiederholung wünschen wir nicht, auch keine öftere Wiederkehr ähnlicher französischer Bühnenerzeugnisse.«

Die Vorstellung am 29. Mai war als »Schwank-Abend« annonciert; gegeben wurde »Charleys Tante« von Brandon Thomas. Am 31. Mai und 5. Juni glänzte Langes elfjährige Tochter Hilda als »Kleiner Lord«. Am 2. Juni wurde – bei schwachem Besuch – das Schauspiel »Die Siebzehnjährigen« von Max Dreyer gespielt, am Nachmittag des 5. das »Märchen mit Gesang« »Hänsel und Gretel« als erste Kindervorstellung, am 7. das Lustspiel »Liebes-Manöver« von Curt Kraatz und Freiherrn von Schlicht (d.i. Wolf Graf von Baudissin); die Anzeige im Schleizer Wochenblatt versprach einen »feinen Lustspielabend« und eine »Elite-Vorstellung«. Der Rezensent lobte Maruts »vortreffliche Leutenantserscheinung« und »Anny Ziehlke« für ihre Darstellung der »lieblichen und verliebten Kommandeurstochter«. Am 10. und 14. Juni wurde zu Ehren des im Vorjahr verstorbenen Ernst von Wildenbruch dessen Schauspiel »Die Rabensteinerin« aufgeführt, am 12. Juni »Im weißen Rößl«, am 19. die Fortsetzung »Als ich wiederkam«. Am 16. Juni wurde für den Abend des gleichen Tags, unter namentlicher Nennung der Hauptdarsteller Goetze, Blumenthal, Horn, Franz und Eugen Lange und Marut (er spielte den Detlev Graf von Asterberg), die Aufführung von »Alt-Heidelberg« angekündigt; für die Musik sorgte die Stadtkapelle. Der unbekannte Autor der Besprechung war voll des Lobes: »Die Aufführung war tadellos, so daß wir sie mit gutem Gewissen als eine jeder Großstadtbühne würdige bezeichnen können. Die Besetzung der einzelnen Rollen ließ nichts zu wünschen übrig [...]. Dazu die prächtige Inszenierung und die gediegene Ausstattung [...]. Lebhafter stürmischer Beifall nach jedem Aktschluß und wiederholte stürmische Vorrufe am Ende!«

Am 21. Juni wurde, bei schwachem Besuch, das Lustspiel »Doktor Klaus« von Adolf L'Arronge gegeben. Die Aufführung erschien dem Rezensenten »wohlgelungen«; »tadellos« habe »Ret Marut den ebenso eleganten als leichtsinnigen, vom Ueberflusse des reichen Schwiegervaters sorglos lebenden, im vermeintlichen Unglück aber so willensstarken und tatkräftigen Max v. Boden [verkörpert]«. Elfriede Zielke spielte »das liebliche und verliebte Doktorstöchterlein. Ihr Mi[e]nenspiel war reizend und ihre Sprache klar und deutlich«. Als »zweite und letzte große Kindervorstellung« wurde am 22. Juni das »Originalmärchen mit Gesang und Tanz«, »Brüderlein und Schwesterlein« aufgeführt, am 23. Voß' Schauspiel »Zwischen zwei Herzen«. Das Scheidungskind Ilse spielte, wie schon in Crimmitschau, Elfriede

Zielke, und zwar auf »einzig schöne« Weise: »Ihre engelsgleiche Erscheinung wirkte in Sprache, Mimik und Geste geradezu bezaubernd.« Lobende Erwähnung fand auch das von Olga Lange und Marut verkörperte Elternpaar.

Am 26. folgte Treptows »Posse mit Gesang in 4 Bildern« »Durchgegangene Weiber oder Berlin nach 11«, am 28. Sudermanns »Ehre« (mit Franz Lange als Trast), am 1.7. L'Arronges »Hasemanns Töchter«, am 3.7. als dritte Kindervorstellung »Sneewittchen und die 7 Zwerge«, »Märchen in 7 Bildern von Görner«; am Abend das »Volksstück mit Gesang« »Das Buschliesel« von Josef Willhardt und Hans Salau, in dem die neu verpflichtete Soubrette Lola Heiß, eine Österreicherin, die Titelrolle übernahm. »Von den Herren gefiel ganz besonders Ret Marut als Anton, der dessen schlichte sympathische Persönlichkeit in angenehmster Weise verkörperte.« Nicht an Marut, sondern an die Regie war die Kritik adressiert, wonach »das geisterhafte Erscheinen im 5. Bilde« besser weggeblieben wäre; der »beabsichtigte Eindruck« sei »dadurch nicht erreicht worden«. Am 5.7. wurde die Gesangsposse »Flotte Weiber« von Leon Treptow, Gustav Görß und Franz Roth gespielt, am 7. Sudermanns »Heimat«. »Die Rollenbesetzung«, so der enthusiasmierte Rezensent, sei »die d[e]nkbar beste« gewesen. »Die schwierige Partie des um seinen Ruf und seine gesellschaftliche Stellung so besorgten Regierungsrates Keller, dieses jämmerlichen Strebers, wurde von Herrn Ret Marut, wie wir nicht anders erwartet – mit vollem Verständnis, viel Geschick und feiner Pointierung zur Darstellung gebracht«. Am 10. Juli standen, als letzte Kindervorstellung, das »Märchen in 4 Bildern« »Frau Holle« von Will und anschließend das Vaudeville »Die Regimentstochter« von Blum (wohl eine Bearbeitung von Donizettis komischer Oper) auf dem Programm. Am 12. Juli spielte Langes Truppe das »Sensations-Schauspiel« »Das nackte Weib« von Henry Bataille (»Besuchern jeden Alters zu empfehlen! Streng dezent! Keine Preiserhöhung trotz sehr hohen Honorars! Erstes Auftreten des Fräulein Künniger«), am 14. das Lustspiel »Fräulein Doktor« von Walther und

Stein, am 17. die Operette »Mam'zelle Nitouche« von Hervé und Henri Meilhac, am 20. und 24. das Lustspiel »Husarenfieber« von Richard Skowronnek und Gustav Kadelburg, in dem sich auch Marut und Zielke wieder auszeichneten; »Aufnahmen einiger Hauptscenen«, teilte das »Schleizer Wochenblatt« am 19. Juli mit, seien »im Schaufenster des Herrn Pörsch ausgestellt«. Am 22. und 28. ging die Operette »Der fidele Bauer« von Leo Fall und Victor Léon über die Bühne, mit Georg Brunner aus Nürnberg, Alfred Gorony aus Altenburg und erneut Hilda Lange als Gästen. Brunner trat ein weiteres Mal in der Operette »Walzertraum« von Oscar Straus in Erscheinung (Libretto von Felix Dörmann und Leopold Jacobson), die am 27. unter Mitwirkung der Stadtkapelle gespielt wurde.

Das anschließende siebenwöchige Langesche »Saisontheater« in Zeulenroda, einer Kleinstadt von immerhin 10000 Einwohnern, fand zunächst in »Pohlands Lokal«, später in der »Erholung« statt und bestand überwiegend aus Operetten und Gesangspossen. Zur musikalischen Begleitung standen lediglich ein Klavier und ein Harmonium und vier weitere Instrumente zur Verfügung. Eröffnet wurde am 5.8. mit »Husarenfieber«, es folgte am 8. die Gesangsposse »Flotte Weiber« (mit Marut in der Rolle des Paul Flieder und »Anna Ziehlke« als Röschen; beide gehörten zu denen, die »ihr Bestes [gaben]«), am 10. »Die Rabensteinerin«, am 12. und 14. »Der fidele Bauer«, am 16. »Der dunkle Punkt« und am 19. das Schauspiel »Die fremde Frau« von Alexandre Bisson. Marut glänzte hier in der männlichen Hauptrolle: »Herr Ret Marut gab den Staatsanwalt Fleuriot mit natürlichem Empfinden voll echter Leidenschaft und frei von jedem falschen Pathos, ebensogut als betrogener und doch noch liebender Gatte, wie als Freund und Vater«.

Nachzuweisen sind ferner am 30.8. die Operette »Der Vogelhändler« von Carl Zeller und Moritz West, am 4.9. »Die Regimentstochter«, am 6. und 8. »Das nackte Weib«, am 11. der Schwank mit Gesang »Bis früh um Fünfe« von Paul Lincke, am 14. »Mam'zelle Nitouche«, am 16. und 18. die Operette »Die geschiedene Frau« sowie am 21. als Abschiedsvorstellung »Familie Rommel«; Marut übernahm die Rolle des Bummelstudenten Rudolf von Gimpern, Sohn eines Rittergutsbesitzers und Landtagsabgeordneten. Als Kindervorstellungen wurden am 14. und 21.8. »Hänsel und Gretel« und »Brüderlein und Schwesterlein« gespielt, am 25. und 30.8. »Der kleine Lord«, am 11.9. »Sneewittchen und die 7 Zwerge«. Noch einmal fand Maruts Darstellung in Victor Léons und Leo Falls Operette »Die geschiedene Frau« in der Schleizer Schlußvorstellung des Dessauer Künstlerensembles vom 20. September lobende Erwähnung.

Weitere Lebenszeugnisse aus dieser Zeit sind nicht überliefert. In der Ret-Marut-Sammlung der University of California, Riverside Libraries, finden sich lediglich zwei Zeitschriften, beide mit Theaterbezug: Nr. 74 des »Welt-Spiegel. Illustrierte Halbwochen-Chronik des Berliner Tageblatts« vom 15.9.1910, die dem schwerkranken, fünf Tage später verstorbenen Josef Kainz gewidmet ist, und ein Josef Kainz-Sonderheft der (anfänglich von Herwarth Walden herausgegebenen) illustrierten Halbmonatsschrift »Das Theater« (Berlin-Wilmersdorf), das Kainz auf 24 Seiten in diversen Rollen zeigt.

Wintersaison in West- und Ostpreußen

Zweifellos in Ermangelung eines besseren Angebots ließen sich Marut und Zielke anschließend auf das Abenteuer eines Engagements bei der Berliner »Neuen Bühne« ein, einem Tourneetheater, von denen es zum Stichtag 1910 120 gab, das waren fast zwanzig Prozent der insgesamt 620 deutschsprachigen Theaterunternehmen. »Schmiere« war der despektierliche Ausdruck dafür; den Schmierenenthusiasmus verkörpert auf treffliche Weise Emanuel Striese in Franz und Paul von Schönthans unsterblicher Komödie »Der Raub der Sabinerinnen« (II/12): »Es ist wahr, wir ziehen von einem Ort zum andern; aber mein erhabener Kollege, der Herzog von Meiningen, machte es ja ebenso. – Es ist wahr, daß ich meinen Schauspielern fast gar keine Gage bezahlen kann, aber dafür leisten sie desto mehr. Da ist zum Beispiel mein erster Held – ein früherer Apotheker, – das ist ein Beleuchtungsinspektor, wie Sie ihn suchen können; mit Hilfe einer einzigen Petroleumlampe und einer roten Glasscheibe läßt Ihnen der die Sonne untergehen, daß es Ihnen nur so vor den Augen flimmert. Und dabei das Familienleben unter meinen Leuten! Meine Frau kocht für die ganze Gesellschaft, damit meine Sozietäre sich an Entbehrungen gewöhnen. Der Charakterspieler ist nicht zu stolz, die Kartoffeln zu schälen, und mein Jüngster kann gar nicht einschlafen, wenn nicht der Intrigant, der gute Kerl, ihn vorher eine Stunde lang in der Stube herumträgt. Und wie anhänglich mir die Leute sind. Meine jugendlich-naive Liebhaberin ist nun bald achtzehn Jahre bei mir, sie denkt gar nicht daran, wegzugehen. Und was schließlich meine Frau anbelangt – – nicht nur, daß sie das Kassenwesen besorgt, den Schauspielern die Haare brennt, in der Stadt die Requisiten zusammenborgt und abends die größten Rollen spielt, nein, sie hat trotz dieser Überbürdung im Laufe der Jahre noch Zeit gefunden, mich mit einer Schar lieblicher Kinder zu beschenken. Sehen Sie, Herr Doktor, das wird an einer Schmiere geleistet, und ich bin der Direktor!«

Laut Nachtrag im »Neuen Theater-Almanach« für 1911 bestand das Ensemble einschließlich des Direktors lediglich aus zwölf »darstellenden Mitgliedern«, sieben Herren und fünf Damen; hinzu kamen ein Souffleur und ein Türdiener. Marut war als Schauspieler und Regisseur verpflichtet worden, die Oberregie lag bei dem Direktor A. L. Sormand. Da ich keine Anzeige Sormands im »Theater-Courier« nachweisen konnte, muß er entweder per Chiffre-Anzeige inseriert oder sein Ensemble über eine Agentur zusammengestellt haben. Drei Mitglieder des (bis auf eine »alte Dame, die für Organisationsbestrebungen kein Verständnis hatte«) sämtlich gewerkschaftlich organisierten Ensembles bildeten den Lokalausschuß der Genossenschaft Deutscher Bühnen-Angehöriger: Alfred Wegener als Obmann, Marut – mit der neuen Mitgliedsnummer »(14205)« – als Obmann-Stellvertreter und Kassierer und

Olga Fricke als Schriftführerin. Die Gage lag, Maruts eigener Angabe für »Sommertheater« zufolge, zwischen 60 und 100 Mark. Allerdings machte Marut bald die Erfahrung, daß Sormand »keine Zahlung leistete, ohne den Versuch zu machen, sie hinauszuschieben oder ganz zu umgehen«: Entweder war »der sicher erwartete Wechsel nicht eingetroffen« oder »auf unerklärliche Weise seine Kasse abhanden gekommen« oder er war Opfer eines betrügerischen Kassierers geworden. Gegebenenfalls bestritt er ganz einfach »die Berechtigung der Forderung« oder zog wenigstens deren Angemessenheit in Zweifel. Marut war sogar Zeuge, als Sormand von aufgebrachten Gläubigern »tätlich« angegriffen wurde, um ihn »zur Anerkennung und zur Begleichung der Zahlschuld zu bewegen«.

Die »Neue Bühne« hatte Gastspiele in den preußischen Provinzen Pommern, Ost- und Westpreußen, Posen und Schlesien vereinbart und versprach eine »ganzjährige« Spielzeit, in diesem Fall durchgängige Beschäftigung bis zur 3. Septemberwoche 1911. Zusammen mit der Möglichkeit, Regie führen zu können, hätte dies durchaus Grund für Marut gewesen sein können, sich auf das Abenteuer einzulassen. Andererseits war er wohl kaum so naiv anzunehmen, mit einem so kleinen Ensemble (in Ohrdruf waren es 17, in Crimmitschau 21 Darsteller gewesen) fast ein ganzes Jahr lang einigermaßen befriedigende künstlerische Arbeit leisten zu können. Vom 7. Oktober 1910 bis zum 9. April 1911 stand er in vierundvierzig Inszenierungen einhundertsechsundfünfzigmal auf der Bühne; rechnet man die Doppelbesetzungen hinzu, sogar einhundertachtundsechzigmal. Zusätzlich übernahm er in siebenundzwanzig Inszenierungen die Regie. In den sieben Monaten seines Engagements gab es also nur einunddreißig spielfreie Tage. Immerhin kam auf diese Weise Geld in die Kasse des Unternehmers. Dabei war, wenn die Probenzeit mit in Erwägung gezogen wird, mit zehn bis zwanzig Auftritten im Monat die Grenze der Leistungsfähigkeit erreicht. Hier, wo offenbar eine einzige dürftige Probe ausreichen mußte, wurde der Souffleur zum entscheidenden Mann. Für ihren

Mut und ihre Routine verdienen die Darsteller Bewunderung; gleichzeitig sind sie zu bedauern, da ihr Arbeitsverhältnis nicht anders denn als Ausbeutung durch einen skrupellosen Theaterunternehmer zu bezeichnen ist.

Maruts komplettes Rollenverzeichnis ist in der RMS/UCR als Heft überliefert. Vom 7. Oktober 1910 bis zum 13. August 1911 sind darin seine sämtlichen Einsätze als Schauspieler notiert, unter der Direktion Sormand und unter der anschließenden Direktion v. Stümer. Einige Stücke (»Ehre«, »Der Dieb«, »Die Grille«, »Barbaren«, »Lügenmäulchen«, »Das Glück im Winkel«, »Im weißen Röss'l«, »Husarenfieber«, »Glockenguß«, »Hänsel und Gretel«, »Staatsanwalt Alexander«, »Muttersegen«, »Alt-Heidelberg«, »Heimat«, »Johannisfeuer« und »Hasemanns Töchter«) waren ihm zwar noch von Idar, Ohrdruf, Crimmitschau, Zwenkau, Zeitz oder Schleiz her in Erinnerung, in den allermeisten Fällen handelte es sich jedoch um neu zu lernende Texte. Wie auch bei Maruts früheren Verpflichtungen nehmen flache Schwänke und Lustspiele einen großen Teil des Repertoires ein. Rare Ausnahmen bilden Schillers »Wilhelm Tell«, Hebbels »Maria Magdalena« (mit Marut als Karl), Hauptmanns »Biberpelz« (in Maruts Regie, der Wehrhahn und Wolff spielte) und »Versunkene Glocke« (in Maruts Regie, der den Nickelmann spielte), Halbes »Strom« (mit Marut als Heinrich), Lindaus »Der Andere« (mit Marut als Arnoldy), Sudermanns »Heimat« (mit Marut wie schon in Schleiz als Keller), »Glück im Winkel« (mit Marut als Dangel), »Stein unter Steinen« (in Maruts Regie, der den Struwe spielte), und »Die Lichtbänder« (in Maruts Regie, der den Pierre spielte). Daß Maruts Repertoire aus beiden Spielzeiten am Ende 67 Stücke umfassen würde, hätte sich wohl auch der größte Skeptiker niemals träumen lassen, ebensowenig den Vertragsbruch des einen und den Bankrott des anderen Theaterunternehmers. Und doch kam es so.

Die Saison begann in Westpreußen. Vom 7. bis zum 29. Oktober spielte die Truppe in Löbau (heute Lubawa) und im 16 Kilometer entfernten Neumark (heute Nowe Miasto Lubawskie), zwei Kleinstädten von 4–5 000 Einwohnern im

Regierungsbezirk Marienwerder mit Bahnanschluß (Königliche Eisenbahndirektion in Danzig). Zur Aufführung kamen die Schwänke »Der liebe Onkel« von Rudolf Kneisel und »Die Logenbrüder« von Carl Laufs und Curt Kraatz, die Lustspiele »Fräulein Doktor« von Walther und Stein und – als eine der wenigen Novitäten – »Das Leutnants-Mündel« von Leo Walther Stein, die Schauspiele »Mutter und Sohn« von Charlotte Birch-Pfeiffer und »Verlorene Ehre« von Heinrich Bohrmann-Riegen und die Dramen »Der Lumpensammler von Paris« von Félix Pyat (Marut spielte den Polizeikommissar Berville) und »Der Strom« von Max Halbe.

Ende Oktober siedelte die »Neue Bühne« nach Ostpreußen über. Am 29. spielte man noch in Neumark »Das Leutnants-Mündel«, am nächsten Tag ging es mit der Eisenbahn über Allenstein und Insterburg ins rund 235 Kilometer entfernte Goldap, eine Kreisstadt im preußischen Regierungsbezirk Gumbinnen (Bahnhof der Königlichen Eisenbahndirektion in Königsberg), wo man am Abend im »Königlichen Hof« immerhin kein neues Stück spielte, sondern die Aufführung vom Vorabend wiederholte. »Mutter und Sohn« und »Die Logenbrüder« folgten am 1. bzw. 3. November. Von der als Rezensionsorgan in Frage kommenden Lokalzeitung, in diesem Fall das »Goldapper Kreis- und Unterhaltungsblatt«, ist der entsprechende Jahrgang nicht nachzuweisen.

Vom 6. November 1910 bis zum 18. Februar 1911 war der Standort der Truppe das Hotel Albert Strunskus in Pillkallen (heute Dobrowolsk). Maruts Wohnadresse lautete Tilsiter Querstr. 3, bei Ratensberger. Von Pillkallen fuhr man mit dem Zug zu Gastspielen nach Eydtkuhnen, Stallupönen, Heinrichswalde und Lasdehnen; mit anderen Verkehrsmitteln nach Schirwindt, Kussen und Kaukehmen, Schillehnen und Budwethen. Man zählte dabei nicht nur auf die Ortseinwohnerschaft, sondern auch auf »Gutsbesitzer, Geistliche, Lehrer etc. aus umliegenden Ortschaften [...], die den Besuch erhöhten«. Zu den acht bereits einstudierten Stücken (davon vier in Maruts Regie) kamen neunundzwanzig neue, meist seichte Unterhaltungsstücke. Zwölfmal führte Marut Regie, unter anderm bei den ihm bereits bekannten Stücken »Der Dieb«, »Die Grille«, »Die Barbaren« und »Husarenfieber«. Die Theaterwelt dies wissen zu lassen, war Marut offenbar ein Anliegen, und so nutzte er gemeinsam mit den Kolleginnen und Kollegen Elfriede Zielke, Olga Fricke, Alfred Wegener, Gustav Kiblinski, Boris Krajewski und Alexander Baranowski die Möglichkeit, im »Neuen Weg«, der Mitgliederzeitschrift der Genossenschaft Deutscher Bühnen-Angehöriger, für 2 Pfg. die einfache Zeile den auf ihre jeweilige Beteiligung zugeschnittenen Spielplan der »Neuen Bühne« zu veröffentlichen. In diesen Übersichten ist er nahezu der einzige, der mit Vor- und Nachnamen aufgeführt wird; es kam ihm offenbar darauf an, beide Namensbestandteile als Einheit zu sehen. Deutungsversuche müssen sich also an dieses »Ganze« halten; Erklärungen, die sich nur auf den Nachnamen beziehen, scheiden damit aus. Ebenfalls genannt wurde ein jugendlicher Statist (»kl. Ratensberger«, der in Pillkallen und Lasdehnen an fünf Aufführungen mitwirkte; wie sich herausstellte, ein Kind von Maruts Pillkallener Zimmerwirt.

Von Pillkallen ging es am 18. Februar über Stallupönen (Chkalovo), wo das Lustspiel »Der dunkle Punkt« in Maruts Regie gespielt wurde, in die rund 230 Kilometer entfernte Kreisstadt Mohrungen (heute Morag) im Südwesten Ostpreußens. Hier wurde am 19.2. der »Dunkle Punkt« wiederholt, am 21.2. Sudermanns »Heimat«, am 22.2. »Fräulein Doktor«, am 24. und 25. »Logenbrüder« gegeben. Mit »Heimat« gastierte man am 23.2. in Liebemühl (Miłomłyn). Danach übersiedelte die »Neue Bühne« ins rund 120 Kilometer westlich gelegene Preußisch Stargard (Starogard Gdański), wieder in Westpreußen, wo bis zum 2. April Station im »Deutschen Haus« gemacht wurde. Hier spielte man mit zwei Ausnahmen (am 13. März, für die Mitglieder des »Kunstvereins«, Hebbels »Maria Magdalena«, am 24. März Hauptmanns »Biberpelz«; bei letzterem führte Marut auch Regie) die übliche Unterhaltungsware. Abstecher führten per Eisenbahn nach Schöneck

(Skarszewy) und Hoch-Stüblau (Zblewo) sowie nach Konradstein (Kocborowo). In der Ret-Marut-Sammlung der University of California, Riverside Libraries, ist ein Fotoporträt des Photographen und Schriftstellers Kurt Hielscher aus Preußisch-Stargard erhalten, das dieser Marut am 1. April 1911 mit den Worten widmete: »›Von der Gottheit einstens ausgegangen, muß die Kunst zur Gottheit wieder führen‹ – Goethe – Herrn Marut, zum Gedenken an Pr. Stargardter Tage«. Am 2. April bezog das Ensemble für eine Woche Quartier in Preußisch Holland (Pasłęk) im ostpreußischen Oberland, von wo aus man für vier Aufführungen erneut nach Mohrungen zurückkehrte, um in der Kleinstadt Mühlhausen (Młynary) ein weiteres Gastspiel zu geben. Palmsonntag 1911 (9. April) war Saisonschluß.

Ursprünglich sollte die Truppe anschließend in Westpreußen die Sommerspielzeit bestreiten; Saisonbeginn der neuen »geschäftlichen Wanderfahrten« wäre der 24. April 1911 gewesen, eine Woche nach Ostern. Geplant waren Vorstellungen in Preußisch Stargard sowie in Konitz (Chojnice, 72 Kilometer südwestlich) und Marienburg (Malbork, 38 Kilometer westlich). Dazu kam es jedoch nicht, weil Sormand sich weigerte, mit dem Ensemble über Mitte August hinaus zu spielen, während Marut auf einem Saisonschluß um den 21. September 1911 bestand, insbesondere mit Blick auf den späten Beginn der Wintersaison 1910. Weil Sormand außerdem das vereinbarte halbe Benefiz zum Abschluß der Winterspielzeit für Marut zu niedrig bemessen hatte (Sormand widersprach vor Gericht Maruts Behauptung, daß die Reineinnahme eines Benefiz' in einem Theater dieser Größenordnung bei mindestens 100 Mark liege), klagte dieser vor dem Landgericht Insterburg gegen Sormand. Unverdrossen suchte Sormand per »Theater-Courier« vom schönen Bad Kissingen aus zum 17.9.1911 für drei Städte in Westpreußen neues Personal für Posse, Operette und Schauspiel. Die juristische Auseinandersetzung zog sich jahrelang hin; in der ersten Instanz war Gustav Rickelt als Sachverständiger tätig, Vorsitzender des Rechtsschutzbüros der Bühnengenossenschaft und deren

Vizepräsident. Als Materialanhang zu seiner unter dem Datum des 8. November 1917 von München aus vorgelegten »Gegenschrift« reichte Marut bei Gericht mehrere Ausgaben der »von der Genossenschaft Deutscher Bühnenangehöriger herausgegebenen Fachzeitschrift ›Der neue Weg‹« ein, aus der sich »alle« von ihm »angeführten Punkte beweisen« ließen. Nachdem Sormand anscheinend vom Amtsgericht Charlottenburg die Ladung zu einem Offenbarungseid erhalten hatte, bat er Marut mit Brief vom 12. Dezember 1917 eindringlich, alle »Bemühungen zur Eintreibung Ihrer angeblichen Forderung einstweilen fallen zu lassen, da ich als Ostpreuss. Flüchtling anlässl. des Russen-Einfalles mein gesamtes Vermögen eingebüsst habe und also z. Z. als freiwilliger Kriegsteilnehmer noch nicht wieder über mein Eigentum verfügen kann. Vorbehaltlich der Entscheidung durch das Landgericht Insterburg aber werde ich, wie es ja auch in meinem Interesse liegt, die Forderung, welche gerichtlich festgelegt wird oder eventl. werden sollte, ohne Zwang an Sie abführen, für den Fall, dass weitere Unannehmlichkeiten mir erspart werden«. Am 1. Februar 1918 nahm Marut gegenüber seiner Danziger Anwaltskanzlei Stellung zu einem weiteren an ihn gerichteten Schreiben, in dem Sormand Bezahlung zum 1.10.1918 zusicherte. Dessen Angaben über seinen blockierten »Vermögensbestand« und die daraus resultierende »augenblickliche Zahlungsunfähigkeit« zog er mit Blick auf sein früheres Zahlungsverhalten als Theaterdirektor der »Freien Bühne« rundweg in Zweifel.

Sommertheater in Posen

Unverzagt ließ sich Marut im Mai 1911 von dem Theaterunternehmer Bruno Rath für eine Gastspielreise in der Provinz Posen verpflichten. Es handelte sich anscheinend um ein kurzfristiges Not-Engagement, denn regulär fand die Spielzeiteröffnung zu Ostern (16./17.4.) und zu Pfingsten (4./5.6.) statt. Auf welche Weise es zustande kam, konnte nicht festgestellt werden. Vielleicht hatten Marut und Zielke ein Engagementsgesuch für den Sommer aufgegeben, auf das Rath reagierte: »1. Chargenspieler tücht. zielbew. Reg. u. Darst. 1. Liebhaberin u. Salond. hübsch. Ersch. eleg. Gard. ab Pfingst. frei. Off. u. ›St. 3094‹, a.d. ›Theater-Courier‹, Berlin O. 27«.

Konzessions-Inhaber und »Direktor« war Alfred v. Stümer in Zirke, während Rath sich auf dem Theaterzettel als »art. techn. Leiter« bezeichnen ließ. »Eigentliche Geschäftsführerin« war Martha Rath-Rank, die Gattin Raths und Adoptivtochter v. Stümers. Es handelte sich um ein seit 1892 bestehendes Familienunternehmen, an dem neben Alfred v. Stümer, Bruno Rath und Martha Rank anfangs auch Minna v. Stümer beteiligt war. Angeblich war v. Stümer seit Februar durch ein »rheumatisches Leiden« ans Bett gefesselt und hatte seiner Adoptivtochter mit Wirkung von Ostern »ohne Entgeld [!] auf unbestimmte Zeit die Erlaubnis erteilt«, auf seine Konzession zu spielen. Er glaubte sich dadurch aller eigenen Verpflichtungen entledigt zu haben; tatsächlich aber handelte es sich um einen Fall von unberechtigter Konzessionsverleihung. Versprochen wurde eine »goldsichere und pünktliche« Gage.

Rath, der auch als Regisseur, Schauspieler und Bühnenbildner fungierte, erinnert in seiner Ämterhäufung an jenen »Theaterdirektor Raßmann« aus Maruts gleichnamiger Kurzgeschichte, der zugleich als Spielleiter, Darsteller, Kassierer, Bühnenbildner, Requisiteur, Theaterzettelschreiber und -austräger tätig ist. Zugleich wurden aber auch, wie dem im »Neuen Weg« veröffentlichten Warnbrief der Genossenschaftsmitglieder zu entnehmen ist, Arbeiten und Kosten auf das Ensemble abgewälzt: »Der Herr mutet den bei ihm engagierten Damen und Herren Arbeiten zu, die ein anständiger Direktor sonst nur Hausdiener verrichten läßt. Ferner ist es bei ihm üblich, daß bei Übersiedelungen die Mitglieder den Transport ihrer Garderobe vom Theaterlokal zur Wohnung und zurück selbst bezahlen müssen. Da er häufig übersiedelt, z.B. in 2 Monaten viermal, so erwachsen den Mitgliedern dadurch ganz erhebliche Unkosten. So hatte ein Mitglied trotz einer kleinen Sommergage in 2 Monaten 12 M für diesen Sachentransport zu zahlen. Auch der Umgangston, dessen sowohl er wie seine Frau sich bedienen, läßt den Rückschluß zu, daß ihre künstlerische und gesellschaftliche Vergangenheit sich anscheinend sehr wenig oder überhaupt nicht im Kreise erzogener und gebildeter Menschen abgespielt haben kann.«

Der neue Vertrag sah für Marut keine Regieverpflichtung mehr vor. Das Ensemble bestand aus lediglich sieben Mitgliedern, von denen drei der Genossenschaft angehörten; neben Marut sind die Namen Emil Tiedemann und Willy Wendt bekannt geworden. Das Repertoire bestand aus fünfundzwanzig Stücken, von denen Marut nur zwei aus dem vorigen Engagement kannte. Die Gagen betrugen zwischen 50 und 65 Mark; gezahlt wurde anscheinend vierzehntägig. Rath setzte noch mehr als Sormand auf Unterhaltung. Den Kern der fünfzig Sommer-Aufführungen bildeten (neben Kinderstücken) Schwänke und Lustspiele wie »Zwei Wappen« von Oscar Blumenthal und Gustav Kadelburg, »Sie weiß Etwas!« und »Die Tochter des Belial's« von Rudolf Kneisel, »Der Herr Senator« und »Die berühmte Frau« von Franz von Schönthan und Gustav Kadelburg, »Im Forsthause« von Richard Skowronnek, die zusammen zweiundzwanzigmal aufgeführt wurden; Sudermanns »Johannisfeuer« brachte es dagegen auf eine einzige Vorstellung. Ret Maruts Schnurre »Aus der Entwicklungsgeschichte eines Talents« ist vielleicht eine Reminiszenz an die Proben zur Inszenierung der »Berühmten Frau« in Zirke am 20. Juni 1911. Darin versucht der mit österreichischem Akzent (»Thö-ater-spülln«) ausgerüstete Regisseur eines Sommertheaters namens Bayer der jungen, »wirklich« hübschen, auch »etwas« talentierten Darstellerin der Walli namens Mimi, in einer Szene des 2. Akts einen »lauten, komisch-gellenden Aufschrei« zu entlocken, was erst durch den verdeckten Einsatz einer Hutnadel gelingt, mit der ein Schauspieler namens Mack, der mit dem Regisseur »schon im Winter zusammen engagiert gewesen« war, Mimis Hinterteil stimuliert. Vom 19. bis 30. Mai spielte die Truppe viermal im Hotel Gegenmantel in Wronke

(Wronki) sowie von dort aus je einmal in Zirke (Sieraków) und Obersitzko (Obrzycko). Dann wurde das Quartier ins Hotel Kronprinz in Zirke verlegt, wo man zwischen dem 4. Juni und 13. Juli siebzehnmal auftrat; hinzu kamen Gastspiele in Katschlin (Kaczlin), Grabitz (Grobia), Neu-Zattum (Zatom Nowy) und – viermal – in Pinne (Pniewy). Am 14. Juli übersiedelte die Direktion (allerdings ohne v. Stümer) von Zirke nach Pinne, wo man sich im Hotel Prinz Albrecht einrichtete, dort bis zum 13. August vierzehnmal spielte und einmal in Duschnik (Duszniki) und fünfmal in Neustadt b. Pinne (Lwówek Wielkopolski) gastierte. Die vorgenannten Spielorte liegen 50–70 Kilometer östlich/nordöstlich von Posen (Poznań); bis auf Neu-Zattum, Duschnik, Katschlin und Grabitz sind sie sämtlich mit der Eisenbahn (Eisenbahndirektionen Bromberg bzw. Posen) zu erreichen.

Claire Waldoffs Erfahrungen, die 1906 in Oberschlesien mit einer reisenden Schauspielgesellschaft »auf Teilung« spielte, dürften denen von Marut & Co. in Posen recht nahe kommen: »Die kleinsten Nester klapperten wir ab. Wir waren sehr arm. Jeder hatte einen Teil der unbedingt notwendigen Requisiten zu tragen. Wir hatten nur drei Stücke auf dem Repertoire. [...] Wir besaßen nur eine einzige Dekoration, es war eine Gartendekoration. Alle Stücke spielten jedenfalls im Garten. [...] Wir verschwanden gleich stets nach der Vorstellung, weil wir ja die Saalmiete nicht bezahlen konnten [...]. Vor der Vorstellung traten wir alle im Hauptkostüm auf die Straße in der Hoffnung, es könnte doch noch einer reingehen ins Theater, zu uns armen Komödianten. [...] Unsere Vorstellungen waren schlecht besucht. Daher gabs oft gar kein Geld. Manchmal gabs für jeden 50 Pfennige am Tag«. Noch näher an den Fahrten und Schicksalen dieser Schmiere, selbst in der Karikatur, dürfte die Wanderbühne des Theaterdirektors Raßmann aus Maruts gleichnamiger Kurzgeschichte sein: Raßmann tingelt durch Kleinstädte, wird jedes Jahr dreimal bereits »bei einer Unterbilanz von 110 bis 150 Mark kreditunfähig«, hilft den zahlungsunfähigen Darstellern bei ihrer nächtlichen Flucht aus dem Mietquartier, setzt Stücke häufig erst am Morgen des Aufführungstages auf den Spielplan, inszeniert mit einer ein- bis eineinhalbstündigen Arrangier- und einer zweistündigen Generalprobe, baut im Anschluß daran das Bühnenbild (wofür er sich nötigenfalls in der Stadt Requisiten zusammenborgt), fegt vor der Vorstellung den Saal, kassiert den Eintritt, eröffnet die Vorstellung, spielt selbst in ein bis vier Rollen, macht die Umbauten zwischen den Akten, hilft den Darstellern bei Maske und Garderobe und übernimmt »in der Hauptsache« auch das Soufflieren. Am Schluß rechnet er »die Kasse ab und zahlt den Mitgliedern je nach der Höhe der Abendeinnahmen fünfzig Pfennige bis fünf Mark auf die rückständige Gage aus« – zwischen 20 Pfennig und 2,50 Mark waren es am Ende bei der Direktion v. Stümer.

Soweit die bedauerliche Kehrseite. Marut verschweigt in seiner Geschichte allerdings auch nicht die Schokoladenseite, das auf Kunstbegeisterung und Selbsttäuschung beruhende Glück: »Das echteste Bohémienleben, in dem es weder Verträge, noch Kündigungsfristen, noch Strafabzüge, noch regelmäßige Gagenzahlungen, dafür aber viel Temperament, heiße Liebe zur Kunst und eine unerschütterliche Sehnsucht, einen unzerstörbaren Willen gibt, hoch zu kommen und berühmt zu werden«.

Das Sommergastspiel in der Provinz Posen sollte bis zum 23. August 1911 dauern, nahm jedoch zehn Tage vorher ein Ende. Zu wenige Vorstellungen konnten angesetzt werden: im Juni nur achtzehn, im Juli nur siebzehn. Bereits im Juni war das Geld knapp geworden, die Bezahlung der Gagen mit Verspätung erfolgt. »Bis 1. Juni stand auf den Theaterzetteln stets: ›Direktion Alfred von Stümer, Inhaber höherer Kunstpatente‹«. Danach »verschwand der Name Alfred von Stümer und es hieß jetzt nur noch: ›Künstlerische Leitung Bruno Rath‹. ›Berliner Gastspiel-Ensemble, Diplom für höheres Kunstinteresse‹.« Im Juli wurden die Ausstände »immer größer und die Abzahlungen so gering, daß sie kaum zur Befriedigung der notwendigsten Lebensbedürfnisse ausreichten«. Der Wechsel nach Pinne erfolgte bereits unter Stundung der bis dahin fälligen Honorare. »Am

16. Juli erhielten die Mitglieder pro Kopf 5 M.– Abschlag«, bis zum Ende des Monats folgten weitere 16,50 Mark, was zusammen weniger als die Hälfte der zustehenden Gage ausmachte. »Am 1. August war die Gage 16.7.–31.7. fällig, obgleich bis zu diesem Tage noch nicht die Hälfte der am 16.7. fällig gewesenen Gage bezahlt war. Es folgten dann im August Zahlungen pro Mitglied am 2.8.–1.50 M; 3.8.–2.50 M; 6.8.–20 Pf (zwanzig Pfennige), Annahme wurde verweigert, 7.8.–0.75 Pf.« Auf schriftliche und mündliche Interventionen bei Martha Rath-Rank entgegnete diese: »›Ich kann nichts zahlen, besitze keinen Pfennig Vermögen, habe nichts zu versetzen. Was ich einnehme, verteile ich, mehr kann ich nicht. Ich werde versuchen, im Winter die Gagen abzuzahlen, vorausgesetzt, daß ich sie bis dahin einnehme.‹ Auf unsere Entgegnung, wir würden uns nunmehr auf Herrn ›von Stümer‹, ihren angeblichen Vater, der Vermögen besitzt und als Konzessions-Inhaber verpflichtet ist, halten, erklärte Frau Rath-Rank: ›Das ist zwecklos; mein Vater gibt keinen Pfennig her. Er ist zu keinerlei Zahlungen verpflichtet. Er hat mir, seiner Tochter, die Konzession übergeben und sie haben sich nur an mich zu halten.‹ Als wir nun behaupteten, eine solche Konzessionsübertragung sei ungültig und die Konzession würde nur erteilt, wenn die zur Führung eines Theatergeschäftes nötigen Mittel vorhanden seien, antwortete Frau Rath-Rank: ›Das sei hier nicht nötig; der Polizei-Kommissar von Zirke hätte diese Konzessionsübertragung rechtskräftig ausgeführt.‹ […] Nach unserem Dafürhalten ist die Konzessionsübertragung des Herrn Alfred von Stümer an die völlig mittellose Frau Martha Rath-Rank eine Schiebung, um den vermögenden Herrn von Stümer von seinen Verpflichtungen zu befreien.« Laut »Neuem Weg« hatte Frau Rath-Rank auf den Vorhalt, für die Konzession habe sie doch eine Kaution stellen müssen, erklärt, »daß das nicht nötig sei, sie brauche kein Geld, sie hätte 200 M besessen und das sei alle«.

Inzwischen waren die Schulden gegenüber dem Ensemble auf fast 400 Mark angewachsen. Ursprünglich hatte das Ensemble beschlossen, seine Tätigkeit mit dem 6. August einzustellen. Marut und die anderen Genossenschaftsmitglieder entschieden jedoch, mit Brief vom 9. August zunächst vom Rechtsschutzbüro der Genossenschaft Deutscher Bühnen-Angehöriger die Auskunft einzuholen, ob sie den vertraglich vereinbarten Saisonschluß am 23. August einhalten sollten oder aufgrund der großen Ausstände vorzeitig zum 13. August beenden könnten, »denn mit jedem weiteren Tage werden die Gagenreste höher und die Möglichkeit, sie zu erhalten, geringer.« Zugleich baten sie darum, ihre »Rechte gegenüber der Direktion Alfred von Stümer – Bruno Rath – Martha Rath-Rank wahrzunehmen, damit wir zu unserm verdiente[n] Gelde kommen«, und den Genossenschaftern als Überbrückungshilfe »die bescheidensten Mittel zu gewähren, um ehrenvoll die Stadt verlassen zu können«. Auf drastische Weise schilderten die Briefschreiber den Ernst der Lage: »Die Not war nun unter den Mitgliedern so groß geworden, daß Mitglieder tageweise nicht ein Stück trockenes Brot zu essen hatten. Nachweislich haben Mitglieder 3–8 kg Körpergewicht verloren. [...] Die Not unter den Mitgliedern ist so groß, daß wir buchstäblich hungern, an manchen Tagen nicht das trockene Brot haben, völlig außerstande sind, unsern Verpflichtungen den Hauswirten, Spediteuren und Geschäftsleuten gegenüber nachzukommen und ins Winter-Engagement reisen zu können.«

Zugleich wurde das Büro gebeten, einen »kurzen Auszug des Briefes – falls Sie es für unseren Stand nicht herabwürdigend halten – im ›Neuen Weg‹ ohne Nennung der Mitgliedernamen zu veröffentlichen«, ferner »bei der Regierung gegen die Beteiligten Konzessionsentziehung zu beantragen« und »in Anbetracht dessen, daß die vereinigte Direktion in ihrer Gesamtheit oder einzeln im September die Winter-Saison eröffnet [...] eine Warnung zu erlassen, um Kollegen und Kolleginnen zu veranlassen, diese Direktion und dessen [!] Abzweigungen zu meiden. Die Warnung müßte sich richten, um allen dreien das Handwerk zu legen, gegen Theater-Direktor Alfred von Stümer, Zirke a. Warthe[,]

Theaterleiter Bruno Rath, Pinne i. Posen, angebliche Theater-Direktion Frau Martha Rath-Rank, Pinne (Posen.)«

Das bedauernswerte Ensemble war augenscheinlich einem oder sogar mehreren »Kunstpiraten« in die Hände gefallen, der »gefährlichsten Sorte unter den Direktoren«, vor denen der Schauspieler und Regisseur Gustav Rickelt, Vorstandsmitglied der Genossenschaft Deutscher Bühnen-Angehöriger und Autor des 1910 erschienenen Buches »Schauspieler und Direktoren. Sozial-wirtschaftliches aus deutschen Theatern«, just zu dieser Zeit gewarnt hatte: »Individuen, die selbst von der nachsichtigsten Behörde nicht mehr konzessioniert werden, die es aber verstehen, irgendeinen Strohmann in Gestalt eines ihrer Bierwirte oder ähnliches als Konzessionär zu gewinnen und nun ihr unsauberes, ausbeuterisches Treiben an Hunderten von Schauspielern ausüben dürfen und als Ensemble- und ›Tournee‹-Schwindler die Schauspieler und die dramatische Kunst in deutschen Gauen brandschatzen. Die Schauspieler haben es der Genossenschaft zu danken, daß endlich im Rechtschutzbureau eine Institution geschaffen worden ist, die diese fragwürdigen Existenzen in ihrem lichtscheuen Treiben kontrolliert, zur Verantwortung zieht und unschädlich macht«.

Tatsächlich veröffentlichte der »Neue Weg« in der Ausgabe vom 19. August einen von sieben Ensemblemitgliedern unterzeichneten Brief, der die Verhältnisse unter der Direktion Rath/von Stümer schilderte. Außerdem leistete das Rechtsschutzbüro der Genossenschaft Deutscher Bühnen-Angehöriger »durch Rat und durch Barmittel« Unterstützung, sodaß die Genossenschaftsmitglieder Pinne wenigstens schuldenfrei verlassen konnten. Die erbetene Warnung gegen die Direktionen Rath und von Stümer erfolgte in Nr. 34 vom 26.8.1911 und findet sich danach in allen weiteren Heften des Jahrgangs. Auch vom Reichsverband Deutscher Bühnenmitglieder, der Konkurrenz der Bühnengenossenschaft, wurde gegen Bruno Rath ab dem 14.9.1911 eine Warnung erlassen: »Bruno Rath, zuletzt Pinne in Posen, derselbe ist vollständig mittellos und spielt auf fremde Papiere«. Um seinen Ruf zu retten, sah sich der »seit länger denn 20 Jahren« als Theaterunternehmer tätige Alfred von Stümer zu einer öffentlichen »Erklärung« im »Theater-Courier« veranlaßt. Er mußte dennoch hinnehmen, daß der Präsident des Reichsverbands deutscher Bühnenangehöriger auch gegen ihn eine Warnung erließ: »Vorsicht! Gegen den Theaterunternehmer Alfred von Stümer ist wegen Konzessionsverleihung bei der königlichen Regierung in Posen Antrag auf Konzessionsentziehung gestellt worden«. Die Debatte, in der sich auch die ehemaligen Ensemblemitglieder Willy Wendt und Emil Tiedemann zu Wort meldeten, erstreckte sich über fünf Hefte und wurde schließlich vom Herausgeber des »Theater-Courier« am 5. Oktober 1911 für geschlossen erklärt.

Mit dem Ende des Gastspiels in Pinne endete vorerst auch Maruts Mitgliedschaft in der Genossenschaft Deutscher Bühnen-Angehöriger. Wo er die folgenden vier Wochen verbrachte, ob in Berlin bei den Zielkes oder bereits am Ort seines nächsten Engagements, ist unbekannt. Das letzte Dokument der Sommersaison 1911 ist, wie auch in früheren Jahren häufig, eine Zeitschrift, so als hätte sich Marut zum Beginn der neuen Spielzeit, vielleicht als Lektüre für die lange Zugfahrt zu seiner neuen Wirkungsstätte, eine Zeitschrift gegönnt. Diesmal ist es die Nr. 38 von »Über Land und Meer« (53. Jg. 1911), erschienen ca. Mitte September 1911. Sie enthält u. a. Reiseberichte aus Indien, darunter den bebilderten Beitrag: »Der Kronprinz in Indien« von Georg Wegener, und eine Erzählung von Georg Hirschfeld: »Der Kampf der weißen und der roten Rose«, die allerdings mit B. Travens Roman »Die Weisse Rose« außer der Titelähnlichkeit nicht das geringste gemeinsam hat. Anstreichungen oder andere Benutzungsspuren sind nicht nachzuweisen.

Familienvater in Danzig

Maruts neue Spielstätte war, erstmals in seiner Karriere, ein solides Theater in einer mittleren Großstadt: das im

Eigentum des königlichen Fiskus, d.h. des preußischen Staats befindliche Stadttheater in Danzig. »Kaffeemühle« wurde das klassizistische Gebäude am Kohlenmarkt seiner kubischen Gestalt mit dem kugelschaligen Aufbau wegen genannt; ein damals über hundert Jahre alter, »altersgrauer Kunsttempel« mit »gräulichen Raumverhältnissen, die Wirkungen nach der Tiefe hin leider nicht zulassen«, der aber bis zu 1 300 Zuschauern Platz bot.

Danzig, Hauptstadt des gleichnamigen Regierungs-Bezirks in der Provinz Westpreußen, gehörte mit 170 000 Einwohnern (nach der Volkszählung von 1910) zu den kleineren Großstädten des Deutschen Reichs. Ob Marut auf eigene Faust in die 300 Kilometer entfernte Handelsmetropole an der Ostsee gereist ist und sich vorgestellt hat oder einem Engagementsangebot folgte, konnte nicht geklärt werden. In einem Brief an Louise Dumont verriet er, daß er engagiert wurde, nachdem er »in einer Generalprobe des ›Weißen Röss'l‹ den Siedler gespielt hatte«.

Elfriede Zielke bekam kein gemeinsames Engagement mit Marut und hätte auch keines annehmen können, denn sie erwartete inzwischen ein Kind von ihm. Daher blieb sie vorläufig in Berlin bei ihrer Mutter. Gemeinsam traten jedoch beide der Genossenschaft Deutscher Bühnen-Angehöriger bei, diesmal zugleich der Pensionsanstalt – die neuen Mitgliedsnummern lauteten 16634 (Zielke) und 16635 –, was bedeutete, daß sie nicht nur pensionsberechtigt waren, sondern auch nach zehnjähriger Karenzzeit Alters- oder Invalidenrente beanspruchen konnten. Da das Beitrittshöchstalter für Männer bei 25, für Frauen bei 20 Jahren lag, war der Beitritt mit Nachzahlungen zwischen 90 und 600 Mark (für Zielke) bzw. 72–480 Mark (für Marut) verbunden; diese Fehlbeträge konnten in Raten abbezahlt werden. Marut ließ sich in Danzig zugleich zum Obmann und Kassierer des »Künstlerheims« wählen, der Kranken-, Sterbe-, Unterstützungs- und Darlehenskasse der Vereinigung deutscher Bühnenangehöriger, die unter dem Protektorat des Königs von Württemberg stand.

Maruts »polizeiliche Registratur« soll laut Recknagel

auf den Namen »Robert Marut« gelautet haben. Quelle ist vermutlich das »Neue Adressbuch für Danzig und die städtischen Vororte Langfuhr, Neufahrwasser, Schidlitz, Zigankenberg, Stadtgebiet, St. Albrecht und Troyl«, Danzig 1912, das im 1. Teil (Einwohner) »Marut, Robert, Schauspieler, 3. Damm 2« verzeichnet (S. 318) und ihn erneut im 3. Teil als »Marut, Schauspieler« mit den andern Hausbewohnern unter dieser Adresse aufführt (S. 52). Es dürfte sich lediglich um ein Schreibversehen handeln. Im »Deutschen Theater-Adreßbuch«, hg. vom Deutschen Bühnenverein, 1. Jg. 1912, ist er als »Rit Marut« aufgeführt (S. 325), im Register als »Marut, Kat« (S. 892). Er wohnte in der Altstadt, auf dem III. Damm (heute: Grobla III) zwischen Johannis- und Häkergasse, im ersten Stock des Hauses Nr. 2. Im selben Haus wohnte der Gymnasialprofessor Georg Schoemann mit seinen Töchtern Hedwig und Margot, zwei Lehrerinnen. Die in vier Abschnitte geteilte Straße war ursprünglich als Dammweg von der Ordensburg durch das sumpfige Überflutungsgelände der Mottlau angelegt worden. Es war eine bessere Wohngegend, mit neueren Mehrfamilienhäusern und Geschäften. In südlicher Richtung waren es weniger als 300 Meter bis zur Oberpfarrkirche St. Marien, der größten Backsteinkirche der Welt. Ret Maruts Fragment einer Erzählung über »Joachim Holtesieck« (wohl 1915/16) beginnt mit einer Würdigung des wuchtigen Glockenturms, der das Mittelschiff um mehr als das Doppelte überragt:

> »Der viereckige, dicke, sattgefressene Turm stand so unentwegt kraftstrotzend und wuchtig auf seinem Platze, dass man es ihm gern geglaubt hätte, er gehöre zu einem Bollwerk, das kriegerischen Zwecken diene. Und um seinen abgestumpften Kopf keuchte der blutrote Aerger, weil er zu einer Kirche gedingt war. Aber sie vertrugen sich beide nicht gut, der rauflustige Turm und die friedliche Marienkirche. Darum lagen sie ewig im Streit miteinander, der völlig aussichtslos war, weil sie beide voneinander nicht ausrücken konnten,

wie sie es sonst gern getan hätten. Die Menschen freilich, die im Schatten der beiden in ihren Gassen und Gässchen lebten, sahen das nicht. [...] Die Gassen, die im Machtbereich des Turmes sich ängstlich verkrochen, damit man sie nicht so leicht finden sollte, lagen immer im Finstern«.

Davon abgesehen hat Danzig im Werk Ret Maruts keine größeren Spuren hinterlassen. Ein langes Gedicht, in dem Marut, nach dem Vorbild von Heines »Nordsee«-Gedichtzyklen, Zwiesprache mit dem Meer hält, entstand vielleicht nach einem Ausflug in das elf Kilometer entfernte Zoppot (das in der Kurzgeschichte »Der Herr Kommerzienrat« erwähnt wird):

»Ich stand am Strand der Ostsee
Und meine Augen schweiften
Ueber das weite Meer.
Es sangen, leise rauschend,
Die lockenden Wellen
Ein unbekanntes, doch trautes Lied.
Sie sangen ein Lied,
Das jeder versteht
Von Ewigkeit her.
Verheißende Kunde brachte der Sang
Von jenen weiten Fernen
Wo in versöhnender Liebe der Himmel
zur Erde zum Kusse sich neigt:
Warum stehst Du am Strande?
Törichtes Menschenkind?
Trägst doch ein Sehnen im Herzen
Das leuchtend und trauernd Dein
Auge verrät.
Ein Sehnen nach Glück und Frieden.
Vergeblich harrst Du am Strande! [...]«

In Danzig ist eine unbekannte Zahl von Artikeln und humoristischer Kurzprosa entstanden; ein anschauliches

Beispiel dafür ist das handschriftliche Manuskript »Der Schauspieler und der König«, das Maruts Danziger Adresse trägt (»Danzig III. Damm 2«) und vermutlich nach Ablehnung an ihn zurückgesandt wurde. Der Text, für den Marut möglicherweise von einer Anekdote (Unterhaltung mit Napoleon in Erfurt) angeregt wurde, die der Schauspieler François-Joseph Talma in seinen Memoiren erzählt und die Marut im »Theater-Courier« des Jahrgangs 1910 finden konnte, erschien zuerst 1912 in »Die Zeit am Montag«, einem zwischen 1903 und 1920 nachgewiesenen, damals von dem Anarchisten Karl Schneidt herausgegebenen Wochenblatt mit einerseits libertären Tendenzen, anderseits einem gewaltigen Anzeigenvolumen, darunter Geschäftsberichte von Großbanken, Offerten öffentlicher Anleihen und eine Vielzahl Inserate gewisser heilender ›Mittelchen‹.

Hochschwanger kam Elfriede Zielke »Anfang Januar« nach Danzig. Dort wohnte sie Holzgasse 11 (heute: ul. Kładki) bei der Hebamme Hedwig Roeder zur Untermiete, die sie auch entband. Die Holzgasse lag in der Danziger Vorstadt und wurde eingerahmt vom Vorstädtischen Graben und der St.-Trinitatis-Kirchengasse. Am 20. März 1912 brachte Elfriede Zielke die Tochter Irene zur Welt. In einem Brief an Recknagel vom 2.4.1962 berichtete Irene: »Ich habe eine Geburtsurkunde Original aus Danzig, worauf nur die Mutter vermerkt ist. Hatte aber mal aus Danzig, ich hatte den Brief selbst in den Händen, eine Nachricht, auf der stand: ›Als Vater wurde der Schauspieler Ret Marut angegeben‹. Weiter nichts«. Sie sprachen auch über eine Heirat. Aber Marut meinte, dazu müsse Zielke »ihn nach England begleiten, denn dort seien die Papiere, um eine Eheschließung zu ermöglichen«.

Über die Verbindung Marut/Zielke, über den Alltag ihrer wilden Ehe, ist wenig bekannt. Fast 50 Jahre waren seit ihrem letzten Zusammensein vergangen, aber problemlos konnte sich die 77-Jährige im Gespräch mit Gerd Heidemann selbst kleine Details vergegenwärtigen. »Gute Zähne« habe ihr Liebhaber gehabt, aber »keine schönen

Hände«, die Finger seien kurz und breit gewesen, die Haarfarbe ein »helles Braun«, die Augen blau, aber sehr hell, nicht sehr schön, ja geradezu »häßlich«. Er sei auch »kein sehr guter Schauspieler« gewesen, »dafür aber ein besserer Spielleiter und Regisseur«. »Er hatte auch ein wundervolles Organ beim Sprechen, wie eine Glocke. Er konnte auch gut singen.« »Sehr sportlich« soll er gewesen sein: »Er spielte Tennis, konnte Schlittschuhlaufen und schwamm sehr gern«. Über Geld habe es keine Auseinandersetzungen gegeben, in dieser Hinsicht sei er »ganz ordentlich, ganz prima, beinahe knickerig« gewesen. »Aber eitel war er auch.« Zigaretten habe er geraucht, aber keinen Alkohol getrunken. Bis auf den Buddhismus habe er alle Religionen abgelehnt: »Entweder war er Buddhist oder er stand dem Buddhismus sehr nahe. Das Christentum lehnte er vollkommen ab«. Im übrigen sei er »ein schwieriger Charakter« gewesen. Umgekehrt wurde Zielke von einer jüngeren Freundin als »sehr herrschsüchtig« beschrieben, was diese auf Elfriedes Rolle als Ernährerin der männerlosen Familie zurückführte. Irene Zielke meinte dazu in einem Brief an Recknagel vom 27./28.3.1961: »Meine Mutter will einen Menschen, der bei ihr ist, mit Haut und Haaren fressen – das vertrug mein Vater nicht.«

Elfriede Zielkes Erinnerung an Veröffentlichungen Maruts, die sie (neben Büchern) von ihm geschenkt erhielt, bezieht sich auf die gemeinsame Danziger und Maruts Düsseldorfer Zeit, ohne daß damit frühere Publikationen ausgeschlossen wären: »Ich habe von Düsseldorf dauernd kleine Novellen von ihm bekommen in Zeitungen. Und damals in Danzig auch. […] Und dann hatte er bei Reclam mal ein kleines Buch. Sowie er was veröffentlicht hatte, habe ich es umgehend bekommen.«

Als frühester Text des Autors Ret Marut galt bisher »Wache rrraus« aus der »Bremer Bürger-Zeitung«, die den linken Flügel der Sozialdemokratie repräsentierte. Die Schnurre erschien am 28. Mai 1912 in der Unterhaltungsbeilage, dürfte also während seines Danzigaufenthalts entstanden sein. Michael Matzigkeit fand 2009 in der Mittwochs-Unterhaltungsbeilage der »Danziger Zeitung«, »Heimat und Welt«, eine frühere Veröffentlichung, den bisher unbekannten Essay »Das arme Kino«. Seit der Erfindung des Kinematographen waren keine 20 Jahre vergangen. Zuerst in Varietés, auf Volks- und Schützenfesten im Einsatz, war er inzwischen auch als Bildungsmittel anerkannt. Längst verkroch sich das Kino nicht mehr in notdürftig zusammengezimmerten Läden, sondern strebte nach dem Theatermäßigen. Die Zeit des glanzvoll großen Kinotheaters brach an. Nicht nur den Theatern, auch den Gastwirten erwuchs eine gefährliche Konkurrenz. Erst übernahmen Kinematographenbesitzer leerstehende Säle, dann entstanden eigene Kinostätten, ja -paläste. Allein in Berlin gab es 1912 etwa 500 Kinos. Maruts Aufsatz ist ein Plädoyer gegen die Konkurrenzangst vor der Kunst der bewegten Bilder, aber auch eine Liebeserklärung an das Theater, wie es prinzipiell sein könnte, in Maruts Augen sein sollte und für ihn als Schauspieler doch nie war.

Schauspieler und Tänzer am Stadttheater

Die Danziger Bühne galt als »provinziell«, weil es in Danzig nicht jene breite »zahlungsfähige Schicht« gab, für die in Wien, Berlin, Hamburg, Leipzig oder München Theater gespielt wurde, und war aus diesem Grund chronisch unterfinanziert (was sich am eklatantesten in der Ausstattung niederschlug, die sich häufig »in provinziellen Niederungen [hielt]«). Curt Grützner, Intendant seit 1907, hatte daher mit seinem Amtsantritt die Eintrittspreise erheblich angehoben, die Abonnements verteuert, eine Garderobengebühr eingeführt und die Spielzeit auf 8 Monate verlängert. Für Engagementsuchende, denen an einer möglichst langen durchgehenden Beschäftigung lag, machte das die Provinzbühne ein wenig attraktiver. Gleichzeitig brachte ein überbordender Spielplan das Ensemble an die Grenzen der Leistungsfähigkeit. Als Grützner (geschätztes Jahreseinkommen: 30–40000 Mark) dann auch noch die von der Stadt erhobene Lustbarkeitssteuer nachträglich auf die Abonnementpreise schlagen wollte, strich ihm der Magistrat sämtliche Subventionen. Infolgedessen verpflichtete Grützner nur noch Kräfte, die geringe Gehaltsansprüche stellten, was letztlich auch den Ausschlag für Maruts Engagement gegeben haben dürfte.

1911 begann die Saison am 10. September und endete am 15. Mai. Gespielt wurde an 240 von 242 möglichen Tagen in 292 Vorstellungen, darunter 113 Schauspiel-, 93 Opern-, 62 Operetten-, 24 Märchenaufführungen. Auch in Danzig wurde, in Maruts eigenen Worten, »das Schauspiel von der Oper, Operette und Posse fast völlig erdrückt«, dominierten Lustspiele und Schwänke; die »klassischen« Werke brachten es nur auf 19 Aufführungen. Neun Gastkünstler in Oper und Schauspiel sollten Zuschauer, die sich bereits von der »Kaffeemühle« abgewandt hatten, wieder in den Musentempel zurückführen; allerdings wurde im Zusammenspiel mit dem Ensemble der Niveauunterschied erst recht deutlich.

Die Danziger Presse erwähnte Marut zwischen dem 14.9.1911 und dem 5.5.1912 lediglich zehnmal namentlich, davon viermal positiv, dreimal ausgesprochen negativ. Eine besondere Sympathie oder Antipathie ist dabei nicht zu erkennen; die Urteile der mindestens sechs verschiedenen Berichterstatter gehen durch alle Lager. Die »Danziger Zeitung« war ein liberales Blatt, sie hatte das umfangreichste Werbeaufkommen und berichtete am kontinuierlichsten über das Theater. Marut wurde hier viermal erwähnt, davon zweimal positiv. Ebenso verhält es sich im Fall der deutschnationalen »Danziger Allgemeinen Zeitung«. Die »Danziger Neuesten Nachrichten« waren ein Zentrumsblatt und mit Rezensionen zurückhaltend; Marut wurde nur einmal (negativ) erwähnt. Drei Dutzend Mitglieder des Ensembles, darunter Marut (wiederum durchweg mit Vor- und Nachname), sorgten durch das Inserieren der Danziger Spielverzeichnisse im »Neuen Weg« dafür, daß ihr Tun am Theater dokumentiert wurde. Marut hat allerdings, wie seine Kolleginnen und Kollegen auch, nur eine Auswahl seiner Rollen veröffentlichen lassen. Am ausführlichsten sind seine Angaben verständlicherweise zu seinem Auftritt als Solotänzer im Tanzspiel »Berggeister«.

Bereits am 11. September 1911 kam Marut zu seinem ersten Einsatz. In Wilhelm Schmidtbonns Schauspiel »Der Graf von Gleichen« spielte er den Kaplan, im Naturalismus-Drama »Kettenglieder« von Hermann Heijermans jr. am 13.9., bei schwachem Publikumsbesuch, den Arbeiter Jakob Dulk. »A.H.« bescheinigte ihm in der »Danziger Allgemeinen Zeitung«, sich »redliche Mühe« gegeben zu haben. Am 17.9. spielte er in Karl Schönherrs Tragödie »Glaube und Heimat« einen Soldaten. Die Erinnerung an den Inhalt des Stücks rührte ihn noch 56 Jahre später, im Gespräch mit seiner Frau und dem österreichischen Journalisten Hans Erich Lampl am 28.11.1967, zu Tränen: »Stell dir vor, Chelena, Religionsfanatismus. Es war in Salzburg – nach der Reformation. Die Bevölkerung wählte Luthers Weg. Dann kam der Kaiser und der Papst. Entweder zurück zur Mutterkirche oder das Heimatland verlassen. Alles mußt du aufgeben. Exil. Heimatlosigkeit. [...] Er kämpfte mit den Tränen und konnte sie nicht beherrschen«.

Am 24.9. hatte der Schwank »Meyers« von Fritz Friedmann-Frederich, eine der Novitäten der Saison, Premiere; Marut spielte den Sohn Fritz. Obgleich er als Yoshi Yotomo in Melchior Lengyels Drama »Taifun«, das in der Regie von Karl Krause am 14.10., bei gut gefülltem Haus, Premiere hatte, eine größere Rolle spielte, fand er in der anonymen Besprechung der liberalen »Danziger Zeitung« keine Beachtung. Am 18.10. stand Henrik Ibsens Schauspiel »Nordische Heerfahrt« (Regie: Heinrich Römer) auf dem Programm. Für das »stellenweise etwas schleppende Tempo« machte der Kritiker der »Danziger Neuesten Nachrichten«, die nur selten über das Theater berichteten, »Gedächtnisfehler« der Darsteller »verantwortlich«; Marut spielte Thorolf, den jüngsten Sohn des isländischen Skalden Örnulf, als der er »allzu viel schöne Geste« geboten habe. Nach Ansicht der »Danziger Zeitung« vom selben Tag war es »keine adäquate Darstellung« von Ibsens »mächtig packendem Werk«. Von den neun Mitwirkenden wurden nur zwei erwähnt; Marut gehörte nicht zu ihnen.

Gertrud Treßnitz, Königlich Sächsische Hofschauspielerin aus Dresden, kam am 23.10. zu ihrem ersten Gastspiel nach Danzig. Unter der Regie von Karl Krause spielte sie die Titelrolle in Ernst von Wildenbruchs Schauspiel »Die Rabensteinerin«, Marut den Nürnberger Patrizier Sebold Geider. In der Rezension der »Danziger Zeitung« wird Marut namentlich nicht erwähnt, doch durfte er das Wort von der »recht löblichen Darstellung der übrigen zahlreichen Personen des Stückes« auch auf sich beziehen. Ihr zweites und letztes Gastspiel gab Treßnitz am 24.10. als Johanna in Schillers »Jungfrau von Orleans«, wofür sie »stürmischen Beifall« erntete. Marut spielte hier den englischen Anführer Fastolf und den französischen Bauern Bertrand; Rollen, die nicht zu den »wichtigen« gehörten, von denen der Kritiker der »Danziger Zeitung« meinte, sie seien vom Regisseur Krause »gut« besetzt worden. »Ein so personenreiches Stück […] aufzuführen, bleibt an einer Provinzbühne immer eine mißliche Sache. Da gibt es so viele, die nur zwei, drei Worte zu sagen haben, aber gerade genug, um einem eine Gänsehaut zu bereiten, und das Gros steckt in Mittelmäßigkeit, die Statisterie weiß von neuzeitlichen Bestrebungen nichts, gar nichts«. In »Bummelstudenten«, einer »Posse mit Gesang und Tanz« von Rudolf Bernauer und Rudolf Schanzer, spielte Marut im 1. Akt den Heidelberger Studenten v. Schranken, als der er 12 Sätze zu sprechen hat (Aufführungen am 29.10., 6. und 23.11.). Am 2.1. wurde vor »nicht allzu zahlreichem Publikum« Ludwig Anzengrubers Volksstück »Pfarrer von Kirchfeld« gegeben; Marut, der das Stück aus Idar kannte, spielte den Bauern Thalmeier. Er ist nicht unter den sechs namentlich erwähnten Darstellern, deren »recht erfreuliches, zum Teil sogar sehr gutes« Spiel von der »Danziger Zeitung« gelobt wird. Zwei Tage später folgte mit Grillparzers Lustspiel »Weh' dem, der lügt« eine der wenigen »Klassiker-Vorstellungen«; Marut gab den Hausverwalter von Bischof Gregor.

In Eduard von Stuckens »Gawân«, einem »Mysterium in

fünf Akten« (Regie: Karl Krause), spielte Marut am 17.11. den Agravain à la Dure Main. Die Rezensenten der »Danziger Neuesten Nachrichten« und der »Danziger Zeitung« stießen sich insbesondere am dürftigen Bühnenbild und der kargen Dekoration: »Die Artusrunde – daß Gott erbarm! Die Königshalle – wie die gute Stube von Kalkulators. Die grüne Kapelle – eine Höhle«; »die Jagdbeute, die im vierten Akte produziert wird, weckte sogar lebhafte Heiterkeit.« Das Stück fand keine gute Aufnahme: »Die Stimmung im Hause war fast eisig. Nur wenige Hände rührten sich nach den Aktschlüssen«. Marut blieb unerwähnt. In der Operette »Der Rastelbinder« von Franz Lehár, nach Ansicht der »Danziger Zeitung« eine »Tripel-Allianz von Geschmacklosigkeit, Langeweile und Sentimentalität«, spielte Marut in der Regie von Karl Krause den Ritter von Streckenberg, Patrouillenführer bei den Husaren. Premiere war am 19.11. In Goethes »Götz von Berlichingen« trat Marut am 25.11.1911 in den Rollen des Bischofs von Bamberg und als Hauptmann der Reichstruppen auf. Zwar wird er in der Rezension der »Danziger Zeitung« namentlich nicht erwähnt, doch seien »die Nebenrollen [...] gut aufgefaßt und durchgeführt« worden. Am 29.11. hatte Fritz Friedmann-Frederichs Schwank »Das Familienkind« – »heilloser Blödsinn« nach Ansicht der »Danziger Allgemeinen Zeitung« – Premiere; Marut spielte den Holzknecht Hannes. Am 17.12. wurde als Reprise eine weitere Lehár-Operette gegeben, »Der Graf von Luxemburg«, in der Marut den Maler Henry Boulanger verkörperte. Vom 24.-31.12.1911 und erneut zwischen dem 1.1. und 3.2.1912 weitere fünfzehnmal wurde das von Regisseur Heinrich Römer eingerichtete »Weihnachtsmärchen« »Rotkäppchen und der Wolf« gespielt; Marut stellte den Holzhacker Veitli dar und gehörte damit zu den »komischen Figuren der sechs Handwerker«, die beim kindlichen Publikum »den Haupterfolg hatten«.

Am 5.1.1912 hatte die »romantische Komödie« »François Villon« von Leo Lenz Premiere, in der Marut den Hof-Astrologen Jakob Dottier verkörperte, auf »verfehlte« Weise allerdings, wie der Rezensent der »Danziger Zeitung« befand, der an Karl Krauses Regie bemängelte, daß »der Solistenbestand zur Besetzung der Rollen« nicht ganz ausgereicht habe. Dagegen meinte »r.« in der »Danziger Allgemeinen Zeitung«, das Spiel sei »im einzelnen gut« gewesen, und auch den weiteren, in seiner Besprechung ungenannt gebliebenen »Mitwirkenden« bescheinigte er pauschal, sie hätten ihre Rollen »angemessen« bewältigt. Am 11.1.1912 hatte der Dreiakter »Die Spiele Ihrer Exzellenz« von Zoë Jekels und Rudolf Strauß in der Regie von Paul Barnay Premiere; »hypermoderne Literaturware, bei der bereits auf logisches konsequentes Handeln verzichtet wird und die ihrer ganzen Form nach lediglich ein dramatisiertes Essay ist«, wie die »Danziger Allgemeine Zeitung« kritisierte, die mit Genugtuung konstatierte, daß »unser Danziger Publikum« sich »Gott sei dank noch ein gut Teil gesundes Empfinden bewahrt« habe und »diese Art moderner Geistes- und Gefühlsverwirrung denn auch kopfschüttelnd« abgelehnt habe. Marut spielte einen russischen Nihilisten, den »Gefangenen von Nr. 38«, als der er in den Rezensionen unerwähnt bleibt. Am 27.1.1912 gab es zu Ehren von Kaiser Wilhelm II. eine »Fest-Vorstellung«: Auf die »Jubelouvertüre« von Carl Maria von Weber, einen »Prolog« des Danziger Dichters Albert Bütow und die Nationalhymne folgte Kleists »Prinz Friedrich von Homburg«; Marut gab den Stranz. Die Rezensionen in der »Danziger Zeitung« und der »Danziger Allgemeinen Zeitung«, die über die Inszenierung wenig Gutes zu sagen weiß, erwähnen Marut nicht. Eine weitere Premiere gab es am 2.2.1912 mit Ernst Hardts Trauerspiel »Gudrun«. Marut spielte einen Normannen und lieh einer der fünf Hegelingischen Wachen die Stimme. Die Rezensionen in der »Danziger Allgemeinen Zeitung« und der »Danziger Zeitung« könnten unterschiedlicher nicht sein: Während diese mit Ausnahme der beiden »Hauptpartien« nur »Mittelmäßigkeit der Darstellung« wahrnahm und sich dringend nach einem Gast vom Schlage eines Paul Wegener, Moissi oder Bassermann sehnte, »um ein wenig Anregung in die Sache zu bringen«, fand jene den »sehr lebhaften, teils stürmischen« Beifall

»verdient« und wünschte sich »viele Wiederholungen«. Marut erwähnen sie beide nicht.

Größere Verantwortung erhielt Marut erstmals in Flora Jungmanns Tanzspiel »Berggeister« (Musik: Hans Wilhelm Hartmann), das in der Einstudierung der Ballettmeisterin Elsa Lineck am 4.2.1912 Premiere hatte. Es handelte sich um die Uraufführung, »für unser Theater etwas recht Ungewöhnliches«, wie »F. F.« in der »Danziger Allgemeinen Zeitung« einräumte. Beim Publikum stieß es jedoch auf »wenig Gegenliebe« und wurde nur einmal, am 9.3.1912, wiederholt. Marut spielte und tanzte die männliche Hauptrolle, den Jörg, Bräutigam der reichen Bauerntochter Vroni, und zwar nach Ansicht von »F. F.« »ausdrucksvoll und sehr geschickt«. »Große choreographische und szenische Effekte« könne man »bei uns nicht erwarten«, doch sei von Ballettmeisterin Elsa Lineck und Obermaschinenmeister Josef Malyoth »das Mögliche geleistet« worden, »und es war sehr hübsch so, wenn man auch nicht ganz fertig geworden zu sein schien mit der schwierigen Arbeit.« Daß Marut von insgesamt sieben Tänzen vier mitausgeführt hat (»2. Ländler, 3. Dreher, 5. Keulentanz, 7. Liebeswerben«), erfahren wir nur aus seinem Rollenverzeichnis im »Neuen Weg«.

In der Fastnachtsposse »Er und seine Schwester« von Bernhard Buchbinder, die am 11.2.1912 zum ersten Mal gegeben wurde, spielte Marut den Zeitungsreporter Goldfaden; die Rezension in der »Danziger Zeitung« erwähnt Marut nicht, bestaunt aber das »anspruchslose Galerie-Publikum«, das in diesem Stück »lachen konnte«. Den Infanterie-Leutnant v. Drewitz spielt Marut im Schwank »Budenzauber« von Wilhelm Jacoby und Hans Schmidt-Kestner, der am 18.2.1912 in Heinrich Römers Regie Premiere hatte. Für »ho« in der »Danziger Allgemeinen Zeitung« schien mit diesem »talentlos zusammengezimmerten Militärschwank« der »Gipfel der Albernheit« erreicht; gleichwohl waren »ein volles Haus« und »eine dito gefüllte Kasse« zu konstatieren. Wie auch in der »Danziger Zeitung« wird Marut nicht erwähnt. Für die Lehár-Operette »Zigeunerliebe« schlüpfte Marut in die Rolle des Bojaren

Linbicz (Premiere am 25.2.); die Rezensionen erwähnen Marut nicht.

Am 28.2.1912 gab der Königliche Hofschauspieler Waldemar Staegemann sein erstes Gastspiel mit Gustav Freytags Lustspiel »Die Journalisten« (Regie: Karl Krause). Marut spielte den alten Schreiber Korb »überraschend gut«, wie der anonyme Kritiker der »Danziger Zeitung« befand. Auch »r.« in der »Danziger Allgemeinen Zeitung« fand Marut »im Spiel gut, im Kostüm« allerdings »übertrieben«. Staegemanns zweites Gastspiel fand am 2. März mit »Hamlet« in der Regie von Paul Barnay statt; Marut spielte die Rollen des Bernardo und des 2. Totengräbers. »Rechnet man mit den Mitteln und Kräften, die Herrn Barnay zur Verfügung standen, so muß man der Mühe und Sorgfalt, welche er der Inszenierung gewidmet, Anerkennung zollen«, meinte »r.« in der »Danziger Allgemeinen Zeitung«. Als »Benefiz für die Kassiererinnen« wurde am 13.3. »Der Zigeunerbaron« von Johann Strauss gegeben; Marut spielte den Schweinezüchter-Knecht Istwan. Am 24.3.1912 hatte das Lustspiel »Die fünf Frankfurter« von Carl Rößler Premiere; Marut trat als Baron Seulberg auf, als der er im 1. Auftritt des 2. Akts die Frau von St. Georges, eine »sechsundzwanzigjährige Mondaine«, gespielt von Grete Margreiter, schaukeln, darüber hinaus aber nur zwei Sätze sagen darf. Die Rezensionen erwähnen Marut nicht namentlich, doch konnte er sich zu den »übrigen Mitspielern« zählen, die nach Ansicht von »r.« in der »Danziger Allgemeinen Zeitung« durch ihre Darstellung an diesem langweiligen, widersinnigen, geschmack- und witzlosen »Opus« immerhin nichts »verdarben«. Der Rezensent der »Danziger Zeitung« dagegen lobte das Stück als »sehr erfreuliche Ausnahme«, das seine Genrebezeichnung wirklich verdiene.

Ibsens »John Gabriel Borkmann« wurde am 27.3. gespielt; Marut verkörperte hier den Studenten Erhard Borkmann. Der mit »r.« zeichnende Kritiker der »Danziger Allgemeinen Zeitung« fand sein Spiel »leidlich«, bemängelte jedoch, daß »der Drang zum Leben und zur Freude nicht genügend zum Ausdruck kam«. Regisseur Römer habe es verstanden, die »Ibsensche Stimmung geheimnisvoller Schwere und seltsamer Rätselhaftigkeit [...] verständnisinnig zu verbreiten«, und es habe nicht »an der Darstellung« gelegen, »wenn das Drama nicht nachhaltig wirkte«, sondern am Stück, das er zu Ibsens schwachen Dramen zählte. Solche Zweifel an der Qualität des Werkes beschäftigten den Rezensenten der »Danziger Zeitung« nicht, der demgegenüber der Auffassung war, mit etwas mehr Regiearbeit hätte sich »eine etwas größere Ausgeglichenheit in den einzelnen Leistungen wohl erzielen lassen«. Sein Urteil über Marut fiel zurückhaltender als das des Kollegen aus: »Ueber die Auffassung der Partie des jungen Borkmann, die Herrn Marut zuerteilt war, könnte man streiten. Wir hätten statt der halben Lustspielfigur lieber einen leidenschaftlichen, etwas reiferen Jüngling gesehen«.

Als zweites Gastspiel des Königlich Sächsischen Hofschauspielers Alfred Meyer wurde am 3.4. das Lustspiel »Die zärtlichen Verwandten« von Roderich Benedix gegeben. In Heinrich Römers Inszenierung spielte Marut die Rolle des Dietrich, Sohn der Witwe Adelgunde v. Halten; die Rezensionen erwähnen ihn nicht. In Offenbachs »Schöner Helena«, die für den 7.4. »neu einstudiert« worden war, übernahm Marut, der gelernte Maschinenschlosser, die Sprechrolle des Schlossers (eigentlich Schmieds) Euthycles. Sein Auftritt beschränkt sich auf die 3. Szene des 1. Aktes, in der er mit dem Großauguren Calchas einige Worte wechselt und die Funktion der Orakel-Donnermaschine demonstriert. Die Rezensionen lassen ihn denn auch unerwähnt. Einen Feldjäger spielte Marut in Lessings »Minna von Barnhelm«, die am Nachmittag des 13.4. gegeben wurde; am Abend folgte Strauss' »Fledermaus« als »Abschieds-Benefiz« für das Schauspieler-Ehepaar Neumann; Marut spielte hier den Marquis Cariconi. Am 27.4. stand »König Lear« in Karl Krauses Regie auf dem Programm; Marut spielte einen Ritter und einen Edelmann.

Zu ihrem ersten von drei Gastspielen kam am 1.5.1912 das frühere Ensemblemitglied Melly Sachs nach Danzig; gespielt wurde das Marut aus Markranstädt, Zwenkau,

Schleiz, Pillkallen, Schirwindt, Kaukehmen und Preußisch-Stargard bekannte Schauspiel »Alt-Heidelberg« von Wilhelm Meyer-Förster (mit dem Gast wiederholt am 7.5., ohne ihn am 13.5.). Der »r.«-Kritiker der »Danziger Allgemeinen Zeitung« war konsterniert: Die »Darstellung« sei »in ihrer Gesamtwirkung so schlecht« gewesen, »wie wir es noch in keiner Großstadt erlebt haben.« Dafür machte er zum einen die »unzureichende Regie« von Paul Barnay, zum andern die Leistung der Mitwirkenden verantwortlich, die sich »offenbar schon in Ferienstimmung« befunden hätten. Bis auf vier Ausnahmen habe das Ensemble unter Niveau gespielt. »Welche Studentenscenen und -gruppen! Ein Ausländer, der gestern zum ersten Male Gelegenheit gehabt hätte, da ein Bild akademischen Verbindungslebens zu schauen, hätte einen traurigen Begriff davon bekommen. [...] Herr Marut als v. Wedell hielt eine Ansprache, die allenfalls eines Handelslehrlings würdig gewesen wäre. Herr Kriwat dazu, welcher doch gewiß Talent und Routine hat [...]. Eigenartige Chargierte Heidelberger Corps!« Die Kritik der »Danziger Zeitung« fiel freundlicher aus; Marut blieb hier unerwähnt.

Am 3. Mai 1912 wurde, als zweites Gastspiel von Melly Sachs, das Lustspiel »Fräulein Josette, meine Frau« von Paul Gavault und Robert Charvey gegeben; Marut spielte den Jalavert. In der kurzen Besprechung der »Danziger Zeitung« blieb er unerwähnt, doch dürfte auch für ihn der Vorwurf des Rezensenten gelten, daß dem Ensemble »die Aufgabe, die Rollen neu einzustudieren oder sich ins Gedächtnis zurückzurufen, jetzt am Schlusse der Saison wohl wenig willkommen« gewesen sei: »Man merkte es«. Grillparzers »Ahnfrau« wurde am 4.5.1912 in »stimmungsvollen Dekorationen« gespielt, Marut übernahm die kleine Rolle eines Soldaten, wofür er nach Ansicht der »Danziger Zeitung« ebenso wie sein Kollege Barnay als Boleslav »gut am Platze« war. »M.W.« in der »Danziger Allgemeinen Zeitung« erwähnte den »sehr guten« Besuch der Vorstellung; »große Beifallsfreudigkeit« sei »im Schwange« gewesen. Dies zu Recht, denn »auch wir können der Regie wie den Darstellern gern unsere Anerkennung aussprechen.« Vier Darsteller wurden namentlich erwähnt, die Leistung der übrigen pauschal mit den Worten gewürdigt, sie hätten »ihr Bestes« gegeben. Als letzte Neuinszenierung wurde am 12. Mai, »flott und mit Liebe«, denn »schwer war's ja nicht«, »Der Alarmvogel« gespielt, ein Lustspiel von Carl Gustav von Negelein und Karl Schüler in der Regie von Heinrich Römer. Nach Ansicht der »Danziger Zeitung« handelte es sich dabei um eine »harmlose und recht witzlose Variante der dialogisierten Soldatenhumoresken«, die mit »Saisonschluß in den wohlverdienten Orkus versinkt«. Die freundliche Rezension in der »Danziger Allgemeinen Zeitung« und die knappe und etwas kritischere Besprechung in der »Danziger Zeitung« erwähnen Maruts Rolle als Hauptmann Hanns Sehrburg nicht, obgleich sie diesmal zu den größeren des Stücks gehörte. Immerhin konzedierte die »Danziger Zeitung« dem Ensemble pauschal, es habe »recht nett« gespielt; »irgendwelche besonderen Lorbeeren wurden nicht ambitioniert und waren auch nicht zu holen«. Voran ging das einaktige Lustspiel »Die ferne Prinzessin« von Sudermann, an dem Marut nicht beteiligt war.

Mit der Wiederholung der Doppelaufführung am 15. Mai schloß die Saison in Danzig. In einem gutinformierten Rückblick auf die abgelaufene Spielzeit teilte die »Danziger Zeitung« mit, daß sich sechs Ensemblemitglieder, darunter Marut, »ein anderes Wirkungsfeld suchen« würden. Tatsächlich war er über die Art und Weise, wie er in Danzig zum Einsatz kam, unzufrieden und trug sich schon nach drei Monaten mit Wechselabsichten. Das verrät ein Antwortschreiben von Lily Braun (1865–1916) an Marut in Danzig vom 29.12.1911. Darin bedankt sich die Schriftstellerin und Frauenrechtlerin für seine »höchst interessante Zuschrift« und lädt Marut zu einem Besuch nach Zehlendorf ein (»Sie gehören ja berufsmäßig zu den Wanderern, also denke ich, Sie finden auch hier her«), wo sie dann gern »näher auf manches, was Sie sagen, eingehen« wolle, was sie aus Zeitmangel »schriftlich unterlassen« müsse. Bei Maruts »Zuschrift« handelte es sich offenbar um eine

Sympathiebekundung, vielleicht anläßlich des eben erschienenen zweiten Bandes von Brauns »Memoiren einer Sozialistin«, die sich mit Ausführungen über den gegenwärtigen Zustand des Theaters verband. Unter den Materialien der RMS/UCR befinden sich zwei Seiten (»11« und »12« paginiert) des Entwurfs zu einem Brief an eine nicht genannte Schriftstellerin, deren »Buch« Marut einen »revolutionierenden Zweck« unterlegt. Der Inhalt deutet auf Lily Braun als Adressatin. Marut kommentiert darin den Standpunkt der Autorin zur »Ausnahmestellung« unehelicher Kinder und rechtfertigt sein eigenes Verhalten: »Sollte diese Furcht vor einer Ausnahmestellung des Kindes die Eltern beeinflussen, so dürfte ich ja keine freie Ehe begründen, dürfte kein Schauspieler sein, dürfte nichts sein, nichts tun, nichts sagen, als was die Masse der Herde als recht und moralisch anzusehen für gut befindet. Wohin sollte das führen?« Wie sich aus einem Brief Maruts vom 15. Juli 1918 ergibt, wußte er zu diesem Zeitpunkt von Lily Braun, daß »das Spießertum in der Sozialdemokratie« sie »schon so viel Herzblut gekostet« hatte.

»Zu entgegnen« gebe es für sie nichts, schrieb Braun, »nur zu ergänzen und auszuführen«. »Nur Eins möchte ich betonen: ich bin nicht so sehr Politikerin als Sie denken, ich bin es immer weniger, weil ich mich bemühe, Mensch zu bleiben, mich also nicht in irgendein Berufsschema einschnüre. Und grade das ist es auch, was mich bei Ihnen schmerzlich berührt.« Offenbar hatte Marut Unzufriedenheit mit seiner beruflichen Situation anklingen lassen, das Übergewicht von schmissigen, lustigen Bühnenspektakeln gegenüber dem klassischen Sprechtheater bedauert, wo doch die »Schauspielkunst«, ja, »auch« die »Oper«, sich seiner Auffassung nach durch die »souveräne« Herrschaft des »Worts« auszeichne, wie er wenig später in einem Zeitungsaufsatz formulierte, in dem er sein Unbehagen angesichts des »Siegeszugs der Operette« zum Ausdruck brachte, »die heute in den meisten Theatern den Etat des Schauspiels und ebenso häufig noch den der Oper decken muß«. Lily Braun versicherte ihm, daß

»die Kämpfe, die jetzt um und auf der Bühne gekämpft werden«, sie sehr interessierten, »weil die ganze Zukunft des Theaters von ihrem Ausgang abhängt. Wir amerikanisieren u. anglisieren uns bedenklich; das mehr und mehr ausschließliche Wirken auf die Sehnerven scheint mir mit der künstlerischen Aufgabe des Theaters nicht mehr im Einklang zu stehen«.

Vor dem Wechsel

Maruts Bemühungen um einen Wechsel zum Spielzeitende wurden zur selben Zeit konkret. Das gegenwärtige Engagement an einem großen Stadttheater bot ihm dafür ein geeignetes Sprungbrett. Am 2. Dezember 1911 schrieb er einen wohlformulierten Brief an Louise Dumont, die Prinzipalin des 1905 eingeweihten Schauspielhauses in Düsseldorf, einer eintausend Zuschauer fassenden, privaten Reformbühne mit angeschlossener Theaterakademie. Düsseldorf war eine industrielle Großstadt mit großer wirtschaftlicher Potenz, glänzte mit einer bedeutenden Kunstakademie und internationalen Ausstellungen. Aufgrund der guten kulturellen Infrastruktur fanden Künstler aller Genres bei einer aufgeschlossenen Oberschicht günstige Arbeitsbedingungen. Die Einwohnerzahl war in den vergangenen Jahren sprunghaft gestiegen, von 253000 im Jahr 1905 auf 358000 im Jahr 1910. Zusammen mit ihrem Ehemann Gustav Lindemann vermochte Louise Dumont aufgrund ihres erklärten Avantgardeanspruchs namhafte Vertreter des geistigen Deutschland an sich zu binden, darunter Paul Ernst, Herbert Eulenberg, Hans Franck, Gustav Landauer und Berthold Viertel; auch zu August Macke und Peter Behrens bestanden Arbeitsbeziehungen. Unter der Direktion Dumont-Lindemann wurde eine neue Bühnenästhetik entwickelt, die subtilere darstellerische Ausdrucksformen ermöglichte; der Kunstanspruch lag deutlich höher als in Danzig. Marut übertrieb nicht, als er betonte, das Schauspielhaus Düsseldorf erfreue sich in Künstlerkreisen eines ausgezeichneten Rufes:

»Hochverehrte gnädige Frau! Von Ihrer Persönlichkeit als Künstlerin sowie von Ihrem ernsten und erfolgreichen künstlerischen Wollen, ihre Bühne zur tonangebendsten aller deutschsprechenden Bühnen zu erheben, habe ich von Kollegen, mir bekannten Schriftstellern und Pädagogen soviel Rühmenswertes vernommen, daß ich es mir zur höchsten Ehre rechnen würde, unter Ihrer Leitung zu arbeiten – wenn es sein muß: zu dienen. Ich spiele jgdl. Helden u. Liebhaber und besitze in diesem Fache ein großes gespieltes Repertoire. Ich habe jedoch die Absicht jetzt schon, so lange ich noch jung bin, ins Charakterfach überzugehen. Dazu bietet sich hier, wo das Schauspiel von der Oper Operette und Posse fast völlig erdrückt wird, keine Gelegenheit. Ich finde hier keine rechte Befriedigung. Mein Vertrag läuft noch für nächstes Jahr. Es ist mir jedoch leicht, ihn zu lösen – 15. Mai 1912 – falls sich mir besseres bietet. Deshalb möchte ich fragen, ob ich bei Ihnen, gnädige Frau, Platz fände, mich in vorläufig II. Charakterrollen einzuspielen. Ich habe in solchen Rollen schon ein kleines Repertoire das auch gut recensiert ist. Ich würde Ihnen gern das einschlägige Material zur Verfügung stellen. Meine Privatverhältnisse erlauben mir, eine sogenannte gute Gage als Nebenpunkt zu betrachten. Ich wäre glücklich und Ihnen, verehrte gnädige Frau, aufrichtig dankbar, wenn Sie meinem Wunsche Beachtung schenken könnten. In ehrlicher Hochschätzung Ret Marut. Danzig Stadttheater«.

Daraufhin wurde Marut mit Brief vom 12. Januar 1912 von Dr. Reinhold Bruck, dem stellvertretenden Direktor, gebeten, sich Ende des Monats in Berlin bei Gustav Lindemann vorzustellen. Auf diesen Vorschlag konnte Marut aufgrund der Danziger Disposition nicht eingehen. Seine Antwort adressierte er wiederum an Louise Dumont. Ihr teilte er am 17.1.1912 mit: »Leider werde ich im Januar nicht nach Berlin reisen können. Wir sind mit den Vorbereitungen für Prinz von Homburg, Gudrun, Hamlet, König Lear beschäftigt. Außerdem habe ich in einem großen Ballett als Solotänzer mitzuwirken. Ein freier Tag ist also vorläufig nicht zu erhalten. Ich begreife aber vollständig, daß Sie, ohne mich zu kennen, einen Vertrag nicht senden wollen. Darum würde ich Sie schon höflich bitten müssen, gnädige Frau, bei Herrn Regisseur Heinrich Römer hier Auskunft über mich einzuholen. Herr Römer ist seit drei Jahren als Regisseur hier tätig. Er inszeniert ausschließlich das moderne Schauspiel – Ibsen, Hauptmann, Wilde, Wedekind etc. Sein Urteil wäre deshalb, da Sie ein ähnliches Repertoire pflegen, ernst zu nehmen. Herr Direktor Grützner gibt ebenfalls gern Auskunft. Da er aber als früherer Sänger sein ganzes Interesse der Oper und Operette zuwendet, dürfte er vielleicht nicht das hervorheben, was für Sie besonders wissenswert ist. Für alle Fälle erlaube ich mir mein Repertoire und Bild sowie einige Rezensionen beizulegen. Ich wurde von Herrn Grützner engagiert, nachdem ich hier im vorigen Jahr in einer Generalprobe des ›Weißen Röss'l‹ den Siedler gespielt hatte. In größter Hochachtung Ret Marut«.

Das ausschließlich moderne Profil von Heinrich Römer war ein bißchen geflunkert, denn er war als Schauspieler und Regisseur engagiert worden und bekam erst zum Ende der Saison mehr zu tun. Marut und er hatten bis dahin zwar in 15 Stücken gemeinsam auf der Bühne gestanden, aber unter dem Regisseur Römer hatte Marut erst zweimal gespielt. Wenn er sich dennoch auf ihn berief, müssen beide sich gegenseitig geschätzt haben. Insgesamt spielte Marut bei Römer in sieben Inszenierungen, aktuell zum Zeitpunkt seines Briefs im Märchenspiel »Rotkäppchen«, womit in Düsseldorf freilich wenig Eindruck zu machen war. Daß Römer Ibsen inszenierte, war zutreffend, Marut hatte in seiner Inszenierung der »Nordischen Heerfahrt« mitgespielt und war auch für »John Gabriel Borkmann« eingeteilt. Für »das moderne Schauspiel« allerdings war Römer nicht zuständig; außer Ibsen wurden ihm noch Max Halbe (»Der Strom«, in dem Marut nicht mitwirkte) und Grillparzer anvertraut, im übrigen mußte er sich statt mit Dramen von Oscar Wilde und Frank Wedekind mit Schwänken und Lustspielen befassen.

Als Antwort auf seinen zweiten Brief wurde Marut für Anfang Februar ein neuer Terminvorschlag für ein Treffen in Berlin gemacht. Aber auch hierfür konnte er sich nicht freimachen, wie aus seinem Brief vom 31.1.1912 an Bruck hervorgeht: »Wir haben am Sonntag abend [4.2.] die Uraufführung des Tanzspieles ›Berggeister‹, der der Komponist beiwohnt. Darin habe ich die Hauptrolle. Sonnabend vormittag findet davon die Generalprobe statt, nachmittag habe ich im Märchen zu tun. Freitag ist Premiere von Gudrun, Donnerstag davon Generalprobe. Sie sehen also, Herr Doktor es ist mir nicht möglich, nach Berlin zu reisen. Trotzdem habe ich heute noch einmal mit Herrn Direktor Grützner conferiert. Resultat: Er kann mich diese Woche nicht beurlauben. Es wäre nun aber schade wenn dadurch unsere Engagementsverhandlungen ergebnislos verlaufen müßten. Ginge es nicht daß ich im Februar oder im März bei Ihnen gastiere? Oder kann mich Herr Direktor Lindemann nicht hier sehen? Befürchten Sie aber ernstlich mit meinem Engagement einen Mißgriff zu tun? Für eine Beschäftigung ersten Ranges soll ich wohl kaum engagiert werden. Deshalb reflektiere ich ja auch nicht auf eine Gage, die einer Beschäftigung im 1. Fach entsprechen würde. Mir ist die Hauptsache das Engagement an Ihrer Bühne. Mich deren Mitgliedschaft wert zu zeigen, ist dann meine Pflicht. Hochachtungsvoll Ret Marut«.

Die Direktion entschied daraufhin, wie aus einer handschriftlichen Notiz auf Maruts Schreiben hervorgeht, er möge »nach Schluß« der Saison in Danzig »herkommen«; ein entsprechender Brief ging am 12.2. an Marut ab. Marut dankte am 22.2. »für die Erledigung der Engagementsfrage in einer Form, die den Verhältnissen am besten Rechung trägt«, kündigte seinen Besuch in Düsseldorf für die Woche nach Saisonschluß an und versprach, das genaue Datum in Bälde mitzuteilen.

Und gewissermaßen als Abschieds-Denkzettel, an die Adresse nicht nur der Danziger Stadtväter gerichtet, formulierte Marut in einem Beitrag für die »Danziger Zeitung«: »Die Städte, sowie deren leitende und zahlende Körperschaften müssen die Ueberzeugung gewinnen, dass das Theater ein ebenso wichtiger, unterstützungsbedürftiger Kulturfaktor ist, als die Stadtbibliothek, die Schulen, die Museen und die öffentlichen Park- und Gartenanlagen. Wenn heute das Theater darauf angewiesen ist, nur durch die kassenfüllenden Operetten in die Lage versetzt zu werden, echte Kunst so nebenbei als kostspieligen Sport betreiben zu können, so sind nur die daran schuld, die für die kulturelle Hebung des Volkes zu sorgen von Rechts- und Amts wegen verpflichtet sind.«

Am 11. Mai konnte Marut Bruck mitteilen, er werde voraussichtlich am 22. oder 23. Mai in Düsseldorf eintreffen und bitte um einen Vorstellungstermin sowohl bei ihm als auch bei Direktor Lindemann und Louise Dumont. Daraufhin wurde er mit Brief vom 17.5. zu einem Gespräch für den Abend des 25. Mai nach Düsseldorf eingeladen. Das Antwortschreiben erreichte Marut bis zum 20. Mai allerdings nicht, woraufhin er an diesem Tag in einem weiteren Brief sein Eintreffen in Düsseldorf am Morgen des 22. Mai ankündigte. Er werde im Hotel Kaiserhof (Kaiser-Wilhelm-Straße 23, am Hauptbahnhof) wohnen und bat Bruck, ihm nach dort einen Terminvorschlag zukommen zu lassen. In Abänderung des ursprünglich angesetzten Termins wurde er dann für den 23. Mai zur persönlichen Besprechung mit der Direktion des Schauspielhauses bestellt. An diesem Tag unterschrieb er einen Dreijahresvertrag als Schauspieler vom 15. August 1912 an; die Direktion behielt sich das Kündigungsrecht nach einem halben Jahr (mit Wirkung zum 30.6.1913) vor. Als Gage wurden 1440 Mark im ersten und zweiten Jahr, 2040 Mark im dritten Jahr vereinbart, hinzu kamen im 2. und 3. Jahr ein »Spielhonorar« in Höhe von 2 Mark für jede gespielte Vorstellung, wobei 300 Einsätze garantiert wurden. Für auswärtige Gastspiele gab es zusätzliche Diäten in Höhe von drei (ohne Übernachtung) bzw. sechs Mark am Tag. Außer in den Jahren des Vertragsbeginns und -endes wurde ein vierwöchiger Urlaub bei vollen

Bezügen gewährt; den Zeitpunkt bestimmte die Direktion. Das entsprach einem monatlichen Anfangsgehalt von 120 Mark, das sich im 2. Jahr zzgl. Spielhonorar auf mindestens 170 Mark, im 3. auf mindestens 220 Mark gesteigert hätte, wenn im Laufe des Krieges nicht die städtische Subvention weggefallen und zum 1.5.1915 alle Gehälter um zwanzig Prozent gekürzt worden wären. Laut »Aufstellung des Gagen-Etats pro 1912/13« war Marut mit 1320 Mark kalkuliert, womit er zu den absoluten Geringverdienern des Ensembles gehörte. In der folgenden Spielzeit verbesserte er sich laut »Aufstellung des Gagenetats pro 1913/14« auf 1965 Mark. Maruts Wechsel an das Schauspielhaus Düsseldorf war damit perfekt. Wie üblich wurden die vierzehn Tage vor Vertragsbeginn als Vorprobenzeit festgelegt, für die es volle Gage gab. Seine Mitgliedschaft bei der Bühnengenossenschaft führte Marut ohne Unterbrechung mit der alten Mitgliedsnummer 16635 weiter, ohne jedoch wie in Danzig eine Funktion zu übernehmen. Danach dürfte Marut wieder nach Danzig zurückgekehrt sein, wohin ihm am 2. Juni die Zweitschrift des Vertrags gesandt wurde.

In Düsseldorf

Maruts Übersiedlung nach Düsseldorf erfolgte vermutlich Ende Juli. Er scheint zunächst im Hotel gewohnt zu haben, denn laut Meldekarte mietete er erst am 8. August, also eine Woche nach Probenbeginn, keine 400 Meter von seinem Arbeitsplatz an der Karl-Theodor-Straße entfernt, Friedrichstraße 49 im Stadtteil Bilk für die Dauer von drei Monaten eine Wohnung. Eigentümer des Mehrfamilienhauses mit insgesamt 7 Parteien war der Rentner Stephan Willms. Zwei Häuser weiter, Friedrichstraße 53, hatte 1856/57 im Hause der Gräfin Hatzfeld Ferdinand Lassalle gewohnt. Hier gab es in jedem Haus im Parterre einen kleinen Laden, im Erdgeschoß von Nr. 49 die Metzgerei Bockemühl und eine Backwarenhandlung, in Nr. 47 eine Bäckerei, in Nr. 51 eine Molkerei. Marut wohnte im 2. Stock; die Wohnungen in den Obergeschossen waren ohne Bad, das WC auf halber Treppe. Bilk war ein traditionelles Arbeiterviertel, in den Treppenhäusern roch es nach Kohl und Kartoffeln, selten nach gebratenem Fleisch. Die Friedrichstraße verband das alte Bilk mit dem jungen Stadtzentrum um die Königsallee, östlich davon, Richtung Bahnhof, bildete sich allmählich ein Vergnügungsviertel heraus, mit Kinos, Cabaréts, Tanzpalästen und Nachtbars, von denen Marut in seiner Satire »Brief nach Berlin« einige aufzählt; westlich bildete das Ständehaus mit dem Vater-Rhein-Brunnen den Mittelpunkt einer Parklandschaft mit Kaiserteich und Schwanenspiegel, die nördlich mit Schwanenmarkt und Spee'schem Graben ihre Fortsetzung fand.

Maruts amtliche Anmeldung bei der Düsseldorfer Polizeibehörde datiert vom 21. August. Die Meldekarte lautet auf den Schauspieler Ret Marut, geboren am 25.2.1882 in »St. Franzisko«, »Californien«. Als Staatsangehörigkeit hatte der Düsseldorfer Beamte zunächst »England« notiert, was zu einem unbekannten Zeitpunkt (vermutlich bald nach Englands Kriegserklärung am 4.8.1914) und zwar »lt. Pol[izei-] Abt.« in »Amerika« korrigiert wurde. Am 8.11.1912 zog Marut nach Herzogstr. 72, ein kleines altes Haus, das dem Schneidermeister Weber gehörte, der im Parterre seinen Laden betrieb und untervermietete. Marut wohnte im ersten Stock. Nebenan Nr. 74 war eine Metzgerei, Nr. 76, das Eckhaus zur Corneliusstraße, eine Kolonialwarenhandlung. Im »Neuen Theater-Almanach« des Jahrgangs 1913 ist er unter den »darstellenden Mitgliedern« des Schauspielhauses aufgeführt: »Ret Marut, Friedrichstr. 49«; der Registereintrag lautet: »Marut, Ret., Sch. 16635. Düsseldorf III«. Im Adreßbuch von 1913, dessen Redaktionsschluß später lag, ließ er sich als »Marut, Ret, Schausp., Mitglied des Schauspielhauses, Herzogstr. 72« eintragen, ein Jahr später hieß es knapper: »Marut, Ret, Schauspieler, Herzogstr. 72. Entsprechend findet er sich im »Neuen Theater-Almanach« des Jahrgangs 1914 mit der Adresse »Herzogstr. 72«. Am 6.4.1914 zog Marut nach Fürstenplatz 6, Ecke Antoniusstraße, in eine bürgerliche Wohnumgebung. Bei dem Mehrfamilienhaus handelte es sich um einen Neubau (das Haus ist erhalten, die Numerierung unverändert).

Erich Wollenberg kommentierte den Umstand, daß die Düsseldorfer Polizeibehörden Maruts Anmeldung »auf gut Glauben und ohne polizeiliche Unterlagen aus St. Franzisko« akzeptierten, als heutzutage (1966) unglaubhaft, ja anscheinend »völlig unmöglich«. »Aber vor 1914 gab es in fast allen zivilisierten Ländern des Westens völlige Bewegungsfreiheit, man brauchte weder Pass noch Visum, um von Deutschland nach England, Frankreich, den USA usw usw zu fahren. Nur zwei Länder in Europa verlangten Pass und Visum: Russland und die Türkei, die aber politisch nicht gerade zu Europa gezählt wurden. Als vollwertige Legitimation auch im Ausland genügte ein abgestempelter Briefumschlag mit der betreffenden Adresse, plus Namen natürlich«. Nichts anderes hatte übrigens B. Traven bereits 1926 in seinen Anmerkungen zum »Totenschiff« behauptet.

Direktion Dumont-Lindemann

Maruts Arbeit am Schauspielhaus begann vertragsgemäß. Am 1. August 1912 erhielt er die schriftliche Mitteilung, »im ›Fest der Handwerker‹ als Handwerker mitzuwirken und zur morgigen Arrangierprobe zu erscheinen«, mit Brief vom 3.8.1912 wurde seine Mitwirkung im letzten Akt von »Baumeister Solness« gewünscht. Am 4.8. wurde er aufgefordert, sein Repertoire-Verzeichnis einzureichen, was er am 14.8. tat, »ohne Rücksicht auf ein bestimmtes Fach«, wie er im Begleitbrief anmerkte. Die »Haus-Ordnung (Theatergesetze) des Schauspielhauses« unterschrieb er am 31. August. Am Tag zuvor hatte er das erste Mal vor Düsseldorfer Publikum gespielt, als Lakai im Vor- und Nachspiel von George Bernard Shaws Komödie »Fannys erstes Stück«. Bei der (»neueinstudierten«) Wiederaufnahme von Schillers »Kabale und Liebe« am 11.9. spielte er den Bedienten des Präsidenten v. Walter, in der Wiederaufnahme von »Husarenfieber« am 9.10.1912

Friedrich, einen Bediensteten des Fabrikbesitzers Lambrecht. In Felix Saltens Komödie »Das stärkere Band« verkörperte er am 21.11.1912 einen Kammerdiener der Herzogin, die von Louise Dumont gespielt wurde. Nur für die Aufführung am 1.12.1912 übernahm er die Rolle des Matthias in Gerhart Hauptmanns »Gabriel Schillings Flucht«, am 5.12.1912 wurde ihm die Rolle des Peter in Herbert Eulenbergs »Alles um Geld« übertragen. Bei der Premiere des Lustspiels »Mein Freund Teddy« von André Rivoire und Lucien Besnard am 10.12.1912 spielte er Verdiers Diener Dominique, bei der Erstaufführung von »Peter Pan. Ein Spiel mit Gesang und Tanz« von James Matthew Barrie am 14.12.1912 übernahm er die Rollen eines Indianers und eines Seeräubers. Mit zwanzig Aufführungen gehörte es zu den erfolgreichsten Stücken der Spielzeit 1912/13. In Eberhard Königs »Die treue Alkestis, eine Komödie über und unter der Erde« (19.1.1913) war er einer von »Vier Choreuten« und der »5. Tote«, in Leo Birinskis »Narrentanz« (15.2.1913) ein Revolutionär. In Richard Skowronneks »Generalsecke« (30.1.1913) spielte er den Leutnant Hahnrieder, in Franz Molnárs »Märchen vom Wolf« (3.3.1913) war er als Kellner und Lakai doppelt besetzt. Einen Bürger gab er im 3. Akt von Henrik Ibsens »Stützen der Gesellschaft«; die Sonntagsnachmittagsvorstellung am 23.2.1913 war eine Veranstaltung des Bildungs-Ausschusses der sozialdemokratischen Partei und der freien Gewerkschaften in Düsseldorf und daher nicht ohne Risiko, von einem alten Bekannten aus seiner Zeit als Gewerkschaftssekretär erkannt zu werden. In Shakespeares »Sommernachtstraum« (23.3.1913) und als Badegast in Ibsens »Wenn wir Toten erwachen« (4.4.1913) kam seine Rolle nicht über die eines Statisten hinaus, in Immermanns »Cardenio und Celinde« (10.3.1913) spielte er den Dorus in den Volksszenen, in Carl Rößlers Lustspiel »Die fünf Frankfurter« übernahm er ab dem 14.3.1913 die Rolle des Yssel, Kabinettsrat bei Gustav, Herzog vom Taunus; in »Filmzauber«, einer Posse mit Gesang und Tanz von Rudolf Bernauer und Rudolf Schanzer (Musik: Walter Kollo und Willy Bredschneider) am 24.5.1913 spielte er die Rolle des 1. Kellners. Bei der Uraufführung von Hans Müller-Schlössers Erfolgsstück »Schneider Wibbel« am 14. Juli 1913 spielte er an der Seite von Paul Henckels (Titelrolle und Regie) und des Autors, der den Hausierer Fläsch gab, Wibbels Hausnachbar Fitzkes. Die Komödie brachte es in der Spielzeit 1913/14 auf 75 Aufführungen und war mit großem Abstand das erfolgreichste Stück der Saison.

Bald holte ihn das Engagement auf den Boden der Tatsachen zurück. Künstlerisch bot das Schauspielhaus Marut keine Entwicklungsmöglichkeiten. Wohl weil seine darstellerischen Fähigkeiten nicht den Erwartungen entsprachen, gelangte er über die vertraglich vereinbarten Chargenrollen nie hinaus. Auf Diener, Dienstboten, Ordonnanzen und Lakaien war er, wie schon in Danzig, geradezu abonniert. Nicht selten mußte er aufgrund geänderter Disposition seine Rolle wieder abgeben und gegen eine andere tauschen oder zusätzlich eine weitere übernehmen – auch das ein Indiz für ihre geringe Bedeutung. Weil er es aber verstand, seine Organisationsgabe, praktische Intelligenz und Akkuratesse, seine schriftliche wie mündliche Gewandtheit und seine Arbeitsdisziplin unter Beweis zu stellen, sich also ins rechte Licht zu setzen, und aufgrund seiner enormen Zuverlässigkeit – er war in drei Jahren nie krank und versäumte nur eine einzige Probe – erwarb er sich bei der Direktion ein hohes Maß an Anerkennung.

Ein Beispiel für Maruts Sachverstand auch in Verwaltungssachen liefert sein Schreiben an Gustav Lindemann vom 20.1.1914, das seinem Protokoll über die erste Sitzung des Gründungsausschusses der Hochschule für Bühnenkunst beilag: »Ich erlaube mir, den Vorschlag zu machen, die Protokolle vorläufig nicht in das Buch einzutragen, sondern sie mit je einer Kopie einzeln zu schreiben. Da die Absicht besteht, ein Archiv zu gründen, so könnte auf diese Art jedesmal eine Kopie für das Archiv sowie als Grundlage für die spätere Chronik gleichzeitig angefertigt und zurückbehalten werden. Es kann im Bedarfsfalle auch den Herrschaften, die in einer Sitzung nicht anwesend sein konnten, eine weitere Kopie zur Einsicht und Rückäusserung zugesandt werden, wodurch ausführliche Briefe gespart werden könnten. Nach Schluss des jeweiligen Geschäftsjahres oder Semesters können die Protokollblätter, die ich mit fortlaufenden Nummern versehen werde, zusammengeheftet, plombiert und gebunden werden«. Es erscheint mir nicht im mindesten zweifelhaft, daß Marut dieses Denken in Archiv- und Verwaltungskategorien als Gewerkschaftsangestellter, spätestens als Geschäftsstellenleiter in Gelsenkirchen gelernt hat.

Verschiedentlich wurde Marut für Spezialaufgaben ausgewählt und damit unmittelbar in die Institution des Theaters einbezogen, hatte engeren Umgang als seine Kolleginnen und Kollegen nicht nur mit der Führungsriege des Schauspielhauses, sondern auch mit den Honoratioren aus Politik und Industrie und gab anscheinend keine schlechte Figur dabei ab. Von daher erhält eine Bemerkung Gustav Lindemanns, der man auf den ersten Blick keine Bedeutung zumessen möchte, Gewicht: »Ret Marut war einige Jahre am Düsseldorfer Schauspielhaus – meine Frau und ich haben ihn stets als Künstler und Mensch gleich hoch geschätzt – als Künstler, der mit großem Verantwortungsgefühl jede künstlerische Aufgabe sorgfältig aufbaute und aus seiner Menschlichkeit nährte, und als einen Menschen feinen und stillen Wesens. [...] Wenn Sie mich fragen, ob ich Ret Marut zutraue, daß er später als Dichter Bedeutendes geleistet haben könnte, so darf ich mit gutem Gewissen, in Anbetracht der mitgeteilten Umstände, Ihnen antworten: Ja, das glaube ich! [...]«.

Ein beflissener Jasager war Marut nicht; gelegentlich protestierte er im Kollektiv gegen Entscheidungen der Direktion. Gemeinsam mit 17 Kolleginnen und Kollegen setzte er sich mit Brief vom 17. Januar 1915 dafür ein, die Souffleuse Margarethe Wernicke, ihrer bedrängten Lage und der ungünstigen Zeitumstände wegen, weiterzubeschäftigen, und er war unter den dreizehn Schauspielern, die mit Brief vom 10. Februar 1915 »in allerdringlichster Form um die Absetzung des Stücks »Gefangenenschule« baten, mit dessen Aufführung »die schlimmste Gefährdung des Ansehens ihres Standes und des Instituts« riskiert würde. Dem Wunsch scheint entsprochen worden zu sein; näheres ist nicht bekannt.

Mit Brief vom 16. Januar 1914 wurde Marut ins Direktionsbüro bestellt. Hier erfuhr er von seiner Berufung zum Sekretär der dem Schauspielhaus angegliederten, im strukturellen Umbau befindlichen »Theater-Akademie«, wie bis zum 30.6.1914 ihr Name lautete; seit dem 1.9. hieß sie »Hochschule für Bühnenkunst«, fusionierte mit den »Akademischen Kursen für allgemeine Fortbildung und Wirtschaftswissenschaften« und nahm auf diese Weise den Charakter einer öffentlichen Bildungsanstalt an. »Mit einiger Sicherheit«, erläuterte Marut dem Eleven Otto Kirschner in einem Brief vom 13.6.1914, »ist auch die staatliche Genehmigung zu erwarten, wodurch die Hochschule den öffentlichen Kunstakademien völlig ebenbürtig werden dürfte.« Einen städtischen Zuschuß erhielt die Hochschule bereits, in naher Zukunft hoffte man auf staatliche Anerkennung und Förderung. Der Ausbruch des Krieges ließ es dazu nicht kommen, »aus der beabsichtigten akademischen Anstalt wurde eine private Schauspielschule«.

Deren administrativer Leiter war mit Beginn der Spielzeit 1914/15 Hans Franck (1879–1964); »infolge der Kriegswirren« wurde er zugleich »Dramaturg des Düsseldorfer Schauspielhauses und Herausgeber seiner Hauszeitschrift ›Masken‹«. Als Dramaturg bildete Franck aus Regisseuren und Schauspielern eine Lesekommission zu Begutachtung der eingesandten Bühnenmanuskripte. »Jedes übersandte Stück wurde gelesen, wurde begutachtet. Manche sogar mehrere Male«. Als Mitglied dieser »Kommission« schrieb Marut Ablehnungsbescheide und verfaßte Gutachten. Einem Schriftsteller namens W. A. Ane in Berlin versicherte er unter dem 17.12.1914, sein »feines Drama« mit »tiefem Interesse« gelesen zu haben, doch halte er es nicht für ratsam, »in dieser schweren Zeit ein so schmerzensvolles Bühnenbild dem Publikum zu bieten. Wir glauben, dass zu dem Leid der Zeit erst grössere Distanz gewonnen werden muss, ehe man mit dergleichen Werken kommen darf«. Zu »Menschen oder Des Sängers Tod. Drama in 4 Akten von Atta Pflugfelder« (Leipzig 1906) bemerkte er am 15.2.1915 ebenso knapp wie drastisch: »Durch und durch dilettantische Arbeit nach Form, Inhalt und historische[r] Wahrheit. Psychologisch verlogen. Aufführung ausgeschlossen. Marut«, woraufhin das Stück an den Autor retourniert wurde. Über den Dreiakter »Die Entwaffneten« von Gottfried von Falkenhausen, einem Ensemblemitglied und somit Kollegen, urteilte er (vermutlich Ende Januar 1915), der Stoff sei »für ein modern sein wollendes Drama viel zu weit ausladend«. Es handle sich um eine »recht alltägliche Ehebruchsgeschichte«, der Dialog »zum Teil sehr schleppend«, der Schluß unbefriedigend. »Man fragt sich: ›Wozu das alles?‹ Und das ist wohl so ziemlich das Schlimmste.« Ohne den Stücktext läßt sich Maruts Argumentation nicht angemessen einschätzen. Sie wirkt jedoch widersprüchlich und in ihrer Kritik überzogen, was vielleicht mit seinen eigenen, unerfüllten Ambitionen als Dramatiker erklärt werden kann. Es heißt dort: »Die Helden des Stückes sind viel zu uninteressant, vor allem aber zu inkonsequent, um eine höhere Berechtigung zum Ehebruch zu besitzen. Die Liebesbeziehungen des Helden und der Held[i]n sind in einer so naiven Weise dargestellt, als ob es sich um die Liebelei eines Obersekundaners und eines Backfisches handelt. Peinlich müsste es bei einer Aufführung wirken, die beiden Leutchen zu sehen, mit welcher Brutalität und Nacktheit sie die intimsten Empfindungen hervorzerren und ausbreiten.« Kritik war Maruts Sache nicht. Offenbar sah das auch die Direktion des Schauspielhauses so, denn weitere Gutachten von seiner Hand sind nicht überliefert.

Als Sekretär der »Hochschule für Bühnenkunst« führte Marut ab Mitte Januar bei den Sitzungen des »Gründungs-Komitees« bzw. »-ausschusses« Protokoll und erledigte mindestens bis zum 20. Juni wichtige Akademiekorrespondenz. Als Protokollführer nahm er am 28. März 1914 auch an der zweiten Sitzung des Ausschusses zur Vorbereitung einer Benefizveranstaltung zugunsten der Hochschule in Schloß und Park Benrath teil. Weil die Gemeinde Benrath nachträglich für die Überlassung von Schloß und Park Bedingungen stellte, mußte sie auf unbestimmte Zeit verschoben werden; namens des vorbereitenden Arbeitsausschusses entwarf Marut mit flinker Hand einen Mustertext, der vom Sekretariat des Schauspielhauses abgetippt und an ca. 200 Adressen versendet wurde. Von Marut mit seinem Namen bzw. seiner Paraphe gezeichnete Durchschlagkopien haben sich erhalten. Sie betreffen vor allem die Zusammensetzung des aus rheinischen Honoratioren bestehenden Kuratoriums und des durch führende Persönlichkeiten des kulturellen Lebens repräsentierten außerordentlichen Lehrkörpers (darunter Hermann Bahr, Lily Braun, Paul Ernst, Georg Fuchs, Moritz Heimann, Siegfried Jacobsohn, Alfred Kerr, Fritz Mauthner, Clara Viebig, Bruno Wille, Stefan Zweig) sowie die Zusammenstellung des ersten Prospekts der Hochschule für Bühnenkunst, der am 9. Juni 1914 erschien. Er kümmerte sich auch um Pressearbeit: Der »Kölnischen Zeitung« schickte er am 25.3.1914 eine Notiz, in der die Verpflichtung von Hans Franck als Leiter und Julius Bab als »Dozent und Lehrbeirat« der Hochschule mitgeteilt wurde. Nach Fertigstellung des Prospekts »und seiner in der Hauptsache erfolgten Versendung« lud Marut die Bürochefin Hedwig Broich und alle anderen »Damen, die mit dem Prospekt Arbeit, Aerger und Aufregung hatten, zu einem kleinen Café-Imbiß« ein. Für die Zusammenstellung des Hochschulprospekts und die Betreuung der Drucklegung erhielt Marut eine besondere Vergütung, wofür er sich mit Brief vom 1.4.1914 bei Direktor Lindemann bedankte.

Aushilfsweise arbeitete Marut als Redakteur bei der Hauszeitschrift des Theaters, den Düsseldorfer »Masken«: Lindemann erinnerte sich, daß Marut, »als eine Vakanz in der Schriftleitung der ›Masken‹ entstanden war, zur Mitarbeit herangezogen« wurde. Von August 1912 bis September 1914 war Dr. jur. Arthur Berthold (1855–1921) verantwortlicher Redakteur; als dieser sich im Streit von der Direktion Dumont-Lindemann trennte, übernahm im September

1914 ebenfalls Hans Franck die Schriftleitung. Die »Masken. Zeitschrift für Politik, Kunst und Kultur« wurden seitdem von Franck in Gemeinschaft mit Louise Dumont und Gustav Lindemann herausgegeben. Artikel Maruts finden sich in der Zeitschrift nicht.

Im Januar und Februar 1915 übernahm er bei den Proben zu Emil Ludwigs »Verlorenem Sohn« an drei Tagen Regieaufgaben. Wie die Durchschlagkopie eines maschinengeschriebenen, mit »M« gezeichneten Briefs vom 16.12.1914 an die Schauspielerin Editha Romminger belegt, in dem er sie bat, am 20.12. in dem Märchenspiel »Der gestiefelte Kater« mitzuwirken, war Marut zu diesem Zeitpunkt in der Direktion tätig und verschickte Rollenaufforderungen, wie er sie bisher bekommen hatte (und weiterhin bekam). Mit Hilfe seiner Zusatztätigkeiten konnte er seine Einkünfte am Schauspielhaus erheblich steigern. Im Monat September 1914 etwa erhielt er 305 Mark.

Schnurren und Romane: Der Schriftsteller Ret Marut

Auch auf einem anderen Sektor gelang es ihm, zu reüssieren. Mit dem Abdruck von »Der Idiot« begann zeitgleich mit seinem dortigen Aufenthalt eine Serie von Veröffentlichungen in der Düsseldorfer Lokalpresse, zunächst in der Unterhaltungsbeilage der »Düsseldorfer Zeitung«, die auch Hausdruckerei des Schauspielhauses war, danach im Wechsel mit dem »Düsseldorfer General-Anzeiger«: »Geschäft ist Geschäft«, »Brief nach Berlin«, »Theaterdirektor Raßmann«, »Ehrlichkeit. Eine Schnurre«, »Das teure Souper«, »Vom Anschluß. Beobachtungen und Betrachtungen«, »Regie. Aus der Entwickelungs-Geschichte eines Talents«, »Der berühmte Schauspieler«, »Das Opernglas«, »Kleines Kerlchen!«.

Hin und wieder glückten Marut Publikationen in den führenden Tageszeitungen des Kaiserreichs, dem gemäßigtliberalen »Berliner Tageblatt« und der bürgerlich-liberalen »Frankfurter Zeitung«: »Feststellungen«, »Der verhängnisvolle Mülleimer«, »Paradoxa«, »Höflichkeit der Könige«, »Der goldene Mund«. Manches davon wurde in andern Qualitätszeitungen wie dem »Hamburger Fremdenblatt«, der »Danziger Zeitung«, der »Berliner Morgenpost« oder der »Zeit am Montag« nachgedruckt. Daneben blieb ihm noch die sozialdemokratische Parteipresse, die »Bremer Bürger-Zeitung« und mit dem »Vorwärts« sogar das Zentralorgan. Teilweise druckten sie seine Beiträge aus der bürgerlichen Presse nach, teilweise brachten sie Originalaufsätze (»Die grüngesprenkelte Eule«, »Roter Mohn«, »Akrobaten«). Zwei ungedruckte Marut-Manuskripte, »Betrüger« (wohl 1913/14) und »Die Geschichte vom klugen Dichter« (wohl 1915), haben sich im Archiv der Feuilletonredaktion des »Vorwärts« erhalten, das eine wurde von der Redaktion am Rand mit einem Fragezeichen versehen, das andere als »zu lang« abgelehnt. Darüber hinaus bezeichnete sich Marut in einem Brief vom 12.1.1916 als »Mitarbeiter mehrerer Kölner Tageszeitungen«, darunter das »Kölner Tageblatt«.

Bereits ein Jahr nach Beginn dieser Düsseldorfer Serie, Anfang Juli 1913, stellte Marut zweiunddreißig Texte, davon die Hälfte ungedruckt, zu zwei Bänden zusammen. Der eine, unter dem Titel »Der goldene Berg«, sollte die eher ernste Prosa (»Novellen« in Maruts Definition) enthalten, der andere, »Himmelfahrt« betitelt, »Satiren, Grotesken, Paradoxa und Schnurren«. Das belegt der Eingangsstempel eines unbekannten Verlags vom 8.7.1913 auf den Inhaltsverzeichnissen zu den Projektvorschlägen, die anschließend retourniert wurden. Überhaupt dürfte die Zahl der Ablehnungen die der Annahmen deutlich übertroffen haben, auch wenn dazu nur wenige Dokumente erhalten sind. Denn es handelt sich durchweg um journalistisch-feuilletonistische Dutzendware, die nur die Identifikation Ret Maruts mit B. Traven vor dem Vergessen bewahrt hat.

Von Maruts politischen Überzeugungen verraten diese Texte nur wenig, es sei denn, man würde allein aus seiner ab 1912 nachzuweisenden Autorschaft für »Die Zeit am Montag« und den »Vorwärts« den Schluß ziehen, der Verfasser sei (libertärer) Sozialist. Zwar gehören der »Anarchist« und der »Sozialdemokrat« ebenso wie »Arbeiterumzüge« in einer Großstadt zu Maruts politischem Kosmos, aber er beließ es bei der nominellen Erwähnung. Selbst in den »Vorwärts«-Texten vermied er jede Festlegung, politisch brisant oder eindeutig ist keiner davon. Gewerkschafter werden als »Berufsfreunde«, ihre Mitgliederwerbung als Werben um »Freundschaft« bezeichnet, ihre Agitation wird mit den allegorisch verhüllenden Worten zitiert: »Das Volk braucht Männer, wir dürfen nicht tatenlos zusehen, wie andere Blut und Nerven opfern für die edlen Güter des Volkes. Es ist gemein und unmännlich, nicht Partei zu ergreifen in gärenden Zeiten. Vorwärts! Die Hände gerührt, es gilt der Freiheit und dem siegenden Licht!« In der 1912 erschienenen »politischen Groteske« »Der Schauspieler und der König« muß sich ein Monarch sagen lassen, daß die Legitimität seiner Herrschaft auf der Bereitwilligkeit seiner Untertanen beruhe, den status quo zu akzeptieren. »Aber wenn diese Leute einmal aufhören, freiwillig Statisterie zu bilden«, sei es mit der Monarchie vorbei – ein vergleichsweise harmloser Nadelstich. Es ist selbstverständlich nicht auszuschließen, daß Marut (vielleicht unter anderem Namen; für einen im 1. Weltkrieg spielenden Text benutzte er das Pseudonym »Tutsch«) neben belletristischen Texten auch politische Artikel und Aufsätze verfaßt hat. Daß es dafür weder im Nachlaß in Mexiko noch in Riverside Belege gibt, will nichts besagen: Von den dort vorhandenen Texten waren nach jetzigem Kenntnisstand nur etwa 30% gedruckt worden. Marut hat also in der Regel solche »erledigten« Texte vernichtet. Wenn er doch einmal bereits gedruckte Typoskripte aufbewahrte, dann vielleicht, weil er hoffte, sie ein weiteres Mal verkaufen zu können.

Substantielle politische Äußerungen erscheinen erstmals im Typoskript des Romans »Die Fackel des Fürsten«. Da heißt es dann: »Der unaufhaltsame Siegeszug der arbeitenden Klasse der ganzen Erde ist eine geschichtliche Notwendigkeit, gegen deren Erfüllung alle Mittel, gute wie schlechte, versagen müssen. Glücklicherweise. Sonst wäre die Arbeit der grössten Geister aller Zeiten und aller Völker umsonst gewesen«. Von dieser historischen Mission des Proletariats ist auch in zwei politischen Kurzgeschichten die Rede, »Der Jugend die Zukunft« und »Der Eisgraue«, die um 1913 entstanden sein dürften, später dann im »Sozialisierungsplan für die Presse«, den Marut als Funktionär der Münchner Räterepublik im April 1919 vorlegte. In den älteren Texten verrät sich nur gelegentlich ein gesellschaftskritischer Geist, etwa in der Beurteilung der Todesstrafe. Titelsucht und Korruption werden angeprangert, aber nicht systematisch.

Schon beachtenswerter ist seine am Rande formulierte Stellungnahme zur Frauenemanzipation in der Besprechung eines Kochbuchs seiner Düsseldorfer Prinzipalin Louise Dumont. »Viele (leider zu viele) Frauen«, heißt es dort, würden »die meiste Zeit ihres Lebens« mit »Essenkochen« verbringen, »was man dann häufig genug an der Enge ihres Horizontes zu spüren bekommt«. Kochen betrachtete er als eher lästige Notwendigkeit; es käme darauf an, durch Effizienz im Arbeitsablauf »Zeit für andere Dinge des Lebens« zu »gewinnen«, »die wichtiger sind«. Die Buchbesprechung mündet im Bekenntnis zu einer »verfeinerten Lebenskunst«, die »nicht zum wenigsten« darin bestehe, »Zeit zu gewinnen für höhere Lebensinteressen«.

In diesen Zusammenhang gehört auch das dreiseitige handschriftliche Fragment einer längeren Abhandlung über Frauenemanzipation, in dem sich Marut dafür aussprach, daß Frauen erst einmal »durch Einsetzen ihrer Persönlichkeit und persönliches Ausführen der Ideen […] die Vorbedingungen des Wahlrechts erlangen« sollten. Er bestritt also ihre kulturelle Reife zur Wahrnehmung des passiven Wahlrechts. »Geistige Spannkraft und zähe Energie besitzt die Frau genug, um vor allem erst einmal Mensch zu werden. Mensch im Sinne des Ideals, das große Männer und bedeutende Frauen aufgerichtet haben«. Im Hintergrund standen offenbar die spektakulären, teils gewalttätigen Aktionen der Suffragetten in Großbritannien von 1911, wobei Emmeline Pankhurst (1858–1928) und ihre Töchter

Christabel (1880–1928) und Sylvia (1882–1960) eine führende Rolle spielten. Der Text könnte um den 19. März 1911 entstanden sein, als Sozialistinnen in Deutschland erstmals den Internationalen Frauentag feierten; eine Veröffentlichung ist nicht nachzuweisen.

Hauptthemen von Maruts Zeitungsbeiträgen waren Fragen der Künstlerexistenz und die Identitätsproblematik; überwiegend drollige Kleinigkeiten, aufgeputzt und schnurrig verdreht und auf unterhaltsame Weise serviert, mit einem mehr stechenden als behaglichen Humor, an dem sich auch bürgerliche Leser zu ergötzen vermochten. Hier schrieb jemand, der über Milieukenntnisse des Theaters, der Literatur- und Verlagswelt, des Kunstbetriebs verfügte; vielfach waren Intendanten, Regisseure, Schauspieler und Schauspielerinnen, Verleger und Autoren, bildende Künstler sowie Kritiker und ihr Publikum Gegenstand seiner Humoresken und Satiren. Er schöpfte offenbar aus eigenen Erfahrungen, die er grotesk übersteigerte, was zum Teil mit Langatmigkeit einherging. Mit Blick auf seine spätere Produktion könnte man sagen, daß schon in diesen putzigharmlosen Übertreibungen das megalomanische Element enthalten ist, das in seinen utopisch-phantastischen Texten, in denen der Superlativ regiert, eine weitere Ausbildung erfahren hat.

Entsprechend seiner damaligen Präsenz und gesellschaftlichen Stellung spielt auch das Militär in Gestalt von garnisonierten Einheiten, Gardeulanen und militärischen Wachtposten eine angemessene Rolle; ab 1914 wird dann der Weltkrieg zum Thema. Weitere erwähnte Berufe stammen oft aus dem technischen Sektor (Hufschmied, Kesselschmied, Eisendreher, Fräser, Hochbauingenieur).

Daß sich Reminiszenzen an Ortschaften und Regionen finden, in denen (oder in deren unmittelbarer Nähe) der Autor nachweislich gelebt oder an denen er sich zumindest aufgehalten hat (Essen-Kupferdreh, Duisburg, Elberfeld, Köln; Berlin, Pillkallen, Zoppot [heute Sopot/Polen]), ist keine Überraschung. Anscheinend kennt er sich aber auch in anderen Städten aus, die als Lebensstationen bisher nicht nachzuweisen waren, etwa in Hamburg: In der Kriegsgeschichte »Zwei Väter« werden »heimatliche Erinnerungsruhepunkte« wie Jungfernstieg und Alsterpavillon, die Kantine bei Blohm & Voß und eine Hafenschenke beschworen – und auch die »Güldenkammer«. Die befindet sich allerdings im Bremer Rathaus und war in jüngster Zeit durch ihre Ausgestaltung im Jugendstil (Heinrich Vogeler, 1905) bekannt geworden. Bei den authentischen Hamburg-Reminiszenzen handelt es sich also wohl um Lesefrüchte, vielleicht um Lexikonwissen.

Authentische Ortskenntnisse haben Guthke und Thunecke für Maruts Kolonialroman »Die Fackel des Fürsten« reklamiert, der Ende des 19. Jahrhunderts im wesentlichen in Südostasien spielt, in der französischen Kolonie Cochinchina und dem Protektorat Annam. Geschichtlicher Hintergrund ist der Eisenbahnbau in Französisch-Indochina mit Kapital und Technik aus Paris. In Riverside befinden sich zwei maschinenschriftliche Durchschlagkopien des Textes, für den Marut auch alternativ die Titel »Die anamitische Fuerstin« (worauf sich ein sechsseitiges Exposé bezieht) und »Das Vermaechtnis des Inders« benutzte. Diese Version (als Verfasser wurde aus taktischen Gründen ein Georg Steinheb behauptet) bot Marut am 7. Februar 1919 von München aus dem LIZ-Verlag in Berlin an (siehe S. 416 f.).

Für Maruts Protagonisten, den Ingenieur Gajus Vautour, ist der Eisenbahnbau in der Kolonie »Kulturarbeit im wahrsten Sinne des Wortes«, denn er ermöglicht die »Vermittlung« der kolonialen Reichtümer an die Menschheit. Daß es sich zugleich um Raub und Ausbeutung handelt, kommt ihm nicht in den Sinn. Im Gegenteil verspricht er sich von der »wirklichen«, d. h. aufrichtigen »Schutzherrschaft eines humanen europäischen Staates« Sicherheit und Wohlstand für die Bevölkerung, denn ausgebaute Verkehrswege erleichtern nicht nur Handel und Transport, sie schaffen auch Öffentlichkeit, die Despotismus und Verbrechen gleichermaßen fürchten. Vautours Skrupel wegen des Verlustes der »Ursprünglichkeit«, »Unabhängigkeit«

und »Unbefangenheit« stehen dahinter zurück. Die christliche Missionsarbeit allerdings unterzieht er einer scharfen Kritik, weil sie die Bevölkerung »ihrer kindlichen Offenheit und Unbefangenheit« beraubt und in »Heuchler, Lügner, Mucker, Selbstgerechte« verwandelt. Daß sie, bei geschickter Anwendung, zugleich »das vorzüglichste Mittel« ist, »Kolonien zu erwerben«, ist eine spätere Erkenntnis Vautours; ebenso, daß Annam zum »Spielball habgieriger Nationen« wurde.

Während eines Erholungsurlaubs reist Vautour in den Nordosten nach Annam. Als er sich im Bergland verirrt, gelangt er in das geheimnisvolle Königreich »Muanghuen« (das Wort »Neuhuman« steckt darin), von dessem hohen zivilisatorischen Niveau er sich überzeugen kann. Der Roman ist zugleich ein Plädoyer für die »Rassenvermischung«. »Der Europäer begeht hier wie überall in den Kolonien den unverzeihlichen Fehler, die Eingeborenen als Halbtiere zu betrachten, die einer edleren seelischen Regung nicht fähig sind«. Vautour entwickelt sich zu einem der »wenigen Europäer, die in den Farbigen gleichberechtigte Menschen sehen«, er setzt sich über die existierende »Rassenkluft« hinweg und nimmt die 13jährige Enkelin eines annamitischen Fürsten zur Frau. Als er zweieinhalb Jahre später als Regierungsbaumeister nach Saigon versetzt wird, hat sich sein Blick geschärft. Er erkennt, daß unter den Europäern nur wenige wirkliche »Kulturträger« sind, als der er sich versteht, sondern »mit geringen Ausnahmen lediglich Glücksritter und Abenteurer, die hier auf Kosten der Eingeborenen mühelos und recht schnell reich werden wollten [...]. Dahinter aber stand, den Hochpunkt der faulenden Zersetzung abwartend, drohend und lauernd, geduckt auf dem Sprunge wie ein bengalischer Tiger, das kraftstrotzende Volk der ›Wilden‹, dem früher oder später sein rechtmäßiges Land doch wieder gehören wird. [...] Weit hinten lauerte die Urkraft, die durch Zähigkeit und Masse das verlotterte Herrenleben der Kolonisatoren aufheben wird«. Daß diese und andere substantiell politische Passagen erst zu einem späteren Zeitpunkt

(1917/18) in die Neufassung des Textes eingefügt wurden, ist nicht auszuschließen.

Das »mysteriöse Moment« des Romans bildet eine Fackel mit Zauberkräften, die Vautour als Hochzeitsgeschenk von seinem Schwiegervater erhält, und mit deren Unversehrtheit – wie in Uhlands (am Schluß des 12. Kapitels deshalb auch erwähnter) Ballade »Das Glück von Edenhall« – seitdem das Schicksal seiner Familie verknüpft ist. Sie wird bei Geburts- und Hochzeitsfeiern rituell entzündet, um gleichsam als segenbringendes Sakrament ihr Licht zu spenden. Als »Lebensfaden« ihrer Besitzerfamilie sorgt sie, solange sie zu leuchten vermag, für Glück und Nachhaltigkeit; wenn sie einmal ganz ausbrennt, bringt sie Tod und Untergang.

Eine nicht überlieferte frühe Fassung des Romans bot Marut im Frühjahr 1914 einem unbekannten, mutmaßlich linksorientierten Verleger an, der zu diesem Zeitpunkt bereits einen Band mit Novellen (unter dem Titel »Der Schauspieler und der König«) vorliegen hatte. Dieser beurteilte das Manuskript mit Brief vom 8. Mai 1914 recht skeptisch, worauf Marut seinerseits mit einem längeren Brief am 14.5.1914 antwortete. Er betonte darin, daß er in seinem Roman »gegen die sogenannte Zivilisationstätigkeit europäischer Staaten« Stellung habe nehmen wollen, nicht nur angesichts der ökonomischen Ausbeutung, sondern ausdrücklich auch des Verlustes traditioneller »Kultur- und Menschheitswerte« wegen. An dem »Phantasiereich« Muang-huen habe er zeigen wollen, daß die sogenannten Wilden der fremden Hilfe, die ihnen nur »aus Gewinnsucht aufgedrängt wird«, nicht bedürfen. Vielmehr habe der »kultivierte Weisse« die Verpflichtung, ihnen die »wirklichen Segnungen der Kultur [...] mitzuteilen. Den ›Wilden‹ und sein Land als bequemes und billiges Ausbeutungsobjekt zu betrachten, ist die Schmach der Kolonialmächte«.

Insbesondere ging es Marut aber in seinem Antwortschreiben darum, Zweifel an der Wirklichkeitstreue seiner Darstellung zu zerstreuen. Der Verleger hatte wissen wollen, ob der Roman, soweit nicht erfunden, wahrheitsgemäß sei und auf eigenen Erlebnissen basiere. Damit konnte Marut natürlich nicht aufwarten. Zwar gab er seiner Meinung Ausdruck, wonach »ein Kunstwerk [...] ja nur selten den Ausdruck eines äusseren Erlebnisses« darstelle (das »vielleicht den Anstoss« gebe), »meist den des inneren Erlebens«; dennoch fabulierte er einen fünfwöchigen Aufenthalt in Saigon, der freilich 15 Jahre zurückliege, und kündigte an, »in etwa drei Jahren« erneut nach Französisch-Indochina reisen zu wollen. Offensichtlich glaubte er, das Authentizitätsverlangen seines Gegenüber nur durch Flunkerei zufriedenstellen zu können. Im übrigen habe er sich auf »sehr gute Quellen« von »Wissenschaftlern« gestützt; das »Material selbst zu beschaffen, hätte wenigstens zwei Jahre erfordert«. Eine Auflistung der von ihm benutzten Quellen, insgesamt 20 Bücher und Zeitschriften, davon nur drei auf Deutsch, legte Marut seinem Brief bei.

Der Germanist Jörg Thunecke hat sich in einem 2003 erschienenen Aufsatz ausführlich mit dieser »Leseliste« auseinandergesetzt. Die Hälfte der genannten Bücher und Zeitschriften, so sein Fazit, sei in deutschen Bibliotheken nicht nachzuweisen, erst »nach über einjährigen, mühseligen Recherchen« sei es ihm gelungen, sie sämtlich »bibliographisch zu ermitteln«. Er schließe aus, »daß diese Werke [...] bloße Zierde waren, um seinem Brief mehr Gewicht zu verleihen«; daß Marut sie in seinem Roman verarbeitet habe, stehe »außer Zweifel« und könne »dem Roman selbst entnommen werden«. Das wiederum setze exzellente Französischkenntnisse voraus. »Ret Maruts Bildungsstand« müsse daher »erheblich höher gewesen sein, als oft angenommen«, was wiederum die Unhaltbarkeit der Wyattschen These vom »Schlosserlehrling Otto Feige aus Schwiebus in Ostdeutschland« beweise. Die Frage stelle sich, ob Marut diese Bücher in »Paris, Brüssel oder vielleicht sogar während eines Aufenthalts in Saigon bzw. Hanoi« konsultiert habe. An diesem Aufenthalt um 1899 (Ret Marut wäre damals 17 Jahre alt gewesen) hat Thunecke wenig Zweifel: »Dieser muß Indochina also genau zu einem Zeitpunkt kennengelernt haben, als die expansiven Tendenzen der französischen Kolonialpolitik besonders ausgeprägt waren«.

Mich mutete Maruts Bücherverzeichnis eher wie der Quellenapparat einer wissenschaftlichen Abhandlung über die jüngere Geschichte Französisch-Indochinas an, mit deren Ausarbeitung sich ein Historiker ein bis zwei Jahre beschäftigt hatte; Thunecke selbst sprach in einem hellsichtigen Augenblick mit Bezug auf die »Marutsche Leseliste« von einer »hochkarätigen akademischen Angelegenheit« (S. 89). Aber Marut war kein Historiker, er war Schauspieler, stand seit Oktober 1907 ununterbrochen im Engagement, schreiben konnte er nur in seiner karg bemessenen Freizeit. Woher hätte er die Bücher, woher die Zeit nehmen sollen, von der Lust ganz zu schweigen, um sich als deutscher Gelehrter mit wissenschaftlicher Akribie diesem Stoff zu widmen? Und schließlich war dabei ja auch keine faktengesättigte Ethnofiction herausgekommen, sondern ein kolportageartiger phantastischer Roman, der noch deutlich den Stempel des nach einer Form suchenden Kurzgeschichtenautors Ret Marut trägt. Ich hatte bei der Lektüre nicht den Eindruck, daß diese Schmonzette auf solider Quellenbasis ruhte; die Exotik darin schien mir beiläufig, flüchtig, wie aufgeschnappt aus zweiter oder gar dritter Hand; der geschilderte Eisenbahnbau etwa hätte so auch in Europa oder Amerika stattfinden können. Mit anderen Worten: Thuneckes im Brustton der Überzeugung vorgetragene Behauptung, Maruts Quellenverarbeitung habe sich in seinem Roman niedergeschlagen, entbehrte meines Erachtens der forsch behaupteten Evidenz.

Ich wollte wissen, was zeitgenössische Lexika über Französisch-Indochina mitzuteilen hatten. Das jüngste Buch auf Maruts Liste war 1906 erschienen. Ich zog daher die sechste Auflage von »Meyers Großem Konversations-Lexikon« heran, die in einem »neuen Abdruck« zwischen 1905 und 1908 erschien (Nachtragsband 1909) und mir schon vielfach gute Dienste geleistet hat. Aufgrund der von Marut zitierten Buchtitel suchte ich nach entsprechenden Artikeln über Annam und Cochinchin, Tonkin und Indo-

Chine. Und war überrascht von der gediegenen Information, die eine Enzyklopädie vom Anfang des vergangenen Jahrhunderts zu liefern vermag. Rundheraus: Für die bibliographische Ermittlung sämtlicher Buch- und Zeitschriftentitel auf Maruts »Leseliste« habe ich nicht, wie Prof. Thunecke, über ein Jahr, sondern nur eine Viertelstunde gebraucht. Das war sogar noch weniger, als Marut selbst benötigte. Denn er mußte immerhin zu Fuß von seiner Wohnung am Fürstenplatz zur Landesbibliothek gehen, ein Weg von schätzungsweise 20 Minuten. Dann allerdings kam er schnell zum Ziel: Im Lesesaal das Regal mit den allgemeinen Nachschlagewerken gesucht, dort die Meyerschen Lexikonbände mit den Artikeln »Anam«, »Französisch-Indochina«, »Kotschinchina« und »Tonking« gegriffen und zwanzig Literaturhinweise abgeschrieben, zuhause mit der Schreibmaschine die Titel getippt, dem Brief beigefügt, und der Bluff (zumindest der Kollegen Thunecke und Guthke) war perfekt. Soviel zu Maruts Französischkenntnissen und seinem mutmaßlichen Aufenthalt als Siebzehnjähriger »in Saigon bzw. Hanoi«. Daß der »Meyers« eine wichtige Quelle auch für Maruts Roman darstellte, soll damit nicht behauptet werden; wohl aber könnte er sich punktuell dabei bedient haben.

Beim Abschreiben oder späteren Abtippen seiner Notizen unterliefen Marut übrigens eine Reihe von Flüchtigkeitsversehen, darunter zwei Leitfehler: Die Abkürzung im Titel »Histoire militaire et politique de l'Annam et du T. depuis 1799« löste er irrtümlich mit »Tonking« statt Tonkin auf – ein klarer Beweis, daß er das Buch nicht in der Hand hatte; beim Abschreiben des Titels »Contes et légendes annamites« landete er nach den ersten beiden Wörtern versehentlich in der nächsten Zeile und vollendete den Titel mit »l'histoire d'Annam«; ein erstklassiger bibliographischer Bastard. Aber: »Ret Maruts Bildungsstand muß – allein schon aufgrund der obigen Leseliste – erheblich höher gewesen sein, als oft angenommen«.

Noch ein zweiter, vermutlich etwas älterer Roman Maruts hat sich in der Ret-Marut-Sammlung der University of

California, Riverside Libraries, gefunden; auch er ist 2008 von Jörg Thunecke erstveröffentlicht worden: »Der Mann Site und die grünglitzernde Frau. Die Geschichte eines Lebens, das nach einem Ziele strebte«. Hinter dem barock manirierten Titel verbirgt sich eine Melange aus Bildungs-, Künstler- und Frauenroman, mit expliziten Seitenblicken auf Jens Peter Jacobsens »Frau Marie Grubbe« (die ebenfalls eine Wegsucherin ist) und Strindbergs »Fräulein Julie«; auch Ibsens »Nora« wird erwähnt.

Im wesentlichen ist es die Adoleszenzgeschichte von Hellie Laskin, einer zu Beginn des Romans sechzehnjährigen Chortänzerin, die, Tochter eines Zirkusreiterpaares, ihre Tanzausbildung in der »Akademie für höhere Tanzkunst« bei den Schwestern Ammerling erhalten hat und dort bereits durch ihren besonderen, weil gedankenlosen Tanz aufgefallen ist: Die Musik weckt in ihr ein Empfinden, »das in der Bewegung des Körpers nach einem sichtbaren Ausdruck sucht«. Als sie eines Abends für eine Ballettkollegin einspringt, wird sie von dem Impresario R. Bun Ward als Solotänzerin entdeckt. Er bietet ihr einen Dreijahresvertrag als Gruppentänzerin zum Mehrfachen ihrer bisherigen Gage bei dem amerikanischen Theater- und Varietéunternehmen Kanterby, dessen fabelhafte Reklameoperationen ausführlich geschildert werden. Nach einiger Zeit kündigt Ward bei Kanterby, nimmt Hellie selbst unter Vertrag und schickt sie auf eine Tournee durch die USA, nach Südamerika und nach Europa. Ward: »Warum soll denn nur die Kugel im Roulette springen? Ich selber will springen. Ich will spielen mit meinen Lebens- und Erwerbsmöglichkeiten«.

Auf einer Kunstausstellung lernt Ward den Maler Tuck Griewald kennen, besucht ihn im Atelier, ist beeindruckt von dem gemalten Bewegungsrhythmus, entdeckt zwischen Hellies Tanz und Griewalds Bildern eine Ähnlichkeit in der »Kunstempfindung« und engagiert ihn als Bewegungslehrer für Hellie. Für Griewald ist Kunst der »Ausdruck vollkommenster Schönheit in Verbindung [mit] einer nur Begriff- und nur Gefühlsdarstellung, die (um nachempfunden zu werden) vom Beschauer einen hohen Intellekt verlangte«. »Nur eine Ahnung war es, daß sie etwas Bestimmtes in der Welt zu vollbringen habe. Aber sie konnte dieser Ahnung keine Gestalt geben«. Es ist dieses Defizit, das Hellie zu einer großen Künstlerin macht. In London lernt sie Gerhard Munks kennen, Sohn eines »Großkapitalisten« aus einer bekannten Großstadt des »rheinisch-westfälischen Industriegebietes«, der ein Eisenwerk mit 4700 Arbeitern leitet und »trotz seiner Jugend« nicht bloß Millionär, sondern zugleich »ein vollendeter Weltmann« ist. Bei der Munksschen Villa mit Park könnte Marut an die Villa Hügel oberhalb der Ruhr gedacht haben; das gegenüberliegende kleine Städtchen mit den winkligen, engen Gassen wäre dann Essen-Werden, das große weiße Haus mit Zinnen und Türmchen die ehemalige Abtei Werden, die bis 1928 als königlich-preußische Strafanstalt genutzt wurde. Hellie und Munks verlieben sich und heiraten. Aber weil sie »Ekel vor der Ehe«, Angst vor der »Vereinigung«, der heterosexuellen Erfahrung hat, trennt sie sich von ihm, fabelhafterweise im gegenseitigen Einvernehmen.

Nach sechs Kapiteln verliert Marut das Interesse an Hellie, läßt sie zwei andere Frauen treffen, deren Lebensgeschichten ausführlich erzählt werden und damit Modellcharakter erhalten. Die eine verkörpert im Roman den Typus des Blaustrumpfs: Als kaum ältere, frischgebackene Doktorin der Medizin setzt sie ihr »Leben daran«, »ein großes Ziel zu erreichen«; aber anders als Hellie gelingt ihr dies nur unter Aufopferung von Jugend und Schönheit. Die andere ist die junge ostpreußische Gutsbesitzerin Ursula, deren männliche Kraft und Durchsetzungsfähigkeit hervorgehoben werden. Beziehungen zu Männern geht sie nur bei Bedarf ein, was sie mit den Worten rechtfertigt: »Ich sehe nicht ein, weshalb ich den besten und stärksten Teil meiner Energie und Lebenskraft darauf verwenden soll, einen an sich gesunden und natürlichen Instinkt zu unterdrücken«. Ursula verkörpert damit die sexuell emanzipierte Frau.

Bis Kapitel IX bleibt Hellie dennoch Handlungsträgerin. In Kapitel X, als sie den Bildhauer und Schriftsteller Felix kennenlernt, verliert sie vorübergehend ihren Namen, die Stimmung des Romans kippt ins Mythisch-Märchenhafte. Felix' Lebensgeschichte wird nun ebenfalls erzählt, auch seine Verbindung mit Hete, bei der es sich – ein weiteres Modell – offenbar um eine Prostituierte handelt, die er aber aus Verehrung nicht anrührt. Von Felix lernt Hellie, die darunter leidet, »allein unter allen Menschen« zu sein und nicht zu wissen, »wozu ich bin«, daß es nicht auf das Erreichen von Zielen ankommt: »Wer ein Ziel vor sich sieht, ist immer beschränkt und eingeengt. Grenzen und Ziele töten den Geist und den Willen des Menschen«. Mit Kapitel XII verschmilzt die Romanhandlung mit dem Inhalt des Romans, an dem Felix schreibt, einem Kunstmärchen im Stil Oscar Wildes (»Der junge König«), das in einer bewußt antiquierten, religiös-feierlichen Sprache erzählt wird. Das Geschehen ist traumartig-belanglos, eine Mischung aus durchsichtiger Allegorie und »Tausendundeiner Nacht«. Später hat Marut daraus den Text »Khundar. Das erste Buch. Begegnungen« abgeleitet und mit dem Kokolores ein als neun Nummern zählendes, 4,80 Mark teures Heft des »Ziegelbrenner« gefüllt.

Bringt man die Geschichte auf den Punkt, geht es um eine Frau, die sich ihre Jungfernschaft bewahrt, aufspart für den Richtigen, für Felix, als sei ihr Lebensziel die sinnhafte Defloration. Denn nach vollbrachter Tat und anschließender Trennung beginnt für die nunmehr Fünfundzwanzigjährige »ihre Künstlerschaft, wo sie bisher Handwerkerin gewesen war«. Fortan trägt sie »wehe Freude im Herzen und Todessehnsucht« und begeistert ihr Publikum mehr denn je.

Möglicherweise hat sich Marut für die Darstellung von Hellies unbewußter, gedankenloser Tanzkunst von den Auftritten einer Künstlerin inspirieren lassen, die sich Madeleine Trilby nannte und 1910 als gelegentlicher Gast des Dessauer Künstlerensembles von Franz Lange, dem zu dieser Zeit auch Marut und Zielke angehörten, in Zeitz, Schleiz und Zeulenroda als »berühmte Traumtänzerin« auftrat – eine weniger prominente Kollegin der seinerzeit berühmten »Schlaftänzerin« Magdeleine Guipet (geb. 1876 in Tiflis), über die insbesondere im Jahr 1904 viel geschrieben und gestritten wurde. Anläßlich von Trilbys erstem Auftritt in Schleiz schrieb das dortige »Wochenblatt«: »Das Publikum wurde durch die ihm neuartigen Darbietungen aufs Lebhafteste gefesselt und in Spannung gehalten, was durch den Beifall, den man dem mimischen Spiel und Tanz zollte, bewiesen wurde. Die Illustrationen packender Dichtungen, die Madeleine Trilby unter dem Einflusse des Herrn Heinz Brede ausführte, ebenso die Lieder, die sie in russischer und deutscher Sprache sang, begegneten lebhaftem Interesse.« Das Gutachten eines Zittauer Nervenarztes bescheinigte, daß es sich bei ihrem »künstlerisch herbeigeführten Schlafzustand« um »echte Hypnose« handle.

Die Fertigstellung (nicht »Vollendung«) des Romans möchte ich auf Maruts Münchner Zeit datieren. Dafür spricht zum einen der Schluß, den er für das vorletzte »Ziegelbrenner«-Heft vom 30.4.1920 umgeformt verwendet hat. Zum andern wird im Roman eine Geschichtslektion erwähnt, in der der Lehrer die »brutale Raubgier einer Hofsippe« (gemeint sind die Hohenzollern) mit der »göttlichen Vorsehung« gerechtfertigt habe, wodurch zum einen »Gott beleidigt«, zum andern »ein verkommenes Mordbrennergesindel von jeglicher Schuld« freigesprochen worden sei: Das ist »Ziegelbrenner«-Diktion. Schließlich steckt in der Erfahrung, die Felix macht, anscheinend die des Schauspielers Marut bei seinem Weggang aus Düsseldorf: »Und bei dem letzten Blick, den er auf diesen Lebensabschnitt warf, kam ihm urplötzlich sein Verlust, den er erlitten, stark ins Bewußtsein. Es war ein Abschied von seiner Kunst«.

Der Roman wirkt zusammengestoppelt und hat, trotz des dauernden Schauplatzwechsels, quälende Längen. Die Dialoge überwiegen, die Handlung ist sprunghaft (wie in der Kriegsnovelle), das Geschehen durch die Fülle an Übertreibungen und Übersteigerungen unglaubwürdig, die Nebenfiguren scheinen Kolportageromanen entsprungen zu sein. Immerhin ist der Roman vollgestopft mit Erfahrungen, Bekenntnissen und Parallelen zur Lebensgeschichte seines Verfassers, was ihm einen gewissen Wert verleiht: Wie Marut und später Traven schweigt auch Felix strikt über seine Vergangenheit, Hellie reflektiert über Wert und Unwert von Namen, und es wird Klage darüber geführt, daß in der westlichen Welt die »Persönlichkeit nicht nach ihrem Können und Wissen und Charakter, sondern nach dem Stande des Vaters« wertgeschätzt wird.

Gastspiele in Gelsenkirchen, Bochum und München

Maruts zweite Spielzeit begann, wie die erste geendet hatte, mit einer Aufführung von »Schneider Wibbel« am 3. September 1913. Bei der Uraufführung von Herbert Eulenbergs Oratorium »Ikarus und Daedalus« (darauf folgte, vom selben Verfasser, der »fröhliche Einakter« »Krieg dem Krieg«) am 8.9.1913 war er unter den Mitwirkenden, bei der Wiederaufnahme von Ibsens »Komödie der Liebe« am 16.9.1913 übernahm er die Rolle des Kollegen Weber. Bei der Premiere von Calderóns »Richter von Zalamea« am 23.9.1913 spielte er einen Gerichtsschreiber, in der Aufführung von Büchners Lustspiel »Leonce und Lena« am 19.10.1913 den zweiten Diener und war unter Umständen auch in der anschließenden »dramatischen Grille« von Goethe, »Die geflickte Braut (Der Triumph der Empfindsamkeit)«, unter den »Bedienten«. Den Zweiten Handwerker spielte er am 22.10.1913 (ebenso beim Gastspiel in Düren am 23.10.) in Gustav Frenssens »Soenke Erichsen«. Vertretungsweise übernahm er nach dem 10.11.1913 eine Rolle in »Hamlet« und nach dem 12.12.1913 in »Pygmalion«. Am 16.11.1913 hatte Franz Molnárs »Vorstadt-Legende« »Liliom« Premiere; Marut spielte den Zweiten Detektiv. De facto handelte es sich wieder um eine Dienerrolle, denn die beiden »Detektivs« (»zwei hohe, schöne Männergestalten in schwarzem Gewand«, »bartlos«) sind Sendboten des Himmels, Gottes Polizei. Entsprechend darf Marut, der im 5. und 6. Bild insgesamt 10 Sätze zu sprechen hat und im 7. Bild kurz auf der Bühne erscheint, sich und seinen Kollegen zweimal als

»Die Polizei« vorstellen. In Arthur Schnitzlers »Professor Bernhardi« spielte er anstelle des erkrankten Kurt Thiele am 18.1.1914 einen Diener im Unterrichtsministerium, in Arnold Bennetts und Edward Knoblauchs Komödie »Meilensteine«, die am 8.2.1914 aufgeführt wurde, den Butler Thompson. In der Uraufführung des Schauspiels »Die gelbe Jacke« von George Cochrane Hazelton und Joseph Henry Benrimo (einer Adaption verschiedener Motive aus der chinesischen Dichtung) am 3.3.1914 gab er einen von drei Musikanten, in Carl Rößlers »Rösselsprung« am 7.3.1914 den Diener Kaspar, in Goethes »Clavigo« am 19.3.1914 den Diener des Carlos. Mit Brief vom 27.3.1914 wurde ihm in Moritz Heimanns »Der Feind und der Bruder« eine Rolle im Rat der Zehn übertragen, am 24.5. erhielt er zusätzlich zu bisher verabredeten Rollen (u. a. Küchenmeister) auch noch die eines Trolls im 7. Bild von Ibsens »Peer Gynt«; auf der Probe zu Shakespeares »Sturm« am 3.6.1914 sollte er »den Adrian markieren«.

Mit gemischten Gefühlen dürfte Marut in dieser Saison zwischen Mitte September 1913 und Ende März 1914 zu sieben Gastspielen nach Gelsenkirchen und Bochum gefahren sein, seinen früheren Wirkungsstätten als Gewerkschaftssekretär. Um nicht erkannt zu werden, wird er an Garderobe und Schminke nicht gespart haben und erstmals erleichtert gewesen sein, daß seine Rollen klein und unauffällig waren. Am 19.9. und erneut am 17.11.1913 spielte er in der Gelsenkirchener Stadthalle im Kaiser-Wilhelm-Park (Stadtgarten an der Zeppelinallee) den schon häufiger von ihm übernommenen Fish in Edward Knoblauchs Komödie »Der Faun« und an gleicher Stätte am 18.2.1914 in Arnold Bennetts und Edward Knoblauchs Komödie »Meilensteine« den Butler Thompson, der im 1. Akt für etwa zwei Minuten mit zwei Sätzen, im 2. Akt mit drei sekundenkurzen Auftritten und je einem Satz zum Einsatz kommt. Am 11.3.1914 hatte er in Carl Rößlers »Rösselsprung« als Diener Kaspar immerhin 24 Sätze zu sprechen und war infolgedessen häufiger auf der Bühne zu sehen. Letztmalig in Gelsenkirchen gab er beim Goethe-Abend am 23.3.1914 den Briefträger in den »Geschwistern« und den Diener des Carlos in »Clavigo«. Als Briefträger (den bei der Uraufführung 1776 in Weimar Kotzebue gespielt hatte) trat er zwar nur in der Eröffnungsszene mit den Worten »Einen beschwerten Brief, zwanzig Dukaten, franko halb« auf; in »Clavigo« waren es immerhin (im 5. Akt) elf Sätze. Die »Gelsenkirchener Allgemeine Zeitung« befand in der Besprechung vom 25.3., »Ret Marut« habe sich in dieser kleinen Rolle durchaus »mit Geschick betätigt«. Die Bochumer Aufführungen fanden am 24.10.1913 und 25.3.1914 im Evangelischen Vereinshaus statt, einem Gesellschaftshaus mit Restauration, Gesellschaftsräumen und großem Saal sowie Garten in der ehemaligen Mühlenstraße 25. 1913 wurde Carl Rößlers Lustspiel »Die fünf Frankfurter« gespielt, mit Marut als Kabinettsrat Yssel, laut Szenenanweisung ein »kleiner behäbiger Mann«, dessen Mitwirkung sich auf acht Sätze im 2. Akt beschränkt; 1914 gastierte man mit »Meilensteine«. Zu einer Konfrontation mit den Gespenstern seiner Vergangenheit kam es nicht.

Im Sommer 1914 fuhr Marut dann mit dem Schauspielhaus nach München zu einem Gastspiel im dortigen Künstlertheater, »oberhalb der Theresienwiese, hinter dem Kolossalbild der Bavaria«. Dessen Leiter Georg Fuchs hatte sich mit Dumont und Lindemann zu einer gemeinsamen Direktion zusammengeschlossen; geplant war eine langfristige Kooperation. Die Spielzeit sollte vom 1. Juli bis 1. Oktober dauern; gespielt wurden »Die gelbe Jacke«, »Peer Gynt« und »Der Sturm«. Ursprünglicher Abreisetermin war der 30.6., »am 1. Juli vormittags 10 Uhr« sollte sich Marut »zur Probe im Münchener Künstler Theater melden«, was dann kurzfristig um zwei Tage verschoben wurde. Seine polizeiliche Anmeldung erfolgte am 6. Juli; er wohnte Gollierstr. Nr. 7 im 3. Stock als Untermieter bei Goßler in der Nähe der Theresienwiese.

In Hazeltons/Benrimos »Gelbe Jacke« in der Regie von Gustav Lindemann stellte Marut wie üblich einen von drei Musikanten dar. Die Ankündigung des »Münchener Künstler-Theaters« versprach ein »chinesisches Lustspiel«. Bis zum 21.7. gab es neun Aufführungen, Aushangzettel waren bis zum 3.8. vorbereitet. Dann brach der Krieg aus, »auf behördliche Verfügung« wurde das Münchner Künstlertheater am 1. August 1914 geschlossen. »Schon während und nach der letzten Aufführung packten wir auf der linken Seite des Theaters Kostüme, Requisiten, Dekorationen in Kisten, Kasten und auf Lastwagen, während auf der rechten Seite Soldaten in den Künstlergarderoben, in den Gängen, im Foyer Feldbetten aufstellten und Strohschütten aufwarfen, weil eine Proviantkolonne [...] ab 12 Uhr nachts im Künstlertheater Notquartier beziehen sollte«. Der »in München befindliche Teil des Personals« erhielt daraufhin »eine Notgage« in Höhe von 170 Mark, 50 Mark Spielgeld und eine Extravergütung von 85 Mark ausgezahlt. Offenbar wurde Marut anschließend in Urlaub geschickt, denn laut einer Bemerkung in einem Brief an die Hausmeisterin des Hauses Fürstenplatz 6 kam er am 24.8.1914 nach »dreimonatiger Abwesenheit« nach Düsseldorf zurück. Diesen Urlaub hat er vermutlich in Bayern verbracht, denn in seinem Roman »Die Fackel des Fürsten« bekundet er gute Ortskenntnisse der Region um Urfeld im bayrischen Voralpenland: Nach einem Besuch der Alten Pinakothek (erwähnt werden »die Rembrandts« und die »Rubenssammlung«) und einem Ausflug zu Schloß Nymphenburg fährt sein Protagonist mit der Bahn vom Isartal-Bahnhof nach Kochel, um von hier erst zum Kochelsee, dann weiter nach Urfeld und zum Walchensee zu wandern. Zwar hatte Marut den Roman bereits vor dem 8. Mai 1914 einem unbekannten Verleger angeboten, doch könnte es sich dabei um eine frühere Fassung gehandelt haben.

Kunst im Krieg

Als bei Kriegsausbruch Millionen deutscher Männer zum Kriegsdienst eingezogen wurden, lichteten sich auch die Reihen der Beschäftigten am Schauspielhaus: Gustav Lindemann meldete sich freiwillig, zahlreiche Darsteller erhielten ihren Einberufungsbefehl. Nicht so Ret Marut. Al-

lerdings verursachte ihm ein Irrtum der Düsseldorfer Meldepolizei für kurze Zeit Unannehmlichkeiten. Zu einem unbekannten Zeitpunkt nach Englands Kriegserklärung am 4. August 1914 wurde er als feindlicher Ausländer in Düsseldorf verhaftet, jedoch am gleichen Tag wieder auf freien Fuß gesetzt; die Internierung im Kriegsgefangenenlager Ruhleben bei Berlin, die sämtliche männlichen englischen Staatsbürger zwischen 17 und 55 Jahren betraf, blieb ihm somit erspart. Ich entnehme das dem Lebenslauf von Ret Marut, der in den Akten des State Department überliefert ist. Darin heißt es: »Never arrested before Except in Dusseldorf in 1914 as a suspect, was released same day«. Irene Zielke notierte für Gerd Heidemann, nach den Auskünften ihrer Mutter: »R.M. [mußte] in Dtld. bei Krieg poliz. sich stellen«. Grund war die Nationalitätsangabe der Düsseldorfer Polizei, die ihn aufgrund seiner behaupteten Geburt in San Francisco fälschlich als Engländer verbucht hatte. Zweifellos infolge der Verhaftung hat Marut, wie er zweieinhalb Jahre später dem amerikanischen Vize-Konsul in München erzählte, im November 1914 beim amerikanischen Konsul in Barmen einen Paß beantragt. Das Ersuchen blieb ohne Erfolg: Der Konsul erklärte ihm, daß er keinen Paß brauche, solange er nicht in die USA zurückkehren wolle. Das gleiche versuchte er – wieder seinen im Jahr 1917 in München gemachten Angaben zufolge (er erinnerte sich nicht mehr genau) – im Juli oder August 1915 oder 1916 in Köln; der Konsul habe ihm jedoch ebenfalls geraten, »seine zwei Dollar zu sparen«. Aber auch ohne amerikanische Ausweispapiere blieb Marut unbehelligt.

Ich vermute, daß Maruts Kölner Versuch im Sommer 1915 stattfand, denn am 3. Juni 1915 wandte er sich an das Department of Public Health (Gesundheitsamt) in San Francisco und bat um eine Bestätigung seiner dortigen Geburt am 25.2.1882. Die er natürlich nicht erhielt, sondern nur am 3. Juli eine immerhin amtliche Erklärung über die Unmöglichkeit, eine vor dem 18.4.1906 registrierte Geburt nachzuweisen, da vom 18. bis 20. April 1906 eine Feuersbrunst in der Stadt wütete und sämtliche Zivilstandsregister ver-

nichtete: »This is to certify that all the birth records of the City and County of San Francisco, State of California, prior to April 18th, 1906 were destroyed in a general conflagration on April 18th, 19th and 20th, 1906: therefore this office is unable to furnish a certified copy of the birth record of Ret Marut, said to have been born in the City of San Francisco on the twenty-fifth day of February 1882«. Die Bescheinigung war ausreichend, um damit die Naturalisierung als deutscher Staatsbürger zu beantragen. Sie wurde Marut zwar nie gewährt, doch immerhin wurde ihm von der Polizeiverwaltung in Düsseldorf am 4.10.1915 ein befristeter Ausweis mit der Bestätigung ausgestellt, daß er »Paß u. sonstige Papiere zwecks Einbürgerung dort eingereicht« habe. Damit konnte er sich dann in München legitimieren.

Der Spielbetrieb am Schauspielhaus Düsseldorf erlitt durch den Kriegsausbruch zunächst kaum Einbußen. Die Schauspielhaus G.m.b.H. löste zwar am 23.8.1914 alle Verträge aufgrund der Kriegsklausel (§ B.6) auf und stellte ihren Betrieb formell ein, gleichzeitig übergab sie jedoch der Direktion Dumont-Lindemann das Theater zur freien Verfügung. Diese eröffnete das Theater am 1.9. wieder, schloß aber nur noch Kettenverträge. Weil die Stadt eine Subvention von 50000 Mark für die nächsten acht Monate zugesichert hatte, konnte den Schauspielern eine Monatsgage von 150 Mark garantiert sowie seitens der Direktion eine Gewinnbeteiligung versprochen werden. Am 8., dann am 21. September 1914 wurde den Ensemblemitgliedern ein neuer, befristeter Vertrag angeboten, dessen Gültigkeit zunächst bis zum 31. März, dann zum 30. Juni 1915 verlängert wurde (beide Verlängerungen wurden von 32 Mitgliedern unterschrieben, darunter auch Marut). Der Spielplan wurde aktualisiert; das Kriegsthema hielt Einzug auf der Bühne.

Marut trat am 1.9.1914 als Kammerdiener in Lessings »Minna von Barnhelm« auf, spielte in der Doppelaufführung am 11.10.1914 in Bjørnstjerne Bjørnsons Schauspiel »Über die Kraft« den Geistlichen Brei und in der vorangehenden »Schlacht bei Worringen«, einem Einakter von Hans Franck, vermutlich einen von »vielen bergischen Bauern«. In Gustav Freytags Lustspiel »Die Journalisten« spielte er am 18.10.1914 den Bürger und Wahlmann Kleinmichel, einen Tag später stand er in Heinrich Lees historischem Schauspiel »Grüne Ostern« als Weinhold, Wirt des Schweidnitzer Kellers, auf der Bühne, in Hermann Bahrs Komödie »Der Querulant« stellte er am 21.11.1914 den Amtsdiener dar. Daß er am nächsten Tag im Schauspielhaus den Vortrag von Lily Braun (»Der Krieg und die Frau«) hörte, ist zu vermuten; ob es zu einer persönlichen Begegnung kam, wie sie Braun drei Jahre zuvor in ihrem Brief nach Danzig angeboten hatte, bleibt offen. In »Das Mysterium von der Geburt des Heilandes. Ein altdeutsches Krippenspiel« von Richard Kralik spielte er am 29.11.1914 den Höllenboten Happa. »Ein dienender Teufel« (und als Vertreter des erkrankten Kurt Frisch am 6.1. auch noch der Müllersohn Peter) war er in Emil Alfred Herrmanns »Märchenspiel mit Musik und Tanz«, »Der gestiefelte Kater« (25.12.1914). Ob er in Emil Ludwigs Komödie »Der verlorene Sohn« (4.2.1915) mitspielte oder nur einige Proben leitete, ist unklar. In Wolffs/von Webers »Preciosa« am 6.2.1915 mimte er einen Zigeuner. Am 20.3.1915 spielte er im »Raub der Sabinerinnen« der Brüder Schönthan den Schuldiener Meissner, in Gogols neu einstudiertem »Revisor« gab er am 24.4.1915 den Schulrektor Luka Lukitsch Chlopoff.

Waren bei Kriegsausbruch acht Angehörige des Schauspielhauses zum Kriegsdienst eingezogen worden, darunter zwei Schauspieler, so mußte im zweiten Kriegsjahr schon für siebzehn, darunter sieben Schauspieler, ein angemessener Ersatz beschafft werden. Mit dem 1. Mai 1915 verschlechterten sich zudem die wirtschaftlichen Bedingungen für das Schauspielhaus, da mit diesem Tag die städtische Subvention wegfiel; auch der Zuschuß für die Hochschule wurde auf weniger als ein Drittel reduziert. »Für die Monate Mai und Juni« war der Direktion »von Privaten ein Unterstützungsfond[s]« in Höhe von 12 500 Mark »zur Verfügung gestellt« worden, sie bot den Beschäftigten daher mit Schreiben vom 30. April 1915 eine Vereinbarung an, wonach die Mitarbeiterinnen und Mitarbeiter, deren monatliches Gehalt über 150 Mark lag, in diesen beiden Monaten freiwillig auf zwanzig Prozent der Einkünfte verzichteten. Marut stimmte zusammen mit etwa dreißig andern der Vereinbarung zu.

Am 16. Juni 1915 wurde das »summarische Vertragsverhältnis« mit sämtlichen Mitgliedern gekündigt. Am 30. Juni erhielt Marut von Louise Dumont noch eine Einzelkündigung: »Der außerordentliche Ernst der Lage mit der für uns daraus entspringenden Nötigung, die vorhandenen Mittel auf das äußerste zu ökonomisieren, erlauben uns zu unserm aufrichtigen Bedauern nicht, den Vertrag mit Ihnen zu erneuern. Unser Spielplan hat ja auch, besonders in der letzten Zeit, leider keine Aufgaben geboten, die Ihnen künstlerische Befriedigung gewähren konnten«. Dumonts Fazit war durchaus zutreffend: Zwar hatte Marut zuletzt mit dem Spirwes in »Datterich« eine mittelgroße Rolle übertragen bekommen und in der Neueinstudierung von Ibsens »Wildente« am 14. und 19.5.1915 Werles Diener Pettersen spielen dürfen, der im ersten Akt immerhin einige charaktervolle Äußerungen tut, aber damit hatte es sich auch. Schon in Karl Gutzkows Lustspiel »Zopf und Schwert« am 26.5.1915 reduzierte sich seine Mitwirkung auf die Doppelrolle eines stummen Mitglieds der Tabaksgesellschaft sowie des Kammerdieners der Königin, als der er nur ein paar kurze Sätze in der 1. Szene des 5. Akts zu sprechen hat. Nur vier Sätze waren es als Curio, Kavalier des Herzogs Orsino in Shakespeares »Was ihr wollt« am 29.5.1915. Wieder einen Diener spielte er in »Des Teufels Politik. Eine angreifende Komödie« von Hans Artur Lux (Premiere am 2.7.1915) und bei einem Gastspiel am 9.8. in Solingen mit »Minna von Barnhelm«.

Die Kündigung war ausgesprochen, wirksam wurde sie indessen nicht. Vielmehr plante die Direktion, wie sie mit Schreiben an den Mitgliederausschuß des Ensembles vom 21.6.1915 mitteilte, die Spielzeit »in den Juli hinein fortzusetzen«. Voraussetzung sei, daß zum einen »die bei der

Behörde eingereichten Reklamationen der heerespflichtigen Herren Erfolg« hätten, zum andern »die Mitglieder sich sämtlich bereit erklärten, unter veränderten Bedingungen die Weiterführung des Spielplans zu ermöglichen.« Da im Juli auf keinen privaten Unterstützungsfonds zugegriffen werden könne, müßten die Mitglieder mit Einbußen rechnen, die man durch zusätzliche Vorstellungen auszugleichen hoffe. Fünfundzwanzig Unterzeichner, darunter auch Marut, signalisierten daraufhin ihre Zustimmung. Am 17. Juli schlug die Direktion vor, die zuletzt geschlossene Abmachung vorläufig zu verlängern und bot dem Ensemble eine entsprechende Weiterbeschäftigung bis zum 8. August an; Marut war wieder unter den 25 Unterzeichnern. Am 8. August wurde die Spielzeit erneut bis Ende August verlängert; von den 23 verbliebenen Mitgliedern stimmten 20 zu, darunter Marut. Am 27. Juli 1915 konnte er schließlich für die Zeit vom 1.9.1915 bis zum 30.4.1916 einen neuen Kontrakt mit der Direktion des Schauspielhauses abschließen. Als Monatsgage wurden 110 Mark zuzüglich eines Spielhonorars in Höhe von 3 Mark pro Vorstellung vereinbart, mindestens aber 90 Mark/mtl.; in einer Zusatzerklärung jedoch festgelegt, daß die Direktion nur fünfzig Prozent der Bezüge, mindestens 150 Mark, sowie eine Beteiligung am Reingewinn maximal bis zur Höhe der vereinbarten Gage garantiere. Für den Fall weiterer Einberufungen zum Kriegsdienst wurde der Direktion ein 14tägiges Kündigungsrecht eingeräumt, umgekehrt hatte jedes Mitglied »das Recht«, den Vertrag »jederzeit nach vorangegangener monatlicher Kündigung zu lösen.« Die bisherige Diätenregelung wurde beibehalten, bezahlter Urlaub wurde nicht gewährt, ein Anspruch auf unbezahlten Urlaub bestand nicht.

Trennung von Elfriede Zielke, Verbindung mit Irene Mermet

Auch auf Maruts Beziehung zu Elfriede Zielke hatte der Krieg Auswirkungen. Wegen ihrer dauernden Trennung waren beide allmählich einander fremd geworden. »Von Danzig an [...] haben wir uns nur besucht«. Irene wuchs bei der Großmutter in Berlin auf; Elfriede kehrte auf die Bühne zurück. In der Spielzeit 1912/13 war sie am »Berliner Lustspiel-Theater« engagiert und wohnte Charlottenburg, Hardenbergstr. 28 / Ecke Kantstraße in der Pension Hardenberg. »Ich bin dann hin- und her gefahren, er kam mich besuchen«. Vom 3. bis 29. August 1913 gastierte sie mit der Theodor Hoppeschen Theatergesellschaft in Tangermünde in der Altmark, einer alten Hanse- und Festungsstadt im Norden von Sachsen-Anhalt. Hier besuchte sie Marut, der sich in Düsseldorf vom 4. August bis zum 3. September hatte beurlauben lassen. Recknagel brachte bei den Zielkes in Erfahrung, daß Marut »damals eifrig die alten Bauten der Stadt [zeichnete]«. »Er war zeichnerisch [...] begabt«, wußte Irene Zielke. Es sollte Elfriedes letzte Begegnung mit Marut sein, Ende 1914 trennte sie sich, nach vierjähriger »wilder Ehe«, von ihm. Im selben Jahr hatte sie einen anderen Mann kennengelernt, dem sie, als er 1914 eingezogen wurde, die Ehe versprach. Recknagel brachte in Erfahrung: »Ein leidenschaftlicher Verehrer, ein Herr Garding, hatte sich eingestellt. Bei dessen Einberufung zum Kriegsdienst veranlaßte seine Mutter [...] Elfriede Zielke, ihm die Ehe zu versprechen, ›weil er sonst im Kriege den Freitod suchen würde‹. Elfriede Zielke gab ihm das Versprechen und übersandte Ret Marut nach Düsseldorf ihren Entscheid«. Irene Zielke erinnerte sich des neuen Liebhabers ihrer Mutter als eines »unbedeutenden, einfachen jungen Mannes«, den sie »noch als Onkel Garding in Erinnerung habe und der Soldat war, was ich furchtbar schick fand [...]. Meine Mutter war nur ganz kurze Zeit mit ihm befreundet, mein Vater kannte ihn nicht«. Garding fiel noch im selben Jahr an der Front. Im Gespräch mit Gerd Heidemann erinnerte sich die Sechsundsiebzigjährige an einen Satz in Maruts letztem, »wundervollen Brief« an sie: »Wir werden dann eben gute Freunde sein, was wir nicht konnten, solange wir ein Liebespaar waren«. Auf diesen

Brief hat sie nicht mehr geantwortet. Den Brief- und Päckchenkontakt zu der gemeinsamen Tochter Irene und auch zu Elfriedes Mutter hielt Marut jedoch noch bis Silvester 1918 aufrecht.

An Elfriede Zielkes Stelle als Maruts Liebhaberin rückte die Kölnerin Irene Mermet (1893–1956), die zum 1. Januar 1915, »gegen den Willen ihrer Eltern«, wie das Schülerbuch vermerkt, nach einer Aufnahmeprüfung als »zahlende Schülerin« (75 Mark/mtl.) an die Hochschule für Bühnenkunst gekommen war – obgleich der Eintritt in der Regel zum 1. September zu erfolgen hatte. Irenes spätere Angaben über ihre Herkunft waren nicht minder phantastisch als die Maruts. Ihr Vater soll kein geringerer als ein kaiserlicher Adjutant, und zwar im Generalsrang, namens von Mohr gewesen sein, der 1914 verstorben sei. In zweiter Ehe habe ihre Mutter dann den Kaufmann Fritz Mermet geheiratet, der mit Rheinschiffahrt zu tun gehabt habe. Tatsächlich stammte sie aus einer »rheinischen Bierbrauerfamilie«, ihr leiblicher Vater hieß Alda, nach dessen Tod heiratete ihre Mutter den Kohlenhändler Fritz Mermet in Rodenkirchen, der sie adoptierte. Nach dem Tod ihrer Mutter 1916 heiratete Fritz Mermet seine litauische Haushälterin Wanda; er starb 1926. Laut Recknagel soll sich Irene Mermet »bereits 1913/14 in einer ›kommunistischen‹ Organisation betätigt haben«. Ein von Recknagel aus dem Nachlaß in Mexiko erstveröffentlichtes Porträt, das Guthke auf etwa 1920 datiert, zeigt eine selbstbewußte, temperamentvolle junge Frau, der man das couragierte und kaltblütige Verhalten, das sie als »Ziegelbrenner«-Mitarbeiterin unter Beweis stellte, ohne weiteres zutraut. Der alte Traven sprach gegenüber seiner Frau offen über seine Beziehung zu ihr. Rosa Elena wußte daher zu berichten, daß Irene ein libertärer Freigeist gewesen sei, eine Künstlerpersönlichkeit, nicht sehr attraktiv, aber von scharfem Verstand, und obendrein ein Waisenkind (was so nicht stimmte): »Irene was an actress and one of those European anarchist types. She wasn't very attractive, but she had a very good mind. When Traven met her she had no family, and she was in trouble with the police for debts. I think he liked her because she was an orphan and an artist like himself. Anyway, they lived together during the war«. Im Grunde also war Mermet Maruts weibliches Gegenstück.

In Düsseldorf nahm sich Irene erst zum 1. März eine Wohnung (Grünstraße 22), seit dem 12. Juli 1915 war sie Südstraße 5 gemeldet. Von dort waren es nur drei Gehminuten bis zum Schauspielhaus und weniger als zehn bis zu Maruts Wohnung. In der 9. Szene des 2. Aufzugs von Shakespeares neueinstudiertem »Kaufmann von Venedig« standen sie am 2. und 5. Februar 1915 gleichzeitig auf der Bühne; Mermet als einer der Pagen Porzias, Marut als einer der Begleiter des Prinzen von Arragon; stumme Komparsenrollen (im 3. Aufzug spielte Marut außerdem noch den Salerio). Mehr zu tun hatten beide am 28. Februar (wiederholt am 3.3.) in Ibsens Lustspiel »Der Bund der Jugend«, insbesondere Marut, der als Hütteninspektor Ringdal in allen fünf Akten auftrat. Aber auch Mermet als Gutsherrentochter Ragna konnte sich profilieren. Nicht zusammen, aber im selben Stück spielten Marut und Mermet am 20. März und 1. April 1915 in Schillers »Don Carlos«; Marut als Prior (II/14) und Leibarzt Mercado (V/6), Mermet als Gräfin Fuentes (IV/1, IV/18). Auch als Marut am 18. April 1915 als Diener in Bjørnstjerne Bjørnsons Lustspiel »Wenn der junge Wein blüht« einspringen mußte, begegnete er Irene, die als Gunda mitwirkte. Eine größere Rolle für Marut brachte Ernst Elias Niebergalls Darmstädter Lokalposse mit Gesang, »Datterich«, wo er am 13. Juni, 1. und 3. Juli und 1. August 1915 in sechs Szenen den Spirwes gab, einen von drei Zechkumpanen Datterichs, während Mermet lediglich als Komparsin zum Einsatz kam, deren Rolle als Kellnerin hinzuerfunden wurde. In der ersten öffentlichen Aufführung der Hochschule für Bühnenkunst am 26. Juni 1915, in der die Eleven »Schulung, Art und augenblicklichen Stand ihres Könnens öffentlich« zeigten, spielte sie die Pero in Wilhelm Schmidtbonns Schwank »Der junge Achilles« (aus dessen

Sammlung »Der spielende Eros« von 1911) in der Regie von Gustav Lindemann.

In Düsseldorf bestand Irene anscheinend auf ihrem Vatersnamen Alda, unter dem sie als Schauspielerin durchweg in Erscheinung trat. Auch Marut nennt sie, in einem Brief an ihren Stiefvater, stets »Alda«. Wie ihre Düsseldorfer Meldekarte verrät, ist sie im Laufe ihres dortigen Aufenthalts aus der evangelischen Kirche ausgetreten. Ab April 1915 konnte sie das monatliche Schulgeld in Höhe von 75 Mark nicht mehr aufbringen; es wurde ihr seitdem gestundet. Am 12. Oktober meldete sie sich bei der Düsseldorfer Polizei nach Köln ab, nicht aber bei der Hochschule, wo sie am 24. November zwangsexmatrikuliert wurde. 450 Mark, die bis dahin angefallen waren, blieb sie schuldig, sie mußten schließlich ausgebucht werden: »Nach anfänglichen guten Ansätzen, nicht durchgehalten«, heißt es im Schülerbuch; alle »Versuche, ihre Adresse ausfindig zu machen und das restliche Honorar zu erhalten, schlugen fehl«.

Die Beziehung zwischen dem Chargenspieler Marut und der zweiundzwanzigjährigen Schauspielschülerin Mermet blieb zumindest dem Kollegen Kurt Frisch nicht verborgen, der am 15.6.1913 als Schauspielschüler eingetreten war und im »Gestiefelten Kater« gemeinsam mit Marut auf der Bühne stand (Schüler des 3. und 4. Semesters konnten bei Aufführungen des Schauspielhauses eingesetzt werden; während des Krieges griff man auch auf jüngere Semester zurück). Er erinnerte sich 1948 an Maruts »Freundin« als eines »liebenswerten Geschöpfs« und an ihre Mitwirkung in Bjørnsons »neueinstudiertem« Lustspiel »Wenn der junge Wein blüht« (am 3. und 5. April 1915, ohne Maruts Mitwirkung). Frisch irrte zwar, als er meinte, sie habe »Ada Traven« geheißen (Ada offensichtlich als Korruptele von »Alda«), und möglicherweise auch in ihrer Haarfarbe (rotblond); seine weiteren Mitteilungen erscheinen jedoch vollkommen glaubhaft: »Von Wuchs war Ret Maruth klein, schmal, sehr dünn, aber zäh. Sein Körper hatte die Straffheit eines Jockeis. Seine Augen waren wässrig-blau, sein

Blick immer gespannt. Die Nase spitz, kräftig, gut ausgeprägt – eine Spürhundnase«.

Kündigung und neue Pläne als Impresario

Trotz des neuen Vertrags neigte sich Maruts Engagement am Schauspielhaus dem Ende zu. Zum einen, weil er ständig mit der Einstellung des Spielbetriebs rechnen mußte, zum andern, weil er mit Blick auf seine künstlerisch unbefriedigende Situation seinerseits neue Pläne entwickelt hatte. Er »stehe vor dem Abschluß sehr weitgehender Verpflichtungen«, ließ er Lindemann am 25. August wissen, »die meine absolute Objektivität und völlige Parteilosigkeit dem Schauspielhause gegenüber bedingen«. Das klingt nach Schriftstellerei, vielleicht professioneller Theaterkritik. Dazu paßt, daß Marut sich am 5.5.1915 bei der Düsseldorfer Firma Ströher & Erdmann eine »Klein-Adler«-Schreibmaschine bestellte, möglicherweise ein Exportmodell mit englischer Tastatur (für die Zeit bis zur Lieferung erhielt er leihweise eine amerikanische »Hammond«-Maschine).

Vielleicht läßt sich aus der Tatsache des Schreibmaschinenwechsels bald nach dem 5. Mai 1915 ein Schluß für die Datierung der Marut-Typoskripte ziehen. Aufgrund der verwendeten Schrifttype konnte ich bisher fünf Schreibmaschinen unterscheiden. Die erste, älteste Maschine hat für das ß eine Ligatur aus langem und rundem s, die An- und Abführungszeichen sind schwebend, unter bzw. über der Zeile („) bzw. ("), statt eines durchgehenden Unterstrichs (___) ist dieser durch kleine Abstände unterbrochen (_ _ _ _). Diese Maschine hat Marut vor dem 3. Juni 1912 (Druck des Ms. »Der Schauspieler und der König«) und mindestens bis Juli 1913, jedoch nicht mehr am 14. Mai 1914 benutzt. Die zweite Maschine hat das ß, die An- und Abführungszeichen (in Kommaform) liegen unter bzw. über der Zeile („ bzw. "). Die dritte hat kein ß, sondern benutzt stattdessen ss, die An- und Abführungszeichen (in Kommaform) liegen wiederum unter bzw. über der Zeile („ bzw. "). Die vierte, mit der Marut mindestens seit dem 14.5.1914 schrieb, hat kein ß, sondern benutzt stattdessen ss, die An- und Abführungszeichen (in Kommaform) stehen in der Mitte der Zeile, Großbuchstaben mit Trema gibt es nicht, stattdessen Ae, Oe, Ue; das Trema für die Kleinbuchstaben-Umlaute (ä, ö, ü, auch ï) wird nachträglich hinzugefügt, der Unterstrich ist durchgehend (___). Die fünfte hat keine Umlaute (Ää, Öö, Üü) und kein ß und die An- und Abführungen schweben beide oberhalb der Zeile (“ und ”). Damit schrieb B. Traven ab 1924 in Mexiko. Bei einer der Maschinen könnte es sich um die am 5. Mai 1915 bestellte »Klein-Adler« handeln; je nach Länge der Lieferzeit könnte er auch auf der »Hammond« (und solange er als Direktionsassistent tätig war, sogar auf einer Maschine des Schauspielhauses) Texte geschrieben haben. In München verfügte er nach Angaben Marta Haeckers verh. Schubert über zwei Schreibmaschinen; die von ihr benutzte, erst nach ihrer Anstellung angeschaffte, habe einen mechanischen Fehler gehabt: sie »hopste«, sprang ein paar Buchstaben weiter.

Die »Klein-Adler« war seit 1913 als »Modell 1« auf dem Markt und die erste portable Schreibmaschine eines europäischen Herstellers. Wie ihr großer Bruder, die »Adler Modell 7«, zeichnete sie sich durch Zeilengeradheit und genaue Stellung der Buchstaben auch nach jahrelangem Gebrauch aus. Es handelte sich um ein zugleich robustes wie leicht zu transportierendes Gerät, eine Reiseschreibmaschine, wie geschaffen für einen umtriebigen, vielbeschäftigten Autor. Und vielbeschäftigt war Marut damals. Just zu dieser Zeit gelang ihm mit der betulich-sentimentalen Kurzgeschichte »Der fremde Soldat« im linksliberalen (»parteilos freiheitlichen«) »März«, der zu dieser Zeit von Theodor Heuss redigiert wurde, der Sprung von der Tagespresse zu den Zeitschriften, darunter auch große wie »Reclams Universum« und »Westermanns Monatshefte« – ein Durchbruch, auch was die Länge und damit Honorierung der Texte angeht. Und ebenfalls zu dieser Zeit überreichte er Direktor Lindemann mit Begleitschreiben vom 15. Juli 1915 »7 von den gewünschten Arbeiten.

Im Fall es nötig sein sollte, kann ich mehr schicken«. Es dürfte sich dabei um literarische »Arbeiten« Maruts gehandelt haben.

Doch trotz dieser schriftstellerischen Offensive vom Sommer 1915 war mit dem Bedürfnis nach Objektivität und Unabhängigkeit (eine Beteiligung an einem Düsseldorfer Theaterunternehmen während der Verpflichtung am Schauspielhaus war Marut vertraglich untersagt) eine andere, neue Facette von Maruts Wirken angesprochen, die des Impresarios. Von daher leitet sich vielleicht die Angabe in seinem weitgehend zusammenfabulierten Lebenslauf in der Akte des US-State-Department her: »Then [nach 1907] to Germany, Berlin where he opened thiatrical [!] agency«. Auch von seinem phantasierten verstorbenen Vater »William Marut« behauptete Marut, er sei »Impresario in San Franzisko« gewesen. Zunächst aber war Marut darauf bedacht, den Düsseldorfer Brotberuf durch den Ausbau seiner freien Tätigkeit nicht ganz zu verlieren. Daher bat er die Direktion mit Brief vom 10. August 1915 um Sonderurlaub »vom 15. August bis 1. Oktober«. Daß er »auf eine Weiterzahlung der Gage oder sonstiger Vergütungen während des Urlaubes keinen Anspruch erheben« wolle, war eine überflüssige Bemerkung, weil dies durch seinen laufenden Vertrag bereits ausgeschlossen war. Hilfreich war der Hinweis, daß bis auf seine Rolle im »Datterich« keine größeren Umbesetzungen erforderlich würden: »in all den andern Stücken, die in den nächsten sechs Wochen herausgebracht werden sollen, bin ich teils nicht beschäftigt, teils ist meine Beschäftigung derart, daß meine Anwesenheit nicht unbedingt erforderlich ist«. Lindemann gewährte Marut den Urlaub jedoch nicht, weshalb dieser von seinem Recht auf Kündigung zum Monatsende Gebrauch machte. Mit Brief vom 31. August 1915 erklärte sich Lindemann mit Maruts »Ausscheiden aus dem Verbande des Schauspielhauses per 1. September ds. Js. einverstanden«. Marut blieb auch weiterhin Mitglied der Bühnengenossenschaft, zahlte, ohne daß die Registratur über seine aktuelle Adresse verfügte, in den Jahren

1916, 1917 und 1918 seine Beiträge, auch für die Pensionsanstalt, und erstaunlicherweise auch noch in den Jahren 1920 und 1921 (jetzt mit neuer Mitgliedsnummer), als er mit unbekannter, wechselnder Identität versteckt irgendwo in Deutschland lebte.

Offenbar verabschiedete sich Marut jedoch nicht, ohne seine Akte im Personalbüro des Schauspielhauses einer gründlichen Durchsicht zu unterziehen. Ob mit oder ohne Wissen der Direktion, sei dahingestellt. Vielleicht waren ihm dafür seine freundschaftlichen Beziehungen in das Direktions-Sekretariat nützlich, das 1914/15 durch Maria Morian verstärkt wurde, die sich als verheiratete Maria Ludwig in einem Brief an Rosa Elena Luján vom 20. April 1969 erinnerte: »Er [=Marut] war ein ruhiger zurückhaltender Mensch & ab & zu begleitete ich ihn mit seinem großen Airedale auf kleinen Spaziergängen. Er war immer sehr verschlossen, aber sprach öfter mit mir von seinen schriftstellerischen Arbeiten. [...] Er war kein Amerikaner, sondern Deutscher, sicher aus dem Osten Deutschlands.« Im Archiv des Schauspielhauses (heute Theatermuseum der Landeshauptstadt Düsseldorf) sind heute jedenfalls weder das 1912 eingereichte Repertoire noch Porträtfotos aus seiner Personalakte nachzuweisen. Am 10. November 1915 meldete er sich nach Frankfurt am Main ab – wo er indes nie ankam. Sein Ziel war München.

Protegé des Agenten Ret Marut war eine darstellende Künstlerin – eine Konstellation wie in seinem zu Lebzeiten unveröffentlichten Roman »Der Mann Site und die grünglitzernde Frau. Die Geschichte eines Lebens, das nach einem Ziele strebte«, nur daß es sich bei seiner Romanheldin um eine Tänzerin, bei der von ihm protegierten Frau um eine schriftstellernde Musikerin handelte, Amely Heller. Er tippte (und entwarf vielleicht auch) ihre Texte, schloß und verwahrte Gastspielverträge für sie und kümmerte sich um die Werbung. Ein Happy-End gab es jedoch nur im Roman.

Amely Heller warb mit der Herkunft aus einer ungarischen Musikerfamilie, deren berühmtester Vertreter der

Komponist und Klavierpädagoge Stephen (István) Heller war (Budapest 1813 – Paris 1888). Dessen Vater allerdings war Fabrikangestellter. Tatsächlich wurde sie 1881 in Wien als Tochter des Kaiserlichen Rats Hermann Heller geboren, Chefredakteur des »Mährisch-Schlesischen Korrespondenten« in Brünn. Zehn Jahre zuvor war sie eine gefragte Konzertgeigerin gewesen, hatte in Marienbad vor König Edward VII. gespielt und obendrein noch eine bis heute nützliche Dokumentensammlung über den Geiger und Komponisten Heinrich Wilhelm Ernst veröffentlicht. Später lebte sie in Wien und legte sich den Künstlernamen »Leïna Andersen« zu.

In der Ret-Marut-Sammlung der University of California, Riverside Libraries, befindet sich ein von der Direktion des Schauspielhauses Düsseldorf unterzeichneter Gastspielvertrag für den 13. und 17. Oktober 1915, bei dem es sich um die für die Künstlerin bestimmte Zweitschrift handelt. Ein weiteres Gastspiel hatte dort bereits am 19. August stattgefunden, das vermutlich auch von Marut vermittelt wurde. Des weiteren befinden sich dort zwei Typoskripte, die als Verfasserin »Leïna Andersen« angeben (»Das Märchen vom geigenden Tod«; »Ein Stündlein im alten Wien. Ein musikalisches Schattenspiel«) und nach meinem vergleichenden Befund auf einer Schreibmaschine des von Marut verwendeten Typs geschrieben wurden. Zusammen mit zwei brieflichen Bemerkungen Maruts vom 12. Januar 1916, wonach er sich in Köln mit Heller mehrfach zu »geschäftlichen« Besprechungen getroffen habe und sie ihm für seine Organisation ihres Kölner Gastspiels 154 Mark schuldig geblieben sei, ergibt sich daraus zweifelsfrei, daß Marut im Herbst 1915 für eine unbestimmte Zeit als Impresario für Amely Heller tätig war und mindestens Gastspiele an den Schauspielhäusern in Düsseldorf und Köln für sie organisierte. Auch die an Maruts Düsseldorfer Anschrift adressierte Auftragsbestätigung eines Berliner Zeitungsausschnittdienstes vom 9. September 1915 für maximal 25 Zeitungsausschnitte zu einem ungenannten Thema dürfte hiermit in Zusammenhang stehen: Augenscheinlich wollte Marut das Presseecho in der Werbung für weitere Gastspiele zitieren.

Bei welcher Gelegenheit Marut die Virtuosin kennengelernt hat, ist unbekannt; vielleicht hatte er seine Agentendienste per Anzeige offeriert und war von Heller kontaktiert worden. Im Laufe ihrer Arbeitsbeziehung versicherte sie Marut mehrfach, »dass sie in England wöchentlich vierzig Tausend Mark zu verzehren hatte, welche Summe sie nur durch den Krieg verloren habe«. Über »weltbekannte Schriftsteller z.B. Max Nordau, Peter Altenberg u.v.a.« habe sie, so Marut in seinem grollerfüllten Briefresümee vom 5. Februar 1916, »die unglaublichsten Dinge berichtet«; man habe »keinen bedeutenden Mann des In- und Auslandes [...] nennen« können, »ohne dass sie sofort erzählte, dass sie mit ihm äusserst befreundet sei«. Das erste Düsseldorfer Gastspiel war, wie erwähnt, für den 19. August 1915 vereinbart, die beiden andern, unter dem Titel »Die Märchen von der Geige«, für den Abend des 13. und den Nachmittag des 17. Oktober 1915. Heller sollte vierzig Prozent der Bruttoeinnahmen erhalten, die beiderseitige Konventionalstrafe wurde auf 1000 Mark festgelegt. Für die »Durchführung« ihres Kölner Gastspiel, das zumindest ihrer Bekundung nach als Benefiz zugunsten der Kriegsblinden angelegt war, stellte Marut ihr »durch sehr fleissige Arbeit« seine »auf langjähriger Erfahrung beruhende Kenntnis der deutschen Theater [...] zur Verfügung«. »Mehrfach« suchte Marut sie in ihrem Domizil im Excelsior-Hotel auf, um dort mit ihr »geschäftliche Angelegenheiten verschiedenster Art zu erledigen«. Laut Marut verdiente sie »sehr viel Geld«, gab aber »für die erblindeten Soldaten nur zehn Prozent« ihrer Gage ab. Das von ihm beanspruchte Honorar in Höhe von 154 Mark blieb sie schuldig, und es gelang ihm »weder auf gütlichem noch auf gerichtlichem Wege«, seine Forderung durchzusetzen.

Streitigkeiten

Weshalb der Konflikt dann ausuferte und Marut sich veranlaßt sah, »Strafantrag wegen Verleumdung und Schädigung wirtschaftlicher und künstlerischer Interessen« zu stellen, ist schwer zu sagen. Die Tatsache, daß die Auseinandersetzung zumindest von Seiten Hellers mit Rachsucht und Leidenschaft geführt wurde (sie beschuldigte ihn des fortgesetzten literarischen Plagiats, erfand ehren rührige Behauptungen Dritter), könnte auf eine ehemals intime Beziehung deuten. Der von Marut in einem Brief erhobene Vorwurf »grössenwahnsinniger Phantastereien« und finanzieller wie gesellschaftlicher Renommage erinnert an seine eigenen Neigungen.

Briefe Maruts an Kölner Persönlichkeiten schildern den Konflikt aus seiner Perspektive. Der erste stammt vom 12.1.1916 und ist an Karl Wolff, Chefredakteur des »Kölner Tageblatts«, gerichtet, wo Marut anscheinend eine Zeitlang ständiger Mitarbeiter des »Illustrierten Unterhaltungsblatts« war. Es heißt dort: »Eine Frau Amely Heller aus Wien, die unter dem Namen Leina Andersen als Geigenspielerin im Kölner Schauspielhause aufgetreten ist, hat – als sie dort bei einer Kölner Familie zum Mittagessen eingeladen war und aus irgend einem Grunde die Rede auf mich und meine Arbeiten kam – wörtlich erklärt: Der Herr Redakteur Wolff vom Kölner Tageblatt, mit dem ich gut befreundet bin, hat mir erzählt, daß ›der‹ Marut seine sämtlichen Aufsätze und Novellen, die er veröffentlicht und veröffentlicht hat, aus Zeitungen und von anderen Autoren abschreibt, weil Marut nicht fähig ist, auch nur einen deutschen Satz selbst zu schreiben. Als Nichtlaie wissen Sie, welche Folgen für jemand, der wie ich berufsmässig schreibt, eine derartige Aeusserung in wirtschaftlicher und künstlerischer Hinsicht haben muss und welche Folgen andererseits auch für den Urheber dieser Behauptung in Betracht kommen. Aus diesen beiden und vielen anderen Gründen, wobei ich einen – den nächstliegenden – sogar völlig ausser Acht lasse, musste ich zu der

Ueberzeugung gelangen, dass Sie niemals eine solche oder ähnliche Aeusserung, noch dazu gegenüber der genannten Dame getan haben könnten. Infolgedessen habe ich auch nicht gegen Sie, sondern gegen Frau Amely Heller Strafantrag wegen Verleumdung und Schädigung wirtschaftlicher und künstlerischer Interessen gestellt. Ich konnte es jedoch zu meinem Bedauern nicht vermeiden, Sie als Zeuge in der Klageschrift zu nennen. Die Mitglieder der genannten Familie – der Name steht Ihnen zur Verfügung – werden die Tatsache beeiden«.

Ein ähnlicher Brief ging am gleichen Tag an Friedrich Reime, den Direktor des Excelsior-Hotels in Köln. Demnach hatte Heller bei derselben »angesehenen Familie in Köln« erzählt, der »Direktor des Excelsior-Hotels zu Köln sowie dessen Portier« hätten erklärt, falls »dieser Marut« versuchen sollte, noch einmal das Hotel zu betreten, würde er wegen seines »verbrecherischen Aeussren« und »weil sich die Hotelgäste seinetwegen mehrfach beschwert« hätten, »sofort hinausgeworfen«. »Ein solches Gerücht«, so Marut, »das wahrscheinlich in Köln schon weiter verbreitet« worden sei, dürfe er »als Mitarbeiter mehrerer Kölner Tageszeitungen [...] nicht auf sich beruhen lassen«. Er habe sich daher »genötigt gesehen, den Klageweg zu beschreiten. Ich habe mehrfach Ihr Hotel besucht, weil ich mit Frau Heller geschäftliche Angelegenheiten verschiedenster Art zu erledigen hatte. Ich muss hier gestehen, dass sowohl Sie selbst wie auch der erwähnte Portier mir stets überaus höflich, zuvorkommend und jederzeit hilfsbereit entgegengekommen sind, wie man das in einem ersten Hotel ja auch garnicht anders erwartet. Auch dem gesamten übrigen Personal bis herunter zu den Boys und den Hausdienern könnte ich hinsichtlich des höflichen Entgegenkommens nur das allerbeste Zeugnis ausstellen. Ich hielt deshalb von vornherein es für gänzlich ausgeschlossen, dass Sie, Herr Direktor, oder der Portier oder sonst ein Angestellter des Hotels diese oder eine ähnliche Aeusserung getan haben könnten, weil dies (selbst wenn es begründet wäre) der Vornehmheit eines

Hotels absolut widerspräche. Aus diesem Grunde habe ich auch nicht gegen Sie oder gegen den Portier, sondern gegen Frau Amely Heller Strafantrag wegen Verleumdung gestellt«.

Während eine Antwort von Reime nicht bekannt ist, meldete sich Wolff vier Wochen später. In seinem (nicht überlieferten Brief) vom 14.1.1916 hatte Wolff offenbar erklärt, Amely Heller nicht zu kennen und statt dessen einen Redakteur namens Brückner ins Spiel gebracht, der mit ihr zu tun gehabt habe. Marut nahm dazu am 5.2.1916 Stellung: »Ich habe mich nach dem Lesen Ihres Schreibens noch einmal genaustens erkundigt und ist mir abermals nachdrücklichst versichert worden, dass Frau Heller bestimmt erklärte, dass sie ihre Wissenschaft von dem Chefredakteur des K.T. dem Herrn Redakteur Wolff hätte, mit dem sie sehr gut befreundet sei. Ich erfahre nun auch noch nähere Einzelheiten darüber: Frau Heller erzählte, dass auf dem Redaktionstische ein Artikel von mir gelegen habe und zwar ›Deutsche Chemie‹, darauf habe sie gesagt, den Verfasser kenne sie und daraufhin habe dann der Herr Redakteur Wolff die von ihr weiter verbreitete Aeusserung über mich getan. Den wirklichen und tatsächlichen Hergang Ihres Redaktionsbesuches besser kennend als ich es hier schildere, können Sie sich ja daraus ein Urteil bilden, wie verlogen, ja wie gemeingefährlich diese Dame ist. Sie hat es bei dieser Verleumdung ja nicht einmal bewenden lassen, sondern sie hat in dem Glauben, dass ich es niemals erfahren könnte, weil mir die Familie, bei der sie es erzählt hat, völlig fremd ist, noch so haarsträubende Tatsachen über mich verbreitet, dass man hier – wenn man Frau Heller nicht kennt – an Geisteskrankheit glauben müsste. [...] Wie viel oder richtiger: wie wenig Wahres an den Beschimpfungen sein wird, die sie Herrn Redakteur Brückner gegenüber anzubringen versuchte, mögen Sie nach diesem Schreiben beurteilen. [...] Ich habe eine Abschrift Ihres Briefes sofort zu den Akten der Staatsanwaltschaft gegeben und den Antrag gestellt, Sie nicht als Zeugen zu vernehmen, da Sie laut Ihres Briefes mit Frau

Heller garnicht irgendwie in Berührung gekommen sind und infolgedessen für eine Zeugenaussage nicht in Betracht kommen«.

Marut hatte sich aber nicht nur Hellers Verleumdungen zu erwehren. Inzwischen hatte sich auch, aus heiterem Himmel, wie es scheint, der Stiefvater seiner Freundin, der Kaufmann Fritz Mermet in Köln-Rodenkirchen, zu Wort gemeldet. Es ist zu vermuten, daß er von Dritten von der Beziehung Irenes zu Marut erfahren hatte und in ihm die Ursache ihres Lebenswandels sah. Aus einem Brief Maruts ergibt sich, daß Mermet im November 1915 nach Düsseldorf gekommen war und sich bei der Hausmeisterin des Hauses Fürstenplatz 6 nach Marut und insbesondere seinem Damenbesuch erkundigt und diese ihm gegenüber angeblich erklärt hatte: »Der Herr Marut, der Fürstenplatz 6 wohnt, hat mir gesagt, dass diese Dame, die ihn mehrfach besuchte (Eine grosse Dame mit schwarzem Haar), ›sein Verhältnis‹ sei.« In einem Brief an Marut, der wohl noch im November 1915 geschrieben wurde, stellte Mermet prompt die Behauptung auf, Marut habe gegenüber der Hausmeisterin zugegeben, »Frl. Alda sei [s]ein Verhältnis«. Damit verknüpft war einer Reihe weiterer, »schwerbeleidigender« Äußerungen. Da ihm Maruts aktuelle Anschrift ebenso unbekannt war wie die seiner Stieftochter, machte er seinem Herzen in einem Brief an eine Freundin Irenes Luft, ein nicht weiter bekanntes »Fräulein Schoemann«, außerdem unterrichtete er im gleichen Sinn einen ebenfalls weiter nicht bekannten »Hauptmann Maurhoff in Köln«, »einen augenblicklich im Dienst des Landes tätigen Offizier«, der daraufhin »in einem Briefe an Fräulein Alda [...] diese Verleumdung weiterverbreitet« hatte.

Mit Brief vom 12.1.1916 erinnerte Marut die Hausmeisterin daran, daß er, solange er am Fürstenplatz gewohnt habe, »nur viermal« mit ihr »gesprochen« habe: »Am Tage meines Einzugs wegen der Oeffnung der Gasuhr, am 24. August 1914 nach einer dreimonatigen Abwesenheit wegen des Oeffnens des Elektricitätszählers, dann zweimal im vergangenen Juli bei der Wohnungsbesichtigung. Ich habe bei keiner der Unterredungen auch nur im Geringsten etwas anderes gesprochen, als rein geschäftliche Dinge. Es hätte ja auch für Vertraulichkeiten sonstiger Art keine Veranlassung vorgelegen und um Ihnen eine solche Mitteilung zu machen, wäre doch wohl ein grösseres und näheres Bekanntsein notwendig gewesen.« Marut forderte die Hausmeisterin daher auf, ihm aus ihrer Sicht »eine kurze Aufklärung des Vorfalles zu geben«, die er tags darauf auch bekam.

Die Hausmeisterin betonte in ihrem Rechtfertigungsschreiben, daß sie Marut gegenüber jedermann stets »als einen feinen und charaktervollen Menschen hingestellt habe«. Dem »betreffenden Herr« habe sie auf dessen Frage, ob bei Marut »sehr viel Damen verkehrten«, geantwortet, sie »wüsste nur von einer Dame«, bei der es sich ihres Wissens um die »Braut« handle. Der Herr habe »sehr viel wissen« wollen, sei aber bei ihr »an die verkehrte Adresse« gekommen: »Weiter hat der Betreffende nichts erfahren und wenn derselbe die Wahrheit sagt, muss er sagen, dass ich in einem guten Tone von Ihnen sprach, was ich auch vor Gericht nicht anders tun kann.«

Mit Brief vom 5. Februar 1916 wandte sich Marut dann an den Vater seiner Freundin, dem er vorwarf, in einem »Briefe an Fräulein Schoemann, hier« (also wohl in Düsseldorf), »eine Aeusserung getan« zu haben, »die eine so schwere Beleidigung« enthalte, daß er sich »genötigt« sehe, »die Angelegenheit der Staatsanwaltschaft zu übergeben«, sowie »noch weitere, nicht weniger schwer-beleidigende Behauptungen« über ihn »verbreitet« zu haben. Wie schon im Brief an die Hausmeisterin, behauptete er auch gegenüber Mermet, Irene habe ihn seiner »angeblichen Aeusserung« wegen, sie sei sein »Verhältnis«, »verklagt«; er erwarte, daß Mermet seine Stieftochter »umgehend [...] unter Zugrundelegung der tatsächlichen Verhältnisse um Zurücknahme ihres Strafantrages bitte« und gleichfalls seine verleumderischen Behauptungen gegenüber Hauptmann Maurhoff zurücknehme. Maurhoff warf er vor, »die – jedem Menschen ohne weiteres auferlegte – Verpflichtung« nicht beachtet zu haben, wonach man sich »erst von der Richtigkeit einer solchen Behauptung« überzeugen müsse, ehe man sie weitergebe; für den Fall, daß dieser die im Brief an Irene kolportierte Verleumdung nicht zurücknehme, werde er gegen ihn »Strafantrag wegen Verbreitung unwahrer Gerüchte« stellen. Seine »Nachforschungen« über die Gründe, derentwegen Mermet derartige Gerüchte und Verleumdungen über ihn, der ihm »völlig unbekannt« sei, in die Welt setze, hätten ergeben, daß Mermet sich dabei auf Amely Heller alias Leïna Andersen stütze (deren Unglaubwürdigkeit sich aus einem Brief des Chefredakteurs Wolff ergebe, den Marut abschriftlich beilegte), gegen die er bereits »Klage angestrengt« habe. Sollte Mermet »nicht in der Lage sein, vor Gericht zu beweisen, dass alle in der Klageschrift niedergelegten Behauptungen« über ihn auf Amely Heller zurückgingen, werde er ihn »als Urheber der Verleumdungen« ansehen und gegen ihn »Strafantrag« stellen. Auch bei der Hausmeisterin, deren Stellungnahme er abschriftlich ebenfalls beilegte, solle er sich für seine »unwahre Behauptung« entschuldigen, weil andernfalls deren Ehemann ihn »wegen übler Nachrede« verklagen werde. Abschließend forderte er ihn auf, »sowohl vor als auch nach Ablauf dieses Prozesses von etwaigen mündlichen oder schriftlichen Gegenäusserungen abzusehen.« Jeden durch Mermet selbst »oder durch eine Mittelsperson nach dieser Richtung hin abzielenden Versuch« werde er »als Belästigung und als Störung [s]eines Hausfriedens betrachten und unnachsichtig dagegen vorgehen«.

Wie der Konflikt beigelegt wurde, ist nicht bekannt. Da in der Ret-Marut-Sammlung der University of California, Riverside Libraries, keine weiteren Dokumente dazu vorhanden sind, scheint die Angelegenheit weder von Seiten Maruts noch von Seiten Mermets weiter verfolgt worden zu sein, zumal dieser auch keine Hinweise auf den Verbleib seiner Stieftochter hatte. Tatsächlich lebte sie, wie auch Marut, zu dieser Zeit bereits seit fast drei Monaten in München, der allseits gerühmten Kunst-, Theater- und

Museumstadt. Zu einer Aussöhnung muß es jedoch spätestens 1920 gekommen sein, denn die Auseinandersetzungen um den Kölner Dokumentarfilm »Qui non vidit Coloniam, non vidit Germaniam« (siehe S. 457–460) zeigen Vater und Tochter Seite an Seite.

DRITTES KAPITEL

»Immer in der Ferne ist die Freiheit«
Von München nach London

Ankunft in der Großstadt

In München war Marut seit dem 13. November 1915 gemeldet. Nach jahrelangem Umherziehen in der Provinz war er, nach Düsseldorf, der neunt-, jetzt in der viertgrößten Stadt im Deutschen Reich angekommen. Wieder hatte er alle Brücken hinter sich abgebrochen und mit seinem Abschied vom Schauspielerberuf die gleiche radikale Wendung wie einst bei seinem Weggang aus Gelsenkirchen vollzogen. In München wurde er Teil einer namenlosen urbanen Masse: nicht, um an ihrer Stärke und Bedeutung teilzuhaben, sondern um in ihr aufzugehen, den Segen absoluter Anonymität zu genießen. In der bayrischen Metropole mit ihrem intensiven kulturellen und intellektuellen Leben, wo Altes und Neues, Tradition und Aufbruch in die Moderne aufeinander stießen, konnte er als Schriftsteller Fuß fassen und zugleich ein politisch-avantgardistisches Zeitschriftenprojekt realisieren, den »Ziegelbrenner«. Während die künstlerische Avantgarde in Berlin einen starken politischen Akzent besaß, opponierte das moderne München in einer konservativen Umgebung vor allem gegen gesellschaftliche Zwänge und repressive christliche Moralvorstellungen. Die Attacken auf den bürgerlichen Kunstgeschmack führten zu zahlreichen Strafprozessen wegen Gotteslästerung, Majestätsbeleidigung oder öffentlicher Darstellung »unsittlicher« Handlungen. Trotzdem war München mit Abstand die liberalste Großstadt des Deutschen Reichs, die Maler und Graphiker, Bildhauer, Architekten und Kunstgewerbler,

Musiker, Schauspieler und Tänzer, Literaten und Kleinkünstler, politische Philosophen, Esoteriker und Lebensreformer gleichermaßen in ihren Bann zog, ehe sie die Katastrophe des Ersten Weltkriegs in alle Welt zerstreute.

Ihr Quartier schlugen Marut und Mermet in Schwabing auf, das seit der Jahrhundertwende zum Mittelpunkt der künstlerischen Moderne in Deutschland avanciert war und wo die Mieten günstiger waren als in der großbürgerlichen Innenstadt. Die Nähe zu der freizügig-antibürgerlichen, bisweilen schrillen Künstlerwelt der Boheme, wie sie sich im Alten Simpl in der Türkenstraße oder im Café Stefanie an der Amalienstraße traf, war dabei nicht ausschlaggebend: Seinen Kaffee trank Marut am liebsten im »Wiener Café« Maria Theresia (Briennerstraße 36 / Ecke Augustenstraße, drei Minuten von den Kammerspielen, in der Nähe der Villa Lenbach), wo er sich in »die reichhaltigste Auswahl der neuesten Tageszeitungen und Zeitschriften aller politischen Richtungen des In- und Auslandes« vertiefen konnte, wie es Ende 1917 in einem der seltenen Inserate des »Ziegelbrenner« hieß. Sowohl in der Gewerbeliste des Städtischen Einwohneramts als auch beim amerikanischen Vizekonsul im Frühjahr 1917 bezeichnete er sich als »Student der Philosophie« bzw. Student an der Philosophischen Fakultät. Auch Irene Mermet wurde im »Ziegelbrenner« als »Münchener Studentin« apostrophiert. Immatrikuliert waren sie indes beide nie, wie die Personalstandverzeichnisse der Ludwig-Maximilians-Universität München zwischen 1916 und 1920 belegen.

Marut und Mermet wohnten nur ein paar Gehminuten voneinander getrennt, anfangs in der Herzogstraße (sie in Nr. 45, er in Nr. 83, 1. Stock, bei Bervadan), bevor Marut am 30. November 250 Meter weiter in die Clemensstraße 84 umzog, in eine Dreizimmerwohnung mit Küche im 3. Stock, bei Schmidt; im Erdgeschoß befand sich die Gemischtwarenhandlung (Wein-und Spirituosenhandlung mit Ausschank, Spezerei, Obst und Gemüse, Zigarren und Tabake) von Michael Schmid. Maruts Wohnung bestand aus einem Arbeitszimmer, einem als Büro möblierten Wohnzimmer, in dem die Sekretärin arbeitete, Schlafzimmer und Küche. »An den Wänden in seinem Arbeitszimmer hingen einfache aber gute Drucke«, erinnerte sich Marta Haecker verh. Schubert 1967 im Interview mit Gerd Heidemann. Irene Mermet sei gelegentlich gekommen, »aber selten«. Gesehen habe sie sie damals nicht, aber aus dem Nebenzimmer das Rascheln von Papier gehört und daraus geschlossen, daß dort Korrektur gelesen wurde. »Aber das war so selten, und wenn, dann war es einige Tage nacheinander.« Persönlich mit ihr bekannt geworden sei sie erst später, nach Maruts Flucht. »Blond« und »hübsch« sei sie gewesen. »Sie hat mir in ihrem ganzen Wesen sehr gut gefallen.« Marut sei eine »interessante Persönlichkeit« gewesen. »Er war einerseits sehr zurückhaltend, andererseits wieder sehr liebenswürdig und höflich und freundlich. Aber seine eigentliche Persönlichkeit, sein Inneres, kam nie ganz zum Vorschein.« Ein »persönliches Gespräch« habe es nie gegeben: »Er war so mysteriös, er war immer in ein Geheimnis gehüllt. Es gab für mich keinen persönlichen Kontakt mit ihm.« In »politische Dinge« habe er sie »prinzipiell« nicht »hineingezogen«.

Auch Joseph Pfliegler, der ehemalige Hausmeister, erinnerte sich 1963 »noch sehr gut« an den »angenehmen Mieter« namens Marut. »Immer freundlich« sei er gewesen, versicherte er Recknagel, »zuvorkommend, ruhig und ernst. Auf den Tisch in seinem Zimmer lagerten ständig Stapel von ›Papieren‹. Seine Schreibmaschine hämmerte bis tief in die Nacht hinein. Oft wurde Ret Marut von einem ›Fräulein‹ begleitet, ungefähr zwanzig Jahre alt, ein wenig größer als er«. Gegenüber Heidemann erklärte Pfliegler in drei Interviews am 3.10.1963, 12.4. und 1.5.1966: »Er war flott und war ein sehr freundlicher Mensch. Er trug zum Anzug auch meistens eine Fliege.« Seine Freundin sei ein »nettes Fräulein« mit »blondem Haar« gewesen, »kleiner als er. Sie ist alle Tage raufgegangen und wieder heimgegangen«. Im Adreßbuch der Stadt München für 1918 erscheint Ret Marut mit der Adresse Clemensstraße 84/III als Inhaber eines »Zeitschriften und Zeitungsverlags«, die

»Verlagsbuchhandlung Irene Mennet« mit der Adresse Herzogstraße 45/II (wobei es sich um einen Lesefehler des Setzers handelt; die korrekte Angabe »Verlag I. Mermet, München 23« findet sich im Jg. 1920.)

Sein Berliner Freund Götz Ohly erinnerte sich 1949 an ein Zimmer »in der Herzogstraße« mit »merkwürdigen Zeichnungen«, nämlich »astronomischen Darstellungen« an den Zimmerwänden, und an die dort aufgestellten Lieblingsbücher Maruts, »Werke von Shelley, Stirner, Bang, Jack London und Walt Whitman«. Zu dieser Bibliothek gehörten auch Bücher und Zeitschriften, die unter den Materialien in Riverside erhalten sind: Der »Lumpenspiegel«, ein »humoristisches Bilderbuch« im Quartformat mit etwa 300 Karikaturen von Th. Th. Heine und anderen und einem Vorwort von Gustav Hochstetter, 1918 im Berliner Verlag der »Lustigen Blätter« erschienen; Heft Nr. 24 der Wochenschrift »Die Woche« aus dem Verlag August Scherl vom 15.6.1918, acht Hefte der »Fackel« vom 31.10.1910, 6.12.1911, 13. und 29.10.1913, 28.3.1914, 15.6.1916, 9.10.1917 und August 1919, von denen aber nur eines aufgeschnitten ist: es enthält Auszüge aus v. Richthofens »Der Rote Kampfflieger«. Ohlys Bericht ist in der Chronologie nicht zuverlässig (er läßt Marut erst im Frühjahr 1917 nach München kommen) und in der Schilderung seiner engen Beziehung zu Marut (»Ich stand damals als Soldat in ständiger Verbindung mit Ret Marut und wir wurden gute Freunde. Hin und wieder trafen wir uns«) allem Anschein nach übertrieben. Biographische Fakten übernahm er aus dem am 16.10.1948 erschienenen Artikel in der »Welt«, darunter auch die Fehlinformation, Maruts Münchner Freundin habe Ada Traven geheißen. Immerhin läßt sich für Sommer 1918 ein München-Aufenthalt Ohlys, vermutlich in einem Militär-Sanatorium, belegen; außerdem wird ein gemeinsames Kaffeetrinken erwähnt. Glaubwürdig ist, daß Ohly in seinen Gesprächen mit Marut »einen Menschen in der Vollkommenheit« kennengelernt haben will, »deren höchster Grad die Einfachheit ist. Marut war ganz und gar unliterarisch [...]. ›Die beste Form ist die ohne Ornament‹, pflegte er zu sagen«.

»Eine Meisternovelle von Richard Maurhut«

Am 12. Januar 1916 kehrte Marut »auf einen Tag« nach Düsseldorf zurück, unter anderem wollte er durch Befragung der Hausmeisterin seiner ehemaligen Wohnung Klarheit in die Auseinandersetzung mit Fritz Mermet und Amely Heller bringen. Zurück in München, stürzte er sich wieder in die Arbeit, sprach mit Bezug auf die Wochen zwischen Mitte Januar und Anfang Februar 1916 von »Arbeitsüberhäufung«. Zwischen März 1916 und Januar 1917 erschienen sechs literarische Arbeiten meist kleineren Umfangs: »Der Mann an der Fräse« in »Licht und Schatten. Monatsschrift für Schwarz-Weiss-Kunst und Dichtung«, eine kurzlebige Kunstzeitschrift mit expressionistischem Einschlag; »Liebe des Vaterlandes« in »Reclams Universum«; »Zwei Väter« in »Der Sammler. Unterhaltungsbeilage der München-Augsburger Abendzeitung«; »Indizien. Essay« und »Nebel« in »März«; »Trümpfe in der Hand«, in: »Die Wochenschau. Illustrierte Zeitung«. Die Beziehung zu »Reclams Universum«, wo zuletzt Ende 1915 ein Beitrag von Marut erschienen war, hatte inzwischen einen nahezu freundschaftlichen Charakter angenommen, was in zwei Schreiben vom 17.3. und 7.7.1917 zum Ausdruck kommt, in denen Marut, verbunden mit der Frage, ob man von ihm vergessen worden sei, um neue Beiträge gebeten wurde. Der zweite Brief war erfolgreich; Mitte August 1917 erschien »Das Seidentuch. Skizze«. Vier vorgedruckte Ablehnungsbescheide des »Vorwärts« für von Marut eingesandte (nicht näher bezeichnete) Manuskripte vom 20.3., 13.6., 14.7.1916 und 13.2.1917 belegen nicht minder die emsige literarische Tätigkeit Maruts in diesen Monaten.

Anfang des Jahres, vor dem 25.3.1917, erschien die erste selbständige Veröffentlichung Maruts: »An das Fräulein von S.....« von Richard Maurhut. Es war mit 52 Seiten Maruts bisher umfangreichstes und blieb sein einziges unter diesem Namen erschienenes Werk, wie es auch das einzige Werk des »I. Mermet Verlag München 23« war, der allein zu diesem Zweck gegründet worden zu sein scheint. Ich möchte annehmen, daß Marut, um die Publikation bewerkstelligen zu können, einen Teil seiner Ersparnisse einsetzte, die durch die (mittlerweile ansehnlich gewordenen) Honorare für seine Zeitschriftenveröffentlichungen regelmäßig gespeist wurden.

Marut versteckte sich nicht nur hinter einem (wenngleich aufgrund der Namensähnlichkeit nahezu offenen) Pseudonym, er versah das Buch obendrein mit einem Vorwort des Verlags. Das gab ihm die Möglichkeit, sein Werk nicht nur selbst zu kommentieren, sondern später als »Ziegelbrenner«-Herausgeber auch öffentlich wie privat dafür zu werben: Ellen Diehl-Förster versicherte Marut mit Brief vom 15.7.1918 ungeniert, er halte diese »Novelle« »unter allen Büchern, die seit dem 1. August 1914 erschienen sind und den Krieg als Hintergrund haben, für eines der besten, wenn nicht überhaupt für das beste Kriegsbuch, das in deutscher Sprache in den letzten vier Jahren veröffentlicht worden ist«. »Eine Meisternovelle von Richard Maurhut«, heißt es lakonisch in der Verlagsankündigung des I. Mermet Verlags – eine »Schiebung«, die dem Herausgeber des »Ziegelbrenner« umgehend Kritik eintrug, die Marut selbst im »Ziegelbrenner« referierte, als er in Heft 5–8 die Vermutung einer »westpreußischen Zeitung«, wonach beide Namen derselben Person gehörten, sowie zwei Leserzuschriften vom 2.4. und 2.8.1918 zitierte: Der Gefreite Ernst Weil in Ulm kritisierte im Schreiben vom 2.4.1918 die Hinweise im »Ziegelbrenner« auf das »üble literarische Werk« »An das Fräulein von S...« und wunderte sich, wie Marut »diese unangenehme protzende Gleichgültigkeit des Schreibers u. die langweiligen Assoziationen aus dem Kampf draussen mit seinen Pubertätserlebnissen« bei seiner »sonstigen Geschmacksempfindlichkeit« hatte unbeanstandet lassen können. In seiner Antwort vom 5.5.1918 korrigierte Marut, daß es sich um keine Hinweise der Zeitschrift, sondern »um die Anzeige eines Verlags« handle, die freilich mit seiner »vollen Zustimmung« erscheine, weil er vom »literarischen, künstlerischen und ethischen Wert dieses Werkes« überzeugt sei. Leutnant A. Rasenberger wollte in seinem Brief vom 2.8.1918 den Unterschied zwischen dem Herausgeber Ret Marut und dem Verfasser des Buchs erklärt haben und wurde – Marut hielt den Brief für eine Mystifikation – als »Dreckwurm« und »verjudeter Germane (oder gar germanisierter Jude)« beschimpft.

Als »Ziegelbrenner«-Herausgeber hielt Marut gegenüber seinen Lesern an seiner Marketingstrategie fest, verteidigte sie sogar aggressiv: »Und wenn schon. Mir würde es nicht zur Schande gereichen und Ret Marut wäre von diesem Augenblick an der Verfasser eines der wundervollsten Bücher, das in den letzten zehn Jahren in deutscher Sprache geschrieben worden ist«. Privatim, nämlich in einem Schreiben an den Buchhandlungsangestellten Brüning in Paderborn, der zur Freude des Verlags bereits »ganz erhebliche Bestellungen auf das Buch« gemacht hatte, räumte die Schriftleitung des »Ziegelbrenner« allerdings ein, daß damit »der Anschein erweckt« werde, »als seien wir beeinflusst«.

In diesem Brief (der ungelenke Stil wie auch die fehlende Unterschrift verweisen auf Irene Mermet als Verfasserin, auch wenn die im Brief benutzte, schon damals veraltete Wortform »Hülfe« bzw. »Mithülfe«, von Marut beispielsweise im Typoskript »[Der Jugend die Zukunft]« und im Brief an einen Verleger vom 14.5.1914 bevorzugt, durchaus für ihn charakteristisch ist) war man sich nicht zu schade, den Mermet-Verlag wie auch das Buch über den grünen Klee zu loben: »...müssen wir eingestehen, dass dieses Buch mit zu den allerbesten Kriegsnovellen zählen [sic!], die wohl überhaupt je geschrieben worden sind«, »diese Kraft der Sprache«, »wie wenige Schriftsteller vermögen das«, »wenn man ein Buch nun schon 14mal (es war wohl noch häufiger!) gelesen hat und nach einigen Tagen den Wunsch verspürt, es schon wieder einmal zu lesen.« Angeblich auf Bitten von Lesern hatte der Mermet-Verlag eine bibliophile Luxusausgabe auf Büttenpapier herstellen lassen, wovon Brüning unaufgefordert sogleich zwei erhielt. Die Nennung zahlreicher Einzelstellen sollte Brüning auf »das Schönste u. Wertvollste« aufmerksam machen, wodurch sich das Buch von der üblichen Massenproduktion abhob: »Kein Wort und keine Meinung von dieser Mordfreude, wie sie im roten Kampfflieger und anderen Erzeugnissen gewandter Journalisten zum Ausdruck kommt.« Um so bedauerlicher sei, daß das Werk »kein Unterkommen« habe finden können. »Die Menschen können einem eigentlich leid tun, die von den schlechten Kriegsbüchern schon so verdorben sind, dass sie die Schönheit dieses Werkes nicht mehr heraus zu fühlen vermögen«.

Als literarische Form fingierte Marut nachgelassene Tagebuchaufzeichnungen, die er mit einer knappen Rahmenhandlung (genauer: einer kurzen szenischen Einleitung) versah. Er schildert das Kriegsschicksal eines deutschen Soldaten (Name, Herkunft und Beruf bleiben ebenso im Dunkeln wie alles, was näheren Aufschluß über seine unerreichbare Herzensdame, ein adliges Fräulein, geben könnte), der in seinem Bataillon lange als »kugelfest« gilt, eines Tages »bei einem Sturmangriff« aber doch den Heldentod stirbt. Bis dahin hat er sich aufgrund seiner vielfach bewiesenen Tapferkeit, ja »heldenhaften Tollkühnheit«, gepaart mit außerordentlichem Glück, Ruhm und Anerkennung erworben. Sein Handeln geschieht jedoch nicht aus Pflichtgefühl, Heimatliebe oder Ruhmsucht (»Was schiert mich Leben und Vaterland?«), es ist nicht einmal von der Hoffnung begleitet, bald wieder zuhause zu sein. Sein Motiv ist vielmehr ein tiefer Lebensüberdruß, verschmähter Liebe wegen, der ihn hartnäckig den Tod auf dem Schlachtfeld suchen läßt; »reiner Eigennutz« also. Weil er gleichwohl zuviel Verantwortung besitzt, um durch sein Tun auch seine Kameraden zu gefährden, handelt er trotz allem umsichtig und im militärischen Sinne durchaus vernünftig. Und da niemand ahnt, daß der Grund seines Draufgängertums reine Todessehnsucht ist, stellt er für seine Kompanie ein ermutigendes Vorbild dar. Zwei Vorgesetzte, denen er sich anvertraut, weisen seine Bekenntnisse zurück (»Sie sind total verrückt«; »Verschonen Sie mich gefälligst mit solchem Blödsinn«; im Gespräch mit dem neuen

Bataillonskommandeur entsteht sogar die groteske Situation, daß dieser meint, das Verhalten des Soldaten komme einer Desertion gleich und müsse »von Rechts wegen« mit Kriegsgericht und Tod durch Erschießen geahndet werden). Der Ich-Erzähler beschließt daraufhin, sein Tagebuch als Vermächtnis dem »Fräulein« zukommen zu lassen. Es soll, wenigstens ihr gegenüber, enthüllen, daß er »durchaus nicht der allertapfersten Kerle einer« gewesen ist. Und er verbindet damit die Hoffnung, daß an seinem Beispiel deutlich werde, »daß die Beweggründe des kriegerischen Heldentums auch andere sein können, als man gemeinhin glaubt«.

Auch im Vorwort, das der »I. Mermet Verlag« (nicht »J. Mermet«, wie in der Forschungsliteratur meist zu lesen ist: in der gewählten Antiquaschrift gibt es keine I-Versalie) dem Buch beigegeben hat, wird anheim gestellt, es möge heute »viele Helden« geben, »die aus gleichen oder ähnlichen Motiven handeln«. Der Leser wird indes nicht ermuntert, daraus den Schluß zu ziehen, daß sich hinter so mancher militärischer Heldentat nur ein spezieller Egoismus verbirgt. Auf die Entlarvung heuchlerischer Heldenposen ist der Autor nicht aus. Denn es handelt sich um ein besonderes Schicksal, so besonders, daß der Protagonist sich nicht zur pazifistischen Vorbildfigur eignet. Zensurbedenken sind dafür wohl kaum ausschlaggebend gewesen: Maruts Kriegserzählungen sind sämtlich ohne klare pazifistische Tendenz, bisweilen tendieren sie, wie Helmut Müssener gezeigt hat, eher zum Gegenteil, ohne jedoch in die Roheit und Sentimentalität von aggressivem Hurra-Patriotismus zu verfallen. Literarisch hat Marut, anders als Traven (»Die Rebellion der Gehenkten«, »Ein General kommt aus dem Dschungel«) ohnehin die individuellen Problemlösungen bevorzugt: In »Der Mann an der Fräse« (auch u.d.T. »Die Maschine«) schildert er die individuelle und überdimensional erfolgreiche Gegenwehr eines Elite-Handwerkers, was den Text für die Arbeiterpresse ungeeignet machte, der dann auch in der Monatsschrift »Licht und Schatten« erschien.

Erzählt ist dies alles in einer bewußt schlichten, darum aber um so eindringlicheren Sprache, die dem Autor der Mexiko-Romane näher steht als alle anderen Marut-Dichtungen, kühl und sachlich, wie man es von jemand erwarten darf, der von sich behauptet, seit der Trennung von der geliebten Frau »eine Maschine« geworden zu sein. Ein Bericht in lakonischer Kürze, unter sparsamem Einsatz künstlerischer Mittel, dabei auch vor drastischen Schilderungen von Gewalt und Zerstörung nicht zurückschreckend, skizzenhaft, die Übergänge mitunter sprunghaft – und dementsprechend im Vorwort als »sonderbares Buch« vor kritischen Einwänden in Schutz genommen. Oder, wie die Schriftleitung des »Ziegelbrenner« im Brief an Brüning formulierte: »Diese Kraft der Sprache bei gleichzeitig so grosser Einfachheit ist wohltuend«.

Ob Marut dabei auf Berichte von Dritten oder hilfsweise auf literarische Texte zurückgegriffen hat, ist wohl kaum zu klären. Mit Brief vom 3. Februar 1918 wollten ein Soldat im Felde und seine Freunde wissen, ob der Verfasser in der Armee gedient oder Verwandte dort habe; Papier und ein an Wolfgang Schlump adressierter Umschlag waren beigefügt. Die Beglaubigung der Kriegserlebnisse sollte offenbar den literarischen Anspruch legitimieren. Selbstverständlich erhielt er keine Antwort. Schon im Brief an Brüning heißt es: »Ob das Buch auf wirklichen Erlebnissen beruht oder eine blosse Dichtung ist, lässt sich nicht feststellen; der Verlag schweigt sich hierüber aus und vom Verfasser selbst ist nichts zu erfahren«.

Das Echo auf Maruts/Maurhuts erste Buchveröffentlichung blieb bescheiden; Auszüge aus Rezensionen (»Kölnische Zeitung«, »Ostsee-Zeitung«, Stettin, »Zwiebelfisch«, München, »Neuer Görlitzer Anzeiger«, »Danziger Zeitung«) veröffentlichte Marut im Rahmen seiner Werbung für das Buch im »Ziegelbrenner«. Offenbar gab es Auseinandersetzungen mit Polizei- oder Zensurbehörden: »10 Zeilen, die geradezu unvergleichlich schön waren« und in denen von den Auswirkungen der Marneschlacht die Rede gewesen sei, habe die Zensur gestrichen, erfahren wir aus dem Brief an Brüning; darüber hinaus ist Marut angeblich von der Münchner Polizei auf Ansuchen einer preußischen Behörde schriftlich und mündlich befragt worden, ob »Fräulein« der Zensur vorgelegt worden sei; er habe jedoch eine entsprechende Auskunft rundweg verweigert.

Georg von Kaufmann, Philanthrop und Mäzen

Obgleich Maruts Tätigkeitsfelder in das Dunkel des Halb- oder Nichtwissens gehüllt sind, ist davon auszugehen, daß er spätestens seit Beginn des Jahres 1917 mit den Vorbereitungen für die Herausgabe seiner Zeitschrift beschäftigt war, deren erstes Heft im Juli 1917 in Druck ging. Wie er das dafür nötige Geld auftrieb, ist nicht bekannt, möglicherweise besorgte er es sich in Pazifistenkreisen oder bei Mäzenen. In der Person des Industriellen, Weltreisenden und Kunstsammlers Georg (auch Geo.) von Kaufmann überschneiden sich beide Gruppen. Wieder einmal weist ein Konvolut in der Ret-Marut-Sammlung der University of California, Riverside Libraries, die Spur.

Georg von Kaufmann war ein deutsch-englischer Industrieller und Pionier der Ölindustrie, Direktor der Solotwina Naphta GmbH, die zur österreichischen Petroleum-Industrie-Actiengesellschaft, Wien (OPIAG) gehörte und mit der Erschließung der Erdölvorkommen in Ostgalizien beschäftigt war. Er war in erster Ehe mit der Engländerin Mary Adams verheiratet. Die gedruckten Adressen auf zwei Briefen v. Kaufmanns an Marut vom 12. und 17.3.1917 zeigen, daß er seine um 1910 erbaute historisierende Mansarddachvilla im Stadtteil Nymphenburg (Neuwittelsbach 2, am Rondell), gegen eine Erdgeschoßwohnung in der neubarocken Kuppelvilla Äussere Prinzregenten-Str. 1 (heute Prinzregentenstraße 61) getauscht hatte; im Stockwerk über ihm wohnte Conrad Röntgen, der Physiknobelpreisträger von 1901.

Inhaltlich belegen die Briefe die freundschaftliche Zusammenarbeit am Projekt einer Übersetzung von Bertrand

Russells »Principles of social reconstruction« (1916). Die »Principles« sind ein Antikriegsbuch und zugleich ein philosophisch-moralisches Traktat über das richtige, das gute Leben. Russells hier niedergelegte politische Philosophie basiert auf der Überzeugung, daß der Instinkt und der triebhafte Impuls einen vitaleren und daher nützlicheren Einfluß auf den menschlichen Charakter hätten als die vernünftige Zwecksetzung, gleichwohl aber der Regulierung bedürften, notfalls durch staatliche Einrichtungen. Man könne, so Russell, fast alle Impulse in zwei Gruppen einteilen, in possessive und kreative, in Impulse, die auf Erwerb, Besitz und Bewahrung ausgerichtet seien, und solche, die darauf aus seien, der Welt Werte wie Wissen, Kunst und Güte zu schenken, was nicht persönliches Besitztum eines Menschen werden könne. Staat, Krieg und Privateigentum waren für Russell Manifestationen des possessiven Impulses; die kreativen Impulse dagegen würden, wenngleich heute auf sehr unvollkommene Weise, durch Erziehung, Ehe und Religion verkörpert. Von den politischen Institutionen sei zu verlangen, daß sie die schöpferische Tätigkeit förderten. Als das beste Leben erscheine ihm ein solches, das am meisten auf schöpferischen Impulsen aufgebaut sei, als das schlechteste ein Leben, das am meisten durch Liebe zum Besitz beeinflußt werde.

Kaufmann nimmt in seinem Brief vom 17. März 1917 offenbar Bezug auf Maruts – sicherlich von ihm entsprechend honorierte – Überarbeitung seiner Russell-Übersetzung, die zu diesem Zeitpunkt bis Seite 31 gediehen war. Diese selbst ist nicht überliefert, lediglich eine Abschrift des Inhaltsverzeichnisses der englischen Ausgabe, des weiteren die wohl von Kaufmann angefertigte Übersetzung einer zeitgenössischen Besprechung aus »The Nation« und das auf April 1917 datierte, von Marut korrigierte, in Form eines »Offenen Briefs« an Bertrand Russell gehaltene Vorwort Kaufmanns. Von besonderem Interesse ist ein handschriftlicher Zusatz v. Kaufmanns: »Papier wird schwer zu erhalten sein wenn wir uns nicht ernstlich danach umschauen[.] Man müsste ausfindig machen was hierorts noch lagert (da neues nicht angefertigt werden darf) + es aufkaufen.« Man muß nicht so weit gehen und daraus schließen, das für das (im Original 251 Druckseiten starke) Buch benötigte Papier habe Marut für seine Zeitschrift verwenden können. Aber das Problem war angesprochen und die von v. Kaufmann angedeutete Lösung hat Marut unter Umständen später die Beschaffung erleichtert.

Das Gemeinschaftswerk von Marut und Kaufmann sowie einem unbekannten Dritten (am Schluß des »Offenen Briefs« verweist Kaufmann mit Dank auf zwei »Herren«, deren »Sprachkenntnisse« und »Verständnis« für Russells »Ideen und Anschauungen« er benötigt habe; Namen werden nicht genannt) kam aus unbekannten Gründen nicht zustande; vielleicht, weil Kaufmann weder bei Russell noch beim englischen Originalverlag das Einverständnis dazu eingeholt hatte. Eine deutsche Übersetzung der »Principles of social reconstruction« erschien erst 1921 unter dem Titel »Grundlagen für eine soziale Umgestaltung« im Münchner Drei Masken Verlag. Übersetzerin war die Münchnerin Margarete Hethey, die Kaufmann im Dezember 1918 einen Kontakt zu Rainer Maria Rilke vermittelte. So ist anzunehmen, daß Marut von Hethey abgelöst wurde.

In seinem »Offenen Brief« an Russell nimmt Kaufmann zum einen Bezug auf die »Principles« und die Schwierigkeiten, die Russell aus seinem Engagement gegen den Krieg in England erwuchsen, zum andern schildert er das Schicksal seines Sohnes George Kaufmann jr., der sich als Hörer von Russells Cambridger Vorträgen dessen »Grundsätze des Pazifismus« zueigen gemacht hatte und Anfang 1917 als Kriegsdienstverweigerer, in seinen eigenen Worten als »militanter Revolutionär«, zu zwei Jahren Zwangsarbeit in Wormwood Scrubs, einem Zuchthaus an der Nordwestgrenze Londons, verurteilt wurde. Aufgrund von Maruts Kenntnissen in dieser Angelegenheit (»wenn Sie schon in das Schicksal meines Sohnes so weit eingeweiht sind und es zu würdigen wissen was er getan hat«) ließ Kaufmann ihm in seinem Brief vom 12.3.1917 auch die Kopie eines an ihn gerichteten Briefs von Helen Bowen Wedgwood (1895–1981) vom 11.2. aus Chelsea zukommen, in der die Aktivistin der englischen Kriegsdienstverweigerer-Bewegung ihn über den Stand der Solidaritätsbewegung für seinen Sohn unterrichtete.

Die Verbindung zwischen Marut und Kaufmann riß nicht ganz ab; mit Brief vom 8.5.1918 lud Marut von Kaufmann ein, Unterstützer des »Ziegelbrenner« zu werden. Bisher habe er »das ganze Unternehmen aus eigenen Mitteln errichtet und es hat sich entsprechend den Kapitalien, die ich ihm widmen konnte, durchaus nicht unerfreulich entwickelt. […] Hätte ich genügend Kapital zur Hand gehabt, um Heft 1 u. Heft 2 in grösseren Massen herstellen zu lassen, so wäre ein nicht unerheblicher Gewinn zu erzielen gewesen. Die Schwierigkeiten liegen darin, dass ich infolge des Papiermangels das benötigte Papier schon bezahlen muss, ehe ich es überhaupt sehe, ja ehe ich überhaupt weiss, ob ich es bekomme. Auch den Drucker muss ich im Voraus bezahlen, um von den hohen Druckkosten etwas ersparen zu können.« Schulden habe er auf diese Weise vermeiden können, aber auch auf Entwicklungsmöglichkeiten verzichten müssen, die ihm flüssige Kapitalien geboten hätten. Fremdes Geld habe er sich nicht beschaffen mögen, denn nichts sei ihm unangenehmer, als mit einem Geldgeber zu tun zu haben, der »weder literarisch, noch künstlerisch, noch geistig fähig« sei, »die Entwickelungs-Möglichkeiten dieses Unternehmens in ideeller Beziehung abzuschätzen« oder gar mit »derartigen reinen Geldmenschen über Ideen verhandeln zu müssen oder etwa gar solchen Menschen ein Recht einzuräumen, mir Vorschläge machen zu dürfen, wie ich die Zeitschrift durch Aenderung meiner Ideen ›ertragreicher‹ ausgestalten könnte.« Er wende sich nun an ihn, weil er seine »unjüdische Gesinnung in solchen Dingen aus persönlicher Erfahrung kenne« und biete ihm an, entweder »unmittelbar kaufmännischer Teilhaber« oder »Gesellschafter« zu werden oder ihm ein zu verzinsendes Darlehen in Höhe von insgesamt 3 000 Mark zu gewähren. Gleichzeitig erinnerte er daran, daß die Russell-Übersetzung, »die leider unterbleiben musste, viel mehr Geld verschlungen haben würde«. Als Sicherheit wolle er seine Bibliothek im selben Wert verpfänden. Schlimmstenfalls könne sich v. Kaufmann zugute halten, »einem rein geistigen und rein literarischen Unternehmen, das zweifellos Entwickelungsmöglichkeiten in sich trägt – zahllose Zuschriften an mich enthalten diese Ansicht – zur Sicherstellung seiner materiellen Grundlagen verholfen zu haben«. Den Betrag erbitte er in drei gleichen Raten zum 15.5. und 1.9.1918 und 1.2.1919; alles »Nähere« könne man bei einem gemeinsamen »Thee« besprechen.

Paß- und Reiseschwierigkeiten

Mit der Wiederaufnahme des uneingeschränkten U-Bootkriegs, den Deutschland gegen amerikanische Warnungen ab dem 1. Februar 1917 in definierten Sperrgebieten gegen die internationale Handelsschiffahrt führte, war abzusehen, daß die USA ihre bis dahin neutrale Haltung aufgeben würden. Zwei Tage später gab Präsident Wilson den Abbruch der diplomatischen Beziehungen zum Deutschen Reich bekannt. Marut wußte, daß im Fall von Amerikas Kriegseintritt dies Einfluß auch auf den Status der amerikanischen Staatsbürger in Deutschland hätte, die von einem Tag auf den andern zu feindlichen Ausländern würden. Er stand daher vor der Entscheidung, sich schnellstmöglich entweder in Otto Feige zurückzuverwandeln – als der er, von behördlichen Sanktionen abgesehen, augenblicklich zum Kriegsdienst herangezogen worden wäre – oder sich wenigstens reguläre amerikanische Papiere zu beschaffen, um den Schutz der amerikanischen Regierung genießen, gegebenenfalls in die USA auswandern zu können, ehe ihm der Krieg einen Strich durch die Rechnung machen würde. Es dauerte jedoch vier Wochen, bis Marut erneut einen Schritt unternahm. Am 8.3.1917 wurde er beim amerikanischen Vize-Konsul in München vorstellig, der, weil das amerikanische Konsulat mittlerweile geschlossen worden war, im spanischen Konsulat residierte.

Dort ersuchte er um einen amerikanischen Paß, da er im Laufe des Jahres angeblich in die USA zurückkehren wolle, und füllte infolgedessen das Standardformular für einen Paßantrag aus (»American passport application«). Darin notierte er zunächst die üblichen Angaben zu seiner Geburt, erklärte aber darüber hinaus, daß sein Vater, William Marut, ebenfalls in San Franzisko geboren und dort 1901 gestorben sei. Er selbst sei zuletzt 1904 aus den USA ausgereist und verfüge dort über keinen Wohnsitz. Ferner gab er an, seine Geburtsurkunde zusammen mit anderen Papieren bei einem Brand in Pillkallen in Ostpreußen im Dezember 1910 verloren zu haben, präsentierte hilfsweise das Antwortschreiben aus San Francisco vom 3. Juli 1915 und gab zwecks Vermeidung einer Ausbürgerung auf einem besonderen Formular eine eidesstattliche Erklärung (»affidavit«) ab. Dieser eidesstattlichen Erklärung zufolge war er als Student der Philosophie und politischen Ökonomie in Europa auf Reisen gewesen, hatte neben Deutschland auch Frankreich und Spanien besucht und – hier sprach er erstmals die Wahrheit – hielt sich seit November 1915 in München auf. Innerhalb der nächsten drei Monate wolle er dauerhaft in die Vereinigten Staaten zurückkehren. Amerikanische Einkommensteuer zahle er nicht, weil sein Einkommen weniger als 2000,– Dollar pro Jahr betrage. Weil er keine Referenzen in den USA nachweisen konnte, fügte Marut ein Memorandum mit den Namen etlicher Leute in San Franzisko bei, die ihn kennen sollten, konnte aber nur vage Angaben machen. Maruts Entwurf zu dieser Erklärung ist unter den Papieren der Ret-Marut-Sammlung der University of California, Riverside Libraries, überliefert; nebenbei dokumentiert sie laut Goldwasser eine gute, wenngleich etwas unbeholfene Beherrschung des Englischen. Marut muß also vor dem Frühjahr 1917 Englisch gelernt haben, was wiederum seine Erwähnung der Lektüre englischer Zeitungen und seine Übersetzungen aus dem Englischen beglaubigt, auch wenn er sich dabei fremder Hilfe bediente (siehe S. 392) und sich darin trotzdem noch ein schwerer Schnitzer fin-

det (»crime of murder« übersetzt Marut mit »Verbrechen des Mörders«).

»1) Ret James Chambers (or Champers, or Chambears). My father told me I got my Christian name from him. He lived in one of the streets to the left of the Market Street (coming from Blue Mountain) between City Hall and Ferry and between the border of the Chinese quarter and the Market Street.
2) John Carpenter, he was a commercial friend of my father, he lived in the third or fourth street behind the Mint, coming from Blue Mountain.
3) Dick (Richard?) Jawcelf, clerk at a printers; he was a friend of mine and lived with his mother.
4) Mrs Jawcelf (Christian name, I believe, Elinor); she was a widow. If I wanted to visit them I had to go along St Patrick, behind it, coming from Market Street. I am convinced when I am in my native town there I shall meet many friends of mine and many acquaintances of my parents. But it is very difficult—even quite impossible—to remember all men and their homes which I knew, after this long time, especially therefore, I got about a hundred new names and addresses in many other countries and towns during this time.«

Dem Affidavit fügte der Vizekonsul noch die eigenhändige Note hinzu: »Marut claims that his mother died during his infancy and he does not remember where he lived in San Francisco«. Gegenüber dem State Department machte er jedoch keinen Hehl daraus, daß er Maruts Ausführungen ohne Bestätigung aus San Francisco für nicht überzeugend und ihn daher des Schutzes der amerikanischen Regierung nicht für würdig hielt: »In my opinion the statements made in the foregoing application and affidavit require such confirmation as may be possible to obtain in San Francisco [...] Applicant's memory seems to fail him badly and his manner of replying to pointed questions is reluctant and not convincing. These indications, together with the fact that

he speaks English with a remarkable foreign accent, considering his claim to have resided in the United States up to his twenty-second year, prompt me to question that he is entitled to the protection of the Government of the United States.«

Der Antrag wurde über die spanischen Botschaften in Berlin und Den Haag nach Washington geschickt, wo er einige Tage vor der Kriegserklärung der Vereinigten Staaten eintraf. Am 30. April erhielt Marut den Ablehnungsbescheid: Er war »nicht als amerikanischer Bürger anerkannt« worden und würde daher »keinen Paß erhalten«. Das hielt ihn jedoch nicht davon ab, kurz nach Kriegsende, als die Münchner Polizei-Direktion, Abteilung Fremden-Amt, von den ausländischen Staatsangehörigen ein Bekenntnis darüber verlangte, daß sie ihren hiesigen Aufenthalt aus freiem Willen gewählt hatten, seine entsprechende Erklärung vom 28.11.1918, wonach er »beabsichtige, vorläufig in Deutschland zu bleiben«, als »Bürger der U.S. o. N.A.« zu unterschreiben. Mit Recht konnte er davon ausgehen, daß die eine Behörde der anderen keine Akteneinsicht gewährte. Im »Ziegelbrenner« dagegen unterließ Marut alle Bemerkungen, die auf eine Herkunft aus dem Land des Kriegsgegners deuteten konnten, sprach demgegenüber von seiner deutschen »Heimat«, dem Deutschland seiner »heiligsten Kindheits-Träume«; »wir« Deutsche seien »das Volk der Dichter« und betonte, in der Abwehr eines antisemitischen Angriffs, seine rein arische Abkunft.

Zum Zeitpunkt der amerikanischen Kriegserklärung, die das materielle, personelle und auch psychologische Kräfteverhältnis im Ersten Weltkrieg endgültig zu Gunsten der Gegner Deutschlands und Österreichs verschob, befanden sich etwa 1200 Amerikaner in Deutschland. Nahezu alle blieben auf freiem Fuß. Staatsbürger über 15 Jahren aus »Feindstaaten«, die diese Freizügigkeit genießen durften, waren jedoch verpflichtet, sich zweimal täglich bei der Polizei zu melden, sofern nicht ihr Arbeitgeber ihre Kontrolle übernahm. Die Bevölkerung war aufgerufen, den Aufenthalt von Ausländern aus Feindstaaten sofort zu melden.

In München bedurfte jeder Wohnortwechsel der Genehmigung des Stellvertretenden General-Kommandos des I. Armee-Korps in der Pfandhausstraße (heute Pacellistraße). Maruts Bewegungsmöglichkeiten waren damit enorm eingeschränkt. Als er zu Pfingsten 1917 einen Ausflug plante, »beginnend mit Samstag, 26. Mai mittags bis Dienstag 29. Mai mittags endend. Ziel, bzw. Reiselinie München–Beuerberg–Bad Tölz–Tegernsee–Schliersee–München (teils zu Fuss, teils mit der Bahn)«, mußte er als »amerikanischer Staatsangehöriger« beim Fremdenamt um die Ausstellung eines Reise-Erlaubnisscheins bitten. Der Antrag wurde von der Polizeidirektion zur Entscheidung an das Stellvertretende General-Kommando weitergeleitet, traf dort jedoch erst ein, als Marut von seiner Reise schon zurück war (daß er sie auch ohne Genehmigung unternommen hat, ist zu vermuten), wurde daher mit dem Vermerk »durch Zeitablauf erledigt« versehen und zurückgereicht.

Solche Reiseschwierigkeiten waren auch ein Argument gegenüber Elfriede Zielke, die Marut wiederholt zu einem Besuch in Berlin aufgefordert hatte. Sie habe ihn einmal in München besuchen wollen, erzählte sie Heidemann, aber daraus sei nichts geworden. »Und dann [wollte] er mal kommen von München, da war Irene 2 [!] Jahre, da war ich in Berlin, 1916. Und da konnte er nicht kommen, ich bekam einen patzigen Brief: Ich habe mehr zu tun als nur nach Berlin zu fahren ...«. Das sei für sie das endgültige Ende auch der brieflichen Beziehung gewesen. Sie habe mit einem schroffen Brief reagiert, wonach Marut sich künftig nicht mehr um sie und ihr Kind zu kümmern brauche: »Es war ein Beleidigtsein von mir, daß er nicht ... politisch konnte er nicht [kommen].« »Das wußte ich ja nicht.« »Ich war sehr impulsiv.«

Trotzdem schrieb Marut noch hin und wieder an seine Tochter und deren Großmutter, sandte auch Pakete mit Kinderkleidung, Büchern (1917 Stevensons »Schatzinsel«) und Spielzeug. Sogar »Ziegelbrenner«-Hefte habe er ihr »manchmal geschickt«, erinnerte sich Elfriede Zielke. »Das letzte Weihnachtspäckchen bekam ich 1918. Da schrieb er

mir, es sei alles so schwer zu beschaffen. Es waren aber alles nur so Andeutungen«. Der briefliche Kontakt zu seiner Tochter endete mit einem Neujahrsgruß vom 31.12.1917. Die Postkarte ist an »Fräulein Irene Zielke Berlin N Griebenowstr. 17 II« gerichtet, eine Adresse in Prenzlauer Berg, in der Nähe der Zionskirche. Marut schreibt: »Liebes Irenchen, der Großmama, Tante Lisbeth, Tante Grete u. Ilschen und vor allem Dir wünsche ich ein frohes, glückliches Jahr. Mit den besten Grüßen an Euch alle Marut«.

Gut 30 Jahre später, im Juni 1948, erhielt B. Traven in Mexiko über seinen alten Büchergilde-Lektor Ernst Preczang einen überschwänglichen Brief von seiner inzwischen 36jährigen Tochter Irene. Sie hatte durch eine Zeitungsrezension, in der hinter dem Namen »B. Traven« »Fred Maruth« eingefügt war, einen für sie und ihre Mutter plausiblen Hinweis auf den Verbleib ihres Vaters bekommen, von dem sie seit der Postkarte von 1917 nichts mehr gehört hatte. Daraufhin schrieb sie am 7. Juni 1948 Ernst Preczang einen Brief, legte einen weiteren an ihren Vater bei und bat um Vermittlung. Preczang leitete Irenes Brief weiter, in dem es hieß: »Du, lehne mich ab oder nimm mich an, Du kannst es nicht ändern: ich lebe Dich weiter, Du bist in mir. Nichts will ich, nichts. Doch ich werde Dich anerkennen, wer Du, was Du immer seist. [...] In keiner Weise kannst Du Nachteile haben, wenn Du Dich zu mir bekennst. Denn alles, was ich über Marut weiß, aus der früheren Zeit, ist ja außer dem Namen kaum etwas. Du bleibst trotzdem unbekannt«.

Irenes Hoffnung, ihr Vater würde sich zu ihr bekennen, erfüllte sich nicht. Traven schickte ihr den Brief zurück, begleitet von einem auf englisch verfaßten Dementi der »Fred Maruth story«, in dem er heftig auf die Urheber schimpfte und erklärte, zum Zeitpunkt ihrer Geburt in der US-Handelsmarine Dienst auf dem Pazifik getan zu haben, um sich mit »very truly yours B. Traven« auf immer von seiner Tochter zu verabschieden. Jahre später hat B. Traven mit seiner Frau Rosa Elena Luján über seine Verbindung mit Zielke gesprochen; ihr gegenüber räumte er auch ein, eine Toch-

ter aus dieser Beziehung zu haben. Zu Jonah Raskin sagte Luján: »They had a daughter and she is living in East Germany today. When we went to Berlin in '59 my husband refused to see her. You see, he denied that he had a daughter, didn't ever want children. No – no children for him! He had such very bad experiences with his own parents that he didn't want to bring a child into this world«.

Gründung und Finanzierung des »Ziegelbrenner«

Am 10. Juli 1917 ließ sich Marut als Inhaber eines Zeitschriften- und Bücherverlags beim Städtischen Einwohneramt in die Gewerbeliste (Nr. 7.400) eintragen. Die persönlichen Angaben sind die üblichen, der Name der Mutter scheint hier in der authentischen Schreibweise als »Helene, geb. O'Torrent« notiert worden zu sein, während er in der Meldekarte »Helene M., geb. Ottarrent« lautet. Kurz darauf gab er das erste Heft seiner Zeitschrift »Der Ziegelbrenner« in Druck. Er selbst erinnerte später daran, es sei etwa zur Zeit der Friedensresolution des Reichstages (19.7.1917) gewesen. Zwischen Redaktionsschluß und Erscheinen lagen mindestens 5 Wochen, nicht zuletzt wegen des langwierigen Genehmigungsprozesses: In einem Brief an die Münchner Zensurbehörde vom 10.6.1918 klagte er, daß »am Ausgabe-Tag [...] das Meiste [...] mehr als zwei bis drei Monate alt« sei. Dieses 1. Heft, erinnerte sich Marut Anfang 1919, sei von der Zensur »sehr gnädig« behandelt worden, weil die Herren »erst einmal sehen wollten, worauf das hinaus liefe«. Man habe ihm daher nur einen kleinen Artikel gestrichen und einen anderen um wenige Zeilen verkürzt. In einem Brief an Gust van Werveke vom 24. September 1917 allerdings brachte er mit Bezug auf seinen Leitartikel im 1. Heft (»Wieder-Aufbau nicht – Neu-Aufbau«) zum Ausdruck, daß die »schmerzlichen Zeitumstände und manche andere Dinge« ihn gezwungen hätten, »Ueberzeugungen zu umschreiben«.

Vor allem die Erschließung der Materialien der Ret-Marut-Sammlung der University of California, Riverside Libraries, lieferte Erkenntnisse darüber, auf welche Weise Marut die Druck-, Verlags- und Werbungskosten für seine Zeitschrift finanzieren konnte: Allein in den beiden Stuttgarter und Münchner Zeitschriften »Die Lese. Wochenblatt für Unterhaltung und Bildung« und »Die Welt-Literatur« hat er zwischen dem 22.12.1917 und dem 1.5.1919 dreiundachtzigmal (56/27) inseriert. Bis dahin war gemutmaßt worden, er habe über ein beträchtliches Privatvermögen verfügt. So hatte Heidemann 1967, eine Bemerkung Maruts aufgreifend, wonach die Aufwendungen für den »Ziegelbrenner« zu diesem Zeitpunkt angeblich um 6 000 M. höher als die Einnahmen waren, behauptet, er habe »für die Herstellung der ersten vier Hefte 6 000 Goldmark zuschießen« können, was Recknagel umgehend übernahm. Obgleich Marta Haecker Heidemann mit Brief vom 10. Juni 1967 darüber informiert hatte, daß von Maruts angeblicher Wohlhabenheit damals »nicht die Spur zu bemerken war«, knüpfte er zehn Jahre später daran die suggestive Frage: »Woher kam dieses Geld? Woher kommt das Geld zum Weitermachen?« Die Antwort folgt auf dem Fuß: Bereits in München habe man ge»munkelt, Marut sei ein illegitimer Sproß des Kaiserhauses«. Auch für Guthke stand außer Frage, daß »Maruts Journal [...] ein Verlustgeschäft gewesen« sei, das er »überhaupt erst« durch sein »Privatvermögen« habe ermöglichen und dann »über Wasser« halten können.

In Wahrheit mußte Marut, der tatsächlich gelegentlich von einem (freilich unbezifferten) Privatvermögen sprach, nicht Millionär sein, um binnen viereinhalb Jahren vierzehn Zeitschriftenhefte herausbringen zu können. Kaufmännisches Rechnen hatte zu den Grundaufgaben des Gewerkschaftssekretärs Otto Feige gehört, Ausgaben und Einnahmen des Verlags waren offenbar sorgfältig ausbalanciert. Daß Marut sich gelegentlich um Kredite bemühte, widerspricht dem nicht, da der Erlös aus dem Heftverkauf die Kosten erst mit Verzögerung und nur tröpfchenweise einspielte. Die Herstellungskosten für die ersten drei Hefte bezifferte er selbst auf »mehr als 500« M. je Ausgabe. Da Druck und Papier von Heft 1 24 Pfg. pro Exemplar kosteten, dürfte die Auflage bei rund 2200 Exemplaren gelegen haben. Zwar wies die Abrechnung von Heft 1 am Schluß eine »Unterbilanz von etwa 1400« M. auf, doch hatte er dafür auch eine besonders intensive Werbung betrieben (»etwa 600 deutsche Buchhändler« hatten das Heft »bekommen«). Von Heft 2 konnte er bereits eine 2. Auflage in doppelter Höhe veranstalten; bei Herstellungskosten von vielleicht 0,40 M. pro Exemplar und einer Gesamtauflage von 6600 könnte der Überschuß 1 320 M. betragen haben. Die Auflage des im Februar 1918 erschienenen Hefts 3 betrug laut Marut »wenigstens 2500 Stück«, die nach einem Dreivierteljahr vergriffen waren und so für einen Erlös von mindestens 500 M. sorgten. Wegen des guten Erfolgs konnte er es sich leisten, im Mai 1918 eine Sekretärin und später noch eine Hilfskraft für den Versand einzustellen. Auch von Heft 4 (Juli 1918) mußte Marut eine 2. Auflage drucken. Da der Verkaufspreis jetzt bei 1 M. lag, hätte der Überschuß theoretisch auf 3000–4000 M. steigen können, doch wurde die Auflage nie ganz verkauft. Die Auflagenhöhe von Heft 5–8 (November 1918) ist nicht bekannt; Richter schätzt das um die Jahreswende 1918/19 erreichte Abonnenten- und Auflagenmaximum auf 5000–6000, wobei er sich auch auf die Erinnerung Marta Haeckers an die Dicke der von der Druckerei gelieferten Zeitschriftenballen stützen konnte. Offenbar um die Herstellung von Heft 5–8 finanzieren zu können, benötigte Marut Anfang Oktober »ein Darlehen in Höhe von M 1000.– oder darüber oder darunter«, das er mit 12½ Prozent verzinsen wollte. Bei einem Verkaufspreis von jetzt 2 M. dürfte unter dem Strich ein erheblicher Gewinn herausgekommen sein, auch wenn Restexemplare des Hefts Ende 1921 noch lieferbar waren. Über die Hefte 9–14, 15 und 16, 20–22, 23–25 und 26–34 lassen sich keine Gewinn- und Verlustrechnungen anstellen; allesamt waren sie Ende 1921 noch lieferbar. Von Heft 20–22 (Januar 1920), dessen Druck von einem »Gönner« ermöglicht wurde, ist immerhin bekannt, daß wegen der starken Nachfrage eine neue Auflage in doppelter Höhe gemacht wurde. Heft 18–19 (Dezember 1919) war das erste im Untergrund produzierte

»Ziegelbrenner«-Heft, es kostete 1,20 M., die Auflage betrug mindestens 1 906 Stück. Da es restlos abgesetzt werden konnte, ist von einem Maximalerlös von 1 760 M. auszugehen. Für Heft 35–40 (Dezember 1921) möchte ich eine Auflage von 600 Exemplaren ansetzen, was der Auflage von Seiwerts »Rufe« entspräche; bei einem Verkaufspreis von 3,30 M. und gleichgebliebenen Herstellungskosten wäre mit einem Erlös von ungefähr 1 740 M. zu rechnen. Zu berücksichtigen ist außerdem, daß es neben den politischen Freunden der Zeitschrift bereits einen größeren Kreis von Bibliophilen gab, der sie aus Sammelleidenschaft erwarb. Marut selbst betrieb mit den vergriffenen Ausgaben einen antiquarischen Handel, die Hefte 1, 2, 3 und 18–19 bot er zum »30fachen des aufgedruckten Preises«, die noch lieferbaren Hefte (ausgenommen Heft 26–34) zu deutlich erhöhten Preisen an. Für Heft 1 hat er 12 M., für die Hefte 2 und 3 je 18 M., für Heft 18–19, das seine radikale Abrechnung mit der Sozialdemokratie enthielt, stattliche 36 M. verlangt.

Ob für die Anschubfinanzierung seine eigenen Ersparnisse ausreichten, ist nicht so leicht zu beantworten. Bei dem jetzigen Wissensstand kann als am wahrscheinlichsten gelten, daß sich wohlhabende Gönner und/oder eine Vielzahl von kleinen Unterstützern dazu bereit fanden. Tatsächlich spricht Marut in einem Brief an die Buchhändlerin Martha Buhlmann in Guben vom 24.4.1918 von einigen »wenigen Vertrauenden, die ihr gesamtes Privatvermögen neben das meine stellten« und »auf jeglichen Gewinn während des Krieges notariell verzichtet haben«. In diesem Brief verriet Marut außerdem, daß er durch die Herstellung des 1. Hefts mit einer »Unterbilanz von etwa 1 400« Mark belastet sei. »Die Herstellung – nur Druck und Papier – von Heft I kostete mich für jedes Heft 24 Pfg. Der Buchhändler bekam es bedingt für 24, bar für 22 Pfg. Das Streifband kostet 1 Pfg, die Klebe-Adresse 2 Pfg, die beigelegte Faktur 2,8 Pfg., die Faktur, die der Kommissionär zum Einlösen bekommt, gleichfalls 2,8 Pfg. Als Buchhändler wissen Sie, dass auch der Kommissionär für seine Tätigkeit noch Vergütung erhält. Alle Hefte No. I sind nur bedingt genommen worden – nur jetzt nimmt man einige wenige bar – und der ganze Betrag für Heft I wird erst zur Ostermesse bezahlt. Trotz der hohen Selbs[t]kosten, gebe ich also den Buchhändlern auch noch Kredit von beinahe neun Monaten, Buchhändlern, die alle bessere Geschäfte machen und zahlen könnten.«

Die Zensur für die Landeshauptstadt übte das Kriegsministerium in der Schönfeldstraße als höchste Verwaltungs- und Kommandoebene aus. Oberste bayrische Zensurstelle war das der ab 1916 von Major Kress von Kressenstein geleiteten Armeeabteilung I zugeordnete Pressereferat, in dem zeitweilig mehr als 10 Zensoren arbeiteten. Hier wurden die Richtlinien der gesamten bayrischen Zensur formuliert. Verantwortlich gestaltet und durchgeführt wurde die bayrische Zensurpolitik vom Pressereferenten Alfons Falkner von Sonnenburg (1851–1929), einer ebenso eigenwilligen wie eigenartigen, schillernd widersprüchlichen Persönlichkeit. Aufgrund seiner Bemühungen blieb das bayrische Zensur- und Pressewesen dem Einfluß der Obersten Heeresleitung weitgehend entzogen. Sonnenburg, ein »prononcierter Preußengegner«, trotzte erfolgreich allen Versuchen preußischer Zentralstellen (Oberzensurstelle, Kriegspresseamt), Bayern in die staatliche Pressearbeit einzubeziehen. Von seinem militärischen Umfeld, in dem er überdies als Demokrat galt, wurde er als »nicht einwandfreier Charakter« (Hellingrath 1924) beschrieben, gefall- und geltungssüchtig, von »schrankenlosem Ehrgeiz«. Journalisten, Verleger und Autoren dagegen, denen er eine Sprechstunde einrichtete und sich, für Dringendes, sogar nachts zur Verfügung stellte, priesen seine »konzilianten Umgangsformen« und seinen »zuvorkommenden und elastischen Verhandlungsstil«. Als Endsechziger stand v. Sonnenburg sozialistischen Ideen näher als dem monarchischen Prinzip – ob als vorübergehend rauschgiftsüchtiges, frustriertes Opfer der Militärhierarchie oder weil »seine ganze Weltanschauung«, wie der einstige Kriegsminister Philipp von Hellingrath 1924 rückblickend urteilte, »entschieden auf demokratischem, vielleicht sogar sozialistischem Boden« gründete, ist dabei nicht zu entscheiden. Der nationalkonservative Historiker Karl Alexander von Müller, damals Mitherausgeber der »Süddeutschen Monatshefte«, einem führenden Organ des militanten deutschen Nationalismus, beschrieb ihn 1954 als »von ungreifbarer Glätte nach allen Seiten, ebenso rede- wie schreibgewandt«.

Nachdem am 31. Juli 1914 im Deutschen Reich der Belagerungszustand verhängt worden war, übernahmen die Stellvertretenden General-Kommandos die vollziehende Gewalt in ihren Armeebezirken. In Bayern fiel ihnen mit der Berechtigung, Verordnungen zu erlassen, auch die Zensurkompetenz zu. Zwar beanspruchte die Oberste Heeresleitung (über das Kriegspresseamt und die damit verbundene Oberzensurstelle), die Zensur nicht nur für die besetzten Gebiete, sondern auch an der Heimatfront auszuüben; das bayrische Kriegsministerium, insbesondere unter Minister von Hellingrath, wandte sich jedoch immer wieder gegen den preußischen Suprematieanspruch. Mitteilungen des Pressereferats im Kriegsministerium wurden von der von Hauptmann Dr. Christian Roth (1873–1934) geleiteten Abteilung P im Stellvertretenden General-Kommando als verbindliche Anordnungen herausgegeben, während umgekehrt das Pressereferat und andere Dienstellen bei der Kontrolle von Personen und Druckschriften etc. auf operative Erkenntnisse der Abteilung P zurückgriffen, so etwa im Fall von Erich Mühsam oder dem Münchner Pädagogik-Professor Friedrich Wilhelm Foerster, deren Korrespondenz überwacht wurde. Ab dem 23.3.1915 gehörte der Kriegsfreiwillige Carl Schmitt, zuletzt als Unteroffizier, zur Dienststelle Abteilung P, wo er das Referat P 6 leitete, das unter anderem für die Überwachung von Parteien und Organisationen und die Ein- und Ausfuhr von Druckschriften zuständig war.

Die Abteilung P war, nach dem Zeugnis von Carl Schmitt und seinem damaligen Kollegen Georg v. Schnitzler aus dem Jahr 1920, »kein Scharfmacherbüro«, in ihr seien »offen demokratische Mitarbeiter« tätig gewesen, darunter sogar »ein notorischer Pazifist«. Roth selbst wurde von ihnen als »Personifizierung des gesunden Menschenverstandes« und »alles andere als ein bornierter Militarist« beschrieben. Marut hatte damit das Glück, in v. Sonnenburg und Roth zwei Protagonisten einer großzügigeren Auslegung der Zensurvorschriften als Gegenüber zu haben, die der sozialdemokratischen und pazifistischen Presse sehr entgegenkamen, was auch für einen Teil ihrer Untergebenen galt, übrigens auch für Carl Schmitt. Daß es Marut gelang, während des Krieges so eindeutig gegen Militarismus und Nationalismus Stellung zu beziehen, lag also nicht nur an seinem (gelegentlich vielleicht von einer Charmeoffensive Irene Mermets unterstützten) geschickten Taktieren und Lavieren. Er profitierte dabei auch ganz wesentlich von der vergleichsweise liberalen Handhabung der Zensur in München. Daher fand er im Sommer 1918 auch anerkennende Worte für die Leute, die »in der Münchner Zensur-Behörde [...] sitzen«, die »nur zufällig Uniform tragen und trotzdem weiter zu sehen vermögen als bis an die Kuppel der Frauenkirch-Türme«.

Die Fackel der Aufklärung

Welchen Zweck er mit seiner Zeitschrift verfolgte, sprach Marut in einem Brief an Gust van Werveke vom 24. September 1917 aus, den Leiter einer kleinen pazifistisch-avantgardistischen Studentenorganisation in Luxemburg, mit dem er sich in den Grundabsichten einig wußte: »Bei Gründun[g] meiner kleinen Zeitschrift habe ich mir kein f[est] umgrenztes Ziel gesteckt, es sei denn, dass man al[s] Ziel bezeichnet, aufklärend zu wirken und alle[n Ver]hetzungen der Völker entgegen zu arbeiten. Um [diese] Absichten durchzuführen erscheint mir die rück[sichts]lose Stärkung des Lebenswillens, das Verbreiten [der] Ueberzeugung, dass die erste und schönste Pflicht [des] Menschen ist, vor allem Mensch zu sein, als das zur Zeit beste Mittel«.

In einer Zeit, in der die deutschen Eliten fast ausnahmslos in den Chor der Kriegsbegeisterung einstimmten, gehörte Marut zu den wenigen, die bei Verstand blieben. Sein »Ziegelbrenner«, der von Heft 3 bis Heft 5–8 die Devise »Kritik an Zuständen und an widerwärtigen Zeitgenossen« trug, war eine aufrüttelnde Kampfzeitschrift (»Achtet auf alles, was um Euch vorgeht«), die den Staat und seine Institutionen radikal in Frage stellte und mitten im Krieg für Völkerverständigung und -freundschaft eintrat, nicht zur Agitation der unwissenden und ungebildeten Masse, sondern zur Unterrichtung der »gebildeten Bevölkerungsschichten«. Auch gegenüber den Militärbehörden unterstrich Marut stets, daß er sich an einen kleinen Kreis von Intellektuellen und Bildungsbürgern wende. »Politik ist uns gleichgültig. Es handelt sich hier nur um die Richtigstellung der Begriffe und Anschauungen, die durch den Journalismus verwirrt und verkehrt worden sind, es handelt sich um die Wiederherstellung des guten Geschmacks und des Anstandes in öffentlichen Dingen, die durch die Tageszeitung verwildert worden sind«. Weil ihr Erscheinen in eine Zeit der ästhetischen Aufbruchbewegungen fiel, konnte den Behörden dieser Hinweis zunächst bei der Einordnung der Zeitschrift hilfreich sein.

Vor allem nach Kriegsende, als er sich nicht mehr der Militärzensur unterwerfen mußte, wurde deutlich, daß es Marut nicht nur um Kritik, sondern um entschiedene Ablehnung des politischen und wirtschaftlichen Systems und seiner gesellschaftlichen Stützen zu tun war. Im Fokus standen insbesondere das preußische Hegemoniestreben, der Militarismus in all seinen Auswirkungen auf die Zivilgesellschaft, »Pfaffen aller Konfessionen«, die Sozialdemokratie und das System der Presse. »Krieg ist fortgesetzte Greueltat; und wo eine fortgesetzte Greueltat endet, weiß vorher kein Mensch«, heißt es in Heft 9–14 vom 15. Januar 1919; »der Kapitalismus« sei »der Kriegs-Interessierte«, der Krieg sei aus »Krämer-Habgier« entfesselt worden. »Denn wo die Preußen auch hingekommen sind, um die Freiheit zu bringen, haben sie immer nur die Knechtschaft und die Vormundschaft erweitert. Und dieser Staat fühlte sich berufen, die Welt zu beherrschen! Mit

Lüge, Schwindel und Unterdrückung der Wahrheit zu herrschen, das vermögen auch Kretins«. Als »größter Schurke und Lügner während des Krieges« habe sich »der Journalist« erwiesen, »und dahinter folgte aber gleich der Pfaffe! Der größte Lügner ist der Journalist, der größere Schurke aber ist der Pfaff«. Besonders hart ging Marut nach der Novemberrevolution mit der Sozialdemokratie ins Gericht, die für ihre Zustimmung zu den Kriegskrediten »vom Erdboden« hätte »verschluckt« werden müssen. »Die kaiserliche Sozialdemokratie hatte sich mit dem Gegenwarts-Staate vollständig ausgesöhnt, sie fühlte sich sauwohl darin. Auf dieses Ziel war im letzten Jahrzehnt die gesamte Gewerkschaftsbewegung, die gesamte Genossenschaftsbewegung und die gesamte Parteibewegung mehr oder weniger bewußt eingestellt worden«. »Die kaiserliche Sozialdemokratie hätte diese Revolution niemals erzeugt; sie war längst entmannt, längst verlumpt, längst impotent geworden. Andere Kräfte mußten diese Revolution entfesseln und erst dadurch, daß die revolutionäre Anhängerschaft der Sozialdemokratie sich ihrer alten und großen revolutionären Ziele erinnerte, folgte der ganze große Troß der Partei und der Gewerkschaft«.

Indem er 1917/18 seine Lektüre englischer und französischer Zeitungen erwähnte, eigene Übersetzungen aus beiden Sprachen abdruckte und 1919 betonte, »kein Arbeiter« zu sein, »nicht zum Proletariat« zu gehören, »beinahe alle Länder der Erde kennen gelernt und in vielen nichtdeutschen Ländern viele, viele Jahre gelebt« zu haben, erfand sich Marut einen breiten Reise-, Erfahrungs- und Bildungshorizont, der ihn als Kosmopolit von bemerkenswerter Bildung erscheinen und seine Ausführungen als kenntnisreich, sorgfältig bedacht und abgewogen legitimieren sollte. Solche nur behaupteten Kompetenzen dürften ihm dabei geholfen haben, vielversprechende Kontakte zu knüpfen und ein eigenes Netzwerk zu installieren. In Wirklichkeit war Marut alles andere als ein Virtuose auf dem Gebiet sprudelnder Konversation, mehr erhitzt als erleuchtet, einfallsreich, aber nicht eloquent. Für einen

Causeur alten Stils gebrach es ihm schlicht an Maß und Leichtigkeit.

Als Vorbild diente Marut, obwohl er das Gegenteil behauptete, ohne Zweifel Karl Kraus' »Fackel«, die er später, zusammen mit Pfemferts »Aktion«, dafür lobte, daß sie sich beide während des Krieges nicht am »systematischen Belügen« der Öffentlichkeit beteiligt hatten. Wie Kraus in Wien kämpfte Marut von München aus gegen Phrasen und Lügen der journalistischen Sprachverderber, appellierte an die Vernunft und Erkenntnisfähigkeit des Lesers, die Nachricht hinter der Nachricht zu entziffern. Mit Kraus teilte Marut eine enorme Streitlust, und mit ihm verband ihn das Dilemma, den alten nur neue Phrasen entgegenzusetzen: Die wirkliche bestehende Welt bekämpfte er nicht. Anders als der Konservative Kraus, dem es im Grunde um Wiederherstellung des guten Alten ging, verfolgte Marut jedoch zukunftsweisende politische Ziele, auch wenn er sie umständehalber zunächst nicht offen propagieren konnte.

In der Schärfe seiner Überlegungen und der Brillanz seines Stils war Marut dem Schriftsteller Kraus weit unterlegen. Nie wurde aus seinem Zorn, aus seinem Abscheu ein Kunstgebilde. Wo ihm die Sprache versagte, mischte sich der rigorose Ton des Fanatikers in seine Rede, als der er weder vor Übertreibungen, Roh- und Krassheiten, noch vor entgleisenden Verhöhnungen, Zoten und Stammtisch-Tiraden zurückschreckte. Weder als Otto Feige noch als Ret Marut oder B. Traven war dieser Autor ein Mann der Tat, sondern unscheinbar und unauffällig. Aber auf dem Papier, in Briefen und Aufsätzen gewann seine militante Kampfeslust eine maßlos wütende Intensität. Allein aus den im »Ziegelbrenner« verwendeten substantivischen Kraftausdrücken läßt sich ein ganzes ABC bilden: Abfall, Arschloch, Bestien, Betrüger, Gepest, Geschmeiß, Geseuch, Gesindel, Gesinnungslump, Hosenscheißer, Hure, Idiot, Kot, Köter, Kreaturen, Lügner, Lumpenkerl, Menschendreck, Otterngezücht, Pack, Parasiten, Popelfritzen, Prahlhans, Schmutzfinken, Säcke, Trottel, Volksbeschwindler, Wechselbälge, Zuhälter.

Seine wüsten Beschimpfungen galten in erster Linie Politikern und Militärs, Industriellen, Verlegern und Journalisten, aber auch kritischen Lesern seiner Zeitschrift. Dabei belegt seine Neigung zur drastischen Diktion ebenso wie der inflationäre Gebrauch von moralisierenden Attributen »(schamlos«, »brutal«, »infam«) im Grunde nur seine Spracharmut und Argumentationsschwäche. Mit aggressiven, rabiaten, unflätigen Formulierungen und einer Reihe weiterer emotionaler Stilmittel kompensierte Marut ein beschränktes Ausdrucksvermögen. Gewiß: schimpfen und fluchen macht groß und mächtig, besänftigt die eigenen Affekte und die Erregung. Aber sie ist auch Ersatz für eine tiefere, argumentative Auseinandersetzung. Wer den Gegner als »degeneriert«, »gottverdammt«, »nichtswürdig«, »säuisch«, »überfressen«, »verblödet«, »verfaulend«, »verflucht«, »verkommen«, »verlumpt« und »verwesend« bezeichnet, muß sich den Vorwurf der Unsachlichkeit gefallen lassen.

Nicht selten glitten Maruts Formulierungen dabei ins Primitive, Ordinäre und sogar Pornographische ab, so am Schluß von Heft 4, wo sich Marut wieder einmal den »Moralisch-Verkommenen« widmete, den Journalisten, die sich aus Mangel an »großen Sensations-Prozessen« und »großen stinkenden Ehescheidungs-Tragödien« auf die Schilderung von Greueltaten verlegt hätten. »Sie genügen zur Befriedigung ihrer Gelüste und reichen zu einer erfolgreichen Masturbation aus, deren Ergebnis uns tagtäglich ins Angesicht geschleudert wird«. Den Gipfel erreichte Maruts beispiellose Schimpf- und Brandrede dann in einem Kommentar für das letzte noch unter Zensur erschienene Heft 5–8. Nachdem das Mitglied des preußischen Herrenhauses, Waldemar Graf von Roon (1837–1919) im Juni 1918 in der »Görlitzer Zeitung« exorbitante Annexions- und Entschädigungsforderungen gestellt hatte, verstieg sich Marut zu einem extravaganten Vergleich, in dem die Sache selbst, die Zurückweisung eines Verständigungsfriedens, gleichsam unterging: »Keine arme Straßenhure« sei es gewesen, »die sich zu jeder Perversität eines Wahnsinnigen bereit hält«, sondern »eine deutsche Tageszeitung« habe »sich willig« gezeigt, »einem knallstrotzenden Ueberpotenten [...] ihre Spalte zu öffnen, um ihm jegliche Befriedigung zu gewähren«. »Zwei und einen halben Monat nach diesem Orgasmus eines deutschen Mannes« habe sich der Kriegsverlauf zu Ungunsten Deutschlands geändert, in dieser Zeit sei »die Sperma-Flüssigkeit des ›einen deutschen Frieden Wollenden‹« Grafen Roon zum Schaden künftiger Friedensverhandlungen in mehrere Sprachen übersetzt und im Ausland millionenfach verbreitet worden.

Man könnte nun einwenden, daß Marut sich zugunsten seiner Leserschaft bewußt um einen volkstümlich-derben Ton bemühte. Aber hier ist daran zu erinnern, daß Zielgruppe des »Ziegelbrenner« die »gebildeten Bevölkerungsschichten« waren. Das beste, was man über die zotige Vulgär- und Krawallrhetorik des »Ziegelbrenner« sagen kann, ist, mit Brecht, daß »der Haß gegen die Niedrigkeit« die Züge verzerrt, »der Zorn über das Unrecht [...] die Stimme heiser« macht.

Dem Schriftsteller Ret Marut bekam es nicht gut, daß er zur eingreifenden Tagesschriftstellerei übergegangen war und als Verleger, Herausgeber und beinahe Alleinautor in seinem Einmann-Verlag Narrenfreiheit genoß. Als zweitklassiger Journalist war er der Drittklassigkeit näher als den bewunderten Vorbildern. Durch das Abonnement machte er die Leser zu Geiseln seiner Feder. Neben einigen wenigen literarisch herausragenden Texten enthält der »Ziegelbrenner« viel Durchschnitt, der von einer Qualitätszeitung abgelehnt worden wäre, mitunter auch Unterdurchschnittliches. Das gilt sowohl für das Journalistisch-Agitatorische, die tagesaktuellen politischen Aufsätze, Kommentare und Aphorismen als auch für das lyrisch Inspirierte, bisweilen Magisch-Seherische, Maruts Dichtungen: etwa die kryptischen, nebelhaft-mystischen »Totengesänge des Hyotamore von Kyrena« oder »Khundar«. In seiner Abhandlung über »Die Zerstörung unseres Welt-Systems durch die Markurve«, die zwar als künstlerisches Manifest zu lesen ist, in ihrer Dezidiertheit aber pathologische Züge trägt, verstieg er sich sogar zu philosophisch-pseudowissenschaftlichem Unfug und schreckte selbst in diesem Fall vor einem albern-absurden Copyrightvermerk samt Nachdruck- und Übersetzungsverbot nicht zurück.

Der erste Ziegelstein

Heft 1 des »Ziegelbrenner« erschien am 1. September 1917, die nächsten Hefte sollten »in zwangloser Folge« herauskommen. Als Verantwortlicher »für Herausgabe, Schriftleitung und Inhalt« zeichnete »Ret Marut, München.« Als »Geschäftsstelle des Verlags« wurde Maruts Adresse »München 23, Clemensstraße« genannt. Der Einzel- und Abonnementsbezug erfolgte über »Postscheckkonto Nr. 8350 München«; das erste Abonnement wurde Marut zufolge am 10., das zweite am 17., das dritte am 30.9.1917 bestellt; dabei blieb es bis zum 30.11. Das Heft kostete 40 Pfennig, den ziegelroten Umschlag nicht eingerechnet, hatte es einen Umfang von 24 Seiten; das Format betrug 12×21 cm, womit es 4 cm kürzer war als ein gewöhnlicher Ziegelstein. Die Aufmachung war nüchtern, in moderner Optik, aber zugleich von proletarischer Schlichtheit. Die Auflage dürfte bei 2200 gelegen haben. Ein halbes Jahr später wurde mitgeteilt, daß Heft 1 des »Ziegelbrenner« bis auf einzelne Exemplare vergriffen sei und nicht neugedruckt werde; Marut gab deshalb Rückkauf-Inserate auf, z. B. in der »Welt-Literatur« vom 14.9.1918. Solche zurückgekauften Einzelexemplare wie auch angeschmutzte Remittenden wurden dann nach Möglichkeit mit neuen Umschlägen versehen und zum fünffachen Preis (2 Mark) wieder verkauft.

Die ersten acht Hefte (Nr. 1–17) wurden, umständehalber auf billigstem Papier, in der Druckerei der »Vereinigten Druckereien u. Kunstanstalten (G. Schuh & Cie.), G.m.b.H., München« hergestellt. Einzelhefte kosteten zwischen 40 Pfennig und 1 Mark, die Vier- bzw. Sechsfachhefte 5–8 und 9–14 2 bzw. 3,60 Mark. Bis Sommer 1918 wurde Marut als

Herausgeber bezeichnet; seit Heft 5–8 vom 9.11.1918, nach den ersten Angriffen gegen seine Zeitschrift, erfolgte eine Unterscheidung zwischen dem »Ziegelbrenner« als Herausgeber und Marut als Schriftleiter.

Der Vertrieb gestaltete sich zunächst außerordentlich schwierig. In einem Brief an den Ingenieur J.A. Meier in Heidelberg vom 29.3.1918 bekannte Marut, »ein volles Vierteljahr lang«, also mit Erscheinen des 1. Heftes am 1. September 1917, den »Versuch gemacht« zu haben, die Zeitschrift »nur von Mensch zu Mensch [...] wirken zu lassen«. Der »Erfolg« sei »so kläglich« gewesen, »dass Heft 2 schon nicht mehr hätte erscheinen können, wenn wir nicht noch etwas Kapital im Hintertreffen gehabt hätten. Wenn Sie wüssten, wie lächerlich gering die Zahl unserer Bezugsberechtigten noch zwei Monate nach Erscheinen des ersten Heftes war, so würden Sie es für Uebertreibung halten. Und doch hatten Heft I etwa 600 deutsche Buchhändler bekommen«.

Gleich danach war Marut, wie die zahlreichen Inserate allein in der Münchner Presse belegen, zu einer Werbeoffensive übergegangen: sechsundfünfzigmal in der »Welt-Literatur«, fünfmal in der »Süddeutschen Freiheit«, dreimal in der »Allgemeinen Zeitung«, zweimal in der »Neuen Zeitung«. Im gewünschten Maßstab konnte die Werbung allerdings nicht stattfinden: zum einen aus Kapitalmangel, zum andern, weil die Zeitungsexpeditionen die Aufnahme einer Anzeige ablehnten oder die Behörden ihre Genehmigung verweigerten. Kostenlose Werbehefte habe man nicht ausgeben können, »weil wir eben keine Kapitalisten sind. Hätten wir 10000 Mark zur freien Verfügung, so würden wir auch in einer ganz anderen Form [...] arbeiten können«; das »Anschlagen« von Werbeplakaten für den »Ziegelbrenner« sei von der Polizeidirektion in München verboten worden, die »Münchner Neuesten Nachrichten« und »hundert andere Zeitungen« hätten die Aufnahme »eines Ankündigungs-Inserats« verweigert.

Weil Marut über ausreichend Papier verfügte bzw. die »Papierbewilligung« reibungslos erhielt, kam bereits in

München das Gerücht guter Verbindungen zu hochgestellten Persönlichkeiten auf. Später wollte Götz Ohly vom Münchner Polizeipräsidenten Beckh erfahren haben, daß schon damals von Marut als einem Hohenzollern-Prinzen die Rede gewesen sei. Solchen Legenden steht entgegen, daß Marut selbst in Briefen vom 22.1. und 21.3.1918 den Papiermangel beklagte, was er im Falle einer Begünstigung von oben wohl kaum hätte zu tun brauchen. Davon abgesehen erscheint eine solche Annahme angesichts der preußenkritischen »Ziegelbrenner«-Publizistik abwegig: In den Heften 5–8, 9–14 und 15 finden sich explizite Angriffe gegen Wilhelm II.; in Heft 16–17 ist vom »brutalen und imperialistischen Preußen« die Rede. Scharfe Kritik am »Räuberstaat« Preußen enthält das Aufsatzfragment »Die Geschichte eines Films«, das vermutlich 1920/1921 entstand, dessen Einleitung jedoch durch das Zitat »Der freieste Staat der Welt« auf den Aufsatz »Im freiesten Staate der Welt. I.« im »Ziegelbrenner« Nr. 18–19 vom 3.12.1919 verweist und vielleicht als Fortsetzung (»II.«) geplant war, ehe Marut den Text in einen neuen Zusammenhang brachte. Der »ganze Preussengeist«, heißt es dort, sei »nur auf das Geschäft gerichtet« gewesen, »nämlich Länderraub«. Unter dem letzten Preußenkönig sei dieser »Preussengeist in seiner ganzen Reinheit der gesamten Menschheit deutlich und sichtbar« geworden, »und in dieser kristallklaren Reinheit« sei »sein ganzer Ungeist, seine ganze Abscheulichkeit, seine ganze Verlogenheit von Tag zu Tag klarer« hervorgetreten. Preußen sei von jeher »das Land der Phrase« gewesen, mit ihrer Hilfe habe es »seine brutale Gewalt- und Raubpolitik« durchgeführt, »seine Bürger zu den unzähligen Schlachtbänken« geführt, »seine Bewohner in Knechtschaft, in politischer Dummheit, in hündischer Demut vor den Thronen« gehalten.

Wie aus einem Brief an Soennecken vom 26.2.1918 hervorgeht, war die Beschaffung von Papier zu diesem Zeitpunkt kein Problem; Marut hätte Papier für 20000 Exemplare von Heft 3 besorgen können, wollte aber zum einen nicht sein ganzes Kapital einsetzen, zum andern eine ausreichende Menge Papier bevorraten, um den Druck eines weiteren Heftes sichern zu können; obendrein wollte er sich nicht verschulden. Im Brief an Hans Reimann vom 27.5.1918 erwähnte Marut, »daß »das Papier für Heft 4 [...] schon wieder das Doppelte von dem [kostet], was das Papier für Heft 3 kostete«. Am 11. Juni 1918 klagte er gegenüber Ellen Diehl-Förster: »Das Allerschlimmste ist, dass man kein Papier erhalten kann, auch dann nicht einmal, wenn man jeden Preis dafür zahlen will«. In Heft 9–14 verriet Marut rückblickend, daß er das Papier für seine Zeitschrift »auf Schleichumwegen zu Wucherpreisen« erhalten habe. So läßt sich resümieren, daß die Papierbeschaffung kein behördliches, sondern ein finanzielles Problem darstellte, für das Marut gleichwohl eine Lösung gefunden hatte.

Insbesondere der Inhalt der ersten Hefte war zum Teil für das Münchner Publikum bestimmt, was auf einen gewissen Grad der lokalen Verbundenheit, einen Kreis von Gesinnungsfreunden schließen läßt. »Aufmacher« von Heft 1 war ein sechseinhalbseitiger philosophisch-politischer Essay, in dem Marut für einen grundlegenden und umfassenden Neuanfang plädierte, und der in seiner Anti-Programmatik wiederum programmatisch war: »Nach dem Kriege darf es sich nicht um einen Wieder-Aufbau des Vergangenen handeln; denn das Vergangene brachte ja eben das unsägliche Leid über die Menschheit. Es muß sich um einen völligen Neu-Aufbau handeln, um völligen Neu-Aufbau unseres Denkens und unserer Denkweise. Die Denkfaulheit ist das größte Uebel, ein bei weitem größeres als falsches Denken. Verkehrtes Denken kann auf den rechten Weg geleitet werden; Denkfaulheit ist hoffnungslos. Haben wir vor dem Kriege gedacht: ›Geld ist die Hauptsache im Leben!‹, so müssen wir nach dem Kriege denken: ›Arbeit ist die Hauptsache im Leben!‹ Wir müssen dahin gelangen, daß, wenn einer sagt: ›Ich besitze hunderttausend Mark‹, man ihm antwortet: ›Und was noch?‹ Und wenn er dann sagt: ›Ja, nichts sonst, das ist doch genug!‹ man ihm zur Antwort gibt: ›Dann sind Sie eine bedeutungslose Null, ein Parasit;

denn das Geld kann Ihnen gestohlen werden, Sie können es an der Börse verlieren, die Bank kann fallieren, man kann Sie darum betrügen. Wenn Sie aber etwas können und etwas wissen, mehr können und mehr wissen als die Mehrzahl der übrigen Menschen, dann erhalten Sie meine einzige Tochter zur Frau, denn darin sind Sie mir sicher, auch wenn Sie keine zwanzig Mark Vermögen besitzen.‹ Geld ist ein toter Begriff, der schon durch bloßes Umdenken seinen ganzen eingebildeten Wert verliert; Arbeit ist eine Wirklichkeit, eine Tatsache, die sich durch bloßes Denken weder beseitigen noch verkleinern läßt. Es muß unmöglich gemacht werden, daß jemand Millionen verdient, nur dadurch, daß er Waren kauft und verkauft, die er nie zu sehen bekommt, ja, die häufig sogar nicht einmal vorhanden sind. Es muß unmöglich gemacht werden, daß sinnlos darauf losproduziert wird, ohne daß eine Absatzmöglichkeit vorhanden, ja auch nur zu erwarten ist. Es muß unmöglich gemacht werden, schlimmstenfalls durch Todesstrafe, wenn allgemeine Ächtung nicht genügt, daß – wie es unzählige Male geschehen ist – Hunderttausende von Tonnen bestes Getreide von Menschenhand absichtlich verbrannt werden, damit die Getreide- und Brotpreise nicht fallen. Es muß unmöglich gemacht werden, daß Bergwerke absichtlich ersäuft werden, damit die Kohlenpreise hoch gehalten werden können; daß Tausende von guten Äckern unbewirtschaftet bleiben, damit Großgrundbesitzer Mehrwerte erreichen; daß deutsche Fabriken an das Ausland Kanonen, Unterseeboote, Gewehre und Pulver liefern. Das alles läßt sich vermeiden und wird von selbst vermieden werden, wenn die Wertbestimmung nicht mehr durch Geld (das Geld als Endziel, nicht als Tauschobjekt) ausgedrückt wird, sondern durch Arbeit, Arbeitsfähigkeit, durch Kenntnisse und Können. Das paßt natürlich alles nicht in das so wohlgefügte System unserer verbrieften und abgestempelten National-Ökonomie. Aber das soll es ja auch nicht. Und vor allen Dingen schadet es ja auch nichts. Was man in ein System, in ein Programm preßt, hat ja seine Ausbreitungsmöglichkeit, seine ins Unendliche gehende Gestaltungsfähigkeit schon verloren. Also warum System? Warum Programm? Handeln, meine Freunde!«

Als Romancier B. Traven hat Marut von derlei Verkündungen Abstand genommen; vielleicht, weil er erkannte, daß Originalität nicht permanent geliefert werden kann und das Versprechen eines totalen Neuanfangs in Totalitarismen mündet. Am Programm der Überwindung der kapitalistischen Profitwirtschaft allerdings hielt er fest.

Des weiteren enthielt das Heft einen Aphorismus von Marut (»Der Andere«), drei Dichtungen von Shelley in angeblich Maruts Übersetzung (tatsächlich dürfte er eine vorliegende Übersetzung bearbeitet haben) und drei Buch- und zwei Zeitschriftenempfehlungen. In kleinerer Schriftgröße folgten dann »Münchener Theatergeschichten« aus den Königlichen Schauspielen und den Kammerspielen (Intendant: Hermann Sinsheimer): Theaterkritiken von Hans Müllers »Königen«, Strindbergs »Kronbraut«, Feuchtwangers »Der König und die Tänzerin« und Friedrich Alfred Schmid Noerrs »Siehe, der Mensch« sowie die erste Folge der »Randbemerkungen zu unserer Zeit und zu unseren Zeitgenossen«. Mit spitzer Feder kommentierte Marut dort Berichte und Notizen aus deutschen Zeitungen. Auf den Umschlagseiten 2–4 brachte er eine Anzeige des Mermet-Verlags mit Pressestimmen zur »Meisternovelle von Richard Maurhut«, eine zensurtaktisch motivierte Anzeige zur Gold- und Schmuckablieferung (siehe S. 362 f.), Verlagsmitteilungen sowie einen »Aufruf zum Eintritt in den Deutschen Altschrift-Bund«, weil der Gebrauch der Antiqua der Völkerverständigung diene. Dem Vorsitzenden Friedrich Soennecken in Bonn, einem der eifrigsten Vorkämpfer für die Abschaffung der Fraktur und die Einführung der Antiqua als offizieller deutscher Amts- und Schulschrift, telegrafierte Marut zu seinem 70. Geburtstag am 20. September 1918, der sich dafür und für die erfolgreichen Anzeigen am 24. Oktober 1918 bedankte und darum bat, ihn der Objektivität wegen öffentlich in keine Beziehung zum »Ziegelbrenner« zu bringen.

Die Akquirierung von Anzeigen beschäftigte Marut insbesondere zwischen November 1917 und Februar 1918. Ein Anzeigenangebot des Verlags Rud. Mosse vom 22.11.1917 lehnte er ab, dagegen versicherte er unter dem Datum des 11.1.1918 den Insel-Verlag in Leipzig und den Fischer-Verlag in Berlin seiner Wertschätzung und bot an, ihre Publikationen im »Ziegelbrenner« anzuzeigen, was er auf dem Rückumschlag von Heft 3 denn auch tat, verbunden mit heftigen Angriffen »gegen den Pesthauch, der von den beiden deutschen Verlegern Ullstein und Scherl« insbesondere wegen ihrer kriegsverherrlichenden Bücher ausgehe: »Zur ersten Errichtung eines Dammes, um jene Flut von vergifteten Abwässern aufzuhalten, empfehlen wir aus eigener Kenntnis und Erfahrung für heute: Aus S. Fischers Roman-Bibliothek die Romane von Bang, von Beradt, von Hesse, von Huch, von Kellermann, von Strauss, von Tolstoi. [...] Ferner: Die noch billigeren und bei weitem schöner (als Ullstein- und Scherl-Bücher) ausgestatteten kleinen ›Inselbücher‹ [...]«. Auch dem Verlag Naturwissenschaften G.m.b.H. in Leipzig, der unter anderem Schriften des Münchner Pädagogikprofessors und Kriegsgegners Friedrich Wilhelm Foerster (»Die Deutsche Jugend und der Weltkrieg«) und Walther Schückings (»Der Dauerfriede. Kriegsaufsätze eines Pazifisten«) herausgebracht hatte, bot er eine Anzeige im nächsten Heft an, kam es ihm doch »darauf an, pacifistische Schriften mit allem Nachdruck zu verbreiten«. Auf der 3. Umschlagseite von Heft 3 findet sich tatsächlich eine Kaufempfehlung für Schückings »Dauerfriede«. Schon in Heft 2 hatte Marut Schückings Broschüre über den »Weltfriedensbund« – ein von ihm angekauftes Exemplar, wie er gegenüber dem Verlag betonte (»das Zusenden von Recensionsexemplaren verbitten wir uns«) – zusammen mit Pfemferts »Aktionsbuch« als »Bücher, die heute gelesen werden sollten«, angeführt.

Leserecho, Zensur und Verbote

Schon bald erreichten erste Leserurteile die Redaktion. Hans Reichel erklärte am 13.9.1917, mit Ausnahme der

Farbe des Umschlags sei der »Ziegelbrenner« das Blödsinnigste und Ordinärste, was er kenne; er sei jederzeit bereit, Beweise für sein Urteil zu liefern. Womit er und andere ihm Gleichgesinnte nicht rechneten: Marut druckte solche Kritiken ab und kommentierte sie bissig, bisweilen arg verletzend. Reichel fand sich im 2. Heft wieder; er kam unbeschadet davon. Obendrein setzte er sich mit ihn betreffenden Pressekritiken und -notizen auseinander; im Ergebnis nicht immer zu seinem Vorteil.

Überwiegend meldeten sich aber geistesverwandte Freunde zu Wort. Die Luxemburger Jurastudenten Gust van Werveke und Pol Michels, Wortführer der den »wahren Sozialismus« predigenden Studentenvereinigung »Cénâcle des Extrêmes«, richteten zwischen dem 15.9.1917 und 11.2.1919 mehrere Briefe an Marut und ließen sich vorübergehend in München nieder. Der »Zönakel der Extremen« war aus dem »Cercle littéraire et scientifique« hervorgegangen; sein bedeutendster Vertreter war Pol Michels, der an diversen expressionistischen Zeitschriften (darunter Franz Pfemferts syndikalistische »Aktion. Wochenschrift für Politik, Literatur und Kunst«) mitarbeitete und wohl als einziger Luxemburger an den wichtigsten deutschen und französischen Avantgardebewegungen (Expressionismus, Dadaismus, Futurismus) beteiligt war. In einem Erinnerungsbericht für Armin Richter vom 5.4.1971 schilderte Gust van Werveke seine und seines Freundes Pol Michels Beziehungen zu Marut: »Die ersten Hefte seines ›Ziegelbrenner‹ wurden in Luxemburg an die Mitglieder und Gesinnungsgenossen des ›Cénâcle‹ unentgeltlich verteilt. Eine weitergehende Werbung wurde dadurch verhindert, daß die deutsche Militärzensur in Trier die Auslieferung des ›Ziegelbrenner‹ wie auch der ›Aktion‹ nach Luxemburg unterband«.

Der Kontakt war von dem Schriftsteller Karl Otten (1889–1963) vermittelt worden, der zuletzt in Straßburg studiert hatte, wegen seiner anarchistisch-pazifistischen Einstellung zeitweise interniert und jetzt als »Arbeitssoldat« bei der Briefzensurstelle in Trier eingesetzt war; 1917 veröffentlichte er im »Aktions«-Verlag die programmatisch-pazifistische Schrift »Thronerhebung des Herzens«. Er war »Verbindungsmann und deutscher Korrespondent des ›Cénâcle‹«. Im ersten Brief vom 15. September 1917 bezeichnete van Werveke die Ziele des »Cénâcle« (revolutionärer Aktivismus, Pazifismus, Internationalismus; »Grundgedanke« ihrer »Ideengemeinschaft« sei die Schaffung eines »Vereinten Europa«) und des »Ziegelbrenner« als sehr ähnlich (»in Einzelheiten vielleicht verschieden, im Ganzen Gesinnungsgenossen«). Er glaubte voraussetzen zu können, daß Otten Marut das (von van Werveke und Michels verfaßte, im Sommer in der Studentenzeitschrift »La Voix des Jeunes« veröffentlichte) »Manifest (nicht Programm!)« des »Cénâcle« übermittelt habe, wodurch »lange Worte« überflüssig seien. »Zudem« werde er »ab nächsten Monat« mit seinen Freunden seine »Residenz nach München verlegen« und sich »dann erlauben, trotz« des von Marut verhängten »Besuchsverbotes«, bei ihm »vorzusprechen«. »In ungezwungener Aussprache« hoffe er dann »die Grundlage eines eventuellen Zusammenarbeitens zu finden«.

Marut dankte van Werveke mit Brief vom 24.9.1917, versicherte ihn seiner politischen Sympathien, freute sich, »verstanden« worden zu sein, bedauerte, das »Manifest« des »Cénâcle« bisher »noch nicht erhalten« zu haben, kündigte eine auszugsweise Veröffentlichung seines Briefs im »Ziegelbrenner« an (»sofern ich dafür Raum bekomme; denn der Stoff, den ich vor mir sehe, liegt bergehoch«) und schloß eine Ausnahme vom Besuchsverbot aus: »Das ›Besuche verbeten!‹ gilt für alle. Sie würden vergebens vor meiner Tür stehen. Wenn Sie aber kommen, werde ich jedoch mich trotzdem freuen, mit Ihnen zu sprechen. Dann bitte ich Sie, mir zu schreiben, wohin ich Ihnen Mitteilung zukommen lassen kann, sobald Sie hier sind«.

Van Werveke kündigte daraufhin seinen Besuch »(gemäß Ihren Weisungen!)« in München für Mitte Oktober an, streifte erneut das Thema »der Sache, die wir vertreten« (»Das aber ist das Wesentliche: das Gefühl der Menschenliebe, getragen von positiver politischer Intelligenz u. Reorganisationsdrang!«) und gab seiner Freude Ausdruck, bald zusammen mit Marut »Pläne [...] zu entwickeln«. Der Besuch verzögerte sich zwar; dafür kam van Werveke in Begleitung seines Freundes Pol Michels. Dieser ließ Marut am 3. November unter der Adresse »Pension moderne«, Theresienstr. 80, wissen, daß er ihn im Auftrag von Pfemfert am 6. November im Café Glasl (Ecke Amalien- und Theresienstraße, ein beliebter Künstlertreffpunkt) zu sprechen wünsche (Ringelnatz hatte hier einen Nachmittagsstammtisch, Klabund und Mühsam verkehrten hier, ab 1915 auch der junge Gefreite bzw. Unteroffizier Carl Schmitt). Als Erkennungszeichen gab Michels an, »das rote Aktionsbuch in der Hand« zu »halten«, Pfemferts eben erschienene Anthologie; van Werveke fügte auf einem Zettelchen hinzu, er werde seinen Freund begleiten.

Das Treffen am 6.11. kam zweifellos zustande; bei dieser Gelegenheit wurde, wie sich aus dem weiteren Briefwechsel ergibt, über den Inhalt des 2. »Ziegelbrenner«-Hefts gesprochen, des weiteren über Karl Kraus' »Fackel«, wovon Michels Marut anscheinend die Hefte von August 1914 bis Juli 1916 zur Verfügung stellen wollte, und über den Antikriegsroman »Le Feu« von Henri Barbusse, für den Marut prompt in Heft 3 warb (»die loderndste Anklageschrift gegen den Krieg, die nur jemals geschrieben worden ist«).

In einem weiteren Brief vom 14. November 1917, immer noch aus München, feierten van Werveke und Michels die russische Oktoberrevolution (»der Sieg der Maximalisten ist auch unser Sieg«) und baten Marut, um »die Wirkung des russischen Menschheitserfolges nicht zu zerstören«, auf die für das 2. Heft geplante Anzeige zur Goldablieferung (»Bringt Euern Goldschmuck und Eure Juwelen zur Gold-Ankaufstelle«) zu verzichten. Der Aufruf der Reichsregierung diene lediglich dazu, den Krieg zu verlängern. Daß die beiden Studenten von der Anzeige wußten, zeigt, daß sie das Manuskript des Heftes gesehen und folglich Maruts Vertrauen erworben hatten. Die Bitte war jedoch überflüssig, da Marut die Anzeige aus den zensierten Druckbogen längst entfernt und durch das Inhaltsverzeichnis des 1. Heftes ersetzt hatte. Sie war – wie schon im 1. Heft (wo sie in einem kleinen Teil der Auflage stehen blieb) – eigens für die Zensur eingefügt worden, aus taktischen Gründen, damit der »Ziegelbrenner« für »vaterländisch« gehalten werden konnte. Außerdem wäre die Bitte zu spät gekommen, denn das 2. Heft war bereits Mitte September 1917 in Satz gegangen, wie zwei Briefe vom 14. und 24.9.1917 an seine Druckerei belegen, in denen Marut Anordnungen über die Schriftart, Aufnahme von Anzeigen usw. gibt. Mitte November 1917 stand Heft 2 unmittelbar vor der Fertigstellung.

Erst zu dieser Zeit schaltete sich die Abteilung P beim Stellvertretenden General-Kommando, die sich bis dahin weder mit dem Schriftsteller Marut noch mit dem »Ziegelbrenner« befaßt hatte, ein. Noch »während« sich Heft 2 »in der Korrektur befand«, also spätestens Anfang November 1917, wurde die Ausfuhr ins Ausland verboten. Mit Schreiben vom 14.11.1917 wurde dann bei der Polizeidirektion München um Auskunft über Marut ersucht; sie wurde am 19.11. erteilt. Neben den üblichen persönlichen Angaben (»amerikanischer Staatsangehöriger« usw.) enthielt sie die irrtümliche Angabe, dieser halte sich seit dem 3.7.1917 in München auf; Marut sei Schriftsteller und Herausgeber des »Ziegelbrenner«, von dem das 1. Heft dem Schreiben beigefügt war; »eine weitere Nummer« solle »demnächst zur Ausgabe gelangen«. Die Prüfung dieses Heftes gab offenbar Anlaß zur Sorge, denn eine von Carl Schmitt handschriftlich ausgefertigte, von Hauptmann Roth mit Unterschriftstempel versehene Anweisung der Abt. P6 an die militärische Überwachungsstelle beim Bahnpolizeiamt 1 in München und beim Postamt Lindau vom 17.11.1917 enthielt das »Ersuchen, alle an R. Marut (oder Maurhut) oder die Redaktion des ›Ziegelbrenner‹ gerichteten oder von ihr ausgehenden Sendungen anhier vorzulegen« und wurde von den beiden Postämtern am 28. bzw. 30.11. gegengezeichnet.

Am 20. November 1917 hatte Marut »das fertige Heft 2 in Händen«, am 22. wurde es (mit dem Erscheinungsdatum 1.12.) ausgeliefert. »Verantwortlich für Herausgabe, Schriftleitung und Inhalt: Ret Marut, München.« Seit Beginn der Verlagstätigkeit hatten sich, wie einem Brief Maruts an den Verlag Naturwissenschaften G.m.b.H. in Leipzig vom 22.1.1918 zu entnehmen ist, »die Herstellungskosten unserer Zeitschrift um 80% verteuert«. Das Heft kostete daher trotz gleichen Umfangs bereits 60 Pfennig. Die Auflage von schätzungsweise wiederum 2 200 Exemplaren war bereits nach vier Tagen vergriffen. Marut ließ daraufhin eine zweite Auflage in doppelter Höhe drucken, die Ende Januar »bereits zur Neige« ging und von der laut Verlagsmitteilung in Heft 3 »nur noch ein kleiner Teil vorrätig« war, den Marut für Abonnenten reservierte (»überhaupt geben wir Heft 2 nur an Bezugsberechtigte ab«); am 13.7.1918 wurde es als vergriffen bezeichnet. Die Zahl der Zensurstriche hatte sich gegenüber Heft 1 – möglicherweise aufgrund von Maruts taktischen Finessen – um fünfzig Prozent reduziert. Allerdings wurde der Anzeigentausch bemerkt, als Marut am 10.2.1918 ein Belegexemplar vorlegte; er rechnete daher sogar mit dem Verbot seiner Zeitschrift.

Den Auftakt machte Matthias Claudius' »Kriegslied«, darauf folgten Maruts fast sechsseitiger Aufsatz »Furcht vor dem Leben«, eine Plutarch-Anekdote, vier kurze politische Kommentare Maruts und ein weiteres, von Marut auf die Kriegshetzer des Alldeutschen Verbands bezogenes Claudius-Gedicht (»Die Geschichte von Goliath und David, in Reime bracht«). In Fortführung seiner »Münchener Theatergeschichten« widmete sich Marut sodann dem Königlichen Theater am Gärtnerplatz. Während sich die Buchempfehlungen auf zwei Titel beschränkten, räumte Marut seiner Presseschau elf Seiten ein, wovon über eine Seite der Auseinandersetzung mit dem Buch »Der rote Kampfflieger« von Manfred v. Richthofen galt. Schließlich brachte Heft 2 noch einige Leserstimmen, zustimmende wie ablehnende. Auf den Umschlagseiten finden sich, knapper als im 1. Heft, Presseurteile zu Maruts Kriegsnovelle, eine Empfehlung des Café Maria Theresia, erneut eine Anzeige des Deutschen Altschrift-Bundes und Verlagsmitteilungen.

Mit Schreiben vom 19.12.1917 ersuchte Marut die Presse-Abteilung beim Stellvertretenden General-Kommando, das Ausfuhrverbot aufzuheben; weniger des »wirtschaftlichen Schadens« als vielmehr der Sache wegen, »die wir vertreten und um deretwillen wir in Verbindung mit Gleichgestimmten in neutralen Ländern stehen möchten«. Anliegen des »Ziegelbrenners« sei es, »auch im Ausland den Glauben« zu »verbreiten«, »dass die Deutschen anders in Wirklichkeit urteilen als die ›Times‹ und der ›Matin‹ unausgesetzt berichten.« Es könne »der deutschen Kultur nur zur Ehre« gereichen, »wenn eine solche Zeitschrift ungehindert erscheinen« dürfe. Zudem sei vieles, was bei Erscheinen »hart klang«, jetzt, nach fast vier Wochen, »weniger streng aufzufassen«. Zudem sei »die Auflage viel zu klein, um verhängnisvoll zu wirken«, »die Hefte viel zu teuer [...], als dass sie in unreife Hände« fallen könnten. Es würde vorläufig genügen, »nur eine kleine Anzahl für die Ausfuhr« ins neutrale Ausland freizugeben. Im Gegenzug sei man »gern bereit die Adressen, an die die Hefte geschickt werden«, preiszugeben. Es blieb bei dem Verbot; Maruts Protest wurde unter dem 14.2.1918 vom Stellvertretenden General-Kommando zurückgewiesen. Trotzdem wurde Heft 2 nach Dänemark, Holland, Frankreich, England und in die Schweiz versendet. Ein Schreiben des Stellvertretenden General-Kommandos vom 10.7.1918, unterzeichnet vom Chef des Stabes, Hermann, belegte dann sämtliche »Ziegelbrenner«-Ausgaben, die bereits erschienenen und die kommenden, mit einem Ausfuhr-Verbot für das Oberkommando Ost (Litauen, Livland, Estland, Kurland, Finnland).

In seinem nächsten Brief vom 19. November 1917 erwähnte Michels, daß er Marut leihweise ein Exemplar der »Fackel« und die Nr. 4 von »La Voix des Jeunes«, dem Hauptorgan der linksgerichteten Studentenorganisation »Assoss«, das dem »Cénacle des Extrêmes« für Veröffentlichungen zur Verfügung stand, gesandt habe; seine »Fackel«-Ausgaben 1914–1916 lagerten dagegen noch in Luxemburg. An eine Übersetzung von »Le Feu« sei »kaum zu denken, da dieses Dokument der Menschlichkeit« bald in der Schweiz auf Deutsch erscheinen werde. Ohne ihn noch einmal gesprochen zu haben, verabschiedete sich Michels mit Brief vom 8.1.1918 von Marut. Er habe den Passierschein nach Luxemburg früher als gedacht erhalten und werde ihm von dort »Längeres« schreiben. Das geliehene »Fackel«-Heft möge Marut an seinen Freund, den Kunststudenten Franz Heldenstein schicken. Abschließend versicherte er, wie auch Paul Weber, ebenfalls in Luxemburg, Abonnent des »tapfern Ziegelbrenners« zu bleiben. »Stets u. ganz Ihr Mitkämpfer PolM«. Zwei Monate später informierte er den »Kamerad« Marut unter dem 7.3.1918, daß er Anfang April wieder nach München komme. Für den Fall, daß das »3te Heft des Z[iegelbrenner] die Ausfuhrbewilligung« erhalten habe, solle Marut ihm »per Nachnahme 3 Exemplare« schicken, falls nicht, solle er sie ihm »hinterlegen«, eine Woche später konnte er als Termin seiner Ankunft den 16.4. angeben. Michels schloß mit herzlichsten Grüßen »in katastrophaler Zeit«. Nach Erhalt des 3. Heftes folgte der nächste Brief; darin versicherte Michels Marut, wie sehr er ihn »bewundere«, er »kämpfe mit kindlichem Zorn, mit heiligem Eifer, ganz Blut, voll Schwung«. Und weiter: »Sie haben die Grösse, den Fanatismus, die Intoleranz des Fackelkraus erreicht, stellenweise überboten.« Jetzt, wo »der Blutlauf steigt, das Grausame immer entsetzlichere Dimensionen annimmt«, hoffe er auf eine kürzere Erscheinungsfolge des »Ziegelbrenner«, »wenigstens alle 14 Tage«. Unverständlich sei ihm allerdings, weshalb Marut »dem Publikum die Lektüre Kellermanns« empfehle, da er doch wisse, daß »jeder talentierte Bursche [...] gute Romane« zu schreiben vermöge und Kellermann nun »auch noch Kriegsberichterstatter am Berliner Tageblatt« geworden sei.

Fast gleichzeitig meldete sich auch Gust van Werveke wieder zu Wort. Er hatte tags zuvor in dem von ihm herausgegebenen »radikal-demokratischen ›Escher Tageblatt‹« auf den »Ziegelbrenner« hingewiesen und sandte Marut, da ihn »das Blatt [...] möglicherweise doch nicht erreichen würde«, eine Abschrift, in der es unter anderem hieß:

»Wir haben vor einiger Zeit auf Pfemferts Veröffentlichungen hingewiesen, weil sie uns inmitten des Mordens als Dokumente der Menschlichkeit ansprachen; wir möchten heute unsre damaligen Ausführungen ergänzen u. ein paar Worte von einer kleinen Zeitschrift sagen, deren drittes Heft soeben erschienen ist. Sie heisst ›Der Ziegelbrenner‹, erscheint in München u. gibt sich als ›Kritik an Zuständen u. an widerwärtigen Zeitgenossen‹. Ihr Herausgeber zeichnet als Ret Marut u. ist ein von dem Grauen des Krieges erschütterter Internationalist. Zu einem Neuaufbau der Welt brennt er seine Ziegeln. Sie sind gut u. haltbar. In der Glut seines Herzens hat er sie gefertigt. Mit einem grossen Mitleid, das keine Mühe scheut, trägt er sie zusammen, um seinen Nächsten ein wohnliches Haus zu bauen. Er kämpft gegen den Journalismus der Ullstein u. Scherl; er schreit auf gegen das Kapital u. gegen die ganze Weltanschauung, die den Krieg möglich gemacht hat. Das Leben soll so werden, daß es für einen jeden eine Lust ist, dasselbe zu geniessen. Es soll nicht, wie es das Christentum will, auf ein legendäres Jenseits eingestellt werden, sondern im Hinblick darauf, daß es Pflicht der Lebenden ist, für die Lebenden zu wirken. In selbständig schöpferischen Arbeiten, in kurzen Glossen zu den Ereignissen des Tages verwirft er Hass u. Verhetzung. In Bemerkungen zu dem, was in den gegnerischen Ländern geschieht, lehrt er seine Landsleute diejenigen achten, die sie als Feind betrachten. Sein starkes soziales Empfinden lässt ihn in Heft 3 vor allem für die Frauen u. Kinder eintreten. Heft 1 u. 2 die heute, trotz einer zweiten Auflage, soweit vergriffen sind, waren desgleichen Dokumente einer im Dienste der Weltfriedensidee stehenden menschlichen Gesinnung«.

Weitere Briefe von Michels oder Werveke sind nicht überliefert; in Heft 16–17 zitierte Marut jedoch aus einem Brief Michels' vom 11. Februar 1919, den er mit einem ermutigenden Kommentar versah, und druckte auch sein Gedicht »Eröffnung« ab.

Weitere Stimmen aus dem Publikum

Schriftsteller und Buchhändler machen einen nicht unerheblichen Prozentsatz der Briefschreiber aus. Arthur Seehof stellte sich am 24. Januar 1918 als junger anarchistischer Schriftsteller vor, begrüßte Maruts Ansichten (ohne zu verschweigen, daß ihm manche Aufsätze nicht gefallen hätten), verglich ihn mit Karl Kraus und hieß ihn als Kampfgefährten willkommen. In einem weiteren Brief vom 25. Februar 1918 stellte er Manuskripte zur Verfügung und kündigte für den Fall, daß sie keine Aufnahme im »Ziegelbrenner« finden könnten (anscheinend hatte er es zuvor schon bei der »Aktion« versucht), die Herausgabe einer eigenen Zeitschrift »Der Ruf« an; diese erschien dann unter dem Titel »Der Mitmensch. Hefte für sozialistische Literatur« mit Beiträgen von Landauer, Marut und andern von Juli 1919 bis Juli 1920 in Berlin. Seehof erhielt am 17.4.1918 eine freimütige Antwort, in der Marut zahlreiche »Trennungspunkte« konstatierte, die es ihm zunächst nicht erlaubten, Seehofs Manuskript aufzunehmen (»Ich bin nicht für ›Bundschliessen‹, auch nicht für Vereinigung oder Parteibildung oder wie man es immer nennen mag«), worauf Seehof wiederum am 9.5.1918 antwortete. Eine kleine, anonymisierte Arbeit Seehofs erschien in Heft 4; Marut leitete sie mit den distanzierenden Worten ein: »Der Gruß eines andern, der auch an mir vorbeiratet«. Daß Seehof im Spätsommer 1918 aus politischen Gründen inhaftiert worden war, erfuhr Marut durch Briefe von Li Remmers vom 2. und 11.10.1918.

Max Kirmsse (1877–1946), ein Sonderschulpädagoge auf dem Calmenhof in Idstein, schrieb dem Schriftleiter des »Ziegelbrenner« und zugleich dem Prosaautor Marut, dessen eben in »Westermanns Monatsheften« erschienene »Klosterfrau« ihn sowohl aus ästhetischen als auch aus wissenschaftlichen Gründen beeindruckt hatte, am 5. März

1918 einen anerkennenden Brief, in dem er zugleich mit Rückgriff auf Sigmund Freud eine wissenschaftliche Erklärung für den Krieg zu geben versuchte. In seinem Antwortschreiben vom 27.8.1918 reagierte Marut auf Kirmsses Bitte nach einer näheren Erörterung des in der Novelle behandelten Themas, wich jedoch auf das Feld der verschiedenen menschlichen Triebkräfte aus und legte seine Ansicht über Vererbung und Verantwortung, Verbrechen und Strafe dar: »Es ist überhaupt jede Bestrafung eines Verbrechens oder Vergehens ein Irrtum, denn die wirkliche Verantwortlichkeit des Individuums für seine Handlungen ist nicht nachweisbar. Sie kann nicht nachweisbar sein, weil der Mensch für sein Tun nicht zur Verantwortung gezogen werden kann. Wir reden uns das ein und Kirche, Gesetzgeber und Erzieher wollen uns davon überzeugen und müssen uns wohl auch davon überzeugen, weil sonst das Zusammenleben der Menschen, so wie es heute vor sich geht, nicht mehr möglich wäre. Ob die Form dieses Zusammenlebens nun überhaupt verdient, gründlich zerstört zu werden, soll in diesem Zusammenhange nicht erörtert werden«.

Siegfried Jacobsohn, Herausgeber der »Schaubühne« in Berlin-Charlottenburg, schrieb Marut am 12.3.1918 einen herzlichen Brief, in dem er bekannte, früher geglaubt zu haben, der Herausgeber sei eine Frau. »Auch heute glaube ich das noch manchmal. Dann wieder klingt mir der ›Ziegelbrenner‹ ganz männlich. Aber ob Mann, ob Frau: für dieses Blatt danke ich Ihnen. Mit Neid im Herzen. Denn wenn ich den dreißigsten Teil Ihres Mutes habe, wird mir die Ausfuhrerlaubnis entzogen; beim zweiten Mal wird die Nummer beschlagnahmt; beim dritten Mal wird das Blatt verboten. Jede Zeitschrift, die in Berlin erscheint, unterliegt von der ersten bis zur letzten Zeile der Vorzensur, und daß einen das allein zermürbt, und daß man sogar Sätze wegläßt, die vielleicht nicht einmal unterdrückt würden: das werden Sie begreifen. Dieses alles nun müßte mich, werden Sie sagen, keineswegs hindern, die Verdienstlichkeit Ihres Blattes zur Kenntnis meiner Leser zu bringen. Aber das ists ja eben, weswegen ich diesen Brief schreibe.

Den fünf Blättern vom Schlage des ›Ziegelbrenners‹, die in der Schweiz und in Oesterreich erscheinen, sind von dem Augenblick an, wo ich sie laut gerühmt habe, Schwierigkeiten gemacht worden, die in drei Fällen zum vollständigen Verbot in Deutschland geführt haben. Ihnen, die Sie in Deutschland selbst erscheinen, würde wahrscheinlich sofort der Garaus gemacht werden, denn daß bei uns solch ein Blatt geduldet wird, ist selbstverständlich nur durch bayrische Schlamperei zu erklären. Ich bitte Sie also, sich zunächst mit diesem Dank zu begnügen und mir freundlichst Nummer 2 schicken zu lassen, die ich leider nicht bekommen habe«. Weil er auch die Hefte 3 und 4 nicht bekam, schrieb er am 20.7.1918 erneut.

Ob Marut Jacobsohn geantwortet hat, ist unsicher; erhalten sind nicht weniger als vier Entwürfe eines Antwortschreibens vom 19. und 20.3.1918, in denen Marut Jacobsohns Haltung kritisierte, ihm jedoch darin zustimmte, daß die Zensur in München und in Berlin auf unterschiedlichen Standards beruhe. Schon als Sekretär der Hochschule für Bühnenkunst hatte Marut mit Jacobsohn Briefe gewechselt.

Der zwanzigjährige Joseph F. Pontzen, Verfasser von »Die gekreuzigte Seele. Gedichte« (Köln: Salm 1917), wie Marut Mitarbeiter an der Feuilleton-Beilage des »Kölner Tageblatts«, bezeichnete den »Ziegelbrenner« am 2.7.1918 als die nach der »Aktion« beste Zeitschrift ihrer Art, die er »bei Gelegenheit« besprechen wollte und bat um sämtliche kommenden Ausgaben. Gustav Kennig, Verleger von »Der Bibliothekar« und »Ratgeber für Büchereien« zeigte sich am 14. und 23.8.1918 von der Zeitschrift angetan und versprach, sie unter seinen Freunden zu verbreiten. Besonders freute ihn, daß Marut Shelley die ihm gebührende Anerkennung zuteil werden ließ; er wollte Maruts Übersetzungen in einem Essay verwenden. Lob und Interesse kam von dem Frankfurter Autor und Verleger Wilhelm Hartenfels, der seinem Brief vom 5.10.1918 ein eigenes Gedicht und biographische Notizen aus dem »Lexikon der Deutschen Dichter des 19. Jahrhunderts« und aus Hermann Kiehnes

»Deutschem Dichterbuch« beifügte. Auch A.B.W. Funder sprach Marut am 24.8.1918 seine Anerkennung für dessen Shelley-Übersetzungen aus und empfahl eine Anzeige in »Die Welt am Montag«, um ein größeres Publikum zu erreichen.

Der Tip war überflüssig: Armin Richter hat allein in den Zeitschriften »Ver!«, »Die Lese«, »Süddeutsche Freiheit« und »Neue Zeitung« fünfzehn Anzeigen ermittelt, mit denen Marut seit dem 13. Juli auf das neue Heft aufmerksam machte, das auf den ersten fünf Seiten »Die Menschenrechte von Percy Bysshe Shelley« enthielt. Wegen seiner Anzeigenwerbung in der »Welt-Literatur« und in der »Frankfurter Zeitung« – hier blieb es beim Versuch – wurde Marut nach Reklamationen der Frankfurter und einer »norddeutschen« Zensurbehörde zweimal auf das Polizeikommissariat in der Hohenzollernstraße vorgeladen. Die Norddeutschen hatten um Auskunft ersucht, ob die Zeitschrift der Zensur vorgelegen habe, woraufhin Marut der Münchner Polizei die zensierten und genehmigten Druckbogen vorlegte. Die Forderung der Frankfurter nach Einsendung eines Exemplars der Zeitschrift wies Marut jedoch zurück, weil es nicht anginge, »auf dem Umwege einer Inseratengenehmigung nochmals die Zensur an einer Zeitschrift auszuüben«, und beschwerte sich anschließend beim Kriegsministerium. Philipp von Hellingrath, 1916–1918 bayrischer Kriegsminister, machte daraus eine Kompetenzfrage und stellte in einem Schreiben an das Innenministerium klar, daß »in Fragen der milit. Zensur und zur Erteilung von Auskünften hierüber während des Krieges« in Bayern allein das Kriegsministerium zuständig sei. Die Polizeidirektion solle daher angewiesen werden, »künftig etwa einkommende ähnliche Ersuchschreiben preußischer milit. Stellen dem Kriegsministerium zur zuständigen Würdigung vorzulegen«, was das Innenministerium mit Schreiben vom 10.8.1918 an die Kgl. Polizeidirektion auch tat.

Die Buchhändlerin Martha Buhlmann in Guben bezweifelte in ihrem Schreiben vom 11.4.1918 Maruts Ehrenhaftigkeit. »Wir Wartenden sind so oft betrogen worden, immer meinte bis jetzt jeder Heilsbringer sich selbst – nicht uns.« Sie sei nicht sicher, ob Marut aus »innerer Überzeugung« handle oder aus Egoismus, ob er lediglich seine Eitelkeit spazieren führe oder ob er gar Zeit und Stimmung nutze, um als cleverer Geschäftsmann daraus seinen Gewinn zu ziehen. Nur wenn er sie von seiner Integrität zu überzeugen vermöge, werde sie die Gedanken des »Ziegelbrenner« verbreiten: »Ich bin Buchhändlerin – habs in der Hand«. Postwendend bekam das »liebe Weib« von Marut eine Kostenberechnung, aus der hervorging, daß er am 1. Heft 1 400 Mark verloren habe, und en passant ein paar Gegenvorwürfe: »Warum habt Ihr Euch, hunderttausend Frauen und Mütter, nicht ausnahmslos unter den Zug geworfen, als man Euch die Männer, Geliebten und Söhne zum Abschlachten führte? Warum heftet Ihr denn Plakate an Eure Stubentür, wenn der Geliebte auf Urlaub kommt, mit dem Sinnspruch »Willkommen dem tapferen Krieger«? Warum sagt Ihr statt dessen nicht: »Liebling, mir graut vor Dir, vor Deinem Munde, vor Deiner Seele und vor Deiner Begattung; denn Deine Hände stinken nach Menschenblut.« Marut schloß seinen Brief mit der Bitte, von einer Unterstützung abzusehen: »Warum suchen Sie nach den Beweggründen? Halten Sie sich an die Tatsache! [...] Diese Unentschiedenheit gegenüber einer Sache, die man gern anerkennen und deren Anerkennung man von Aeusserlichkeiten, die nichts damit zu tun haben, abhängig macht, tut mir weh«.

Die Buchhändlergehilfin Charlotte Wittenhagen beklagte sich am 21. April 1918, daß sie gehalten sei, stumpfsinnige Kriegsliteratur zu verkaufen; sie werde tun, was sie könne, um den »Ziegelbrenner« zu verbreiten. Marut reagierte am 24. und 26.4. mit Ausführungen über Auftrag und Wirkung seiner Zeitschrift und dem Angebot, Unterstützerin des »Ziegelbrenner« zu werden. Dazu konnte sich Wittenhagen nicht verstehen, dafür aber teilte sie am 5.5.1918 die Namen von drei neu geworbenen Abonnenten mit. Außerdem erkundigte sie sich nach Maruts Meinung über Hugo Diehls Tagebuchroman »Neues Leben, Neues

Lieben. Aus den Bekenntnissen einer Reuelosen« (Marut antwortete am 10.5.1918 mit einer ausführlichen Kritik des Buchs); dessen Frau, ihre Freundin Ellen Diehl-Förster, würde gern mit Marut zusammenarbeiten. Wie sich aus einem Dankschreiben Maruts an Ellen Diehl-Förster vom 17.5.1918 ergibt, hat diese Marut bei seiner Übersetzung von Percy Bysshe Shelleys »Declaration of Rights« (1812), die bis dahin noch nicht ins Deutsche übertragen worden war, unterstützt; er veröffentlichte sie als »Die Menschenrechte« in Heft 4, nachdem bereits Heft 1 drei Gedichtübersetzungen von ihm gebracht hatte. In sieben weiteren Briefen vom 11.6., 8., 11., 15., 18. und 22.7. und 9.8.1918 diskutierte Marut mit dem Ehepaar Diehl-Förster praktische verlagsrechtliche Probleme, Fördermöglichkeiten für die Zeitschrift, Diehls politischen Standpunkt, die sozialdemokratische Politik, Diehls Roman »Neues Leben, Neues Lieben« und ein bisher unveröffentlichtes Manuskript Diehls, für das Marut zunächst auch als Verleger Interesse zeigte.

In dem ausgesprochen herzlichen Schreiben vom 11. Juni werden Veröffentlichungskosten beziffert; wahrscheinlich wollte Marut das Ehepaar Diehl als Unterstützer gewinnen. Für diese Annahme spricht auch das Schreiben vom 8.7.1918, in dem er, unter Bezugnahme auf ihre Bemühungen, Geld aufzutreiben, erklärte, einen Zuschuß aus sozialdemokratischer Hand nicht annehmen zu wollen. Im (laut Goldwasser: herben) Brief vom 11. Juli setzte sich Marut kritisch mit Diehls politischen Ansichten auseinander und schimpfte auf die Sozialdemokratie. Der Brief an Ellen Diehl-Förster vom 15. Juli 1918 umfaßt 7 engzeilig geschriebene Schreibmaschinenseiten. Marut definierte darin sein Verhältnis zum Sozialismus und anderen »-ismen«, rühmte klandestin seine Novelle »An das Fräulein von S.....«, fällte ein vernichtendes Urteil über Hugo Diehls »Neues Leben, neues Lieben« sowie über weitere, ungedruckte Werke (»Sein Buch beweist mir, dass er nicht schreiben kann, nicht schreiben muss und nicht schreiben soll«), schimpfte auf die Sozialdemokratie, distanzierte sich von sämtlichen Organisationen und Programmen und erwähnte folgende von ihm gelesene Werke: August Bebel, »Die Frau und der Sozialismus«; Margarete Böhme, »Tagebuch einer Verlorenen«, 1905; Johann Wolfgang Goethe, »Faust«; Gerhart Hauptmann, »Der Ketzer von Soana«, 1918; Leopold Kampf, »Am Vorabend. Drama in 3 Akten«, 1906; Heinrich Mann, »Pippo Spano«, 1905; Karl Marx, »Das Kapital«; Grete Meisel-Heß, »Die Stimme« (1907) und »Fanny Roth« (1910); sowie die Autoren Henri Barbusse, Lily Braun, Hans Dahlen, August Erdmann (1862–1938), Friedrich Engels und Leo Tolstoi.

Buchhändler Fritz Kloss lobte am 24. Juni 1918 die Qualität der Zeitschrift (gegen die ihm die Publizistik eines Mühsam oder Harden wie Wischiwaschi vorkäme) und bot seine Hilfe bei der Verbreitung an. Er bewunderte Maruts Mut, während des Krieges so eine Zeitschrift herauszugeben und wünschte ihm weiterhin Erfolg im Kampf mit der Zensur.

Besonders ausführlich sind wir über die Beziehung zu Junfermann's Buchhandlung in Paderborn unterrichtet. Der dortige Angestellte, A. Brüning, betrieb den Verkauf in Abwesenheit seines Chefs, der zum Kriegsdienst eingezogen worden war, »unter dem Ladentisch« und orderte am 11.3.1918 drei, erhielt dann sogar fünf Ausgaben von Heft 1. Brüning schlug auch vor, den Artikel »Gegen den Pesthauch« separat als Aushangzettel zu veröffentlichen, was Marut mit Blick auf mögliche juristische Konsequenzen jedoch ablehnte, außerdem sei man »froh über jeden Fetzen Papier«, den man »ergattern« könne. Das Engagement des jungen Buchhändlers imponierte Marut; im Brief vom 21. März forderte er ihn auf, mit ihm in Verbindung zu bleiben, da sich »im Laufe der Zeit Möglichkeiten ergeben« könnten, »die ein Zusammenarbeiten auch in anderer Form als heute wünschenswert erscheinen lassen«.

Dem Buchhändler H. Siebenhar in Köln, der neben dem »Ziegelbrenner« auch »An das Fräulein von S...« bestellt hatte, teilte Marut am 14.5.1918 die Zahl der Exemplare mit, die zum Versand vorbereitet worden waren; einen Tag später nahm Marut Fühlung mit dem Kölner Verlagsbuchhändler Otto Hermann Müller auf, einem führenden Mitglied der Kölner USPD, der Anfang 1919 den von Johannes Theodor Baargeld herausgegebenen, bereits nach fünf Ausgaben von der englischen Besatzungsmacht verbotenen »Ventilator« vertrieb, eine dem »Ziegelbrenner« nicht unähnliche, »scharf satirische Wochenschrift« mit libertären Tendenzen, zu der Franz W. Seiwert Holzschnitte beisteuerte. Auf einen weiteren Brief Maruts vom 4.6., der Angaben über die bestellten und versendeten »Ziegelbrenner«-Hefte enthielt, antwortete Müller am 14.6.1918, er wolle nichts unterstützen, von dem er nicht restlos überzeugt sei. Er bewundere Maruts Furchtlosigkeit gegenüber der Zensur, sei aber aufgrund einschlägiger Erfahrungen zur Vorsicht gezwungen: seine eigenen Auseinandersetzungen hätten in fünfzehn Prozesse gemündet; einige habe er gewonnen, in den anderen sei er zu Geld- und Haftstrafen verurteilt worden. In seiner Kritik an den Sozialdemokraten wisse er sich mit Marut einig. Einige Monate später kam es dann doch zu einer Zusammenarbeit: Anfang 1919 brachte das Kölner USPD-Organ »Die Sozialistische Republik« Anzeigen für zwei »Ziegelbrenner«-Hefte und das Flugblatt »Die Rede des Ziegelbrenner« (»Zur Massen-Verbreitung«. Für Zeitungshändler!«) und druckte Maruts Kommentar zu Matthäus 26,33–35 und 69–75 aus dem eben erschienenen »Zensur«-Heft nach.

Zwar wurden, wie Marut im Brief vom 13. März 1918 betonte, vom »Ziegelbrenner« weder Werbehefte noch Ansichtsexemplare abgegeben, mit gleichgesinnten Kollegen allerdings wurde doch ein Austausch praktiziert. So bedankte sich etwa am 9.3.1918 der Forum-Verlag für die Übersendung der »mutigen Zeitschrift«. Herausgeber des »Forum«, eines der wichtigsten Publikationsorgane des literarischen Expressionismus, das auch im Krieg die Ideale der Völkerverständigung, der Demokratie und der zukünftigen »Vereinigten Staaten von Europa« aufrecht erhielt (Romain Rolland kam hier ebenso zu Wort wie Bertrand Russell und George Bernard Shaw), war der Pazifist, Publizist und Kleistforscher Wilhelm Herzog (1884–1960). In

Heft 2 nannte Marut ihn »einen unserer feinsten Publizisten«. Eine mindestens buchhalterische Zusammenarbeit gab es auch mit dem Verlag der »Fackel«: In einem Schreiben vom 2.8.1918 forderte Marut die Rückzahlung für ein im Namen eines Lesers, der die Zeitschrift nicht habe erhalten können, bezahltes Abonnement. In der Ret-Marut-Sammlung der University of California, Riverside Libraries, findet sich aus Maruts Münchner Bücherbesitz außerdem das von Fritz Karpfen 1918 im Wiener Verlag des Ver! (der auch die gleichnamige, dem »Ziegelbrenner« nicht ganz unähnliche Zeitschrift herausbrachte) herausgegebene »Literarische Verbrecheralbum«, in dem mit der älteren Generation der begeisterten Kriegslyriker abgerechnet wurde. Die Zeitschrift »Ver!« brachte außerdem in den Oktober- und Novemberheften 1918, jeweils auf der zweiten Umschlagseite, eine Anzeige für den »BLaugetupften SPerlinG«; in Heft 9–14 zitierte Marut aus einem Artikel des Julihefts 1918, den die Zensur in Heft 5–8 beanstandet hatte.

Viele Zuschriften kamen von Militärs. Ob es (bis zum Stichtag 10.6.1918) tatsächlich »etwa 50 Offiziere« im Feld waren, wie Marut behauptete, und »dreihundert Offiziere« zu seinen Abonnenten gehörten, ist nicht zu belegen. Kurt Leonhard, Unteroffizier im Feld, bat mit Brief vom 17.2.1918 um alle künftigen Ausgaben und zeigte sich gespannt auf die Rolle, die die Zeitschrift nach dem Krieg spielen werde. Leonhard schrieb noch vier weitere Briefe an Marut, zunächst am 23.6.1918, wo er neben prinzipieller Zustimmung Differenzen im Detail bekundete: So erschien ihm das Lob des höchst mittelmäßigen Feuilletonredakteurs Fritz Engel vom »Berliner Tagblatt« vollkommen ungerechtfertigt. In einer ganzen Briefserie vom 13., 14. und 18.7.1918 schickte er dann selbstverfaßte Gedichte, was ihm nachträglich peinlich war, weshalb er um Nichtbeachtung bat. Ein Major Kiesel zollte dem »Ziegelbrenner« am 18.3.1918 höchstes Lob, auch im Namen von mehr Kameraden, als man meinen könnte, und hoffte, daß Marut bald vom Reden zum Handeln gelangen möge. Marut beantwortete den Brief am 25. März; in einem weiteren Brief vom 24.4.1918 unterstrich er seine Haltung zur Presse, den Kampf gegen »Krämergeist« und »Gesinnungsverluderung«, lehnte das Aufstellen von Programmen ab, weil sie den Fluß der Dinge nur behinderten und schlug am Schluß vor, daß Kiesel selbst oder jemand aus seinem Bekanntenkreis sich an der Zeitschrift beteiligen möge; sein eigenes »Privatvermögen« sei »beschränkt«.

Im Frühjahr 1918 wandte sich ein Vizewachtmeister R. Kneisner an Marut, an den ein Antwortschreiben vom 26. April 1918 überliefert ist. Ernst Hantke, ebenfalls Offizier im Feld, formulierte im Brief vom 29. Mai 1918 seine Freude, die Zeitschrift mit ihrer pointierten Kritik in die Hand bekommen zu haben, obgleich er nicht mit allem einverstanden sei. Ein weiterer Offizier »im Felde«, Rainer (eig. René) Fetscher (1895–1945), Leutnant der Reserve im Württ. Res. Inf. Reg. 120, III. Batl., 12. Komp., gab sich im Brief vom 30. Mai 1918 als Kriegsgegner zu erkennen, »freudig voll Liebe und Begeisterung für die gute Sache und voller Kraft des Hasses gegen alles, was die Entwicklung hemmt«, und berichtete, daß der »Ziegelbrenner« bei ihm und in seinem Umkreis auf große Sympathie gestoßen sei. »Sie wissen vielleicht nicht, wie zahlreich Ihre zum Teil unbewußten Anhänger im Heere sind; ihre Zahl ist ganz außerordentlich groß. Ich merkte es, als ich die Hefte einigen Kameraden gab; fast alle haben Ihnen beigestimmt.« Leider zwinge »der Krieg [...] uns alle zu schweigen«. Fetscher zeigte sich hoffnungsvoll, »daß der Krieg trotz aller Greuel die große gemeinsame Sache der Menschheit fördern« werde; das »Bedürfnis hierzu« sei »in allen Gesellschaftsklassen vorhanden«. Fetscher stellte anheim, von seinem Brief »Gebrauch« zu machen; er habe noch »manches [...] zu erzählen, was auch an den Pranger gestellt gehörte. Ich diene Ihnen gerne damit«. Der Gefreite Hans Reimann (1889–1969), der damals schon einige Bändchen mit Grotesken und Satiren herausgegeben hatte, sich später als Kabarettist, Schriftsteller und Schauspieler einen Namen machte, interessierte sich für die Zeitschrift und meinte, die Hefte 2 und 3 für 1 Mark bestellen zu können; Marut überließ sie ihm mit Brief vom 27.5.1918 großzügig zu diesem Sonderpreis. Reimann aber, Abonnent der »Fackel« und Kraus-Verehrer (»von 1914–1918 war er für mich Stecken und Stab«), zog es vor, Marut in Briefen vom 3. und 5.6.1918 überreden zu wollen, statt eine nicht ganz schlechte Zeitschrift herauszugeben, lieber die »Fackel« zu unterstützen, denn eine einzige Seite davon sei so wertvoll wie die ganze Ziegelbrennerei.

Für einen Offizier im Feld war auch das Abonnement bestimmt, das eine Frau Kleiner in Hamburg (zusätzlich zu dem ihren) bestellte, die zuvor jedoch wissen wollte, ob es dem Betreffenden schaden könnte, wenn er es vom Verlag per Feldpost bekäme. Marut antwortete darauf am 13.7.1918, »etwa 4/5« der »Feldpost-Abonnenten« seien »Offiziere, darunter eine Anzahl höhere Stabsoffiziere«. Bis heute sei, ob Offizier oder Soldat, kein Fall bekannt geworden, daß einem Abonnenten »irgendwelche Unannehmlichkeiten erwachsen« wären. Dennoch schlug er vor, die Zeitschrift einem Brief oder Paket beizulegen und privat zu versenden, weil die »Absicht dann persönlicher« wirke. Mit gleicher Post erhielt Kleiner die Hefte 1, 3, und 4; Heft 2 war zu diesem Zeitpunkt nicht vorrätig. Für Rudolf Dondorf wiederum, einen Soldaten im Feld, der die Zeitschrift von einem namhaften Journalisten erhalten hatte, stellte der »Ziegelbrenner« ein Buch mit sieben Siegeln dar; in seinem Brief vom 17.6.1918 bat er daher um Erläuterungen. Raphael Urban, Feldpfarrer, rühmte dagegen am 17.6.1918 die Hefte 2 und 3, besonders die »Totengesänge des Hyotamore«, und lobte Marut für seinen Mut, die unter dem Titel »Der rote Kampfflieger« 1917 im Ullstein-Verlag erschienenen Tagebücher des Kampffliegers Manfred Freiherr v. Richthofen und ähnliche Erzeugnisse der Kriegsliteratur als »Beulenpest« bezeichnet zu haben.

Für die Münchner Zensurbehörde hatte Maruts Polemik gegen den Kriegshelden (achtzig bestätigte Luftsiege), der am 21. April 1918 in einem Luftkampf getötet worden war, allerdings ein Nachspiel. Ein Leutnant der Reserve namens Hermanns hatte in einer Zuschrift an den »Hammer«, eine seit 1902 erscheinende, von Theodor Fritsch gegründete antisemitische und deutschvölkische Zeitschrift, darauf aufmerksam gemacht, daß »ein brandrotes Blatt in München, der ›Ziegelbrenner‹«, den Kampfflieger v. Richthofen »bespöttelt« habe. »Wir hier draußen an der Front empfinden es als eine Affenschande, daß für solche deutsche Selbstverlästerung auch noch Papier bewilligt wird«. Ein Beamter im preußischen Kriegsministerium hatte den Zeitungsausschnitt unkommentiert, »mit dem Anheimgeben des Weiteren«, dem Bayrischen Kriegsministerium »zur Verfügung gestellt« und eine Stellungnahme der dortigen Zensurbehörde veranlaßt. Der mit »G.« zeichnende Referent verteidigte sich in einem Aktenvermerk vom 11.8.1918 damit, daß es sich zwar um eine »scharfe Kritik des Richthofen'schen Buches« gehandelt habe, die jedoch »lediglich vom literarischen Standpunkt aus« erfolgt sei; der Artikel habe der Zensur vorgelegen und sei »mit einigen Abstrichen zur Veröffentlichung zugelassen« worden. »Die Papierbewilligung zum Druck des ›Ziegelbrenner‹ bedauert das K[riegs]M[inisterium] gleichfalls, vermag sie aber nicht zu hindern«. In der Tat gehörte dies nicht zu den Kompetenzen des Kriegsministeriums: Es oblag dem Kriegspresseamt bei der Obersten Heeresleitung, Druckpapier zuzuweisen oder vorzuenthalten.

Ein weiterer Leutnant der Reserve, Otto Ohly (1893–1960), nahm am 4.6.1918 von Charlottenburg aus Verbindung mit dem Mermet-Verlag auf, um seine Bewunderung für »An das Fräulein von S…« zum Ausdruck zu bringen (»Endlich fand ein Mensch die rechte Melodie, die ungeheuren Akkorde für all das Gewaltige des Weltkrieges«). Ohly war gelernter Apotheker, verlor im Krieg einen Arm, bekam eine Prothese (und wurde fortan von seinen Freunden Götz genannt) und bildete seitdem, wie er im Brief vom 4. Juni schrieb, »Einarmige zu brauchbaren Menschen aus«. Nach dem Krieg studierte Ohly in Berlin Chemie und nahm nebenbei Schauspielunterricht (Deklamation). In drei weiteren Briefen vom 19. und 24.7. und 18.8.1918 berichtete

Ohly von seiner kürzlichen Heirat und über die Gründe, die ihn in die Armee eintreten und die Offizierslaufbahn beschreiten ließen und bot unter der Voraussetzung, daß sein Name nicht genannt werde, einen Artikel über v. Richthofens Buch an. Des weiteren erwähnte er Siegfried Jacobsohn und seine Freundin Trußka von Bagienski, die Gedichte einreichen wolle (von denen Marut nichts hielt, wie er im Brief vom 26.8.1918 anmerkte). Er hoffe, Marut bald zu sehen; er würde ihn gern Richard Maurhut nennen, aber dann werde Marut wohl böse werden. Am 26. August teilte Marut Ohly nach dessen Besuch in München mit, daß er seine Ausführungen über v. Richthofen »in geeigneter Form« verwenden werde. In einem weiteren Brief an Ohly vom 9.10.1918 dankte Marut für Postkarten »aus Wien, Chemnitz, Thüringen« und teilte mit, daß zwei der von Ohly über den Verlag bestellten Bücher, Beradts »Go« und Bangs »Vaterlandslose«, zur Zeit vergriffen seien; von Kuno Fischers Goethe-Buch könne er ihm zunächst nur den ersten Band schicken. Des weiteren beklagte er den Mangel an Papier, »weil es uns an flüssigem Kapital fehlt«; Ohly möge doch versuchen, »von einem, der sichs leisten kann, ein Darlehen in Höhe von M 1 000.– oder darüber oder darunter recht schnell aufzutreiben. Es werden 12 ½ % Zinsen gezahlt.« Ein weiterer, auf demselben Papierbogen getippter Brief war an Ohlys Ehefrau Elisabeth geb. Göring gerichtet; darin dankte Marut für ein Kästchen mit selbstgedrehten Zigaretten und die ihm, »dem Arbeitsmanne am Brennofen«, geopferte Zeit. Gegenüber Ohly hatte er bereits versichert, er werde sich »in die Wolken türkischer Erzeugnisse hüllen, wenn er am Ofen steht, um die Ziegel zu brennen«.

Am 3. August 1918 erkundigte sich ein Kampfpilot namens Hans Sommermann, der über Norwegen abgeschossen worden war, nach bisherigen und künftigen Ausgaben. Ein Gefreiter im Feld namens Mecklenburg rühmte am 8.8.1918 die Zeitschrift und verdammte die vertuschende Arbeit der meisten Journalisten. Paul Gross, Offizier im Feld, äußerte sich am 10.8.1918 anerkennend über die Zeitschrift und fragte nach Bezugsquellen für Werke von Romain Rolland und Frank Wedekind. Aus einem Militärhospital richtete am 14.8.1918 Werner Witthaus einen Brief an Marut, dem er für seine Zeitschrift dankte. Er war, wie er schrieb, wegen einer plötzlichen Neurose eingeliefert worden; seine Erkrankung führte er auf die Sinnlosigkeit des Kriegs zurück. Um Lektüreempfehlungen bat am 19.8.1918 ein Soldat im Feld namens Altvater. Der Buchhändler Eugen Heinz, der jetzt als Soldat im Feld stand, bestellte am 24.8.1918 ein Abonnement; er hielt den »Ziegelbrenner« für die beste Zeitschrift, die er in seinen vier Kriegsjahren gelesen habe. Rudolf Bausch, Offizier im Feld, wünschte dem »Ziegelbrenner« am 3.9.1918 alles Gute. Ein Soldat im Feld, der sich Ralph Waldo Kauner nannte, pries sich im Brief vom 11.9.1918 glücklich, die Zeitschrift in die Hand bekommen zu haben und rühmte den Mut, mit dem Marut gegenüber den Lügen und der Häßlichkeit der Gegenwart seine Meinung sagte. Ludwig Juliusberger hatte, wie er am 12.9.1918 mitteilte, aufgrund einer Empfehlung von Jacobsohn zum »Ziegelbrenner« gegriffen; er glaubte, daß jeder vernünftige Leser ein Abonnement bestellen werde. Es handelte sich offenbar ebenfalls um einen »Feldgrauen«, denn am 21.9.1918 schrieb er erneut an Marut, diesmal aus dem Militärgefängnis, wo er wegen seiner politischen Tätigkeit einsitze. Er ermutigte Marut, seine Arbeit fortzusetzen, verglich ihn mit Maximilian Harden und versprach, für die Zeitschrift zu werben. In einem dritten Brief vom 26.9.1918 dankte Juliusberger für übersandte Informationen, teilte mit, daß er mit der »Leipziger Volkszeitung« Kontakt aufgenommen habe und wünschte ein Exemplar des von Marut empfohlenen Romans »Le Feu« von Barbusse. Anerkennende Worte für die Zeitschrift fand mit Rudolf Zellmeier am 22.9.1918 ein weiterer Soldat im Feld.

Nach und nach trafen beim »Ziegelbrenner« auch Manuskriptangebote ein, als eines der ersten ein zweiseitiger Aufruf »An Bayerns Unternehmertum« von Dr. Heinz Potthoff (1875–1945), einem der bedeutendsten Arbeitsrechtler und maßgeblichen liberalen Sozialpolitiker seiner Zeit,

Mitglied der linksliberalen Fortschrittlichen Volkspartei (Heuss, Naumann) und Herausgeber der Zeitschrift »Arbeitsrecht«. Potthoff lebte seit 1917 in München, zwischen 1918 und 1920 war er als Referent im bayrischen Ministerium für Soziale Fürsorge tätig. Der bereits erwähnte Arthur Seehof sandte Anfang 1918 sein Manuskript »Worte der Schwachen«. Ein gewisser Fritz Müller, der dem »Ziegelbrenner« mehrfach seine Mitarbeit als Essayist angeboten hatte, erhielt am 11.3. und 4.4.1918 abschlägige, ja ätzend ironische Antworten, mit denen Marut Spott über Müllers Namensvetter verband, den österreichischen Autor Hans Müller (1882–1950), den er schon im ersten Heft seiner Zeitschrift attackiert hatte. B. Haldy, der auf eine Postkarte von Marut antwortete, äußerte am 4.4.1918 Lob für die Zeitschrift, insbesondere in diesen Zeiten von Hochpatriotismus, und fügte drei kleine Schriften bei, die Marut eventuell berücksichtigen möge. Margaret Hoch in Gotha erhielt am 4.4.1918 von Marut eine liebenswürdige Antwort auf ihr anerkennendes Schreiben; Gedichte von ihr und einen Briefauszug brachte Heft 4. Ohne daß sich ein Briefschreiber zuordnen ließe, ist unter den Papieren der Ret-Marut-Sammlung der University of California, Riverside Libraries, ein achtseitiges Typoskript »Tod und Leben / Eine Kriegsdichtung von einem Anarchisten, der seinen Namen noch verschweigen muß« überliefert, das Marut mit der Bleistiftnotiz versah: »Berlin N 54 26.IV.18, 10–11 U[hr]«. Die Manuskripteinsendung eines Rud. Goldschmidt wurde von Marut mit Brief vom 8.5.1918 einer scharfen Kritik unterworfen. Am 26.7.1918 bestellte Trußka von Bagienski, eine Freundin von Götz Ohly, die mit bürgerlichem Namen Wanda Schäffer hieß, ein Exemplar des Buches »An das Fräulein von S…« und reichte zugleich einige ihrer Gedichte zur Veröffentlichung im »Ziegelbrenner« ein, was Marut mit Brief vom 13.8.1918 höflich ablehnte. Sein negatives Urteil über die Gedichte rechtfertigte Marut in einem Brief an Ohly vom 26.8.1918. Ein Pseudonymus namens Max Funck-Misouth (durch Buchstabentausch läßt sich daraus, mit zwei Restbuchstaben,

»auch Kommunist« bilden) schickte (1919?) ein Typoskript »Die Lösung der Agrarfrage«.

Über eine Vielzahl weiterer Leser läßt sich biographisch weiter nichts herausfinden: Die Medizinstudentin Elisabeth Hecker lobte in ihrem Brief vom 27.12.1917 den »Ziegelbrenner«, erwähnte ihre Beschäftigung mit Walther Schücking, pflichtete Marut in seinen Ansichten über den Kapitalismus und die Presse bei und sah die Rolle der Frauen darin, die Männer für die kommenden Kämpfe zu bestärken. Dr. Erich Nöther klagte am 7.3.1918 in satirischem Ton über die Fortdauer des Kriegs, die Friedensaussichten und über die Zensur in Deutschland; die Leute müßten schweigen oder wanderten ins Gefängnis oder würden eingezogen, um in harter Lektion das Vaterland lieben zu lernen. Am 11.7.1918 schickte Nöther einen Zeitungsausschnitt, der belegen sollte, wie das Menschenleben im Krieg entwertet worden sei und welchen Platz die Kunst gegenwärtig im deutschen Nationalleben einnehme. B. Belinger bestätigte im Namen einer dänischen Forschungsorganisation unter dem Datum des 12.3.1918 den Empfang des 3. Heftes; in einem beigelegten persönlichen Brief erläuterte sie ihre Antikriegs-Position. Marut antwortete am 18.4.1918 und unterstrich seine pazifistische Einstellung. Klaus Rolf Stosberg erhielt am 17.3.1918 von Marut eine Antwort auf seinen Kommentar zu deutscher Kultur und deutschem Volk; Fritz Stucken bestellte am 19.3.1918 ein Abonnement, Richard Arnold, ein Lehrer und Chorleiter, kündigte das seine am 17.4.1918, J.A. Meier ließ sich am 29.3.1918 über die weltweite Verbreitung des »Ziegelbrenner« informieren, eine anonym bleibende Philanthropin zeigte sich mit Brief vom 5.4.1918 überrascht, daß jemand in Deutschland es wagen könne, so aufrichtig zu sein und wünschte Marut fürderhin alles Gute. An W. Wölfel erging mit Brief vom 30.4.1918 die Bitte einer finanziellen Unterstützung, während Marut am 12.6.1918 an eine anonyme potentielle Geldgeberin ein ironisches Schreiben richtete. Ein Künstler namens A. Gebel rühmte Marut in seinem Brief vom 4.5.1918 als Herrenmensch und erklärte den Ursprung der Bügelfalte.

Ein ermutigender Brief kam am 24.4.1918 von Heinrich Hagemeister, der sein Vergnügen an der Lektüre des ersten Hefts bekundete und hoffte, Marut werde nicht müde werden, noch viele »Ziegelsteine« zu brennen. Am 31.7.1918 schickte Hagemeister einen Zeitungsausschnitt, wonach die italienische Luftwaffe weibliche Freiwillige als Piloten einsetzte. Ein Abonnent Dr. phil. Pfeiffer ließ Marut am 19.5.1918 seine neue Anschrift wissen und rühmte Maruts Engagement im Kampf gegen die Kriegsbelletristik der Verlage Ullstein und Scherl; als Lehrer wisse er um die Gefahr, die Bücher wie das über den »roten Kampfflieger« bei jungen Gemütern anrichten könnten. Paul Hager, ein 21jähriger Leser, bekundete am 12.6.1918 seine volle Bewunderung für Maruts Anprangerung des Krieges, gab seiner Hoffnung Ausdruck, daß die Zeitschrift Früchte tragen und Menschlichkeit über Bestialität siegen werde und ließ sich auf die Abonnementenliste setzen. Eine Frau A. Königer in einem ungenannten Ort bei Köln gestand am 23.6.1918, sie habe die Zeitschrift mit klopfendem Herzen gelesen und hoffe, daß Marut weiterhin die Wahrheit aussprechen und der Ziegelsteinhaufen so groß werde, daß man alles Häßliche darunter begraben könne. Wahrscheinlich gilt ihr Maruts gefühlvolles Antwortschreiben an ein »liebstes Mutterherz« vom 27.6.1918, das sich mit dem Leid der Frauen im Krieg befaßt. Bernhard Jachinski zeigte sich unter dem Datum des 1.7.1918 entzückt über die Zeitschrift, die beste seit dem Berliner »Kampf«, und bestellte ein Abonnement. Eine Freundin Ohlys in Minden, die ihren Brief an Marut vom 18.7.1918 mit »Peter Stru« unterzeichnete, teilte Maruts Aversion gegen den Krieg und sinnierte über die Rolle der Frau in der Politik. Marga Bierbach drückte im Brief vom 14.8.1918 ihren Dank dafür aus, daß es auch nach vier Jahren Krieg noch hochgesinnte Menschen gebe, die danach trachteten, die Menschheit zu bessern. Am 21.8.1918 gratulierte Marut einem Unbekannten sarkastisch zur Kündigung seines Abonnements: Er sei der erste, der kündige; doch besser auf diese Weise einen Abonnenten verlieren, als durch den Heldentod.

Von Wilhelm August Müller kam am 24. August 1918 Lob für Maruts Abfertigung des Kriegskurs steuernden »Simplicissimus«. Die Satirezeitschrift rächte sich einige Monate später, als sie verriet, daß derselbe Ret Marut, der seit einem Jahr in seinem »Winkelblättchen« den »Simplicissimus« »ebenso unflätig wie talentlos« anpöbele, zuvor dutzende Male erfolglos versucht habe, »Mitarbeiter« zu werden: Seine Einsendungen seien »um ihrer Unzulänglichkeit willen« stets abgelehnt worden. In seiner Replik im »Ziegelbrenner« behauptete Marut, die Reaktion bewußt provoziert zu haben; eine Erklärung für sein widersprüchliches Verhalten blieb er schuldig. Einem Limonadefabrikanten muß und kann es egal sein, in welche Hände sein Produkt gerät, aus welchen Händen er seine Bezahlung erhält. Daß Marut seine Texte als Ware behandelte, ist nicht so selbstverständlich. Ich möchte sogar behaupten, es ist nicht legitim. Es sei denn, er habe Dichtung als Ware und das Dichten als Handwerk aufgefaßt und seine Produkte für eine Art literarische Limonade gehalten, was cum grano salis für den Belletristen Marut wohl gelten muß.

Mit W. Porath und A. Kassel meldeten sich am 2. bzw. 3. September 1918 zwei weitere Bewunderer zu Wort. Ein Leser, dessen Namen Goldwasser als Ernst Friedsbörig entzifferte, pries in seinem Brief vom 8.9.1918 die Zeitschrift, zeigte sich aber zugleich bestürzt über den manchmal durchscheinenden Antisemitismus, der mit der Sache des Friedens nicht in Einklang stehe. Hans Wolff erwähnte in seinem Brief vom 8.9.1918 eine Besprechung der Zeitschrift in der »Dresdner Volkszeitung«. Hedwig Schramm ließ Marut am 17.9.1918 wissen, sie sei glücklich, daß sie jemanden gefunden habe, der ihre Auffassungen teile, und sie mit ihren Meinungen nicht allein stehe; sie wolle die Zeitschrift abonnieren. Ein unbekannter österreichischer Leser riet Marut dagegen am 20.9.1918, die Arbeit so schnell wie möglich einzustellen, falls er nichts besseres zu sagen habe. Ein zwar nicht pauschales Lob kam am 1.10.1918 von Willi Peter, der dem »Ziegelbrenner« einen großen Leserkreis wünschte. Gegenteilig äußerte sich am 13.11.1918, zwei Tage nach dem Waffenstillstand, Charlotte Rahn, die ihren Zorn Marut am liebsten ins Gesicht geschrieen haben würde.

Die Arbeit nimmt zu

Anfang Februar 1918 lagen die Druckbogen von Heft 3 dem Pressereferat des Kriegsministeriums zur Zensur vor. Weil zugleich Belegexemplare der beiden ersten Hefte angefordert wurden, sah sich Marut in einem Schreiben vom 10.2. veranlaßt, unter Berufung auf eine Anregung des Reichskanzlers, wonach Herausgeber und Zensurbehörden zwecks Vermeidung von Zensurhärten grundsätzlich zunächst eine Verständigung suchen sollten, Zweck und Ziele seiner Zeitschrift zu beschreiben. Er unterstellte, daß man sich in den »Endzielen« einig sei: »Aufbau des Zerstörten, Wieder-Aufbau des Besseren und äusserster Gegendruck gegen eine Wiederholung des heutigen Unglücks«. »Der Ziegelbrenner«, führte er aus, sei »keine politische Zeitschrift«. Ihre Aufgabe sei es, »die wahren Begriffe über Kultur im Goethe'schen Sinne weder durch den Krieg noch durch den Journalismus oder den Kapitalismus zu Grunde gehen zu lassen und diese Begriffe gerade heute, wo sie in höchster Gefahr sind, zu schützen und aufrecht zu erhalten.« Daher erlaube man sich »Kritik an den gegenwärtigen Verhältnissen«, übrigens keineswegs nur in Deutschland, sondern »in allen kriegführenden Staaten, ohne Ausnahme«. Da die Zeitschrift, gemessen am Umfang, recht teuer sei und daher nur von wenigen Buchhandlungen geführt werde, auch nur in kleiner Auflage erscheine, sei auszuschließen, daß sie »in unreife Hände fallen könnte«. Auch die Abonnentenliste beweise, daß es sich bei den Lesern ausschließlich um Intellektuelle handle, »alle Bezugsberechtigten« seien »aus den Kreisen der: Professoren, Lehrer, Lehrerinnen, Studenten, Studentinnen, Ärzte, Offiziere, Künstler, Schriftsteller, Privatgelehrten und Gross-Industriellen«.

Der Referent der Zensurbehörde ließ sich davon nicht blenden. Maruts Ausführungen bestätigten vielmehr sein in einer früheren – nicht erhaltenen – Stellungnahme formuliertes Urteil, wonach im »Ziegelbrenner« »ein weichliches, vaterlandsloses und schöngeistelndes ›Menschsein‹ gepredigt werden soll, das geeignet ist, besonders in den an sich schon stark pazifistisch angekränkelten ›übergebildeten‹ Volkskreisen den Willen zum Durchhalten und zu notwendiger vaterländischer Arbeit vollends zu untergraben und [...] auch einen erheblichen Teil der kriegsbeschäftigten Arbeiterschaft aufs ungünstigste zu beeinflussen«. Der angeblich unpolitische Charakter der Zeitschrift werde sowohl durch die Verlagsankündigungen in der Presse als auch durch den Inhalt der bisher eingereichten Hefte glatt widerlegt. Der Beamte bestellte Marut daher für den 13.2. zu einer Rücksprache ins Kriegsministerium ein und wies ihn auf die »schweren Bedenken« hin, »die einer Beibehaltung der bisherigen Stellungnahmen der Zeitschrift zu den vaterländischen Interessen im Hinblick auf die Kriegsnotwendigkeiten entgegenstehen« und bei Nichtbeachtung zu »einschneidenden Maßnahmen« führen könnten. Marut verteidigte sich in diesem Gespräch mit den Worten, »daß die Schriftleitung nur das Beste auch des deutschen Volkes beabsichtige«. Als der Referent entgegnete, entscheidend sei nicht die Absicht, sondern allein die »aus dem tatsächlichen Inhalt zu errechnende voraussichtliche Wirkung der Veröffentlichung auf die Allgemeinheit«, stellte Marut »eine möglichste Angleichung seiner Artikel an diese Grundsätze für künftig in Aussicht«. Tatsächlich genügte diese allgemeine Bekundung, um die Behörde »von weiteren Maßnahmen« zunächst Abstand nehmen zu lassen. Zunächst. Denn schon für das dritte Heft mußte Marut erneut »erhebliche Abstriche« seitens der Zensurbehörde in Kauf nehmen.

Am 27. Februar 1918 begab sich Marut, ausgerüstet mit einer Vollmacht von Irene Mermet, die sich zu dieser Zeit in Köln aufhielt, in die Kanzlei von Justizrat Dr. Wilhelm Dennler, Notar am königl. bayr. Notariat II in München, um dort die Firma »›Der Ziegelbrenner‹-Verlag, G.m.b.H.« zu gründen. Möglicherweise war er im Kriegsministerium darauf aufmerksam gemacht worden, daß ohne notariell beurkundete Firmengründung eine Eintragung ins Handelsregister nicht möglich war. Der Gesellschaftervertrag wurde im Beisein des dem Notar persönlich bekannten »Herrn Ret Marut, Verlagsinhaber in München, Clemensstraße 84«, in Vollmacht zugleich handelnd für »Fräulein Irene Mermet, Verlagsinhaberin in München, Herzogstraße 45«, ausgefertigt und gesiegelt. Als Gegenstand des Unternehmens wurden Herausgabe, Vertrieb und Erwerb von Druckschriften aller Art, insbesondere der Zeitschrift »Der Ziegelbrenner«, genannt, außerdem Beteiligung an anderen Verlagsunternehmungen, an Druckereien und graphischen Anstalten, Erwerb und Betrieb solcher Unternehmungen; Geschäftsführer sollte Ret Marut sein. Die Aufstellung der Bilanz hatte alljährlich am 1. Juli (was am 1.3.1918 in »bis spätestens 30. Juni« geändert wurde) zu erfolgen. Das Stammkapital wurde auf 20000 Mark festgelegt, wobei Mermet und Marut jeweils 10000 Mark Einlage leisteten, »zunächst« allerdings nur zu »je ein Viertel«. Und auch davon konnten beide Abstand nehmen, denn Artikel III der Satzung lautet: »Die Gesellschafter beantragen: Aussetzung der Verstempelung, soweit nicht das Stammkapital voll einbezahlt ist«. Notar Dennler errechnete zwar Steuern und Gebühren in Höhe von 244,40 Mark, ließ sich aber vermutlich nur seine eigenen Gebühren und Auslagen erstatten, denn zu dieser »Verstempelung« kam es offensichtlich nicht: Laut Auskunft des Amtsgerichts München (Registergericht) an Armin Richter vom 7.12.1970 hat eine G.m.b.H. dieses Namens nie bestanden. Die Urkunde war demnach nur Bluff; ein Dokument zum Vorzeigen bei Behörden, das keine Weiterungen hatte und so gut wie keine Kosten verursachte.

Heft 3 des »Ziegelbrenner«, wieder im Umfang von 24 Seiten, erschien kurz vor dem 26.2.1918 und kostete 60 Pfg. In einem Brief an Kommerzienrat Soennecken vom selben Tag kündigte Marut den Versand des Heftes mit gleicher Post an; die Buchhandlungen würden erst einige Tage später beliefert. »Die grosse Auflage von Heft 1« war zu diesem Zeitpunkt komplett, der Nachdruck von Heft 2 fast ausverkauft (»das letzte Fünftel« sei »schon sehr stark angebrochen«); er wünschte, er hätte von diesem Heft 20000 Exemplare drucken können. Eine Anzeige in der »Welt-Literatur« erschien erst am 23.3.1918. »Verantwortlich für Herausgabe, Schriftleitung und Inhalt« war wie zuvor »Ret Marut, München«, den Druck übernahmen wieder die »Vereinigte Druckereien u. Kunstanstalten (G. Schuh & Cie.), G.m.b.H., München.« Kurz zuvor allerdings hatte Marut nahezu die Hälfte des Satzes austauschen müssen: »Im 3. Heft wurde jetzt so erbarmungslos mit dem Rotstift gehaust, daß nicht mehr viel mehr als die Hälfte des ursprünglichen Textes übrig blieb. [...] Der Satz war nun verloren und kostete mich ein Heidengeld«. Gänzlich verschont blieben lediglich die »Totengesänge des Hyotamore von Kyrena«, zu denen Marut erklärt hatte, es handle sich um eine »alte indische Dichtung«. Sie blieben daher, obgleich sie die Behörde »ein wenig sehr modern anmuteten«, »unangetastet«. Daß die »Gesänge« von Marut verfaßt sind, steht außer Zweifel; »Hyotamore« und »Kyrena« sind zwei Phantasienamen (im letzteren klingt ein Ortsname auf Nordzypern, Kyrenia, an). Im Duktus verraten sie den Einfluß von Nietzsches »Zarathustra«; Marut selbst wies auf eine Verwandtschaft im »Grundwesen« zwischen Nietzsche und »Sprüchen der Lebensweisheit des Hyotamore von Kyrena«, die er in den kommenden Heften zu veröffentlichen gedachte, hin.

Die Auflage betrug, nach einer Kalkulation Maruts vom 22.1.1918, »wenigstens 2500 Stück«. Laut Marut war am 8.5.1918 mehr als die Hälfte der Auflage verkauft, zum Stichtag 27.7.1918 war »von diesem Hefte [...] noch eine geringe Anzahl vorrätig«; zum 9.11.1918 waren »die ersten drei Hefte [...] nicht mehr zu haben«. Den fünfseitigen »Totengesängen« stand eine kurze Dichtung Maruts voran, »Chaos«, darauf folgten 14 politische Glossen. Den größten Teil des Hefts, nämlich zehneinhalb Seiten, nahm wieder Maruts kritische Presseschau ein. Die Umschlagseiten waren inhaltlich denen von Heft 2 ähnlich; hinzu kamen eine Buchempfehlung und eine Art Warnanzeige, die sich gegen die Kriegsbücher der Verlage Ullstein und Scherl richtete.

Mitte Mai 1918 drohte Marut die Arbeit über den Kopf zu wachsen; er inserierte daraufhin, vermutlich in den »Münchner Neuesten Nachrichten«, nach einer Schreibkraft (»Schriftsteller sucht Sekretärin«). Ausgewählt wurde, angeblich unter einer Vielzahl von Angeboten, die damals achtzehn Jahre alte Kaufmannstochter Marta Haecker, die fortan halbtags unregelmäßig beschäftigt wurde. Nach kurzer Probezeit erhielt sie (wenn die Datierungsannahme zutrifft) für Ihre Halbtagstätigkeit fünfundvierzig Mark monatlich; »für die Mehrarbeit an einigen Nachmittagen« weitere fünf Mark. Marta Haecker hatte die Handelsschule besucht und Stenografie und Maschinenschreiben gelernt. Marut habe ihr »Briefe diktiert«, die sie »aus dem Stenogramm in die Maschine übertrug«, erzählte sie neunundvierzig Jahre später Gerd Heidemann. Anfangs sei sie »nur halbtags beschäftigt« worden, später, »als wir mehr Abonnenten hatten, bin ich auch an Nachmittagen hingegangen. Wir haben dann die Hefte verpackt.« »Merkwürdig« sei ihr die Zeitschrift nicht vorgekommen, selbst ihr Vater sei daran interessiert gewesen, und ihr Bruder und ihr Schwager hätten sie sogar abonniert gehabt. Auch die Buchhändler-Bestellungen wurden von ihr erledigt. Eine weitere Bewerberin namens Buchleitner wurde als Hilfskraft zum Schreiben von Adressen-Etiketten angestellt. Sie führte ihre Arbeit aber nicht zuende und trennte sich im Streit von Marut, woraufhin dieser in zwei Briefen vom 7. und 12.6.1918 ihren Ehemann schriftlich aufforderte, in die Auseinandersetzung mit seiner Frau einzugreifen. Als die Auflage gestiegen sei, habe man, so Marta Haeckers Bericht von 1967, »noch ein Mädchen gebraucht, das als Verpackerin der ›Ziegelbrenner‹-Hefte beschäftigt wurde«. Das sei »ein ganz einfaches, beinahe doofes Mädchen« gewesen, aber auch zu ihr sei Marut »sehr nett und höflich« gewesen: »Man sah seine soziale Gesinnung.« Später, nach Maruts Verhaftung, hätten ihr die Eltern des Mädchens geschrieben, daß sie ihrer Tochter nicht mehr erlaubten, für den polizeilich gesuchten Marut zu arbeiten.

Am 10. Juni, als er das 4. Heft bei der Zensurbehörde einreichte, wandte sich Marut in einem persönlichen Schreiben an Oberstleutnant Baron Alfons Falkner von Sonnenburg, den Chef der Münchner Zensurbehörde. Dieser hatte ihm einmal versprochen, »die Zensurvollmachten soweit als möglich im beiderseitigen Verstehensuchen zu üben«; jetzt bat ihn Marut implizit, von seiner Richtlinienkompetenz Gebrauch zu machen und »die jüngeren Herren« des Presse-Referats »darüber zu informieren«, daß in seinem Falle »der allgemeine Maßstab« nicht angewendet werden dürfe, da er mit seiner Zeitschrift »rein kulturelle Angelegenheiten« vertrete. »Der Ziegelbrenner« führe einen Kampf gegen »Kultur-Verwilderung«, »Geschmacks-Verrohung« und die »stete Beleidigung des Menschen«; es gelte, »in letzter Stunde« die »letzten Kultur-Reste« zu retten. »Es wird nach diesem Krieg genug Wilde geben, so daß wir schon heute nicht genug daran arbeiten können, anständige Gesinnung, wahre Kultur-Begriffe, echte Menschenliebe, edle Empfindungen zu vertiefen. Das läßt sich heute nur in der Form erreichen, indem man die Beispiele der Verrohung, Verwilderung und Begriffs-Verwirrung auch als solche hinstellt [...]«.

Heft 4 mit dem Erscheinungsdatum 27.7. wurde laut Marut am 8.7.1918 ausgegeben, wieder zeichnete »Ret Marut, München« als »verantwortlich für Herausgabe, Schriftleitung und Inhalt«, den Druck besorgten die »Vereinigten Druckereien u. Kunstanstalten (G. Schuh & Cie.), G.m.b.H., München.« Obgleich zweiunddreißig Seiten stark, war das Heft, um Platz zu gewinnen, bis auf die ersten sechs Seiten in einer kleineren Schrift gesetzt. Es kostete 1 Mark. Nachdem drei Hefte erschienen waren, bezifferte Marut »die Herstellungskosten für ein Heft ›Der Ziegelbrenner‹« auf »mehr als 500« Mark, »das nächste Heft« werde vermutlich »erheblich mehr kosten«, denn »die Druckerpreise« seien »um 100% in die Höhe gegangen, Buchbinderpreise etc. noch mehr«. Im Brief an Hans Reimann vom 27.5.1918 erwähnte Marut, daß »das Papier für Heft 4 [...] schon wieder das Doppelte von dem [kostet], was das Papier für Heft 3 kostete«. Die Auflage dürfte bei 2 200 bis 2 500 Exemplaren gelegen haben. Am 30.8.1918 orderte Marut bei der Druckerei zusätzliche 4 000 Exemplare, weshalb das Heft Ende des Jahres noch lieferbar war.

In Heft 4 gab Marut die bisher eingehaltene Ordnung des Inhalts seiner Zeitschrift auf, vielleicht, um leichter auf Zensurstriche reagieren zu können. Auf den Auszug eines weiteren Claudius-Gedichts folgten Shelleys »Declaration of Rights« in seiner (unter Mithilfe Diehl-Försters zustandegekommenen) Übersetzung und zwei politische Glossen Maruts, sodann, im Petitsatz, Pressekommentare, »Grüsse an den Ziegelbrenner«, kommentierte Auszüge aus weiteren Leserbriefen, Mitteilungen des Schriftleiters, ein Nekrolog auf Frank Wedekind und ein weiterer Claudius-Text (»Was ich wohl mag«). Die Umschlagtexte entsprachen im wesentlichen denen von Heft 3. Unter dem Titel »Die Ausgeräucherten kriechen hervor« dokumentierte und kommentierte Marut zwei Repliken auf seine Zeitschrift, von denen die eine (im Mannheimer »General-Anzeiger«) von Kurt Palm, Maruts Auffassung nach ein jüdischer Journalist, die andere (im »Deutschen Volkstum«) von dem deutschvölkischen Publizisten Dietrich Eckart, einem Ideengeber Hitlers, stammte, der wiederum im Herausgeber des »Ziegelbrenner« einen Juden witterte. Das veranlaßte Marut dazu, eilig seine rein arische Abstammung zu versichern und sich auf etwas wirre Weise mit der »Verjudung unseres Zeitalters« auseinanderzusetzen (an der indes »auch Germanen beteiligt« seien), wobei er vor formelhaft zitierten Klischees antisemitischer Einstellung und rassistischen Ideologemen nicht zurückschreckte. Nicht nur an dieser Stelle übernahm Marut antisemitische Vorurteile seiner nichtjüdischen Umgebung und projizierte sie auf seine Gegner. Als Herausgeber des »Ziegelbrenner« polemisierte er mehrfach gegen die jüdische Großbourgeoisie, pflegte sozioökonomische Judenstereotypen und kritisierte das jüdische Assimilationsstreben. Croves/Traven hat auf Judy Stones schriftliche Fragen bezüglich Maruts Antisemitismus nie geantwortet, gegenüber Lawrence Hill äußerte das Ehepaar Torsvan dezidiert Groll hinsichtlich Stones Antisemitismus-Vorwurf. Später gab seine Witwe Raskin zu verstehen, daß Stone die falschen Fragen gestellt und so die Chance verpaßt habe, eine Biographie zu schreiben.

Ein rassistischer Antisemit war Marut allerdings nicht, ein solcher hätte sich wohl kaum über die »schamlosesten Judenhetzen« im frühen Mittelalter ereifert, wohl kaum Shelleys Menschenrechtserklärung verbreitet, die gleiche Rechte für Juden, Christen und Moslems einfordert und nicht die »unerträgliche antisemitische und nationale Hetze« angesprochen. Es war vielmehr ein individueller Haß, der angebliche jüdische Charaktereigenschaften, insbesondere Geschäftstüchtigkeit und Profitgier, ohne weiteres auf Arier übertragbar machte. An dieser Stelle sei daran erinnert, daß sich auch Thomas Mann, Schwiegersohn eines Juden, gelegentlich zu heftigen antisemitischen Bemerkungen hinreißen ließ, etwa im Tagebuch von 1918, wo er (Anlaß war das Engagement Rudolf Herzogs für die Münchner Räterepublik) Bayern »von jüdischen Literaten« regiert sah und Herzog als »Geldmacher und Geschäftsmann im Geist« beschimpfte, der sich Jahre hindurch »von einer Kino-Diva« habe aushalten lassen, um die »großstädtische Scheißeleganz des Judenbengels« pflegen zu können.

In seinem Beitrag über die in seinen Augen beschämende Beisetzung des Dichters Frank Wedekind kündigte Marut an, daß »kein Mensch einmal erfahren« werde, wenn er seinen »letzten Atemzug verrichte. [...] Und dankbar will ich den Göttern sein, wenn sie mit meinem Leichnam hungernde Aasvögel und verstoßene Hunde einmal satt füttern, so daß auch nicht ein bleiches Knöchelchen übrig bleibe, das einem Journalisten Gelegenheit geben könnte, über meine sterblichen Überreste seine Bedürfnisse zu verrichten, wie das im Waldfriedhof zu München geschah, kurz vor Frühlings Erwachen im Jahre 1918«. Schon der Mittzwanziger, der Dichter der »Lieder eines Menschen«, hatte sich gewünscht, nach dem Tod nicht beerdigt, sondern verbrannt zu werden: »Ich will nicht in der Erde stinken [...] / Schweb in den Weltenraum hinein / Will frei und überall und nirgends sein«. Später in Mexiko traf er deshalb seine Vorkehrungen: Als Traven Torsvan 1969 gestorben war, wurde seine Asche von einem Flugzeug aus über dem Dschungel von Chiapas ausgestreut.

Bereits 1913 hatte Marut versucht, eine Sammlung seiner Kurzprosa in Buchform erscheinen zulassen. Realisieren konnte er sie nur selbst und auf eigene Kosten: Sie erschien unter dem Titel »Der BLaugetupfte SPerlinG« im Sommer 1918 im Ziegelbrenner-Verlag, 95 Seiten dünn und »herausgegeben vom Ziegelbrenner«. Den Umschlag gestaltete der Münchner Schriftgrafiker Otto Hupp, die Auslieferung (der durchweg gehefteten Exemplare) erfolgte über Fr. Ludwig Herbig in Leipzig. Vom 1.9.1918 datiert ein Schreiben wohl von Irene Mermet an einen Leutnant Kaufmann von der Zensurstelle, in dem sie die Fertigstellung von zehn »sehr gut gebundenen« Exemplaren »in etwa 10 Tagen« in Aussicht stellte und die Erlaubnis für die Überreichung eines Geschenkexemplars an »den Leutnant Kaufmann als Privat-Person« erbat, als »eine Liebesgabe für einen Feldgrauen zum rein persönlichen Gebrauch«. Das Bändchen enthielt neben Nachdrucken die Erstdrucke von: »Kunst-Diät«, »Mein Besuch bei dem Dichter P. R.« und »Was in Frankreich alles geschehen kann«. Erscheinungstermin war wohl der 5. September, da Marut an diesem Tag sowohl beim Stellvertretenden General-Kommando um Erlaubnis zum Versand seiner Publikationen nachsuchte als auch Ohly ein Exemplar zukommen ließ (mit dem Vorschlag, das Buch nur bis S. 26 zu lesen und dann zurückzuschicken). Am selben Tag erschien eine erste Annonce im »Börsenblatt«: Der Ziegelbrenner-Verlag inserierte das Buch als Sammlung von »politischen und unpolitischen Grotesken, in denen Schauspieler, Könige, Kriegsnovellenanfertiger, Theaterdirektoren, Journalisten, neu-tönende Dichter, Kommerzienräte, Lesebuch-Grössen, Orden-Beliehene und allerlei ähnliche Mitmenschen eine ebenso überflüssige wie unerfreuliche Rolle zu spielen versuchen«. Die Werbung verhieß mehr, als Maruts nur bedingt lustige, schwache Schnurren halten konnten. Ein Abonnent G. Kluge in Düsseldorf, den Armin Richter im Düsseldorfer Adreßbuch, wohnhaft Werstener Str. 7, als Bürogehilfen (1915) bzw. Prokurist (1920) nachweisen konnte, zeigte sich im Brief vom 21.9.1918 enttäuscht vom »BLaugetupften SPerlinG« und gleichzeitig überrascht, daß der Ziegelbrenner-Verlag solch ein minderwertiges Werk publizieren konnte. Und wie Marut aus dem Brief eines Lesers erfuhr, riet eine Buchhandlungsgehilfin in D[ortmund?] sogar generell von den im »Ziegelbrenner« empfohlenen Büchern ab: »Die Bücher sind nichts wert, das sind Kompromisse, die der Ziegelbrenner aus irgendwelchem Grunde geschlossen hat«. Marut konterte in seiner üblichen Weise, druckte im »Ziegelbrenner« Heft 5–8 vom 9.11.1918 Auszüge der Briefe ab und kommentierte sie auf sarkastische Weise. Je ein Exemplar versandte Marut am 14.9.1918 an Hans Wolff, das für dessen Freundin bestimmt war, und an Brüning in Paderborn (für dessen persönliche Bibliothek); damit verbunden war die Versicherung, der Nichtverkauf des »Ziegelbrenner« würde der Freundschaft keinen Abbruch tun.

Kriegsende und Volksregierung in Bayern

Nach dem Ausbleiben militärischer Erfolge an der Westfront befürwortete Generalstabschef Ludendorff bei einem Treffen der Obersten Heeresleitung mit dem Kaiser am 29. September 1918 ein sofortiges Waffenstillstandsangebot an US-Präsident Wilson und – um zivilen, insbesondere sozialdemokratischen Politikern die Verantwortung für die Beendigung des Krieges zuzuschieben – eine Parlamentarisierung der Regierung. Daraufhin ernannte Wilhelm II. am 3. Oktober den als liberal geltenden Prinzen Max von Baden zum neuen Reichskanzler, in dessen Kabinett auch Sozialdemokraten eintraten, darunter Philipp Scheidemann als Staatssekretär ohne Geschäftsbereich. Bereits einen Tag später bot die neue Regierung den Alliierten einen Waffenstillstand an. Nachdem der Reichstag am 28. Oktober einigen Verfassungsänderungen zugestimmt hatte, ging der Oberbefehl über die Streitkräfte vom Kaiser auf die Reichsregierung über; Kanzler und Reichsminister waren fortan vom Vertrauen der Reichstagsmehrheit abhängig. Damit hatte sich das Deutsche Reich von einer konstitutionellen in eine parlamentarische Monarchie verwandelt – für Friedrich Ebert die Geburtsstunde der deutschen Demokratie. Eine Revolution hielten er und andere SPD-Führer nach dem freiwilligen Machtverzicht des Kaisers für überflüssig.

Sie blieb aber nicht aus. Als Ludendorff Ende Oktober nach der dritten diplomatischen Note von US-Präsident Wilson plötzlich eine entschlossene Fortsetzung des militärischen Widerstands forderte, wurde er auf Geheiß des Reichskanzlers entlassen. Längst hatte der Krieg aufgehört, als notwendig und erhebend zu gelten. Für die Bevölkerung, vor allem die städtische, bedeutete er nur noch, nicht genug zu essen zu haben; wertvolle Waren wurden durch billige Surrogate ersetzt. Die deutschen Truppen hatten sich auf das nahe Kriegsende eingestellt, sie drängten darauf, nach Hause zu kommen, ihre Kampfbereitschaft war nicht mehr zu wecken. Vorbereitungen der deutschen Marineleitung in Kiel zu einer Seeschlacht gegen die englische Kriegsmarine lösten zunächst eine Meuterei unter den betroffenen Matrosen und im weiteren Verlauf eine allgemeine Revolution aus, die binnen weniger Tage die Monarchie im Reich hinwegfegte. Der Umsturz sei »regelrecht kommandiert worden [...], damit der Henker Ludendorff und dessen gesinnungsverwandte Sippschaft sich in letzter Stunde noch einen glorreichen Abgang« habe »sichern« können«, heißt es in einem Typoskript Maruts, das 1920/21 entstand.

Am 7. November 1918 erreichte die Revolution München. Am Nachmittag versammelten sich 60 000 Menschen auf der Theresienwiese zu einer Protestkundgebung, am Abend wurde im »Mathäserbräu« ein Arbeiter-, Soldaten- und Bauernrat gewählt, dessen Vorsitz Kurt Eisner (USPD) übernahm. Gegen Mitternacht proklamierte Eisner im Landtag den Freien Volksstaat Bayern, anschließend wurde er von den Räten zum Ministerpräsidenten der neuen Republik Bayern gewählt. Am Nachmittag des 8. November trat im Landtagsgebäude erstmals der »Provisorische Nationalrat« zusammen. Eisner stellte sein Kabinett vor, eine Koalition aus USPD-, SPD- und parteilosen Politikern. Erhard Auer (SPD) übernahm das Amt des Innenministers, Johannes Hoffmann (SPD) das Kultusministerium. Am 11.11.1918 wurde an allen Fronten ein Waffenstillstand ausgerufen. Der Krieg war zuende.

Wohl am 23. November 1918, zusammen mit eine Anzeige in der »Welt-Literatur«, erschien Heft 5–8 des »Ziegelbrenner« mit dem Erscheinungsdatum 9.11.1918. Die zeitliche Differenz signalisiert, daß auch unter der Koalitionsregierung von SPD und USPD die Zensur fortbestand. Marut hatte es nicht mehr für nötig erachtet, der neuen »Volksregierung« das Manuskript des neuen Hefts vor dem Druck einzureichen, um so das Risiko eines Neusatzes zu minimieren: »Es war ja ausdrücklich angeordnet worden, daß nur rein militärische Angelegenheiten unter das Zensur-Verbot fallen sollten. [...] Ich ließ also ruhig drauf lossetzen; und eigentlich nur nach alter Gewohnheit [...] reichte ich die Druckbogen dem Kriegsministerium ein. Als ich sie zurück bekam, glaubte ich, der Schlag müßte mich treffen. [...] Welchen Druckbogen ich auch immer ansehen mochte, ich sah nur immer rote Striche«.

Das Heft zählte für vier und kostete 2 Mark, obgleich es mit 56 Seiten weniger als zweieinhalbmal so stark war wie die bisherigen. Der Impressumsvermerk lautete: »Herausgeber: Der Ziegelbrenner. Schriftleitung: Ret Marut, München. Verlag: ›Der Ziegelbrenner‹, München 23. Vereinigte Druckereien u. Kunstanstalten (G. Schuh & Cie.), G.m.b.H., München.« Ab dieser Nummer wurden Interessenten auf der 2. Umschlagseite darüber informiert, daß Abonnementsbestellungen direkt an den Verlag zu richten seien. Zu diesem Zeitpunkt hatte der »Ziegelbrenner« angeblich 170 »Feldpost-Abonnenten« und eine unbekannte Zahl (schätzungsweise 500–600) weiterer Abonnenten, von denen er bis zum Frühjahr 1920 546 verlor. Die Verlagsaufwendungen lagen zu diesem Zeitpunkt angeblich um 6000 Mark höher als die Einnahmen; daß Marut tatsächlich in dieser Höhe aus seinen Ersparnissen zusetzte, ist indes unwahrscheinlich.

Aufmacher war diesmal ein krudes Marut-Gedicht mit dem Titel »Es dämmert der Tag«, das eigentlich erst durch einen Aufsatz im letzten »Ziegelbrenner«-Heft erhellt wird. Es enthält die Aufforderung an Leserinnen und Leser, sich von vorgegebenen Idealen ab- und selbständigem Denken zuzuwenden: »Ein einzig einzig Mal nur denket nach / Und es stürzt die Welt in Trümmer. / [...] Stehe Jeder für die Eigene Sache! / Die Eigene Sache nur ist die der Menschheit«.

Das Heft bestand diesmal fast ausschließlich aus Maruts kritischer Presseschau. In gewohnt grober Weise kommentierte er Lesefrüchte aus deutschen (angeblich auch englischen und französischen) Zeitungen und Zeitschriften, denen er einige Reflexionen allgemeiner Art anfügte. Das bereits für Heft 4 konstatierte Durcheinander gilt auch für dieses Heft, das bis auf Maruts »Höflichkeit der Könige«, eine bereits 1913 veröffentlichte politische Anekdote, ganz im Petitsatz hergestellt ist. Unter anderem setzte er sich mit einer »Ziegelbrenner«-Kritik aus dem Lager der »Alldeutschen« auseinander: F.A. Geißler hatte in »Das Größere Deutschland« vor den »giftigen Dämpfen« der Zeitschrift gewarnt, weil sich dort »der Geist des undeutschen Pazifismus breit« mache. Anschließend kommentierte er eine Replik Dietrich Eckarts aus dem Juniheft 1918 des »Deutschen Volkstums«, wobei er sich erneut antisemitischer Stereotypen bediente, um den Antisemiten Eckart in die Schranken zu weisen. Ein weiterer Artikel widmete sich Houston Stewart Chamberlain. Auf drei Seiten kommentierte er eine Korrespondenz des Kriegsberichterstatters im Großen Hauptquartier, Hermann Katsch (1853–1924). Der Presseschau folgen kommentierte Auszüge aus Briefen an den »Ziegelbrenner«, schließlich Ohlys von Marut redigierter Aufsatz über das v. Richthofensche Buch. Auf der 3. Umschlagseite stehen nacheinander eine Anzeige zugunsten des Altschriftenbundes, eine ernstgemeinte Empfehlung von Barbusses »Feuer« und eine sarkastisch übertriebene Anpreisung von v. Richthofens Erfolgsbuch; eine weitere Buchanzeige wirbt auf der 4. Umschlagseite für »Max Stirner's kleine Schriften. Herausgegeben von John Henry Mackay«, die – ebenso wie »Das Feuer« – über den Ziegelbrenner-Verlag bestellt werden konnten.

Die explizite Nennung des Hegelschülers hat Travenologen wie Recknagel annehmen lassen, ihr Autor sei ein Adept Stirners gewesen. Angelika Machinek meinte im Anschluß an Wolfgang Eßbach sogar nachweisen zu können, daß sich das gesamte Werk erst vor dem Hintergrund der Stirnerschen Philosophie der Interpretation erschließe. Daß in den Werken beider Autoren Themen wie Religion und Moral, Individualität und Freiheit, Identität und Egoismus diskutiert bzw. gestaltet werden, scheint mir indes noch kein rechter Beleg für diese Annahme, handelt es sich dabei doch um Grundfragen der Philosophie seit über 2000 Jahren. Wer davon ausgeht, daß Traven seine politische Sozialisation erst in Kreisen der literarisch-journalistischen Boheme der Münchner Metropole erlebte, seinen Fokus dabei nur auf einen einzigen Autor richtet und nicht den Strom der Tradition im Auge behält, wird dem Phänomen der Intertextualität nicht annähernd gerecht.

Die pauschale Verpflichtung des Autors auf ein einziges, alles erklärendes Vorbild sollte tunlichst unterbleiben. Feige alias Marut alias Traven war weit mehr Exzentriker als lupenreiner Anarchist, Kämpfer, aber auch Querulant, ein Individualist und Vagabund, dem eine eigentümliche Mischung aus Idealismus und Cleverness, ja Gerissenheit eignete. Weder als Dichter noch als Denker war er von originaler Prägung, saugte vielmehr wie ein Schwamm auf, was ihn interessierte und förderte, brachte das Vorgefundene in neue, schlagkräftige Formulierungen. Zu Maruts politisch-philosophischer Lektüre gehörten vor dem Sommer 1918 u.a. August Bebel, »Die Frau und der Sozialismus«, Karl Marx, »Das Kapital«, Friedrich Engels und Nietzsche; jetzt, im Herbst 1918, kam Stirner dazu, insbesondere »Der Einzige und sein Eigentum«. Guthke hat hier bereits das Nötige gesagt: »Ohnehin ist ja Marut/Traven ein derart eigenwilliger Kopf, daß die umstrittene Frage eines Einflusses eher akademisch wird«. Dessenungeachtet hieß es in einer Ankündigung des Symposions »Zur Max Stirner-Rezeption im Frühwerk von Ret Marut / B. Traven« vom 2. bis 4. Oktober 2009 im Clubhaus der Freien Universität Berlin, es sei »anerkannter Forschungsstand«, daß »Ret Marut [...] in seinem politischen Denken dem Individualanarchisten Stirner verpflichtet ist«.

Das Etikett des »Anarchisten« (in der Karikatur des Begriffs) wurde Marut erstmals 1910 beigelegt, als ein Theaterdirektor den Schauspieler als »Bombenschmeißer« bezeichnete. Zwar stammt die Information nur aus zweiter Hand und ist daher nicht unbedingt wörtlich zu nehmen; doch bleibt die Tatsache unzweifelhaft, daß man um seine radikalen politischen Ansichten wußte und er damit Anstoß erregte. Otto Feiges Tätigkeit als unabhängiger Gewerkschafter, mit nicht näher bekannten historischen Kenntnissen, die ihn befähigten, Vorträge über die Revolution von 1848 und über Ferdinand Lassalle zu halten, und für den die Emanzipation der Arbeiter dem natürlichen »Gang der Kulturentwicklung« entsprach, ferner die Parallelen, die Maruts politische Forderungen und Ideale mit dem theoretischen Teil des Erfurter Programms der Sozialdemokratischen Partei von 1891 aufweisen (Zuspitzung des Klassenkampfs, Erringung der politischen Macht durch die Arbeiterklasse; Abschaffung der kapitalistischen Produktionsweise, ohne die Strukturen der Großindustrie zu zerschlagen, Monopolisierung der Produktionsmittel und Überführung in gesellschaftliches Eigentum), schließlich die gelegentliche Berufung auf Marx, Wilhelm Liebknecht, Lassalle und Bebel lassen seinen politischen Horizont jedoch wesentlicher weiter erscheinen, als es sich hier darstellt.

In seiner Münchner Zeit wurden Maruts politische Äußerungen zunehmend konkreter. Dennoch erlauben die bis jetzt erschlossenen Textzeugnisse keine exakte Bestimmung seines politischen Profils; die Selbsteinschätzung als »Kommunist«, Anfang 1921 in Köln, blieb die Ausnahme. Wenngleich sich Marut zweifellos als revolutionärer Sozialist verstand, wobei er zur anarchistisch-kommunistischen Strömung tendierte, verweigerte er sich bewußt jeder Festlegung und betonte bei jeder Gelegenheit seine Parteilosigkeit und Unabhängigkeit. Im Brief an Ellen Diehl-Förster vom 15.7.1918 behauptete er sogar, der »Sozialismus« sei ihm, »wie jeder -ismus überhaupt sehr gleichgültig. Gerade der -ismus, in welcher Gestalt er auch immer erscheint, ist an der Sklaverei der Menschheit allein schuld, und ein Anhänger der Sozialdemokratie oder des Sozialismus ist nicht weniger Sklave als ein Soldat im Lande der Wehrpflicht; seine Sklaverei hat nur einen andern Namen. [...] Schimpft auf alle Disziplin, auf alle Programme, auf alle Resolutionen, auf alle Proklamationen, auf alle Parteien und Ihr seid mit einemmale frei, mit einemmale seid Ihr Götter!«

Die russische Oktoberrevolution begrüßte Marut, umständehalber mit einjähriger Verspätung, als Fortsetzung der Ideen von 1789. Er wagte die Prophezeiung, daß man in 300 Jahren sagen werde, »das gewaltigste und folgenschwerste Ereignis für den Fortschritt menschlicher Entwickelung« sei »die russische Revolution« gewesen. Klarer konnte er in Heft 16–17 vom 10.3.1919 formulieren: »Wie immer man über die Mittel denken mag, die vom Bolschewismus angewendet werden, um sich durchzusetzen, so wird durch nichts die Tatsache entkräftet, daß der Bolschewismus eine Kultur-Bewegung ist, die größte Kultur-Bewegung vielleicht seit zweitausend Jahren«.

Nach der Novemberrevolution hat er seine Ziele am konkretesten in einem Flugblatt vom Dezember 1918 formuliert, in dem er seine Zustimmung zur vom Spartakusbund propagierten Diktatur des Proletariats erklärte, der demokratischen Kontrolle der Arbeiter über die Produktionsmittel und Betriebe. Er fühlte sich, ließ er dort wissen, »unter der Diktatur des Proletariats [...] so wohl«, »so unendlich frei und froh und glücklich«, wie er sich in seinem »ganzen Leben noch unter keiner Regierung gefühlt habe«. »Dass bei Spartacus auch Plünderer und unlautere Elemente sich aufhalten«, beweise »nichts gegen Spartacus«; die »Diktatur des Proletariats« hätte Deutschland »vor dem Bürger-Krieg bewahrt«, heißt es wenig später in einem Brief. Gleichwohl wollte er weder als Spartakist noch als Bolschewist gelten. Und wandte sich doch, wie Karl Liebknecht in seiner Rede »Was will der Spartakusbund« vom 23.12.1918, wenn auch mit anderen Argumenten, energisch gegen die übereilte Einberufung der Nationalversammlung. Liebknecht hatte ausgeführt: »Der Wahlzettel ist sicherlich nicht der Hebel, mit dem die Macht der kapitalistischen Gesellschaftsordnung aus den Fugen gehoben werden kann. Wir wissen, daß eine Reihe von Staaten diese formale Demokratie der Nationalversammlung seit langem besitzt, Frankreich, Amerika, Schweiz. Aber gleichwohl herrscht auch in diesen Demokratien das Kapital.« Marut protestierte vor allem dagegen, daß den proletarischen Wählern, in der Hauptsache »verpfaffte Frauen« und »unaufgeklärte Arbeiter, die von der Front kommen«, die Möglichkeit zu umfassender Information genommen und sie dadurch zu bloßem »Stimmvieh« gemacht würden. »Das Frauen-Wahlrecht«, so Marut in dem erwähnten Brief, sei eine der Ursachen dafür, daß sich »die Zusammensetzung des Reichstages« von der »des Kriegs-Reichstages kaum sehr unterscheiden« werde. Im Ergebnis jedoch stimmte er mit Liebknecht, fast wörtlich, überein: Dieser hatte festgestellt, daß hinter der Nationalversammlung »in Wahrheit der alte deutsche Imperialismus steht, der trotz der Niederlage Deutschlands nicht tot ist. Nein, er ist nicht tot; und bleibt er am Leben, so ist das deutsche Proletariat um die Früchte seiner Revolution geprellt.« Marut rief seine Leser auf, zu verhindern, daß »eine übereilte National-Versammlung die antinationale Arbeiterschaft um die Erfolge der Revolution betrügt«.

Mitte Januar 1919 erläuterte Marut im »Ziegelbrenner« seine Auffassung vom Staat: »Die Unterordnung des Einzel-Menschen (des Individuums) unter die Gesamtheit darf niemals das Ziel der Menschheit werden. Nicht der Staat ist das Wichtigste, sondern der Einzel-Mensch ist das Wichtigste«. In einer Erwiderung vom 5.3.1919 verteidigte er den Sozialismus gegen die Vulgärdefinition eines bürgerlichen Journalisten und stellte fest, es gebe »vorläufig keine einzige Weltanschauung, die innerhalb ihrer Grenzen so viele Gestaltungsmöglichkeiten in geistiger Beziehung zuläßt, als der Sozialismus«. Das beweise allein »schon die Tatsache, daß es heute drei streng von einander unterschiedene Parteien« gebe, »die alle durchaus sozialistisch« seien und das gleiche Ziel, allerdings auf verschiedenen Wegen, verfolgen«. Zu welcher Version er tendierte, verriet er nicht.

In der Münchner Räterepublik stellte er sich dann auf die Seite des »revolutionären Proletariats«, rechtfertigte im März die Wiedereinführung der Zensur, weil die vielbeschworene »Presse-Freiheit« lediglich »dem Kapitalismus und den Interessen derjenigen Leute« diene, »die beseitigt werden müssen, damit die Menschheit endlich einmal ruhig aufatmen kann«, und rief im April nicht zur Verstaatlichung, sondern zur Vergesellschaftung der Presse auf, zur (womit er den Ausdruck von Marx im »Kapital« benutzte) »notwendigen Expropriation der Expropriateure« durch das »siegreiche Proletariat«, denn »Rücksicht auf den Kapitalismus wäre Selbstmord des revolutionären Proletariats«.

Im Flugblatt »Der Selbe« vom späten Frühjahr 1919, nach den Morden an den Spartakusführern und nach der blutigen Niederschlagung der Räterepublik, hielt er zwar noch an seinem Glauben an den Sieg des Proletariats fest; seine Hoffnungen für die Zukunft indes setzte er bereits auf eine freie Assoziation jenseits der Kommunistischen Partei: »Spartacus wird eines Tages Regierung sein. Der Tag wird bald sein. Niemand kann diesen Lauf verhindern. Aber weit links von Spartacus tritt eine neue Macht den grossen Siegeszug an. Spartacus ist nichts als die Oberfläche von der grossen und gewaltigen Bewegung, die heran stürmt«. Diese sei eine Bewegung jenseits der Parteien und Organisationen, ohne Programme und Statuten, die keiner Führer, keiner Vorsitzenden und keiner Minister bedürfe. Denn was Massenorganisationen anging, war Marut skeptisch bis ablehnend und damit auch immun gegen den Glaubenseifer wackerer Parteisoldaten. Sogar Ludwig Quiddes Angebot, der »Deutschen Friedensgesellschaft« beizutreten, lehnte Marut im Frühjahr 1918 unter Berufung auf seine Abneigung gegen jegliche Organisation ab. Ein Jahr später bekräftigte er: »Masse ist Tod«, wiederum ein halbes Jahr später appellierte er an seine Leser: »Seid Einzelmenschen, nur Menschen!« Für sich selbst beharrte er stets auf der Außenseiterschaft des kritisch-subversiven Solitärs, der sich keiner Ideologie und keiner Kunstrichtung verschrieben hatte.

Vom genehmigungsfreien Schriftleiter eines fliegenden Verlags kam Anfang Dezember 1919 dann das entschiedene Bekenntnis zum revolutionären Sozialismus, zur Abschaffung des Staates und zur Vernichtung des kapitalistischen Wirtschaftssystems. Unmittelbar auf Friedrich Eberts Formel »Sozialismus ist Arbeit« reagierend, die auch als Aufruf der preußischen Regierung verbreitet wurde, formulierte er: »Sozialismus ist die richtige Verteilung der vorhandenen und erarbeiteten Güter nach dem Wert der geleisteten Arbeit und nach der Bedürftigkeit des Empfängers der Güter«. »Der Staat frißt den Menschen«; er sei eine »überflüssige Einrichtung«, mit der kommunistischen Idee unvereinbar: »Wenn der Kommunist von heute etwa die Absicht haben sollte, die Staatsgewalt zu errichten, so ist er kein Kommunist, sondern ein sozialdemokratischer Gewerkschaftsbeamter.« Der Staat sei »der einzige Tyrann«, »nur durch ihn« gebe es »Mörder« und »Verbrecher«, darum müsse er zerstört werden. Er für sein Teil werde auch nicht auf die sozialdemokratischen Führer hören und »das zusammengebrochene Wirtschaftsleben« wieder aufrichten, sondern vielmehr alles tun, um es »vollends zu Grunde« zu »richten« und hoffe auf Nachahmer. Dabei verstieg er sich sogar zu einer Abschaffung der gesamten Industrie, einschließlich seines geliebten Maschinenbaus. Die Welt sollte wieder in den Zustand einer vorindustriellen Agrar- und Handwerkergesellschaft zurückversetzt, Geldhandel durch Warentausch ersetzt werden. »Ob ich nun um von München nach Hamburg zu kommen vier Wochen Zeit gebrauche oder vierzehn Stunden ist für mein Glücklichsein und vor allem für mein Menschsein unwichtiger als die Frage: Wieviel Menschen, die sich nach Sonnenschein sehnen wie ich, müssen in Fabriken zu Zuchthäuslern werden, ihre gesunden Gliedmaßen und ihre gesunden Lungen opfern, um eine Lokomotive zu erbauen? [...] Je rascher unser blühendes Wirtschaftsleben völlig zu Grunde gerichtet wird, je mitleidloser auch der letzte Rest von Industrie vernichtet wird, je eher werden die Menschen satt zu essen haben und je eher werden sie jenes geringe Maß von Glückseligkeit besitzen, auf das jeder Mensch ein Anrecht hat«. Gleichzeitig warnte Marut vor dem Alleinvertretungsanspruch der KPD: »Es kann geschehen, daß die Kommunistische Partei, einmal zur Macht gelangt, die Anhänger ihrer nachfolgenden Partei vielleicht ebenso verfolgt, wie die Kommunisten von den Sozialdemokraten verfolgt werden«. Ende 1921 stellte er dann »die Päpste aus Berlin und Moskau« nebeneinander.

Anknüpfend an seinen zwei Jahre alten Aufruf zur Vernichtung des Kapitalismus, verlangte er in diesen Abschiedsworten vom Proletariat die Abwendung vom Zukunftsideal einer kommunistischen Überflußgesellschaft, den Bruch mit dem herrschenden Konsummodell, den selbstbewußten Verzicht auf Güter, die die Gesellschaft nicht benötigte bzw. nicht wünschte, kurz: die Entscheidung für eine andere Wertorientierung, für ein einfaches Leben. Denn was durch das System hervorgebracht und konsumiert werde, trage umgekehrt zur Stärkung des Systems bei. Nicht breiter Massenwohlstand sei das Ziel, sondern ein weitgehend herrschaftsfreies Leben. »Einer unter euren Nasführern sagte: Möglichst viel Bedürfnisse haben und diese Bedürfnisse auf erträgliche Art befriedigen können, das ist Sozialismus! Der euch das sagte, war ein eitler Schwätzer, denn er betrog euch um die Voraussetzungen. Er hat euch in die Knechtschaft geführt. Nein: Keine Bedürfnisse haben, und das wenige Notwendige sich verschaffen ohne zu dienen, das allein macht meinen Herrscher zum Nicht-mehr-Herrscher«. Der Arbeiter sollte nicht länger aktiver Träger der Massennachfrage sein und damit ein Wirtschaftsmodell lebensfähig erhalten, das auch nach Abschaffung des Kapitalmonopols auf seiner Knechtschaft basierte. »Auf den Ruinen der Industrie erblüht Deine Freiheit, nicht auf ihren Festungen und Schlössern. [...] Das vollkommene Chaos des Wirtschaftslebens, bewußt hervorgebracht durch deine passive und durch deine aktive Tat, ist das erste Frühlicht-Dämmern des Tages, der dich zum Menschen macht«.

Doch auch das war noch nicht das letzte Wort. Im »Land des Frühlings« sprach sich B. Traven 1928 für das genaue Gegenteil, gegen agrarische Kleinbetriebe und für eine konzentrierte Großindustrie in Mexiko aus, weil nur sie »den Menschen genügend Zeit und überschüssige Lebenskraft« gebe. In diesem Zusammenhang bezeichnete er die Arbeitsorganisation in den Ford-Werken in Detroit als »mustergültig«. »Der Aufbau Rußlands« sei »nicht am Bolschewismus«, bei dem es sich nur um »eine Regierungsform« handle, gescheitert, sondern an der durch den Bolschewismus »belebten Kleinlandwirtschaft«; wenn Mexiko »ein moderner Großstaat« werden wolle, dürfe es »nicht imitieren«, sondern müsse »Neues schaffen«, »seine Eigenheit hervorkehren«. Ziel müsse »eine zusammengefaßte Kooperation aller mexikanischen Volksgenossen auf moderner großkapitalistischer Grundlage« sein.

Das geschriebene Wort reicht nicht mehr

Während des Krieges, als sie ihre Ansichten nicht offen aussprechen durften, ohne als Vaterlandsverräter zu gelten, war der »Ziegelbrenner« seinen Leserinnen und Lesern eine Bekräftigung und Ermutigung gewesen; diese

Funktion verlor er jetzt – und damit auch seinen Abonnentenstamm. Angeblich erhielt er zwar bis Anfang Dezember 1919 allein »einige hundert Briefe«, in denen gefragt wurde: »Wie geht es Ret Marut?«; die wenigen in der Ret-Marut-Sammlung der University of California, Riverside Libraries, überlieferten Zuschriften stützen diese Behauptung jedoch nicht. Sie kamen zwischen dem 19. Dezember 1918 und Ende Januar 1919 von einem Freund in Berlin, einer Studentin in Bonn (20.12.1918), einem Rechtsanwalt Erwin Thiel, ebenfalls in Bonn (27.12.1918), einem Unbekannten in München (29.12.1918), einem nicht näher identifizierten Troppenz in Braunschweig (26.1.1919), einem Redakteur Otto Engels in Düsseldorf (27.1.1919) und einem Dr. Friedmann in Kassel (Anfang 1919?); überliefert sind des weiteren Durchschlagkopien Maruts vom 2.1.1919 an einen politischen Gegner, dessen Namen Goldwasser als Van Leer entzifferte (darin schlug Marut vor, sich in einem Café oder zu einem Spaziergang zu treffen und ihre Differenzen zu besprechen), vom 14.1.1919 an ein »verehrtes Fräulein« in Dortmund (darin äußerte sich Marut zum Verlauf des 1. »Ziegelbrenner«-Abends, zum Ergebnis der Wahlen in Bayern und zur Spartakus-Bewegung in Berlin), und, ebenfalls vom 14.1.1919, an eine »verehrte Frau« (darin wandte sich Marut in einigermaßen herablassender Manier an eine Kriegerwitwe, die er mit Ratschlägen und Reflexionen über die Rolle der Frau versorgte). Und nicht nur die Kommunikation mit seinen Lesern, auch die mit seinen Helfern (»Gesellen« nannte er sie gelegentlich), ging rapide zurück. Am 15.11.1918 schrieb Marut an Brüning in Paderborn: »Da ihr ›Chef‹ nun zurück kommen wird, dürfte unser Verkehr mit Paderborn wohl sein Ende erreicht haben, denn nun wird in Ihrem Hause sicher wieder ›Woche‹, ›Wochenschau‹, ›Gartenlaube‹, ›Berliner Illustrirte‹ usw. den ›Markt beherrschen‹.« Die Vermutung erwies sich als zutreffend.

Am 5. Dezember setzte die Regierung Eisner Neuwahlen zum bayrischen Landtag für den 12. Januar 1919 fest. Kommunisten und Anarchisten sprachen sich gegen die Wahlen und für ein Rätesystem aus. In dieser Situation schlug der »Ziegelbrenner« einen bis dahin ungekannten politischen Ton an und begab sich in die Öffentlichkeit: Anfang Dezember, noch vor der Vereinigung von Spartakusbund und den Internationalen Kommunisten Deutschlands zur KPD, brachte Marut eine (aus Papiermangel gekürzte) Fassung des Leitartikels des nächsten »Ziegelbrenner«-Hefts als vierseitige Flugschrift heraus, die in der »Schwabinger Druckerei« hergestellt wurde: »Die Rede des Ziegelbrenner / Die Welt-Revolution / beginnt«. Darin bekräftigte Marut, nachdem er zuvor seine Parteilosigkeit betont hatte, im Kern die Forderungen der Spartakusgruppe um Rosa Luxemburg und Karl Liebknecht, fügte ihnen aber noch einige persönliche Anliegen hinzu, vor allem den Appell zur Vernichtung der Presse: Sie habe sich während des Krieges schamlos am Belügen beteiligt und müsse daher vom Erdboden verschwinden, was ganz ohne Gewalt durchzuführen sei, nämlich durch massenhafte Aufkündigung des Abonnements. Wieder war es kein Aufruf zugunsten oder im Namen eines Kollektivs, erst recht nicht eines Parteivertreters. Marut sprach allein für sich selbst, wissend: »Die edelste, reinste und wahrhafteste Menschenliebe ist die Liebe zu sich selbst.«

Angesichts seines oft bekundeten Renommiergehabes, seiner Imponiersucht und seiner Großmannsfantasien ist durchaus fraglich, ob man Maruts eigenen Angaben trauen darf. Glaubt man ihm, dann wurden von der Flugschrift allein in München zwischen dem 7. und 11.12.1918 7000 Exemplare verkauft, und zwar von einer »Münchener Studentin«, bei der es sich, wie Marta Haecker gegenüber Richter bestätigte, um Irene Mermet handelte, die während ihrer Verkaufstätigkeit »von Frauen und sogenannten Damen der guten Gesellschaft« beschimpft und angespuckt, »von ›Herren‹ mit Stockhieben bedroht«, von Zeitungshändlern »wegen ›unberechtigten Straßenverkaufs‹« bei Schutzleuten denunziert wurde. »Hunderte von Exemplaren« seien »nach den verschiedensten Orten Deutschlands geschickt« worden; »nach Berlin kamen mehr als 4000, nach Hamburg mehr als 1000 Exemplare«.

Weil Marut, wie es im gedruckten Programm für den Abend heißt, »zu der Ueberzeugung gelangt« war, »daß das geschriebene Wort für seine Absichten nicht mehr ausreicht«, veranstaltete er in Begleitung von Irene Mermet und Marta Haecker am 14.12.1918 im Kunstsaal der Buchhandlung Steinicke einen 1. Vortragsabend des »Ziegelbrenner«. Der Buchhändler und Antiquar Carl Georg (genannt »Papa«) Steinicke (1877–1939) betrieb im Kunstsaal hinter seiner Buchhandlung in der Adalbertstr. 15 (Maxvorstadt) eine oft genutzte Bühne für Vorträge und Schauspielaufführungen; 1917 und 1919 referierte dort Max Weber über »Wissenschaft als Beruf« und »Politik als Beruf«. Einem Bericht der »Münchener Neuesten Nachrichten« zufolge, den Marut in einem Brief vom 17.12. als »verleumderisch« bezeichnete, war »der Saal [...] verdunkelt, und auch der Vortragende stand im Dunkel; nur auf sein Manuskript fiel ein spärliches Licht«. Daß dies zur Tarnung geschehen sein könnte, ist nicht von der Hand zu weisen; Marut hatte begründete Sorge vor amtlicher oder ziviler Gewalt. Für den Durchschnittsbürger reichte die Tendenz des »Ziegelbrenner«, die im offenen Widerspruch zu den allseits anerkannten Prinzipien und Idealen stand, ins Gebiet des schandbar Kriminellen. Als die Buchhändlerin Martha Buhlmann in Guben in ihm einen raffinierten Geschäftsmann vermutete, dem es nur um finanziellen Gewinn gehe, antwortete Marut empört mit dem Hinweis auf seine riskante exponierte Stellung: »So raffiniert, dass ich unausgesetzt zwischen einer kalten Mauer und Flintenläufen, die auf mich gerichtet sind, mich bewege«. Andererseits wußte der ehemalige Schauspieler natürlich um die künstlerische Wirkung von Licht und Dunkelheit.

Obwohl der um Anonymität bemühte Marut im gedruckten Programm und auch später vorgab, er habe einen professionellen Sprecher mit dem Vortrag beauftragt, war er es selbst, der aus »Ziegelbrenner«-Beiträgen las, und zwar fast ausschließlich aus solchen, die von der Zensur mehr oder minder verstümmelt bzw. ganz abgelehnt worden waren. Laut Programm las er außerdem (bzw. wollte lesen):

»Es dämmert der Tag«, »Alea iacta est«, »Die Menschenrechte von Percy Bysshe Shelley« und »Schluß-Gebet« (wobei es sich wahrscheinlich um den Text in Heft 5–8 vom 9.11.1918, S. 124 f. handelt). Der Abend, der durch Zwischenrufe politischer Gegner massiv gestört wurde, endete vorzeitig im Tumult, laut Maruts späterem Bericht wurde die Veranstaltung regelrecht gesprengt: »Es wurde Licht gemacht und nun versuchten die ›Herren‹ den Vortragenden mit Gewalt vom Podium zu werfen.« Marta Haecker erinnerte sich, daß Irene Mermet damals couragiert »aufgestanden« sei und »sich für ihn eingesetzt« habe; sie ist die in Maruts Bericht erwähnte »Aktivistin« gewesen. In einem Brief vom 14.1.1919 resümierte Marut mit Märtyrerpose: »Der Ziegelbrenner-Abend ist gesprengt und niedergebrüllt worden, der Vortragende ist beinahe erschlagen worden, die ›Nationalen‹ haben den Saal ›geräumt‹«.

Es ist bezeichnend für Marut, daß er anschließend in die Offensive ging und beim sozialdemokratischen Stadtkommandanten Oskar Dürr um künftigen polizeilichen Schutz für seine rein literarische und künstlerische Veranstaltung nachsuchte. Im »Ziegelbrenner« druckte Marut noch die Leserzuschrift eines E. S[koper?] aus München vom 15.12.1918 ab, der die Störer als »Kriegsgewinnler« identifiziert hatte, und den Brief des Metallarbeiters (Formers) W[olfgang] Eichinger vom selben Tag, der sich mit Marut und Mermet solidarisch erklärte.

In einem Schreiben an den »Bund Freie Menschen« in München vom 17.12.1918 reagierte Marut auf den Vorschlag, den »Ziegelbrenner«-Abend in einem von der Regierung zur Verfügung gestellten »Saal« zu wiederholen und die vom »Ziegelbrenner« angestoßenen Ideen damit »in der grossen Oeffentlichkeit zu behandeln«. Der unbekannte Vertreter des »Bundes« hatte sich dabei vage auf eine Anregung aus Regierungskreisen berufen. Marut forderte ihn auf, seine Informationen zu konkretisieren, denn man wolle seine »Ziele und Absichten« nicht verzetteln: »Wir müssen wissen, ob wir mit der intellektuellen Unterstützung derjenigen massgebenden Personen von der Regierung rechnen dürfen, deren Ziel nicht die Nationalität, sondern die Weltbürgerschaft ist [...].« Weil sich »die Vorlesung der Aufsätze für eine grosse Versammlung« nicht eigne, schlug Marut vor, stattdessen »in Anlehnung an den verleumderischen Bericht der Münchner Neuesten Nachrichten« einen »erneuten Vorstoss gegen die kapitalistische Presse« zu »unternehmen«: »Wir würden einen Redner stellen, der über die Vorgänge am Ziegelbrenner-Abend ausführlich berichten würde und man könnte dann eine Diskussion anschliessen lassen [...]. Es darf keine Gelegenheit versäumt werden, bei der man an Hand von Tatsachen gegen die Presse Sturm läuft.« In diesem Zusammenhang lobte Marut Ministerpräsident Eisner, weil er, ohne den »Ziegelbrenner« zu kennen, »von sich aus den notwendigen Kampf gegen die Presse ebenso begriffen hat, vielleicht noch besser, als wir.« Zugleich gab er seiner Hoffnung auf die Nachkriegsgesellschaft Ausdruck: »Uns liegt daran, dass die Revolution nicht stagniert, dass sie nicht einschläft; denn wir wünschen und wollen, dass die Revolution vom 7. November nur das Vorspiel sein soll für die Revolution, die kommen muss [...]. Unsere Arbeit ist: Die Revolution in Bewegung zu halten; die Revolution darf nicht mit der National-Versammlung abschliessen, sondern sie muss mit der National-Versammlung erst losbrechen«.

Einen Tag später nahm Marut gegenüber demselben Empfänger Stellung zu dessen Kritik seiner als übertrieben bezeichneten Darstellung der Ereignisse am »Ziegelbrenner«-Abend, die Marut vermutlich in einer Typoskript-Kopie seines Berichts vorgelegt hatte. Insbesondere war angezweifelt worden, daß Irene Mermet gewaltsam zum Verlassen des Saales genötigt worden sei und es für den Vortragenden nur wenig Unterstützung aus dem Publikum gegeben habe. Marut zeigte Entgegenkommen; anschließend unterstrich er seine solitäre Position in der Revolution, die er bewußt gesucht habe (»Wir müssen allein bleiben!«), bot an, dem »Bund« zum vereinbarten Preis künftig nicht bloß 1000, sondern 1400 Exemplare einer »Schrift« zur Verfügung zu stellen (womit vermutlich das Flugblatt

»Die Rede des Ziegelbrenner« gemeint war, von dem 1000 Stück zum Preis von 55 Mark abgegeben wurden), und stellte dem »Bund« obendrein für den 2. »Ziegelbrenner«-Abend eine Anzahl Karten zu einem um ⅓ reduzierten Preis in Aussicht.

Adressat der beiden Briefe war vermutlich der zwölf Jahre jüngere Oskar Maria Graf, der in seinem autobiographischen Bericht »Wir sind Gefangene«, der 1928 im Verlag der Büchergilde Gutenberg erschien, von der Gründung des »Bundes« erzählt: Mit 2000 Mark, die ihm seine Gönnerin Hertha Koenig schenkte, ließ er Flugblätter in einer Auflage von 10000 Exemplaren sowie ein Veranstaltungsplakat drucken, das einen Vortrag von ihm ankündigte, unterzeichnet von einer »Kameradschaft zur Gründung des Bundes ›Freie Menschen‹«. Nachdem er als Redner kläglich gescheitert war, schritt er zur Gründung des »Bund freie Menschen«, der aus ihm, den Freunden Georg Schrimpf und Paul Gutfeld, der Studentin Mirjam Sachs, seiner damaligen Lebensgefährtin, sowie einer weiteren Studentin und einem Arbeiter bestand; Hertha Koenig wurde die Ehrenmitgliedschaft angetragen. »Siedlungen auf rein sozialistischer Grundlage war unser Hauptziel.« Recht bald nahm Graf Abstand von solchen »Unternehmen«; insbesondere der »Bund« schien ihm im Nachhinein als »widerwärtiger Unsinn«. Persönlich lernten sich Marut und Graf nur flüchtig kennen; in einem Brief an Recknagel erinnerte er sich Maruts als eines Mannes mit »dichtem, schwarzen Haar«; tatsächlich war Maruts Haar brünett und eher schütter.

Unverdrossen führte Marut am 28.12.1918 im Kunstsaal Steinicke seinen zweiten Vortragsabend durch. Der Abend verlief ohne Störungen; Maruts Bericht im »Ziegelbrenner« ist daher knapp gehalten.

Mit Datum vom 15. Januar 1919 erschien Heft 9–14 des »Ziegelbrenner«. Es kostete 3,60 Mark, war mit 96 Seiten aber auch viermal so dick wie üblich; der Impressumsvermerk entsprach dem der vorigen Ausgabe. Inzwischen hatte der »Ziegelbrenner« nur noch ein Viertel der früheren Zahl an Abonnenten; den Höchststand schätzte Richter auf 5000. Unter dem Titel »Zensur« enthielt es – so das Versprechen auf der 1. Umschlagseite – »alle Aufsätze, Besprechungen und Komödien, die während des Krieges dem Ziegelbrenner von der Zensur gestrichen wurden«, die verbleibenden 26 Seiten widmeten sich teils ebenfalls dem Zensurproblem, teils allgemeinen politischen Fragen oder gaben andeutungsweise Auskunft über die Ziele des »Ziegelbrenner«.

Per Anzeige in der »Neuen Zeitung« vom 1.2.1919 wies Marut auf das »soeben erschienene« Heft 15 des »Ziegelbrenner« vom 30.1.1919 hin, das also tatsächlich bei Erscheinen von Heft 9–14 kurz vor der Auslieferung stand. Es umfaßte diesmal wieder die üblichen 24 Seiten, kostete 80 Pfennig und trug den Impressumsvermerk der letzten Hefte. Vom verbliebenen kümmerlichen Abonnentenstamm verlor die Zeitschrift mit diesem Heft ein weiteres Drittel. Als Beispiel für eine Abonnementskündigung bzw. -nichtverlängerung druckte Marut in Heft 16–17 die Zuschrift eines Max Kohn in Groß-Borstel ab, für den die Revolution »vorläufig erstickt« war; man müsse »wieder von vorne anfangen«.

Das Heft mit dem Titel »Eine Rede und ihre Folgen« war zur Hälfte dem ersten Ziegelbrenner-Abend gewidmet, zur Hälfte enthielt es den vollständigen Text der »Rede des Ziegelbrenner« samt der Geschichte ihrer Verbreitung und Wirkung als Flugschrift. Unter der Überschrift »Die Welt-Revolution beginnt« ergriff Marut Partei für die Diktatur des Proletariats und polemisierte heftig gegen die »Bürger«, denen »Ruhe und Ordnung« über alles gehe, wo doch Ruhe und Ordnung heute nichts anderes bedeute als »Schutz des Eigentums, Schutz des Kapitals«:

> »Halloh, Ihr Menschen! Halloh! Ich gehöre weder der Sozialdemokratischen Partei an, noch bin ich ein unabhängiger Sozialist. Ich gehöre weder der Spartacus-Gruppe an, noch bin ich ein Bolschewist. [...] Ich kann keiner Partei angehören, weil ich in jeder Partei-Zugehörigkeit eine Beschränkung meiner persönlichen

> Freiheit erblicke, weil die Verpflichtung auf ein Partei-Programm mir die Möglichkeit nimmt, mich zu dem zu entwickeln, was mir als das höchste und das edelste Ziel auf Erden gilt: Mensch sein zu dürfen! […] Ich will frei sein! Ich will froh sein können! Ich will mich aller Schönheiten dieser Welt erfreuen! Ich will glückselig sein! Aber meine Freiheit ist nur dann gesichert, wenn alle anderen Menschen um mich frei sind. Ich kann nur dann froh sein, wenn alle anderen Menschen meiner Umgebung froh sind. Ich kann nur dann glückselig sein, wenn alle anderen Menschen, die ich sehe und denen ich begegne, mit glückseligen Augen in die Welt schauen. Und nur dann kann ich mich mit reinem Genuß satt essen, wenn ich das sichere Bewußtsein habe, daß auch andere Menschen satt zu essen haben wie ich. Und darum handelt es sich nur um Mein Eigenes Wohlbefinden, nur um Mein Eigenes Selbst, wenn ich mich auflehne gegen jede Gefahr, die meiner Freiheit und meiner Glückseligkeit droht. […] Mehr als fünfzig Monate bin ich in der schamlosesten Weise belogen und betrogen worden, von der Regierung, vom Kaiser, vom König, von meinen Nachbarn und von der verlumptesten Institution, die sich auf Erden befindet: Die Presse. […] Sie wollen nichts weiter als ›Ruhe und Ordnung‹. […] Ruhe und Ordnung heißt: Schutz dem Kapitalisten, damit er in aller Ruhe und Ordnung denjenigen, der essen möchte, auspovern kann. […] Ruhe und Ordnung macht schlafmützig. Ruhe und Ordnung bringen mich um meine persönliche Freiheit. Bewegung, Gesellen! Nicht einschlafen! Die Revolution hat erst begonnen«.

Auf der 4. Umschlagseite führte Marut seinen Feldzug gegen die Presse weiter, verschärfte ihn aber noch dadurch, daß er mit der Emphase des Revolutionärs ein umfassendes Verbot des Anzeigengeschäfts für politische und wirtschaftliche Zeitungen und Zeitschriften forderte; dies sollte reinen »Inseraten-Blättern« im »Eigentum der Volks-Gemeinschaft« überlassen bleiben. Gleiches hatte bereits 56 Jahre vor ihm, worauf schon Richter hinwies, Ferdinand Lassalle gefordert.

Zu dieser Zeit, Anfang 1919, plante Marut, wie sein Antwortschreiben an eine Berliner Verlagsbuchhandlung belegt, dieser »das ganze Geschäftliche« und den Vertrieb, eventuell auch die Betreuung der Abonnements (die »aber viel Arbeit« mache) zu übergeben. »Je eher wir das Sortiment loswerden, je lieber.« München wolle er »aus vielen Gründen« als Sitz des Verlags und der Redaktion »beibehalten«. »Das Ideelle, auf das es uns letzten Endes ankommt, ist ja nur dadurch erreichbar, daß wir den grossen Wirkungskreis bekommen, den wir haben müssen; und dieser Wirkungskreis ist eben nur durch ›Geschäft‹ zu erreichen. [...] Denn wenn wir nichts verkaufen, nützen uns die schönsten Ideale nichts, weil sie nicht dahin kommen, wohin wir unsere Ideen und Gedanken haben wollen. Insofern ist der Z eine Ware, aber man kann gute und schlechte Ware liefern [...]. Also wenden Sie alle Verkaufsmöglichkeiten und ›Kniffe‹ an. Verbreitung ist die Hauptsache [...].« Wie bei Marut nicht gerade selten, gibt es an anderer Stelle auch die gegenteilige Versicherung: »Wenn ich erst einmal erfahren habe, was ›Wirkung‹ ist, wenn ich erst gelernt habe, wie man ›Wirkung erzielt‹, dann beginnt bereits die Arterien-Verkalkung«. Zur Vergrößerung des Wirkungskreises hatte die Buchhandlung in der »Republik« Anzeigen für den »Ziegelbrenner« geschaltet; die Kosten teilten sich die beiden Verlage. »Kontrollieren sie aber scharf, wie lange die Anzeigen wirken«, riet Marut, »dann lieber wieder eine andere Zeitung nehmen.« Die Buchhandlung war in dieser Zeit offenbar Hauptabnehmer des »Ziegelbrenner«, denn Marut bat darum, »immer rechtzeitig« anzugeben, »wie viel« man »von dem jeweils neuen Heft« benötige, »damit wir uns mit dem Papier danach richten können«.

Eigentümerin der Verlagsbuchhandlung war Elisabeth Zerndt, die anscheinend ihr Verlagsgeschäft ausbauen wollte, auch bereits einen Verlag (LIZ) gegründet und von Marut eine Entscheidung über die künftige Zusammenarbeit erbeten hatte, und zwar »klipp und klar«. Offenbar war ihr daran gelegen, Interessenten des »Ziegelbrenner« unter Ausschaltung des Buchhandels direkt zu beliefern. Sie zeigte sich aber auch offen für die anderen Verlagswerke, weshalb Marut ihr mit gleicher Post 300 Exemplare des »BLaugetupften SPerlinG« zukommen ließ: »Wir wollen doch versuchen, sie so loszuwerden und sie nicht unnötig zu verramschen; es ist doch auf jeden Fall besser, wenn Sie daran gut verdienen können als wenn das ein Rest-Auflagen-Händler tut. Sie können es doch besser gebrauchen.« Am selben Tag ging an Elisabeth Zerndt sogar eines jener »guten Manuskripte« ab, von denen der Ziegelbrenner-Verlag, wie Marut schrieb, einige zur Verfügung habe, »wenn Sie die Absicht haben sollten, anzufangen«, ein 173 Seiten starker Roman mit dem Titel »Das Vermächtnis des Inders«, der einen gewissen Georg Steinheb zum Verfasser hatte. »Wir haben es angekauft und wollten es verlegen«, merkte Marut dazu an, »aber weil wir jetzt den Z häufiger herausbringen möchten, haben wir nicht genügend Zeit, um uns damit zu befassen. Das Manuskript ist druckfertig eingerichtet, alles Ueberflüssige ist gestrichen und die Arbeit auf eine so kurze und knappe Form gebracht, dass alles das, worauf es ankommt (die Rassenprobleme) klar hervortritt und der Leser trotzdem auf seine Rechnung kommen muss, wenn er unterhalten sein will. Der Umfang würde gerade so sein, daß man es verhältnismäßig billig herausbringen könnte. Es ist noch eine sehr gute Vorgeschichte vorhanden, die dann gebracht werden könnte, wenn es für die Abrundung des Buches oder der Bogenzahl gut wäre. Der Titel ist sehr wirksam. Versuchen Sie Ihr Heil.«

Bei dem angeblich »angekauften«, »guten« Manuskript handelt es sich um eine lediglich mit neuem Titelblatt versehene Zweitschrift von Maruts Kolonialroman »Die Fackel des Fürsten«, in dem zahlreiche politische Digressionen gestrichen waren, allerdings so, daß die Streichungen vom Verlag nach Belieben wieder aufgehoben werden konnten. Marut wollte das Werk also nicht, wie vorher die Kriegsnovelle, erneut im Selbstverlag herausbringen, sondern suchte einen risikobereiten Verleger.

Wohn- und Verlagsadresse der Verlagsbuchhandlung LIZ-Verlag war laut Berliner Adreßbuch von 1920 (Stand: Oktober 1919) Berlin SW 68, Zimmerstraße 43/44, ein Geschäftshaus in der Friedrichstadt, das den Brüdern Adolf und Gustav Wolffenberg gehörte, zwei vermögenden Kunsthändlern, Inhaber von Rudolph Lepkes »Kunst-Auctions-Haus«. Einer der Brüder stand in einer nicht näher bekannten, vermutlich mäzenatischen Beziehung zu Elisabeth Zerndt, worauf Marut in seinem Brief, halb humorvoll, anspielte: »Der Brief ist für den LIZ Verlag bestimmt und nicht etwa für Herrn W. Herr W. ist nunmehr Null und hat nichts mehr zu sagen; er soll jeden Tag seinem Schöpfer danken, daß er wenigstens für den LIZ Verlag und für dessen Inhaberin arbeiten darf. Oder ist es nicht so?« Zimmerstraße 43/44 war zur selben Zeit Verlagsadresse der »Zeit am Montag«, jenem merkwürdigen, anzeigengespickten anarchistischen Boulevardblatt, in dem Marut 1912 zwei Erzählungen veröffentlicht hatte. Näheres ließ sich weder über die geplante Zusammenarbeit noch über Elisabeth Zerndt und ihren kurzlebigen Verlag in Erfahrung bringen; schon mit dem nächsten Jahrgang war sie aus dem Berliner Adreßbuch verschwunden.

Für die Sozialisierung der Presse

Die bayrischen Landtagswahlen vom 12. Januar 1919 brachten der SPD 33 Prozent der Stimmen, der USPD lediglich 2,5 Prozent; Kommunisten und Anarchisten hatten die Wahl boykottiert. Auf Initiative Gustav Landauers organisierte der Münchner Arbeiterrat am 16. Februar eine Massendemonstration; vier Tage später trat der Rätekongress zusammen, um über ein zu errichtendes Rätesystem zu beraten, ging jedoch ohne konkrete Beschlüsse wieder auseinander. Nach der vernichtenden Niederlage der USPD bei den Landtagswahlen wollte Eisner dem Landtag am 21. Februar den Rücktritt seines Kabinetts anbieten; auf dem

Weg dorthin wurde er von dem deutsch-völkischen Fanatiker Anton Graf von Arco auf Valley durch Schüsse tödlich verletzt. Nach einem weiteren Attentat im Landtag auf Innenminister Auer kamen die Abgeordneten nicht mehr zu ihrer konstituierenden Sitzung zusammen.

Noch am gleichen Tag verhängte der Vollzugsausschuß der Münchner Arbeiterräte den Belagerungszustand und beschloß einen dreitägigen Generalstreik. Klaus Mann beschrieb diesen Moment als »wüste Farce«, als »ein grelles, klirrendes Tohuwabohu von schreienden Plakaten, Steinwürfen, Menschenansammlungen, improvisierten Rednertribünen, roten Fahnen und offenen Lastwagen voll verwegener Gestalten mit roten Armbinden«. Eine allgemeine Räteversammlung wählte aus Vertretern von SPD, USPD, KPD und Bauernbund am 22. Februar einen »Zentralrat der Bayerischen Republik«; den Vorsitz übernahm Ernst Niekisch (SPD). Für den 25. Februar wurde ein Kongreß der bayrischen Arbeiter-, Bauern- und Soldatenräte einberufen, der im Landtagsgebäude über das zukünftige politische System in Bayern entscheiden sollte. Ein am 28. Februar von Erich Mühsam eingebrachter Antrag auf Ausrufung der Räterepublik wurde abgelehnt, stattdessen sprachen sich die Delegierten des Rätekongresses mit großer Mehrheit für ein parlamentarisches System aus. Einer vom Kongress am 1. März gebildeten Regierung unter dem Gewerkschaftsführer Martin Segitz (SPD) wurde allerdings von den Landtagsabgeordneten die Zustimmung verweigert. SPD, Bauernbund und USPD schlossen daraufhin am 3. März in Nürnberg den »Nürnberger Kompromiß«, der eine Minderheitsregierung unter Ministerpräsident Johannes Hoffmann (SPD) vorsah, Auflösung der Räte und Neuwahlen. Der wiedereinberufene Landtag wählte am 17./18. März Johannes Hoffmann zum neuen Ministerpräsidenten.

Weil ihnen eine Mitschuld an Eisners Ermordung vorgeworfen wurde, waren am 21. Februar zunächst sämtliche Münchner Zeitungen, ausgenommen nur die Parteiorgane der USPD und des Bauernbundes, verboten worden. Ab dem 25. Februar konnten alle bürgerlichen Blätter wieder erscheinen, unter der Auflage, daß zum einen der gesamte Inhalt der Genehmigung durch die Pressekommission des Zentralrats bedürfe, zum andern die Zeitungen sich verpflichteten, zur Vermeidung einer »Verwirrung der öffentlichen Meinung durch fahrlässige oder bewußt falsche Berichterstattung«, Artikel des Zentralrats zu veröffentlichen. Die Aufsicht wurde vom Presse-Amt unter der Leitung von Gustav Klingelhöfer (1888–1961) ausgeübt. Er war bei Kriegsende zum Soldatenrat seiner Einheit und zum Vorsitzenden der Betriebsrätehauptversammlung gewählt worden, gehörte der USPD an und war Herausgeber der Wochenzeitschrift »Süddeutsche Freiheit«. Auf der konstituierenden Sitzung des Presse-Amts am 24.2. wurden die Abordnungen für die einzelnen Zeitungen bestimmt. Als eine von zwei »Persönlichkeiten« für die »Münch. Augsb. Zeitung« hatte Klingelhöfer Marut notiert (»Marut R. Klemensstr 23 [...]«). Vermutlich hatten ihn seine radikalen Lösungsvorschläge zur Presseaufsicht und -bewirtschaftung im »Ziegelbrenner« für dieses Amt qualifiziert erscheinen lassen.

Marut übernahm damit gewissermaßen, wie Ernst Niekisch in einem Brief an Recknagel vom 7.12.1959 erläuterte, die »Redaktionsführung« der »München-Augsburger Abendzeitung«. Er hatte seinen einsamen Einzelkämpferposten verlassen und sich auf die Seite der Revolutionäre gestellt, war unter ihnen sogar der einzige, der durch Publikationen in der Münchner Presse die Öffentlichkeit suchte: Anfang März 1919 plante er eine Serie von aufklärenden »Aufsätzen« über die Pressesozialisierung, die in den Münchner Tageszeitungen erscheinen sollte. Er reagierte damit auf einen Leitartikel von Philipp Funk (1884–1937), dem damaligen Schriftleiter für Außen- und Kulturpolitik der »München-Augsburger Abendzeitung«. Dieser hatte in der Ausgabe vom 5.3.1919 die Abschaffung der durch den Zentralrat erneuerten Zensur und insbesondere den Verzicht auf die von der Pressekommission angeordnete Verpflichtung zur Aufnahme von (mit der Chiffre P.A. gekennzeichneten) Aufsätzen und Nachrichten des Presse-

Amts gefordert, die Funk zufolge den Überzeugungen der »bürgerlichen Presse fremd, je geradezu entgegengesetzt« waren. In seiner »Presse und Revolution« betitelten Replik rechtfertigte Marut das Vorgehen des Presse-Amts, welches das Recht habe, »in jeder Nummer zwei bis drei Spalten für die Zwecke des Proletariats, das sich zurzeit im heißesten Kampfe befindet, zu verwenden«, und kündigte eine ausführliche Erläuterung dessen an, »was das Presse-Amt unter Presse-Freiheit versteht, ferner, warum die Zensur ausgeübt wird, und endlich, wie sie ausgeübt wird«; diese werde in »allen bürgerlichen Münchner Blättern« erscheinen.

Keiner dieser Artikel ist erschienen, weil per Dekret Klingelhöfers namens der Presseabteilung vom 15. März 1919 die bürgerlichen Zeitungen nicht mehr der Zensur unterlagen; überliefert ist das Typoskript des 1. Artikels, überschrieben »Presse-Freiheit oder Befreiung der Presse«, in dem Marut erläuterte, daß »Presse-Freiheit« im Kapitalismus lediglich »Gewerbe-Freiheit« bedeute. Hier und jetzt gehe es also keineswegs um das Recht auf Meinungsfreiheit. Gewiß: »Jede Unterdrückung der Meinungs-Freiheit nützt nur dem Unterdrückten und bereitet den Sturz des Unterdrückers vor.« Was aber heute »Kapitalisten, Bourgoisie [!] und Mehrheits-Sozialisten« unter dem Deckmantel der »Presse-Freiheit« verlangten, sei in Wahrheit »die Freiheit, aus der Meinungs-Aeußerung ein Geschäft und zwar ein sehr ertragreiches Geschäft zu machen«, mit der die »geistige Knebelung« der »Zeitungs-Schriftsteller« einhergehe. Diese sei eine unmittelbare Folge ihrer Abhängigkeit von den Eigentümern, deren wirtschaftlichen Interessen sie ihre Meinungen unterordnen müßten; das gelte sogar für »sozialdemokratische Redakteure«. »Wie und was der Schriftsteller oder der Redakteur in Wirklichkeit denkt, kann und darf er dem Leser nicht sagen, weil er sonst brotlos würde«.

Zur selben Zeit druckte er auf der 4. Umschlagseite des neuen »Ziegelbrenner«-Heftes seine »Forderung« zur Sozialisierung der Presse ab. Zwar konnte er zu diesem

Zeitpunkt erst vage Vorschläge zur Umsetzung durch die »Volks-Gemeinschaft« machen, um so kämpferischer war diesmal seine Diktion: »Die Presse ist eine der wirksamsten Waffen des revolutionären Proletariats, das um seine Macht kämpft. Der dauernde Besitz dieser Waffe ist unumgänglich notwendig, um dem Proletariat den Befreiungskampf zu erleichtern und den Gegner bis zur völligen Kampfunfähigkeit zu schwächen. [...] Der im kapitalistischen Sinne tätige Journalismus ist eine Seuche, von der die Menschheit befreit werden muß«.

Obgleich nur 24 Seiten stark, galt Heft 16–17 des »Ziegelbrenner« vom 10. März 1919 als Doppelnummer und kostete 1 Mark, gedruckt wurde es wohl noch bei Schuh. Es war Ende 1921 noch lieferbar. Schwerpunktthema waren »Briefe an den Ziegelbrenner«, die Marut mit teils ausführlichen Glossen versah; eingefügt war ein Zeitungsbericht, der von der Einführung der Nationalflagge in den Farben Schwarz-Rot-Gold handelte. Der Aufmacher unter dem Titel »Der neue Weltkrieg« hatte diesmal den Charakter eines Leitartikels. Darin warnte Marut seine Leserschaft davor, sich von der Kriegshetze gegen Polen anstecken zu lassen oder auf antibolschewistische Propaganda hereinzufallen und sich einem paramilitärischen Verband anzuschließen. Wie Marut im nächsten Heft mitteilte, wurde der Text von einem »Freund« der Zeitschrift in Lyck (Ostpreußen) »als Sonderdruck [...] in einigen hundert Exemplaren« verbreitet, was diesem eine zweijährige Festungsstrafe eintrug. Des weiteren schilderte Marut den Verlauf des zweiten Ziegelbrenner-Abends am 28.12.1918 und zitierte seine Mitteilung, die dem Vortrag voranging.

Etwa zu dieser Zeit, im Frühjahr 1919, plante Marut die Veröffentlichung von zwei Manuskripten des Kölner Künstlers Franz W. Seiwert; das Honorar, schrieb er Seiwert am 3. April 1919, wolle er überweisen, sobald dieser eines der Manuskripte noch einmal auf ein eventuelles Versehen überprüft habe. Bei dem einen der Texte könnte es sich um das neunseitige Typoskript »Zeichen« handeln, das in der Ret-Marut-Sammlung der University of California, Riverside Libraries, überliefert ist. Auch Seiwerts eben erschienene »Welt zum Staunen. Ein Bilderbuch in 6 vom Stock gedruckten Schnitten von F. W. Seiwert mit Versen von Freunden« lag Marut zusammen mit der Anregung vor, einmal »ein Buch« (»Text und Holzschnitte«) von Seiwert zu »verlegen«. Marut forderte Seiwert auf, »die Arbeiten« einzusenden; das Buch solle entweder im Format des »Ziegelbrenner« erscheinen, wofür Seiwert seine »Zeichnungen von vornherein auf die Grösse 9:17 cm anlegen« solle, oder in einem größeren Format, wofür »die Grösse 17:20 cm denkbar« sei. Außerdem sollte Seiwert »für ein Sonderblatt« »einen Kopf zeichnen (Schrift)«, »holzschnittartig, kräftige Lettern, die sich sofort dauernd einprägen. Geistige Inhaltsform: ICH! Der Alleinige-ALLEINIGE«; der Inhalt sei in Seiwerts beiden Manuskripten »angedeutet«. Die Pläne mußten aufgrund der Revolutionswirren aufgeschoben werden; Streiks der Wirtschaftsbetriebe und der immer wieder stockende Zug- und Postverkehr machten eine Zusammenarbeit fürs erste unmöglich.

Seiwert, 1894 in Köln geboren, hatte nach der Volksschule die Baugewerbeschule absolviert und anschließend in einem Architekturbüro gearbeitet. Sein literarisches und bildnerisches Werk als Maler, Glasmaler, Graphiker und Bildhauer vereint disparate Elemente; nach Bohnen stellt es »eine einzigartige Mischung aus katholisch-rheinischen Traditionen, konstruktivistischen Kompositionselementen, poetisch-lyrischen und politisch-kämpferischen Inhalten« dar. Er war im gleichen Atemzug »Anarchist und Kirchenfreund« (Ernst Kállai 1933), materialistischer Idealist und der Gegenwart zugewandter Utopist, »still, ernsthaft, sanft, aber unbeirrbar«. Was höhere Bildung anging, war er, wie Marut, Autodidakt. Ursprünglich fest im katholischen Glauben verwurzelt, ein Verehrer der mittelalterlichen Kunst, deren Flächigkeit und symbolische Zeichensprache er adaptierte, wandte er sich unter dem Eindruck des Kriegs »der marxistisch-neuhegelschen Geschichtssinngebung und Erlösungsidee« zu und wurde Mitglied der 1915 im Kreis um Franz Pfemfert in Berlin gegründeten Antinationalen Sozialisten-Partei, die erst Ende 1918 an die Öffentlichkeit trat und bis März 1919 bestand. Seine vom Expressionismus und Kubismus beeinflußten konstruktivistischen Kompositionen sind an die Menschen- und Objektwelt gebunden, Geschichte, Politik und proletarischer Arbeitsalltag seine bevorzugten Themen. Im Mittelpunkt stehen häufig die vom einförmigen Arbeitsprozeß disziplinierte anonyme Masse oder die Revolutionsführer, wozu er auch Jesus von Nazareth zählte. Bei aller formalen Strenge eignet ihnen ein soziales Pathos, das über seinen Bildern quasi einen »religiösen Hauch« (Otto Freundlich) schweben läßt. Der Journalist und Schriftsteller Hans Schmitt-Rost (1901–1978) und der Bildhauer Hans Schmitz (1896–1977) wollten wissen, daß Erich Mühsam den Kontakt Seiwerts zu Marut vermittelte, doch kommt Irene Mermet dafür ebenfalls in Frage; in Seiwerts Nachlaß haben sich Manuskripte gefunden, die auf »Geschäftsumschläge der Fa. Mermet geschrieben sind«.

Maruts nächster Schritt war die Herausgabe eines auf den 22. März 1919 datierten, an Ministerpräsident Hoffmann gerichteten Flugblatts zur Pressesozialisierung durch »die Schriftleitung des Ziegelbrenner«, das Marut in München auch plakatierte, was einiges Aufsehen erregte. Richter zitiert eine Stellungnahme Otto Neuraths, Nationalökonom und Präsident des Zentralwirtschaftsamtes, die dieser in seinem Hochverratsprozeß zu Protokoll gab: »Als ich nach München kam, war an allen Straßenecken der offene Brief des ›Ziegelbrenner‹ an den Ministerpräsidenten angeschlagen.« Daraufhin habe er in einer Besprechung Josef Simon, für die USPD Mitglied des provisorischen Nationalrats in Bayern, auseinandergesetzt, »daß Marut in öffentlichen Versammlungen gedroht hatte, es würde zum Entscheidungskampf kommen, wenn nicht innerhalb sechs Wochen die Sozialisierung der Presse vorgenommen sei«. Richter erwähnt darüber hinaus eine »Flugzettel-Aktion« Maruts im letzten Märzdrittel; ein Exemplar habe sich im

Allgemeinen Staatsarchiv erhalten und sei mit dem Aufruf in Heft 16–17 vom 10.3.1919 (Umschlagseite 4) »in Text und Format identisch«. Der Regierung Hoffmann gab dies Ende März »den letzten Anstoß«, »die Sozialisierung der Presse beschleunigt einzuleiten«.

Bereits am 25. März 1919 wurde im Zentralwirtschaftsamt die Einberufung einer entsprechenden Kommission vorbereitet; die in Aussicht genommenen Mitglieder sollten dazu Vorschläge einreichen. Auf Seiten der Zeitungswirtschaft und ihrer Beschäftigten gab es erheblichen Widerstand gegen die Zentralratspläne. In einer Versammlung der kaufmännischen und technischen Angestellten der Münchner Zeitungsbetriebe und Anzeigenexpeditionen wurde am 26. eine Entschließung gegen das geplante staatliche Anzeigenmonopol verabschiedet; Marut, der als Vertreter der Presseabteilung des Zentralrats gekommen war, kritisierte sie als »verzopftestes Manchestertum«. Auch eine Versammlung von Pressevertretern, die der »Rat der Presse und des Schrifttums München« für den 27. einberufen hatte, verabschiedete in Maruts Beisein eine Entschließung zur Aufrechterhaltung der vollständigen Pressefreiheit.

Am 30. März 1919 nahm Marut im Sitzungssaal des Ministeriums für Handel, Industrie und Gewerbe an einer Besprechung des Zentralwirtschaftsamtes mit Pressevertretern teil, auf der die Pressesozialisierungs-Kommission der Regierung gegründet wurde. Sie setzte sich aus Vertretern des Zentralrats und allen Sparten des Pressegewerbes zusammen (Verleger, Redakteure, kaufmännische und technische Angestellte, Akquisiteure usw.); ihre Aufgabe war die Erarbeitung eines gemeinsamen Sozialisierungskonzepts. Marut wurde als Vertreter der Presseabteilung des Zentralrats in die Kommission berufen. Wohl von ihm verfaßt ist ein auf den 3.4.1919 datierter, zweiseitiger »Offizieller Bericht« einer politischen Versammlung mit den Teilnehmern Niekisch, Leviné, Toller, Mühsam, Landauer etc., der sich unter den Papieren der Ret-Marut-Sammlung der University of California, Riverside Libraries, befindet.

Zwar diskutierten die Führer der sozialistischen Parteien, des Bauernbundes, Mitglieder des Zentralrats und der Anarchisten noch darüber, doch erfuhr Max Zillibiller, ein Mitglied des Revolutionären Hochschulrates, bereits am 5. April »hinter den Kulissen« im Wittelsbacher Palais durch Marut und den Maler Stanislas Stückgold, daß der Zentralrat »die Ausrufung der Räterepublik« beschlossen habe. In der Nacht vom 6. zum 7. April wurden am Regierungssitz im Wittelsbacher Palais an der Brienner Straße, wo vorher der Landtag, seitdem der »Vollzugsrat der Arbeiterräte Bayerns« tagte, die Volksbeauftragten gewählt. Den Vorsitz des Revolutionären Zentralrats übernahm nach Niekischs Rücktritt Ernst Toller (USPD).

Revolution und Konterrevolution

Am 7. April proklamierten Vertreter der USPD (Ernst Toller), der Anarchisten (Gustav Landauer, Erich Mühsam u.a.), des Bauernbundes und eines Teils der SPD (Ernst Niekisch) die Münchner Räterepublik; Rosenheim, Kempten, Lindau, Regensburg, Würzburg, Schweinfurt, Fürth, Hof und andere bayrische Städte schlossen sich dem Vorbild an. Die Regierung Hoffmann widersetzte sich und verlegte ihren Sitz nach Nürnberg, später nach Bamberg, von wo aus sie mit Unterstützung der Berliner Parteiführung, die militärische Unterstützung gewährte, die Räterepublik bekämpfte. Die USPD-Mitglieder waren zuvor ausgeschieden. Daß Nordbayern im Wesentlichen regierungstreu blieb, verdankte Hoffmann einem Freikorps unter der Führung von Franz Ritter von Epp, der die Räte in den fränkischen Städten verhaftete und noch eine blutige Rolle bei der Niederschlagung der Räterepublik spielen sollte.

Einige bayrische Sozialdemokraten versprachen, die Errichtung einer Räterepublik auf »sozial-kommunistischer Grundlage« zu unterstützen, zogen ihre Zustimmung tags darauf aber wieder zurück und überließen dies den Schriftstellern: Ernst Toller, Gustav Landauer und Erich Mühsam, intellektuellen Leitfiguren der Schwabinger Literatenszene, humanistisch geprägten Idealisten mit unterschiedlichen Sozialismusvorstellungen. Von den gemäßigten sozialistischen Kräften wie auch von den Kommunisten, für die das neue Gebilde lediglich eine »Schein-Räterepublik« darstellte, erhielten sie so gut wie keine Unterstützung. Statt Ministern wurden »Volksbeauftragte« bestimmt, Toller übernahm den Vorsitz des Zentralrats, Landauer das Ressort für Kultus und Volksaufklärung, Erich Mühsam blieb der Führung als Mitglied des Zentralrats und des Revolutionären Arbeiter-Rats verbunden. Die bürgerlichen Zeitungen wurden erneut unter Vorzensur gestellt. Da sich die »Münchner Neuesten Nachrichten« der Zentralaufsicht widersetzten, wurden sie von der Presseabteilung übernommen; als verantwortlicher Redakteur fungierte Titus Tautz. Marut wurde nun zum Leiter des Presse-Amts und damit quasi Chefzensor für alle bürgerlichen Tageszeitungen in Bayern ernannt. Oskar Maria Graf erinnerte sich in einem Brief an Recknagel vom 1.5.1959: »Marut war […] mit Gustav Landauer damals Kulturbeauftragter in München und verfügte die Übernahme der Zeitungen, die ich mitmachte. Da sah ich ihn zum letzten Mal«.

Aus dem christlich-bürgerlichen Lager erhielt Marut bald Gegenwind. Ein Mitarbeiter der »Salzburger Chronik« wies am 12. April denunzierend auf seine 1915 erschienene Kurzgeschichte »Mutter Beleke« als Beispiel früherer »Kriegsverehrung« hin, die mit seinem späteren Pazifismus in seltsamem Kontrast stehe. Umgekehrt hat Marut als Presseleiter angeblich vom katholischen »Neuen Münchner Tagblatt« den Abdruck eines Schmähartikels gegen die Kirche gefordert und die Weigerung der Redaktion mit den Worten kommentiert, andernfalls würde er die Redaktion auch verachtet haben.

Am 8. April trat die Pressesozialisierungs-Kommission zu ihrer ersten Sitzung zusammen und diskutierte die vorgelegten Pläne. Zwischen den radikalen Zentralratsvertretern um Marut, die die Enteignung forderten, den Gemäßigten um Wolfgang Schumann (1887–1964), bislang im

Zentralwirtschaftsamt verantwortlich für Presse und Öffentlichkeitsarbeit, die es bei einer Kontrolle belassen wollten, und den Bürgerlichen, die sich rundweg dagegen aussprachen, konnte keine Übereinkunft erzielt werden. Weil Marut jedoch auf eine sofortige Entscheidung drängte – andernfalls werde der Zentralrat auf eigene Faust handeln –, einigte man sich auf eine Verlautbarung, die besagte, daß nunmehr die gesamte Presse unter gesellschaftliche Wirtschaftskontrolle gestellt sei; Einzelbestimmungen würden folgen.

Ebenfalls am 8. April nahm Marut im bayrischen Ministerium des Äußeren an einer Sitzung des Zentralwirtschaftsamtes teil, wo er sich laut Protokoll an der Diskussion zur Sozialisierung der Presse beteiligte. Am selben Tag legte Marut auf einer Sitzung von Pressevertretern im Ministerium für Handel und Gewerbe, in der mehrere Pressesozialisierungsprojekte diskutiert wurden, laut Protokoll einen »Sozialisierungsplan für die Presse« vor, der zwei Tage später in den »Münchner Neuesten Nachrichten« erschien und nun von den »Angestellten« der Zeitungen beraten werden sollte. Nach Maruts Vorstellungen sollte auf die Sozialisierung der Zeitungen die Vergesellschaftung des »gesamten Druck- und Verlagswesens«, der »Korrespondenz- und Nachrichtenbüros, Papierfabriken, Schriftgießereien, Theater, Kinos« folgen. Er schlug vor, die bisherigen Eigentümer entschädigungslos zu enteignen, sämtliche Zeitungen in die Verfügungsgewalt (jedoch ohne Weisungsbefugnis) der Städte zu geben, in denen sie erschienen, die bisherigen Geschäftsleitungen durch paritätisch besetzte Verwaltungsräte zu ersetzen und die inhaltliche Verantwortung Redaktionsstäben zu übertragen. Hatte Marut drei Monate zuvor den politischen und wirtschaftlichen Zeitungen und Zeitschriften das Inseratengeschäft noch komplett verbieten wollen, erschien es ihm jetzt ratsam, die »Inseratenbewirtschaftung« durch den Verwaltungsrat erfolgen zu lassen; etwaige Überschüsse sollten für kulturelle Zwecke verwendet werden. »Notwendige Zeitungen und Zeitschriften müssen aus öffentlichen Mitteln unterhalten werden […]. Über die Notwendigkeit entscheidet das Volk« – womit die Qualitätspresse, so Armin Richter, annähernd den öffentlich-rechtlichen Charakter unserer heutigen nicht-privaten Rundfunk- und Fernsehanstalten bekommen hätte. Und als Bonbon für die Heerscharen freier Publizisten: »Die Zeitungen haben sofort alle Schriftsteller und Gelehrte aufzufordern, politische, wissenschaftliche und technische Aufsätze sowie rein künstlerische und belletristische Arbeiten den Zeitungen einzusenden. Die Arbeiten müssen von der Zeitung, in der sie aufgenommen werden, anständig bezahlt werden«.

An gleicher Stelle erschien eine von Ernst Toller unterzeichnete Bekanntmachung des Revolutionären Zentralrats über »Die Sozialisierung der Presse«, wonach ab sofort die »Verwaltung und Betriebsführung« der gesamten bayrischen Presse unter »gesellschaftliche Wirtschaftskontrolle« gestellt sei; die Kontrolle würde durch Betriebsräte ausgeübt, Einzelbestimmungen umgehend folgen. Voran ging Maruts lange Abhandlung »Pressefreiheit oder Befreiung der Presse«, in der er peripher auf seine verschiedenen Ausarbeitungen zu diesem Thema zurückgriff und sie zu einem Pamphlet ausbaute, das er mit plastischen Ausführungen und rhetorischen Wendungen anreicherte und in dem Aufruf an das »revolutionäre Proletariat« gipfeln ließ, »alle Unternehmer« zu enteignen, »ob sie nun Zeitungen fabrizieren oder Lokomotiven«. Mit der »Sozialisierung der Presse« solle begonnen werden: »Proletarier! Die Presse ist überreif für die Sozialisierung […], sie muß befreit werden vom Unternehmer, der Profite machen will. Die Presse muß so frei von Unternehmergewinnen werden wie die Schule. An der Tätigkeit, Wissen und Aufklärung zu verbreiten im Volke, soll kein Kapitalist Geld verdienen und darf kein Kapitalist Geld verdienen. […] Die Presse soll ein Kulturträger sein und kein Geschäft. Sie soll der Menschheit dienen und nicht der Lüge und Verhetzung. Wahrheitskünderin soll sie sein in den Händen ehrenhafter Geistesarbeiter. Revolutionäre Proletarier, schafft euch diese Presse!«

Der »Provisorische Revolutionäre Zentral-Rat der Räte-Republik Baiern« delegierte Marut »einstimmig« in die zehnköpfige »vorbereitende Kommission« zur Gründung eines von Marut vorgeschlagenen Revolutionstribunals; die Kommission wählte ihn am 9. April »einstimmig zu ihrem Vorsitzenden und Sprecher«; bereits zwei Tage später wurden die Richtlinien veröffentlicht. Die Revolutionstribunale tagten im Justizpalast, und zwar »in Permanenz«; sie bestanden aus einem Ankläger und drei bzw. sieben von den Parteien nach Proporz zu delegierenden »revolutionären Volksgenossen« als Laienrichtern, denen ein Rechtsanwalt (mit lediglich beratender Stimme) an die Seite gestellt wurde. Der martialisch klingende Name wurde durch die Praxis nicht bestätigt: Die Tribunale fällten durchweg Urteile mit Augenmaß, nicht selten zum Mißfallen eines rachelüsternen Publikums.

Der Münchner militärische Arm der sozialdemokratischen Regierung Hoffmann, die Republikanische Schutztruppe, die aus Einheiten der Münchner Garnison bestand, putschte in der Nacht zum 13. April gegen die »Schwabinger« Räteregierung. Erich Wollenberg: »Mühsam, Niekisch und andere Führer der 1. Räterepublik wurden in der Nacht vom 12. zum 13. April von den Hoffmanntruppen in ihren Betten in München verhaftet. Nach Verjagung der Hoffmanntruppen durch revolutionäre Arbeiter und Soldaten stellten sich die Kommunisten entgegen den Weisungen der Zentrale (Jogiches, Paul Levi) an die Spitze der Rätemacht. Die Hoffmanntruppen hatten Mühsam, Niekisch und Genossen mit sich bei ihrer Flucht nach Bamberg (Sitz der Hoffmann-Reg.) genommen«.

Noch am selben Tag erklärten die Münchner Betriebs- und Soldatenräte im Hofbräuhaus den Zentralrat für abgesetzt und wählten einen fünfzehnköpfigen »Aktionsausschuss« und einen aus vier Personen bestehenden »Vollzugsrat« unter Leitung von Eugen Leviné (KPD) zur Schaffung einer kommunistischen Räterepublik nach russischem Vorbild, die die anarchistische »Scheinräterepublik« ablösen sollte. Zu dessen ersten Maßnahmen gehörten die Einsetzung verschiedener Kommissionen, das erneute Verbot der bürgerlichen Presse, die Beschlagnahme von Lebensmitteln und leerstehendem Wohnraum, ein zehntägiger Generalstreik und die Bewaffnung der Arbeiter zur Bildung einer Roten Armee unter der Führung von Rudolf Egelhofer, gleichzeitig Stadtkommandant von München. Dienstausweise des »Comités zur Bekämpfung der Gegenrevolution« wurden ausgegeben; sie berechtigten dazu, Waffen zu tragen und Verhaftungen vorzunehmen. Häufig kam es jetzt zu willkürlichen Festnahmen; Haussuchungen arteten in Plünderungen aus. Gustav Landauer stellte sich den neuen Machthabern als provisorischer Volksbeauftragter für Volksaufklärung zur Verfügung, wurde jedoch abgewiesen. Als Ersatz für die verbotenen Zeitungen erschienen ab dem 15. April die regierungsamtlichen Mitteilungen des Vollzugsrates der Betriebs- und Soldatenräte. Am 16. April kam es in Dachau zu Gefechten zwischen der Roten Armee und Regierungstruppen. Nachdem am 18./19. April 1919 die Rote Armee Truppen der Regierung Hoffmann bei Dachau geschlagen hatte, ersuchte Hoffmann Reichswehrminister Noske, der bereits entscheidenden Anteil an der blutigen Niederschlagung des Spartakus-Aufstands in Berlin hatte, um militärische Hilfe gegen die Rätemacht.

Marut wurde aufgrund des »Vorschlags eines Buchdruckers« vom Provisorischen Arbeiter-Kontrollrat (der Versammlung der Betriebsräte, die, wie er nicht ohne Genugtuung festhielt, »die höchste Regierungsgewalt der Räte-Republik Baiern ausübte«), in der Sitzung vom 17. April 1919 »in den Propaganda-Ausschuß gewählt«. Laut Protokoll wurde er in eine Kommission berufen, die »eine äußerst intensive Aufklärungsarbeit« unter den Soldaten betreiben sollte. Entsprechend lautete wenige Wochen später der Vorwurf in Maruts Steckbrief auf Mitgliedschaft in der »vorbereitenden Kommission zur Bildung des Revolutions-Tribunals« und im »Propaganda-Ausschuß«.

Für einen kurzen Moment gab sich Marut der Illusion hin, mit der während der zweiten, kommunistischen Münchner Räterepublik errichteten Diktatur des Proletariats sei

»die große Weltgerechtigkeit« am Zuge. In Wirklichkeit traf sie auf eine unvorbereitete Gesellschaft, ihre Maßnahmen kamen überstürzt, zum falschen Zeitpunkt, und konnten daher keine Früchte tragen. Die bürgerliche Furcht vor linkem Terror und Willkürherrschaft bestätigte sich jedoch nicht: »Noch herrscht hier mehr Revolutionsspiel, als blutige Revolution«, notierte Victor Klemperer in seinem Münchner »Revolutionstagebuch« unter dem Datum des 10. April. Für ihn stellte sich die Zeit der Räteherrschaft rückblickend nicht als Diktatur des Proletariats, aufgrund des Wirrwars immer neuer spontaner Erlasse wohl aber als »Hölle der Lächerlichkeit und Sinnlosigkeit« dar (30.4.).

Nach heftigen Kontroversen trat am 27. April der bisherige Aktionsausschuß unter Leviné zurück. In den neuen provisorischen Aktionsausschuß wurde am 28. neben anderen Ernst Toller gewählt, der erfolglos mit der Regierung Hoffmann verhandelte. Am selben Tag überschritten preußische Regierungstruppen die bayrische Grenze. Durch Greuelpropaganda aufgehetzt, tobten sich auf beiden Seiten Fanatismus und Rachsucht aus: In und um München kam es zu heftigen Kämpfen und zu Massakern an Rotarmisten und unbeteiligter Bevölkerung, im Luitpoldgymnasium wurden am 30. April als Geiseln inhaftierte Mitglieder der reaktionären Thule-Gesellschaft ermordet.

Für den 1. Mai 1919 war eine »Sitzung von revolutionären und freiheitlich denkenden Schriftstellern« aus ganz Deutschland geplant, zu der auch Marut als »Mitglied des Propaganda-Ausschusses der Räte-Republik Baiern« und Schriftleiter des »Ziegelbrenner« eingeladen war. An diesem Tag wurde München von Bayrischen und Reichswehrtruppen und Freikorps umschlossen. Einzelne Verbände unternahmen einen eigenmächtigen Vormarsch auf die Stadtmitte; preußische Regierungstruppen, vom Großteil der Bevölkerung als Befreier freudiger begrüßt als Monate zuvor die aus dem Krieg heimkehrenden Soldaten, drangen ins Stadtgebiet ein, wo sich die Republikaner verschanzt hatten, und richteten dort ein Blutbad an. Nach einem Besuch des Café Maria Theresia (Briennerstraße / Ecke Augustenstraße, heute neu bebaut), auf dem Weg zur Schriftsteller-Sitzung, wurde Marut in der Augustenstraße von Weißgardisten verhaftet, ins Kriegsministerium gebracht und dort verhört, anschließend in die Residenz, wo das Hauptquartier installiert war, überführt. Nachdem er zunächst zur Aburteilung ins Polizeipräsidium gebracht werden sollte, wurde angeordnet, ihn noch in der Residenz vor ein Feldgericht zu stellen. Mit Duldung von zwei Soldaten gelang ihm die Flucht aus dem Vorzimmer des Gerichts. Den Bericht über seine Verhaftung veröffentlichte Marut im nächsten Heft des »Ziegelbrenner«:

»Als M im Café Maria Theresia in der Augustenstraße saß, wo er hoffte, einige Teilnehmer der Sitzung zu treffen, begannen die Autos der Weiß-Gardisten bereits durch die Straßen zu sausen, um München vom ›roten Terror‹ zu befreien. Die Weiß-Gardisten machten nicht erst lange Sprüche, sie schossen mit ihren Maschinengewehren sofort in die Volksmengen, die sich in den Straßen bewegten und sonntägliche Kleidung trugen, rücksichtslos hinein. In der Augustenstraße wälzten sich gleich darauf sieben unschuldige Bürger in ihrem Blute, zwei von ihnen starben noch auf der Straße. Einige Schritte vor dem Café lag auf der Straße ein schwerverwundeter gut gekleideter Mann. Während das Maschinengewehrfeuer der Weiß-Gardisten weiter wütete, trug M mit einigen hilfsbereiten Leuten den bewußtlosen Verwundeten in das Café. [...] Er war kaum einige hundert Schritte gelaufen – die Straßen lagen noch immer unter dem Feuer der Weiß-Gardisten, – da kam ein Auto herangerast, das mit etwa sechzig Infanterie-Gewehren und Karabinern beladen war und auf denen wohl ungefähr zehn Handlungskommis und Studenten saßen, die sich weiße Armbinden und Taschentücher um die Arme gewickelt hatten. Als sie M erblickten und erkannten, hielten sie das Auto an. Fünf Mann mit umgehängten Gewehren, in jeder Hand einen Revolver und an Gurten vier bis sechs Handgranaten tragend stürzten auf M zu, richteten ihre Pistolen auf ihn und schrien ihn an: ›Hände hoch!‹ M fragte, was die Herren von ihm wünschten. Sie sagten ihm, er sei Mitglied des Zentral-Rats, der gefährlichste Agitator der Räte-Republik, Vernichter des Bürgertums und Zerstörer der Presse, man müsse ihn infolgedessen mitnehmen und wenn er nicht eingestünde, dass er an dem Blutbad, das jetzt angerichtet werden würde, die Hauptschuld trüge, so müsse man kurzen Prozess mit ihm machen. M wurde nun von jedem einzelnen der blutgierigen Hanswürste nach Waffen durchsucht. Der Schriftleiter des Ziegelbrenner wurde nach Waffen durchsucht! Man kann natürlich auf nackten Ziegelsteinen auch nach Trüffeln suchen, wenn man nichts weiter zu tun hat. Man fand einen gewöhnlichen Hausschlüssel bei ihm, der sich aber zum Erstaunen der grünen Hampelmänner nicht als Schießgewehr gebrauchen ließ.«

Das Feldgericht, so Marut weiter, »bestand aus einem schneidigen Leutnant. Dieser Leutnant erledigte in jedesmal etwa drei Minuten die Sache in der Weise, dass er auf Grund der Zeugen-Aussagen von Denunzianten entschied, ob der Verhaftete sofort standrechtlich zu erschießen oder ob er frei zu lassen sei. Im Zweifelsfalle wurde der Verhaftete erschossen, weil es sicherer war. [...] Da wurde der letzte Mann, der vor M dem Leutnant überantwortet werden sollte, aufgerufen und hineingeführt. Bei der Unruhe, die dadurch entstand, dass der Mann von den Landsknechten zu roh angepackt wurde, was er sich verbat, gelang es M zu entkommen. Zwei Soldaten, denen einen Augenblick lang wohl ein Funken Menschlichkeit aufstieg, als sie sahen, wie hier mit dem Kostbarsten, was der Mensch besitzt, mit dem Leben, umgegangen wurde, waren an diesem Entkommen nicht unbeteiligt«.

Ist die Geschichte schon deswegen Fiktion, weil der scheue Marut in München nie öffentlich Gesicht gezeigt hatte und niemand ihn hätte erkennen können? Um sich verdächtig zu machen und Tätlichkeiten ausgesetzt oder bei der nächsten Patrouille angeschwärzt zu werden, genügte es damals, Mitleid mit »den Roten« zu zeigen. Das Denunziantentum blühte, und Marut kann durchaus auf bloßen Verdacht hin vorübergehend festgenommen worden sein.

Oskar Maria Graf, der Marut, um den »immer so ein geheimer Nimbus [schwebte]«, überhaupt »nur zweimal« gesehen haben wollte, meinte zu wissen, daß Marut »nach dem Einmarsch der Nosketruppen in Frauenkleidern entweichen konnte«. Von den anderen von Recknagel befragten Zeitzeugen und Weggefährten konnte sich niemand genauer an ihn erinnern. Ernst Niekisch gab an, kein »eingehenderes Gespräch« mit ihm geführt zu haben. Erich Wollenberg, Medizinstudent, Leutnant der Reserve, Kommandeur der Infanterie und Stellvertretender Oberkommandierender der bayrischen Roten Nordarmee (Dachau), zählte Marut zum Kreis von Landauer und Mühsam; ein ganz enger Freund sei »Dr. Eduard Trautner« gewesen, »der als Arzt in der bayerischen Roten Armee tätig war [...], mich in Berlin mit RM zusammenführte, später in die USA auswanderte«. »Politisch aktiv« sei Marut »wohl nur in der ›Scheinräterepublik‹ gewesen, und auch nicht an prominenter Stelle, denn er sei »nicht wegen ›Hochverrat‹ verfolgt« worden, »sondern wegen ›Beihilfe zum Hochverrat‹, juristisch ein Unterschied.« Seine vorübergehende Verhaftung durch »Mitglieder der ›Bürgerwehr‹« sei im Rahmen der »Massenfestnahmen in den ersten Maitagen« erfolgt; er sei aber »nach einigen Stunden wieder frei« gekommen.

Marut selbst bezeichnete sich 1919/20 als »Mitarbeiter« von Landauer und Leviné, den stellvertretenden Volksbeauftragten für Finanzen, Towia Axelrod (1887–1938) und den Rechtsanwalt Arnold Wadler (1882–1951) als seine Bekannten, und gedachte an gleicher Stelle »des ehrenhaften Erich Mühsam«, mit dem er die Abneigung gegen die SPD und »das Bürokratenregiment ihrer Partei- und Gewerkschaftssekretäre« teilte. Der alte Traven dagegen (bzw. Croves), von Judy Stone auf Marut angesprochen, nannte Marut einen »politischen Scharlatan«, an seiner Zeitschrift hätten noch mehrere andere mitgearbeitet, ein Revolutionsheld sei er nicht gewesen: »That man Marut was a polemical writer. I think he was a political charlatan. [...] That paper – he didn't even write all of it, some other people wrote it. [...] Some German newspapermen came here and said they would welcome Marut as a hero. I don't even think he took part in the revolution«.

Seit dem Nachmittag des 1. Mai, die ganze Nacht hindurch und noch am 2. Mai fanden in der Innenstadt erbitterte Kämpfe zwischen den eingerückten Reichswehr- und Freikorpsverbänden und den republikanischen Verteidigern statt. Sie erstickten den Jubel auf Seiten des Bürgertums, das sich anfangs Taschentücher schwenkend und blau-weiße Fahnen schwingend, überall an den Fenstern gezeigt hatte. Bei den Auseinandersetzungen kamen mehr als 600 Menschen ums Leben. Eines der Opfer war am 3. Mai Karl Horn, ein »Ziegelbrenner-Geselle« und Studienprofessor an der Maria-Theresia-Kreisrealschule, der Vorträge vor Arbeitern über »moderne Erziehungsprobleme« und über Goethe hielt. Auf dem Transport nach Stadelheim wurde er von einem Soldaten der Begleitmannschaft (Freikorps Epp) ermordet.

Nach dem gewaltsamen Ende der Räterepublik wurde eine Militärdiktatur installiert, die den über München verhängten Kriegszustand erst zum 1. Dezember aufhob. Etwa 5000 Personen wurden als Beteiligte vor Gericht gestellt; nur wenigen gelang wie Marut oder Titus Tautz die Flucht. Eduard Trautner, Georg Schrimpf, Oskar Maria Graf, Ado von Achenbach wurden verhaftet, Rudolf Egelhofer ohne Gerichtsverfahren standrechtlich erschossen, Gustav Landauer von einrückenden Soldaten bestialisch ermordet, Leviné wegen Hochverrats hingerichtet, Mühsam und Axelrod zu fünfzehn, Wadler zu acht, Klingelhöfer zu fünfeinhalb, Toller zu fünf, Wollenberg und Niekisch zu je zwei Jahren Festungshaft verurteilt. Nach dem Scheitern des Rätegedankens entwickelte sich München zum Zentrum antidemokratischer Strömungen und Intrigen gegen die Weimarer Republik.

Marta Haecker verh. Schubert erinnerte sich, daß sie eines Morgens zu Marut gekommen sei und die Wohnungstür, wie so oft, nur angelehnt gefunden habe. Aber diesmal sei die Wohnung leer gewesen. »Es war der Tag, an dem er geflohen ist.« Auf dem Tisch habe ein Brief mit Anweisungen gelegen. Sie habe dann »alles weitergemacht«. Der undatierte und ungezeichnete Brief, der am oder kurz nach dem 1. Mai 1919 geschrieben worden sein muß, ist überliefert. Marut gab seiner Sekretärin darin konkrete Anweisungen zur Fortführung des Verlags: Das als Aushilfe beschäftigte Fräulein Gries solle beurlaubt werden, bis wieder Post einlaufe. »Es kann sein, dass die weissen Garden Haussuchung im Verlag vornehmen. Das können Sie nicht hindern. Lassen Sie die Leute aber keinen Augenblick unbeobachtet. Sollten die Leute irgendetwas finden und mitnehmen, so müssen sie Ihnen über alles Mitgenommene eine Empfangsbestätigung ausstellen. [...] So lange in München diese Berliner Wirtschaft herrscht, werde ich Ihnen in Zukunft Nachrichten an ihre Privat-Adresse schicken. [...] Briefe, die dem Absender in der augenblicklichen Lage verhängnisvoll werden könnten, verbergen Sie irgendwo. Dasselbe mögen Sie tun mit den Briefen, die an mich kommen. Vernichten Sie diesen Brief, nachdem Sie sich die notwendigen Notizen gemacht haben und vernichten Sie alle Briefe, die ich vielleicht an Sie schicken muss. Mit besten Grüssen«.

In einer weiteren Anweisung, diesmal durch einen Brief Irene Mermets, wurde Marta Haecker gebeten, die Arbeit »selbstständig wie bisher« weiterzuführen. Ein neues Heft könne »vorläufig noch nicht erscheinen«; für den Fall, daß »Herr Herbig, Leipzig anfragen sollte«, könne sie »ihm das mitteilen«. Der Brief enthielt außerdem noch Anweisungen, wie mit den Brotmarken zu verfahren sei, die inzwischen wohl »abgegeben worden« seien: »Für die Mehl- und Semmelmarken kaufen Sie bitte Mehl und die übrigen Brotmarken wollen Sie bitte umtauschen gegen Reisebrotmarken«, diese sollte sie »verwahren« – weil natürlich für einen Illegalen die Versorgung auf Bezugsschein schwierig war.

Die junge Frau arbeitete von nun an selbständig nach den gelegentlichen Anweisungen, die sie von Marut erhielt, sogar noch unter dem Druck »polizeilicher Verhöre«. Unterstützt wurde sie von »Freunden und Helfern« in ihrer Nähe. Sofern sie nicht selbst die Korrespondenz mit Marut übernahm, kamen Unterstützer zu ihr, um Material abzuholen und ihm zu schicken. Als man ihr dann »mit Räumung der Wohnung drohte«, habe sie »sofort und blitzschnell den ganzen Inhalt der Wohnung Ret Maruts in Sicherheit gebracht in meinem Elternhaus, ohne dass die Kriminalpolizei es merkte. Dabei habe ich u. a. ein sehr gutes Foto von Ret Marut in Postkartengrösse in Sicherheit bringen können, so dass die Polizei kein Foto von ihm hatte«. Ihre Mutter habe ihr dabei auf resolute Weise geholfen. »Alles« habe sie damals fortgeschafft, »seine ganzen Möbel«, Bett, Schreibtisch, Wohnzimmertisch, Kommode, Küchentisch und Schrank. »Und dann eben die Bücher.« »Aber es waren nicht nur politische Bücher. Er war ja vielseitig interessiert.« Sie habe alles bei ihren Eltern in der Nibelungenstraße unterstellen können. Später habe sie dann polizeiliche »Vorladungen« erhalten und sei »ein paar mal« verhört worden. Offiziell als abgemeldet erklärt wurde Marut – ohne sein Wissen – am 25. Juli 1919, wie ein Vermerk auf seiner Meldekarte verrät.

Maruts »Besitz«, so Marta Haecker weiter, habe sie »ihm später durch Vermittlung von Irene Mermet übergeben« können. Mermet habe sie in der Wohnung ihrer Eltern aufgesucht, »sich die ganzen Sachen angeschaut« und »das mitgenommen, was von Interesse war. [...] Sie war sehr nett, als sie zu mir gekommen ist.« Mermet habe ihr dann später noch einige Male geschrieben. Auch von Marut selbst seien »noch ein paar Briefe« gekommen, die sie aber nicht mehr besitze, da sie ihr damals aus Sicherheitsgründen von ihrer Familie nicht ausgehändigt worden seien. Sie habe zu dieser Zeit in Bonn gewohnt. »Die haben mir nur geschrieben, was er darin an mich geschrieben hat.«

Recknagel erfuhr von dem ehemaligen Hausmeister Pfliegler, daß Maruts Wohnung danach noch mehrere Wochen lang überwacht wurde, um ihn abzufangen. Gegenüber Heidemann erklärte Pfliegler in drei Interviews am 3.10.1963, 12.4. und 1.5.1966: »Auf einmal haben sie hier das Haus umstellt. Dieses Haus hier war das letzte, ringsherum noch alles frei. Ich habe drüben einen Kriminaler stehen gesehen, den ich zufällig gekannt habe. Der hat hier mit anderen tagelang gelauert. Ich hab ihn mal gefragt: ›Woas tast denn doa?‹ – ›Das geht di nix an‹, sagte er. ›Ah‹, hab i mir denkt, ›i woaß schon, warum.‹ Weil mir nämlich Frau Dorninger gesagt hatte: ›Pfliegler, gell, jetzt ist uns unser Zimmerherr auch durchbrennt! Er ist fort heute nacht, weil sie ihn sonst geschnappt hätten. Warum, dös woaß i net. Und woher er stammt, dös woaß i a net. Aber i muß soagn, er war ein netter und feiner Mensch.‹ [...] Er hat viel verbrannt und viel mitgenommen. Und der Kriminaler hat den Rest mitgenommen«.

Der Staatsanwaltschaft München galt Marut als einer der »Rädelsführer zur Zeit der Räteregierung«. Er wurde daher »wegen Hochverrats« zur Fahndung ausgeschrieben: Ein »Sonderblatt« des »Bayerischen Polizeiblatts«, das die Polizeidirektion München herausgab, enthielt die am 21.6.1919 von der Fahndungsabteilung der Stadtkommandantur zusammengestellten »Personalien wichtiger wegen Hochverrats gesuchter Personen«, darunter als Nr. 4256 Marut, »Mitglied des Propagandaausschusses und der Kommission zur Bildung eines Revolutionstribunals«. Ein Fahndungsblatt der Staatsanwaltschaft München enthält die Angaben der Münchner Meldekarte, jedoch keine Personenbeschreibung; ein hilfreiches »Signalement« des Flüchtigen konnte der Polizei also nicht zur Verfügung gestellt werden.

Ein fliegender Verlag

Über Maruts Verbleib nach dem 1. Mai 1919 läßt sich nur spekulieren. Im Traven-Nachlaß in Mexiko finden sich drei Belege dafür, daß er mit fremden Personaldokumenten ausgestattet war: zum einen der Ersatzreserve-Paß eines 1882 im bayrischen Weilbach geborenen Eisendrehers Laurentius Brennig, den er sich in Bayern besorgt haben mag, zum anderen der im Frühjahr 1919 abgelaufene Personalausweis seines Kölner Freundes Anton Räderscheidt sowie dessen ebenfalls 1919 ausgestellter Reisepaß der britischen Besatzungsbehörde für eine einmalige Fahrt von Köln nach Düsseldorf und zurück, den er irgendwann zwischen Februar 1920 und Mai 1922 (eventuell noch darüber hinaus) erhielt. Dagegen scheint es sich bei dem in der Ret-Marut-Sammlung der University of California, Riverside Libraries, überlieferten, 1894 in Berlin ausgefertigten Patent als Secondlieutenant der Reserve des Höheren Regiments König Wilhelm I. (1. Rheinischen) No. 7 für den Vicewachtmeister vom Landwehrbezirk Wiesbaden, Karl Kreitz, lediglich um ein Souvenir zu handeln: Der Altersunterschied ist zu erheblich.

Im Traven-Nachlaß in Mexiko sind eine ganze Reihe von »Griebens Reiseführern« und »Meyers Reisebüchern« überliefert, deren Erscheinungsjahre zwischen 1914 und 1921 liegen: Thüringen, Rhön, Spessart und Rothenburg ob der Tauber, Eifel und belgische Ardennen, Hunsrück und Taunus. Ob sie aber mit Erholungsreisen (noch von Düsseldorf aus), »Ziegelbrenner«-Aktivitäten oder Maruts Fluchtweg in Beziehung stehen, läßt sich beim jetzigen Wissensstand nicht entscheiden. Laut Auskunft seiner Witwe hat er zunächst in der Tschechoslowakei Zuflucht gesucht. Im Traven-Nachlaß hat sich eine undatierte Fahrkarte der Lokalbahn Gotteszell-Viechtach im bayrischen Wald gefunden; Gotteszell liegt ca. 160 Kilometer nordöstlich von München, von Viechtach sind es noch rund 50 Kilometer bis zur tschechischen Grenze. Der nächste größere Ort ist Markt Eisenstein/Železná Ruda. Maruts Ziel könnte Prag gewesen sein, denn es läßt sich belegen, daß er zwischenzeitlich plante, das nächste »Ziegelbrenner«-Heft über Prag auszuliefern. Eine Zwischenstation könnte Poplovitz (Popovice) nordwestlich von Pilsen gewesen sein, ein Ort, den Traven in einem Brief vom 30.9.1933 erwähnt. Dem würde nicht widersprechen, daß Marut, seiner eigenen Angabe zufolge, »den Gedanken der Räte-Republik und die Idee des Räte-Systems« nach seiner Flucht aus München »hinaus in das bairische Land« trug, in die niederbayrische Provinz: »In etwa sechzig Städten, Dörfern und Ortschaften Baierns sprach er zu Bürgern, Bauern und Arbeitern. Er wählte [...] die Rede zu den kleinsten Ansammlungen von Menschen. Seine Zuhörer kamen nur selten in größerer Zahl zusammen als zu zwölf Personen«. Daß er an seinen Fluchtstationen Gespräche mit Bürgern geführt hat, ist anzunehmen; ob diese Gespräche tatsächlich den Charakter von Agitation angenommen haben, erscheint wenig wahrscheinlich. Weil Furcht vor ausländischen Geheimagenten und Haß auf Bürger aus den Feindstaaten verbreitet waren, wird Marut wohl ein neues Alias gewählt haben.

In seinem Londoner Lebenslauf von 1924 gab Marut an, 1919 nach Österreich geflohen zu sein: »In april 1919, left Ger[many] for Austria on acct. of Revolution«. Auch dies läßt sich durch Lebenszeugnisse und Materialien im Traven-Nachlaß belegen: Geldscheine der österreichisch-ungarischen Bank, einen undatierten Wiener Straßenbahnfahrschein, eine auf den Namen W. Schneider lautende Mitgliedskarte für die Wiener »Einheitsküche 53«. Von den acht Heften der »Fackel«, die unter den Materialien der Ret-Marut-Sammlung der University of California, Riverside Libraries, überliefert sind (von denen aber nur Heft 462–471 mit dem Beitrag »Ein deutsches Buch« über »Der rote Kampfflieger« von Rittmeister Manfred Freiherrn von Richthofen, Berlin-Wien, Verlag Ullstein & Co., 1917 aufgeschnitten ist), sind sieben zwischen 1910 und 1917 erschienen, eines (Nr. 514–518) im August 1919. Möglicherweise ist damit der Aufenthalt Maruts in Wien zu datieren. Dem österreichischen Korrespondenten von Aftenposten (Oslo), Hans Erich Lampl, erzählte Hal Croves 1967, er habe eine Nacht im Wienerwald westlich von Wien unter freiem Himmel verbracht; außerdem erinnerte er sich an eine Schiffsreise auf der Donau nach Budapest; von einer Dampferfahrt auf der Donau mit vielen topographischen

Details hat Traven seinem Patenkind Gabriel Figueroa Flores berichtet.

Hinweise auf Wien enthält auch das erste, im Untergrund erschienene »Ziegelbrenner«-Heft: Eine Notiz gibt als Adresse für den Abschluß von Neuabonnements den Wiener Verlagsbuchhändler und Auslieferer Richard Lányi (eig. Richard Löwy, 1884–1942) an, der in kleinen Auflagen Lyrikbändchen, Bücher über zeitgenössische Kunst (darunter eine Mappe mit 12 Zeichnungen von Egon Schiele) und zahlreiche Werke von und über Karl Kraus herausbrachte. Geschäftbeziehungen zu Lányi bestanden schon seit 1918. Drei Monate später mußte Marut einräumen, daß »alle Briefe und Bestellungen, die an Richard Lányi, Buchhandlung in Wien gerichtet wurden, [...] voraussichtlich als verloren anzusehen« seien; mehr wolle er »augenblicklich darüber nicht sagen«. Es hätten sich jedoch »einige vertrauenswürdige Gesellen« erboten, »Bestellungen anzunehmen«; vom nächsten Heft an werde er »Namen und Adressen dieser helfenden Gesellen nennen«. Alle Briefe und Bestellungen seien dann »sofort zu wiederholen«. Sämtliche nach Maruts Flucht aus Bayern erschienenen »Ziegelbrenner«-Hefte, zuerst Nr. 18–19 vom 3.12.1919, tragen außerdem den fingierten Impressum-Vermerk »Druck: Rudolf Stupperg, Wien-Alsergrund«; eine Firma dieses Namens ist nicht nachzuweisen. Der Hinweis auf Wien diente wohl der Ablenkung vom tatsächlichen Druckort, als den zuerst Recknagel Berlin vermutet hat.

Möglicherweise hielt er sich auch in der Schweiz auf. Dafür spricht zum einen, daß er Anfang 1920 den Vertrieb über die Schweiz, möglicherweise Basel, organisiert hatte, zum andern, daß in einer Aufstellung Travens für den mexikanischen Zoll vom 12.12.1924 neben Deutschland und Österreich die Schweiz als Herstellungsland der zu verzollenden Kleidungsstücke angegeben ist. Auch das in Zürich ohne Datum einem Unbekannten gewidmete Exemplar von Tristan Tzaras 1918 dort erschienenen »Vingtcinq poèmes« im Traven-Nachlaß könnte Marut bei dieser Gelegenheit erhalten haben.

Das Unternehmen »Ziegelbrenner« hatte sich unterdessen in einen »fliegenden Verlag« mit »fliegender Schriftleitung« verwandelt. Die Abonnentenlisten, die vielleicht wichtigsten Verlagsdokumente, wurden »kreuz und quer durch Deutschland geschleppt«. Legt man das offizielle Erscheinungsdatum zugrunde, kamen zwischen Dezember 1919 und April 1920 in rascher Folge vier Hefte heraus. Nimmt man die Typographie, insbesondere den Zierrand der Titelblätter, näher in Augenschein, ergibt sich, daß sie in ein- und derselben Druckerei hergestellt wurden. Nachdem die ersten beiden Hefte erschienen waren, konnte Marut, wohl am 30.1.1920, einem Vertrauten mitteilen: »Wir haben mit vieler Mühe den Verlag wieder errichtet«. Allerdings mußte er bis Ende des Jahres über 400 Abonnements-Kündigungen konstatieren, bis zum Erscheinen von Heft 23–25 im Frühjahr 1920 waren es sogar 546.

Es gab weitere Schwierigkeiten. Zwar schickten »einige Gesellen […] unaufgefordert Geldsummen«, aber über das Münchner Konto konnten keine finanziellen Transaktionen mehr getätigt werden: »Die Post und auch sogar das Postscheckamt handeln so gemein, wie man es sich kaum denken kann. Einschreibsendungen und Geldsendungen werden vorgezeigt, aber es wird ausdrücklich verlangt, dass eine ganz bestimmte Person unterzeichnen soll, eben gerade diese Person, die nicht da ist. Früher wurden die Sachen ohne weiteres auch an andere Verlagsmitglieder ausgehändigt. Jetzt werden Post und Postscheckamt zu niedrigen Diensten der politischen Fahndungspolizei verwendet«. Auch mit dem Versand alter Hefte haperte es: »Frühere Hefte sind noch genügend vorrätig, wir können aber nicht heran kommen. […] (1, 2, 3 sind vergriffen)«.

Was den Vertrieb anging, konnte sich Marut auf »einen grossen Helferkreis in vielen Städten« stützen. »Vertraute und Freunde« hatte der »Ziegelbrenner« insbesondere in Breslau, Dresden, Königsberg, Berlin, Hamburg, Hannover und Köln, deren Adressen zum Stichtag des 15.5.1921 sämtlich »aufgehoben« wurden. Über die geheimen »Organisationsfäden« geben einige in Riverside überlieferte Briefe andeutende Auskunft, die apokryphe Anweisungen enthalten. Wertvolle Unterstützung kam aus dem Rheinland, wo die Engländer die Zeitschrift auf die Liste der abzulehnenden »nihilistischen Bücher« gesetzt hatten: »Im Rheinland haben wir unsere besten, ältesten und treuesten Kunden, die auch jetzt trotz der Schwierigkeiten, es kostet drei Monate Gefängnis, uns grosse Dienste geleistet haben«.

Eines der ersten neuen Verlagsprojekte war ein Flugblatt »Der Selbe / Herausgegeben vom Ziegelbrenner für die Gemeinschaft der Selben / Blatt 1 1. Mai 1919 Kampf-Zeit I.« Ein Druck läßt sich nicht nachweisen; überliefert ist ein korrigiertes Typoskript. Eine überarbeitete und erweiterte Fassung erschien in Heft 35–40. Es war ein Appell an Eigenverantwortung und Eigeninitiative; die Arbeiter sollen keine Mandate erteilen, sondern selbst handeln: »Sei Wollen! Sei Tat!« Marut verstand sich lediglich als Agitator, als Beschleuniger, unter keinen Umständen wollte er selbst eine leitende Rolle spielen. Politischen Ambitionen mißtraute Marut, hielt sie für faulig und korrumpierbar. Die »Gefährten« bzw. »Mitläufer« bzw. »Stimmzettel-Abgeber« rief er auf: »Denkt! Kommt zu Euch selbst! Aber kommt nicht zu mir. Ich kann Euch nicht gebrauchen. Ich will kein Führer sein. Mensch will ich sein. [...] Keine Regierung über mir und keine Regierten neben mir. [...] Denkt, so Ihr Hirne habt zu denken! [...] Vertrauet nur Euch selbst!« Und machte dann doch einen Vorschlag, wie das alte, wiederauferstandene System zu besiegen sei: durch Arbeitsboykott und passiven Widerstand, womit er in mancher Hinsicht als Vordenker des Operaismus erscheint. »Regierungs-Soldaten« könnten den Arbeiter zwar zur Arbeit zwingen, »aber sie können nicht erzwingen, dass die Arbeit [...] brauchbar ist«. »Werdet Euch Eurer ruhigen Passivität bewusst, worin Eure grösste Stärke liegt. Lasst das Wirtschaftsleben getrosten Mutes zusammenbrechen [...]«. Die Regierung werde »zum Nebelhauch«, wenn man sie »nicht achte«, wenn man »sie nicht als Regierung anerkenne«. »Mit meinem Nichtwollen, mit meiner Passivität zerschmettere ich die Welt«. Diese Ausführungen entsprechen den Ideen, die Marut im Winter 1919/20 in Berlin gegenüber Erich Wollenberg entwickelte: »So glaubte er, die Bourgeoisie durch geistigen Boykott bekämpfen zu können. Alle Sozialisten sollten sich weigern für den Bourgeois zu arbeiten. [...] Im Boykott der Bourgeoisie durch die geistige Elite der Menschheit sah er den besten, unblutigen und vielleicht einzigen Weg, der zum Sieg der sozialistischen Gesellschaft führen könne«.

Die Druckvorlage des nächsten »Ziegelbrenner«-Heftes wurde aufgrund einer Denunziation bei einer Haussuchung in der Wohnung von Irene Mermet zusammen mit anderen Verlagsunterlagen »wegen Aufreizung zum Klassenhaß« und »Beleidigung des Herrn Reichswehrministers und der Reichswehr« beschlagnahmt, sie selbst verhaftet, »für das Verbrecheralbum aufgenommen« und verhört, was Marta Haecker später bestätigte, und erst »nach zwei Wochen – oder länger? –« wieder auf freien Fuß gesetzt. »Die Dame mußte dieser Behandlung wegen ein Sanatorium aufsuchen, sie ist heute noch in geistiger Beziehung vollständig arbeits-unfähig«. Außerdem beschlagnahmt wurden laut Marut ein »Ziegelbrenner«-Heft, eine Ausgabe der »Fackel«, zwei Stenographie-Lehrhefte, zwei Manuskripte in englischer Sprache (bei denen es sich vermutlich um die Russell-Übersetzungen handelte), ein Foto, ein Band mit mathematischen Formeln sowie ca. 82 Nummern von Münchner Tageszeitungen, den »Münchner Neuesten Nachrichten«, der »München-Augsburger Abendzeitung«, des »Bayerischen Kuriers« und des »Neuen Münchener Tagblatts«. Der Druck des Heftes mußte daher nach den Manuskripten erfolgen, die bei Marut verblieben waren.

Zum 1. Oktober 1919 scheint Marut nach häufigerem Wechsel ein festes Quartier bezogen zu haben, denn in einem Brief an einen unbekannten Unterstützer, der wohl vom 30.1.1920 stammt, bittet er, »alle Briefe usw., die wir Ihnen nach dem 1.10.19 schickten und in Zukunft schicken werden«, möglichst weit von der Wohnung entfernt aufzubewahren. Trägt man alle vorhandenen Indizien zusammen, hielt er sich zwischen Oktober 1919 und Ende 1920 (mit Unterbrechungen) in Berlin auf, wo er den Druck der nächsten vier »Ziegelbrenner«-Ausgaben betreute. In der Ret-Marut-Sammlung der University of California, Riverside Libraries, sind aus dem Jahr 1920 mehrere Nummern Berliner Zeitschriften überliefert, die drei verschiedene Strömungen des Sozialismus repräsentieren. Sie könnten belegen, daß er sich in dieser Zeit (Januar, April, November 1920) in Berlin aufhielt und im Austausch mit Gesinnungsfreunden stand.

Erich Wollenberg zufolge hat Marut im Spätherbst 1919 zusammen mit Irene Mermet Unterschlupf auf einem Berliner Dachboden gefunden, 10–20 Minuten vom Kurfürstendamm entfernt. Hier habe er im November/Dezember ihre Bekanntschaft gemacht. Als einer der militärischen Führer der zweiten Räterepublik zu einer zweijährigen Festungsstrafe verurteilt, war ihm im September die Flucht aus der Festung Ansbach gelungen. 1966 erinnerte er sich in einem Brief an Recknagel, daß ein gemeinsamer Freund aus Münchner Tagen, Eduard Trautner, mit dem Wollenberg zusammen im Mai/Juni 1919 in Ingolstadt inhaftiert gewesen war, sie miteinander bekannt gemacht habe. Marut, von dem er schon gehört, dessen »Ziegelbrenner« er gelesen hatte, habe gegenüber Trautner den Wunsch geäußert, ihn kennenzulernen und angeboten, daß er bei ihm wohnen könne:

> »Wir trafen uns in einem Café am Kurfürstendamm [...]. Marut und seine Freundin bewohnten einen riesigen Boden in einem großbürgerlichen Haus in Berlin-West [...]. Der Hausbesitzer oder wenigstens der Besitzer dieses Bodens war ein enger Freund von Red Marut. [...] Marut und seine Freundin, beide Spätaufsteher, hielten sich in den Cafés des Kurfürstendamms auf, die er haßte mitsamt den intellektuellen Snobs, wie er mir sagte. Von diesen Caféhausbekanntschaften ließen sie sich Stoffreste (Samt, Seide, Brokat usw.) geben. Die Freundin von Red Marut war kunsthandwerklich begabt, sie fertigte aus diesen Stoffresten bizarre Tiere

und Puppen an, die beide dann am Kurfürstendamm verkauften. Red Marut hatte mir angeboten, an diesem Geschäft teilzunehmen, aber infolge meiner Illegalität konnte ich mich diesem Risiko nicht aussetzen, abgesehen davon, daß jede kommerzielle Tätigkeit meiner Natur widerspricht. Nachts, wenn das Paar heimkehrte, setzte sich Red Marut an mein Bett (ich habe einen sehr leichten Schlaf) und entwickelte mir seine Ideen über die Umwandlung der bürgerlichen Gesellschaft in eine anarcho-kommunistische. [...] Es müßten nach Red Marut Wege gefunden werden, daß die von sozialistischen Schriftstellern, Komponisten usw. verfaßten Werke nur dem Volk zugänglich seien«.

Aus Berlin schrieb Wollenberg »eine Karte an Erich Mühsam in die Festung Niederschönenfeld am Lech mit vereinbartem Tarnnamen und einem ›Gruss R. M.‹«.

Mit den vorliegenden Fakten nicht in Übereinstimmung zu bringen ist Götz Ohlys Behauptung, wonach er Marut »nach wochenlanger Flucht«, die ihn »zunächst nach Köln« geführt habe, bei sich in Berlin beherbergt haben will: »Ich versorgte ihn mit meinem Paß und mit etwas Geld. Einen Tag nach seiner Abreise machte die Polizei bei mir Haussuchung; Marut wurde also steckbrieflich verfolgt.« In einem Leserbrief an die »Welt« ergänzte Ohly: »Zu Fuß gelangte er in wochenlanger Flucht nach Köln und von dort nach Berlin [...] Er erzählte meiner Frau und mir alles, was sich ereignet hatte. Am Ende bat er mich, ihm irgendeinen guten Paß zu besorgen. Kurzerhand schenkte ich ihm den meinen, ahnend, daß ich den Freund nun viele Jahre nicht wiedersehen würde«.

Neue Ziegelsteine

Das erste im Untergrund produzierte »Ziegelbrenner«-Heft erschien am 3. Dezember 1919 als Doppelheft 18–19, obgleich es nur 24 Seiten dünn war; umständehalber hatte sich der Preis auf 1,20 Mark verteuert. Die Auflage betrug mindestens 1906 Stück (s. unten), die sämtlich in kurzer Zeit verkauft wurden. In das von den Alliierten besetzte Gebiet (vor allem westlich des Rheins) durfte der »Ziegelbrenner« nicht eingeführt werden. Das Impressum auf der 4. Umschlagseite enthielt durchweg fiktive Namen: »Herausgeber: Der Ziegelbrenner. Schriftleiter: ist den Abonnenten bekannt. Verantwortlich in Not-Vertretung: Arthur Terlehn in Neustadt. Verlag: Ziegelbrenner-Verlag. Druck: Rudolf Stupperg, Wien-Alsergrund.« Eine Notiz auf der 2. Umschlagseite informierte die Leser, daß »der Ziegelbrenner Verlag [...] jegliche Verlagstätigkeit, soweit sie von den staatlichen Behörden behindert werden könnte, eingestellt« hatte. »Wer abonnieren will, sende seine Adresse an: Richard Lányi, Buchhandlung (Abt. Ziegel) Wien I, Kärnt[n]erstraße 44.« Und auf der 3. Umschlagseite war die »Mitteilung« zu lesen, daß die nächsten Hefte »in illegaler Form«, unter Umgehung der Zensur, herausgegeben würden. Wohl auch an staatliche Ermittler adressiert war der Hinweis: »Die Hefte gehen den Bestellern aus den verschiedensten Städten des In- und Auslandes zu; der Poststempel bezeichnet niemals den eigentlichen Ausgabe-Ort«.

Anfangs dachte Marut daran, die neuen Hefte über Prag auszuliefern. »Aber über Prag geht es nicht gut, weil an der sächsischen Grenze Schwierigkeiten gemacht werden könnten. Ueber Bayern können wir erst recht nichts schicken, weil es dort gleich dabehalten würde. Die Sachen müssen infolgedessen über die Schweiz gehen, kommen dann teils mit Schiff weiter«. Anscheinend gelangten die Pakete von dort mit einem Rheinschiffer nach Duisburg-Ruhrort: »Soeben erhalten wir ein Telegramm, dass ein grosser Ballen mit Heft 20/22 glücklich in Ruhrort angekommen ist«; 1906 Exemplare wurden anschließend in einer Frachtkiste an einen Vertrauten geschickt. »Da die Hefte im Kohlenraum lagen, können einzelne der Hefte schwarz verstaubt sein.«

In diesem Heft reagierte Marut auf die Konterrevolution und ihre Helfershelfer unter den Sozialdemokraten, machte seiner politischen Wut und Enttäuschung in einer geradezu alttestamentarischen Haßtirade Luft: »Oh Ihr verfluchten Wechselbälge, Ihr Otterngezücht, Ihr faulen Bäuche, daß doch Eure Lügen zu Scheiße würden und Euch das schwärende Maul verstopften! [...] Ihr säuischen Säcke, [...] hat man vielleicht schon einmal einen sozialdemokratischen Parteibeamten oder Gewerkschaftsbeamten gesehen, der verhungert, schwindsüchtig, ausgemergelt und bleich ausgesehen hätte wie Landauer, wie Lewiné, wie Eisner? [...], das verlogene Führer-Pack lügt, um die erschlichenen Aemter behalten zu können, [...] die Ihr Euch in alten und neuen Aemtern auf Kosten des hungernden und blutenden Volkes mästet wie die Schweine und dem überfressenen Kriegsgewinnler und Revolutionsschieber Ebert immer ähnlicher werdet«.

Radikaler, gewalttätiger klang Marut nie: Die »Sozialisierungs-Pläne« seien fruchtlos, daher müsse jetzt mit »der völligen Vernichtung der Presse« begonnen werden, »das deutsche Bürgertum« habe »jedes moralische Recht darauf verscherzt, ohne Gewalt und Mord beseitigt zu werden«; »Wenn es doch erst soweit wäre, daß dieses Volk von Lügnern, von Bestien, von Geldgierigen, von Greuelverübern und von Organisatoren endgültig ausgerottet und vom Erdboden verschwunden wäre«; »Von den dreien: Staat, Regierung und Ich, bin Ich der Stärkste. Das merkt Euch!« In seinem einleitenden, quasi-religiösen Hymnus »Geburtswehe der Menschheit« kündigte er den Sieg der Revolution an, einer Revolution zugunsten der »Wahrheit« und der Menschenliebe: Sie werde kommen »wie der Sturmwind«, »mit großem Geschrei und Feuerbränden«, und »werde Gerichtstag halten« über alle »Unduldsamen«, die »kein Erbarmen kannten« und keine »Liebe zu den Menschen«.

Mit Datum vom 6. Januar 1920 erschien Heft 20–22 im Umfang von 48 Seiten zum Preis von 2,70 Mark. Der Druck wurde durch einen »Gönner« ermöglicht; wegen der unerwartet großen Nachfrage konnte Marut vor dem 28. Januar 1920 »eine neue Auflage, die doppelt so gross ist wie die erste«, in Auftrag geben. 100 Exemplare gingen, wie Marut im nächsten Heft mitteilte, ins europäische Ausland und nach Übersee, allein 20 in die Schweiz, 14 nach Italien, 10 in die USA, jeweils 9 nach England und Skandinavien. Stolz berichtete er einem Vertrauten, daß »das neue Heft [...] bereits von Universitäten und gelehrten Gesellschaften aus Argentinien, Indien, Japan und China bestellt« worden sei.

Aus Verschleierungsgründen kündigte Marut auf der 2. Umschlagseite seinen längst vollzogenen Weggang aus Bayern an. »Briefe an M« sollten daher »vorläufig nicht abgeschickt werden. Er bekommt sie nicht.« Die Hefte gingen den Abonnenten »aus 50 verschiedenen Städten des In- und Auslandes zu«, der Poststempel bezeichne »niemals den eigentlichen Aufgabe-Ort«. Dem Heft lag ein 8,3 × 10,5 cm großer, auf rotem Papier gedruckter »Aufruf an die Freunde des Ziegelbrenner« bei: »Wer für den Ziegelbrenner oder für dessen Schriftleiter in materieller Beziehung etwas tun kann und tun will, sowie wer glaubt, ein sicheres Asyl in einer Stadt oder auf dem Lande bieten zu können, wird gebeten, dies brieflich (nicht auf Karte) mitzuteilen an: Richard Lányi, Buchhandlung (Abt. Ziegel), Wien 1, Kärntnerstr. 44. Teilweise werden die Briefe an der Grenze von deutschen Behörden geöffnet, weshalb die hilfsbereiten Freunde ersucht werden, nur anzudeuten, ob es sich um eine Bestellung oder um Hilfe handelt«.

Neben Verlagsmitteilungen enthält das Heft als einzigen Beitrag Maruts philosophischen Essay »Die Zerstörung unseres Welt-Systems durch die Markurve« samt einem Nachwort. Darin zieht Marut, der große Einzelgänger und mittlerweile auch Desperado, gegen die Axiomatik der Mathematik zu Felde und räumt nebenbei auch noch mit den Erkenntnissen der Physik, der Chemie und der Astronomie auf. Läßt man den Anflug von Größenwahn, der diesem Text über die »Mar[ut]-Kurve« und die »[Mar]Ut-Sekunde« immanent ist, beiseite, handelt es sich um den mit großem sprachlichen Aufwand betriebenen, dennoch durch und durch laienhaften Versuch, sämtliche ordnenden Lebensprinzipien pauschal zu verneinen und durch eine Ichzentrierte Betrachtungsweise zu ersetzen. Marut stellt fest, daß sich im Universum »kein Weltkörper« um einen andern kümmert, daß »jeder Weltkörper [...] völlig unabhängig von irgend einem andern in völliger Einsamkeit seine ureigene Bahn« zieht. Und wie im Großen, so im Kleinen: »Ich stehe im Mittel-Ort des Weltalls. Ich allein. [...] Ich bin unzerstörbar in meinem Wesen. Ich bin ursprünglich. Nur mein Zustand kann sich ändern, verändern. Ich bin unvergänglich. Ich bin unsterblich. Ich denke: Ich. [...] Ich bin einzig. Ich bin unendlich. Ich bin. Ich erschuf mir diese Welt, als ich sie erkannte. Mir gehört die Welt, weil ich sie erkenne«. Eine Manifestation der Selbstbehauptung nach dem Schock der Verhaftung, »niedergeschrieben in zwei Tagen im Herbst 1919«, während in der Weltpresse über Albert Einstein als »eine neue Größe der Weltgeschichte« berichtet wurde; »geschrieben auf der Flucht als verfolgter Hochverräter, auf der Flucht vor Mücken«.

In einem Brief aus dieser Zeit, der wohl im Januar 1920 geschrieben wurde, teilte Marut einer anonymen »Ziegelbrenner«-Unterstützerin (vermutlich in München) mit, daß seine bisherigen Adressen aufgehoben seien. Im weiteren Verlauf erwähnte er Berlin und Hamburg, wohin er sich gern »die ganzen Sachen [...] schicken lassen« würde, doch sei es auch möglich, daß er den Verlag gezwungenermaßen »ins Ausland« verlegen müsse.

Bei dieser unbekannten Unterstützerin handelte es sich um das Mitglied einer Gemeinde der Adventisten vom siebenten Tage. Zu ihr hatte Marut anscheinend das zunächst bei den Eltern von Marta Haecker zwischengelagerte Mobiliar, Bücher etc. schaffen können; als er erfuhr, daß die Räumlichkeiten »umgebaut werden« sollten, hoffte er, daß seine »Sachen« notfalls »in irgend einem Speicher übereinander« gestellt werden könnten. Die Unterstützerin stand auch mit Marta Haecker in Verbindung und erhielt von ihr Material. Kurz zuvor hatte Marut von ihr ein Paket mit »Karten« und »2 Pakete mit Kuverts« erhalten; weitere »2 Pakete« waren bei ihr abgeholt worden; in einem davon befanden sich Briefe an den Verlag. Außerdem besaß sie eine Vollmacht für ein Verlagskonto, auf dem nach Maruts Überzeugung nun regelmäßig »viel Geld [...] einlaufen« werde: »Sobald jedesmal 500–700 M darauf sind, wollen sie es sofort abheben u. an Frl. Martha schicken«, damit »die neuen Sachen« bezahlt werden könnten. Aus welchen Motiven die Frau handelte, ob aus christlicher Nächstenliebe gegenüber einem Verfolgten, aus Bekehrungseifer (»Seelenrettung«) oder aus Solidarität mit dem pazifistischen »Ziegelbrenner«, muß offen bleiben.

Sofern es nicht mit Kalkül behauptet wurde, um den helfenden Eifer der Adressatin zu beflügeln, wurde Marut schon vorher von einem Adventisten »mit Lebensmitteln, mit Unterkunft lange Zeit versorgt«; »ein anderer Adventist« habe Marut »die nötigen Papiere« verschafft, mit denen er »ins Ausland kommen [...] und so seinen Mördern entgehen konnte«. Daß Marut in diesen Kreisen Verbündete fand, ist nicht überraschend. Zwar hatte sich die Leitung für die Erfüllung der Kriegsdienstpflicht, sogar am geheiligten »siebenten Tage« (Sabbat/Samstag), ausgesprochen, dennoch wurde diese Meinung nicht von allen Mitgliedern geteilt, in Einzelfällen kam es auch zur Kriegsdienstverweigerung. 1914 bestanden in Bayern neben zehn kleinen fünf größere Gemeinden in München, Nürnberg und Augsburg. Die Adventgemeinde München-Nord hatte ihren Gemeindesaal in der Theresienstraße 148, 2. Hof; von Maruts Wohnung in der Clemens- bzw. Mermets Wohnung in der Herzogstraße waren das nicht mehr als 25 Gehminuten. Kalkül war in jedem Fall die Behauptung, »der Herausgeber« beabsichtige, »den Artikel Ev. Matth.« (aus Heft 9–14 vom 15.1.1919, S. 87–90) »in sehr billiger Form in 100000 Exemplaren drucken und verbreiten zu lassen. Adventistische Freunde u. Leser« hätten ihm »dazu dringend geraten«: Marut tat nichts dergleichen.

Wie zwei auf den 25.2. datierte Fahrkarten für eine Fahrt 4. Klasse für die Strecke Cöln Hbf. nach Nideggen über Düren belegen, unterbrachen Marut und Mermet im Februar 1920, zwischen dem Erscheinen der Hefte 20–22 und

23–25, ihren Berlinaufenthalt für einen Ausflug in die Eifel. Zwar ist auf den Reichsbahnfahrkarten – wie zwischen 1907 und 1927/28 üblich – das Datum ohne die Jahreszahl aufgedruckt, doch spricht die Schreibweise »Cöln« für das Jahr 1920, denn ab 30. Januar 1919 führte die Stadtverwaltung Köln die K-Schreibweise ein, die dann durch Erlaß der preußischen Staatsregierung vom 10. April 1919 für allgemein verbindlich erklärt wurde. Auf den Bahnhöfen vorhandene Restkarten wurden im allgemeinen noch aufgebraucht.

Nideggen-Brück ist die Bahnstation für Simonskall, das man nach einem zweistündigen Spaziergang erreicht. In einem der insgesamt fünf alten Steinhäuser, die den idyllisch gelegenen Weiler Simonskall in der heutigen Gemeinde Hürtgenwald bildeten, traf sich zwischen Frühjahr 1919 und Frühjahr 1922 die »Kalltalgemeinschaft«, ein Intellektuellenzirkel um die Kunsthistoriker, Publizisten und Schriftsteller Carl Oskar Jatho (1884–1971) und Käthe Jatho-Zimmermann (1891–1989), der seinen Ursprung in den Grafikausstellungen, Diskussions- und Vortragsabenden hatte, die das Ehepaar Jatho seit 1916 in seiner Kölner Dachwohnung in der Moltkestraße veranstaltete. Gemeinsam las und diskutierte man Weltliteratur, Geschichtsdarstellungen und abendländische Philosophen von Vico über Kant und Hegel bis zu Marx, Kropotkin und Nietzsche. Zu den Mitgliedern gehörten Otto Freundlich, Bekya und Genya Gusik, Peter Abelen, Franz Nitsche und Franz W. Seiwert. Veranlassung des Besuchs dürfte der Druck eines Künstlerbuchs von Seiwert gewesen sein, das ursprünglich 1919 im Münchner Verlag der »Bücherkiste« erscheinen sollte. Jetzt teilten sich der »Ziegelbrenner-Verlag in Deutschland« und die nicht minder fiktive »Neustädter Genossenschafts-Druckerei in Neustadt« die Produktion. Unter dem Titel »Rufe« erschien es zwischen Ende März und Ende April 1920 als 16seitiges Heft mit sieben Holzschnitten und sechs Texten im Format 14,5 × 22 cm zum Preis von 1,60 Mark. Gedruckt wurde es auf der Handpresse der Kalltal-Gemeinschaft; »Holzschnitte und Worte« stammten, wie am Fuß der letzten Seite zu lesen ist, »von Franz Wilhelm Seiwert«; Jatho erinnerte sich, daß das Werk während Seiwerts Aufenthalt im Kalltal (Frühjahr 1919–Herbst 1920) entstand. Die Anzeige des Ziegelbrenner-Verlags auf der Rückseite bietet die Hefte 4, 5–8, 9–14, 15 und 16–17 zum jeweils doppelten, die Hefte 20–22 und 23–25 zu einem leicht erhöhten Preis an; Restexemplare des »BLaugetupften SPerlinG«, der laut Verlag »Kriegsnovellen« (!) enthielt, waren für 3,50 Mark zu haben. Da für den Druck der nächsten beiden »Ziegelbrenner«-Hefte Maruts Anwesenheit in Berlin erforderlich war, kann dem Besuch in Simonskall allenfalls ein kurzer Aufenthalt in Köln vorangegangen sein. Möglicherweise dauerte Mermets Visite länger: Ein vorübergehender Besuch Irene Mermets im Kalltal um 1920, unter dem Decknamen »Scholl«, ist durch Käthe Jatho bezeugt.

Heft 23–25 im Umfang von 40 Seiten wurde am 20. März 1920 ausgegeben und kostete 3 Mark. Mit Datum vom 19.2.1920 war es, vor dem Hintergrund der konterrevolutionären Greuel, »dem ehrenden Andenken jener Männer« gewidmet, »die unter dem Namen Geiselmörder durch ein grauenhaftes Justizverbrechen der kapitalistischen Gerechtigkeit bairischer Sozialdemokraten und der Blutrache des christlich-bairischen Bürgertums zum Opfer fielen«. Gedacht wurde ferner des »amtlich ermordeten Dr. Leviné« und des »halbamtlich ermordeten Gustav Landauer«. Das Heft erschien unter dem Titel »Dat grugliche Puppenspill« und enthielt neben den so betitelten Auszügen aus Fritz Reuters »Ut mine Festungstid« eine ausführliche Abrechnung Maruts mit dem Klerikalismus: »Es ist nicht zufällig, daß die bestialischste Rache an den Revolutionären gerade in den allerchristlichsten Ländern Ungarn und Baiern verübt wird«. Um die Heuchelei der Kirche zu entlarven, verknüpfte Marut Bibelzitate unmittelbar mit den Münchner Ereignissen. In diesem Zusammenhang formulierte Marut en passant eine seiner wesentlichen Devisen: »In allen Menschen den Trotz zu erwecken ist meine vornehmste Aufgabe. Trotz gegen jeden, Trotz gegen alles,

Trotz gegen jedes Gesetz, gegen jede Idee, gegen jedes Programm, gegen jede Regierung. Mensch, sei ewiger Revolutionär und Du hast gelebt!!!« Die 3. Umschlagseite enthielt die Aufforderung an alle »nichtdeutschen Studenten«, den »deutschen Universitäten und Schulen« fern zu bleiben. »Wüstes Geschrei, blutgierige Hetze gegen zukunftsfreudige Männer, Säbelrasseln und Revolverprotzereien erfüllen die Lehrsäle. Vorlesungen, Vorträge, Theateraufführungen werden niedergebrüllt und mit Mordwaffen niedergeschlagen von denen, die an Stelle von Geist und Können und von Arbeit nichts anderes zu setzen vermögen als breite Mäuler, schlagfertige Fäuste, Stinkbomben und Handgranaten«.

Heft 26–34 erschien am 30. April 1920 im Umfang von 72 Seiten zum Preis von 4,80 Mark. Neben einem weiteren Aufruf zur Vernichtung der Presse, Verlagsmitteilungen und zwei Aufforderungen, die eine an seine Abonnenten, die andere ein weiteres Mal an »nichtdeutsche Studenten«, enthält es – in denkbar großzügigem Satzspiegel – das Kunstmärchen-Fragment (»Das erste Buch. Begegnungen«) »Khundar«, Episoden aus dem Leben eines Bänkelsängers (»ich bin der sänger Khundar«). Die Schutzhinweise »Nachdruck verboten! Uebersetzung in andere Sprachen, Dramatisierung, öffentliche Vorlesung, Verfilmung verboten! Copyright by Ziegelbrenner-Verlag in Deutschland« werfen nicht nur die Frage auf, bei welchem deutschen Gericht Marut diese Rechte hätte einklagen wollen; sie zeigen auch die völlige Verkennung des Unwertes seiner belanglosen Arbeit, einer verquast-regellosen Mischung aus durchsichtiger Allegorie und Tausendundeiner Nacht. Auf der 4. Umschlagseite stand eine der versprochenen Bestelladressen: »Ich bin bereit, Briefe, Abonnements-Bestellungen und Bestellungen auf frühere Hefte entgegenzunehmen. Die Besorgung dauert etwa vier Wochen, weil von hier aus nichts erledigt werden kann. Geldsummen, die später zurückgezahlt werden, jetzt aber für die Wiederaufrichtung des Verlags dringend notwendig sind, bitte ich sofort an mich zu senden. Wer auch in andern Ländern, Provinzen und Bezirken Bestellungen annehmen will, teile es mir mit. Der Ziegelbrenner-Verlag darf nicht zu Grunde gehen. / Heinrich Otto Becker, Nippes (Bez. Köln) / Krüthstraße 27, part. r.« Diese Adresse findet sich zwar nicht im Kölner Adreßbuch von 1920, muß deswegen aber nicht fingiert gewesen sein. Durch eine Mitteilung im nächsten Heft galt auch sie als seit dem 15. Mai 1921 aufgehoben.

Fluchtstation Köln

Wie lange Marut und Mermet in Berlin gelebt haben, ist ungewiß. Wahrscheinlich im Herbst 1920, als auch Seiwert zurückkehrte, der im Frühjahr 1919 mit den Jathos in die Eifel gezogen war, verlegte das Paar seinen Wohnsitz in das seit dem 6. Dezember 1918 englisch besetzte Köln. Dazu passen die Erinnerungen des Journalisten und Schriftstellers Hans Schmitt-Rost und des Bildhauers Hans Schmitz, wonach Marut 1920 nach Köln gekommen sei und auf Empfehlung von Seiwert bei Peter Schug, einem Mitglied des Arbeiter- und Soldatenrates, in dessen Wohnung auf dem Thürmchenswall Unterschlupf gefunden habe, nur wenige Gehminuten von Seiwerts elterlicher Wohnung Eigelstein 147 entfernt. In Köln war Seiwert geistiger Kopf und Seele der »gruppe progressiver künstler«, die in den 20er und 30er Jahren eine Avantgarde der rheinischen Maler und Bildhauer repräsentierte und als deren bedeutendste Protagonisten neben Seiwert Heinrich Hoerle und Gerd Arntz gelten. Namens einer anderen Gruppierung mit dezidiert proletarischem Akzent, die als »Neukölnische Malerschule« firmierte, formulierte Seiwert deren Kunstanspruch in einem Brief an Pol Michels als »Dienst« an den »Ausgebeuteten, zu denen wir gehören und mit denen wir uns solidarisch fühlen, deshalb lehnen wir die zur Ergötzung des Bürgers vollführte, angeblich antibürgerliche dadaistische Harlekiniade ab, weil wir nicht den Bankrott des Bürgertums, sondern den Schaffenswillen der Masse sichtbar zu machen haben«. Zu ihr gehörten neben Seiwert und Hoerle Wilhelm Fick, Marta Hegemann und Angelika Hoerle. Eine weitere Verbindung, mit der Seiwert zusammenarbeitete, war Anton Räderscheidts Gruppe »stupid«.

Zwischen Marut, Mermet und Seiwert entwickelte sich eine freundschaftliche Arbeitsbeziehung, die allerdings nicht so weit ging, daß auch Traven noch von Mexiko aus Kontakt zu Seiwert gehalten hätte; Mermet stand dagegen noch 1927 mit ihm in Verbindung. Seiwert wiederum, von dem im Traven-Nachlaß auch eine Radierung »WIR DREI« überliefert ist, die laut Rosa Elena Luján auf die Freundschaft Bezug nimmt, war die Identität Marut-Traven relativ früh klar; er verhielt sich jedoch diskret und bot im Mai 1932 in seiner Zeitschrift »a bis z« den »Freunden von Traven« auf ebenso diskrete Weise Restexemplare des »Ziegelbrenner« an.

Maruts und Mermets Kölner Aufenthalt läßt sich durch mehrere Dokumente im Traven-Nachlaß und zwei Typoskripte in der Ret-Marut-Sammlung der University of California, Riverside Libraries, ungefähr eingrenzen: Notgeldscheine der Stadtgemeinde Köln, die zwischen 1918 und 1921 ausgegeben wurden, ein im Januar oder Februar 1921 geschriebener Aufsatz, der die Beschlagnahme eines Films kommentiert, bei dessen Uraufführung am 11. Dezember 1920 Marut anwesend gewesen sein und den er besprochen haben will, eine Postlagerkarte, ausgestellt am 7.11.1921 in Köln, sowie eine Eintrittskarte für ein Kölner Kino vom 22.5.1922. Undatiert sind eine Eintrittskarte für das »Deutsche Theater« in Köln und Platzkarten des Kölner Renn-Vereins in Weidenpesch. Ebenfalls im Traven-Nachlaß fand sich das 1919 erschienene Buch »Köln am Rhein. Ein Wegweiser und Andenken« von Georg Hölscher. Köln lag in der englischen Besatzungszone, unterstand also nicht der Reichsregierung, was für einen steckbrieflich verfolgten politischen Flüchtling von Vorteil war. Als Verlagsort stand es Berlin nach, doch war es geeignet genug, um dort unauffällig zu privatisieren: Irene Mermet stammte aus Köln und hatte in den Künstlerkreisen zahlreiche Freunde; auch Marut kannte sich in der Stadt aus (1914 besaß er eine Monatskarte der Reichsbahn für die Strecke Düsseldorf-Köln) und verfügte über Beziehungen; zuletzt hatte er 1919 erfolgreich Fäden dorthin gesponnen (siehe S. 374 f. und 421).

Die am 7. November 1921 erfolgte Ausstellung einer Postlagerkarte, die zunächst für einen Monat gültig war, könnte eine entsprechend lange Abwesenheit von Köln signalisieren. Möglicherweise hielt sich Marut zu dieser Zeit in Berlin auf: Der Berliner Individualistenbund veranstaltete im Herbst und Winter 1921 »Vortragskurse über individualistische Weltanschauung« zu jeweils sechs Abenden, die von Anselm Ruest (d.i. Ernst Samuel, 1878–1943), Eduard Saenger und Ewald Tscheck (1895–1956) bestritten wurden. Der 5. Kursus, mit Ewald Tscheck als Vortragendem, fand donnerstags im Köllnischen Gymnasium in der Inselstraße statt und galt der »Ueberwindung des Staates«, die letzten drei Abende beschäftigten sich u.a. mit Rudolf Steiner, Bakunin, Kropotkin, Proudhon, Mackay, Tolstoi, Stirner, Nietzsche und den »Zeitgenossen« A. Ruest, S. Friedlaender, R. Hanko und Ret Marut, der damit in eine erlauchte Gesellschaft geraten war; Thema dieses 6. und letzten Abends am 1. Dezember 1921 war »Die Entwicklung des Individualismus im Abendland«. Hörerkarten konnten entweder in der Berliner Buchhandlung Twardy (»Buch- und Kunstheim Käthe & Emma Twardy«, Berlin W9, Potsdamer Str. 12), beim Schriftführer des Individualistenbunds, Tscheck, oder an der Abendkasse erworben werden; die Kursgebühr betrug 10 Mark. Daß Marut sich zumindest in den Schlußabend geschmuggelt hat, würde wohl niemand verwundern.

Es lohnt sich, noch einen Moment bei dem S. 456 erwähnten Film zu verweilen, den Marut am 11.12.1920 im Rahmen einer eineinhalbstündigen »Probe-Aufführung« im Kölner Metropol-Theater, zu der ein »Kreis von Kölner politischen und wissenschaftlichen Persönlichkeiten« geladen war, gesehen und anschließend, wohl für die Berliner »Sozialistische Republik«, besprochen hat. Neben dieser Kritik, in der Marut hervorhob, daß damit erfolgreich »gegen den stinkenden Kinomist gearbeitet werde«, schrieb er mindestens zwei weitere Aufsätze zum selben Thema, deren z. T. fragmentarische Typoskripte in der Ret-Marut-Sammlung der University of California, Riverside Libraries, überliefert sind: »Die Geschichte eines Films« und »Dilettantismus in der Kloake des Herrn Runge«; letzterer läßt sich durch die Erwähnung einer am 8.1.1921 stattgehabten Filmzensurkonferenz im Innenministerium und der bevorstehenden Wahlen zum Preußischen Provinziallandtag in der Rheinprovinz, die am 21.2.1921 stattfanden, auf den dazwischenliegenden Zeitraum datieren. Daß Marut zu diesem Zeitpunkt in Köln war, ist zwar nicht zwingend, aber ziemlich wahrscheinlich.

Bei dem Bildstreifen handelte es sich um einen »grossen wissenschaftlich angelegten Kölner Heimatfilm« mit dem Titel »Qui non vidit Coloniam, non vidit Germaniam«, der sich mit »der Geschichte Kölns, seinen Kunstwerken und seiner modernen Gestaltung« beschäftigte. Er war 1916/17 von Kölner Heimatfreunden geplant worden, um die von den Auswirkungen des Kriegs bedrohten baulichen Schönheiten der Stadt zu dokumentieren. Kölner Bürger hatten ihn finanziert, produziert wurde er von der Kölner Internationalen Kultur-Film-Gesellschaft (Ikefge), in der sich mehrere namentlich nicht bekannte Damen und Herren verbunden hatten; Geschäftsführer war der Kaufmann Fritz Mermet, Köln, Niederichstraße 9/I – der Vater von Irene. An dem Film waren mehrere – namentlich ebenfalls nicht bekannte – Autoren und Autorinnen beteiligt, darunter ein »Herr Doktor«, die für die Zwischentitel verantwortlich zeichneten. Es erscheint durchaus möglich, daß Marut selbst und auch seine Freunde aus den Kölner Künstler- und Intellektuellenzirkeln an dem Film mitarbeiteten oder gegen Ende der Herstellung dazustießen und ihre Ideen einbrachten, ja daß in diesen Kreisen die Idee zu dem Film sogar entstand und Irene ihren Vater überreden konnte, die Produktion maßgeblich zu finanzieren. Das würde ohne weiteres erklären, weshalb sich Marut des Falles annahm; die Tatsache, daß der Vater seiner Freundin Geschäftsführer der Produktionsgesellschaft war, wäre alleine – auch in Anbetracht der Vorgeschichte – vielleicht nicht hinreichend gewesen.

Die Filmaufnahmen begannen im Frühjahr 1917; als 50 Meter abgedreht waren, untersagte die Militärbehörde aus Sicherheitsgründen weitere Dreharbeiten und die Vorführung des Materials. Im Frühjahr 1919 konnte die Arbeit wieder aufgenommen werden. Vier Stunden nach der Aufführung verfügte der Regierungspräsident die Zwangsauflösung der Kultur-Film-Gesellschaft, zwei Tage später erfolgte dort eine Haussuchung, bei der Filmmaterial in einer Gesamtlänge von 86 m beschlagnahmt wurde, wobei es sich um Aufnahmen von geographischen und architektonischen Zeichnungen, mittelalterlichen Bauwerken und Denkmälern, Kirchen, des Zoologischen Gartens und eines Fußballspiels handelte. Auf Anordnung des Kölner Polizeipräsidenten wurde der Film wenige Tage später in Mermets Privatwohnung in Anwesenheit von Vater und Tochter konfisziert.

Polizeipräsident von Köln war zwischen 1919 und 1922 Paul Runge (1877–1948), für Marut nicht nur wegen der Filmbeschlagnahme der falsche Mann im Amt: »Die Mörder, Schwerverbrecher, Schieber und Wucherer in Köln haben das für sie günstigste Polizeipräsidium. Der eine Teil der Polizeibeamten ist notwendig, um die Kommunisten zu bespitzeln und der Rheinischen Zeitung Material zu verschaffen und der andere Teil verbringt seine Zeit damit, sich um Dinge zu bekümmern, an denen die Bevölkerung auch nicht das allergeringste Interesse hat«. Marut kannte Runge als SPD-Parteisekretär des Wahlkreisvereins Bochum-Gelsenkirchen-Hattingen-Witten und Bochumer Gegenspieler des Gelsenkirchener Arbeitersekretärs Meis; 1906 war er als Gewerkschaftssekretär Otto Feige in die Schlichtungskommission berufen worden, die im Streit zwischen den Distrikten Bochum und Gelsenkirchen vermitteln sollte (siehe S. 156–159). In einem der beiden Aufsätze ließ Marut durchblicken, daß er Runge bereits persönlich kennengelernt hatte: »Wer Herrn Runge nicht vorher kannte und von ihm nur das eine wusste, dass er Sozialdemokrat sei, erhoffte von ihm als Polizeipräsident, dass mit ihm ein neuer Geist in das Polizeipräsidium einziehen würde. Wir wussten im voraus, dass alles hübsch beim Alten bleiben würde und dass ›der einzige Arbeitervertreter auf vorgeschobenem Posten im reaktionären Rheinland‹ eben nur den Titel Sozialdemokrat hergeben müsste, um alle reaktionären Massnahmen und antifreiheitlichen und antidemokratischen Strömungen im Polizeipräsidium zu decken. Die Unintelligenz und vollständige Unfähigkeit, politische Dinge auch nur einigermassen richtig zu beurteilen, ist bei den Organen des Herrn Runge, wie bei ihm selber, die gleiche geblieben«.

Die Polizei beanstandete zwei Zwischentitel: in dem einen wurden der preußischen Regierung politische Fehler in Elsaß-Lothringen, Schleswig-Holstein, Westpreußen, Posen und Oberschlesien vorgehalten, im andern hieß es über die »gerühmte Schneidigkeit der preußischen Polizei«, sie sei dem Rheinländer »ein Greuel«. Es kam zu einem Prozeß vor dem Schöffengericht, der mit einer Geldbuße in Höhe von 2000 Mark endete, jedoch nicht strittiger Inhalte wegen, sondern weil die Produktionsgesellschaft den Film nicht vorab der Zensur vorgelegt hatte.

Während das USPD- (später KPD-) Organ »Sozialistische Republik« auf Distanz blieb, hatte der Film aufgrund seiner preußenfeindlichen und besatzungsfreundlichen Tendenz die Sympathie der separatistischen Kölner Wochenzeitung »Rheinische Republik. Freie Zeitung«, die der Affäre nicht weniger als 21 Artikel widmete. Deren Verleger und verantwortlicher Herausgeber, Josef Smeets, stand vom 1.–3. März 1922 in einem Sammelprozeß verschiedener Beleidigungen wegen vor Gericht, an dessen Ende er zu einer fünfmonatigen Gefängnisstrafe verurteilt wurde. Der 1893 in Aachen geborene Smeets war Parteisekretär der Kölner USPD und in der Novemberrevolution einer ihrer Vertreter im Arbeiter- und Soldatenrat gewesen. Weil es ihm nicht gelang, die Partei auf einen separatistischen Kurs einzuschwören, gründete er im August 1919 den »Rheinlandbund«, dessen publizistisches Kampforgan die »Rheinische Republik« war, auch nachdem er sich Anfang 1920 in »Rheinisch-Republikanische Volkspartei« umbenannte. Smeets agitierte für einen souveränen, neutralen, pazifistischen Rheinstaat auf sozialer und demokratischer Grundlage; er starb 1925 in Metz an den Folgen eines am 17. März 1923 auf ihn verübten Attentats. Weil er 1919 auch Verleger des kurzlebigen Kölner »Ventilator« war, können persönliche Beziehungen zur sozialistischen Kölner Künstlerszene und, vermittelt durch diese, auch zu Marut und Mermet, als sehr wahrscheinlich gelten.

Möglicherweise für einen Ausflug von Köln aus erwarb Marut jenen Reiseführer für Luxemburg, Mosel- und Saargebiet einschließlich der sog. luxemburgischen Schweiz im Nordosten des Großherzogtums, der sich heute im Traven-Nachlaß in Mexiko befindet. Dazu passen drei in Trier gelöste (laut Guthke undatierbare) Fahrkarten, deren aufgedruckte Stationen deutsche Orte im Moseltal bezeichnen, und einige 1918 gedruckte luxemburgische Geldscheine. Im Zusammenhang dieser Reise ist vielleicht auch der am 1. November 1918 in Limburg ausgegebene ›echte‹ Notgeldschein über 10 Pfennig, der bis Ende 1920/Anfang 1921 in Umlauf war, danach mehr und mehr an Wert verlor, in Maruts Besitz gelangt.

Mit großem zeitlichen Abstand zum vorigen Heft erschien am 21.12.1921 die letzte Ausgabe des »Ziegelbrenner« mit sieben ganzseitigen Illustrationen von Franz W. Seiwert zum Preis von 3,30 Mark; als Druckort wird Köln vermutet. Die Auflage könnte, wie bei »Rufe«, 600 betragen haben. Den Vertrieb übernahm angeblich ebenfalls Seiwert. Heidemann erfuhr von Schmitt-Rost, daß Seiwert 1929/30 beim Aufräumen seines Kellers viele Ausgaben des »Ziegelbrenner« gefunden habe, von denen er eine komplette Folge Schmitt-Rost schenkte, der sie aufbinden ließ.

Mit diesem Heft 35–40 stellte Marut seine Verlagstätigkeit ein. Er hatte den wenigen verbliebenen Abonnenten damit sechs weitere Nummern geliefert und so sein Soll erfüllt: »Die Abonnenten-Liste ist bis auf weiteres geschlossen; das heißt also: Neue Abonnenten werden vorläufig nicht angenommen. Der Ziegelbrenner-Verlag«. Alle Adressen der Vertrauten und Freunde seien »seit dem 15.5.1921 aufgehoben«, wer dennoch an eine dieser Adressen »Briefe oder Geld« sende, müsse in Kauf nehmen, daß der Verlag diese Sendungen nicht erhalte. Den Freunden der Zeitschrift wurden die noch lieferbaren Hefte, bis auf Heft 26–34 zu deutlich erhöhten Preisen, angeboten. Vergriffen waren die Hefte 1, 2, 3 und 18–19; »falls sie beschafft werden können, kosten sie das 30fache des aufgedruckten Preises«. Die rapide Geldentwertung war wohl mit ein Grund, das Verlagsgeschäft aufzugeben.

Seiwerts Bildfolge, ursprünglich Federzeichnungen auf Karton, trug den Titel »Sieben Antlitze der Zeit« und rückte den Proletarier in den Mittelpunkt seiner Agitprop-Kompositionen. Marut überschrieb seinen Text, für den er groteskerweise wiederum den Nachdruck untersagte, mit »Gegensatz« und las den Proletariern, wie er sie kannte und verachtete, die Leviten: »O wie arm seid ihr, ihr in euren Versammlungen, wo ihr redet und nicht handelt«, gebe es doch »keine Gewaltherrschaft ohne Beherrschtseinwollende«. Nicht der »Generalstreik« sei das hinreichende Mittel zur Gegenwehr, sondern die totale Verweigerung; die Arbeiterschaft solle sich im »Kinderverzicht« (denn »Kinder-Erzeuger bleiben in Knechtschaft«) und im Konsumverzicht üben: »Ihr braucht kein Plüsch-Sofa in eurer Wohnung. Das Plüsch-Sofa, das ihr habt, ist das Zeichen eurer Knechtschaft. Solange ist das Plüsch-Sofa zu eurem Glücke nötig, so lange ihr Sklaven seid. [...] Das Kapital herrscht nur da, wo gekauft wird. Verstehst du? Denket! Besinnet euch auf euch selbst, nicht auf euer Programm! Werde jeder ein Selbe!« »Ueberlaß die Zukunft ruhig der Partei und das Himmelreich der Kirche. Dein aber sei die Gegenwart! Nimm sie dir«.

Mit der urkomischen, jedoch völlig ernstgemeinten Forderung nach »Abschaffung des Privateigentums an der letzten Hose!« schließt der »Ziegelbrenner«. Es folgen nur noch die Worte: »Wissen ist Macht? Nein! / Tat ist Macht! / Wissen macht frei? Nein! / Tat macht frei!« – ein Echo auf und zugleich eine Kritik an einer alten SPD-Devise. Der Ausdruck geht auf Francis Bacon zurück; zum populären Slogan der Arbeiterbildungsbewegung wurde er durch Wilhelm Liebknechts Schrift »Wissen ist Macht – Macht ist Wissen«.

Große Teile der Ziegelbrenner-Verlagskorrespondenz, aber auch viele literarische Texte und persönliche Dokumente, Zeitschriften und Bücher von Marut aus den Jahren 1901–1923 verblieben im Besitz von Irene Mermet. Warum sie diese später nicht nach Mexiko schickte, ist ungeklärt. Am plausibelsten ist die Annahme, daß Marut Mermet aufforderte, das Material zu vernichten und sie dies schuldig blieb. Treu blieb sie ihm immerhin in der von ihm gewünschten Verschwiegenheit, auch nachdem sie sich von ihm getrennt hatte. 1989 ließ Irene Mermets Tochter, Elisabeth Hanna von Braitenberg, die Sammlung durch das Hamburger Auktionshaus Hauswedell & Nolte versteigern. Den Zuschlag erhielten für 62 000 Mark zwei New Yorker Antiquare, die Firmen Glenn Horowitz, Bookseller, und Lion Heart Autographs, in deren Auftrag James Goldwasser die Sammlung katalogisierte. Anschließend wurde sie von der Tomás Rivera Library der University of California in Riverside für $ 180 000 erworben (der Preis hatte sich damit mehr als verfünffacht), wo sie nunmehr als »Archive of Ret Marut & Der Ziegelbrenner« Teil der »Special Collections & Archives« ist und zusammen mit der »B. Traven Collection of Gerd Heidemann« und dem »Edgar Pässler Archive« die »B. Traven Collections« bildet.

Transit

Über den 22. Mai 1922 hinaus läßt sich Maruts und Mermets Aufenthalt in Köln nicht belegen; ab hier begann ihr zunächst gemeinsamer Versuch, Europa zu verlassen. Was sie dazu veranlaßte, ist nicht bekannt. Maruts Beitragszahlungen für die Pensionskasse der Bühnengenossenschaft bis einschließlich 1921 beweisen, daß er bis dahin keine Auswanderungspläne verfolgte. Eine Bemerkung in einem späteren Brief Irene Mermets deutet darauf hin, daß er sich in Deutschland, früher als sie selbst, von der politischen Betriebsamkeit in seinem persönlichen Umfeld abgestoßen fühlte. 1927 distanzierte auch sie sich dann »von den früheren Freunden, die immer noch im alten Jargon sprächen. Wie klug es von Traven gewesen sei, sich fernzuhalten!« Allerdings war der abrupte Abschied ein Reflex, dem Otto Feige im Leben mehrfach nachgab; mehr als einmal befreite er sich durch radikale Kehrtwenden aus langweilig oder aussichtslos gewordenen Lebenslagen. So, als er 1904 Wallensen verließ, dann 1907, als er seinen Posten als Geschäftsführer in Gelsenkirchen aufgab, erneut 1915, als er beim Schauspielhaus Düsseldorf kündigte. Jedesmal war er danach ein anderer. Auch in seinen Werken gestaltete er solches Verschwinden. Viele seiner Helden sind vom Wunsch geprägt, unterzutauchen, namenlos durch die Lande zu ziehen.

Laut seinem Londoner Lebenslauf (siehe S. 478) wollte Marut ab 1922 u. a. in »Copenhagen, Denmark« gewesen sein. Tatsächlich könnte ein 1921 gedruckter dänischer 1-Kronen-Schein einen Aufenthalt in Dänemark, ein sogenannter »Notgeld-Gutschein« der Stadt Neustadt in Holstein über 75 Pfennig, einzulösen bis zum 31.7.1921, einen Aufenthalt in der Grenzregion zu Dänemark belegen; beides hat sich im Traven-Nachlaß in Mexiko gefunden. Allerdings handelt es sich bei letzterem um kein echtes Notgeld, das von den Gemeinden damals ausgegeben wurde, um dem Kleingeldmangel abzuhelfen, sondern um den Einzelschein einer zu Sammlerzwecken edierten Serie, mit der Neustadt seine Deutschlandzugehörigkeit betonte. Das Verfallsdatum 31.7.1921 legt zwar nahe, daß Marut den Schein zu einem früheren Zeitpunkt erwarb, doch könnte der Kämmerer die Serie mit Kalkül auch erst danach aufgelegt haben. Ebenso verhält es sich mit einem Notgeld-Gutschein der Handelskammer Oldenburg über 50 Pfennig mit Darstellungen aus dem Oldenburger Land, ausgegeben 1921. Bei dem 50-Pfennig-Gutschein aus Rüstringen, wie der vorige von Guthke im Traven-Nachlaß entdeckt, ausgegeben

1917, gültig bis zwei Jahre nach Kriegsende, handelt es sich dagegen um eine Verkehrsausgabe, die bis ca. Ende 1920 in Umlauf war, sogar – mehr und mehr wertlos – noch darüber hinaus. Ob man daraus jedoch eine Reiseroute Köln-Oldenburg-Rüstringen-Neustadt-Kopenhagen konstruieren kann, scheint fraglich. Möglicherweise wagten Marut und Mermet von der friesischen Küste aus jene England-Überfahrt, die in zwei varianten Erzählungen Irene Mermets, allerdings jeweils aus zweiter Hand, überliefert ist. Ihrer Tochter erzählte sie, daß sie 1922 zusammen mit Marut in Dänemark ein Boot gekauft habe, um nach Amerika zu segeln. Sie seien aber in einen Sturm geraten, und weil keiner von beiden genug vom Segeln verstanden habe, seien sie gezwungen gewesen, umzudrehen. Wenn wir für Dänemark Deutschland, für Amerika England setzen, ergibt sich eine gewisse Nähe zu einer ähnlichen Erzählung, die durch George McCrossen, einen amerikanischen Bekannten von Irene Mermet, überliefert ist, der sich 1967 in einem Brief an Judy Stone an Mermets Bericht erinnerte, wonach »sie und einer oder mehrere Begleiter mit einem kleinen Schiff von Deutschland nach England zu gelangen suchten. Sie gerieten aber in einen Sturm und wurden an der holländischen Küste schiffbrüchig. Ich erinnere mich an ihren Ausspruch: ›Ich werde nie vergessen, wie ich morgens am Strand aufwachte und eine Herde friedlich wiederkäuender Kühe im Halbkreis um uns herumstand und uns beobachtete!‹« Auf welche Weise Marut und Mermet ihren Lebensunterhalt im Ausland bestritten, ist ungeklärt. Reichsmark-Guthaben nutzten ihnen wenig: Der Wert des Dollar, der zu Kriegsbeginn bei 4,20 Mark lag, hatte sich innerhalb von acht Jahren etwa vertausendfacht.

Wiederum zu belegen ist, daß Irene Mermet sich etwa am 4. August 1923 in Kopenhagen auf dem Postdampfer Oscar II eingeschifft hat und am 14. August auf Ellis Island, New York, eingetroffen ist. Bei der Einwanderung gab sie ihr Alter mit 31 Jahren, ihren Beruf mit Studentin, als Vater Fritz Mermet in Köln, Nied[e]riechstraße 9 an; als Gewährsmann in New York nannte sie Arthur Lysaght, R.F.D.,

Croton on Hudson N. Y. Ist es bloß Zufall, daß einen Tag später Frank (41 Jahre alt) und Marie Mermet (42) aus Boulogne-sur-mer auf Ellis Island, New York, eintrafen? Oder handelte es sich dabei um Angehörige jener französischen Verwandten, die Irene jedes Jahr in Paris besuchte, wo sie Modellkleider kaufte (oder geschenkt bekam?), die sie dann umarbeitete?

Marut dagegen mußte sich einen anderen Weg suchen. Schmitt-Rost und Schmitz wollten wissen, daß Marut von Köln über Aachen nach Rotterdam gelangte, wo er an Bord eines Schiffs ging; Kontaktmann in Aachen sei der Buchhändler und Anarchosyndikalist Wilhelm Ehglücksfurtner (1898–1969) gewesen. Ehglücksfurtner war 1916/17 in der Münchner Kunsthandlung Goltz beschäftigt gewesen, wo Carl Oskar Jatho häufig zu Gast gewesen war, der sich von dort Bilder auslieh, mit denen er Privatausstellungen bestückte. 1919 hatte Ehglücksfurtner als Beteiligter an der Räterepublik (angeblich war er Sekretär Levinés gewesen) fliehen müssen; in Aachen gehörte er zu den Mitbegründern der »Linksradikalen Jugend«. Recknagel beruft sich auf eine schriftliche Auskunft von Zenzi Mühsam vom 5. Juni 1961, wonach in Köln »ein reicher Reeder« mit dem Spitznamen »Onkelchen« lebte, »der Revolutionären aus der Bayrischen Räterepublik zur Flucht verhalf«. Heidemann hat in seinem Buch diese Aussage Schmitt-Rost und Schmitz in den Mund gelegt: »Marut wurde vom Anarchistischen Freibund über Aachen nach Rotterdam gebracht; mit dem Geld von ›Onkelchen‹, einem reichen Fabrikanten, der unserer Richtung nahestand«. Der »Anarchistische Freibund« war eine Unterströmung in der 1919 gegründeten »Freien Arbeiter Union Deutschland« (FAUD), der bis zu ihrer Auflösung 1933 wichtigsten Organisation des deutschen Anarchosyndikalismus. Er wurde im September 1920 auf einer Konferenz in Dortmund als »Frei-Bund anarchistischer Gruppen Rheinland-Westfalen« gebildet; das ideologische Spektrum reichte vom kommunistischen Anarchismus Kropotkins bis zum Individualanarchismus Stirners und Mackays.

Für den Transit hatte sich Marut in Köln mit Ohlys Paß ausgestattet. Dessen Sohn erinnerte sich im Gespräch mit Heidemann an die wiederholte Erzählung, »wie mein Vater also diesen Paß übergeben hat und wie er ihn ein letztes Mal in Köln noch einmal angetroffen hat. [...] Es war auf einer Veranstaltung, auf einer internen Gesellschaft«. Die Aussage ist glaubwürdig, da Ohly nachweislich mit Seiwert in Verbindung stand, den er bei dieser oder einer früheren Gelegenheit kennengelernt haben könnte. Maruts erneuter Aufenthalt in Köln im Jahr 1923 ergibt sich durch eine Reihe von Seiwert-Arbeiten im Traven-Nachlaß, die auf dieses Jahr datiert sind. Ebenfalls 1923 entstand der Linolschnitt »Profit I«, den Seiwert auf die Rückseite von Maruts Aufruf an Ministerpräsident Hoffmann (siehe S. 423 f.) druckte und der in Travens Nachlaß entdeckt wurde.

Ebenfalls dort hat Guthke Belege für die Reisestationen Belgien und Holland gefunden: eine undatierte Fahrkarte der Gemeentetram Amsterdam und eine undatierte Zugfahrkarte Brüssel-Antwerpen. Götz Ohly wußte zu berichten, daß Marut der von ihm, Ohly, geschenkte Paß »in Belgien gestohlen« worden sei, Marut habe ihm dies »auf einer Karte aus Belgien geschrieben«.

1922 oder 1923, wie Erich Wollenberg vorsichtig formulierte, bzw. Ende 1923, wie Recknagel ohne nähere Begründung präzisierte, erhielt Erich Mühsam in seiner Festungshaft in Niederschönenfeld »eine handgeschriebene Ansichtskarte« aus Amsterdam oder Antwerpen »etwa folgenden Inhalts: ›Lieber Erich, in wenigen Stunden besteige ich ein Schiff, das mich über den Atlantik bringt und damit habe ich aufgehört zu existieren. R. M.‹«. Plausibel läßt sich diese Atlantikpassage mit der nachzuweisenden Überfahrt nach Kanada via England in Verbindung bringen, wobei »Amsterdam oder Antwerpen« der Ausgangshafen gewesen sein könnte. Als erwiesen kann gelten, daß Marut sich im Sommer 1923 als nach Kanada durchreisender Auswanderer legal in Großbritannien aufhielt: »He landed in this country last summer and was allowed to pass through as transmigrant on his way to Canada«. Bei seiner Ankunft in Kanada im Juli 1923 wurde ihm jedoch die Einreise verweigert, »as his papers were not in order«; gleich mit dem nächsten Schiff wurde er zurückgeschickt. »Canada, leaving about July was rejected there & returned to England«, heißt es dazu im Londoner Lebenslauf.

Allein in London

Am 19. August 1923 traf Marut in London ein, vermutlich mittellos, da er sich, worauf noch näher einzugehen ist, in New York erfolgreich um eine finanzielle Unterstützung bemühte und sich außerdem gezwungen sah, trotz seines Illegalen-Status, eine Arbeit als »mechanic«, Maschinenschlosser, aufzunehmen, vermutlich im East End. Er benutzte – bei welcher Gelegenheit, ist nicht bekannt – die Decknamen Arnolds und Barker und verkehrte in kommunistischen Kreisen (»being intimately mixed up with Communist circles here«). Da es sich bei den bekannt gewordenen Namen, Sylvia Pankhurst (1882–1960), Nora Smyth und Thomas Hallinan (1880–1971), um entschiedene Kriegsgegner handelte, scheint Marut von dem Nimbus profitiert zu haben, den er sich als »Ziegelbrenner«-Herausgeber erworben hatte. Darüber hinaus kann vermutet werden, daß er auch Verbindung zu Helen Bowen Wedgwood und ihrem Vater Josiah Clement Wedgwood (1872–1943) aufgenommen hatte, einem Labour-Politiker, von dem bekannt ist, daß er sich für politische Flüchtlinge einsetzte. Helen Bowen Wedgwood war Marut durch ihren Briefwechsel mit seinem Münchner Mäzen Georg v. Kaufmann als Pazifistin bekannt.

Sylvia Pankhurst und Nora Smyth galten der amerikanischen Botschaft später als Maruts »Beschützerinnen«. Daß sie aufgrund ihrer gemeinsamen linkskommunistischen und antimilitaristischen Überzeugung schon mit ihm in Verbindung standen, ehe er nach London kam, ist eher unwahrscheinlich. Pankhurst (jüngere Tochter der Frauenrechtlerin Emmeline P.), Führerin der Anti-Kriegs-

Bewegung und Aktivistin der Suffragettenbewegung, lebte zu jener Zeit im East End, dem traditionellen Armenviertel, wo sie sich zusammen mit ihrer Kampfgefährtin Smyth für arme und entrechtete Frauen einsetzte; 1922 gründete sie die kurzlebige »Communist Workers Party«, ein Sammelbecken für versprengte Linkskommunisten.

Etwas besser sind wir darüber informiert, wie Marut den Kontakt zu dem Journalisten und Politiker Hallinan herstellte, einem entschiedenen Pazifisten, der seit 1920 als amerikanischer Staatsbürger in London lebte und in den USA zuletzt Generalsekretär der »American Union Against Militarism« und Sekretär des republikanischen Senators Robert Marion La Follette gewesen war, eines bekannten Kriegsgegners. Wie aus einem Dossier hervorgeht, das Boylston A. Beal von der amerikanischen Botschaft in London seinem Brief an Alexander Kirk im Büro des Staatssekretärs im Außenministerium in Washington vom 15.12.1926 beilegte, war Marut im Besitz eines Empfehlungsschreibens des New Yorker »Labor Bureau«. Das Labor Bureau war ein Privatinstitut mit Sitz in New York und Filialen in weiteren Großstädten, das Gewerkschaften und Genossenschaften professionelle Dienstleistungen wie Forschung und Buchhaltung anbot und das Mitteilungsblatt »Facts for Workers: A Monthly Review of Business, Industry and General Economic Conditions from the Point of View of Organized Labor« herausgab. Von 1922 bis 1939 wurde es von dem Ingenieur und Ökonom Stuart Chase (1888–1985) geleitet. Marut muß sich also zunächst mit einer Schilderung seiner schwierigen Lage in London an das »Labour Bureau« gewendet haben und war von dort an Hallinan verwiesen worden, der ihm als Mensch mit uneingeschränkter »Sympathie für alles, was Ihnen wichtig ist«, empfohlen wurde (»thoroughly in sympathy with all that you are interested in«), und der ihm vielleicht dabei behilflich sein könne, in die USA zu gelangen. Zugleich ließ der Verbindungsmann in New York Marut durch Hallinan 34 englische Pfund zukommen. Der Bericht eines »Special Agent« des State Department enthält das kümmerliche Fazit, daß »das gemeinsame Interesse« von Hallinan und Marut »einfach und ausschließlich der Kommunismus« gewesen sei: »The common interest between him and Marut was Communism pure and simple«.

Die Nähe zu mutmaßlichen Kommunisten wurde Marut zum Verhängnis. Am 30. November 1923, einem Freitag um 13:05 Uhr, mußte er sich, vermutlich an seinem Arbeitsplatz, gegenüber dem Kriminalbeamten J. Bickers vom Criminal Investigation Department, der Abteilung für Kriminalfälle beim Commissioner's Office, d. h. Scotland Yard, ausweisen. Bei der Überprüfung seiner Personalien stellte sich heraus, daß es sich um einen Ausländer handelte, denn er war im Besitz eines deutschen Personalausweises, ausgestellt am 18. Januar 1918 vom Polizeipräsidenten in München auf den Namen Ret Marut, geboren am 25.2.1882 in San Francisco. Da er aber nicht bei der Polizei in seinem Wohnbezirk gemeldet war, hatte er gegen die Meldebestimmungen verstoßen. Er wurde daher ohne weitere Umstände verhaftet und am nächsten Tag dem Haftrichter des zuständigen Polizeigerichts, des Thames Police Court in der East Arbour Street, vorgeführt, im Anschluß an mehrere Arbeiter und Seeleute, die wegen Trunkenheit und nächtlicher Ruhestörung festgenommen worden waren. Vor dem Gericht erklärte sich Marut für schuldig und wurde bis zur erneuten Vorführung am 10. Dezember wieder zurück in die Untersuchungshaft geschickt.

Nach zweimaliger erneuter Anhörung am 10. und 17. Dezember 1923 wurde er vom Gericht wegen unterlassener Anmeldung (»Failing to Register«) zur Ausweisung empfohlen und in das Abschiebegefängnis in Brixton verlegt. Der 1819 errichtete, 1898 stark erweiterte Bau im Süden der Stadt war das Zentralgefängnis für Untersuchungshäftlinge, die im Großraum London auf ihren Prozeß warteten. Zuvor wurden zu Fahndungszwecken noch zwei Fotos, *mug shots,* von ihm angefertigt, wie üblich eine Frontalaufnahme und eine vom rechten Profil. Dazu mußte er sich noch eine flache Tweedmütze aufziehen, die im Kontrast zu seiner sonstigen Kleidung steht: dunkle Jacke über einer Weste aus demselben Material, weißes Hemd und glänzende, gemusterte Krawatte. Mit dem vorgeschobenen Kinn und der eingezogenen Unterlippe scheint es fast, als würde Marut eine Grimasse schneiden; tatsächlich macht er nur ein bekümmertes Gesicht – was ja kein Wunder ist, denn von einer kurzen Arretierung in Düsseldorf abgesehen war dies das erste Mal, daß er eine Gefängniszelle von innen sah. Unübersehbar die Besonderheiten der Gesichtsgeometrie, die Otto Feige, Ret Marut und B. Traven (mit einer Zufallswahrscheinlichkeit von 1 : 50 Millionen) gemeinsam sind: Das linke Ohr ist größer als das rechte, die lange markante Nase hat eine leichte Schlagseite nach rechts, das linke Nasenloch ist stärker angewinkelt als das rechte, die lange Oberlippe wird hier von einem kurzen Schnurrbart verdeckt .

Zwei Tage später wurde Marut in Brixton registriert (»Criminal Record«, Register No. 9876) und erkennungsdienstlich behandelt: 1,63 m groß, blaue Augen, das blonde Haar war ergraut, die Gesichtfarbe galt als »frisch«. Im übrigen wurden die eigenen Angaben des Häftlings notiert: geboren 1882 in den USA, von Beruf Buchhändler. Am 28. Dezember unterzeichnete Innenminister W. C. Bridgeman den Ausweisungsbefehl (»Deportation Order«), gegengezeichnet wurde er von seinem Privatsekretär H. R. Boyd. Doch wohin konnte der Mann ausgewiesen werden? Offensichtlich gelang es Marut nicht, die britischen Behörden von der angeblichen US-Staatsbürgerschaft zu überzeugen; das Münchner Personaldokument reichte zur Glaubhaftmachung nicht aus.

Unterdessen hatten sich aber auch schon Freunde Maruts in den USA des Falles angenommen. Anfang Januar 1924 wandte sich die Anwaltskanzlei McElroy & Reid in Washington an den amerikanischen Generalkonsul in London, Robert P. Skinner, und zeigte an, daß sie beauftragt sei, den Beweis für Maruts amerikanische Staatsangehörigkeit zu führen. Auftraggeber dürfte niemand anders als Irene Mermet gewesen sein, die 1924 nachweislich als Hauslehrerin in Washington tätig war. Im Schreiben der Kanzlei von Anfang Januar 1924 hieß es unter anderm: »We have in our posession a large number of documents indicating that Marut was registered in Germany over a large number of years as an American and feel quite confident that reference to letters and papers in our posession will enable us to locate a number of persons who have personal knowledge of his birth here.« Skinner teilte dies dem Außenministerium in einem Brief vom 11. Januar 1924 mit; weil er außerdem vom britischen Innenministerium die Auskunft erhalten hatte, daß der angebliche US-Staatsbürger Marut zur Abschiebung vorgeschlagen worden sei, bat er um Prüfung, ob eine provisorische Bestätigung der amerikanischen Staatsbürgerschaft (»emergency certificate of registration«) ausgestellt werden dürfe, damit Marut, »obwohl sein ständiger Aufenthaltsort seit geraumer Zeit Deutschland gewesen« sei, in die Vereinigten Staaten abgeschoben werden könne. Das Schreiben traf am 25. Januar in Washington ein, es trägt den Eingangsstempel der Division of Passport Control des Department of State vom 25. Januar 1924 und den handschriftlichen Hinweis: »See letter to McElroy & Reid 2/2 24«.

Das Geständnis

Mittlerweile liefen die Ermittlungen der englischen Polizei und der amerikanischen Botschaft in Sachen Marut auf Hochtouren. Hallinan und Pankhurst wurden zu Maruts Identität befragt; Hallinan räumte ein, Marut geholfen zu haben, erklärte jedoch, über keine Informationen zu verfügen, die dessen Anspruch auf amerikanische Staatsbürgerschaft stützen könnten; Pankhurst erklärte, Marut beschützt zu haben, weil sie um sein Leben fürchtete, falls er nach Deutschland zurückgeschickt würde.

Am 22. Januar teilte Boylston A. Beal, ein Mitarbeiter der amerikanischen Botschaft in London, Norman Armour im

Büro des Staatssekretärs im Außenministerium in Washington mit, er sei kürzlich von einem Informanten (»one of our friends«) in der »Special Branch« bei Scotland Yard, einer Spezialabteilung für politische Inlandsaufklärung zur Abwehr von Spionage, Diversion, Sabotage und Terror, darüber unterrichtet worden, daß ein inhaftierter angeblicher Amerikaner namens Ret Marut das Geständnis abgelegt habe, in Wahrheit Hermann Otto Albert Maximilian Feige zu heißen und 1882 in Schwiebus geboren zu sein. Im Sommer letzten Jahres sei er in England angekommen, und man habe ihn als durchreisenden Auswanderer auf dem Weg nach Kanada passieren lassen.

Die Special Branch, die in etwa der geheimen politischen Polizei anderer europäischer Staaten gleichzusetzen ist, hatte offenbar eigene Ermittlungen aufgenommen und war dabei wenig zimperlich vorgegangen. Daß auch in demokratischen Rechtsstaaten die Vernehmung eines Häftlings gelegentlich durch Anwendung gewisser Zwangsmaßnahmen flüssiger gestaltet wird und mit Drohungen und Erniedrigungen Informationen erpreßt werden, ist nicht neu. Zu den leichteren physischen und moralischen Zwangsmitteln gehören etwa Dauer- und Nacktverhöre, die Anwendung von Augenbinden, Schlaf- und Essensentzug. Traven kannte sich in dieser Hinsicht bemerkenswert gut aus: Von einer Folterung ersten Grades ist in »Der ausgewanderte Antonio« die Rede, in seiner Romanskizze »The Lord of Power« (1924/25) heißt es: »caught by detectives he is put under the third degree«, in der Urfassung des »Totenschiffs«: »like a murderer on a naked bench in the cell of a police station being under the third degree«.

Gestützt auf die Ermittlungen der britischen Kollegen neige er, Beal, zu der Ansicht, daß der Verdächtige 1918 in den USA gewesen sei und dort vielleicht mit Spionage, vielleicht gar mit Sabotage zu tun gehabt habe; ob er jemals im Besitz der amerikanischen Staatsbürgerschaft gewesen sei, müsse noch geklärt werden. Auf seine Bitte habe ein Kollege bei der amerikanischen Botschaft in Berlin Nachforschungen sowohl bei der deutschen politischen Polizei als auch bei den Behörden in Schwiebus veranlaßt, bisher aber keine Bestätigung der Angaben des angeblichen Feige erhalten können. Seine guten Ortskenntnisse in Schwiebus deuteten immerhin daruf hin, daß er über Verbindungen nach dort verfüge, und es sei seltsam, daß die Behörden einer so kleinen Stadt nichts über ihn wüßten. Eine Fotografie des Mannes lege er bei; Armour werde eine starke Ähnlichkeit mit einem bekannten Deutschen bemerken (»a very strong likeness to a well known German«). Auch wenn die Ähnlichkeit alles andere als frappant ist, könnte Beal dabei an Kronprinz Wilhelm (1882–1951) gedacht haben, der 1923 aus dem holländischen Exil nach Deutschland zurückkehren durfte und dessen Konterfei in der britischen Presse damals wohl häufiger zu sehen war. Wie jemand, der behaupte, Sohn eines Töpfers und einer Fabrikarbeiterin zu sein, so Beal, sehe er nicht gerade aus. Sollte Armour etwas Wichtiges über diesen Marut vorliegen haben, bitte er um telegrafische Nachricht, da er an dem Fall interessiert sei und die hiesige Polizei vor einem völligen Rätsel stehe.

Über die Gründe zu spekulieren, weshalb die Meldebehörde in Schwiebus die Geburt Otto Feiges in Schwiebus nicht bestätigen konnte oder wollte, ist müßig. Möglicherweise wurde der standesamtliche Eintrag bei einer flüchtigen Durchsicht einfach übersehen, weil er auf den Namen der Mutter lautete und die Vaterschaft von Adolf Feige nur nachträglich in der Marginalspalte vermerkt wurde.

Das Außenministerium in Washington löste daraufhin Ermittlungen in den USA aus. Norman Armour schrieb in Sachen des angeblichen Kommunisten Marut alias Feige am 7. Februar, am 1. und am 11. März 1924 Briefe an den Generalkommissar der Einwanderungsbehörde, an den Direktor des militärischen Geheimdienstes und an das FBI, dessen Direktor William J. Burns weitere Ermittlungen in Amerika veranlaßte. Eine eifrige Korrespondenz kam in Gang; substantiell war einzig die Auskunft des Chefs der Einwanderungsbehörde, William W. Sibray, vom 13. März

1924, wonach es in den Schiffsregistern keinen Beleg für eine Einreise Maruts in die USA im Jahr 1918 gebe.

Im Nachgang seiner Korrespondenz mit dem Kollegen in Berlin erhielt Boylston Beal wenige Tage später ein als vertraulich bezeichnetes Schreiben von Horace Dorsey Newson, 3. Sekretär der Botschaft in Berlin, vom 25.1.1924, das neben einer ausführlichen Auskunft auch eine Personenbeschreibung von Marut enthielt: 165–168 cm groß, dunkles Haar mit großer kahler Stelle, schlank, glattrasiert, gute Zähne, schlanke Hände, gepflegte Fingernägel. Den deutschen Behörden sei er als Schauspieler, Schriftsteller und Geschäftsmann bekannt, gebürtig in San Francisco am 25.2.1882. Daß er den Namen Feige benutze, habe man nicht gewußt, doch wolle man ermitteln, ob es sich dabei um ein Alias handle oder ob eine Person dieses Namens tatsächlich existiere. Wegen seiner Beteiligung am Münchner Bolschewisten-Aufstand 1919 (»Munich-Bolshevik unrest«) und seiner Tätigkeit als Rädelsführer während der Räterepublik (»a gang leader at the time of the Workman's Councils«) sei die deutsche politische Polizei an seinem Verbleib äußerst interessiert, und auch er, Newson, sei neugierig zu erfahren, ob sich Marut derzeit in England aufhalte und mit welchem Paß er unterwegs sei. In einem späteren Brief an das State Department erwähnte Beal eine umfangreiche Korrespondenz mit Newson, der ihm aus Berlin interessante Briefe in Sachen Marut geschickt habe; in Washington dürfe ein ziemlich umfangreiches Dossier über ihn vorliegen. Obgleich man nach hiesigem Dafürhalten Maruts Identität mit einem gewissen Albert Max Feige annehme, sei diese nie endgültig nachgewiesen worden. Auf Newson dürfte auch die Information zurückgehen, Marut habe in Deutschland während des Krieges kurzlebige anarchistische Zeitschriften herausgegeben.

Weil sich aus Schwiebus keine Bestätigung für seine Geburt erhalten ließ, Marut also nach wie vor mit leeren Händen dastand, entschloß er sich, Verbindung mit seinen Eltern in Wallensen aufzunehmen, die seit 20 Jahren nichts mehr von ihm gehört hatten. Nach dem Ersten Weltkrieg, erinnerte sich 1978 sein Bruder Ernst Feige, habe die Mutter einen Brief von ihm aus England erhalten. Und danach einen zweiten, in dem stand, daß er ausgewiesen worden sei: »Er hat uns einmal geschrieben [...], und dann hat er uns noch mal geschrieben, daß er nicht mehr in England, daß er, wie ich schon sagte, rausgeworfen ist«.

Zu Recht nimmt Wyatt an, daß Marut seine Familie mit diesem Brief auf behördliche Erkundigungen nach ihm vorzubereiten, sie günstig zu beeinflussen suchte. Er wollte »seine Familie an seine Existenz erinnern, damit sie seine Identität bestätigte«. Einen anderen Grund, »sein langes und bewußtes Schweigen zu brechen«, konnte es kaum geben. Doch sein Brief erreichte »nicht seinen Zweck«, wie Wyatt von der Schwester Margarethe erfuhr: »Spät an einem Sonntagnachmittag kehrte Margarethe ins Elternhaus am Rande von Wallensen zurück und hörte Schluchzen. Sie fand ihre Mutter weinend in der Waschküche.« Unter Tränen habe Hermine ihrer Tochter erzählt, was vorgefallen war. »Die Polizei war bei uns, die suchen Otto. Der muß doch was verbrochen haben«, zitiert sie ihre Mutter im BBC-Interview. »Die Mutter kannte Ottos radikale Ansichten und wußte, daß er in England festgehalten wurde; sie hatte eine verzweifelte Angst davor, Unglück über die Familie zu bringen. Also sagte sie der Polizei, daß der gesuchte Mann nichts mit ihnen zu tun hätte; sie hätten keinen Sohn namens Otto«. Daraufhin sei die Polizei abgezogen. Und aus diesem Grund konnten die deutschen Behörden den englischen Kollegen 1924 keine Auskunft über Otto Feige geben.

Indessen wurde »the mysterious individual« (Dorsey Newson, 25.1.1924) mit der Auflage, das Land schnellstens zu verlassen, am 15. Februar 1924 auf Anweisung des Gerichts aus der Abschiebehaft entlassen. Die Entlassungsorder ist von Innenminister Arthur Henderson unterzeichnet worden, der erst am 23. Januar ins Amt gekommen war. Auf welchem Weg Marut, dessen Identität nach wie vor ungeklärt war, seine Entlassung erreichte, ist nicht bekannt. Möglicherweise hatte er persönlich oder durch Vertraute bei dem Minister appelliert: Der Labour-Politiker Henderson war gelernter Metallarbeiter und Funktionär der Gewerkschaft der Eisengießer gewesen, Marut hatte ihn in seiner Münchner Zeit als »Politiker« und »Arbeiterführer« mit einem Aufruf an die »russischen Genossen« zitiert; 1934 wurde er für seine Arbeit als Vorsitzender der Genfer Abrüstungskonferenz und seine Bemühungen um den Frieden mit dem Friedensnobelpreis ausgezeichnet.

Da Marut nie erfuhr, daß die englische Polizei sein Geständnis, Deutscher zu sein, an die amerikanischen Behörden weitergegeben hatte, hielt er an seiner Behauptung, amerikanischer Staatsbürger aus San Francisco zu sein, fest und wurde zwei Wochen später im Konsulatsbüro der amerikanischen Botschaft in London vorstellig, wo er einen Antrag auf Registrierung (»Application for Registration – Native Citizen«) stellte. In dem vorgedruckten, vom Botschaftssekretär am 3. März ausgefüllten Formular behauptete er, am 25. Februar 1882 in San Francisco als Sohn von William Marut, über dessen Geburtsjahr 1855 er sich nicht sicher war, geboren zu sein. Die Vereinigten Staaten habe er 1892 verlassen und seitdem (mit Ausnahme von zwei Kurzbesuchen als Seemann 1896 und 1901) in Australien und Europa als Matrose, Regisseur und Lehrer an der Theaterschule in Düsseldorf gelebt. Gemeldet sei er in Düsseldorf, Fürstenplatz 6, zur Zeit wohne er in London, wohin er am 19. August 1923 gekommen sei; am 15. Februar sei er aus dem Gefängnis in Brixton entlassen worden. Die »personal description« beschrieb ihn als 42 Jahre alt, 1,70 m groß, mit blauen Augen, dunkelbraungrauem Haar, hellem Teint und ohne besondere Kennzeichen. Das Dokument wurde von Marut eigenhändig unterschrieben und durch den vor dem Konsul abgelegten obligatorischen Treueschwur auf die Verfassung (»Oath of Allegiance«) bekräftigt.

Dem Antrag lag ein diktierter Lebenslauf von Ret Marut bei, den ich hier in Übersetzung folgen lasse:

»Antragsteller ist der Sohn von William Marut und Helene Marut (geb. Otorrent) und wurde eigenen Angaben zufolge in San Francisco, Kal., am – geboren. Im Alter von zehn Jahren lief er von zuhause weg und heuerte als Küchenjunge auf einem Schiff nach Australien an (Sommer 1892). Nach fünf oder sechs Wochen musterte er in Sydney ab und reiste nach Indien weiter. Dann nach Singapur und von dort schließlich nach Rotterdam (1895). Von dort auf einem anderen Schiff nach Indien und nach 18monatiger Reise Rückkehr nach Rotterdam (1897). Dann nach Deutschland und auf einem anderen Schiff von Hamburg nach Rio und von dort nach Frisco und Rückkehr nach Rio (1899). Von Rio nach N. Y. und mit einem anderen Schiff nach Rotterdam (1900). Wartete in Rotterdam auf ein anderes Schiff (1901). Dann nach Deutschland für kurze Zeit und von dort nach Wien, wo er ein Sprachenstudium begann. Später fand er in Wien eine Anstellung als Schauspieler, und anschließend wurde er Berufsschauspieler unter dem Namen Langer (1907). Dann nach Deutschland, Berlin, wo er eine Theateragentur eröffnete, dann nach Frankfurt, wo er Arbeit als Schauspieler bekam und durch ~~das Rheinland~~ Deutschland reiste. Dann nach Danzig als Schauspieler bis 1912. Von 1912 bis 1915 Regisseur in Düsseldorf. 1915 bis 1919 in München Regisseur und Schauspieler und Sprachlehrer und Schauspiellehrer. [Randbemerkung:] Stellte Aufnahmeantrag in die deutsche Armee, zog ihn jedoch nach Untergang der Lusitania zurück. Ging aufgrund der Revolution im April 1919 von Deutschland nach Österreich, wo er seinen Beruf als Schauspieler und Sprachlehrer ausübte. Blieb dort bis bis 1922. Seit 1922 bis heute in der Schweiz, Österreich (Übersetzer). Rückkehr nach Schweiz, Holland, nach Kopenhagen in Dänemark, von dort nach Kanada, Abreise ungefähr Juli, dort zurückgewiesen und nach England zurück, wo er im November 1923 verhaftet wurde. Niemals zuvor verhaftet außer in Düsseldorf 1914 unter

Verdacht, wurde am selben Tag freigelassen. Vater und Mutter tot. Hat Verwandte in USA, weiß aber nicht, wo. Wurde auf Anweisung des Innenministers am 15. Februar 1924 aus Brixton entlassen. Jetzt wohnhaft 649 Commercial Road, E. Besitzt einen Personalausweis Nr. 1061, in dem er als Bürger der USA bezeichnet wird, ausgestellt vom Polizeipräsidenten in München am 18. Januar 1918. Nie in einer Armee gedient, war im Gegenteil Pazifist.«

Über Maruts Antrag ist nie entschieden worden; er wurde unbearbeitet zu den Akten genommen und gelangte schließlich in das Marut-Dossier im Nationalarchiv in Washington.

Der Musterrolle des norwegischen Seemannsamts (»Norwegian Directorate of Seamen«) zufolge wurde Marut am 17. April 1924 als Kohlentrimmer (»kullemper«) für den norwegischen Dampfer Hegre angeheuert; als Trimmer (»coalpass«) wird auch der Erzähler in der Urfassung des »Totenschiffs« eingesetzt (»Kohlenschlepp« heißt das Kunstwort in der Romanfassung). Das 1892 in Sunderland für eine deutsche Reederei gebaute, zunächst »Lissabon« getaufte Schiff mit eine Länge von knapp unter 250 Fuß und einer Bruttotonnage von 1528 Tonnen gehörte der Bergen Lloyd Company und hatte, wie das Schiffahrtsregister erweist, bis dahin schon ein dutzendmal den Besitzer und mehrfach den Namen gewechselt. Es teilte dieses Schicksal mit der – in der von Guthke veröffentlichten Urfassung des »Totenschiffs« – im norwegischen Bergen registrierten »Yorikke«, die ebenfalls mehrfach Namen und Eigner gewechselt hat. Ein Totenschiff, ein überversicherter Seelenverkäufer, war die Hegre freilich nicht; nach einer Kollision sank sie 1942 vor der englischen Küste mit einer Ladung Zement.

Am 16. April 1924 lag die Hegre an der Themse vor Gravesend und war unterwegs zum Marokko-Kai (»Morocco and Eagle Sufferance Wharf«), ein Liegeplatz am Flußufer. Am Samstag, dem 19. April, wurde sie an Gravesend vorbei wieder themseabwärts gesteuert; über Englands ehemals größten Fischereihafen Brixham/Devonshire war sie nach Lissabon unterwegs, von dort fuhr sie am 25. April nach Teneriffa (Las Palmas) weiter; am 13. Mai ging sie in Dieppe vor Anker.

Nachdem im Mai Norman Armour Maruts Heuer bekannt geworden war, ließ das State Department alle weiteren Ermittlungen in den USA stoppen und schloß die Akte Marut. Dessen Name allerdings ist in der Musterrolle des norwegischen Seemannsamts nachträglich gestrichen, was bedeutet, daß er den Posten entweder gar nicht erst antrat oder in einem der ersten Häfen von Bord ging und auf ein anderes Schiff wechselte; letzteres scheint mir angesichts der frappanten Übereinstimmungen zwischen der Hegre und der Yorikke wahrscheinlicher. »Der Krach kommt ja erst, wenn das Schiff draußen ist, auf hoher Fahrt. Und dann können sie einen doch nicht so einfach über Bord feuern.« Als »Kohlenschlepp« an Bord der Hegre mag man sich den schmächtigen Zweiundvierzigjährigen indes nur schwer vorstellen. Daß Marut, der gelernte Maschinenschlosser, auf der Hegre und/oder einem anderen Schiff als Schiffsmechaniker oder -maschinist gearbeitet hat, erscheint plausibel; diesbezügliche Erfahrungen mögen in das »Totenschiff« eingeflossen sein.

Drei Monate später ging in Tampico, Mexikos größtem Ölhafen in der Provinz Tamaulipas, ein Mann von Bord, der sich Traven Torsvan nannte.

ABB. 1 — *»Panorama de Tampico«, vor 1926.*

ABB. 2 — *Otto Feiges Geburtshaus in Świebodzin, ulica Stycznia 4 (2009), vgl. S. 72.*

ABB. 3 — *Ansicht von Schwiebus, um 1910.*

ABB. 4 — *Otto Feige als etwa Zweijähriger, 1884.*

ABB. 5 — *Adolf und Hermine Feige, um 1893.*

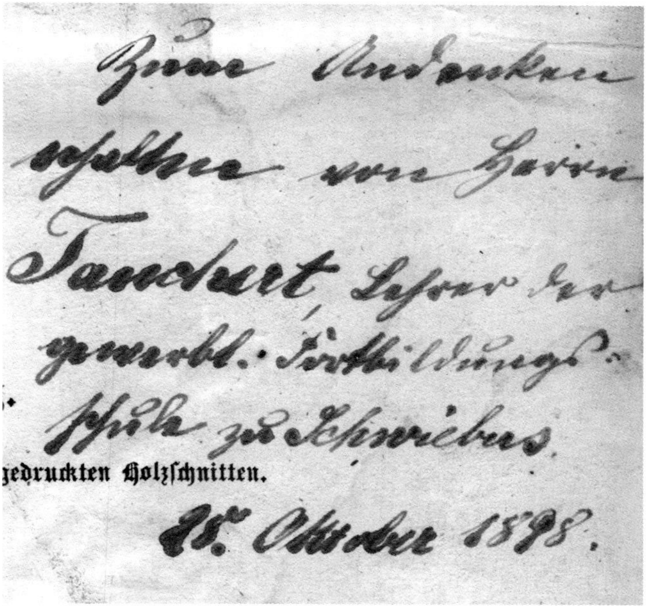

ABB. 6 — *Handschriftliche Notiz von Otto Feige. »Zum Andenken erhalten von Herrn Tauchert, Lehrer der gewerbl. Fortbildungsschule zu Schwiebus. 25. Oktober 1898.«, vgl. S. 85.*

ABB. 7 — *Blindstempel der Maschinenfabrik Mayer in Schwiebus, 1903, vgl. S. 82.*

ABB. 8 — *Siegel der Gewerblichen Fortbildungsschule in Schwiebus, 1902, vgl. S. 84f.*

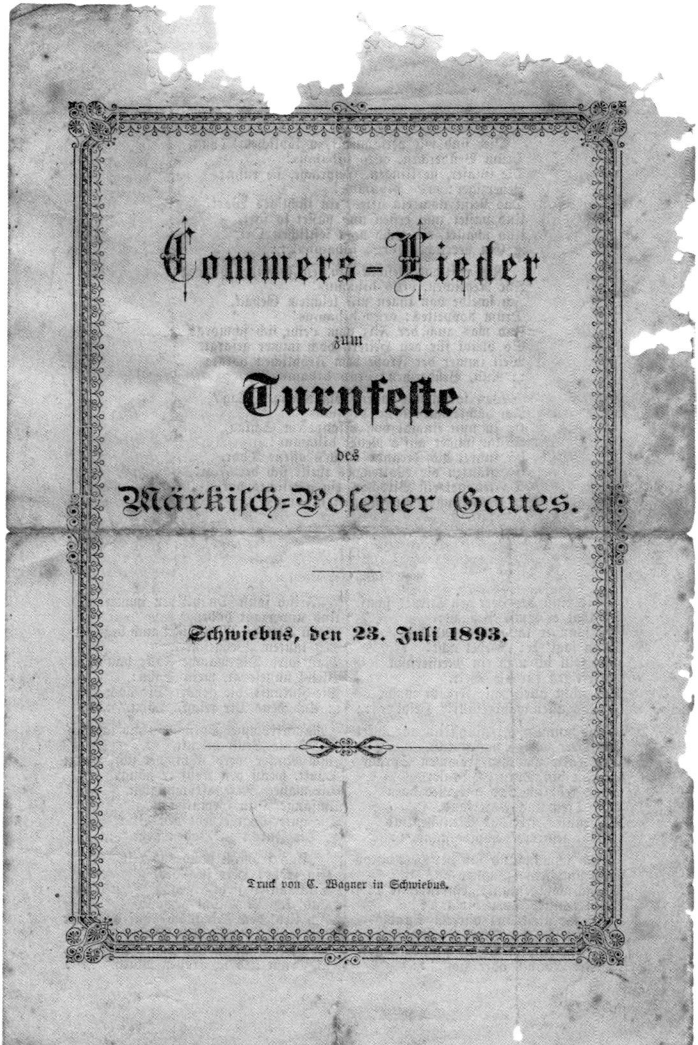
Commers-Lieder

zum

Turnfeste

des

Märkisch-Posener Gaues.

Schwiebus, den 23. Juli 1893.

Druck von C. Wagner in Schwiebus.

ABB. 9 — *Commers-Lieder zum Turnfeste des Märkisch-Posener Gaues, 1893, vgl. S. 88.*

ABB. 10 — *Otto Feige als Konfirmand, 1896, vgl. S. 81 f.*

ABB. 11 — »*Freie Ostern. Illustrirte Festzeitung für 1902*«, vggl. S. 90f.

ABB. 12 — *Brikettfabrik in Schwiebus, vor 1902, vgl. S. 77.*

ABB. 13 — *Brauhaus-Platz und St. Josef-Haus in Schwiebus. Im Hintergrund links die letzte Adresse der Familie Feige in Schwiebus (heute ul. Wiejska 4), vgl. S. 92.*

ABB. 14 — *Die Brikettfabrik der Wutschdorfer Kohlenwerke in Grunwald bei Starpel, 1916, vgl. S. 91 f.*

ABB. 15 — *Grünberg, Gesamtansicht von Süden, vor 1925.*

ABB. 16 — *Reklameanzeige der Dampfziegelei von Karl Lorenz in Grünberg, 1906, vgl. S. 73.*

ABB. 17 — *Belegschaftsfoto der Grube Wallensen, 1901, vgl. S. 94.*

ABB. 18 — *Ansicht von Wallensen, um 1911.*

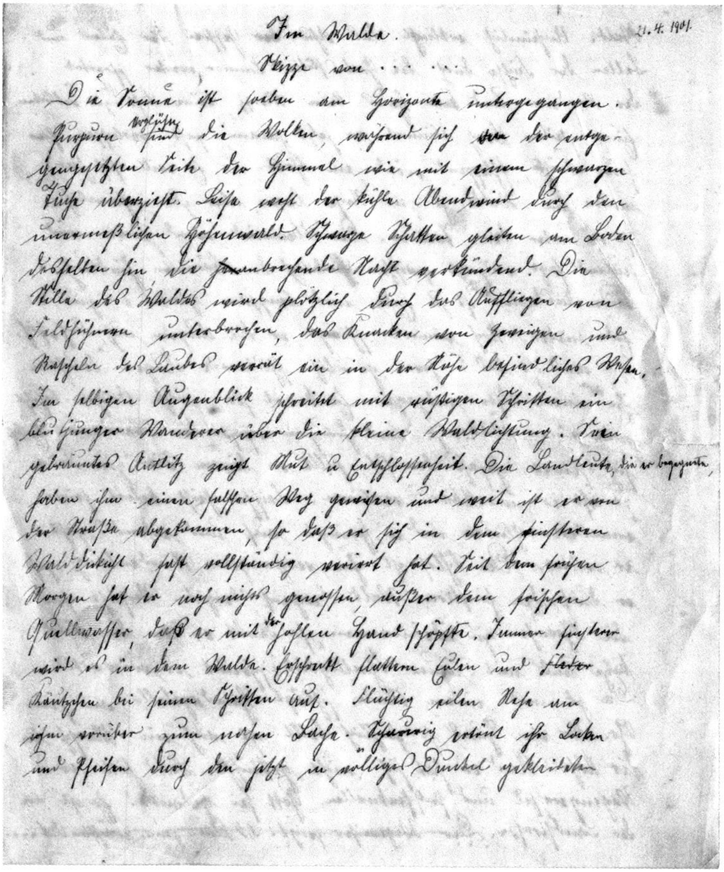
Im Walde. 21.4.1901
Skizze von ....
Die Sonne ist soeben am Horizonte untergegangen. Purpurn verglühen die Wolken, während sich der entgegengesetzten Seite der Himmel wie mit einem schwarzen Tuche überzieht. Leise weht der kühle Abendwind durch den unermeßlichen Föhrenwald. Schwarze Schatten gleiten am Boden desselben hin die hereinbrechende Nacht verkündend. Die Stille des Waldes wird plötzlich durch das Auffliegen von Feldhühnern unterbrochen, das Knacken von Zweigen und Rascheln des Laubes verrät ein in der Nähe befindliches Wesen. Im selbigen Augenblick schreitet mit rüstigen Schritten ein blutjunger Wanderer über die kleine Waldlichtung. Sein gebräuntes Antlitz zeigt Mut u. Entschlossenheit. Die Landleute, die er begegnete, haben ihm einen falschen Weg gewiesen und weit ist er von der Straße abgekommen, so daß er sich in dem finsteren Walddickicht fast vollständig verirrt hat. Seit dem frühen Morgen hat er noch nichts genossen, außer dem frischen Quellwasser, daß er mit der hohlen Hand schöpfte. Immer finsterer wird es in dem Walde. Geschwind flattern Eulen und Fledermäuschen bei seinen Schritten auf. Flüchtig eilen Rehe an ihm vorüber zum nahen Bache. Schaurig tönt ihr Locken und Pfeifen durch den jetzt in völliges Dunkel gekleideten

ABB. 19 — *Eigenhändiges Manuskript von Otto Feige, 1901, vgl. S. 59 und 85.*

ABB. 20 — *Kaserne des 7. Jäger-Bataillons in Bückeburg, vor 1904, vgl. S. 96.*

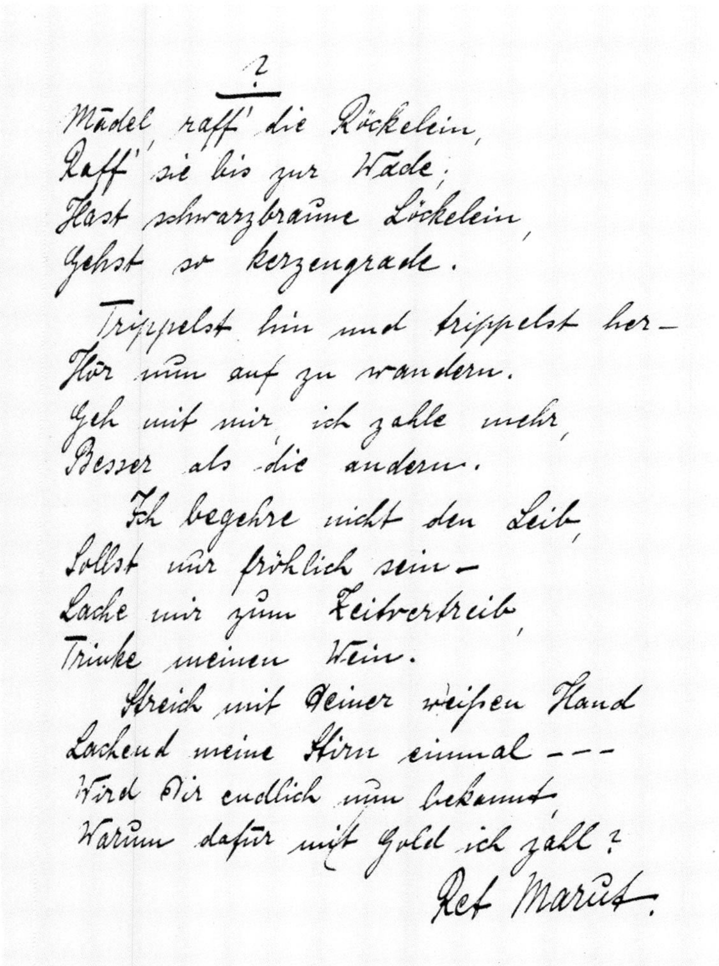

2

Mädel raff' die Röckelein,
Raff' sie bis zur Wade;
Hast schwarzbraune Löckelein,
Gehst so kerzengrade.

Trippelst hin und trippelst her –
Hör nun auf zu wandern.
Geh mit mir, ich zahle mehr,
Besser als die andern.

Ich begehre nicht den Leib,
Sollst nur fröhlich sein –
Lache mir zum Zeitvertreib,
Trinke meinen Wein.

Streich mit Deiner weißen Hand
Lachend meine Stirn einmal – – –
Wird Dir endlich nun bekannt,
Warum dafür mit Gold ich zahl?

Ret Marut.

ABB. 21 — *Eigenhändige Gedichtreinschrift von Ret Marut, vgl. S. 107.*

ABB. 22 — *Otto Feige, 1904/1905, vgl. S. 107.*

ABB. 23 — *Silberhochzeit der Eltern Feige 1907 in Wallensen. Hinten links ein unbekannter Gast mit dem aufgeklebten Kopf von Otto Feige, vgl. S. 108.*

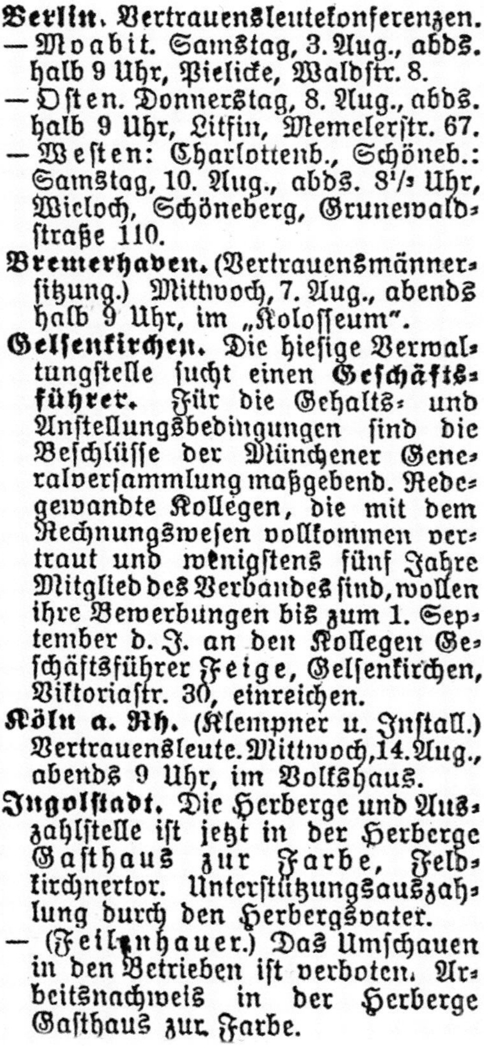

Berlin. Vertrauensleutekonferenzen. — Moabit. Samstag, 3. Aug., abds. halb 9 Uhr, Pielicke, Waldstr. 8.

— Osten. Donnerstag, 8. Aug., abds. halb 9 Uhr, Litfin, Memelerstr. 67.

— Westen: Charlottenb., Schöneb.: Samstag, 10. Aug., abds. 8½ Uhr, Wieloch, Schöneberg, Grunewaldstraße 110.

Bremerhaven. (Vertrauensmännersitzung.) Mittwoch, 7. Aug., abends halb 9 Uhr, im „Kolosseum".

Gelsenkirchen. Die hiesige Verwaltungstelle sucht einen **Geschäftsführer.** Für die Gehalts- und Anstellungsbedingungen sind die Beschlüsse der Münchener Generalversammlung maßgebend. Redegewandte Kollegen, die mit dem Rechnungswesen vollkommen vertraut und wenigstens fünf Jahre Mitglied des Verbandes sind, wollen ihre Bewerbungen bis zum 1. September d. J. an den Kollegen Geschäftsführer Feige, Gelsenkirchen, Viktoriastr. 30, einreichen.

Köln a. Rh. (Klempner u. Install.) Vertrauensleute. Mittwoch, 14. Aug., abends 9 Uhr, im Volkshaus.

Ingolstadt. Die Herberge und Auszahlstelle ist jetzt in der Herberge Gasthaus zur Farbe, Feldkirchnertor. Unterstützungsauszahlung durch den Herbergsvater.

— (Feilenhauer.) Das Umschauen in den Betrieben ist verboten. Arbeitsnachweis in der Herberge Gasthaus zur Farbe.

ABB. 24 — *Stellenausschreibung für die Geschäftsführung des Deutschen Metallarbeiter-Verbands in Gelsenkirchen, vgl. S. 169.*

ABB. 25 — *Gelsenkirchen, Viktoriastraße, um 1900, vgl. S. 131.*

ABB. 26 — *Die Gastwirtschaft »Zur schönen Aussicht«, Thalia-Theater, in Idar, um 1920, vgl. S. 188.*

Thalia-Theater Idar
Besitzer: KARL HAHN.

Sonntag, den 22. März 1908, abends 8¼ Uhr

Spannendes Schauspiel! Herrliche Musik!

Nur zweimaliche Aufführung.

Berlin

wie es weint u. lacht

Schauspiel mit Gesang in 7 Bildern von Berg und Kalisch. Musik von Conradi. Spielleiter C. Werner.

Personen:

Bernhard Schlicht	Ret Marut.
Ferdinand, Kellner,	Alex Schlosser.
Eisleben, Spieler,	Fritz Helfer.
Schlepper, Spieler,	Ernst Wohlgemut.
Brand, Maurer,	Paul Meischner.
Agnes, seine Tochter,	Anita Meischner-Brand
Nünecke, Schulze,	Bruno Waldow
Frau Nünecke	Math. Haas.
Karoline, Dienstmädchen,	Anna Hofherr.
Quisenow, Stadtverordneter,	Carl Werner.
Auguste, seine Frau,	Mietze Pilz.
Minna, Friseuse,	Else Sprenger.
Frau Ribbecke	Martha Schmidt
Bernsch, ein Schutzmann,	Willy Schmidt.
Schlicht, Rechtsanwalt,	Reinh. Ulrich.
Karl, Lehrjunge,	Berta Hahn.

Mit diesem beliebten und bekannten Volksstück glaube ich dem Geschmack des verehrten Publikums nach allen Richtungen hin gerecht zu werden und bitte ich, die Vorstellung durch recht zahlreichen Besuch unterstützen zu wollen.

mit vorzüglicher Hochachtung!
Carl Hahn.

Kassenöffnung 7 Uhr. **Anfang 8¼ Uhr**

Preise der Plätze:

Sperrsitz 1,25 Mk., 1. Platz 1 Mk., 2. Platz 50 Pfg., Gallerie 30 Pfg.

In Vorbereitung: Kean, Der Dieb, Die Blinde von Paris usw.

ABB. 27 — *Theaterzettel des Thalia-Theaters in Idar, 22. März 1908, vgl. S. 185 und 190f.*

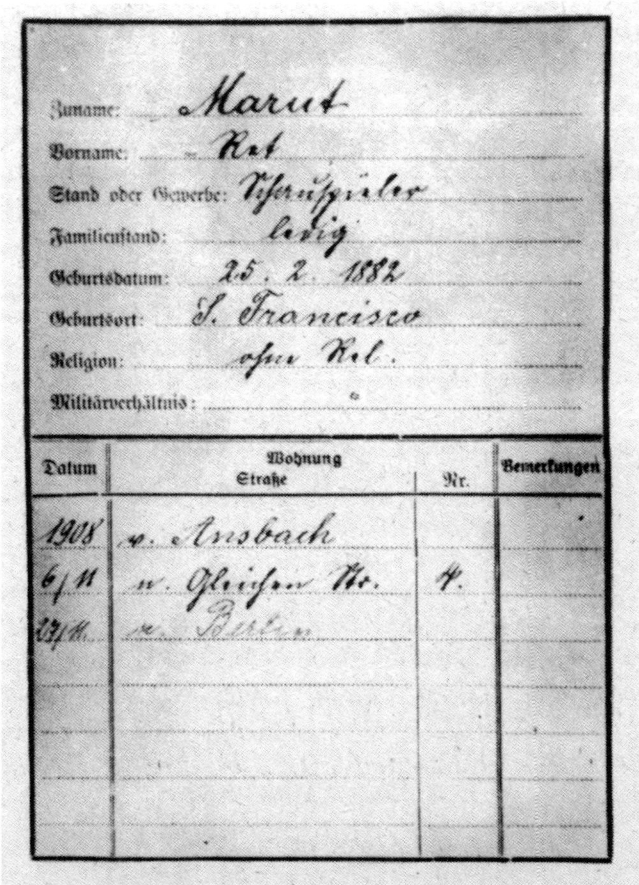
Zuname: Marut
Vorname: Ret
Stand oder Gewerbe: Schauspieler
Familienstand: ledig
Geburtsdatum: 25. 2. 1882
Geburtsort: S. Francisco
Religion: ohne Rel.
Militärverhältnis:

Datum	Wohnung Straße	Nr.	Bemerkungen
1908	v. Ansbach		
6/11	n. Gleichen Str.	4.	
27/11.	n. Berlin		

ABB. 28 — *Meldekarte für Ret Marut, Ohrdruf 1908, vgl. S. 197.*

ABB. 29 — *Ohrdruf in Thüringen, Gleichenstraße. Im dunkel getünchten Haus auf der rechten Straßenseite wohnte Marut im November 1908, vgl. S. 197.*

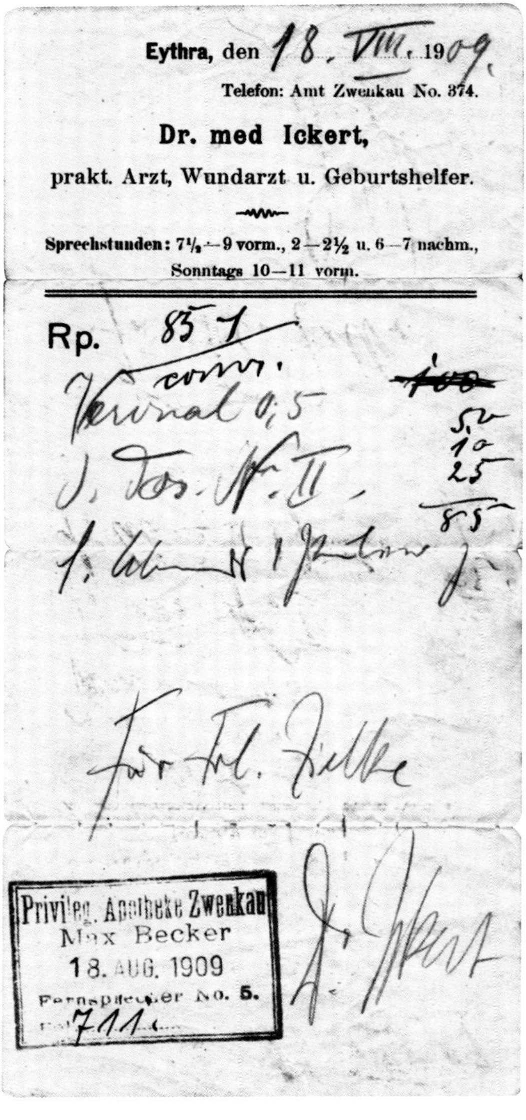

Eythra, den 18. VIII. 1909.

Telefon: Amt Zwenkau No. 374.

Dr. med Ickert,

prakt. Arzt, Wundarzt u. Geburtshelfer.

Sprechstunden: 7½–9 vorm., 2–2½ u. 6–7 nachm.,
Sonntags 10–11 vorm.

Rp.

Veronal 0,5

für Frl. Zielke

Privileg. Apotheke Zwenkau
Max Becker
18. AUG. 1909
Fernsprecher No. 5.

ABB. 30 — *Veronal-Rezept für Elfriede Zielke in Eythra, 1909, vgl. S. 217.*

ABB. 31 — *Ret Marut als Schauspieler, ca. 1910.*

ABB. 32 — *Konzert- und Theatersaal des Hotels Kronprinz in Zirke (Sieraków), um 1910, vgl. S. 242.*

ABB. 33 — *Der Theatersaal in Pohlands Lokal in Zeulenroda, um 1930, vgl. S. 231.*

ABB. 34 — *Elfriede Zielke in Theater-garderobe, um 1910, vgl. S. 203.*

ABB. 35 — *Irene Zielke, um 1914.*
Porträt der etwa zweijährigen Tochter von Ret Marut aus der Verbindung mit Elfriede Zielke.

ABB. 36 — *Kohlenmarkt und Stadttheater in Danzig, 1916, vgl. S. 248.*

Nur für Abonnenten. — Nachdruck verboten.

Anfang 7½ Uhr. Danziger Anfang 7½ Uhr.

Stadt-Theater

Telephon 1030. Direktion: Curt Grützner. Telephon 1030.

Sonntag, den 17. September 1911.

Ausser Abonnement. P. P. C. II.

Glaube und Heimat.

Die Tragödie eines Volkes von **Karl Schönherr**. (3 Akte.)

Inszeniert von Herrn Oberregisseur **Krause.**

Personen:

Christof Rott, ein Bauer	Herr Fritsch.
Rott Peter, sein Bruder	Herr Kriwat.
Der Alt-Rott, sein Vater	Herr Barnay.
Die Rottin, sein Weib	Frl. Durand.
Der Spatz, sein Sohn	Frl. Stickel.
Die Mutter der Rottin	Fr. von Weber.
Der Sandperger zu Leithen	Herr Prötz.
Die Sandpergerin	Frl. Klockmann.
Der Unteregger	Herr Teuscher.
Der Engelbauer von der Au	Herr Preißler.
Ein Reiter des Kaisers	Herr Conété.
Der Gerichtsschreiber	Herr Galleiske.
Der Bader	Herr Römer.
Der Schuster	Herr Normann.
Der Kesselflick Wolf (ein junges Vagantenpaar)	Herr Rothe.
Das Straßentrapperl (ein junges Vagantenpaar)	Frl. Margreiter
Ein Soldat	Herr Marut
Ein Trommler	Herr Werner.

Spielt zur Zeit der Gegenreformation in den östereichischen Alpenländern.

Die Theaterkasse ist täglich von 10 bis 2 Uhr geöffnet.

Preise der Plätze.

Preis inkl. Garderobe und Steuer:	Volle Preise: Mk.
1. Rang	4,60
1. Rang Stehplatz	3,50
Parkett	3,50
Fremdenloge	2,95
Sitzparterre	2,95
Balkon	1,80
2. Rang 1. Reihe	1,55
2. Rang 2. und 3. Reihe	1,40
Stehparterre	1,40
Numeriert Amphitheater	1,00
Unnumeriert Amphitheater	0,80
Numeriert Galerie	0,70
Unnumeriert Galerie	0,55

Spielplan

Montag, den 18. September 1911, abends 7½ Uhr.
Abonnements-Vorstellung. P. P. D. II.
Rosmersholm.

Dienstag, den 19. September 1911, abends 7½ Uhr.
Abonnements-Vorstellung. P. P. E. II.
Kettenglieder.
Ein fröhliches Spiel am häuslichen Herd in vier Akten von **Hermann Heijermans jr.**

Mittwoch, den 20. September 1911, abends 7½ Uhr.
Abonnements-Vorstellung. P. P. A. I.
Die berühmte Frau.
Lustspiel von **Schönthan** und **Kadelburg.**

Donnerstag, den 21. September 1911, abends 7½ Uhr. P. P. B. I.
Glaube und Heimat.
Tragödie eines Volkes von **Karl Schönherr.**

Freitag, den 22. September 1911, abends 7½ Uhr.
Abonnements-Vorstellung. P. P. C. I.
Novität. Zum 3. Male. Novität.
Der letzte Funke.

Sonnabend, den 23. September 1911, abends 7½ Uhr.
Abonnements-Vorstellung. P. P. D. I.
Bei ermäßigten Preisen. Bei ermäßigten Preisen.
Novität. Zum 3. Male. Novität.
Der Graf von Gleichen.

Sonntag, den 24. September 1911, abends 7½ Uhr.
Außer Abonnement P. P. E. I.
Novität. Zum 1. Male. Novität.
Meyers.
Schwank in drei Akten von **Fritz Friedmann-Frederich.**

Druck von A. W. Kafemann G. m. b. H. in Danzig.

ABB. 37 — *Theaterzettel des Stadt-Theaters Danzig, 17. September 1911, »Glaube und Heimat«. Die Erinnerung an das Stück, in dem er einen Soldaten spielte, rührte Traven noch 56 Jahre später, im Gespräch mit seiner Frau und einem österreichischen Journalisten, zu Tränen, vgl. S. 255.*

Sonnabend, den 2. März 1912.

Abends 7 Uhr.

Ausser Abonnement. **P. P. D. II.**

Zweites und letztes Gastspiel des Kgl. Hofschauspielers W. Staegemann, Berlin.

Hamlet.

Prinz von Dänemark.

Trauerspiel in fünf Aufzügen von William Shakespeare.
Übersetzt von Schlegel.

Inszeniert von Herrn Regisseur Barnay.

Personen:

Klaudius, König von Dänemark	Herr Barnay.
Gertrud, Königin von Dänemark und Hamlets Mutter	Frl. Durand.
Hamlet. Sohn des vorigen und Neffe des jetzigen Königs	* * *
Polonius, Oberkämmerer	Herr Normann.
Laertes, seine Kinder	Herr Couété.
Ophelia, seine Kinder	Frl. Liebenthal.
Rosenkranz, Hofleute	Herr Rothe.
Güldenstern, Hofleute	Herr Preißler.
Voltimand, Hofleute	Herr Wiegand.
Cornelius, Hofleute	Herr Roland.
Osrick, Hofleute	Herr Rössel.
Horatio, Hamlets Freund	Herr Kriwat.
Marcellus, Offiziere	Herr Galleiske.
Bernado, Offiziere	Herr Marut.
Franzisko, ein Soldat	Herr Werner.
Der Geist von Hamlets Vater	Herr Teuscher.
Totengräber	Herr Römer.
Totengräber	Herr Marut.
I. Schauspieler	Herr Teuscher.
II. Schauspieler	Frl. Klockmann.
III. Schauspieler	Herr Petsch.

Herren und Frauen vom Hofe, Offiziere, Soldaten, Schauspieler, Pagen. — Ort der Handlung: Helsingör.

* * * **Hamlet** . . . . Herr **W. Staegemann** a. G.

ABB. 38 — *Theaterzettel des Danziger Stadt-Theaters, 2. März 1912. Ret Marut in der Doppelrolle eines Offiziers und des 2. Totengräbers, vgl. S. 260.*

ABB. 39 — *Düsseldorf, Friedrichstraße, um 1910, vgl. S. 270.*

ABB. 40 — *Ret Marut (hinten links) als Indianer in »Peter Pan« am Schauspielhaus Düsseldorf, 1912, vgl. S. 273.*

ABB. 41 — *Das Schauspielhaus Düsseldorf, um 1910.*

ABB. 42 — *Irene Mermet, um 1925, vgl. S. 304.*

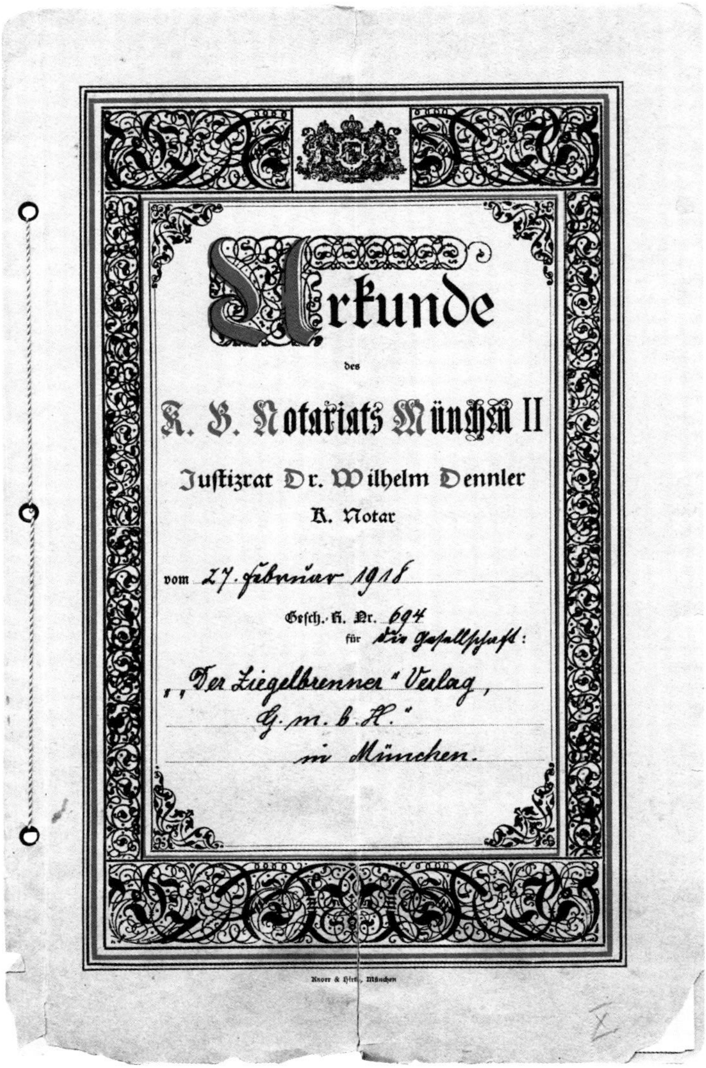
Urkunde

des

K. B. Notariats München II

Justizrat Dr. Wilhelm Dennler

K. Notar

vom 27. Februar 1918

Gesch.-R. Nr. 694

für die Gesellschaft:

„Der Ziegelbrenner" Verlag,

G.m.b.H."

in München.

Knorr & Hirth, München

ABB. 43 — *Notariatsurkunde über die Errichtung der Gesellschaft »›Der Ziegelbrenner‹ Verlag, G.m.b.H. in München«, 27. Februar 1918, vgl. S. 387 f.*

ABB. 44 — *Ret Marut, um 1918, Porträtskizze von unbekannter Hand.*

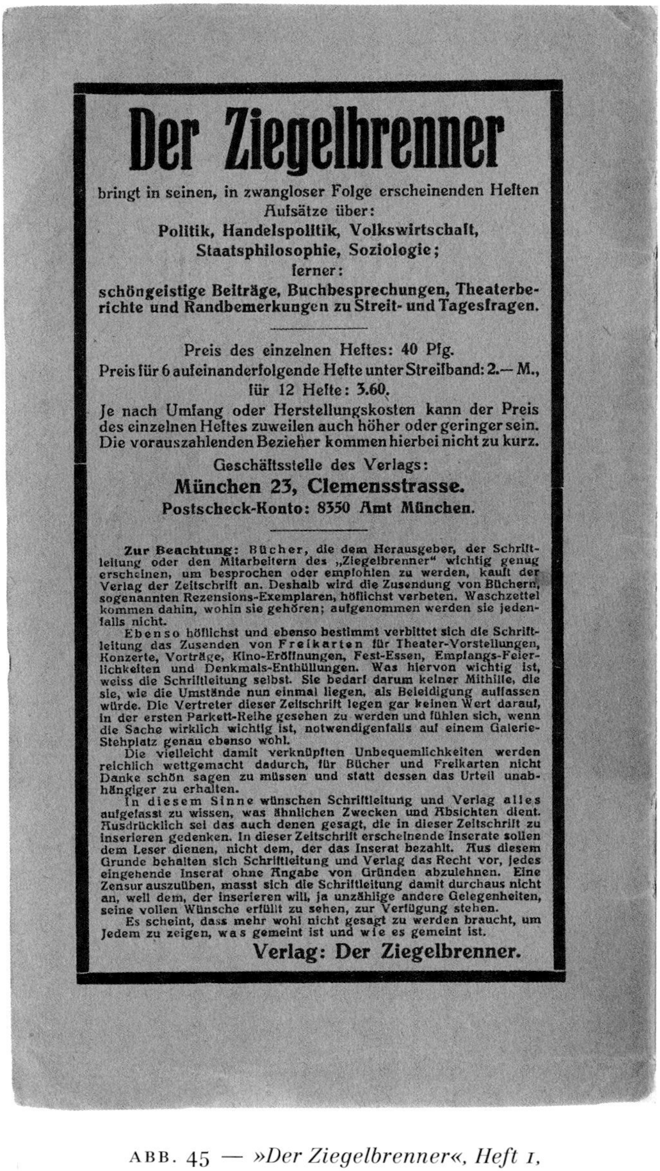

Der Ziegelbrenner

bringt in seinen, in zwangloser Folge erscheinenden Heften
Aufsätze über:

**Politik, Handelspolitik, Volkswirtschaft,
Staatsphilosophie, Soziologie;**

ferner:

schöngeistige Beiträge, Buchbesprechungen, Theaterberichte und Randbemerkungen zu Streit- und Tagesfragen.

Preis des einzelnen Heftes: 40 Pfg.
Preis für 6 aufeinanderfolgende Hefte unter Streifband: 2.— M.,
für 12 Hefte: 3.60.

Je nach Umfang oder Herstellungskosten kann der Preis des einzelnen Heftes zuweilen auch höher oder geringer sein. Die vorauszahlenden Bezieher kommen hierbei nicht zu kurz.

Geschäftsstelle des Verlags:

München 23, Clemensstrasse.

Postscheck-Konto: 8350 Amt München.

Zur Beachtung: Bücher, die dem Herausgeber, der Schriftleitung oder den Mitarbeitern des „Ziegelbrenner" wichtig genug erscheinen, um besprochen oder empfohlen zu werden, kauft der Verlag der Zeitschrift an. Deshalb wird die Zusendung von Büchern, sogenannten Rezensions-Exemplaren, höflichst verbeten. Waschzettel kommen dahin, wohin sie gehören; aufgenommen werden sie jedenfalls nicht.

Ebenso höflichst und ebenso bestimmt verbittet sich die Schriftleitung das Zusenden von Freikarten für Theater-Vorstellungen, Konzerte, Vorträge, Kino-Eröffnungen, Fest-Essen, Empfangs-Feierlichkeiten und Denkmals-Enthüllungen. Was hiervon wichtig ist, weiss die Schriftleitung selbst. Sie bedarf darum keiner Mithilfe, die sie, wie die Umstände nun einmal liegen, als Beleidigung auffassen würde. Die Vertreter dieser Zeitschrift legen gar keinen Wert darauf, in der ersten Parkett-Reihe gesehen zu werden und fühlen sich, wenn die Sache wirklich wichtig ist, notwendigenfalls auf einem Galerie-Stehplatz genau ebenso wohl.

Die vielleicht damit verknüpften Unbequemlichkeiten werden reichlich wettgemacht dadurch, für Bücher und Freikarten nicht Danke schön sagen zu müssen und statt dessen das Urteil unabhängiger zu erhalten.

In diesem Sinne wünschen Schriftleitung und Verlag alles aufgefasst zu wissen, was ähnlichen Zwecken und Absichten dient. Ausdrücklich sei das auch denen gesagt, die in dieser Zeitschrift zu inserieren gedenken. In dieser Zeitschrift erscheinende Inserate sollen dem Leser dienen, nicht dem, der das Inserat bezahlt. Aus diesem Grunde behalten sich Schriftleitung und Verlag das Recht vor, jedes eingehende Inserat ohne Angabe von Gründen abzulehnen. Eine Zensur auszuüben, masst sich die Schriftleitung damit durchaus nicht an, weil dem, der inserieren will, ja unzählige andere Gelegenheiten, seine vollen Wünsche erfüllt zu sehen, zur Verfügung stehen.

Es scheint, dass mehr wohl nicht gesagt zu werden braucht, um Jedem zu zeigen, was gemeint ist und wie es gemeint ist.

Verlag: Der Ziegelbrenner.

ABB. 45 — *»Der Ziegelbrenner«, Heft 1, 1. September 1917, Umschlagsrückseite.*

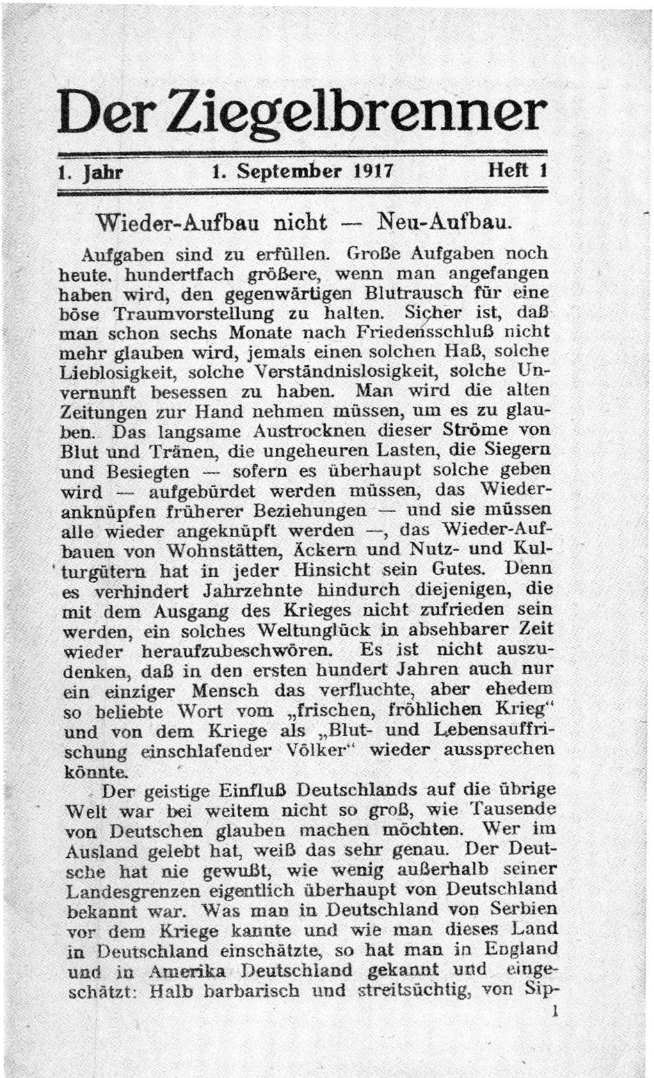

Der Ziegelbrenner

1. Jahr 1. September 1917 Heft 1

Wieder-Aufbau nicht — Neu-Aufbau.

Aufgaben sind zu erfüllen. Große Aufgaben noch heute, hundertfach größere, wenn man angefangen haben wird, den gegenwärtigen Blutrausch für eine böse Traumvorstellung zu halten. Sicher ist, daß man schon sechs Monate nach Friedensschluß nicht mehr glauben wird, jemals einen solchen Haß, solche Lieblosigkeit, solche Verständnislosigkeit, solche Unvernunft besessen zu haben. Man wird die alten Zeitungen zur Hand nehmen müssen, um es zu glauben. Das langsame Austrocknen dieser Ströme von Blut und Tränen, die ungeheuren Lasten, die Siegern und Besiegten — sofern es überhaupt solche geben wird — aufgebürdet werden müssen, das Wiederanknüpfen früherer Beziehungen — und sie müssen alle wieder angeknüpft werden —, das Wieder-Aufbauen von Wohnstätten, Äckern und Nutz- und Kulturgütern hat in jeder Hinsicht sein Gutes. Denn es verhindert Jahrzehnte hindurch diejenigen, die mit dem Ausgang des Krieges nicht zufrieden sein werden, ein solches Weltunglück in absehbarer Zeit wieder heraufzubeschwören. Es ist nicht auszudenken, daß in den ersten hundert Jahren auch nur ein einziger Mensch das verfluchte, aber ehedem so beliebte Wort vom „frischen, fröhlichen Krieg" und von dem Kriege als „Blut- und Lebensauffrischung einschlafender Völker" wieder aussprechen könnte.

Der geistige Einfluß Deutschlands auf die übrige Welt war bei weitem nicht so groß, wie Tausende von Deutschen glauben machen möchten. Wer im Ausland gelebt hat, weiß das sehr genau. Der Deutsche hat nie gewußt, wie wenig außerhalb seiner Landesgrenzen eigentlich überhaupt von Deutschland bekannt war. Was man in Deutschland von Serbien vor dem Kriege kannte und wie man dieses Land in Deutschland einschätzte, so hat man in England und in Amerika Deutschland gekannt und eingeschätzt: Halb barbarisch und streitsüchtig, von Sip-

1

ABB. 46 — *»Der Ziegelbrenner«, Heft 1, 1. September 1917, Seite 1, vgl. S. 356ff.*

Die Rede des Ziegelbrenner

Die Welt-Revolution

beginnt

Halloh, Ihr Menschen! Halloh, Ihr Männer und Frauen der Revolution! Halloh! Gruß Euch allen, Ihr Brüder der kommenden Welt-Republik! Gruß Euch, Ihr Menschen des heiligen Weltbürgertums, das auf dem Wege ist! Halloh, Ihr Menschen! Halloh!

Ich gehöre weder der Sozialdemokratischen Partei an, noch bin ich ein Unabhängiger Sozialist. Ich gehöre weder der Spartacus-Gruppe an, noch bin ich ein Bolschewiki. Ich gehöre keiner Partei, keiner politischen Vereinigung an, welcher Art sie auch immer sei; weil weder Parteien noch Programme, weil weder Proklamationen noch Versammlungsbeschlüsse mich vor dem Welt-Unglück beschützen konnten. **Ich kann keiner Partei angehören, weil ich in jeder Partei-Zugehörigkeit eine** Beschränkung meiner persönlichen Freiheit erblicke, weil die Verpflichtung auf ein Partei-Programm mir die Möglichkeit nimmt, mich zu dem zu entwickeln, was mir als das höchste und das edelste Ziel auf Erden gilt: **Mensch sein zu dürfen!** Nichts anderes will ich sein als Mensch, nichts als Mensch. Und weil mir „Mensch" das Höchste ist, so muß mir alles andere, was mich zu diesem Ziel nicht führt, gleichgültig sein und gleichgültig bleiben.

Aber dieses Gleichgültig-Bleiben hört auf für mich von dem Augenblicke an, wo meinem Wege Gefahr droht. Und **nur um meinetwillen** erhebe ich meine Stimme. Um **Meine** Sache handelt es sich, nicht um die Eure. Eure Sache ist mir auch heute gleichgültig und sie wird mir immer gleichgültig bleiben. **Die edelste, reinste und wahrhafteste Menschenliebe ist die Liebe zu sich selbst. Ich** will frei sein! **Ich** will froh sein können! **Ich** will mich aller Schönheiten dieser Welt erfreuen! **Ich** will glückselig sein! Aber meine Freiheit ist **nur** dann gesichert, wenn alle anderen Menschen um mich frei sind. Ich kann **nur** dann froh sein, wenn alle anderen Menschen meiner Umgebung froh sind. Ich kann **nur** dann glückselig sein, wenn alle anderen Menschen, die ich sehe und denen ich begegne, mit glückseligen Augen in die Welt schauen. Und **nur** dann kann ich mich mit reinem Genuß satt essen, wenn ich das sichere Bewußtsein habe, daß auch andere Menschen satt zu essen haben wie ich. Und darum handelt es sich um **Mein Eigenes Wohlbefinden,** nur um **Mein Eigenes Selbst,** wenn ich mich auflehne gegen jede Gefahr, die meiner Freiheit und meiner Glückseligkeit droht.

Und gegen die Gefahr, die meiner Eigenen Angelegenheit, die meiner Eigenen Sache droht, wehre ich mich.

Mehr als fünfzig Monate bin ich in der schamlosesten Weise belogen und betrogen worden, **von der Regierung, vom Kaiser, vom König, von meinen Nachbarn** und **von der verlumptesten Institution,** die sich auf Erden befindet: **Die Presse.** Die Regierung ist beim ersten Windhauch zusammengesunken; übrig geblieben ist nichts von ihr, als ein paar Proteste von Präsidenten, die sich Vorsitzende des Reichstags oder des Landtags oder einer ähnlichen Rumpelkammer nannten. Sie protestierten in dem Augenblick, als sie sahen, daß Protestieren ihnen nicht schadet. Als der Reichstag zusammengerufen wurde um die Kriegs-Kredite zu bewilligen und er dann wie eine Dienstmagd wieder nach Hause geschickt wurde, sobald er zu einem neuen Kriegsverlängerungs-Kredit wohlwollend genickt hatte, da hat keiner der Herren Präsidenten protestiert, da hat sich keiner von ihnen in seiner Ehre gekränkt gefühlt. Aber jetzt als sie endlich einmal — vier Jahre zu spät — vom Volke mit einem Fußtritt, den sie sich ehrlich erworben haben, hinausgeworfen wurden und sie dann hörten und sahen, daß ein Protestieren nicht mehr mit dem Zuchthaus, nicht mehr mit dem Schützengraben bestraft wurde, daß ein Aufbegehren nicht mehr mit einem Rüffel, nicht mehr mit einem versagten Kommerzienrats-Titel oder einem Nicht-verliehenen-Orden bedacht wurde, da protestierten sie. Sie protestierten, weil ihnen die Freifahrkarte entzogen wurde, weil ihnen die Diäten entzogen wurden. Das galt ihnen wichtiger als der Erfolg der Revolution, der selbst denen Freiheit brachte, die noch niemals empfunden hatten, daß ihnen die Freiheit überhaupt fehlte, weil sie geborene Knechte waren. Und hat es denn jemals in der ganzen Welt-Geschichte ein Parlament gegeben, das so heruntergekommen war wie der Deutsche Reichstag? Ein Reichstag, an dessen Spitze ein Mann stehen durfte (Paasche), dessen „Geschäfte" eine ganze Welt mit Gestank hätten erfüllen müssen, wenn es eben nicht eine Welt gewesen wäre, die innerhalb der deutschen Grenzen lag. Denn innerhalb der deutschen Grenze herrschte und herrscht ein Krämergeist, gegen den der Krämergeist des „perfiden Albions" verschwand wie die schneeweiße Farbe des Linnen vor den Ruß-Wolken eines Hüttenwerkes. Ein Reichstag, der seine ehrlichsten und aufrichtigsten Mitglieder dem Zuchthaus und der Festung preisgab! Mich ekelt noch heute vor diesem Parlament.

Vom Kaiser bin ich belogen worden und vom König. Sie sind dahin und Niemand sehnt sie wieder her. Mit ihnen habe ich nichts zu schaffen.

Von meinen Nachbarn bin ich belogen worden. Sie konnten nichts dafür. Sie waren arme Belogene, arme Verführte und mir fehlte die Kraft, sie zu überzeugen. Sie seien entschuldigt. Aber **Ich** hüte mich vor ihnen in Zukunft. Sie können mir gefährlich werden. So leicht und ungewappnet, so gedankenlos und widerspruchslos wie sie sich einmal belügen ließen, so

ABB. 47 — *Flugschrift von Ret Marut, München 1918, vgl. S. 408.*

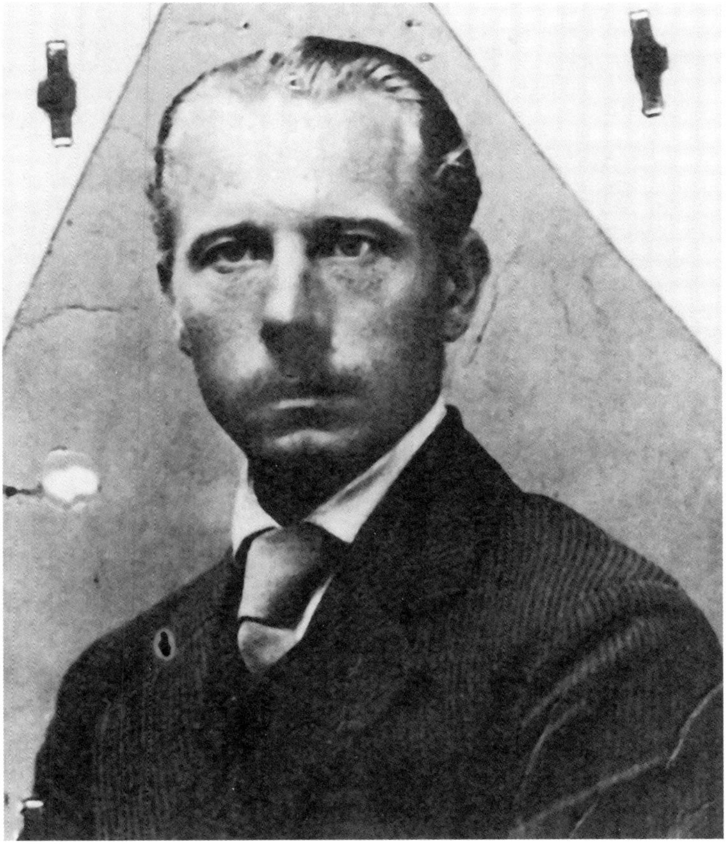

ABB. 48 — *Ret Marut, vor 1923, vgl. S. 474.*

Gegensatz

Ich kann nicht hinaus aus meinem Tag. Aber ich stehe über ihm. Ich will und es ist. Konnte je ein König mehr?

Eine Regierung über mir?

Wo?

Und wenn ich die Regierung nicht anerkenne?!

Ich brauche nur zu wollen, und sie ist nicht mehr. Eine Regierung ohne Regierte. Wo ist die Regierung? Ich habe keine, da ich sie nicht achte, da ich sie nicht anerkenne.

Sie kann mich töten. Wäre sie darum Regierung? Ein Stein, den ein Knabe nach mir wirft, kann mich töten, ein durchgehendes Pferd kann mich töten. Sind Knabe, Stein, Pferd darum Regierung?

Aber ich lege meine Hände in den Schoß.

Ein Regierungssoldat kann mich an nützlicher Arbeit — und nur notwendige Arbeit ist nützliche — hindern. Ein einziger Soldat. Aber tausend Regierungssoldaten, die Kanonen haben und Tanks, können mich nicht zwingen, Arbeit zu leisten. Sie können mich zwingen, an der Arbeitsstelle zu stehen, aber sie können nicht erzwingen, daß die Arbeit, zu der sie mich zwingen, brauchbar ist.

Wer Ohren hat zu hören, höre!

Wer Hände hat zu fühlen, fühle!

Gibt es eine Regierung, die über mir steht? Sie kann mich töten. Jedoch ich verliere nichts dadurch, ich gewinne. Ein Getöteter ist ein Ankläger, den kein Gericht und keine Gefängnismauern zum Schweigen bringen können.

Die Regierung kann mich töten. Ich verliere nichts dadurch. Aber die Regierung verliert einen Mann, von dem sie hoffte, daß sie ihn regieren dürfte. Was aber ist eine Regierung ohne Männer, die nicht regiert werden können?

Und wenn mir mein Nichtregiertwerdenwollen mehr wert ist als mein Leben? Mein Leben ist begrenzt, Regiertwerden ist unbegrenzt.

9

ABB. 49 — *»Der Ziegelbrenner«, Heft 35–40, 21. Dezember 1921, Seite 9, vgl. S. 462.*

ABB. 50 — *Ret Marut in zwei Aufnahmen der Londoner Polizei, 1923, vgl. S. 29 und 470f.*

ABB. 51 — *Thames Police Court, Gerichtssaal, vor 1903, vgl. S. 470.*

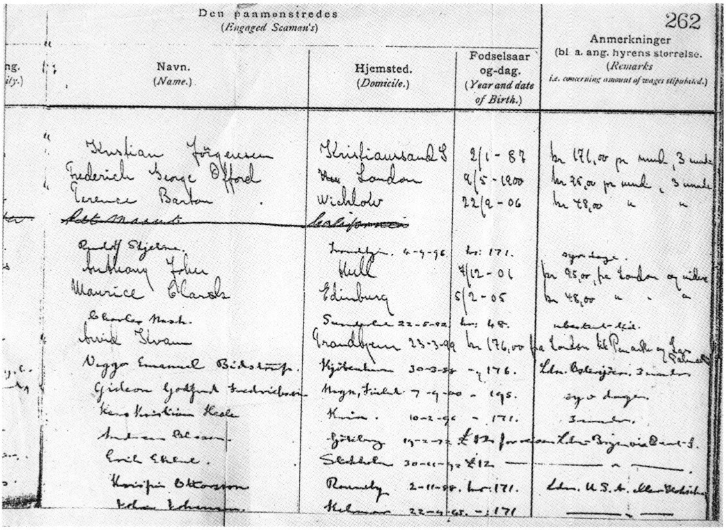

Den paamønstredes (Engaged Seaman's) Navn. (Name.)	Hjemsted. (Domicile.)	Fodselsaar og-dag. (Year and date of Birth.)	262 Anmerkninger (bl. a. ang. hyrens størrelse. (Remarks i.e. concerning amount of wages stipulated.)
Kristian Jörgensen	Kristiansand S	2/1-87	kr 171,00 pr mnd, 3 mnd
Frederick George Offord	[illegible] London	9/5-1900	kr 75,00 pr mnd, 3 mnd
Terence Barton	Wicklow	22/9-06	kr 48,00 " "
[illegible]	[illegible]		
Rudolf [illegible]	[illegible] 4-9-96.	kr: 171.	[illegible]
Anthony John	Hull	7/12-01	kr 95,00, fra London og videre
Maurice Clark	Edinburg	5/2-05	kr 48,00 " " "
Charles Nash.	[illegible] 22-5-92.	kr: 48.	[illegible]
Arvid [illegible]	Trondhjem 23-3-99	kr 176,00	fra London til [illegible]
Viggo Emanuel Bidstrup.	Kjöbenhavn 30-3-[illegible]	- 176.	[illegible] 3 mnd
Gideon Godfred Fredriksen	[illegible] 7-9-00	- 195.	[illegible]
[illegible]	[illegible] 10-2-9[illegible]	- 171.	3 mnd.
Anders Olsen.	Göteborg 19-2-[illegible]	£12	[illegible]
Erik [illegible].	Stockholm 30-11-[illegible]	£12	— " —
[illegible] Ottosson	Ronneby 2-11-[illegible]	kr 171.	[illegible] U.S.A. [illegible]
[illegible]	Kalmar 22-4-65.	- 171	— " —

ABB. 52 — *Heuerliste der »Hegre«, 1924, vgl. S. 479f.*

Die vorangestellte Tilde (~) signalisiert, daß es sich um eine Mutmaßung handelt.

1882 23. FEBRUAR — *Otto Feige in Schwiebus geboren. Eltern: Hermine Wienecke, Fabrikarbeiterin in Schwiebus und Adolf Feige, Töpfer in Finsterwalde.*
30. MAI — *Standesamtliche Heirat der Eltern in Schwiebus; Wohnung in Finsterwalde. Otto wächst bei den Großeltern in Schwiebus auf.*

1886 FRÜHJAHR — *Erkrankung des Großvaters. ~Die Eltern holen Otto zu sich nach Finsterwalde.*
SOMMER — *~Mit den Eltern Umzug nach Grünberg.*

1888 ~3. APRIL – OKTOBER 1892 — *Volksschule ~Grünberg.*

1892 OKTOBER – 2. APRIL 1896 — *Rückkehr der Familie nach Schwiebus; Wechsel an die dortige Volks- oder Mittelschule.*

1896 7. APRIL – 3. APRIL 1900 — *Ausbildung zum Maschinenschlosser in Schwiebus; ~1899 Mitglied im Deutschen Metallarbeiterverband.*

1900 4. APRIL – ~OKTOBER 1902 — *Arbeit als Maschinenschlosser in Schwiebus.*

1902 OKTOBER – ~HERBST 1904 — *Zweijährige Dienstzeit im Königlich Preußischen Westfälischen Jäger-Bataillon Nr. 7 in Bückeburg; von dort gelegentliche Besuche in Wallensen.*

1904 HERBST – ~ENDE 1904 — *~Arbeit als Betriebsschlosser in der Brikettfabrik Humboldt; Wohnung bei den Eltern in Wallensen.*

1905 ~ANFANG – ~31. JULI 1906 — *~Arbeit als Maschinenschlosser in Magdeburg; ~Tätigkeit für den Deutschen Metallarbeiterverband.*

1906 2. AUGUST — *Otto Feige trifft in Gelsenkirchen ein. Wohnung: Arminstraße 10, 1. Stock*

6. AUGUST — *Polizeiliche Anmeldung in Gelsenkirchen. Umzug in die Viktoriastr. (heute: Königsberger Straße) 30, 1. Stock.*

16. AUGUST — *Mitglied der Schlichtungskommission in der Streitsache zwischen dem Gesamtvorstand des Sozialdemokratischen Vereins für den Reichstagswahlkreis Bochum und dem Distrikt des Wahlkreisvereins in Gelsenkirchen sowie zwischen den Genossen Paul Runge (Bochum) und Peter Meis (Gelsenkirchen).*

5. SEPTEMBER — *Polizeiliche Ummeldung.*

24. OKTOBER — *Otto Feige: [Korrespondenz aus Gelsenkirchen]. In: »Metallarbeiter-Zeitung«.*

25. NOVEMBER — *Zweiter »Kunstabend« (Henrik Ibsen) des »Deutschen Metallarbeiter-Verbands« in der Gaststätte Krüner, Oststr. (Gelsenkirchen-Erle).*

ca. 8. DEZEMBER — *Gründung des »Dramatischen Klubs ›Freie Bühne‹« in Gelsenkirchen (Mitglied des »Arbeiter-Theater-Bundes für Rheinland und Westfalen«).*

1907 3. MÄRZ — *»Dritter Kunstabend« (»Opern- und Liederabend«) des »Deutschen Metallarbeiter-Verbands« in der Gaststätte Urlaub, Bochumerstraße 58 (Gelsenkirchen-Ückendorf).*

17. MÄRZ — *Märzfeier des Gewerkschaftskartells Gelsenkirchen (auch in Wanne und Wattenscheid) mit Vortrag von Otto Feige: »Der 18. März«.*

25. MAI — *»Vortragsabend« (Fritz Reuter und Wilhelm Busch) des »Deutschen Metallarbeiter-Verbands« mit musikalischem Beiprogramm in der Gaststätte Eckermann, Ottilienstr. 15 (Gelsenkirchen-Neustadt).*

4. JUNI – 24. AUGUST — *Otto Feige organisiert einen Streik der Gehilfen des Klempner- und Installationsgewerbes in Gelsenkirchen.*

3. AUGUST — *Otto Feige sucht per Anzeige in der »Metallarbeiter-Zeitung« einen Nachfolger als Geschäftsführer der Verwaltungsstelle Gelsenkirchen*

(wiederholt in den Ausgaben vom 10. und 17. August 1907).

31. AUGUST — *Lassalle-Feier des Gewerkschaftskartells Gelsenkirchen mit Vortrag von Otto Feige in der Gaststätte »Zum Barbarossa«, Hochstr. 1 in Gelsenkirchen (Altstadt).*

31. AUGUST — *Otto Feige: [Korrespondenz aus Gelsenkirchen]. In: »Metallarbeiter-Zeitung«.*

7. SEPTEMBER — *Otto Feige: [Korrespondenz aus Gelsenkirchen]. In: »Metallarbeiter-Zeitung«.*

23. SEPTEMBER — *Vortrag von Otto Feige auf einer Versammlung der Elektromonteure in Gelsenkirchen über die Entwicklung der elektrischen Industrie und deren Zukunft und die wirtschaftliche Lage der Elektromonteure. Aufruf zur Gründung einer Branchenabteilung der Elektromonteure und Beitritt zum DMV.*

9. OKTOBER — *Polizeiliche Abmeldung in Gelsenkirchen.*

19. OKTOBER — *Otto Feige: [Korrespondenz aus Gelsenkirchen]. In: »Metallarbeiter-Zeitung«.*

~MITTE OKTOBER – ~ENDE MÄRZ 1908 — *Als Ret Marut Schauspieler in Idar (Direktion Hahn).*

1908 ~APRIL – 26. SEPTEMBER — *~Engagiert an unbekanntem Ort.*

~30. SEPTEMBER – ~31. OKTOBER — *Als Schauspieler in Ansbach (Direktion Drummer).*

6. – 27. NOVEMBER — *Als Schauspieler in Ohrdruf (Direktion Hansen-Eng).*

~28. NOVEMBER – ~ENDE DEZEMBER — *Arbeitslos in Berlin.*

1909 ~1. JANUAR – ~5. APRIL — *Als Schauspieler in Crimmitschau (Direktion Schmidt). Bekanntschaft mit Elfriede Zielke.*

~5./6. APRIL — *Mit Elfriede Zielke in Berlin.*

~7. – ~21. APRIL — *Mit Elfriede Zielke ~auf Tournee unter unbekannter Direktion in Niederschlesien (Goldberg, Steinau, Wohlau, Festenberg).*

22. APRIL – 3. JULI — *Mit Elfriede Zielke als Schauspieler in Markranstädt (Direktion Schmidt).*

4. JULI – 3. AUGUST — *~Engagiert an unbekanntem Ort (Direktion Schmidt?).*

4. AUGUST – 25. SEPTEMBER — *Mit Elfriede Zielke als Schauspieler in Eythra und Zwenkau (Direktion Schmidt).*

~26. SEPTEMBER – 21. OKTOBER — *~Engagiert an unbekanntem Ort (Direktion Schmidt?).*

22. OKTOBER – 30. DEZEMBER — *Mit Elfriede Zielke als Schauspieler in Hohenmölsen (Direktion Schmidt).*

1910 ~1. JANUAR – 7. FEBRUAR — *~Engagiert an unbekanntem Ort (Rötha, Direktion Schmidt?).*

8. FEBRUAR – 20. MÄRZ — *Mit Elfriede Zielke als Schauspieler in Meuselwitz (Direktion Schmidt).*

~23. MÄRZ – 10. APRIL — *Mit Elfriede Zielke als Schauspieler in Zeitz, Direktion Lange.*

~16. MAI – 28. JULI *und* 20. SEPTEMBER — *Mit Elfriede Zielke als Schauspieler in Schleiz, Direktion Lange.*

5. AUGUST – 21. SEPTEMBER — *Mit Elfriede Zielke als Schauspieler in Zeulenroda, Direktion Lange.*

~3. OKTOBER – 9. APRIL 1911 — *Mit Elfriede Zielke als Schauspieler auf Tournee in Ost- und Westpreußen (Direktion Sormand).*

1911 ~15. MAI – 13. AUGUST — *Mit Elfriede Zielke als Schauspieler auf Tournee in der Provinz Posen (Direktion v. Stümer/Rath).*

10. SEPTEMBER – 15. MAI 1912 — *Als Schauspieler am Stadttheater in Danzig (Direktion Grützner).*

2. DEZEMBER — *Brief an Louise Dumont in Düsseldorf (Bewerbung als 2. Charakterdarsteller am Schauspielhaus Düsseldorf).*

1912 20. MÄRZ — *Geburt der Tochter Irene Zielke in Danzig.*

24. APRIL — *Ret Marut: »Das arme Kino«, in: »Hei-*

mat und Welt. Mittwochs-Unterhaltungsbeilage der Danziger Zeitung«.

22. MAI — *Marut reist zur Vertragsunterzeichnung nach Düsseldorf. Er wohnt Hotel Kaiserhof (Kaiser-Wilhelm-Straße 23, heute Friedrich-Ebert-Straße).*

23. MAI — *Marut erhält einen Dreijahresvertrag am Schauspielhaus Düsseldorf.*

28. MAI — *Ret Marut: »Wache rrraus!«, in: »Bremer Bürger Zeitung«.*

3. JUNI — *Ret Marut: »Der Schauspieler und der König«, in: »Die Zeit am Montag«.*

17. JUNI — *Ret Marut: »Der Idiot«, in: »Die Zeit am Montag«.*

~ENDE JULI — *Umzug nach Düsseldorf.*

1. AUGUST — *Beginn von Maruts Engagement am Schauspielhaus Düsseldorf (Direktion Dumont-Lindemann).*

8. AUGUST — *Marut zieht nach Friedrichstraße 49, 2. Stock.*

21. AUGUST — *Amtliche Anmeldung bei der Düsseldorfer Polizeibehörde. Als Staatsangehörigkeit ist irrtümlich »England« notiert.*

1. SEPTEMBER — *Ret Marut: »Geschäft ist Geschäft«, in: »Düsseldorfer General-Anzeiger«.*

29. OKTOBER — *Ret Marut: »Brief nach Berlin«, in: »Düsseldorfer Zeitung«.*

8. NOVEMBER — *Umzug nach Herzogstraße 72, 1. Stock.*

1913 20. JANUAR — *Ret Marut: »Die Tragödin in der Küche«, in: »Danziger Zeitung«.*

1./2. FEBRUAR — *Ret Marut: »Theaterdirektor Raßmann«, in: »Düsseldorfer General-Anzeiger.*

4. FEBRUAR — *Ret Marut: »Ehrlichkeit. Eine Schnurre«, in: »Düsseldorfer General-Anzeiger« (Verfasserangabe: »Ret Murat«).*

24. MÄRZ — *Ret Marut: »Feststellungen«, in: »Berliner Tageblatt«.*

20. APRIL — *Ret Marut: »Der verhängnisvolle Mülleimer«, in: »Frankfurter Zeitung«.*

4. MAI — *Ret Marut: »Das teure Souper«, in: »Düsseldorfer General-Anzeiger«.*

18. MAI — *Ret Marut: »Paradoxa«, in: »Frankfurter Zeitung«.*

ca. MAI — *Ret Marut: »Höflichkeit«, in: »Frankfurter Zeitung«.*

18. MAI — *Ret Marut: »Vom Anschluß. Beobachtungen und Betrachtungen«, in: »Düsseldorfer General-Anzeiger«.*

9. JUNI — *Ret Marut: »Der goldene Mund«, in: »Berliner Tageblatt«.*

~4. – ~29. AUGUST — *Aufenthalt in Tangermünde, wo Elfriede Zielke vom 3. – 29. August engagiert ist.*

10. NOVEMBER — *Ret Marut: »Die grüngesprenkelte Eule«, in: »Vorwärts«.*

11. DEZEMBER — *Ret Marut: »Roter Mohn«, in: »Vorwärts«.*

1914 15. FEBRUAR — *Ret Marut: »Regie. Aus der Entwickelungs-Geschichte eines Talents«, in: »Düsseldorfer General-Anzeiger«.*

9. MÄRZ — *Ret Marut: »Der berühmte Schauspieler«, in: »Düsseldorfer General-Anzeiger«.*

18. MÄRZ — *Ret Marut: »Das Opernglas«, in: »Düsseldorfer General-Anzeiger«.*

6. APRIL — *Umzug nach Fürstenplatz 6, Ecke Antoniusstraße.*

22. JUNI — *Ret Marut: »Akrobaten«, in: »Vorwärts«.*

3. JULI – 23. AUGUST — *Mit dem Schauspielhaus Düsseldorf zu einem Gastspiel in München; anschließend Urlaub ~in Bayern.*

24. AUGUST — *Marut kehrt von einem mehrwöchigen Urlaub nach Düsseldorf zurück.*

~ENDE AUGUST — *Marut wird irrtümlich als englischer Staatsbürger in Düsseldorf verhaftet und am gleichen Tag wieder auf freien Fuß gesetzt.*

NOVEMBER — *Marut beantragt beim amerikanischen Konsul in Barmen einen amerikanischen Paß.*

13. DEZEMBER — *Ret Marut: »Kleines Kerlchen!«, in: »Düsseldorfer Zeitung«.*

ENDE 1914 — *Elfriede Zielke trennt sich von Marut.*

1915 1. JANUAR — *Irene Mermet kommt als »zahlende Schülerin« an die Hochschule für Bühnenkunst in Düsseldorf. Wohnung ab 1. März: Grünstraße 22, seit 12. Juli 1915: Südstraße 5.*

5. MAI — *Marut bestellt bei der Düsseldorfer Firma Ströher & Erdmann eine »Klein-Adler«-Schreibmaschine; für die Zeit bis zur Lieferung erhält er leihweise eine amerikanische »Hammond«-Maschine.*

3. JUNI — *Schriftliche Bitte an das Department of Public Health in San Francisco um Bestätigung seiner dortigen Geburt am 25. Februar 1882.*

3. JULI — *Bescheinigung des Department of Public Health in San Francisco, daß wegen der Vernichtung sämtlicher Zivilstandsregister bis zum 18. April 1906 ein amtlicher Nachweis seiner Geburt unmöglich sei.*

22. JULI — *Ret Marut: »Mutter Beleke«, in: »Reclams Universum«.*

JULI *oder* AUGUST — *Marut beantragt beim amerikanischen Konsul in Köln einen amerikanischen Paß.*

10. AUGUST — *Briefliche Bitte an die Direktion des Schauspielhauses Düsseldorf um Sonderurlaub vom 15. August bis 1. Oktober.*

19. AUGUST — *Von Marut vermitteltes Gastspiel von Leïna Andersen am Schauspielhaus Düsseldorf (»Ein Stündlein im alten Wien. Ein musikalisches Schattenspiel«).*

31. AUGUST — *Ende des Engagements am Schauspielhaus Düsseldorf.*

~ANFANG OKTOBER *oder ~nach* 10. DEZEMBER — *Ret Marut: »Deutsche Chemie« (zur Verleihung des*

Nobelpreises für Chemie 1915 an Richard Willstätter). In: »Kölner Tageblatt«.

4. OKTOBER — *Marut wird von der Polizeiverwaltung in Düsseldorf ein befristeter Ausweis mit der Bestätigung ausgestellt, daß er »Paß u. sonstige Papiere zwecks Einbürgerung eingereicht« habe.*

12. OKTOBER — *Polizeiliche Abmeldung von Irene Mermet (nach Köln).*

13. *und* 17. OKTOBER — *Von Marut vermittelte Gastspiele von Leïna Andersen am Schauspielhaus Düsseldorf (»Die Märchen von der Geige«).*

23. OKTOBER — *Ret Marut: »Der fremde Soldat«, in: »März. Eine Wochenschrift«.*

10. NOVEMBER — *Polizeiliche Abmeldung von Marut (nach Frankfurt am Main).*

11. NOVEMBER — *Ret Marut: »Geschichten vom Bahnhof. Kriegsskizzen 1. Die Mutter 2. Die Frau 3. Urlaub 4. Das Kind«, in: »Reclams Universum«.*

13. NOVEMBER — *Polizeiliche Anmeldung in München (Wohnung: Herzogstraße 83, 1. Stock, bei Bervadan).*

~13. NOVEMBER — *Polizeiliche Anmeldung Irene Mermets in München (Wohnung: Herzogstraße 45, 2. Stock; zugleich Adresse des Verlags I. Mermet, München 23).*

24. NOVEMBER — *Zwangsexmatrikulation von Irene Mermet an der Hochschule für Bühnenkunst in Düsseldorf.*

30. NOVEMBER — *Umzug Maruts nach Clemensstraße 84, 3. Stock, bei Schmidt.*

DEZEMBER 1915 / JANUAR 1916 — *Ret Marut: »Ungedienter Landsturm im Feuer«, in: »Westermanns Monatshefte. Illustrierte Zeitschrift der Gebildeten«.*

1916 12. JANUAR — *Besuch in Düsseldorf.*

1. MÄRZ — *Ret Marut: »Der Mann an der Fräse«, in: »Licht und Schatten. Monatsschrift für Schwarz-Weiss-Kunst und Dichtung«.*

2. MÄRZ — *Ret Marut: »Liebe des Vaterlandes«, in: »Reclams Universum«.*

13. APRIL — *Ret Marut: »Das Mitleid. Skizze«, in: »Reclams Universum«.*

20. MAI — *Ret Marut: »Zwei Väter«, in: »Der Sammler. Unterhaltungsbeilage der München-Augsburger Abendzeitung«.*

27. MAI — *Ret Marut: »Indizien. Essay«, in: »März. Eine Wochenschrift«.*

8. JULI — *Ret Marut: »Nebel«, in: »März. Eine Wochenschrift«.*

1917 20. JANUAR — *Ret Marut: »Trümpfe in der Hand«, in: »Die Wochenschau. Illustrierte Zeitung«.*

8. MÄRZ — *Marut beantragt beim amerikanischen Vize-Konsul in München einen amerikanischen Paß.*

vor dem 25. MÄRZ — *»An das Fräulein von S.....« erscheint unter dem Pseudonym Richard Maurhut im I. Mermet Verlag München.*

30. APRIL — *Ablehnungsbescheid des State Department in Washington: Marut wird nicht als amerikanischer Bürger anerkannt.*

21. MAI — *Marut beantragt als amerikanischer Staatsbürger bei der Münchner Polizeidirektion (Fremdenamt) einen Erlaubnisschein für eine Reise von München über Beuerberg, Bad Tölz, Tegernsee bis Schliersee und zurück vom 26. – 29. Mai 1917.*

10. JULI — *Marut läßt sich als Inhaber eines Zeitschriften- und Bücherverlags beim Städtischen Einwohneramt München in die Gewerbeliste eintragen.*

16. AUGUST — *Ret Marut: »Das Seidentuch. Skizze«, in: »Reclams Universum«.*

1. SEPTEMBER — *Heft 1 des »Ziegelbrenner« erscheint.*

ANFANG NOVEMBER — *Die Ausfuhr des »Ziegelbrenner« ins Ausland wird vom Stellvertretenden General-Kommando verboten.*

14. NOVEMBER — *Das Stellvertretende General-*

Kommando ersucht bei der Polizeidirektion München um Auskunft über Marut.

17. NOVEMBER — *Eine Anweisung der Abt. P6 beim Stellvertretenden General-Kommando an die militärische Überwachungsstelle beim Bahnpolizeiamt 1 in München und beim Postamt Lindau ordnet an, »alle an R. Marut (oder Maurhut) oder die Redaktion des ›Ziegelbrenner‹ gerichteten oder von ihr ausgehenden Sendungen anhier vorzulegen«.*

22. NOVEMBER — *Heft 2 des »Ziegelbrenner« erscheint.*

1918 FEBRUAR — *Ret Marut: »Die Klosterfrau«, in: »Westermanns Monatshefte. Illustrierte Zeitschrift der Gebildeten«.*

27. FEBRUAR — *Marut errichtet in der Kanzlei von Justizrat Dr. Wilhelm Dennler, Notar am königl. bayr. Notariat II in München, die Firma »›Der Ziegelbrenner‹-Verlag, G.m.b.H.«*

kurz vor dem 26. FEBRUAR — *Heft 3 des »Ziegelbrenner« erscheint.*

MITTE MAI — *Marta Haecker wird als Verlagssekretärin eingestellt. Später wird stundenweise noch eine Packerin beschäftigt.*

8. JULI — *Heft 4 des »Ziegelbrenner« erscheint.*

um den 10. SEPTEMBER —*»Der BLaugetupfte SPerlinG«, »herausgegeben vom Ziegelbrenner«, erscheint im Ziegelbrenner-Verlag (Auslieferung: Fr. Ludwig Herbig, Leipzig).*

um den 23. NOVEMBER — *Heft 5–8 des »Ziegelbrenner« erscheint.*

28. NOVEMBER — *Marut erklärt gegenüber der Münchner Polizeidirektion, Abteilung Fremdenamt, daß er als amerikanischer Staatsbürger beabsichtige, vorläufig in Deutschland zu bleiben.*

ANFANG DEZEMBER — *Die vierseitige Flugschrift »Die Rede des Ziegelbrenner / Die Welt-Revolution / beginnt« erscheint. Zwischen dem 7. und 11. Dezem-*

ber 1918 werden angeblich allein in München 7000 Exemplare verkauft.

14. DEZEMBER — *1. Vortragsabend des »Ziegelbrenner« im Kunstsaal der Buchhandlung Carl Georg Steinicke, Adalbertstraße 15 (München-Schwabing).*

28. DEZEMBER — *2. Vortragsabend des »Ziegelbrenner« im Kunstsaal der Buchhandlung Steinicke.*

1919 15. JANUAR — *Heft 9–14 des »Ziegelbrenner« erscheint.*

7. FEBRUAR — *Brief Maruts an Elisabeth Zerndt (LIZ-Verlag) in Berlin mit dem Vorschlag, ihr den Vertrieb des »Ziegelbrenner« zu übergeben. München soll als Verlags- und Redaktionssitz erhalten bleiben. Beilage: Typoskript des Romans »Das Vermächtnis des Inders« von Georg Steinheb (d. i. Ret Marut).*

24. FEBRUAR — *Auf der konstituierenden Sitzung des Presse-Amts wird Marut mit der »Redaktionsführung« der »München-Augsburger Abendzeitung« betraut.*

5. MÄRZ — *Ret Marut: »Presse und Revolution«, in: »München-Augsburger Abendzeitung«.*

10. APRIL — *Ret Marut: »Pressefreiheit oder Befreiung der Presse«, in: »Münchner Neueste Nachrichten«.*

10. APRIL — *Ret Marut: [»Sozialisierungsplan für die Presse«, Zusammenfassung], in: »Münchner Neueste Nachrichten«.*

um den 10. MÄRZ — *Heft 16–17 des »Ziegelbrenner« erscheint.*

22. MÄRZ — *Marut gibt ein an Ministerpräsident Hoffmann gerichtetes Flugblatt zur Pressesozialisierung heraus, das in München plakatiert wird.*

26. MÄRZ — *In einer Versammlung der kaufmännischen und technischen Angestellten der Münchner Zeitungsbetriebe und Anzeigenexpeditionen wird gegen Maruts Votum eine Entschließung ge-*

gen das geplante staatliche Anzeigenmonopol verabschiedet.

27. MÄRZ — *Eine vom »Rat der Presse und des Schrifttums München« einberufene Versammlung von Pressevertretern verabschiedet gegen Maruts Votum eine Entschließung zur Aufrechterhaltung der vollständigen Pressefreiheit.*

30. MÄRZ — *Gründung der Pressesozialisierungs-Kommission der Regierung. Marut wird als Vertreter der Presseabteilung des Zentralrats in die Kommission berufen.*

8. APRIL — *1. Sitzung der Pressesozialisierungs-Kommission. Zwischen den radikalen Zentralratsvertretern um Marut, der auf eine sofortige Entscheidung drängt, den Gemäßigten und den Gegnern kann keine Übereinkunft erzielt werden. Auf einer Sitzung von Pressevertretern im Ministerium für Handel und Gewerbe legt Marut einen »Sozialisierungsplan für die Presse« vor.*

9. APRIL — *Marut wird zum Vorsitzenden und Sprecher einer »vorbereitenden Kommission« zur Gründung eines (von Marut vorgeschlagenen) Revolutionstribunals gewählt.*

12. APRIL — *In der »Salzburger Chronik« wird denunzierend auf Maruts »Mutter Beleke« als Beispiel für seine frühere »Kriegsverehrung« hingewiesen.*

17. APRIL — *Marut wird von der Versammlung der Betriebsräte in den Propaganda-Ausschuß gewählt, dessen Aufgabe es ist, Aufklärungsarbeit unter den heimgekehrten Soldaten zu leisten.*

~ENDE APRIL 1919 — *Marut plant die Veröffentlichung von zwei Manuskripten des Kölner Künstlers Franz W. Seiwert. Außerdem soll Seiwert für ein Sonderblatt (mglw. das Flugblatt »Der Selbe«) einen Schriftkopf entwerfen.*

1. MAI — *Auf dem Weg zu einer Schriftstellersitzung wird Marut in der Augustenstraße von Soldaten festgenommen, im Kriegsministerium ver-*

hört und anschließend in die Residenz überführt. Kurz vor der Aburteilung durch ein Feldgericht gelingt ihm die Flucht. Als »Rädelsführer zur Zeit der Räteregierung« wird er daraufhin von der Staatsanwaltschaft München zur Fahndung ausgeschrieben.

ca. 2. MAI — *In einem Brief gibt Marut seiner Sekretärin Anweisungen zur Fortführung des Verlags.*

~MAI — *Haussuchung in der Wohnung von Irene Mermet. Beschlagnahme der Druckvorlage des »Ziegelbrenner«-Heftes 18–19 zusammen mit anderen Verlagsunterlagen. Verhaftung Mermets und etwa 14tägige Untersuchungshaft.*

21. JUNI — *Die Polizeidirektion München gibt ein »Sonderblatt« des »Bayerischen Polizeiblatts« heraus, das die »Personalien wichtiger wegen Hochverrats gesuchter Personen« enthält, darunter die von Marut, »Mitglied des Propagandaausschusses und der Kommission zur Bildung eines Revolutionstribunals«. Eine Personenbeschreibung liegt der Behörde nicht vor.*

MAI – SEPTEMBER — *Marut hält sich in Bayern (u. a. Gotteszell, Viechtach), in der Tschechoslowakei (~Prag), in Österreich (Wien), ~Ungarn (Budapest) ~und in der Schweiz auf.*

~1. OKTOBER — *Marut und Mermet beziehen Quartier in Berlin.*

3. DEZEMBER — *»Der Ziegelbrenner«, Heft 18–19 erscheint.*

1920 6. JANUAR — *»Der Ziegelbrenner«, Heft 20–22 erscheint.*

25. FEBRUAR — *Marut und Mermet zu Besuch in Simonskall.*

ENDE MÄRZ / ENDE APRIL — *Im »Ziegelbrenner«-Verlag erscheint unter dem Titel »Rufe« ein Künstlerbuch mit Texten und Holzschnitten von Franz Wilhelm Seiwert.*

20. MÄRZ — *»Der Ziegelbrenner«, Heft 23–25 erscheint.*

30. APRIL — *»Der Ziegelbrenner«, Heft 26–34 erscheint.*

~ENDE 1920 — *Marut und Mermet beziehen Quartier in Köln.*

11. DEZEMBER — *Uraufführung des von Fritz Mermet produzierten Dokumentarfilms »Qui non vidit Coloniam, non vidit Germaniam« im Kölner Metropol-Theater in Anwesenheit Maruts, der den Film anschließend rezensiert.*

1921 ~MITTE NOVEMBER – ANFANG DEZEMBER — *~Marut hält sich in Berlin auf.*

21. DEZEMBER — *»Der Ziegelbrenner«, Heft 35–40 mit sieben ganzseitigen Illustrationen von Franz W. Seiwert erscheint.*

1922 ~SOMMER — *Marut verläßt Köln.*

~1922/23 — *~Aufenthalt von Marut und Mermet in Dänemark.*

1923 ~JUNI — *Marut trifft, von Köln über ~Amsterdam oder ~Antwerpen kommend, als nach Kanada durchreisender Auswanderer in Großbritannien ein.*

JULI — *Marut wird bei seiner Ankunft in Kanada die Einreise verweigert und nach England zurückgeschickt.*

14. AUGUST — *Irene Mermet trifft mit dem Postdampfer Oscar II, aus Kopenhagen kommend, auf Ellis Island, New York, ein.*

19. AUGUST — *Marut trifft in London ein.*

HERBST — *Das New Yorker »Labor Bureau« empfiehlt Marut an den Journalisten und Politiker Thomas Hallinan und läßt ihm durch Hallinan 34 £ zukommen.*

30. NOVEMBER — *Marut wird von einem Scotland Yard-Beamten wegen Verstoßes gegen das Ausländergesetz verhaftet.*

1. DEZEMBER — *Marut wird dem Haftrichter vorgeführt.*

10. *und* 17. DEZEMBER — *Erneute Anhörung Maruts durch den Haftrichter. Er wird zur Ausweisung empfohlen und in das Abschiebegefängnis nach Brixton verlegt.*

19. DEZEMBER — *Marut wird in Brixton registriert und erkennungsdienstlich behandelt.*

28. DEZEMBER — *Innenminister W. C. Bridgeman unterzeichnet Maruts Ausweisungsbefehl.*

1924 ANFANG JANUAR — *Irene Mermet beauftragt eine Anwaltskanzlei in Washington, beim amerikanischen Generalkonsulat in London zugunsten Maruts zu intervenieren.*

vor dem 22. JANUAR — *Marut legt in der Haft das Geständnis ab, in Wahrheit Hermann Otto Albert Maximilian Feige zu heißen und 1882 in Schwiebus geboren worden zu sein.*

7. FEBRUAR, 1. *und* 11. MÄRZ — *Das Außenministerium in Washington bittet Einwanderungsbehörde, Militärgeheimdienst und FBI um Recherchen bezüglich Ret Marut alias Otto Feige.*

~JANUAR — *Brief an die Eltern in Wallensen mit der Information, in London inhaftiert zu sein.*

~FEBRUAR — *Polizeiliche Befragung von Hermine Feige in Wallensen, ob sie die Mutter eines gewissen Otto Feige sei, was sie verneint.*

15. FEBRUAR — *Aufgrund einer Anweisung von Innenminister Arthur Henderson wird Marut aus der Abschiebehaft entlassen.*

3. MÄRZ — *Marut stellt im amerikanischen Generalkonsulat in London einen Antrag auf Registrierung als amerikanischer Staatsbürger, geboren am 25. Februar 1882 in San Francisco als Sohn von William Marut.*

~MÄRZ — *Weiterer Brief an die Eltern in Wallensen mit der Information, er sei ausgewiesen worden.*

17. APRIL — *Marut heuert als Kohlentrimmer auf dem norwegischen Dampfer Hegre an.*

vor dem 11. JULI — *Marut trifft in Mexiko ein. Er*

mietet einen »Bungalow« in der Nähe von Columbus, 50 km nördlich von Tampico.

1925 28. FEBRUAR — *B. Traven: »Wie Götter entstehen«, in: »Vorwärts. Zentralorgan der Sozialdemokratischen Partei Deutschlands«.*

21. JUNI – 16. JULI — *B. Traven: »Die Baumwollpflücker«, in: »Vorwärts. Zentralorgan der Sozialdemokratischen Partei Deutschlands«.*

7. AUGUST — *B. Traven: »Die Gründung des Aztekenreiches«, in: »Vorwärts. Zentralorgan der Sozialdemokratischen Partei Deutschlands«.*

17. AUGUST — *B. Traven: »Die Geschichte einer Bombe«, in: »Simplicissimus. Illustrierte Wochenschrift«.*

28. NOVEMBER — *B. Traven: »Die Dynamitpatrone«, in: »Jugend. Münchner illustrierte Wochenschrift für Kunst und Leben«.*

1926 14. MÄRZ — *B. Traven: »Götter der alten Mexikaner«, in: »Vorwärts. Zentralorgan der Sozialdemokratischen Partei Deutschlands«.*

MÄRZ — *B. Traven: »Mein Roman ›Das Totenschiff‹«, in: »Die Büchergilde«.*

MÄRZ — *B. Traven: »Die Medizin«, in: »Die Büchergilde«.*

APRIL — *B. Traven: »Das Totenschiff«, Berlin: Büchergilde Gutenberg 1926; Berlin u. Leipzig: Buchmeister-Verlag 1926.*

APRIL — *B. Traven: »Nachttänze der Indianer. Erzählung«, in: »Das Buch für Alle. Illustrierte Familienzeitschrift«.*

21. MAI – ANFANG AUGUST — *Traven Torsvan beteiligt sich als Fotograf an einer Expedition des Archäologen Enrique Juan Palacios ins südliche Mexiko. Ende Juni trennt er sich in San Cristóbal Las Casas von der Gruppe und erkundet Chiapas bis Oktober auf eigene Faust.*

JUNI — *B. Traven: »Der Wobbly«, Berlin u. Leipzig: Buchmeister-Verlag 1926.*

JULI — *B. Traven: »Im tropischen Busch«, in: »Westermanns Monatshefte. Illustrierte Zeitschrift der Gebildeten«.*

1927 13. JANUAR — *Traven fotografiert den Brand des englischen Dampfers »Essex Isles« im Hafen von Tampico.*

JANUAR — *B. Traven: »Der Eselskauf. Ein humoristisches Erlebnis«, in: »Das Buch für Alle. Illustrierte Familienzeitschrift«.*

JANUAR — *B. Traven: »Ein Hundegeschäft. Humoristische Erzählung«, in: »Das Buch für Alle. Illustrierte Familienzeitschrift«.*

FEBRUAR — *Traven Torsvan: »Turbine Water Wheel Carved Centuries Ago«, in »Popular Mechanics Magazine«.*

APRIL — *B. Traven: »Der Schatz der Sierra Madre«, Berlin: Büchergilde Gutenberg 1927.*

APRIL — *B. Traven: »Zwei Schiffsbilder aus Tampico vom 13. Jan. 1927«, in: »Die Büchergilde«.*

14. MAI – 24. JUNI — *B. Traven: »Die Brücke im Dschungel. Sitten- und Stimmungsbild aus dem Innern Mexikos«, in: »Vorwärts. Zentralorgan der Sozialdemokratischen Partei Deutschlands«.*

JULI – AUGUST — *Traven Torsvan besucht die sechswöchige Sommeruniversität der Universidad Nacional de México.*

NOVEMBER — *B. Traven: »Abmarsch vom Indianerfest«, in: »Die Büchergilde«.*

1928 JANUAR – JUNI — *Reise nach Chiapas.*

FEBRUAR — *B. Traven: »Der Bungalow«, in: »Die Büchergilde«.*

FEBRUAR — *B. Traven: »Mitteilung«, in: »Die Büchergilde«.*

JULI – AUGUST — *Traven Torsvan besucht die sechswöchige Sommeruniversität der Universidad Nacional de México.*

1928 — *B. Traven: »Der Busch«, Berlin: Büchergilde Gutenberg.*

1928 — *B. Traven: »Land des Frühlings«, Berlin: Büchergilde Gutenberg.*

JUNI — *B. Traven: »Der Stein des indianischen Königs Tizoc«, in: »Die Büchergilde«.*

1929 MÄRZ — *»Traven über sein Buch ›Die Brücke im Dschungel‹«, in: »Die Büchergilde«.*

1929 — *B. Traven: »Die Brücke im Dschungel«, Berlin: Büchergilde Gutenberg.*

JULI – AUGUST 1929 — *Traven Torsvan besucht die sechswöchige Sommeruniversität der Universidad Nacional de México.*

SEPTEMBER — *B. Traven: [Dankesbrief an die Büchergilde zur Ausstattung des Buches »Die Brücke im Dschungel«], in: »Die Büchergilde«.*

1929 — *B. Traven: »Die Baumwollpflücker«, Berlin u. Leipzig: Buchmeister-Verlag.*

OKTOBER — *B. Traven: [Bilder und Erläuterungen aus dem Themenkreis des Romans »Die Weisse Rose«], in: »Die Büchergilde«.*

1929 — *B. Traven: »Die Weisse Rose«, Berlin: Büchergilde Gutenberg.*

NOVEMBER — *B. Traven: [Anweisungen zur Lizenzvergabe seiner Bücher], in: »Die Büchergilde«.*

DEZEMBER 1929 – MÄRZ 1930 — *Traven Torsvan in Chiapas.*

1930 JANUAR — *B. Traven: »Amerika, das gelobte Land der Freiheit«, in: »Die Büchergilde«.*

1930 — *B. Traven: »Der Busch«, Berlin: Büchergilde Gutenberg (erweiterte Ausgabe).*

FEBRUAR — *B. Traven: »Frauen, Kinder, Tiere«, in »Die Büchergilde«.*

12. JULI — *Für den amerikanischen Ingenieur Traven Torsvan wird in Mexiko eine Einwanderungskarte ausgestellt. Datum der Einwanderung: Juni 1914.*

1930 — *Traven Torsvan übersiedelt nach Acapulco, Avenida Costa Grande, Cashew Park, wo er zusam-*

men mit María de la Luz Martínez Obstanbau und eine Gastwirtschaft betreibt.

NOVEMBER — *B. Traven: »Eine Carreta«, in: »Die Büchergilde«.*

ENDE 1930 — *Erneute Reise nach Chiapas.*

1931 MÄRZ — *Die Ufa plant eine Verfilmung des »Totenschiffs« mit Hans Albers.*

SEPTEMBER — *B. Traven: »Der Roman ›Regierung‹«, in: »Die Büchergilde«.*

SEPTEMBER — *B. Traven: [Bilder aus den Jahren 1930/31 mit Kommentaren], in: »Die Büchergilde«.*

SEPTEMBER — *[B. Traven:] »Die Nationalität des B. Traven«, in: »Die Büchergilde«.*

1931 — *B. Traven: »Regierung«, Berlin: Büchergilde Gutenberg.*

OKTOBER — *Erneute Reise nach Chiapas. Die Büchergilde bereitet die Herausgabe von Travens neuem Buch »Die Kunst der Indianer« vor.*

NOVEMBER — *B. Traven: »B. Traven, der mysteriöse Dichter«, in: »Die Büchergilde«.*

DEZEMBER — *[B. Traven:] »Traven und sein USA.-Verleger«, in: »Die Büchergilde«.*

1931 — *B. Traven: »Der Karren«, Berlin: Büchergilde Gutenberg.*

1932 APRIL — *B. Traven: »Reiche Goldfunde in Mexiko«, in: »Die Büchergilde«.*

NOVEMBER — *B. Traven: »Ohne Schinken, aber nicht ohne Buch!«, in: »Die Büchergilde«.*

1933 2. MAI — *Das Gebäude der Büchergilde Gutenberg in Berlin wird von der SA besetzt, der Verlag der Deutschen Arbeitsfront angeschlossen.*

19. MAI — *Traven überträgt seine Rechte der im Schweizer Exil neugegründeten Büchergilde Gutenberg in Zürich.*

1933 — *B. Traven: »Der Marsch ins Reich der Caoba«, Zürich, Wien u. Prag: Büchergilde Gutenberg.*

1934 16. DEZEMBER — *Adolf Feige in Wallensen gestorben.*

1935 MAI — *B. Traven: »Herr Anton Zischka schreibt ein Buch«, in: »Büchergilde«.*

1936 JANUAR — *B. Traven: »Bilder aus dem ›Reich der Caoba‹«, in: »Büchergilde«.*

APRIL — *B. Traven: »Bilder aus Mexiko«, in: »Büchergilde«.*

APRIL — *B. Traven: »Die Seltenheit der Muschel-Halsketten und deren Wert«, in: »Büchergilde«.*

2. AUGUST — *Hermine Feige in Wallensen gestorben.*

OKTOBER — *B. Traven: »Zur Ausstattung der indianischen Legende ›Sonnen-Schöpfung‹«, in: »Büchergilde«.*

1936 — *B. Traven: »Die Troza«, Zürich u. Prag: Büchergilde Gutenberg.*

1936 — *B. Traven: »Die Rebellion der Gehenkten«, Zürich u. Prag: Büchergilde Gutenberg.*

1936 — *B. Traven: »Sonnen-Schöpfung. Indianische Legende«, Zürich, Wien u. Prag: Büchergilde Gutenberg.*

1937 — *Im Vorstand der Zürcher Büchergilde wird über Travens Manuskript »Ein General kommt aus dem Dschungel« kontrovers geurteilt und Traven eine Umarbeitung nahegelegt.*

1938 — *Brief Travens an die republikanischen Spanienkämpfer, in: »Solidaridad Obrega«, Barcelona.*

1939 14. JANUAR — *Traven kündigt seine Verträge mit der Zürcher Büchergilde. Josef Wieder, bisher Geschäftsführer der Büchergilde Gutenberg in Zürich, wird Agent Travens für Kontinentaleuropa.*

1939 — *B. Traven: »Djungelgeneralen«, Stockholm: Holmström.*

1940 — *B. Traven: »Ein General kommt aus dem Dschungel«, Amsterdam: Allert de Lange.*

1940 — *Bekanntschaft mit Esperanza López Mateos.*

1942 17. JUNI — *Ausstellung einer Identitätskarte für Traven Torsvan in Acapulco.*

1942 — *Esperanza López Mateos wird Bevollmächtigte B. Travens.*

1945 NOVEMBER / DEZEMBER — *B. Traven: »La tercera guerra mundial«, in: »Estudios sociales«, Mexico-City.*

1946 — *Treffen John Hustons mit Hal Croves in Mexico-City.*

1947 APRIL – JUNI — *Dreharbeiten an »Der Schatz der Sierra Madre« in Hustons Regie. Croves nimmt als Beauftragter Travens teil.*

1948 24. JANUAR — *Premiere von »The Treasure of the Sierra Madre« (Drehbuch und Regie: John Huston).*

JULI — *Der Journalist Luis Spota spürt Traven in Acapulco auf.*

7. AUGUST — *Luis Spota: »›Mañana‹ descubre la Identidad de B. Traven«, in: »Mañana«, Mexico-City.*

1949 — *Traven Torsvan verläßt Acapulco.*

1950 — *B. Traven: »Macario«, Zürich: Büchergilde Gutenberg.*

1951 JANUAR — *Das erste Heft der »BT-Mitteilungen«, herausgegeben von Esperanza López Mateos und Josef Wieder, erscheint in Zürich.*

9. MAI — *B. Traven: »Dennoch eine Mutter«, in: »Neue Illustrierte«.*

3. SEPTEMBER — *Einbürgerungsurkunde für Traven Torsvan als mexikanischer Staatsbürger.*

16. SEPTEMBER — *Esperanza López Mateos gestorben.*

1952 — *Rosa Elena Luján wird Travens Mitarbeiterin.*

1953 DEZEMBER — *B. Traven: »Der Künstler«, in: »BT-Mitteilungen«.*

1954 — *Hal Croves nimmt an den Dreharbeiten zu »Die Rebellion der Gehenkten« teil.*

1954 — *Premiere von »La Rebelión de los Colgados« (Drehbuch: Hal Croves, Regie: Alfredo B. Crevenna, Emilio Fernandez).*

SPÄTSOMMER — *Traven unternimmt zusammen mit Rosa Elena Luján eine Europareise.*

1956 FEBRUAR — *B. Traven: »Die mexikanische Nationaltracht«, in: »BT-Mitteilungen«.*

NOVEMBER — *Premiere von »Canasta de Cuentos Mexicanos« (Drehbuch: Juan de la Cabada, Regie: Julio Bracho).*

1956 — *Irene Mermet in New York gestorben.*

1957 16. MAI — *Heirat von Traven Torsvan und Rosa Elena Luján in San Antonio, Texas. Wohnung: Calle Durango 353/VII, Mexico-City.*

1959 — *Premiere von »Macario« (Drehbuch: Hal Croves, Regie: Roberto Gavaldón).*

SEPTEMBER – OKTOBER — *Torsvan und Luján kommen zur Premiere des »Totenschiffs« nach Deutschland.*

1959 — *Premiere von »Das Totenschiff« (Drehbuch: Hans Jacoby, Regie: Georg Tressler).*

1960 — *B. Traven: »Aslan Norval«, Wien, Zürich, Basel: Kurt Desch.*

1960 — *Josef Wieder gestorben.*

APRIL — *Das letzte Heft der »BT-Mitteilungen« erscheint.*

1962 — *Premiere von »Dias de Otoño« (Drehbuch: Julio Alejandro, Emilio Carballido, Regie: Roberto Gavaldón).*

1963 SEPTEMBER — *Umzug in die Calle Mississippi 61, Mexico-City.*

1969 4. MÄRZ — *Traven Torsvan errichtet sein Testament.*

26. MÄRZ — *Traven Torsvan gestorben.*

1970 — *Premiere von »El Puente en la Selva« (Drehbuch und Regie: Pancho Kohner).*

1972 20. JULI — *Premiere von »Rosa Blanca« (Drehbuch: Phil Stevenson, Emilio Carballido, Roberto Gavaldón, Regie: Roberto Gavaldón; 1961).*

1978 19. DEZEMBER — *BBC 2 sendet Will Wyatts Dokumentation »B. Traven – A Mystery Solved«.*

1982 23. DEZEMBER — *Unter dem Titel »Ein literarisches Phantom wird entlarvt« sendet das NDR-*

Fernsehen eine deutsche Version von Wyatts Dokumentation.

1987 15./18. NOVEMBER — *Das ZDF sendet den Zweiteiler »Die Rebellion der Gehenkten« (Drehbuch: Hans W. Geißendörfer, Regie: Juan Luis Buñuel).*

DANKSAGUNG

Die Recherchen zu diesem Buch und ein großer Teil der Niederschrift wurden durch zwei sechsmonatige Stipendien der Kunststiftung NRW ermöglicht. Dafür gilt dem Vorstand, Präsident Dr. Fritz Schaumann und Generalsekretärin Regina Wyrwoll, mein herzlicher Dank.

Zahlreiche Archive und Bibliotheken haben auf meine Bitte gezielte Nachforschungen vorgenommen und Auskünfte beigesteuert, oftmals auch Fotokopien und Scans zur Verfügung gestellt:

Ansbach, Stadtarchiv
Berlin, Bundesarchiv
Berlin, Staatsbibliothek
Berlin, Geheimes Staatsarchiv Preussischer Kulturbesitz
Berlin, Akademie der Künste
Berlin, Landesarchiv
Berlin, Landesamt für Bürger- und Ordnungsangelegenheiten / Standesamt I
Bocholt, Stadtarchiv
Bochum, Stadtarchiv
Bochum, Bibliothek des Ruhrgebiets
Bochum, Archiv für soziale Bewegungen
Bonn, Archiv der sozialen Demokratie
Bückeburg, Staatsarchiv
Castrop-Rauxel, Stadtarchiv
Crimmitschau, Historisches Archiv
Düsseldorf, Hauptstaatsarchiv
Düsseldorf, Stadtarchiv
Düsseldorf, Heinrich-Heine-Institut
Düsseldorf, Theatermuseum
Dortmund, Stadtarchiv
Dortmund, Fritz-Hüser-Archiv
Duisburg, Stadtarchiv
Essen, Stadtarchiv
Finsterwalde, Stadtarchiv

Frankfurt am Main, Zentralbibliothek,
Archiv und Dokumentation beim Vorstand der IG Metall
Frankfurt am Main, Büchergilde Gutenberg
Freiburg, Deutsches Volksliedarchiv
Freiburg, Bundesarchiv-Militärarchiv
Gelsenkirchen, Amtsgericht
Gelsenkirchen, Institut für Stadtgeschichte
Gelsenkirchen, Stadtbücherei
Gladbeck, Stadtarchiv
Hameln, Stadtarchiv
Hameln, Kreisarchiv
Hannover, Hauptstaatsarchiv
Herne, Stadtarchiv
Herten, Stadtarchiv
Hohenmölsen, Stadtarchiv
Idar-Oberstein, Stadtarchiv
Koblenz, Archiv und Bücherei
der Deutschen Burschenschaft im Bundesarchiv
Köln, Historisches Archiv
Köln-Wahn, Theatermuseum
Leipzig, Stadtarchiv
London, Home Office, Information Management Services
London, Ministry of Justice, Data Access and Compliance Unit,
Information Directorate
London, National Archives,
Advice and Records Knowledge
London-Brixton, Her Majesty's Prison Service
London, Metropolitan Police Service, Records Management Branch
Magdeburg, Landeshauptarchiv Sachsen-Anhalt
Magdeburg, Stadtarchiv
München, Bayerisches Hauptstaatsarchiv –Kriegsarchiv–
Münster, Staatsarchiv
Naumburg, Archiv der historischen Einwohnerkartei
des Burgenlandkreises
Neustadt/Holstein, Amt für gesellschaftliche Angelegenheiten
Oer-Erkenschwick, Archiv der Arbeiterjugendbewegung
Ohrdruf, Stadtarchiv
Oldenburg i. O., Stadtarchiv

Pegau, Einwohnermeldeamt
Potsdam, Brandenburgisches Landeshauptarchiv
Recklinghausen, Stadtarchiv
Remscheid, Historisches Zentrum
Riverside, University of California, Special Collections Department
Rötha, Stadt- und Heimatverein
Salzhemmendorf, Standesamt/Bürgerbüro
Schleiz, Stadtarchiv
Schwerin, Landesbibliothek Mecklenburg-Vorpommern
Stary Kisielin, Archiwum Państwowe w Zielonej Górze
Świebodzin, Muzeum Regionalne
Tangermünde, Stadtarchiv
Wallensen, Verein DorfKulTour
Wilhelmshaven, Stadtarchiv
Wilkowo, Archiwum Państwowe
w Zielonej Górze Oddział w Wilkowie
Wuppertal, Stadtarchiv
Zielona Góra, Muzeum Ziemi Lubuskiej
Zeitz, Stadtarchiv
Zeulenroda, Stadtarchiv
Zeulenroda, Städtisches Museum
Zwenkau, Chronikalische Sammlung
Zwickau, Landratsamt

Besonderer Dank gilt Werner Bürger, Stadtarchivar und Museumsleiter in Ansbach; Andrea Busch, Stadtarchiv Hohenmölsen; Elena Camaiani, Bibliothek des Heinrich-Heine-Instituts, Düsseldorf; Peter Cramer, Leiter des Stadtarchivs Ohrdruf; Prof. Dr. Stefan Goch, Institut für Stadtgeschichte in Gelsenkirchen; Holger Gorr, Ressort Archiv und Dokumentation beim Vorstand der IG Metall in Frankfurt am Main; Martina Groh, Stadtarchiv Schleiz; Kristin Hartisch, Bundesarchiv in Berlin; Dr. Jens Heckl, Staatsarchiv Münster; Dr. Ulrike Hollender, Stellv. Leiterin Wissenschaftliche Dienste, Staatsbibliothek zu Berlin; Dr. Martin Hollender, Referent in der Generaldirektion, Staatsbibliothek zu Berlin; Heidi Hutchinson, Special Collections Cataloger, University of California, Riverside; Ryszard Jaskula, Sieraków, Dr. Eckhard John, Deutsches Volksliedarchiv, Freiburg; Dr. Gast Mannes, Bibliothécaire de la Cour grand-ducale,

Colmar-Berg; Dr. Michael Matzigkeit, Leiter der Sammlungen im Theatermuseum der Stadt Düsseldorf; Steffi Müller, Stadtarchiv Meuselwitz; Archivoberrat Dr. Johann Pörnbacher, M.A., Bayerisches Hauptstaatsarchiv – Kriegsarchiv –, Manfred Rauscher, Stadtarchivar in Idar-Oberstein; Daniela Reichardt, Stadtarchiv Finsterwalde; Elisabeth Sawatzky, Universitäts- und Landesbibliothek Münster; Christian Sobeck, Stadtarchivar in Zeulenroda; Dietrich Wünschmann, Stadtchronist in Zwenkau.

Bei der Beschaffung von Material und der Suche nach Informationen unterstützten mich ferner Udo Achten, Düsseldorf; Dr. Peter Michael Braunwarth, Österreichische Akademie der Wissenschaften, Wien; Dipl.-Ing. Arthur Constabel, Thüste; Prof. Dr. Ingo Fellrath (†), Tours; Prof. Dr. Iring Fetscher, Frankfurt; Dr. Gerd Giesler, Berlin; Hans Grabowski, Regenstauf; Dr. Horst Grötsch, Glashütten; Hans-Dieter von Heine, Berlin; Dr. Kurt Kreiler, Köln; Eberhard Itzenplitz, München; Tessa Jäger, Buchhaus Stern-Verlag, Düsseldorf; Hans Josef Legrand, Geschäftsführer der Otto-Brenner-Stiftung, Frankfurt am Main; Prof. Dr. Kaspar Maase, Tübingen; Rafaela Matzigkeit, Düsseldorf; Heiko Müller, Schichtshöhn; Friedhelm Roloff, Wallensen; Dr. Jürgen Seidel, Neuss; Hartwig Suhrbier M.A., Frechen; Prof. Dr. Klaus Tenfelde, Bochum; Marianne Tilch, Düsseldorf; Peter Vielhauer, Bochum; Karl-Heinz Weichelt, Gelsenkirchen; Michael Weiser, Gelsenkirchen; Ille Weissert, Düsseldorf; Martin Willems, Heinrich-Heine-Institut, Düsseldorf; Will Wyatt, Abbey Willows. Dr. Olaf Cless, Düsseldorf, las das komplette Manuskript und verhalf ihm zu zahlreichen Verbesserungen.

ABKÜRZUNGEN

BA	Bundesarchiv
BTC/UCR	B. Traven Collections der University of California, Riverside
CA	»Crimmitschauer Anzeiger und Tageblatt. Anzeiger für die Königliche Amtshauptmannschaft zu Zwickau, das Königliche Amtsgericht und den Stadtrat zu Crimmitschau«
CGGD	»Correspondenzblatt der Generalkommission der Gewerkschaften Deutschlands«
DAZ	»Danziger Allgemeine Zeitung«
DBJ	»Deutsches Bühnen-Jahrbuch«
DGA	»Düsseldorfer General-Anzeiger«
DNN	»Danziger Neueste Nachrichten«
DNW	»Der neue Weg«
DüZ	»Düsseldorfer Zeitung«
DZ	»Danziger Zeitung«
FfZ	»Frankfurter Zeitung«
FZ	»Fränkische Zeitung«
IA	»Idarer Anzeiger«
MGKL	»Meyers Großes Konversations-Lexikon«
MT	»Markranstädter Tageblatt«
MZ	»Metallarbeiter-Zeitung«
NB	»Nahethal-Bote«
NThA	»Neuer Theater-Almanach«
RMS/UCR	Ret-Marut-Sammlung der University of California, Riverside Libraries
RR	»Rheinische Republik«
StA	Stadtarchiv
STA	Staatsarchiv
SW	»Schleizer Wochenblatt«
ThC	»[Der] Theater-Courier«
TM	»Tageblatt für den Amtsgerichtsbezirk Meuselwitz und die umliegenden Ortschaften«
TMD	Theatermuseum der Landeshauptstadt Düsseldorf

TW	»Thüringer Waldbote«
WfH	»Wochenblatt für Hohenmölsen«
Z	»Der Ziegelbrenner«
ZaM	»Zeit am Montag«
ZT	»Zeulenrodaer Tageblatt«
ZZ	»Zwenkauer Zeitung«

ABBILDUNGSNACHWEIS

Jan-Christoph Hauschild, Bochum: 1, 2, 3, 12, 13, 15, 16, 20, 29, 36, 39 — Will Wyatt, Abbey Willows: 4, 5, 10, 22, 23, 50, 52 — Arthur Constabel, Thüste: 6, 7, 8, 9 — B. Traven Collections der University of California, Riverside: 11, 19, 30, 34, 43 — Hans-Dieter von Heine, Berlin: 14 — Friedhelm Roloff, Wallensen: 17, 18 — http://www.freie-publizistin.de/gedicht.jpg: 21 — IG Metall Vorstand, Ressort Zentralbibliothek, Frankfurt am Main: 24 — Karlheinz Weichelt, Gelsenkirchen: 25 — Stadtarchiv Idar-Oberstein: 26, 27 — Rolf Recknagel, »B. Traven. Beiträge zur Biografie«, Leipzig, 3., durchgesehene Auflage 1982: 28 — http://www.btraven.com/deutsch/estate.html: 31 — Ryszard Jaskula, Sieraków: 32 — Städtisches Museum Zeulenroda: 33 — Karl S. Guthke, »B. Traven. Biographie eines Rätsels«, Frankfurt am Main 1987: 35, 42, 44, 48 — Biblioteka Gdańska Polskiej Akademii Nauk (PAN): 37, 38 — Theatermuseum der Landeshauptstadt Düsseldorf: 40, 41, 45, 46, 47, 49 — Jack London, »The People of the Abyss«, New York und London 1906: 51.

Primärliteratur (chronologisch)

Ret Marut, »Das arme Kino«, in: »Heimat und Welt. Mittwochs-Unterhaltungsbeilage der Danziger Zeitung«, Nr. 17, 24.4.1912, S. 66 f.

Ret Marut, »Der Schauspieler und der König«, in: »Die Zeit am Montag«, 3.6.1912 (Beilage zu Nr. 23).

Ret Marut, »Der Idiot«, in: »Die Zeit am Montag«, 17.6.1912, Beilage zu Nr. 25.

Ret Marut, »Geschäft ist Geschäft«, in: »Düsseldorfer General-Anzeiger«, Nr. 242, 1.9.1912, Unterhaltungsbeilage.

Ret Marut, »Brief nach Berlin«, in: »Düsseldorfer Zeitung«, Nr. 554, 29.10.1912, Unterhaltungsbeilage.

Ret Marut, »Die Tragödin in der Küche«, in: »Danziger Zeitung«, 20.1.1913.

Ret Marut, »Theaterdirektor Raßmann«, in: »Düsseldorfer General-Anzeiger, 1./2.2.1913, Nr. 32/33, Unterhaltungsbeilage (in der B. Traven-»Werkausgabe«, Band 13, ist S. 28–33 versehentlich nur der 1. Teil der Geschichte abgedruckt).

Ret Marut, »Ehrlichkeit. Eine Schnurre«, in: »Düsseldorfer General-Anzeiger«, Nr. 35, 4.2.1913, Unterhaltungsbeilage (mit der Verfasserangabe »Ret Murat«).

Ret Marut, »Feststellungen«, in: »Berliner Tageblatt«, 24.3.1913.

Ret Marut, »Der verhängnisvolle Mülleimer«, in: »Frankfurter Zeitung«, 20.4.1913.

Ret Marut, »Das teure Souper«, in: »Düsseldorfer General-Anzeiger«, Nr. 123, 4.5.1913, Unterhaltungsbeilage.

Ret Marut, »Paradoxa«, in: »Frankfurter Zeitung«, 18.5.1913.

Ret Marut, »Höflichkeit«, in: »Frankfurter Zeitung« ca. Mai 1913.

Ret Marut, »Vom Anschluß. Beobachtungen und Betrachtungen«, in: »Düsseldorfer General-Anzeiger«, Nr. 136, 18.5.1913.

Ret Marut, »Der goldene Mund«, in: »Der Zeitgeist«, Beilage zum »Berliner Tageblatt«, 9.6.1913.

Ret Marut, »Die grüngesprenkelte Eule«, in: »Vorwärts«, 10.11.1913.

Ret Marut, »Roter Mohn«, in: »Vorwärts«, 11.12.1913.

Ret Marut, »Regie. Aus der Entwickelungs-Geschichte eines Talents«, in: »Düsseldorfer General-Anzeiger«, Nr. 46, 15.02.1914, Unterhaltungsbeilage.

Ret Marut, »Der berühmte Schauspieler«, in: »Düsseldorfer General-Anzeiger«, Nr. 68, 9.3.1914.

Ret Marut, »Das Opernglas«, in: »Düsseldorfer General-Anzeiger«, Nr. 77, 18.3.1914, Unterhaltungsbeilage.

Ret Marut, »Akrobaten«, in: »Vorwärts«, 22.6.1914.

Ret Marut, »Kleines Kerlchen!«, in: »Düsseldorfer Zeitung«, 13.12.1914.

Ret Marut, »Mutter Beleke«, in: »Reclams Universum«, 31. Jg. 1915, 2. Halbband, Heft 42, 22.7.1915, S. 840 f. (gekürzt in: »Kriegsnovellen«, Band 7, Leipzig 1916, S. 35–42.

Ret Marut, »Der fremde Soldat«, in: »März. Eine Wochenschrift«, 9. Jg. 1915, Heft 42, 23.10.1915, S. 50–54.

Ret Marut, »Geschichten vom Bahnhof. Kriegsskizzen 1. Die Mutter 2. Die Frau 3. Urlaub 4. Das Kind«, in: »Reclams Universum«, Kriegsausgabe, 32. Jg. 1916, 1. Halbband, 11.11.1915, S. 120 f.

Ret Marut, »Ungedienter Landsturm im Feuer«, in: »Westermanns Monatshefte«, 60. Jg., Band 119, Heft 712, Dezember 1915, S. 602–608 und Heft 713, Januar 1916, S. 754–759.

Ret Marut, »Der Mann an der Fräse«, in: »Licht und Schatten. Monatsschrift für Schwarz-Weiss-Kunst und Dichtung«, Berlin, 6. Band, 1915/16, Nr. 11, 1.3.1916, S. 2–3.

Ret Marut, »Liebe des Vaterlandes«, in: »Reclams Universum«, 32. Jg. 1916, 1. Halbband, 2.3.1916, S. 445–449.

Ret Marut, »Zwei Väter«, in: »Der Sammler. Unterhaltungsbeilage der München-Augsburger Abendzeitung«, 85. Jg., Nr. 61, 20.5.1916.

Ret Marut, »Indizien. Essay«, in: »März. Eine Wochenschrift«, 10. Jg. 1916, Heft 21, 27.5.1916, S. 155–157.

Ret Marut, »Nebel«, in: »März. Eine Wochenschrift«, 10. Jg. 1916, Heft 27, 8.7.1916, S. 14–17.

Richard Maurhut, »An das Fräulein von S...«, 1916. Zitiert nach: B. Traven, »Die Geschichte vom unbegrabenen Leichnam. Erzählungen I«, »Werkausgabe in Einzelbänden«, Band 13, Zürich 1983, S. 203–254.

Ret Marut, »Trümpfe in der Hand«, in: »Die Wochenschau. Illustrierte Zeitung«, Essen, Düsseldorf, Berlin: W. Girardet, 9. Jg., Heft 3, 20.1.1917.

Ret Marut, »Das Seidentuch. Skizze«, in: »Reclams Universum«, 33. Jg. 1917, 2. Halbband, 16.8.1917, S. 897 f.

Ret Marut, »Die Rede des Ziegelbrenner / Die Welt-Revolution / beginnt«; in »Literaten an der Wand. Die Münchner Räterepublik und ihre Schriftsteller«, hg. von Hansjörg Viesel, Frankfurt am Main 1980, S. 489–492.

»Der Ziegelbrenner«, München (dann Berlin und Köln), 1917–1921.

Ret Marut, »Presse-Freiheit oder Befreiung der Presse«. Typoskript, März 1919, zit. nach Richter 1977, S. 396–397.

Ret Marut, »Presse und Revolution«, in »München-Augsburger Abendzeitung«, 5.3.1919, Nr. 104, Abendausgabe, Titelseite.

Ret Marut, »Pressefreiheit oder Befreiung der Presse«, in: »Münchner Neueste Nachrichten«, Nr. 163, 10.4.1919, Morgen-Ausgabe, S. 1 f.

Ret Marut, [»Sozialisierungsplan für die Presse«, Zusammenfassung], in: »Münchner Neueste Nachrichten«, Nr. 163, 10.4.1919, Morgen-Ausgabe, S. 2 (Nachdruck in: »Der Mitmensch. Hefte für sozialistische Literatur«, hg. von Arthur Seehof, Berlin, 1. Jg. 1919, Heft 1, S. 27–29).

B. Traven, »Der Wobbly«, Berlin 1926.

B. Traven, »Das Totenschiff«, Berlin 1926.

B. Traven, »Mein Roman ›Das Totenschiff‹«, in: »Die Büchergilde«, Berlin 1926, Heft 3, S. 34–38.

Traven Torsvan, »Turbine Water Wheel Carved Centuries Ago", in »Popular Mechanics Magazine«, Chicago, Vol. 47, Nr. 2, Februar 1927, S. 275.

B. Traven, »Land des Frühlings«, Berlin 1928.

B. Traven, »Die Weisse Rose«, Berlin 1929.

B. Traven, »Der Busch«, Berlin 1930.

B. Traven, »Der Karren«, Berlin 1931.

B. Traven, »Der Marsch ins Reich der Caoba«, Zürich / Wien / Prag 1933.

B. Traven, »Die Troza«, Zürich / Prag 1936.

B. Traven, »Die Rebellion der Gehenkten«, Zürich / Prag 1936.

B. Traven, »Die Geschichte vom unbegrabenen Leichnam. Erzählungen I«, Zürich 1983 (Werkausgabe in Einzelbänden, Band 13).
B. Traven, »Im Land des Frühlings. Auszüge, Aufsätze, Auskünfte«, hg. von H. D. Tschörtner, Berlin 1986.
B. Traven, »›Ich kenne das Leben in Mexiko‹. Briefe an John Schikowski 1925 bis 1932. Mit einem Essay von Karl S. Guthke«, Frankfurt am Main 1992.
Ret Marut, »Der Mann Site und die grünglitzernde Frau. Die Geschichte eines Lebens, das nach einem Ziele strebte«, hg. von Jörg Thunecke, Nottingham 2008.
Ret Marut, »Die Fackel des Fürsten«, hg. von Jörg Thunecke, Nottingham 2008.
Ret Marut, »Unser die Jugend! Unser die Zukunft«, in: »Ruhr.Buch. Das Ruhrgebiet literarisch«, hg. von Gregor Gumpert und Ewald Tucai, München 2009, S. 138–145.

Sekundärliteratur (chronologisch)

[Notiz zu Marut], in: »Simplicissimus«, Nr. 37, 10.12.1918, S. 462.
Manfred Georg, »Kennen Sie B. Traven?«, in: »Die Weltbühne«, 25 Jg., Nr. 39, 24.9.1929, S. 484–487.
»–as«, »Ein höchst problematischer Autor«, in: »Die Welt«, 16.10.1948.
[Götz Ohly], »Das Rätsel um den Dichter B. Traven«, in: »Münchener Stadtanzeiger, Nr. 8, 25.2.1949, S. 3 f.
Wolfgang Cordan, »Ben Traven – Ende der Legenden«, in: »Frankfurter Allgemeine Zeitung«, 24.6.1957.
Wolfgang Cordan, »Ben Traven-Torsvan«, in: »Die Kultur«, 15.10.1958.
Alexander von Cube, »Noch fehlt Travens Testament«, in: »Vorwärts«, 11.9.1959.
Alo, »Geheimnis um den Autor des ›Totenschiffs‹«, in: »Der Tagesspiegel«, 18.10.1959.
Johannes Schönherr, »Wie B. Traven ›entdeckt‹ wurde«, in: »Greifen-Almanach auf das Jahr 1962«, Rudolstadt 1961, S. 148–160.
Rolf Recknagel, »Verschlungen vom Busch. Die Lebensspur B. Travens«, in: »Neue deutsche Literatur« 10 (1962), Heft 9, S. 30–48.

Gerard Gale [d.i. Max Schmid], »Nachwort« zu: »Khundar. Das erste Buch. Begegnungen«, Egnach 1963, S. 73–103.

Johannes Schönherr, »Wer ist B. Traven«, in: »Greifen-Almanach auf das Jahr 1964«, Rudolstadt 1963, S. 238–287.

»Bücher voll guten Geistes. 1924–1964. 40 Jahre Büchergilde Gutenberg«, Frankfurt am Main 1964.

Peter Lübbe, »Das Revolutionserlebnis im Werk von B. Traven«, Phil. Diss. Rostock [Mai] 1965 [masch.].

Rolf Recknagel, »B. Traven. Beiträge zur Biografie«, Leipzig 1965.

Gerd Heidemann, »Wer ist der Mann, der Traven heißt?«, in: »Stern« Nr. 19, 7.5.1967, S. 58–71, 170–173.

Gerd Heidemann, »Ich fand B. Traven«, in: »Konkret«, Nr. 6–9, Juni–September 1967.

Gerd Heidemann, »›Er ist ein Sohn des Kaisers‹«, in: »Stern«, Nr. 15, 13.4.1969.

Armin Richter, »Ret Marut und die Sozialisierung der Presse«, in: »Publizistik. Vierteljahreshefte für Kommunikationsforschung«, 16. Jg. 1971, Heft 3, S. 280–293.

Armin Richter, »B. Traven als Feuilletonist«, in: »Zeitschrift für deutsche Philologie«, Band 91, 1972, Heft 4, S. 585–606.

»Literaten an der Wand. Die Münchner Räterepublik und die Schriftsteller«, hg. von der Akademie der Künste [Ausstellung und Katalog: Hans-Jörg Viesel], Berlin 1976.

Rolf Recknagel, »Das letzte Rätsel bei Marut-Traven«, in: »Literaten an der Wand. Die Münchner Räterepublik und die Schriftsteller«, hg. von der Akademie der Künste [Ausstellung und Katalog: Hans-Jörg Viesel], Berlin 1976.

»Das B. Traven Buch«, hg. von Johannes Beck, Klaus Bergmann und Heiner Boehncke, Reinbek 1976.

»Ret Marut und der Ziegelbrenner. Armin Richter antwortet auf Fragen der Herausgeber«, in: »Das B. Traven Buch«, S. 85–100.

Wolfgang Eßbach, »Das Prinzip der namenlosen Differenz. Gesellschafts- und Kulturkritik bei B. Traven«, in: »Das B. Traven Buch«, S. 362–393.

Gerd Heidemann, »Postlagernd Tampico. Die abenteuerliche Suche nach B. Traven«, München 1977.

Judy Stone, »The Mystery of B. Traven«, Los Altos 1977.

John Skow, »End of the chase«, in: »Time«, 11.4.1977.

Armin Richter, »Der Ziegelbrenner. Das individualanarchistische Kampforgan des frühen B. Traven«, Bonn 1977.

Jochen von Hülst (Red.), »BT (B. Traven) Mitteilungen No 1–36«, Berlin 1978 (Reprint der »BT Mitteilungen«, hg. von Josef Wieder und Esperanza Lopez Mateos [ab Nr. 22: Rosa Elena Luján], Zürich 1951–1960).

Will Wyatt, »The man who was B. Traven«, London 1980

George Woodcock, »Traven identified«, in: »London Review of Books«, 3.–16.7.1980, S. 9 f.

Jonah Raskin, »My Search For B. Traven«, New York 1980

»Literaten an der Wand. Die Münchner Räterepublik und ihre Schriftsteller«, hg. von Hansjörg Viesel, Frankfurt am Main 1980.

Winfried Lierenfeld, »Als Traven im Schneider Wibbel mitspielte«, in: »Das Tor«, Düsseldorf, 47. Jg. 1981, Heft 5, S. 92–94.

Will Wyatt, »B. Traven. Nachforschungen über einen ›Unsichtbaren‹«, Hamburg 1982.

Rolf Recknagel, »B. Traven. Beiträge zur Biografie«, Leipzig, 3., durchgesehene Auflage 1982.

Karl S. Guthke, »›Das Geheimnis um B. Traven entdeckt‹ – und rätselvoller denn je«, Frankfurt am Main 1983.

Angelika Machinek, »B. Traven und Max Stirner. Der Einfluß Stirners auf das Werk von Ret Marut / B. Traven. Eine literatursoziologische Untersuchung zur Affinität ihrer Weltanschauungen«, Göttingen 1986.

Ernst Schürer / Philip Jenkins (Hgg.), »B. Traven: Life and Work«, University Park / Pennsylvania [u. a.] 1987.

Karl S. Guthke, »B. Traven. Biographie eines Rätsels«, Frankfurt am Main 1987.

Michael Baumann, »Ein kleiner Mensch«, in: »B. Traven«, München 1989 (text + kritik, Heft 102), S. 33–42.

Christine Hohnschopp, »Der ›Eigene‹ im Prokrustesbett des Marxismus. Über die Traven-Rezeption in der DDR«, in: »B. Traven«, München 1989 (text+kritik, Heft 102), S. 50–59.

Hauswedell und Nolte [Auktionskatalog], Auktion 275, 24./25. Mai 1989.

»B. Traven. Archive of Ret Marut & Der Ziegelbrenner 1901–1923. Catalogue by James Goldwasser«, vervielf. Typoskr. [1989].

»90000 Mark für Traven-Manuskripte«, in: »Frankfurter Rundschau«, 29.11.1990, S. 17.

Karl S. Guthke, »Traven, B.«, in: »Literaturlexikon. Autoren und Werke deutscher Sprache«, Band 11, Gütersloh / München 1991, S. 406 f.

M. Pr., »B. Traven«, in: »Kindlers Neues Literatur Lexikon«, hg. von Walter Jens, Band 16, München 1991, S. 753 f.

James Goldwasser, »Ret Marut: The Early B. Traven«, in: »The Germanic Review« 68, Nr. 3, Juni 1993, S. 133–142

Will Wyatt, »Why won't the buffs face the facts?«, in: »The Daily Telegraph«, 28.1.1995, S. 8.

Karl S. Guthke, »Traven, B.«, in: »Deutsche Biographische Enzyklopädie«, hg. von Walther Killy, ab Band 4 von Rudolf Vierhaus u. a., Band 10, München 1999, S. 75 f.

Frank Nordhausen, »Der Fremde in der Calle Mississippi«, in: »Berliner Zeitung«, 11.3.2000, Magazin, S. 6.

Bernd Kramer / Christoph Ludszuweit (Hgg.), »Der Feuerstuhl und die Fährtensucher. Rolf Recknagel, Erich Wollenberg, Anna Seghers auf den Spuren B. Travens«, Berlin 2002 (mit einer CD).

»B. Traven the Writer / Der Schriftsteller B. Traven«, hg. von Jörg Thunecke, Nottingham 2003.

Jörg Thunecke, »Einleitung«, in: »B. Traven the Writer / Der Schriftsteller B. Traven«, S. 6–48.

Sidney Berger, »The B. Traven ›Nachlaß‹ at the University of California, Riverside«, in: »B. Traven the Writer / Der Schriftsteller B. Traven«, S. 51–68.

James Goldwasser, »The Revolution Within: Ret Marut's Turn to Fiction«, in »B. Traven the Writer / Der Schriftsteller B. Traven«, S. 69–82.

Jörg Thunecke, »Die Fackel des Fürsten: Ret Maruts Roman als kulturpolitischer und ethnologischer Brückenschlag zu B. Traven«, in: »B. Traven the Writer / Der Schriftsteller B. Traven«, S. 83–131.

Frank Nordhausen, »›Views most wonderful‹: B. Travens erste Reise ins ›Land des Frühlings‹«, in: »B. Traven the Writer / Der Schriftsteller B. Traven«, S. 215–241.

Helmut Müssener, »›Und wenn sich manchmal ein wenig Bitterkeit in den unfreiwilligen Aufenthalt mischte, so geschah das nur, weil sie nicht rasch genug wieder an die Front kommen konnten‹: Zu Krieg und Kriegsschilderung in unpublizierten Manuskripten Ret Maruts«, in: »B. Traven the Writer / Der Schriftsteller B. Traven«, S. 132–157.

Karl S. Guthke, »Traven, B.«, in: »Metzler Autoren Lexikon«, 3., aktualisierte und erweiterte Auflage, hg. von Bernd Lutz und Benedikt Jeßing, Stuttgart und Weimar 2004, S. 744 f.

Frank Nordhausen, »›The Lord of Power‹ – Ein Text aus dem mexikanischen Nachlaß als Verbindung zwischen Ret Marut und B. Traven«, in: Günter Dammann (Hg.), »B. Travens Erzählwerk in der Konstellation von Sprachen und Kulturen«, Würzburg 2005, S. 1–13.

Roy Pateman, »The Man Nobody Knows: The Life and Legacy of B. Traven«, Lanham 2005.

Laurie Williams, »B. Traven was a Closed Book«, in: »Fiat Lux«, Spring 2006; siehe http://library.ucr.edu/content/collections/spcol/travensite/pdfs/hlux.pdf (Juni 2011).

Kurt Kreiler, »Wer war dieser Mann? Nachforschungen über Ret Marut alias B. Traven«, Bayerischer Rundfunk 2 (Hörfunk), Sendung vom 26.3.2009.

Jan-Christoph Hauschild, »Wer ist dieser Mann?, in: »Frankfurter Allgemeine Zeitung«, 20.6.2009, Nr. 140, S. Z 3.

Jörg Thunecke, »Verbohrte alte Traven-Forscher?«, in: »Frankfurter Allgemeine Zeitung«, 21.7.2009, Nr. 166, S. 6.

»Ein Katalog des Roten Antiquariats über B. Traven«, in: »boersenblatt.net«, 11.5.2009; siehe http://www.boersenblatt.net/319787/ (Juni 2011).

Jan-Christoph Hauschild, »Ein Virtuose des Verschwindens«, in: »Neue Zürcher Zeitung«, 29./30.08.2009, Nr. 199, S. 30.

Beate Kramer, »ABÁCA + Coda – Rondo für Partisanen«, in: »Die Max Stirner-Rezeption im Werk von Ret Marut / B. Traven. Gemeinsame Tagung der Traven- und der Max Stirner Gesellschaft«, hg. von Maurice Schuhmann, Leipzig 2010 (Der Einzige. Jahrbuch der Max Stirner Gesellschaft 3/2010), S. 82–104.

Nachschlagewerke (chronologisch)

»Topographisch-statistische Übersicht des Regierungs-Bezirks

Frankfurt a.d.O. Aus amtlichen Quellen zusammengestellt«, Frankfurt 1844.
»Pierer's Universal-Lexikon«, Altenburg, 4. Auflage 1857–1865.
»Meyers Konversationslexikon«, Leipzig und Wien, 4. Auflage 1885–1892.
»Adressbuch für die Städte Züllichau u. Schwiebus unter Berücksichtigung der umliegenden Ortschaften des Kreises«, Züllichau 1892.
»Meyers Großes Konversations-Lexikon. Ein Nachschlagewerk des allgemeinen Wissens«, 6. Auflage, Leipzig / Wien, Neuer Abdruck, 1905–1908.
»Statistik des Deutschen Reichs«, Band 150: »Die Volkszählung am 1. Dez. 1900 im Deutschen Reich«, Berlin 1903
»Statistisches Jahrbuch für das Deutsche Reich«, hg. vom Kaiserlichen Statistischen Amt, Berlin, 24. Jg. 1903.
»Berliner Jahrbuch für Handel und Industrie. Bericht der Ältesten der Kaufmannschaft von Berlin«, Jg. 1903, Berlin 1904.
»Neuer Theater-Almanach. Theatergeschichtliches Jahr- und Adressen-Buch«, hg. von der Genossenschaft Deutscher Bühnen-Angehöriger, Berlin 1907 ff.
»Berliner Adreßbuch. Unter Benutzung amtlicher Quellen«, Berlin 1909 ff.; siehe http://adressbuch.zlb.de/ (Juni 2011).
»Neues Adreßbuch für Danzig und die städtischen Vororte Langfuhr, Neufahrwasser, Schidlitz, Zigankenberg, Stadtgebiet, St. Albrecht und Troyl. Aufgrund amtlicher Quellen und privater Mitteilungen«, Danzig, 16. Jg. 1912.
»Deutsches Theater-Adreßbuch«, hg. vom Deutschen Bühnenverein, Berlin 1912 ff.
»Deutsches Bühnen-Jahrbuch«, hg. von der Genossenschaft Deutscher Bühnen-Angehöriger, Berlin 1915 ff.

Politik und Zeitgeschichte (chronologisch)

Ferdinand Lassalle, »Die Feste, die Presse und der Frankfurter Abgeordnetentag. Drei Symptome des öffentlichen Geistes. Eine Rede, gehalten in den Versammlungen des Allgemeinen deutschen Arbeiter-Vereins [...] September 1863«, Düsseldorf 1863 (Abdruck in: »Dokumente und Materialien zur Kulturgeschichte der deutschen Arbeiterbewegung 1848–1918«, hg. von Peter von Rüden und Kurt Koszyk, Frankfurt am Main u. a. 1981, S. 211–215).

Paul Umbreit, »Aus den deutschen Ziegelhöllen«, in: »Die neue Zeit«, Stuttgart, 14. Jg. 1895/96, Band 2, S. 235–245.

Bernhard Stein, Kaspar Kamp, »Heimatkunde der Kreise Bochum Stadt und Land, Gelsenkirchen Stadt und Land, Hattingen und Witten«, Arnsberg 1900.

Paul Umbreit, »Die Bedeutung und Aufgaben der Gewerkschaftskartelle. Zur Anleitung für die örtliche Gewerkschaftspraxis«, Berlin 1903.

Siegfried Jacobsohn, »Das Theater der Reichshauptstadt«, München 1904.

»Die junge Geigerin Amelie Heller«, in: »Die Woche. Moderne illustrierte Zeitschrift«, Berlin, 6. Jg., Nr. 37, 10.9.1904, S. 1660.

»Das Jahr 1904. Zweiter Bericht des Gewerkschafts-Sekretariats und Gewerkschafts-Kartells Magdeburg«, Magdeburg 1905.

»Dritter Bericht des Arbeiter-Sekretariats und Gewerkschafts-Kartells Magdeburg«, Magdeburg 1906.

»Der Deutsche Metallarbeiter-Verband im Jahre 1905. Jahr- und Handbuch für Verbands-Mitglieder«, Stuttgart 1906.

»Die siebente ordentliche General-Versammlung des Deutschen Metallarbeiter-Verbandes. Abgehalten vom 12. bis 17. Juni 1905 im Saale des Volkshauses ›Tivoli‹ in Leipzig«, Stuttgart 1906.

[Notiz zu Amely Heller], in: »Die Fackel«, Nr. 217, VIII. Jahr, 23.1.1907.

»Das Arbeitersekretariat und die Gewerkschaften Magdeburgs. 4. Jahres-Bericht des Sekretariats«, Magdeburg 1907.

»Der Deutsche Metallarbeiter-Verband im Jahre 1906. Jahr- und Handbuch für Verbands-Mitglieder«, Stuttgart 1907.

»Der Deutsche Metallarbeiter-Verband im Jahre 1907. Jahr- und Handbuch für Verbands-Mitglieder«, Stuttgart 1908.

»Verhaltungs-Reglement für die Ortsverwaltungen des Deutschen Metallarbeiter-Verbandes«, Stuttgart 1908.

»Protokolle der Verhandlungen des sechsten Kongresses der Gewerkschaften Deutschlands«, Berlin 1908.

»Protokolle der Verhandlungen des achten Kongresses der Gewerkschaften Deutschlands«, 1908.

Hermann Meier, »Geschichte der höheren Knabenschule in Schwiebus«, in: »Realprogymnasium i.E. zu Schwiebus. Bericht über das Schuljahr 1907/8«, Schwiebus 1908.

Josef Alestra, »Das Theater-Elend«, in »Theater-Courier«, Nr. 836, 30.12.1909, S. 817 f.

»Dritter Bericht des Arbeiter-Sekretariats Gelsenkirchen«, Gelsenkirchen [1909].

Gustav Rickelt, »Schauspieler und Direktoren. Sozial-wirtschaftliches aus deutschen Theatern«, Berlin-Lichterfelde 1910.

Josef Alestra, »Das Reichstheatergesetz« [8. Fortsetzung], in: »Theater-Courier«, Nr. 841, 3.2.1910, S. 66.

Lily Braun, »Kampfjahre«, München 1911.

Felix Alexander, »Die nebenberuflichen Theatergesellschaften in Deutschland«, Jur. Diss., Tübingen 1913.

Paul Umbreit, »25 Jahre deutscher Gewerkschaftsbewegung 1890–1915. Erinnerungsschrift zum fünfundzwanzigjährigen Jubiläum der Begründung der Generalkommission der Gewerkschaften Deutschlands«, Berlin 1915.

Gustav Zerndt (Hg.), »Heimatkunde zum Übersichtsplan der Stadt Schwiebus. Für unsere Kinder zur Weckung von Heimatsinn und Heimatliebe«, Schwiebus [1916].

Otto Hommer, »Die Entwicklung und Tätigkeit des deutschen Metallarbeiterverbandes. Ein Beitrag zum Gewerkschaftsproblem«, Berlin 1918.

»Bericht über die Verwaltung der Stadt Gelsenkirchen in der Zeit vom 1. April 1903 bis 31. März 1920«, Gelsenkirchen 1921.

Fritz Gumpert, »Die Bildungsbestrebungen der freien Gewerkschaften«, Jena 1923.

Karl Zwing, »Geschichte der deutschen freien Gewerkschaften. Ein kurzgefaßter Abriß«, Jena 1926.

»Festschrift aus Anlaß des 35-jährigen Bestehens der Verwaltungsstelle Bochum des DMV«, Bochum 1927.

Gustav Zerndt, »Hundert Jahre Bergbau im Kreise Züllichau-Schwiebus«, in: »Heimatkalender des Kreises Züllichau Schwiebus 1927«, S. 31–36.

Oskar Maria Graf, »Wir sind Gefangene. Ein Bekenntnis aus diesem Jahrzehnt«, Berlin 1928.

»Das Kgl. Preußische (Westfälische) Jäger-Bataillon Nr. 7

(Feldbataillon) im Weltkrieg 1914–18«, Oldenburg / Berlin 1929.

Heinrich Schulz, »Politik und Bildung. Hundert Jahre Arbeiterbildung«, Berlin 1931.

Otto Buchwitz, »50 Jahre Funktionär .der deutschen Arbeiterbewegung«, Berlin 1949.

Klaus Mann, »Der Wendepunkt«, Frankfurt am Main 1952.

Claire Waldoff, »Weeste noch…! Aus meinen Erinnerungen«, Düsseldorf / München 1953.

Hans Reimann, »Mein blaues Wunder. Lebensmosaik eines Humoristen«, München 1959.

Paul Henckels, »Heiter bis wolkig. Ein Lebens-Wetterbericht«, Düsseldorf 1960.

Hans Franck, »Ein Dichterleben in 111 Anekdoten«, Stuttgart 1961.

Carl Oskar Jatho, »Franz Wilhelm Seiwert«, Recklinghausen 1964.

Franz Feldens, »75 Jahre Städtische Bühnen Essen, Geschichte des Essener Theaters 1892–1967«, Essen 1967.

Ralf Lützenkirchen, »Der sozialdemokratische Verein für den Reichstagswahlkreis Dortmund-Hörde«, Dortmund 1970.

Heinz Halm, »Soldaten in Bückeburg«, Bückeburg 1971.

Doris Fischer, »Die Münchner Zensurstelle während des Ersten Weltkrieges. Alfons Falkner von Sonnenburg als Pressereferent im bayerischen Kriegsministerium in den Jahren 1914 bis 1918/19«, Phil. Diss., München 1973.

Olive Whicher, »George Adams. Ein Geistsucher in unserer Zeit«, Dornach 1973.

Uli Bohnen, »Franz W. Seiwert 1894–1933. Leben und Werk«, Köln 1978.

»Dokumente und Materialien zur Kulturgeschichte der deutschen Arbeiterbewegung 1848–1918«, hg. von Peter von Rüden und Kurt Koszyk, Frankfurt am Main u.a. 1981.

Günter Scharfenberg, »Die politische Bildungsarbeit des Deutschen Metallarbeiter-Verbandes 1891–1933«, Berlin 1986.

Hermann Buschfort, »Zwischen Soutane und roten Fahnen. Die Geschichte der Bocholter SPD«, Essen 1986.

Dagmar Goldbeck, »Die illustrierten Festzeitungen der deutschen Sozialdemokratie 1890 bis 1914«, in: »Marginalien. Zeitschrift für Buchkunst und Bibliophilie«, Heft 111, 1988, S. 17–30.

Heinz-Jürgen Priamus / Stefan Goch (Hgg.), »Sozial und demokratisch. Ein Lesebuch zur Geschichte der sozialdemokratischen Bewegung in Gelsenkirchen«, Band 1 (1869–1949), Gelsenkirchen 1988.

Heiko Schulze, »Parteigründung und Kaiserzeit. Einleitung«, in: Priamus/Goch (Hgg.), 1988, S. 12–20.

Stefan Goch, »Zwischen Reform und Protest«, in: Priamus/Goch (Hgg.), 1988, S. 101–111.

Stefan Goch, »Sozialdemokratische Arbeiterbewegung und Arbeiterkultur im Ruhrgebiet, Eine Untersuchung am Beispiel Gelsenkirchen 1848–1975«, Düsseldorf 1990 (Beiträge zur Geschichte des Parlamentarismus und der politischen Parteien, Band 91).

Michael Matzigkeit, »Literatur im Aufbruch. Schriftsteller und Theater in Düsseldorf 1900–1933«, Düsseldorf 1990.

Elisabeth Kosok, »Hundert Jahre Gewerkschaft Metall Essen«, Essen 1991.

Hartmut Büsing, »Der Deutsche Metallarbeiter-Verband und die Werft in Rüstringen und Wilhelmshaven zwischen 1918 und 1933. Ein Beitrag zur Hundertjahrfeier der Industriegewerkschaft Metall«, Wilhelmshaven 1991.

Georg Werner, »Von Schlesien nach Hibernia«, in: »Und das ist unsere Geschichte. Gelsenkirchener Lesebuch«, hg. von Hartmut Hering und Michael Klaus, 4. Auflage, Oberhausen 1991, S. 92–98.

Reinhard Schilf (Hg.), »Die Kalltal-Presse. 1919–1921. Carl Oskar Jatho, Franz Nitsche, Käthe Jatho-Zimmermann, Franz Wilhelm Seiwert. Die Kölner Progressiven im Kalltal und ihre Begegnung mit B. Traven«, Ausstellungskatalog, Düren 1994.

Uwe Eckardt, »Der Arbeiterschriftsteller Ernst Söhngen (1870–1945)«, in: »Romerike Berge« 45. Jg. 1995, Heft 2, S. 21–26.

Carla Müller-Feyen, »Engagierter Journalismus: Wilhelm Herzog und Das Forum (1914–1929). Zeitgeschehen und Zeitgenossen im Spiegel einer nonkonformistischen Zeitschrift«, Frankfurt am Main u.a. 1996.

»Das Schauspielhaus Düsseldorf 1904–1933. Korrespondenzen und Personalakten«, bearbeitet von Sigrid Arnold und Michael Matzigkeit, Düsseldorf 1997.

Gerhard Beier, »Vergleichende Lebensbeschreibung von Metallern,

Holzern und Textilern«, in: »Bilanz mit Aussichten. Die neue IG Metall an der Schwelle zum 21. Jahrhundert«, hg. von Hans O. Hemmer, Opladen u. a. 1999, S. 45–66.

Martin Gohlke, »Die Räte in der Revolution von 1918/19 in Magdeburg«, Phil. Diss. Oldenburg 1999.

Renatus Ziegler, »George Adams Kaufmann« [2001]; siehe http://biographien.kulturimpuls.org/detail.php?&id=16 (Juni 2011).

Christa Aretz / Irene Schoor (Hgg.), »Köln im Film. Filmgeschichte(n) einer Stadt«, Köln 2004.

Ernst Hüsmert / Gerd Giesler (Hgg.), »Carl Schmitt. Die Militärzeit 1915 bis 1919«, Berlin 2005.

Romana Weiershausen, »Boulevardtheater und Streitkultur: Akademikerinnenlustspiele um 1900«, in: »Jahrbuch der Deutschen Schillergesellschaft«, 50 (2006), S. 316–348.

Theodor Lessing, »Nachtkritiken. Kleine Schriften 1906–1907«, hg. und kommentiert von Rainer Marwedel, Göttingen 2006.

Jürgen Habermas, »Ein avantgardistischer Spürsinn für Relevanzen. Was den Intellektuellen auszeichnet. Dankesrede bei der Entgegennahme des Bruno-Kreisky-Preises, in: »Preisrede von Jürgen Habermas anläßlich der Verleihung des Bruno-Kreisky-Preises für das politische Buch 2005 am 9. März 2006 in der Universität Wien«; siehe http://www.renner-institut.at/download/texte/habermas2006-03-09.pdf (Juni 2011).

Gast Mannes, »Luxemburgische Avantgarde. Zum europäischen Kulturtransfer im Spannungsfeld von Literatur, Politik und Kunst zwischen 1916 und 1922«, Esch-Alzette 2007.

Johannes Hartlapp, »Siebenten-Tags-Adventisten im Nationalsozialismus«, Göttingen 2008.

Zeitungen und Zeitschriften (alphabetisch)

»Arbeiter-Zeitung. Sozialdemokratisches Organ für das Rheinisch-Westfälische Industriegebiet. Publikationsorgan der freien Gewerkschaften«, Dortmund.

»Bergarbeiter-Zeitung. Organ des Verbandes der Bergarbeiter Deutschlands«, Bochum.

»Birnbaumer Kreiszeitung«. Kreis- und Wochenblatt des Kreises und der Stadt Birnbaum«.

»Correspondenzblatt der Generalkommission der Gewerkschaften Deutschlands«, Berlin.

»Crimmitschauer Anzeiger und Tageblatt. Anzeiger für die Königliche Amtshauptmannschaft zu Zwickau, das Königliche Amtsgericht und den Stadtrat zu Crimmitschau«.

»Danziger Allgemeine Zeitung. Älteste nationale Tageszeitung Danzigs«.

»Danziger Neueste Nachrichten«.

»Danziger Zeitung«.

»Der neue Weg«, hg. von der Genossenschaft Deutscher Bühnenangehöriger, Berlin.

»[Der] Theater-Courier. Unabhängige Fachzeitschrift für das gesamte Theaterwesen«, Berlin.

»Deutscher Bühnenspielplan. Mit Unterstützung des Deutschen Bühnenvereins«, Leipzig.

»Deutsche Saalbesitzer-Zeitung. Zentralblatt für die Interessen der gesamten Saalbesitzer und Konzertlokal-Inhaber«, Leipzig.

»Die Republik. Tageszeitung für die deutschen Arbeiterräte«, Berlin.

»Die Sozialistische Republik. Kölner Wahlzeitung der Unabhängigen Sozialdemokratischen Partei«; später umbenannt in »Die sozialistische Republik. Organ der KPD (Sektion der 3. Internationale), Bezirk Mittelrhein«, Köln

»Düsseldorfer Zeitung«.

»Düsseldorfer General-Anzeiger«.

»Fränkische Zeitung«, Nürnberg.

»Idarer Anzeiger. Amtliches Anzeigenblatt für die Stadt und den Bürgermeistereibezirk Idar. Politisches Tageblatt zur Vertretung der Interessen des Fürstentums Birkenfeld«, Idar.

»Jugend. Münchner illustrierte Wochenschrift für Kunst und Leben«, München.

»Markranstädter Tageblatt vormals ›Stadt- und Landbote‹, Amts-Blatt für den Stadtrat zu Markranstädt«.

»Metallarbeiter-Zeitung. Organ für die Interessen der Metallarbeiter«, Stuttgart.

»Nahethal-Bote«, Oberstein.

»Rheinische Republik. Freie Zeitung«, Köln.

»Schleizer Wochenblatt«.

»Simplicissimus«, München.

»Tageblatt für den Amtsgerichtsbezirk Meuselwitz und die umliegenden Ortschaften«.

»Thüringer Waldbote«, Ohrdruf.

»Volksblatt. Sozialdemokratisches Organ für die Wahlkreise Bochum-Gelsenkirchen-Hattingen-Witten und Recklinghausen-Borken«, Bochum.

»Volksstimme. Tageszeitung der Sozialdemokratischen Partei im Regierungsbezirk Magdeburg«, Magdeburg.

»Wochenblatt für Hohenmölsen Granschütz, Taucha und Umgegend. Amtliches Organ des Magistrats und der Polizei-Verwaltung zu Hohenmölsen [...]«.

»Zwenkauer Zeitung. Amtsblatt der Königl. Amtshauptmannschaft Leipzig [...]«.

5 Zielke] Typoskript in den BTC/UCR, Slg. Heidemann.

11 f. Am Mittag des 30. November ... verlor sich seine Spur] Das weitere ist auf S. 468 ff. ausführlich dargestellt und mit Quellen belegt.

12 Forschungsreise] Brief an Johannes Schönherr, 24.11.1927; zit. bei Guthke 1987, S. 406.

13 umfangreiche Sammlung] Siehe S. 463.

13 Konvolut mit Briefen] »Frankfurter Rundschau«, 29.11.1990, S. 17.

13 ausgerechnet] Siehe S. 359.

13 14 Briefe] Siehe www.boersenblatt.net/319787/%2011.5.2009 (Oktober 2011).

13 Einzel-Mensch] Z, Heft 9–14, 15.1.1919, S. 94.

14 freiwillige Senkung] Z, Heft 35–40, 21.12.1921, S. 10–20.

14 Fragen] B. Traven, »Land des Frühlings«, Berlin 1928, S. 427 f.

15 Hoffman] Abbie Hoffman, »Revolution for the Hell of It«, 1968, Neuausgabe New York 2005, S. 30.

16 Intellektuellen] Habermas 2006.

16 Ruhm ohne Biographie] So eine redaktionelle Vorbemerkung zu Wolfgang Cordans Artikel in der F.A.Z. vom 29.6.1957.

16 Weltbühne] Georg 1929, S. 484 f.

16 einfacher Mensch] »Die Büchergilde«, Berlin, November 1931, Nr. 11, S. 351.

16 f. Ergebnis der Zeit] Z, Heft 4, 27. Juli 1918, S. 84.

17 also Croves] 19. September 1959; BTC/UCR, Slg. Heidemann.

17 f. Spota] Guthke 1987, S. 512 f.

18 Erlebnisträger] Gale 1963, S. 90.

19 the first] Siehe www.amazon.de/Mr-Traven-Presume-Michael-Baumann/dp/1585001414 (Dezember 2011).

19 Enthüllungsbericht] Luis Spota: »›Mañana‹ descubre la Identidad de B. Traven«, in: »Mañana«, Mexico-City, 7.8.1948.

20 Huston] Zit. nach Donald O. Chankin, »Anonymity and Death: The Fiction of B. Traven«, University Park / London 1975, S. 3.

21 f. Lebenslauf] »BT Mitteilungen«, Nr. 8, Juli 1952; zit. nach

dem Reprint: »BT (B. Traven) Mitteilungen No 1–36«, Berlin 1978, S. 66 f.

22 Aufzählung] Guthke 1987, S. 771.

22 Vertrautheit] Erstmals zusammengestellt bei Recknagel 1962, S. 40–43.

22 Mauser] B. Traven, »Das Totenschiff«, Berlin 1926, S. 174, 176.

22 Textilstädte] B. Traven, »Die Brücke im Dschungel«, Berlin 1929, S. 114 und 122.

22 Landarbeiter] B. Traven, »Land des Frühlings«, Berlin 1928, S. 199.

22 Drill und Disziplin] Ebd., S. 26 und 144.

22 f. Klarinettendudelei] Ebd., S. 314. Wagners Oper wurde am Stadttheater in Danzig in der Spielzeit 1911/12, also während Maruts dortigem Engagement, fünfmal aufgeführt. Ebenfalls erwähnt werden »Parsifal« und »Götterdämmerung« (S. 237).

23 Prostituierte] B. Traven, »Die Baumwollpflücker«, Berlin 1931, S. 187.

23 Cordan] »Die Kultur«, 15.10.1958.

23 v. Cube] »Vorwärts«, 11.9.1959.

24 Gerücht] BTC/UCR, Slg. Heidemann.

24 unwahr] Stone 1977, S. 74.

24 Hohenzollernprince] Stone 1977, S. 84; vgl. ebd. S. 3 und 47.

24 in der Schwebe] So auch auf einer Pressekonferenz in Köln 1978, siehe Winfried Lierenfeld, »Als Traven im Schneider Wibbel mitspielte«, in: »Das Tor«, Düsseldorf, 47. Jg. 1981, Heft 5, S. 92–94.

25 William the Second] Gerd Heidemann, »Wer ist der Mann, der Traven heißt?«, »Stern« Nr. 19, 7.5.1967; ders., »Ich fand B. Traven«, »konkret«, Nr. 6–9, Juni–September 1967.

25 Lübbe] Lübbe 1965, S. 9 f.

25 bejaht] Recknagel 1965, S. 38 f. und 343.

25 zurückgewiesen] Recknagel 1982, S. 341; wiederum zustimmend S. 47–49.

25 seine Spur] Rolf Recknagel, »Das letzte Rätsel bei Marut-Traven«, in: Viesel 1976, S. 69 f.

25 2.7.1879] Lübbe gab an: 2.7.1880 (1965, S. 9–11).

25 eingereist] Siehe www.ellisisland.org/search (Dezember 2011).

25 f. Wollenberg] Erich Wollenberg an Recknagel, 23.4.1966; zit. nach Kramer/Ludszuweit 2002, S. 35–37.

26 Oskar Maria Graf] Brief an Recknagel vom 1.5.1959, Abschrift im Johannes-Schönherr-Archiv der Akademie der Künste, Berlin, Nr. 62.

26 Schmitz] BTC/UCR, Slg. Heidemann.

27 paper chases] »Time«, New York, 11.4.1977.

27 Auskunft] Raskin 1980, S. 243.

28 Strom der Tradition] Theodor Fontane, »Wanderungen durch die Mark Brandenburg«, Band 2, »Das Oderland«, Berlin 1976, S. 360.

29 berührenden Moment] Wyatt 1982, S. 301.

29 Grandseigneur] Siehe S. 24.

29 Lübbe] Lübbe 1965, S. 9 f.

29 Recknagel] Recknagel 1982, S. 44–47.

29 Guthke] Guthke 1987, S. 100; Traven 1992, S. 104 f.

29 Stone] Stone 1977, S. 15.

30 Recknagel] Recknagel 1982, S. 34.

30 Schmid] »B. Traven und sein Ich-Erzähler Gerard Gale«, in: »Das B. Traven Buch« 1976, S. 119–145.

30 Schönherr] Guthke 1987, S. 59 f.

30 Schnurre] »Georg Büchner und die Moderne. Texte, Analysen, Kommentar«, hg. von Dietmar Goltschnigg, Band 3, Berlin 2003, S. 264.

31 Privatangelegenheit] »Die Büchergilde«, März 1926, Heft 3, S. 34.

32 Plagiate] Thunecke 2003, S. 37–45, der hier eine schwer zugängliche Publikation Baumanns referiert: »Mr. Traven, I Presume?«, Bloomington 1997.

32 Jugend] Z, Heft 2, 1.12.1917, S. 42.

32 Simplicissimus] Ebd., S. 42–44. Vgl. auch S. 385.

32 Vorwärts] Z, Heft 9–14, 15.1.1919, S. 7.

32 Ullstein-Verlag] Ebd., 4. Umschlagseite.

33 Novelle] Traven an Ernst Preczang, 5.8.1925, in: »Bücher voll guten Geistes« 1964, S. 22.

33 36 Meilen] 6. Januar 1925; zit. nach Traven 1992, S. 8.

33 Indianerstämmen] An John Schikowski, 25.2.1925; zit. nach Traven 1992, S. 20.

33 genuegend erlebt] An John Schikowski, 26.8.1925; zit. nach Traven 1992, S. 36. Zum »Lexicon« siehe S. 288 f.

33 Dschungel] An Ernst Preczang, 27.3.1927; zit. nach Guthke 1987, S. 405.

33 f. Fleisch und Blut] Zit. nach Schönherr 1963, S. 241.

34 Bleistift] Brief an die Büchergilde Gutenberg, veröff. in »Die Weltbühne«, 25. Jg. 1929, Heft 2, S. 486.

34 Detektivgeschichte] Hauschild 2009, S. 30.

34 literarischen Rätsel] »One of the most tantalising literary mysteries of our age« (Woodcock 1980, S. 9).

34 Pfiffikus] Theodor Fontane, »Irrungen, Wirrungen«, 8. Kapitel.

35 BBC-Dokumentation] »B. Traven – A Mystery Solved«, BBC 2, 19. Dezember 1978; in sechs Teilen in schlechter Auflösung auf YouTube zu sehen (Dezember 2011).

35 Traveniten] Woodcock 1980, S. 10.

35 Killys] »Literaturlexikon. Autoren und Werke deutscher Sprache, Band 11, Gütersloh / München 1991, S. 406.

35 Vermutung] »Kindlers Neues Literatur Lexikon«, Band 16, München 1991, S. 753.

36 undenkbar] Guthke 1983, S. 18, 85, 89, Anm. 24; vgl. Guthke 1987, S. 126–133.

36 bleibt unbekannt] »Deutsche Biographische Enzyklopädie«, Band 10, München 1999, S. 75.

36 Homepage] Siehe www.btraven.com/deutsch/uber.html (Dezember 2011).

36 Schramm] Siehe www.btraven.com/pdf/AusstellungalleTafeln_.pdf (November 2008).

36 Recknagel] Recknagel 1982, S. 334.

37 Interview] Zit. nach Kreiler 2009.

37 Sensationsreporters] Gerd Heidemann, »Wer ist der Mann, der Traven heißt?«, »Stern« Nr. 19, 7.5.1967; ders., »Ich fand B. Traven«, »konkret«, Nr. 6–9, Juni–September 1967; ders., »›Er ist ein Sohn des Kaisers‹«, »Stern«, Nr. 15, 13.4.1969; Heidemann 1977.

37 Recknagels Vorbild] Recknagel 1982, S. 19–34.

37 Ausführlichkeit] Guthke 1987, S. 103–141.

37 f. Meister des Bluffs] Guthke 1983, S. 31.

38 Cleverness] Guthke 1987, S. 129.

38 application] Wyatt 1980, S. 236–238. Siehe S. 336 f.

39 Gesichtsgeometrie] Wyatt 1995.

39 Blutsverwandtschaft] Guthke 1983, S. 31 f.

39 Stanislaw] Guthke 1983, S. 89, Anm. 24; vgl. Guthke 1987, S. 126–133.
39 seine Erben] »All personal belongings, manuscripts, photographs and their negatives; all copyrights of the literary works and photographs by the author B. Traven, who wrote in different periods of his life under the names of Ret Marut, Hal Croves and Traven Torsvan Croves, also known as Bruno Traven, among others, are owned by Maria Eugenia Montes de Oca Luján and Irene Pomar Montes de Oca, referred to as the B. Traven Estate«; siehe www.btraven.com/english/estate.html (Dezember 2011).
40 Weber Johnson] Berger 2003, in: Thunecke (Hg.) 2003, S. 51–68, hier S. 57 f.
40 Raskin] Raskin 1980, S. 245.
40 distanzierte] Wyatt 1980, S. 304–310 und Vorwort, S. XII.
40 Pateman] Pateman 2005, S. 161 f. und 8.
41 played the piano] Wyatt 1980, S. 159.
41 Fall klar] Guthke 1987, S. 561; vgl. Lawrence Hill, zit. bei Guthke 1987, S. 111; Raskin 1980, S. 47.
41 Pöbeleien] Z, Heft 5–8, 9.11.1918, S. 147, 145 und 117.
42 Nachäffung] Siehe S. 161 f.
42 Eure Lügen] Z, Heft 18–19, 3. 12.1919, S. 4.
42 Tschörtner] »Sonntag«, Nr. 47, S. 12; zit. nach Guthke 1987, S. 131. Tschörtner wandte außerdem gegen Wyatt ein, daß er die »Möglichkeit, ja Wahrscheinlichkeit eines anderen Vaters völlig außer acht« lasse (H. D. Tschörtner, »Nachwort« zu: Traven 1986, S. 476–491, hier S. 490). Müssen künftig auch in der Literaturwissenschaft Vaterschaftsnachweise erbracht werden?
42 Bühnenrolle] Siehe S. 188 f. Für seine gelungene Verstellkunst erhielt der Schauspieler Marut häufiger derartige Komplimente.
43 Beitrag] »Wer ist dieser Mann?«, in: »Frankfurter Allgemeine Zeitung«, 20.6.2009, Nr. 140, S. Z 3 (von mir ursprünglich betitelt »Der Mann ohne Geheimnis«). Abzurufen unter: www.faz.net/s/RubD3A1C56FC2F14794AA21336F72054101/Doc~E7E26977DF694461291BA136707D18ACE~ATpl~Ecommon~Scontent.html (April 2011).
43 Thunecke] F.A.Z. vom 21.7.2009, Nr. 166, S. 6.
43 Travologe] Thunecke (Hg.) 2003, S. 7.
44 Cleverness] Wyatt 1982, S. 297.

44 Laientheater] Ebd., S. 309.

45 Klavier spielen] Ebd., S. 311.

45 Zeitungsaufsatz] Marut, »Kino« 1912, S. 66 f.

45 Aufzählung] Marut, »Der Mann Site«, 2008, S. 148.

45 Forth-Bridge] Marut, »Die Fackel«, 2008, S. 12.

45 Lebewesen] Ebd., S. 10.

45 ausgeritten] Göpel und andere landwirtschaftliche Maschinen und Geräte wurden in Otto Feiges Heimatstadt Schwiebus von F.W. Müller, Brätzerstraße Nr. 15 verkauft. Eine Handelsfirma für landwirtschaftliche Maschinen in Hermosillo/Mexiko wird in einem von Guthke erstveröffentlichten Romanfragment Travens erwähnt (Guthke 1987, 701).

45 Dynamomaschine] Marut, »Die Fackel«, 2008, S. 62.

45 f. Kurzgeschichte] Ret Marut: »Der Mann an der Fräse«, in: »Licht und Schatten«, 1.3.1916; Traven 1983, S. 272.

46 Renaissance] B. Traven, »Kunst der Indianer«, vor 1929; zit. nach Guthke 1987, S. 765 f.

46 f. Wirtschaftsleben] B. Traven, »Der Karren«, Berlin 1931, S. 17.

47 Artikel] Guthke 1987, S. 320; vgl. Frank Nordhausen, »›Views most wonderful‹: B. Travens erste Reise ins ›Land des Frühlings‹, in: Thunecke (Hg.) 2003, S. 236.

47 Februarheft 1927] Das Redaktionsexemplar wurde digitalisiert. Es enthält handschriftlich Namen und Adresse des Einsenders: »Traven Torsvan ap[arta]do 937 Tampico Tam[auli]p[a]s Mexico«. Ein Zweitabzug des Bildes findet sich im Nachlaß, von Traven beschriftet: »El Rosario Molino / the oldest mill [...] of the American Continent / Sept. 23. 1926 – Copyright 1926«; siehe Guthke 1987, S. 323.

47 per minute] »Popular Mechanics Magazine«, Chicago, Februarheft 1927, S. 275.

47 Marin] Zit. bei Raskin 1980, S. 36.

47 Zugfahrt] Ms. in der RMS/UCR. Der Text beginnt: »Sprichwörter enthalten meist Wahrheiten«.

47 offenbaren] Der Fingerzeig erinnert unwillentlich an die Denunzierung Maximilian Hardens als »Witkowski aus Posen« durch chauvinistische Kreise in der Weimarer Republik.

47 f. Lebenslauf] H.D. Tschörtner, »Nachwort« zu: Traven 1986, S. 476–491, hier S. 490 f.

48 Theaterkritiken] Zur Provenienz siehe S. 185.
49 Bergbaugebiet] Recknagel 1982, S. 47 und 382.
49 Wählern] Z, Heft 18–19, 3.12.1919, S. 10.
49 in Herne] B.Traven, »Der Wobbly«, Berlin 1926, S. 42.
49 Südfalen] B.Traven, »Das Totenschiff«, Berlin 1926, S. 67.
49 Transportsystem] B.Traven, »Die Weisse Rose«, Berlin 1929, S. 117.
49 Kohlenminen] B.Traven, »Der Marsch ins Reich der Caoba«, Zürich / Wien / Prag 1933, S. 87.
49 Tätigkeit] B.Traven, »Die Troza«, Zürich / Prag 1936, S. 31.
49 Gartenkolonien] Ebd., S. 32.
50 Ruhrkohlengebiet] Z, Heft 23–25, 20.3.1920, S. 28.
50 große Stadt] Marut, »Der Mann Site«, 2008, S. 46.
50 Essen, Elberfeld und Duisburg] Traven 1983, S. 47 f.
50 Kupferdreh] Ebd., S. 23.
50 Ruß-Wolken] Viesel (Hg.) 1980, S. 489.
50 Typoskript] Marut 2009, S. 138–145; Typoskript in der RMS/UCR. Den Hinweis auf diesen Text verdanke ich dem instruktiven Aufsatz von James Goldwasser: »The Revolution Within: Ret Marut's Turn to Fiction«, in: Thunecke (Hg.) 2003, S. 69–82, hier S. 77 f.
50 Strassenverhältnisse] »In Alt-Gelsenkirchen waren die älteren Straßen gepflastert, doch nur unter Verwendung der billigsten Pflastersteine, also der Ruhrsandsteine und Basaltlava-Pflastersteine und auch nur auf Sandbettung. […] Die neueren Straßen […] bestanden aus Asche und Ziegelbrocken […]. Im Amt Schalke […] waren nur einzelne Straßen gepflastert, und die recht schlecht. In neuester Zeit hatte man die Kaiserstraße mit Basalt-Kleinpflaster befestigt […]« (»Bericht über die Verwaltung der Stadt Gelsenkirchen in der Zeit vom 1. April 1903 bis 31. März 1920«, Gelsenkirchen 1921, S. 114).
50 bestand … noch nicht] »Eine Jugendorganisation besteht hier noch nicht. Es kommen hier nur einzelne Exemplare des Fachorgans ›Junge Garde‹, zur Verteilung« (Bericht des Kgl. Bezirks-Polizei-Kommissars Krohn vom 8.9.1907: STA Münster, Regierung Arnsberg 14236, S. 425v, 426r, 427v).
50 Buer] Goch 1990, S. 152.
51 fünfunddreissig] Wegen der Zahlenübereinstimmung sei an dieser Stelle erwähnt, daß es 1907 in Gelsenkirchen einen Lot-

terieklub »Fortuna« gab (1908 mit 35 Mitgliedern), von dem der Oberbürgermeister annahm, daß er »unter harmlosem Deckmantel« seine jugendlichen Mitglieder der Sozialdemokratie zuführe (STA Münster, Regierung Arnsberg 14237, S. 96 v).

51 Kohlenzeche in Herne] B. Traven, »Der Wobbly«, Berlin 1926, S. 42.

51 Dokumentation] WDR Fernsehen, 2.–16.5.1967. Seit kurzem auch auf DVD erhältlich: »Im Busch von Mexiko – Das Rätsel B. Traven« (Pidax Film 2011).

53 Der Helfershelfer] Typoskript in der RMS/UCR.

54 Nordhausen] »Berliner Zeitung«, 11.3.2000.

54 Guthke] Guthke 1987, S. 135–141; Fotokopie von Travens Briefwechsel mit der Library of Congress in den BTC/UCR, Slg. Päßler.

54 Thunecke] Thunecke (Hg.) 2003, S. 13.

55 auf CD] Beilage zu Kramer/Ludszuweit 2002.

55 vastehste] »Ehrlichkeit. Eine Schnurre«, in: Traven 1983, S. 35–37.

55 Lunte] »Wache rraus!«, zit. nach Guthke 1987, S. 632.

55 Hamburja] »Die Himmelfahrt«, Typoskr. in der RMS/UCR.

55 Theater-spülln] »Regie. Aus der Entwicklungsgeschichte eines Talents«, in: Traven 1983, S. 53.

55 Ludersch] »Mutter Beleke«, in: Traven 1983, S. 174.

55 g'schegn] »Die Himmelfahrt«, Typoskr. in der RMS/UCR.

55 Leven] Ebd.

55 Bertchen] Marut, »Der Mann Site«, 2008, S. 98 f.

55 schteigen] Im vorangehenden Dialog mit seiner Frau sagt er »schpeak« statt »speak«.

56 Morian] Brief an Rosa Elena Luján vom 20.4.1969; siehe Guthke 1987, S. 110.

56 Geometrie] Wyatt 1995, S. 8. Die wichtigsten äußeren Merkmale des Ohrs sind der Ohrmuschelrand, dessen Wurzel und Öffnungswinkel, Ausmaß und Windung des zum Ohrmuschelrand parallel verlaufenden Bogenwulstes, Neigungswinkel und Profil des Ohrmuschelhöckers an der Grenze zwischen Bogenwulst und Ohrläppchen und dessen Ausprägung.

58 Guthkes Biographie] Der Verlag bezeichnet sie im Klappentext als »beeindruckendes«, »monumentales Werk«, entstanden »nach jahrelangem, oft mühevollem Sichten der Quellen und aufwen-

digen Recherchen in mehreren Erdteilen«. Als Beispielplätze für diese aufwendigen Interkontinental-Recherchen werden »Mexiko, London, Hamburg, München, Australien« genannt. In Mexiko hat Guthke den Traven-Nachlaß ausgewertet, in London und Hamburg Einblick in die übersichtlichen bzw. gut sortierten Privatsammlungen von Wyatt und Heidemann genommen, dem Bayerischen Hauptstaatsarchiv in München verdankt er fünf Abbildungen. Was aber gab es wohl in Australien aufwendig zu recherchieren?

59 Im Walde] Ms. in der RMS/UCR. Auffällig sind hier die tief herabgezogenen Unterlängen; im Feige-Autograph, das hierfür nur wenig Vergleichsmöglichkeiten bietet, erscheinen sie schwächer ausgeprägt.

59 Suetterlin] Goldwasser 1989, S. [23].

60 Sammlungen] Williams 2006; siehe library.ucr.edu/content/collections/spcol/travensite/pdfs/hlux.pdf (Oktober 2011).

62 Statistik von 1840] »Topographisch-statistische Übersicht«, 1844, S. 237.

62 5400 Einwohner] »Pierer's Universal-Lexikon«, Band 15, Altenburg 1862, S. 683.

62 8400] »Meyers Konversationslexikon«, Leipzig und Wien 1889, 4. Auflage, 14. Band, S. 772 f.

62 9332] »Statistik des Deutschen Reichs«, 1903.

62 sechzehn Prozent] »Statistisches Jahrbuch«, 1903, S. 5.

62 Tageszeitungen] »Schwiebuser Intelligenz-Blatt«, »Schwiebuser Wochenblatt«, »Schwiebuser Zeitung«.

62 Theater] Im »Theater-Courier« suchte ein anonymer Schwiebuser Theaterunternehmer Anfang 1908 zwei Darsteller (Nr. 739, 21.2.1908, S. 65; wiederholt am 28.2.1908).

63 Arbeiterbildungsverein] »Acta der Polizei-Verwaltung zu Schwiebus betreffend: Die Errichtung eines »Arbeiter-Bildungs-Vereins« Schwiebus und Umgegend [...] de 1893«, STA Wilkowo (Archiwum Państwowe w Zielonej Górze, Oddzial w Wilkowie), Sign. 1960. Politisch auffällige Schlosser, Töpfer oder Ziegeleiarbeiter sind im Zeitraum 1890 bis 1900 nicht nachzuweisen, auch kein Mitglied namens Wienecke oder Feige.

63 Karschin] Zerndt 1916, S. 19.

63 Rettungshaus] »Meyers Konversationslexikon«, Leipzig und Wien 1889, Vierte Auflage, 14. Band, S. 772 f.

64 Gewerben] Ebd.
64 Brikettfabrik] Zerndt 1927, S. 31–36.
64 Wilhelm II.] Zerndt 1916, S. 15.
64 Posen] Goldwasser 1993, S. 133–142.
64 Ostpreußen] Pateman 2005, S. 37 und 8. Auch George Woodcock glaubt es Ostpreußen zugehörig (Woodcock 1980, S. 9).
64 Pomerania] Schürer und Jenkins 1987, S. 5 und 357.
64 Schlesien] Nordhausen 2000, S. 6.
64 Guthke] Traven 1992, S. 100.
64 Dorfschule] H. D. Tschörtner, »Nachwort« zu: Traven 1986, S. 490.
65 Wienecke] In anderen Urkunden wird der Vorname der Kindesmutter durchweg »Hermine«, der Nachname gelegentlich »Wi(e)nicke« geschrieben. Die Kanzlisten schrieben offenbar nach Gehör.
65 Carl Wilh. Albert] Die Vornamen des Großvaters lauten ein anderes Mal »Wilhelm August Karl«; als dessen Witwe seinen Tod anzeigt, nennt sie ihn »Albert«, so daß davon auszugehen ist, daß dies sein Rufname, Carl und Wilhelm zwei weitere Vornamen waren.
65 Standesamtregister] STA Stary Kieselin (Archiwum Państwowe w Zielonej Górze z siedzibą w Starym Kisielinie), Geburten und Sterbefälle 1874–1899.
66 Tuchmachergeselle] In Ret Maruts Roman »Der Mann Site und die grünglitzernde Frau« ist ein Hinweis auf ein textiles Gewerk erwähnt: »Seine Hosen triselten unten kaum merklich« (Marut, »Der Mann Site«, 2008, S. 128). Unter »trieseln« (soviel wie »aufdröseln«) versteht man das Zerlegen eines gesponnenen Fadens.
67 zusammengestückelt] Wyatt 1982, S. 303.
68 das erste Mal] Vgl. ebd.
68 hätschelten] Wyatt 1982, S. 303 f.
68 Zurückweisung] Ebd., S. 303.
68 deutschen Akten] STA Wilkowo (Archiwum Państwowe w Zielonej Górze, Oddzial w Wilkowie).
69 Kleinstadt] MGKL 1906, Band 6, S. 593–594.
69 Taufzeugen] StA Finsterwalde, Geburtsregister Finsterwalde Nr. 273/1884.
69 f. Familienüberlieferung] Wyatt 1982, S. 304.
70 Blutarmuth] Die Todesursache findet sich in den Standesamts-Sterbe-Registern in Świebodzin.

70 Bruno Reimann] Hier noch mit der Adresse Kreuzstr. 18; später: Markt 11.
70 die ersten Jahre] Wyatt 1982, S. 303.
70 Herzweh] Ebd., S. 304.
71 Brief eines Toten] RMS/UCR; siehe Müssener 2003, in: Thunecke (Hg.) 2003, S. 132–157; hier S. 138.
71 eifersüchtig] Ebd., S. 305.
71 f. Familienüberlieferung] Ebd., S. 303.
72 Äußere Neuestraße 1] »Adressbuch«, 1892, Schwiebuser Teil, S. 127.
72 Umbauplan] STA Wilkowo (Archiwum Państwowe w Zielonej Górze, Oddzial w Wilkowie).
72 wohnten dort] »Adressbuch«, 1892, Schwiebuser Teil, S. 127.
73 Besonderheiten] »Meyers Konversations-Lexikon«, Leipzig und Wien 1888, Vierte Auflage, 7. Band, S. 857.
73 Wyatt] Wyatt 1982, S. 292.
74 Elend] Umbreit 1895/96, S. 235–245.
74 Baupolizeiakten] STA Stary Kieselin (Archiwum Państwowe w Zielonej Górze z siedzibą w Starym Kisielinie).
74 verschiedene Gebäude] In der Reihenfolge von der Straße nach hinten sind dies: In der Mitte des vorderen Hofteils ein Brunnen (ein weiterer in der Mitte des hinteren Hofteils), gegenüber links eine Remise, dahinter ein nicht näher bezeichnetes Gebäude, das vorderen und hinteren Hofteil bis auf einen 6 Meter breiten Durchgang trennt. Auf der rechten Seite die »Feuerung« mit Schornstein, dahinter Retorten-Lager, Comptoir, Lager-Wohnhaus, Pferdestall, Remisen, »Theeranstalt«; dieser gegenüber ein offener Schuppen. Ein detaillierter Grundriß des »Wohnhauses« zeigt Lagerraum (42 qm), Stube (43 qm) und Flur. Heute ist auf dem Grundstück nur noch ein einziges Gebäude erhalten, in dem sich zur Zeit eine kleine Pension befindet, die zuletzt 1982 umgebaut wurde. Die Räumlichkeiten könnten noch aus dem 19. Jahrhundert stammen.
74 Grundriß] STA Stary Kieselin (Archiwum Państwowe w Zielonej Górze z siedzibą w Starym Kisielinie), Akten der Baupolizei.
75 Bericht] Wyatt 1982, S. 290 f.
76 caretaker] Wyatt 1980, S. 275 f.
76 Vermutung] Wyatt 1982, S. 290.

77 Ein Plan] STA Wilkowo (Archiwum Państwowe w Zielonej Górze, Oddzial w Wilkowie).

78 Zweck] MGKL 1908, Band 13, S. 924.

78 Organisation] Meier 1908, S. 6.

78 Lagrilliére] Vgl. Maruts eigenhändig getippte Literaturliste zum Roman »Die Fackel des Fürsten«; Thunecke (Hg.) 2003, S. 86–89.

78 Die Himmelfahrt] Typoskript in RMS/UCR.

79 Mit-Gesellen] Z, Heft 5–8, 9.11.1918, S. 136.

79 Schikowski] Traven 1992, S. 23.

79 Marut 1920/21] »Die Geschichte eines Films«, Typoskript in der RMS/UCR; siehe S. 457 ff.

79 Erinnerungen] Im BBC-Interview vom 25. Mai 1978.

80 Schulgeld] Wyatt 1982, S. 305 f.

80 Schlosser gelernt] Im BBC-Interview vom 25. Mai 1978.

80 Ballast] B. Traven, »Land des Frühlings«, Berlin 1928, S. 420.

80 Sommerkursen] Guthke 1987, S. 288 f.

81 Betrüger] Traven 1983, S. 111.

81 Marut 1917] Z, Heft 2, 1.12.1917, S. 26.

81 Betriebskapital] Z, Heft 15, 30.1.1919, S. 22.

82 Mayer] In den Akten und im Adreßbuch wird der Name gelegentlich irrtümlich Meyer geschrieben.

83 Ein Plan] STA Wilkowo (Archiwum Państwowe w Zielonej Górze, Oddzial w Wilkowie).

84 120 Mark] MZ, Nr. 6, 1901; Beispiel aus Bayern.

84 Der Mann an der Fräse] Erstdruck in: »Licht und Schatten. Monatsschrift für Schwarz-Weiss-Kunst und Dichtung«, München/Berlin, 6. Band, Nr. 11, 1.3.1916, S. 2–3; unter dem Titel »Die Maschine« 1919 erneut abgedruckt in »Der BLaugetupfte SPerlinG«.

86 Versucht ihm die Schwäche zu übermannen] Den gleichen grammatischen Fehler begeht Ret Marut 1917: »Wozu einem Neigung und Begabung hinführen« (Z, Heft 2, 1.12.1917, S. 28).

87 Gedichte] Insbesondere der Lyriker ist kaum bekannt und von der Literaturwissenschaft bisher noch nicht untersucht worden. Auf S. 104–107 werfe ich einen Blick auf die Poesien, die er bis zu seiner Flucht aus München verfaßt hat; zu denken wäre aber auch an die Gedichte, die B. Traven seinen Romanen voranstellte (im »Wobbly« den »Gesang der Baumwollpflücker in Mexiko«, im

»Totenschiff« das »Lied eines amerikanischen Seemanns«, im Erzählband »Der Busch« das angeblich »amerikanische Lied« »Im Busch in Mexiko«, in der »Weissen Rose« das gleichnamige »mexikanische Rancho-Lied«).

88 Gastspiele] Recknagel 1982, S. 59 f.

88 Belegschaft] »Berliner Jahrbuch für Handel und Industrie«, Jg. 1903, Berlin 1904, S. 155.

88 Capataces] B. Traven, »Die Rebellion der Gehenkten«, Zürich 1936, Kapitel 4. Die von den Aufsehern begangenen Greuel werden ebenso detailliert beschrieben wie später ihre grausame Ermordung.

88 Kollaborateure] Hohnschopp 1989, S. 56.

89 1892 … angeschlossen] Scharfenberg 1986, S. 22.

89 dreißig Prozent] Es waren 79 856 Mitglieder, siehe »Jahr- und Handbuch« 1906, S. 6.

89 Mitgliedschaft] Schließlich noch zum Vergleich Daten aus dem Lebensweg des drei Jahre älteren Otto Buchwitz (1879–1964): 1885–1893 Volksschule, anschließend dreijährige Lehre als Metalldrücker. 1896 Eintritt in den Deutschen Metallarbeiterverband, 1898 in die SPD; Freundschaft mit einem als Sozialdemokrat und Gewerkschafter engagierten Gesellen, der ihm »im Laufe der ersten zwei Lehrjahre die ersten Begriffe über Arbeiterbewegung« beibringt. Arbeitszeit von 6:00 bis 20:00 Uhr, Wochenlohn (wie bei Willi Feige) anfangs 3, zuletzt 5 Mark. 1899–1901 Militärdienst; später für die SPD Bezirkssekretär in Niederschlesien, Land- und Reichstagsabgeordneter; nach dem Krieg für die SED im Landtag von Sachsen, zuletzt Alterspräsident der Volkskammer und Mitglied des ZK der SED; siehe Buchwitz 1949, S. 23.

89 10 238] »Jahr- und Handbuch« 1908, S. 18.

89 Gewerkverein] Die miteinander konkurrierenden Arbeiterorganisationen machte sich gegenseitig das Leben schwer; Versammlungen wurden häufig von Gegnern aufgesucht und gesprengt.

89 Ende 1900] Siehe MZ 1901.

89 1904] »Jahr- und Handbuch«, 1905, S. 224.

90 Hauptredner] STA Wilkowo (Archiwum Państwowe w Zielonej Górze, Oddzial w Wilkowie), Sign. 1960, »Acta der Polizei-Verwaltung zu Schwiebus betreffend: Die Errichtung eines »Arbeiter-Bildungs-Vereins« Schwiebus und Umgegend […] de 1893«.

90 Freie Ostern] Ostern fiel 1902 auf den 30./31. März.

91 Impressum] »Verantwortlich für die Redaktion Fr. Fischer in Stuttgart. Verlag und Druck von J.H.W. Dietz Nachf. (G.m.b.H.) in Stuttgart.«

91 Festzeitungen] Vgl. Goldbeck 1988, S. 17–30.

91 zog ... um] Wyatt 1982, S. 306.

92 Förderung] Zerndt 1927, S. 35. Vgl. auch Heinz W. Linke, »Chroniken der Ordensdörfer. Burschen, Seeren, Langenpfuhl und Tempel«, Bergisch-Gladbach 2007 (Selbstverlag), S. 69 f.

92 erinnerte] Wyatt 1982, S. 305.

92 Todesursache] Świebodzin, Standesamt.

93 Waisenkind] Wyatt 1982, S. 305.

93 Lebensunterhalt] »BT Mitteilungen«, Nr. 8, Juli 1952; zit. nach dem Reprint: »BT (B. Traven) Mitteilungen No 1–36«, Berlin 1978, S. 67.

93 keine Mutter] Nordhausen 2000, S. 6.

93 Phantasievorstellung] Wyatt 1982, S. 305.

93 Prosafragment] Ms. in der RMS/UCR.

94 Bruder in Berlin] Vielleicht Willis Taufzeuge in Finsterwalde 1884, Hermann Wienicke?

94 Wallensen] 1907 zog ein jüngerer Bruder Adolfs, der 1865 in Finsterwalde geborene Johannes Feige, mit Frau und 4 Kindern von Morsleben bei Helmstedt ebenfalls nach Wallensen.

94 Volkszählung] »Statistik des Deutschen Reichs«, 1903.

94 Gewerkschaft] Wiederum in der Bedeutung »Kapitalgesellschaft«.

94 f. Korrespondenz] »Bergarbeiter-Zeitung«, Nr. 24, 16.6.1906, S. 6.

95 erste Wohnung] Wyatt 1982, S. 306 f.

95 arbeiten gegangen] Margarethe Henze im BBC-Interview vom 25. Mai 1978.

96 Mannschaften] Halm 1971, S. 42.

96 Friedensuniform] Ebd., S. 47.

96 Knöpfe putzen] Wyatt 1982, S. 307.

97 Gockel] Traven 1983, S. 71.

97 Pamphlet] »Die Geschichte eines Films«; Typoskript in der RMS/UCR; siehe S. 457 ff.

97 791 Toten] »Das Kgl. Preußische (Westfälische) Jäger-Batail-

lon Nr. 7 (Feldbataillon) im Weltkrieg 1914–18«, Oldenburg/Berlin 1929, S. 412.

98 gute Stube] Wyatt 1982, S. 307.

98 Elektroschlosser] Siehe S. 165.

98 rumgegrabbelt] BBC-Interview vom 25. Mai 1978.

98 resümiert] Wyatt 1982, S. 310 f.

98 keinen Platz] Ebd., S. 304.

99 Sozialist] Ebd., S. 307.

99 Reden probte] Ebd., S. 308.

99 Vertrauensleute] Hommer 1918, S. 132.

99 f. Seine Mutter] Wyatt 1982, S. 308.

100 Streit] Ebd.

100 Egoismus] »An das Fräulein von S...« (1916); Traven 1983, S. 205.

101 Radikale] Wyatt 1982, S. 307 f.

101 Berichtserie] »Bergarbeiter-Zeitung«, 16., 30.6., 14., 21.7., 5., 12., 19.8.1906, Nr. 24–33, jeweils S. 6 oder 7.

101 f. Außenseiter] Wyatt, S. 310 f.

102 Gertrud] Ebd., S. 311.

102 Max] Ebd., S. 281 u. 311.

102 Ernst] Ebd.

103 adressiert] Ebd., S. 308 f.

103 Kleidung] Ebd., S. 310.

103 Korbstuhl] Ebd., S. 309.

103 f. Elsa] Ebd., S. 311.

104 Goldwasser] Goldwasser 1989, S. [28].

104 gewidmet] »Lieder eines Menschen« (RMS/UCR), S. 17 (»Halbschlummer«) und 41–44 (»Elsa«). Zwei weitere gelten einer »Else« (»Tränen«, S. 11, und »Dein Bild«, S. 22–25).

104 Liebchen] Ebd., S. 4–8.

104–107 Gedichtreinschriften] Alle Zitate ebd.

105 Schatzel] Maruts Kosenamen für Elfriede Zielke waren »mein süßes Mädel«, »manchmal auch Schatz« (Interview Heidemanns mit Elfriede Zielke am 5.5.1963 in Berlin; BTC/UCR, Slg. Heidemann).

107 Bänkelsänger] Z, Heft 16–17, 10.3.1919, S. 4.

107 Khundar] Ebd., Heft 26–34, 30.4.1920, S. 26.

107 pervers] BTC/UCR, Slg. Heidemann. Eine Reinschrift dieses

Gedichts ist abzurufen unter www.freie-publizistin.de/gedicht.jpg (April 2011).

108 Kostgänger] Der Hauer Georg Werner zahlte 1899 in Gelsenkirchen 28 Mark für ein primitives Logis und halbe Kost (siehe Werner 1991, S. 93); die »Metallarbeiterzeitung« ging 1901 von 76 Mark für volle Kost und Logis aus.

109 zur Arbeit gegangen] Das Gefühl der »Befriedigung eines schwerarbeitenden Fabrikarbeiters am Vorabend zweier Feiertage« kennt Ret Marut in seinem Roman »Der Mann Site« (2008, S. 171).

109 Neutomischel] Z, Heft 1, 1.9.1917, S. 16. Daß dort Theater gespielt wurde, belegt z. B. eine Anzeige im NThC (Nr. 809, 1.7.1909, S. 397).

109 Eintracht] Er lud am 2.8.1906 im »Weißen Hirsch« (Bezirk Neue Neustadt) zu einer außerordentlichen Mitgliederversammlung.

109 Wahrscheinlich] Auf meine Bitte hat das Landeshauptarchiv Sachsen-Anhalt in den Betriebsbeständen Fried. Krupp Grusonwerk AG, Maschinenfabrik Buckau R. Wolf AG, Polte oHG, Patronen-, Munitionsmaschinen- und Armaturenfabrik und Schäffer & Budenberg GmbH, Armaturen- und Meßinstrumente, recherchiert. In den überlieferten Unterlagen zu Personalangelegenheiten sowie Versammlungen des Deutschen Metallarbeiter-Verbandes im Zeitraum 1904–1906 konnten jedoch keine Hinweise auf Otto Feige ermittelt werden.

110 Weltrufs] MGKL 1908, Band 13, S. 60.

110 Arbeitersekretariat] Siehe S. 147 f.

110 Mitgliederbildung] Scharfenberg 1986, S. 9.

110 belegt sind] Siehe »Das Jahr 1904. Zweiter Bericht des Gewerkschafts-Sekretariats und Gewerkschafts-Kartells Magdeburg«; »Dritter Bericht des Arbeiter-Sekretariats und Gewerkschafts-Kartells Magdeburg«; »Das Arbeitersekretariat und die Gewerkschaften Magdeburgs. 4. Jahres-Bericht des Sekretariats«, Magdeburg 1905–1907.

111 18000] »Dritter Bericht«, 1906.

111 Geschäftsführer] Brandes und Hähnsen, außerdem Wilhelm Berkling, August Flügge, Otto Koch und Wilhelm Zeising waren Magdeburger Delegierte auf der 8. ordentlichen General-Versamm-

lung des Deutschen Metallarbeiter-Verbandes in München vom 20.–25. Mai 1907.

111 Korrespondenz] MZ, Nr. 17, 28.4.1906.

112 Bilanz] »Volksstimme«, Magdeburg, 1.5.1906.

112 eine Aushilfe] »Das Arbeitersekretariat«, 1907.

113 Revision] »Achtung, Metallarbeiter! Wir machen unsre Mitglieder, welche Bücher aus der Bibliothek des Metallarbeiterverbandes entnommen haben, darauf aufmerksam, daß sie dieselben umgehend zurückzuliefern haben. Im Juli werden, da Inventur erfolgt, neue Bücher nicht ausgegeben. Die Ortsverwaltung« (»Volksstimme«, Magdeburg, 10.7.1906, Beilage).

113 im Jahre 1905] Z, Heft 18–19, 3.12.1919, S. 10.

114 Alwin Brandes] Beier 1999, S. 59–62.

115 verschleppt] Vgl. Gohlke 1999, S. 148–159.

115 Diktatur-Demokratie] Z, Heft 18–19, 3.12.1919, S. 14.

116 f. Korrespondenz] MZ, Nr. 37, 15.9.1906.

117 f. insbesondere ... bekannt] MGKL 1907, Band 7, S. 526.

118 Durcheinander] Stein und Kamp 1900, S. X.

119 Gewerbegerichte] Neuwahlen zu den Gewerbegerichten, bei denen Otto Feige hätte kandidieren können, fanden erst wieder 1909 statt.

119 Tarifverträge] Vgl. Kosok 1991, S. 25–27.

119 Munscheid & Co.] Auf dem Gelände befindet sich heute der Wissenschaftspark.

119 bei Lohnabzügen] MZ, 19.11.1904, Nr. 47, S. 372 f.

120 Vollbeschäftigung] Die Arbeitslosenquote betrug am 30. September 1905 1,4 %.

120 Lohnabzüge] »Jahr- und Handbuch« 1908, S. 324.

120 350000] CGGD, 16. Jg. 1906, stat. Beilage, S. 168.

121 Karl Spiegel] Karl Michael Spiegel (1868–1932) war Sohn eines Werkführers. Nach dem Besuch der Volksschule absolvierte er von 1882–1885 eine Klempnerlehre und war anschließend als Wandergeselle unterwegs. 1887 trat er der SPD und der Gewerkschaft bei. Nach zweijährigem Militärdienst war er 1889 Mitbegründer einer Reihe von Fachvereinen, 1894–1901 Vorstandsmitglied der Geschäftsstelle des DMV in Düsseldorf und 1899–1901 Vertrauensmann des Verbandes für den Niederrhein. Bis 1901 arbeitete er in seinem erlernten Beruf als Metallarbeiter. Seit De-

zember 1901 war er DMV-Bezirksleiter für Rheinland und Westfalen und seit 1906 Leiter des Agitationsbezirks Westfalen. Mit zwei Unterbrechungen saß er für die SPD von 1912–1930 im Reichstag.

121 unterwegs] »Jahr- und Handbuch« 1907, S. 348.

121 stetig steigern] Von 1875 im Jahr 1893 über 9049 im Jahr 1901 zu 23070 im Jahr 1904, 31706 im Jahr 1905, 40930 im Jahr 1906; 1907 waren es 43330, siehe »Jahr- und Handbuch« 1908, S. 332.

121 Beitragsleistung] »Jahr- und Handbuch« 1907, S. 353.

121 konstatierte] MZ, 19.11.1904, Nr. 47, S. 372 f.

121 bescheidene Erfolge] »Jahr- und Handbuch« 1908, S. 325.

122 Entziehung] STA Münster, Reg. Münster, Abt. VII, Nr. 43, Band 3, S. 24.

122 resümierten] »Jahr- und Handbuch« 1907, S. 348.

122 als Amtsträger] S. den Artikel »Pressefreiheit oder Befreiung der Presse« in den MNN vom 10.4.1919; Richter 1977, S. 398; Viesel (Hg.) 1980, S. 497 f. und 483.

122 f. Organisationsgeschäfte] Hommer 1918, S. 122 f.

123 349] »Jahr- und Handbuch« 1908, S. 183.

123 16 Mitglieder] MZ, Nr. 53, 31.12.1904.

123 neu eröffnet] »Festschrift«, 1927, S. 13.

123 wuchs] 158 183 am 15.10.1907 gegenüber 151 000 1906; siehe »Volksblatt«, Bochum, 15.10.1907.

123 172] MZ, Nr. 53, 31.12.1904.

123 232] »Jahr- und Handbuch« 1906, S. 262 f.

124 anzuschließen] MZ, 19.11.1904, Nr. 47, S. 372 f.

124 verlangt] MZ, Nr. 53, 31.12.1904.

124 sich ... behelfen] Sie wurden aus den Einnahmen der Lokalkasse mit 220,22 Mark entschädigt; Beitragssammler und Zeitungskolporteure erhielten 281,66 Mark.

124 Scholz] MZ, 18.2.1905, Nr. 7, S. 52.

124 Verkehrslokal] MZ, 7.10.1905, Nr. 40, S. 320.

124 per Karte] MZ, 11.3.1905, Nr. 10, S. 79.

124 218,40 Mark] »Jahr- und Handbuch« 1906, S. 266.

124 f. Antrag] »Die siebente ordentliche General-Versammlung«, 1906, S. 10.

125 Extrabeiträgen] MZ, Nr. 52, 30.12.1905.

125 ausgeschrieben] MZ, Nr. 4, 27.1.1906.

125 Eignung] Gumpert 1923, S. 15.
125 Kurse] »Protokolle«, 1908, S. 95.
125 Lehrgänge] Gumpert 1923, S. 15 f.
126 entlassen] Gleiches geschah mit dem ebenfalls neu berufenen Geschäftsführer in Mülheim/Ruhr.
126 Kassenwesen] Hommer 1918, S. 123 f.
126 schwierigen Aufgabe] Ebd., S. 126.
127 Üblicherweise] »Verhaltungs-Reglement« 1908.
127 4 ½ Tagen] »Jahr- und Handbuch« 1907, S. 348.
127 f. Korrespondenz] MZ, Nr. 37, 15.9.1906. Stilvergleiche mit Texten von Marut und Traven lassen eine Autorschaft von Otto Feige unwahrscheinlich erscheinen.
129 Mitglieder] »Jahr- und Handbuch« 1907, S. 351.
129 Beitragsleistung] Ebd., S. 351.
129 Unterstützung] Vgl. ebd., S. 348 und 1908, S. 333.
129 3 800 Mark] »Jahr- und Handbuch« 1907, S. 236 f.
129 413,10 Mark] Otto Feige dürfte hier die Kosten seiner Wohnung oder eines als Büro genutzten Zimmers geltend gemacht haben.
130 Überschuß] Ebd., S. 258 f.
130 Ratte] Der Name ist im Sauerland und im Kreis Recklinghausen häufiger zu belegen.
130 Meldekarte] Mikrofilm im Institut für Stadtgeschichte Gelsenkirchen.
131 Organisation] »Verhaltungs-Reglement« 1908, S. 5.
131 f. Aufgaben] Ebd., S. 4.
132 Öffentlichkeitsarbeit] Belege dafür aus Essen 1907 finden sich im Nachlaß Konrad Haenisch im BA Berlin.
133 Schikanen] Viesel (Hg.) 1980, S. 479 f. und 483.
133 Bremser] Hommer 1918, S. 123.
133 Vertrauensleuten] B. Traven, »Die Weisse Rose«, Berlin 1929, S. 84 f.
133 f. drei Notizen] MZ, 11.8.1906 Nr. 32, S. 264.
133 Maschop] Solche Treffen fanden seitdem einmal pro Monat statt, siehe MZ, 10.11. und 22.12.1906.
134 Bezirksbericht] »Jahr- und Handbuch« 1907, S. 353.
134 Streikunterstützung] Ebd., S. 259.
134 Unterschlagung] MZ, 18.8.1906, Nr. 33, S. 272.

134 Ausschluß] Ebd., Nr. 5 vom 2.2.1907 und Nr. 7 vom 16.2.1907.

134 f. Lankau] Ebd., Nr. 20, 18.5.1907. Akten des Strafverfahrens sind weder im Bestand der Staatsanwaltschaft Essen noch unter den Akten des Amtsgerichts Essen im Landesarchiv Nordrhein-Westfalen in Düsseldorf überliefert.

135 Regulator] Der Jahrgang 1906 ist in deutschen Bibliotheken nicht nachzuweisen.

135 f. den Artikel] MZ, Nr. 47, 24.10.1906, S. 381.

137 Dortmunder »Arbeiter-Zeitung«] »Arbeiter-Zeitung. Sozialdemokratisches Organ für das Rheinisch-Westfälische Industriegebiet. Publikationsorgan der freien Gewerkschaften«.

137 Bochumer »Volksblatt«] »Volksblatt. Sozialdemokratisches Organ für die Wahlkreise Bochum-Gelsenkirchen-Hattingen-Witten und Recklinghausen-Borken«.

137 Interessantem und Wissenswertem] Die Formulierung stammt von Ret Marut, siehe Marut 2009, S. 138.

138 Stiftungsfest] »Volksblatt«, Bochum, 6.12.1907.

138 Lehrtheater] Bertolt Brecht, »Schriften zum Theater«, Band 3, Frankfurt am Main 1970, S. 1024.

139 in Bocholt] Buschfort 1986, S. 57 f.

139 Essen-West] »Arbeiter-Zeitung«, Dortmund, Beilage, 4.9.1907.

139 in Witten] »Volksblatt«, Bochum, Ende November 1907.

139 in Rotthausen] HSTA Düsseldorf, Landkreis Essen, BR 21, Nr. 136, »Nachweis der im Kreis Essen-Land bestehenden sozialdemokratischen Vereine«, Stichtag 11.1.1909.

139 Anmeldeakte] StA Bocholt.

140 zusätzlich] Vgl. »Volksblatt«, Bochum, Nr. 231, 4.10.1907, 2. Blatt.

140 bei Ingenhaag] Das Gebäude mit verschiedenen großen Sälen war bis 1896 als Tonhalle genutzt worden. Am 11. Dezember 1896 eröffnete Ingenhaag dort einen »Kinematographen«, im 1. Stock betrieb er die Gaststätte »Zum Barbarossa«. Weitere Räumlichkeiten wurden vermietet und dienten allen Arten von Veranstaltungen. 1909 tat sich Ingenhaag mit dem Gelsenkirchener Theaterdirektor Franz Genesius zusammen, der den Barbarossasaal durch Ein- und Umbauten in ein 800 Plätze fassendes Theater verwandelte, das »Neue Stadttheater« am Alten Markt (Eröffnung am

2.10.1909). 1917 eröffnete Ingenhaags Sohn Carl dort ein »Zirkus-Varieté«. Neben dem noch bis 1989 bestehenden Kino (später unter dem Namen »Union-Kino«) gab es 1922 im Gebäude ein »Zentral-Theater« und die Bar »Fledermaus und Theater-Café«. Im Erdgeschoß befanden sich zuletzt ein Lebensmittel- und ein Haushaltswaren-Discounter.

140 aufgeführt] »Volksblatt«, Bochum, 6.12.1907.

140 Gewerkschaftsfesten] Eckardt 1995, S. 21–26.

140 Modernes Theater] Die Theater-Gesellschaft »Modernes Theater« unter der Leitung von Direktor von Bastineller hatte sich durch eine Anzeige in der »Bergarbeiter-Zeitung« selbst vorgestellt. Unter dem Motto: »Die Kunst dem Volke!« bot man im Ruhrgebiet »Volksvorstellungen« an, »mit den Gewerkschaftskartellen« waren »billige Eintrittspreise« vereinbart (Nr. 30, 28.7.1906, S. 5).

140 Mannweib] Siehe dazu Weiershausen 2006, S. 316–348.

141 Ueberschuß] »Arbeiter-Zeitung«, Dortmund, Beilage, 4.9. 1907.

141 Mammon … Sühne] »Volksblatt«, Bochum, Ende Nov. 1907.

141 Gedicht] Ret Marut, »Lieder eines Menschen«, Ms. in der RMS/UCR, S. 31 f. und 33 f.

141 Urlaub] Eine Gastwirtschaft, zuletzt das »Haus Pracht«, bestand dort noch bis Anfang der 1970er Jahre.

141 f. Dritte Kunstabend] MZ, Nr. 8, 23.2.1907.

142 Eckermann] Haus Eckermann hat unter diesem Namen noch bis zum Abriß Anfang der 1970er Jahre als Gaststätte bestanden. Es war ein ansehnliches Gebäude; gegenüber befand sich eine katholische Volksschule.

142 Beisammensein] MZ, Nr. 19, 11.5.1907.

143 Zitat] Z, Heft 23–25, 20.3.1920, S. 3–7.

143 Rechenschaftsbericht] »Jahr- und Handbuch« 1907, S. 236 f.

143 Fazit] Hommer 1918, S. 133.

144 Aufgabenkreis] Die Aufgaben der Gewerkschaftskartelle wurden durch Beschluß des 5. Gewerkschaftskongresses 1907 definiert (Druck: »Protokolle«, 1908, S. 56 f.).

144 Kartellbibliothek] Paul Umbreit zählte 1903 über 100 Gewerkschaftskartelle mit gemeinsamer Gewerkschaftsbibliothek (Umbreit 1903, S. 41).

144 Schlichtung] Gumpert 1923, S. 27.

144 Flugblätter] Ebd., S. 30.

144 Ortskartelle] Siehe ebd., S. 33, und Zwing 1926, S. 96.

145 ihre Zahl] CGGD, 16. Jg. 1906, S. 144.

145 Bericht] STA Münster, Regierung Arnsberg 14236, S. 299r.

145 vorzuweisen] CGGD, 16. Jg. 1906, S. 467 und 470.

145 Bildungsarbeit] Umbreit 1915, S. 83.

146 Nebenamt] Gumpert 1923, S. 67 f.

146 Bremen] Schulz 1931.

146 3665] In der Zahl sind nur Mitglieder mit voller Beitragsleistung erfaßt.

146 Beitragseinnahmen ... Ausgaben] CGGD, 16. Jg. 1906, S. 478.

146 Lohnstreiks] STA Münster, Regierung Münster, Abt. VII Nr. 52, Band 1, S. 230, 232.

147 Propaganda] STA Münster, Regierung Arnsberg 14237, S. 108r, Bericht vom 22.8.1908.

147 Gewerkschaftsfest] »Volksblatt«, Bochum, 5.11.1907.

147 Pütz] CGGD, 16. Jg. 1906, S. 126.

147 Hunold] CGGD, 16. Jg. 1906, S. 486.

147 Bericht] STA Münster, Reg. Arnsberg 14234, S. 90.

147 f. gegründet ... abgetreten] »Dritter Bericht des Arbeiter-Sekretariats Gelsenkirchen«, 1909, S. 5.

148 Agitation ... Statistik] CGGD, 16. Jg. 1906, S. 386.

148 Vertrag] STA Münster, Regierung Arnsberg 14237, S. 108.

148 Einschätzung] Ebd., S. 92r; Bericht vom 14.9.1907.

148 Schikanen] »Deutsche Saalbesitzer-Zeitung«, Nr. 23, 1.12. 1912, S. 378.

148 schätzungsweise] Zahlen für 1906 sind nicht bekannt.

149 Walkotte-Abend] »Volksblatt«, Bochum, 19.10.1907.

149 anbot] Belegt etwa in der MZ Nr. 43 vom 22.10.1904.

149 Bericht] STA Münster, Regierung Arnsberg 14236, S. 88r, Bericht vom 14.9.1907.

149 8.9.1907] STA Münster, Regierung Arnsberg 14236, S. 423v; »Märzfeier 1907. Programm« ebd. S. 437r+v.

150 Essay] Richter 1977, S. 396.

150 Maifeiern] Im Aufsatz »Pressefreiheit oder Befreiung der Presse« vom 10. April 1919; Richter 1977, S. 398; Viesel (Hg.) 1980, S. 483.

150 Bericht] STA Münster, Regierung Arnsberg 14236, S. 88r+v.
151 Bericht] Ebd. S. 89, Bericht vom 8.9.1907.
151 f. zitierte] Georg 1929, S. 484 f.
152 Polizeibericht] STA Münster, Regierung Arnsberg 14236, S. 424r+v, Bericht vom 8.9.1907.
152 Hoffnung] Z, Heft 16–17, 10.3.1919, S. 23.
153 Kolonialpolitik] Scharfe Kritik an der europäischen Kolonialpolitik übte Ret Marut 1914 in seinem Roman (Marut, »Die Fackel«, 2008, S. 59). Vgl. auch die dort S. 99–101 geschilderte Kolonialetatdebatte im französischen Parlament, bes. die Argumente der Linken.
153 bestätigte] Vgl. Lützenkirchen 1970, S. 146–148.
153 Bestreben] Z, Heft 9–14, 15.1.1919, S. 94.
153 mit Marx] So in einem Aufruf während der Zeit der Münchner Räterepublik (Richter 1977, S. 398 f.). Explizit erwähnt wird Marx in Z, Heft 18–19, 3. Dezember 1919, S. 5 und als »grosser Denker« im Brief an Ellen Diehl-Förster vom 15.7.1918 (RMS/UCR), siehe S. 373 f.
153 f. zitierte ... 1919] Z, Heft 9–14, 15.1.1919, S. 54.
154 Repliken] Z, Heft 18–19, 3.12.1919, S. 5.
154 Expansion] Vgl. Schulze 1988, S. 18.
154 Dortmund-Hörde] Lützenkirchen 1970, S. 40.
156 Volksversammlungen] STA Münster, Regierung Arnsberg 14236, S. 86v. Ein anderer Bericht nennt als Themen »Das preussische Wahlrecht, die Lage des arbeitenden Volkes, die politische Lage, Nahrungsmittelteuerung, Verteuerung der Fleischpreise, wer sind die Schuldigen?, die bürgerliche Revolution und das preussische Dreiklassenwahlsystem und die Tätigkeit des Reichtages« (Bericht des Königl. Bezirk-Polizei-Kommissars vom 31.8.1906; Regierung Arnsberg 14235, S. 229–233). Abb. einer Einladung zu einer Volksversammlung in Gelsenkirchen gegen das Dreiklassenwahlrecht in: Priamus/Goch 1988, S. 107.
156 Redner] STA Münster, Bericht des Königl. Bezirk-Polizei-Kommissars vom 31.8.1906; Regierung Arnsberg 14235, S. 229–233.
156 getadelt] Siehe »Volksblatt«, Bochum, 30.10.1907 und 6.1.1908.
156 Haberland] STA Münster, Regierung Arnsberg 14235, S. 231.

156 Anspruch] Goch 1988, S. 102.

156 Forderung] STA Münster, Regierung Arnsberg 14236, Bl. 88 r, Bericht vom 14.9.1907.

157 Resolution] Ebd. 14235, S. 231 v, Bericht vom 31.8.1906.

157 Schlichtung] Ebd., S. 229–233, mit Verweis auf Berichte im »Volksblatt« Nr. 116, Nr. 170 und öfter.

158 Rechenschaftsbericht] »Dritter Bericht des Arbeiter-Sekretariats Gelsenkirchen«, Gelsenkirchen [1909].

158 Krohn] STA Münster, Regierung Arnsberg 14235, S. 229–233, Bericht des Königl. Bezirk-Polizei-Kommissars vom 31.8.1906.

159 erledigt] »Volksblatt«, Bochum, 27.11.1907.

159 Haberland] Man vermutete ihn in Brüssel; siehe Jahresbericht der Polizeiverwaltung und des Oberbürgermeisters Gelsenkirchen an den Regierungspräsidenten in Arnsberg, 14.9.1907; STA Münster, Regierung Arnsberg 14236, S. 86.

159 Löffler] Bericht des Kgl. Bezirks-Polizei-Kommissars Krohn vom 8.9.1907, STA Münster, Regierung Arnsberg 14236, S. 425 v, 426 r, 427 v.

159 Vertreter] Ebd., S. 16 r.

159 Wahlkampfveranstaltungen] Ebd., Bl. 89 v, Bericht des Oberbürgermeisters Gelsenkirchen an den Regierungspräsidenten in Arnsberg, 14.9.1907.

159 nicht aufgetreten] Bericht des Kgl. Bezirks-Polizei-Kommissars Krohn an den Regierungspräsidenten in Arnsberg vom 8.9.1907, STA Münster, Regierung Arnsberg 14236, S. 424 r+v.

159 Erinnerung] Z, Heft 18–19, 3.12.1919, S. 10.

160 Erfolg] MZ, Nr. 36, 7.9.1907.

160 Bericht] STA Münster, Reg. Arnsberg, 14236, S. 93 v.

160 Rechenschaftsbericht] »Jahr- und Handbuch« 1908, S. 213 und 191.

160 Besuchen] Ebd., S. 330.

160 Zuzug] MZ, Nr. 23, 8.6.1907.

160 f. Korrespondenz] Ebd., Nr. 24 vom 15.6.1907.

161 unverändert] Ebd., Nr. 34.

161–163 Korrespondenz] MZ, 31.8.1907, Nr. 35.

163–165 Feige … berichten] Ebd., Nr. 36, 7.9.1907. Fünf Klempner, die vermutlich im Zusammenhang mit dem Streik DMV-Mitglied geworden waren, erfuhren aus einer Mitteilung in der MZ vom 21.9.1907 (Nr. 38) von ihrem Ausschluß, auf Antrag der Verwaltungsstelle Gelsenkirchen und nach § 22 des Statuts: Ihre Mitgliedschaft wurde für ungültig erklärt, weil sich herausgestellt hatte, daß sie zu Unrecht aufgenommen worden waren. Auch eine von Otto Feige namens der Verwaltungsstelle Gelsenkirchen beantragte »Aufforderung zur Rechtfertigung«, adressiert an den »Schlosser und Installateur August Dohms, geb. am 20. September 1882 zu Schwerin [...], wegen Vertrauensbruch«, die in der MZ vom 3.8.1907 (Nr. 31) erschien und am 10.8. noch einmal wiederholt wurde (wie üblich wäre bei dreimaliger unerledigter Aufforderung der Ausschluß erfolgt), stand wohl im Streikzusammenhang.

165–167 Bericht] MZ, Nr. 42, 19.10.1907.

167 Appell] MZ, 19.11.1904, Nr. 47, S. 372 f.

167 rackerten] B. Traven, »Die Weisse Rose«, Berlin 1929, S. 80. Daß Traven in der MZ des Jahrgangs 1927 unter den Verfassern »guter sozialistischer Romane« genannt wird (S. 90), hat er vermutlich nie erfahren.

168 Empörung] Marut, »Die Fackel«, 2008, S. 28.

168 systemerhaltende] B. Traven, »Die Weisse Rose«, Berlin 1929, S. 85.

168 Montes de Oca] Zit. bei Raskin 1980, S. 120.

168 Kompromisse] B. Traven, »Land des Frühlings«, Berlin 1928, S. 153.

168 Vortrag] Lützenkirchen 1970, S. 61.

169 Bekanntmachung] MZ, 6.7.1907, Nr. 27.

169 war ... zu lesen] Ebd., Nr. 31, 3.8.1907, wiederholt in Nr. 32 vom 10.8. und 33 vom 17.8.1907.

170 herüberkam] »Jahr- und Handbuch« 1908, S. 330.

170 gesunken] Siehe ebd., S. 331.

170 Kassenbilanz] Ebd., S. 190 f.

170 Agitation] Ebd., S. 190 f.

170 Bibliothek] Die Stadtbücherei Gelsenkirchen verfügt über keine Hinweise auf einen inkorporierten Bestand aus der ehemaligen Bibliothek des Deutschen Metallarbeiterverbands (oder auch des Gewerkschaftskartells) in Gelsenkirchen. Entsprechende Altbestände sind nicht vorhanden; Stichproben mit Werken von Ibsen, Busch, Reuter oder Hermann Bang verliefen negativ.

170 f. stets entsprochen] »Jahr- und Handbuch« 1908, S. 165.

171 verdoppeln] Ebd., S. 328 f.

171 Aufwendungen] Ebd., S. 212 f.

171 Sozialisierungsplan] Richter 1977, S. 399; Viesel (Hg.) 1980, S. 494 f.

172 Hartig] Er bat in der MZ vom 2.11.1907 den Schleifer Julius Weiler um Meldung, weil er »in einer Klagesache als Zeuge vernommen werden« sollte (Nr. 44).

172 Theaterabende] »Volksblatt«, Bochum, 5.11.1907.

172 Das verlorene Paradies] Ebd., 14.11.1907. In der Ausgabe vom 10.12.1907 wurde der Inhalt wie folgt zusammengefaßt: »Die Besucher lernen eine Fabrikanten-Tochter kennen, der vermöge des Geldbesitzes ihres Vaters alles, was sie nur wünscht, zur Verfügung steht, kurz wie im sogenannten Paradies lebt. Durch Zurückhaltung von der Außenwelt ist sie in dem Wahne befangen, daß es allen andern Menschen auch so ergehe, wie ihr. Durch einen Streik der Arbeiter in der Fabrik ihres Vaters und die Versuche des letzteren, sie an einen unwürdigen Mann zu verkuppeln, lernt sie das Elend in der Welt kennen und wird dadurch von ihrem bisherigen Wahne befreit und vor die Wirklichkeit gestellt. Das Paradies, in welchem sie bisher lebte, ist aber auch damit verloren.«

172 Hypochonder] Ebd., 10.12.1907.

172 Wanderredner] STA Münster, Regierung Arnsberg 14237, Bericht der Polizeiverwaltung und des Oberbürgermeisters Gelsenkirchen an die Regierung in Arnsberg vom 22.8.1908.

172 referierte] »Volksblatt«, Bochum, 30.10.1907.

172 f. konstatierte] Z, Heft 9–14, 15.1.1919, S. 13.

173 Bebel] Zit. nach von Rüden/Koszyk 1981, S. 127.

173 Mission] Marut, »Kino« 1912, S. 66 f.

173 bescheinigte] Z, Heft 1, 1.9.1917, S. 9 f.

174 f. Bekanntlich] Rickelt 1910, S. 106 f.

175 10000] Das »Deutsche Theater-Adreßbuch« 1912/13 verzeichnet 379 Wintertheater, 306 Sommertheater, 137 reisende Gesellschaften und insgesamt über 30000 Bühnenangehörige in Beschäftigung.

175 Österreich] Rickelt 1910, S. 16 f.

175 Eleven] Ebd.

175 f. diese Kunst] Ebd., S. 84 f.

176 240 Mark] ThC, Nr. 837, 6.1.1910, S. 9 f.

176 20 Mark] Rickelt 1910, S. 17.
176 Teilungsgesellschaft] Josef Alestra, »Das Theater-Elend«, in: ThC, Nr. 836, 30.12.1909, S. 817 f.
176 Waldoff] Waldoff 1953, S. 17 und 19.
176 Proletariat] Alexander 1913, S. 59.
176 f. Zeitschriftenaufsatz] Z, Heft 2, 1.12.1917, S. 25–31.
178 Umsatteln] Marut, »Der Mann Site«, 2008, S. 23 und 128.
178 Sinn des Lebens] B. Traven, »Land des Frühlings«, Berlin 1928, S. 364.
179 Irrigerweise] Gale 1963, S. 84; Schönherr 1963, S. 248; Recknagel 1965, S. 52 und 1982, S. 48; Guthke 1987, S. 45 f., Thunecke (Hg.) 2003, S. 15.
179 keinerlei Belege] Heidemann hatte 1968 bei den Stadtarchiven in Herne und Essen angefragt, ob dort Meldeunterlagen aus den Jahren 1905 bzw. 1907–08 vorhanden seien, und die Auskunft erhalten, sie seien im Krieg zerstört worden (BTC/UCR, Slg. Heidemann); Armin Richter hatte erfolglos in den Essener Adreßbüchern recherchiert und teilte darüber hinaus mit, daß Marut »in der Einwohnerkartei dieser Jahre« nicht »aufgeführt« sei (Richter 1977, S. 296). Ich selbst erhielt unter dem 15.4.2008 vom StA Essen die Auskunft, die Überlieferung der Essener Meldekartei setze »erst 1920 ein«.
179 Theatergeschichte] Feldens 1967.
180 Intendantenwechsel] NThA 1908, S. 363 f.; vgl. 18. Jg. 1907, S. 394.
180 Spielzeitbeginn] Redaktionsschluß des »Almanachs« war Ende September, Anzeigenschluß Mitte Oktober 1907.
180 Gelsenkirchen ... Stadttheater] Eigentümer: Weingroßhändler Th. Kohlschein, Direktion: Franz Genesius, ganzjährige Spielzeit.
180 keinen Lokalausschuß] NThA 1908, S. 377 f.
181 Frage] Guthke 1983, S. 84 f.
181 Schauspielerverzeichnissen] Siehe S. 237.
182 aus drei Gründen] Rickelt 1910, S. 33 f.
182 Vorwurfsvoller] Alestra 1910, S. 66.
182 f. Autodafé] Marut, »Der Mann Site«, 2008, S. 135 f.
183 Kreatur] Ernst Bloch, »Erbschaft dieser Zeit«, Frankfurt am Main 1962, S. 172.

184 Reklamierung] Dies wird auch in dem Schwank »Der dunkle Punkt« (1909) thematisiert, in dem Marut 1910 und 1911 auftrat.

184 Reichsausländer] MGKL 1908, Band 16, S. 299.

184 f. Absonderlichkeiten] Marut, »Die Fackel«, 2008, S. 118.

185 Theaterrezensionen] Elfriede Zielke meinte sich an ein Engagement Maruts in Idar zu erinnern, was sie ihrer Tochter erzählte, die es 1963 für Heidemann notierte (BTC/UCR, Slg. Heidemann).

185 erwähnt] Goldwasser 1989, S. [78].

185 irrtümlich] Guthke 1987, S. 161.

186 Inserat] ThC, Nr. 719, 4.10.1907, S. 521.

186 f. Anzeige] ThC, Nr. 724, 8.11.1907, S. 598.

188 Sudermann] In der ersten Ausgabe des »Ziegelbrenner« lesen wir, Goethe habe sich im Grabe umgedreht, als sein Hausverlag Cotta »den Herrn Sudermann« ins Programm nahm (Z, Heft 1, 1.9.1917, S. 11).

188 Die Ehre] »Das Stück will zeigen, daß der eine Mensch sich über die Ehrbegriffe des andern lustig macht und daß jede Nützlichkeit eine andre Ehre ausprägt. Das ist sehr wahr. So wahr, daß ein Dichter darüber kein Wort verlieren sollte« (Lessing 2006, S. 107).

188 Schlagwörter] Jacobsohn 1904, S. 91.

188 f. Idarer Anzeiger] IA, Nr. 264, Erstes Blatt, 9. November 1907.

189 zum zweiten Male] NB, 18.11.1907.

189 Die schöne Ungarin] Ebd., 11.11.1907.

189 Unsere Don Juans] Ebd., 18.11.1907.

189 Anzeige] Ebd., 23.11.1907.

190 Othello] IA, Nr. 68, 19. März 1908.

190 Waise aus Lowood] Vgl. ebd.

190 Schloß am Meer] Vgl. ebd., 26.3.1908.

191 Kean] Ebd.

191 Glück im Winkel] IA, o. D.

191 Hund von Baskerville] IA, o. D.

191 Anzeigenserie] ThC, Nr. 748, S. 261.

192 per Anzeige] Ebd., Nr. 733, 10.1.1908, S. 25.

192 bekundet] »In Sachen Marut c/a Schnitter. Beweis-Material des Klägers für seine Gegenschrift vom 8. Nov. 1917«; RMS/UCR.

192 Elsenborn] ThC, Nr. 735, 24.1.1908, S. 50; Nr. 737, 7.2.1908, S. 82; Nr. 749, 1.5.1908, S. 274; Nr. 751, 15.5.1908, S. 301. Am 22. Mai folgte die Mitteilung, daß alle Vakanzen besetzt seien (Nr. 752, S. 316).

192 Bad Niederbronn] Siehe ebd., Nr. 743, 20.3.1908, S. 178. Laut Eintrag im Verzeichnis der deutschen Sommerbühnen war Marut im Sommer 1908 jedenfalls nicht im elsässischen Niederbronn engagiert (ThC, Nr. 750, 8.5.1908, S. 280).

193 Ansbach] NThA 1909, S. 248.

193 Obmann] Ebd.

193 Anzeige] ThC, Nr. 755, 12.6.1908, S. 369; wiederholt in Nr. 756, 19.6.1908, S. 385 und Nr. 757, 26.6.1908, S. 400.

194 Probemonat] Rickelt 1910, S. 36 f.

194 wackeren] FZ, 17.10.1908.

195 gut gelernt] Ebd., 26.10.1908.

195 begreiflich] Ebd., 17.10.1908.

195 Weber] Adolf Bayer und Rudolf Merkel, »Ansbacher Buchdruck in 350 Jahren. Festschrift zum 90jährigen Jubiläum der Firma C. Brügel & Sohn«, Ansbach 1952, S. 87.

195 Die gelbe Gefahr] FZ, 5.10.1908.

195 f. Staatsanwalt Alexander] Ebd., 8.10.1908.

196 verschoben] In der Besprechung anderntags heißt es: »Unter dem zahlreichen mitwirkenden Bühnenpersonal war kaum eine der uns aus den bisherigen Schauspiel- und Schwankaufführungen bekannten Kräfte wiederzufinden«; Marut ist nicht erwähnt (FZ, 15.10.1908). Die Aufführung wurde am 22. Oktober wiederholt.

196 verhindert] Ebd., 8.10.1908.

196 Der Erbförster] Ebd., 13.10.1908.

196 Der ungläubige Thomas] Ebd.

196 Minna von Barnhelm] In der RMS/UCR befindet sich eine nicht von Maruts Hand stammende vierseitige Abschrift der Rolle des Riccaut de la Marlinière (IV/1). Später trat Marut in dem Stück als Feldjäger (Danzig 1912) und Kammerdiener (Düsseldorf 1914, Solingen 1915) auf. Es ist nicht völlig auszuschließen, daß er in Ansbach den Riccaut spielte.

196 f. famose Leistung] FZ, 17.10.1908.

197 im Trauerspiel] Ebd., 26.10.1908.

197 Ohrdruf] Wahrscheinlich vermischt sich in Irene Zielkes No-

tiz von 1963, eventuell habe Marut »vor 1908« in »Rastatt/Thür.« gespielt, die Erinnerung ihrer Mutter an Ansbach und Ohrdruf in Thüringen (BTC/UCR, Slg. Heidemann).

197 Meldekarte] Abb. bei Recknagel 1982, S. 49.

197 engagiert wurde] »Nachtrag zu den Personal-Verzeichnissen«, NThA 1909, S. 621.

197 Anzeige] ThC, Nr. 774, 23.10.1908, S. 679; wiederholt am 29.10.1908, Nr. 775, S. 696.

197 f. warb damit] Ebd., Nr. 897, 2.3.1911, S. 969.

198 Albert Eng] TW, Nr. 253, 27.10.1908.

198 Geschäftsführer ... Anstandsdame] NThA 1909, S. 621.

198 Suhl] Die Theaterlizenz für die Centralhalle vom 13.9.1908 bis 4.4.1909 erhielt das Dessauer Künstler-Ensemble unter der Leitung von Franz Lange (»Henneberger Zeitung«, 11.9.1908; siehe Recknagel 1982, S. 48).

199 Eröffnung] TW, Nr. 257, 31.10.1908.

199 Die Grille] »Die Grille ist ein lackiertes Salonbauernstück im Auerbachstil, mit viel bürgerlicher Tränendrüse, einiger Charakterkomik und sehr wirksamen ›Rollen‹« (Lessing 2006, S. 95).

199 Karten] TW, Nr. 269, 14.11.1908.

199 bescheinigte] Ebd., Nr. 259, 3.11.1908.

199 5. November] Ebd., Nr. 261, 5.11.1908.

199 Der Weg zur Hölle] Eine Zusammenfassung gibt Theodor Lessing in einer Göttinger Theaterkritik, siehe Lessing 2006, S. 22 f.

199 Hinweis] TW, Nr. 262, 6.11.1908.

199 versprach] Ebd., Nr. 263, 8.11.1908.

199 f. 11. November] Abb. bei Recknagel 1982, S. 50.

200 wiederholt] Ebd., Nr. 271, 17.11.1908.

200 Der Freischütz] TW, Nr. 269, 14.11.1908. Voran ging »Klein Rotkäppchen und der böse Wolf« als »große Kindervorstellung«.

200 per Anzeige] ThC, 20.11.1908, S. 743.

200 Königin Luise] Nachzuweisen ist: »Königin Luise, oder Die Rose von Magdeburg. Dramatisches Bild in 1 Act« von Fritz Volger (1883).

200 Beschluß] TW, Nr. 274, 21.11.1908.

200 Ein Tropfen Gift] »Das Stück ist seit zwanzig Jahren auf den Brettern. Der Autor hat damit viel Geld verdient. Und es ist doch heute wie ehemals ein recht überflüssiges, triviales und leeres

Stück […]. In dem Stück laufen allerlei Freiherrn, Barone und Geheimräte herum und reden in Feuilletontönen« (Lessing 2006, S. 129).

200 empfahl] TW, Nr. 274, 21.11.1908.

200 f. vermerken] Ebd., Nr. 276, 24.11.1908.

201 Ensemblemitglieder] Die Ehepaare Hansen und Straube-Ricken samt Schwägerin finden wir ein Jahr später als Direktorium des »Hannoverschen Provinz-Theaterensembles«; im Juni 1910 machten sie in Boppard Bankrott (ThC, 23.6.1910, Nr. 861, S. 395). Riccarda Brock, Soubrette und muntere Liebhaberin, kam 1909 im Chor des Dresdner Residenz-Theaters unter.

201 suchte … zusammen] Ebd., Nr. 763, 7.8.1908, S. 499; wiederholt am 4.9., Nr. 767, S. 565, 11.9., Nr. 768, S. 581.

201 jugdl. Liebhaber] »Wie wir zusammen waren, hat er jugendliche Liebhaber gespielt« (Elfriede Zielke im Interview mit Heidemann am 5.5.1963 in Berlin; BTC/UCR, Slg. Heidemann).

201 gesucht] ThC, Nr. 772, 9.10.1908, S. 648.

201 verzeichnet] NThA 1909, S. 867 (mit dem Druckfehler »Ret Marnt«).

202 dirigierte] Ebd.

202 verpflichtet] NThA 1909, S. 867.

202 f. Warnung] ThC, Nr. 785, 7.1.1909, S. 13 und 12.

203 Zielke] Interview Heidemanns mit Anni Faust, Berlin, 19.4. 1969; BTC/UCR, Slg. Heidemann).

203 Porträts] Reproduktion in den BTC/UCR, Slg. Heidemann.

203 trat … bei] Mitgliedsnummer »(8855)«, also ohne Pensionsberechtigung; siehe NThA 1909, S. 862.

203 Person] Vgl. auch die Notizen Heidemanns nach einem Gespräch mit Elfriede Zielke am 5.5.1963 in Berlin; BTC/UCR, Slg. Heidemann.

203 Hofgunst] »Der Inhalt des sehr welt- und hoffremden, dem alten Intriguenlustspiel nachgebildeten Stückes ist eine ziemlich fade und einseitig karikierte Verspottung des Hoflebens« (Lessing 2006, S. 151).

203 Wilhelmine von Hillerns] (1836–1916), Tochter von Charlotte Birch-Pfeiffer, Autorin der »Geier-Wally«.

203 bekannte] Raskin 1980, S. 23.

203 Ausländer] Recknagel 1982, S. 59.

204 gebrochen] Interview Heidemanns mit Elfriede Zielke am 5.5.1963 in Berlin; BTC/UCR, Slg. Heidemann.
204 Akzent] Brief vom 5.4.1948; Fritz-Hüser-Archiv, Dortmund.
204 Auskünfte] Notizen Heidemanns nach einem Gespräch mit Elfriede Zielke am 5.5.1963 in Berlin; BTC/UCR, Slg. Heidemann.
204 Fragen] Ebd.
204 Gegenfrage] Ebd.
204 Auskünfte] Recknagel 1982, S. 59 f. Vgl. die übereinstimmenden Notizen Heidemanns nach einem Gespräch mit Irene Zielke am 7.5.1963 in Berlin/DDR; BTC/UCR, Slg. Heidemann.
204 Amerikaner] Heidemann 1977, S. 200.
204 rumänischer] Ebd., S. 60.
204 Anzeige] Die Lesung »Mc« ist, wie mir Wolfgang Fengler vom Historischen Archiv der Stadt Crimmitschau bestätigte, unzweifelhaft.
205 Im bunten Rock] Recknagel 1982, S. 51 und Abb. S. 53.
205 zitiert … abgebildet] Ebenfalls abgebildet ist die Anzeige der Eröffnungsvorstellung am 31.10.1908; siehe Recknagel 1982, S. 53.
205 Hasemanns Töchter] CA, Nr. 3 vom 5.1.1909; Recknagel 1982, S. 53.
205 Die Barbaren] CA, Nr. 5 vom 8.1.1909; Recknagel 1982, S. 51.
205 Heimat] »Die Vorgänge dieses Theaterdramas greifen machtvoll an die Nerven, aber sicher nicht an die Seele! Diese Menschen sind wie wildgewordene Schatten alter Leihbibliotheksromane. Sie sind aus Schmökern von Iffland und Raupach entstiegen. Sie duften Moder« (Lessing 2006, S. 103).
206 Unsere Käthe] Ein »liebenswürdiges englisches Lustspiel« mit »anspruchslosem, freundlichem Humor«, »ein unendlich bescheidenes Stückchen mit einigen spezifisch englischen Zügen« (Lessing 2006, S. 146).
206 Beifall] CA, Nr. 18 vom 23.1.1909; Recknagel 1982, S. 51.
206 Der Veilchenfresser] CA, 27.1.1909; nicht bei Recknagel.
206 Else vom Erlenhof] CA, Nr. 49 vom 28.2.1909; Recknagel 1982, S. 51.
206 Zwischen zwei Herzen] CA, Beilage zu Nr. 52 vom 4.3.1909; Recknagel 1982, S. 51.
206 Am Altar] CA Nr. 60 vom 14.3.1909; Recknagel 1982, S. 52.

206 f. Cyprienne] CA Nr. 65 vom 20.3.1909; Recknagel 1982, S. 52.
207 Der Pfarrer von Kirchfeld] CA Nr. 67 vom 23.3.1909; nicht bei Recknagel.
207 Benefiz-Einladung] Ebd., 21.3.1909, Beilage zu Nr. 66.
207 f. Ehrenabend] Ebd., 23.3.1909, Beilage zu Nr. 67.
208 Stadttheater] Ebd., 23.3.1909.
208 f. Heines junge Leiden] Ebd., Nr. 69 vom 25.3.1909; Recknagel 1982, Abb. S. 55.
209 f. Die beiden Leonoren] CA, 30.3.1909; Recknagel 1982, S. 54–56.
210 Nora] CA, Nr. 78 vom 4. April 1909; Recknagel 1982, S. 56.
210 Gastspielreise] NThA 1910, S. 912.
210 Kollegen] Mimi Hahn verschwindet danach spurlos aus der Welt des Theaters; Franz Riederer landet 1911 im Chor des Theaters an der Wien, Heinz Uehr bietet sich zusammen mit einer Schauspielkollegin (erste naive und muntere Liebhaberin) im Herbst 1911 von Braunschweig aus erfolglos als 1. Held, Liebhaber und Bonvivant an (ThC, Nr. 924, S. 1412).
210 acht Stücke] Aus dem Crimmitschauer Repertoire stammten »Auf Strafurlaub«, »Else vom Erlenhof«, »Im bunten Rock«, »Der Veilchenfresser«, »Hofgunst«, »Zwischen zwei Herzen«, »Der Trompeter von Säckingen« und »Heimat«.
211 Berliner Adresse] NThA 1910, S. 807. Recknagels Angabe (1982, S. 56), Elfriede Zielke sei im Personenregister mit der Adresse »Veteranenstraße 47« nachgewiesen, ist unzutreffend. Die höchste Hausnummer in der Veteranenstraße war Nr. 27.
211 Wohnung der Zielkes] Angaben nach: »Berliner Adressbuch«, Jge. 1909 ff. Stichtag für die Erhebung der Daten war die erste Oktoberwoche des Vorjahrs, das Erscheinungsdatum lag um Mitte Dezember.
211 Lebensumstände] Interview Heidemanns mit Anni Faust, Berlin, 19.4.1969; BTC/UCR, Slg. Heidemann.
212 Brief aus Berlin] DüZ, 29.10.1912; Traven 1983, S. 25 f. Aus Kreuzberg wird das plebejische Ballhaus »Amorsäle« in der Besselstraße erwähnt.
212 Ehrlichkeit] DGA, 4.2.1913; Traven 1983, S. 34–37.
212 notierte] BTC/UCR, Slg. Heidemann.
212 an Ostern] Der Ostersonntag fiel 1909 auf den 11.4.

212 rumgetingelt] Interview Gerd Heidemanns mit Elfriede Zielke am 5.5.1963 in Berlin; BTC/UCR, Slg. Heidemann.

212 Anzeige] ThC, Nr. 797, 1.4.1909, S. 206.

212 f. Gastspielreise] BTC/UCR, Slg. Heidemann.

213 Anzeige] ThC, 17.6.1909, Nr. 808, S. 381.

214 geplant] MT, 10.4.1909, Nr. 82.

214 überbrückten] MT, 15.5.1909, Nr. 110).

214 versprochen] Ebd., 20.4.1909, Nr. 88.

214 Alt-Heidelberg] Ebd., 22.4.1909, Nr. 90.

214 auf ... Wunsch] Ebd., 23.4.1909, Nr. 91.

214 Blumenthal/Kadelburgs] Ebd., 24.4.1909, Nr. 92.

214 Husarenfieber] MT, 26.4.1909, Nr. 93. »Das Stück ist allerliebst, eine Torheit und Tollheit, die man sich gern gefallen läßt. Es trägt jenen Panzer von goldigem Blech, an dem die mit Dichter-, Schauspieler- und Direktorenblut getränkte Feder der Theaterkritiker machtlos abprallt« (Lessing 2006, S. 126).

214 Else vom Erlenhof] Ebd., 28.4.1909, Nr. 95; Besprechung in Nr. 97 vom 30.4.

214 Ehre] Ebd., 29.4.1909, Nr. 96; Besprechung in Nr. 98 vom 1.5.

215 Zapfenstreich] MT, 30.4.1909, Nr. 97.

215 Logenbrüder] Ebd., 3.5.1909, Nr. 99.

215 Hofgunst] Ebd., 8.5.1909, Nr. 104.

215 Mimi Hahn] Ebd., 9.6.1909, Nr. 128.

215 Der Hund von Baskerville] Ebd., 12.6.1909, Nr. 131.

215 Der Militärstaat] Ebd., 10.4.1909, Nr. 82.

215 geplante Aufführung] Ebd., 12.6.1909, Nr. 131.

215 annonciert] Ebd., 16.6.1909, Nr. 134.

215 Riederer] Ebd., 23.6.1909, Nr. 140.

215 Engel] Ebd., 28.6.1909, Nr. 144.

215 Papageno] Ebd., 26.6.1909, Nr. 143.

215 Abschiedsrede] Ebd., 28.6.1909, Nr. 144.

215 Lore vom Schwarzwald] Ebd., 2.7.1909, Nr. 148.

216 Schmidt] ZZ, 3.8.1909.

216 Mitteilung] Ebd., 14.8.1909.

216 Verstärkung] ThC, Nr. 815, 5.8.1909, S. 493.

216 Erinnerung] Waldoff 1953, S. 19 f.

217 Rezept] RMS/UCR. Elfriede Zielke erhielt das Schlaf- und Beruhigungsmittel Veronal verschrieben.

217 Notizen] In einem anderen Überlieferungszusammenhang befindet sich in der RMS/UCR eine Abschrift dieser Notiz. Zum Motiv vgl. etwa die Schilderung in Franz von Nemmersdorfs [d. i. Franziska Freifrau von Reitzenstein] historischem Roman »Doge und Papst«, Band 2, Breslau 1865, S. 225.
217 Dreiakter] Goldwasser 1989, S. [25].
217 Familiendrama] Als »durchgeführte Anschauung« – man könnte wohl auch sagen: als Gehalt – notiert Marut: »Der Sohn kann nichts für das Verbrechen seines Vaters. [...] Ohne irgendwelche Verpflichtung zur Sühne des Verbrechens seines Vaters zu haben, ersetzt er durch Liebe u. Zärtlichkeit seinem Mädchen den Verlust.«
217 Erinnerung] Recknagel 1982, S. 66.
217 Bang] Irene Zielke an Recknagel, 27./28.3.1961; siehe Kramer/Ludszuweit 2002, S. 154 f.
217 verbrannten] Irene Zielke an Recknagel, 30.8. und 8.9.1961; siehe Kramer/Ludszuweit 2002, S. 159.
217 f. Gespielt wurden] Alle Angaben habe ich dem Zwenkauer Stadtchronisten Dietrich Wünschmann, der die »Zwenkauer Zeitung« im Sächsischen Staatsarchiv Leipzig durchgesehen hat, zu verdanken.
218 Sherlock Holmes] Theodor Lessing, der das Stück in Göttingen sah, meinte, es sei immerhin tröstlich, »daß der Bürger, welcher eine Mark und neunzig Pfennig für den Parkettsitz sich genehmigt, in keinem Falle um sein Geld betrogen ist, wenn er sich dies hervorragendste Zug- und Kassenstück aller Bühnen Deutschlands ansieht« (Lessing 2006, S. 31).
218 endete] »In Sachen Marut c/a Schnitter. Beweis-Material des Klägers für seine Gegenschrift vom 8. Nov. 1917«; RMS/UCR.
218 Wochenblatts] Das einzige vollständige Exemplar in der Universitäts- und Landesbibliothek Sachsen-Anhalt in Halle ist aus konservatorischen Gründen vorläufig für jede Benutzung gesperrt.
219 lud ... ein] WfH, 21.10.1909, Nr. 123.
219 Schneewittchen] Ebd.
219 Ergänzung ... bemühte] Das Schauspielerpaar A. R. Hennig und Claire Löber in Danzig hatte am 7.11. von Th. Schmidt aus Hohenmölsen 40 Mark Reisevorschuß erhalten und war kontraktbrüchig geworden; siehe ThC, Nr. 833, 9.12.1909, S. 783.

219 suchte] Ebd., Nr. 830, 19.11.1909, S. 733 und Nr. 833, 9.12 1909, S. 781.

219 Husarenfieber] WfH, 11.12.1909, Nr. 144.

220 Zwischen zwei Herzen] Ebd., wiederholt in Nr. 145 vom 14.12. 1909.

220 ergebnislos] Ein vorübergehender Aufenthalt im nahen Leipzig ist nicht auszuschließen, kann aber nicht nachgewiesen werden, da die Leipziger Einwohnermeldekartei zwischen 1890 und 1910 nicht überliefert ist.

220 Anzeige] ThC, Nr. 841, 3.2.1910, S. 77.

221 fünf Anzeigen] TM, 30.12. 1909; 4., 6., 11., 13.1.1910.

221 Im bunten Rock] Ebd., 10.2.1910.

221 wiederholt am 21.2.] Die Wiederholung wurde, was eine Seltenheit darstellt, ein zweites Mal besprochen. Der »Tageblatt«-Rezensent stellte mit Befriedigung fest, daß »das Haus [...] namentlich auf den besseren Plätzen stark besetzt« war. »In den entsprechenden Kreisen hat es sich also herumgesprochen, daß das Ensemble vollständig auf der Höhe der Kunst steht und auch in den Äußerlichkeiten verwöhnten Ansprüchen gerecht wird.« Mimi Hahn wurde für ihr »vorzügliches Spiel« gelobt: »Die Direktion wird gut daran tun, diese hervorragende künstlerische Kraft recht lange an sich zu fesseln, – wenn anders ihr das überhaupt möglich ist! Man muß sich eigentlich wundern, daß sie ihr nicht schon längst ›weggekapert‹ wurde!« (TM, 23.2.1910). Die Befürchtungen waren jedoch gänzlich unbegründet (siehe dritte Anm. zu S. 210).

221 Hofgunst] TM, 12.2.1910.

222 Empfehlung] Ebd., 13.2.1910.

222 Veilchenfresser] Ebd., 19.2.1910.

222 Husarenfieber] Ebd., 20.2.1910.

223 Rabensteinerin] Ebd., 24.2.1910.

223 eigenen Anzeige] Ebd., 1.3.1910.

223 f. notierte] Ebd., 2.3.1910.

224 Marie ... Regiments] Wohl identisch mit Donizettis Oper »Marie, oder Die Tochter des Regiments« in einer Einrichtung von Carl Blum als »großes Volksstück mit Gesang«, das in Ohrdruf gegeben wurde.

224 Witkowsky] Der Vorwurf des Kontraktbruchs wurde von

den Betroffenen in einer redaktionellen Notiz umgehend bestritten (TM, 5.3.1910).
224 Souffleurs] Ebd., 4.3.1910.
224 Else vom Erlenhof] Ebd., 6.3.1910.
224 Lorle vom Schwarzwald] Ebd., 8.3.1910.
224 Paul Schmidt] TM, 8. und 9. 3.1910.
224 Mein Leopold] Theodor Lessing bezeichnete es als »Volksstück von guter, solider Art« (Lessing 2006, S. 49).
225 Ansicht des Rezensenten] TM, 11.3.1910.
225 Charleys Tante] Ebd., 15.3.1910.
225 Heimat] TM, 17. und 18.3.1910.
226 Mitglieder aller Fächer] ThC, 17.3.1910, Nr. 847, S. 173.
226 Auskünfte ... Notizen] Slg. Heidemann; vgl. Notizen Heidemanns nach einem Gespräch mit Irene Zielke am 7.5.1963 in Berlin/DDR; BTC/UCR, Slg. Heidemann.
226 Bonmot] Ebd.
226 Knirps] Im Münchner Paßantrag von 1917 wurde er immerhin als 5 Fuß, 7 Inches groß beschrieben (ca. 1,70 m).
226 Franz Lange] Daß dieser 1908 in Suhl gastierte, während Marut im benachbarten Ohrdruf spielte, muß als Zufall verbucht werden.
226 Werdau] Werdau liegt 10 Kilometer südlich von Crimmitschau, 10 Kilometer westlich von Zwickau.
226 Truppe] Als Mitwirkende traten Franz, Eugen und Olga Lange, Gertrude Lange-Eberlein, Paula Ernst, Gertrud Helm, Grete Schüller, Marta Täumel, Else Waldheim, Theodor Classens-Falke, Karl Janson, August Meding, William Wedekindt sowie die Herren Aldner, Henny, Schmidt und Wiese in Erscheinung, von denen einige zu Ostern ausschieden.
227 Zum 1. Juli] ThC, 10.3.1910, Nr. 846, S. 156; 28.4.1910, Nr. 853, S. 267; 23.6.1910, Nr. 861, S. 397. In der Wintersaison vom 25.9.1910 bis zum 1.5.1911 gehörte der Marut aus Idar bekannte Schauspieler und Regisseur Paul Meischner mit zu Langes Ensemble.
227 Der kleine Lord] »Eine Mischung falscher Theaterkindlichkeit mit falscher Rührseligkeit, teils aufs ›Süß finden‹, teils aufs ›Rührend finden‹ angelegt« (Lessing 2006, S. 185).
227 Dessauer ... Ensemble] Als Ensemblemitglieder lassen sich zwischen Mai und September 1910 nachweisen: Franz, Olga, Eu-

gen, Else und Helene Lange, Gertrude Lange-Eberlein, Anna Gilzinger, Elsa Goetze, Lola Heiß, Milli Künniger, Elfriede Zielke; Otto Blumenthal, Otto Brandt, Georg Brunner, Adalbert Christen, Franz Dreher, Hermann Hermecke, Philipp Horn, ein Herr von Kuckrott, Ret Marut, Günther von Sohlern. Blumenthal, Heiß und Horn kamen in der Sommerpause von den Stadttheatern Kreuzburg bzw. Wittenberge-Salzwedel bzw. Zittau; Blumenthal, Brunner, Goetze und Horn erscheinen auch im Jg. 1912 des »Neuen Theater-Almanachs« (Waldenburg bzw. Wittenberge bzw. Cuxhaven bzw. Thorn); eine Minna Künniger ist 1912 in Krems engagiert.

228 Zeulenroda] Nachzuweisen durch Anzeigen im »Zeulenrodaer Tageblatt« zwischen dem 4.8. und 23.9.1910.

228 Voranzeige] SW, Nr. 55, 10.5.1910.

228 Anzeige vom 14. Mai] Ebd., Nr. 57, 14.5.1910.

228 Der dunkle Punkt] »Die geschickte Hand des Herren Regisseurs« habe es verstanden, »aus der alten verbrauchten Bühneneinrichtung des Vereinsgartens ein wahres Schmuckkästchen zu schaffen« (ebd., 24.5.1910).

228 Sensationsschauspiel] Ebd., 24.5.1910.

228 Wiederkehr] Ebd., 28.5.1910.

229 Elite-Vorstellung] Ebd., 7.6.1910.

229 Ziehlke] Elfriede erscheint in Schleiz wie auch später in Zeulenroda durchweg als »Anna « bzw. »Anny Ziehlke«.

229 Kommandeurstochter] Ebd., 9.6.1910.

229 Rabensteinerin] »Die Kostüme haben wir in der Kostümfabrik des Hr. Felix Semmler in Leipzig anfertigen lassen. Ohne Preiserhöhung trotz hoher Kosten!« (ebd., 9.6.1910).

229 Alt-Heidelberg] Ebd., Nr. 70, 16.6.1910. »Die Dekoration des zweiten Aktes (Heidelberg mit Schloß) ist ein Meisterwerk der Düsseldorfer Malkunst.«

229 Autor] In Nr. 122 zeichnet er mit »P. H. P.«

229 Besprechung] SW, Nr. 71, 18.6.1910.

229 tadellos] »Dichte Dampfwolken« trübten allerdings die Sicht in den hinteren Reihen, weil eine Anzahl junger Herren in den vordersten Reihen während der Aufführung »wie die Stadtsoldaten« d. h. wie die Schlote rauchten. »Das dürfte nicht sein.«

229 Doktor Klaus] Theodor Lessing bezeichnete es als »triviales Familienstück mit sentimentalen Einlagen«; es habe, »mehr Volks-

stück als Lustspiel«, gewiß »seine Vorzüge, an Bühnensinn und Spielbrauchbarkeit, wie alles bei L'Arronge. Aber es ist zugleich ein unerträglicher Mischmasch. Etwas feinere Charakterkomik; dann wieder Possenelemente; Situationskomik; Wortwitze; eine starke Dosis billiger Sentimentalität. Die Handlung öde; besonders der letzte Akt« (Lessing 2006, S. 121 und 59).

229 wohlgelungen] SW, Nr. 73, 23.6.1910.

229 f. zwischen zwei Herzen] Ebd., 28.6.1910.

230 Durchgegangene Weiber] Ein Stück dieses Titels ist nicht nachzuweisen.

230 Buschliesel] SW, Nr. 79, 5.7.1910.

230 Heimat] Ebd., Nr. 82, 10.7.1910.

230 Das nackte Weib] Ebd., 12.7.1910.

231 auszeichneten] Ebd., 23.7.1910.

231 Der fidele Bauer] Mit dem Operettentenor Treumann aus Wien als Gast; ebd., 30.7.1910.

231 Flotte Weiber] ZT, 9.8.1910.

231 Die fremde Frau] Ebd., 21.8.1910.

232 Familie Rommel] Ebd., 23.9.1910.

232 Die geschiedene Frau] Ebd., Nr. 123, 20.9.1910.

232 zwei Zeitschriften] Goldwasser 1989, S. [33].

233 A. L. Sormand] Biographische Daten zu Sormand ließen sich nicht ermitteln. Er ist u.U. identisch mit dem Schauspieler Leydin Sormand, der 1907 bei W. Noack in Berlin spielte (wo ihn Elfriede Zielke kennengelernt haben könnte) und 1908 in Kreuzburg/Oberschlesien gastierte (siehe NThA 1907 und 1908, Namensregister). Vielleicht handelt es sich auch um einen Verwandten des Schauspielers Ernest Sormand, der sich im Herbst 1909 auf einer »Int. Gastspiel-Tournee« befand (NThA 1910, Namensregister). Sein wirklicher Name lautete wohl Schnitter, da Marut mit einer Person dieses Namens, der seine Briefe wiederum mit A. Sormand unterzeichnete, einen Rechtsstreit führte.

233 organisierten] »In Sachen Marut c/a Schnitter«; RMS/UCR.

233 14205] NThA 1911, S. 847. Die eingeklammerte Mitgliedsnummer steht wieder für Mitgliedschaft ohne Pensionsberechtigung.

234 Obmann-Stellvertreter ... Schriftführerin] Ebd., S. 954; Marut in seinem Gewerkschaftsamt irrtümlich als »Rek Marut«. Der

Schauspieler Boris Krajewski trat am 15.11.1910 in Pillkallen der Bühnengenossenschaft bei; sein Aufnahmeantrag hat sich im Archiv der »Genossenschaft« gefunden (BA Berlin, R 56 III, 1332).

234 60 und 100 Mark] »In Sachen Marut c/a Schnitter. Beweis-Material des Klägers für seine Gegenschrift vom 8. Nov. 1917«; RMS/UCR.

234 Zahlschuld] Brief Maruts an Justizrat Bielewicz und Dr. Nichterlein in Danzig, München, 1.2.1918, »In Sachen Marut c/a Schnitter«, RMS/UCR.

234 3. Septemberwoche] »In Sachen Marut c/a Schnitter. Beweis-Material des Klägers für seine Gegenschrift vom 8. Nov. 1917«; RMS/UCR.

234 kleinen Ensemble] Daß Mitglieder ausschieden, andere hinzukamen, und auch hin und wieder Gäste verpflichtet wurden, ergibt sich aus einem Vergleich mit den von Februar bis April 1911 im »Neuen Weg« veröffentlichten (Teil-) Besetzungen (siehe S. 237).

235 als Heft] Teil-Abb. bei Guthke 1987, S. 148 f. Es handelt sich um ein klassisches, ehemals blaues, jetzt ausgebleichtes Schulheft (samt oft benutztem rosa Löschblatt) im Format DIN A5, liniert, mit Rand; auf dem aufgeklebten weißen Etikett steht in Fraktur vorgedruckt: »Klasse .....«, »Abt. .....«, ».... -Heft«, »de[r] .... « (bzw. »de[s]« ....), »geboren ....«. Ausgefüllt ist nichts davon; auf dem Etikett findet sich lediglich handgeschrieben mit Bleistift die Nummer »III«. Ein Firmenname ist nicht genannt. Es könnte sich um das 3. Heft mit einem Rollenverzeichnis handeln; die früheren hätten sich wohl auf die Spielzeiten 1907/08 (Idar, Ohrdruf, Ansbach) und 1908–1910 (Direktionen Schmidt und Lange) bezogen. Marut hatte es offenbar als Beweisstück für seine juristische Auseinandersetzung mit Sormand aufbewahrt.

235 Löbau] Spielort war mglw. das Hotel »Schwarzer Adler«, worauf entsprechende Anzeigen im »Theater-Courier« von 1907 schließen lassen. Theaterkritiken wären in »Die Presse. Ostmärkische Tageszeitung« (inoffiziell auch »Thorner Presse« genannt) zu vermuten, doch ist der Jahrgang 1910 in Deutschland nicht nachzuweisen. Auch vom Danziger »Westpreußischen Volksblatt« sind die Ausgaben von Juli-Dezember 1910 nicht nachzuweisen.

236 Pillkallen ... Stallupönen] Sowohl das »Pillkaller Kreisblatt« als auch das »Stallupöner Kreisblatt« sind überliefert; es handelt

sich dabei jedoch um keine Tageszeitungen, sondern um zweimal wöchentlich erscheinende Journale, die wie Amtsblätter aufgemacht sind. Theaterbesprechungen enthalten sie nicht.

236 Wohnadresse] Maruts Adresse (in seiner Eigenschaft als Kassierer des Pillkaller Lokalausschusses der Bühnengenossenschaft) findet sich auf Krajewskis Aufnahmeantrag, zusammen mit dem Vermerk, daß die Mitgliedsdokumente am 21.11.1910 an die Adresse des Herrn Kassierers gesandt worden seien (Archiv der Genossenschaft im BA Berlin, R 56 III, 1332).

236 Lasdehnen] In »Der Mann Site« erwähnt Marut einen Ort »Roblasdehnen« in Ostpreußen, nahe der russischen Grenze (2008, S. 98). Diesen Ort gibt es nicht, aber im ehem. Kreis Pogegen gab es die Orte Lasdehnen (heute Lazdėnai, Litauen) und Robkojen (heute Ropkojai, Litauen) in unmittelbarer Nähe zur damaligen russischen Grenze.

236 erhöhten] »In Sachen Marut c/a Schnitter. Beweis-Material des Klägers für seine Gegenschrift vom 8. Nov. 1917«; RMS/UCR.

237 Zielke] Für sie sind folgende Rollen nachzuweisen: Lulu (»Logenbrüder«), Ännchen (»Liebe Onkel«), Frieda (»Fräulein Doktor«), Klara (»Verlorene Ehre«), Ines (»Leutnantsmündel«), Selma (»Mutter und Sohn«), Henriette (»Lumpensammler«), Alma (»Ehre«), Marie (»Heimat«), Lilli (»Komtesse Guckerl«), Marie (»Mein Leopold«), Franziska (»Hasemanns Töchter«), Käthie (»Alt-Heidelberg«), Marie Luise (»Der Dieb«), Käthchen (»Mit Vergnügen«), Fanchon (»Die Grille«), Clemence (»Die Barbaren«), Rautendelein (»Versunkene Glocke«), Emmy (»Der Andere«), Else (»Dunkle Punkt«), Cedrik (»Kleine Lord«), Gertrud (»Halali«), Marie (»Stein unter Steinen«), Gisa (»Flachsmann als Erzieher«), Walter (»Tell«), Rosel (»Husarenfieber«), Beate (»Große Leidenschaft«), Trude (»Johannisfeuer«).

237 Baranowski] Er war in der Saison 1908 im westpreußischen Briesen kontaktbrüchig geworden, was sein Theaterdirektor, Oswald Harnier, den Gepflogenheit des Metiers entsprechend, im »Theater-Courier« öffentlich gemacht hatte (Nr. 778, 20.11.1908, S. 746); wohl deswegen nannte sich Baranowski in den Anzeigen auch Braun.

237 Übersichten] »Berliner Neue Bühne / Tournee« bzw. »Berliner Neue Bühne / Tournee z. Zt. Ostpreußen, in: DNW, Heft 50,

17.12.1910, S. 891 f., Heft 1, Januar 1911, S. 7 f., Heft 6, 11.2.1911, S. 145, Heft 10, 11.3.1911, S. 245, Heft 13, 1.4.1911.
238 Fotoporträt] Goldwasser 1989, S. [79].
238 24. April] »In Sachen Marut c/a Schnitter. Beweis-Material des Klägers für seine Gegenschrift vom 8. Nov. 1917«; RMS/UCR.
238 Geplant] Ebd.
238 neues Personal] ThC, 10.8.1911, Nr. 920, S. 1341. Vier Wochen später suchte er aus Konitz (Chojnice) noch einen Kapellmeister und Dirigenten für Possen und Zwischenspiele (Nr. 925, 14.9.1911, S. 1426).
239 beweisen] »In Sachen Marut c/a Schnitter. Beweis-Material des Klägers für seine Gegenschrift vom 8. Nov. 1917«; RMS/UCR.
239 mit Brief] A. Sormand an Marut, 12.12.1917; RMS/UCR.
239 nahm ... Stellung] Brief Maruts an Justizrat Bielewicz und Dr. Nichterlein in Danzig, München, 1.2.1918, »In Sachen Marut c/a Schnitter«; RMS/UCR.
239 Bruno Rath] er war offensichtlich von Anfang an knapp bei Kasse, denn um dieses wenige Geld zu sparen, hatte er Ende Februar beim Herausgeber des »Theater-Courier« angefragt, ob er als Schauspieler-Abonnent mit dem Recht auf kostenlose Engagementgesuche auch als Direktor seine Engagement-Angebote kostenlos veröffentlichen dürfe, was Edmund May verneint hatte (ThC, Nr. 897, 2.3.1911, S. 969). Raths Offerten waren nicht zu identifizieren und dürften daher im März unter Chiffre und ohne Angabe des Spielorts erschienen sein.
240 Engagementsgesuch] ThC, Nr. 905, 27.4.1911, S. 1106. Auch Willy Wendt war Ende Februar 1911 noch von v. Stümer aufgrund eines Engagementgesuchs verpflichtet worden (Nr. 925, 14.9.1911, S. 1422).
240 bezeichnen ließ] Brief Maruts und weiterer Genossenschaftsmitglieder an das Rechtsschutzbüro der Genossenschaft Deutscher Bühnenangehöriger, nicht unterzeichnet, Pinne, 9. August 1911; RMS/UCR.
240 Familienunternehmen] NThA 1904, S. 710.
240 Leiden] ThC, Nr. 924, 7.9.1911, S. 1405.
240 Erlaubnis erteilt] Ebd., Nr. 926, 21.9.1911, S. 1438. Demgegenüber hatte v. Stümer Wendt bei seiner Einstellung gesagt, er habe die Leitung an Rath übergeben (Nr. 925, 14.9.1911, S. 1422).

240 Gage] DNW, Nr. 33, 19.8.1911, S. 119.
240 fingierte] Brief Maruts und weiterer Genossenschaftsmitglieder an das Rechtsschutzbüro der »Genossenschaft Deutscher Bühnenangehöriger«, nicht unterzeichnet, Pinne, 9. August 1911; RMS/UCR.
240 Kurzgeschichte] »Theaterdirektor Raßmann«, in: DGA, 1./2.2.1913, Nr. 32/33; in der B. Traven-»Werkausgabe«, Band 13, ist S. 28–33 versehentlich nur der 1. Teil der Geschichte abgedruckt.
240 f. Warnbrief] DNW, Nr. 33, 19.8.1911, S. 120.
241 Gagen] Brief Maruts und weiterer Genossenschaftsmitglieder an das Rechtsschutzbüro der Genossenschaft Deutscher Bühnenangehöriger, nicht unterzeichnet, Pinne, 9. August 1911; RMS/UCR.
241 Schnurre] Traven 1983, S. 50–57.
241 f. Wronke … Zirke … Pinne] In der »Birnbaumer Kreiszeitung«, die durchaus auch aus Pinne, Wronke, Zirke usw. berichtet (bis hin nach Schwiebus und Züllichau), ist weder eine Anzeige geschaltet noch (wohl infolgedessen) eine Besprechung erschienen; der entsprechende Jahrgang des »Posener Tageblatts«, der »Posener Neuesten Nachrichten« und des »Zirker Stadt- und Landboten«, die für Theaterrezensionen ebenfalls in Frage kämen, ist in deutschen Bibliotheken nicht nachgewiesen.
241 Hotel Gegenmantel] Ecke Marktplatz und Zwyciezców-Straße; die heutige Adresse lautet: ul. Rynek 21.
242 Hotel Kronprinz] Die heutige Adresse lautet: ul. Chrobrego 11.
242 Hotel Prinz Albrecht] Möglicherweise hatte das Hotel gerade den Namen gewechselt: 1908 wurde lt. Anzeige im »Theater-Courier« in »Schraders Hotel« Theater gespielt.
242 Erfahrungen] Waldoff 1953, S. 22 f.
242 f. Kurzgeschichte] Traven 1983, S. 28–33.
243 f. Bis 1. Juni … das sei alle] DNW, Nr. 33, 19.8.1911, S. 119.
244 400 Mark] Siehe Willy Wendt, »›Erwiderung‹ auf die ›Erklärung‹ des Herrn Alfred von Stümer«, ThC, Nr. 925, 14.9.1911, S. 1422.
245 f. Brief vom 9. August] Brief Maruts und weiterer Genossenschaftsmitglieder an das Rechtsschutzbüro der Genossenschaft Deutscher Bühnenangehöriger, nicht unterzeichnet, Pinne, 9. August 1911; RMS/UCR. Ein ähnlicher Brief ging an den Reichsverband Deutscher Bühnenmitglieder (siehe Willy Wendt, »›Erwi-

derung‹ auf die ›Erklärung‹ des Herrn Alfred von Stümer«, ThC, Nr. 925, 14.9.1911, S. 1422).

245 einhalten] 1917 sprach der ehemalige Provinz(wander)bühnenschauspieler vom »sklavischen Vertrag«, mit dem der Darsteller an die Theaterdirektion gebunden sei – »und wenn er ihn in seiner Verzweiflung brechen sollte, wird er zu Tode gehetzt wie ein entsprungener Negersklave mit Bluthunden gehetzt wird« (Z, Heft 2, 1.12.1917, S. 35).

245 beenden] Das Rechtsschutzbüro riet zu vorzeitigem Saisonschluß; siehe DNW, Nr. 33, 19.8.1911, S. 120.

245 Abzweigungen] »Wie wir hören, beginnt Herr von Stümer im September wieder die Wintersaison, und schon jetzt bedient er sich betr. Mitgliedergesuch des ›Theater-Courier‹. Auch Herr Bruno Rath und Frau Martha Rath-Rank werden, ihrer eigenen Erklärung zufolge, im Oktober eine Wintersaison eröffnen und hoffen auf Mitglieder« (DNW, Nr. 33, 19.8.1911, S. 120).

246 Rickelt … gewarnt] Rickelt 1910, S. 103 f.

246 Neue Weg] Als Hauptsachtitel findet sich auf den Titelblättern der betreffenden Nummern anstelle von »Der neue Weg«: »Deutsche Bühnen-Genossenschaft«.

246 Brief] Nicht identisch mit dem Schreiben vom 9. August 1911 in der RMS/UCR.

246 f. Warnung erlassen] ThC, Nr. 925, 14.9.1911, S. 1424; mehrmals wiederholt.

247 Erklärung] Ebd., 7.9.1911, Nr. 924, S. 1405.

247 Warnung erließ] Ebd., 28.9.1911, Nr. 927, S. 1458; wiederholt in Nr. 929 und 930.

247 beendet erklärt] Ebd., 5.10.1911, Nr. 928, S. 1472.

247 Über Land und Meer] Exemplar in der RMS/UCR; siehe Goldwasser 1989, S. [34].

248 Kunsttempel] DZ, 5.5.1907.

248 Wirkungen] DNN, Nr. 272, 18.11.1911.

248 Brief … Dumont] BTC/UCR, Slg. Heidemann.

248 trat sie … bei] NThA 1912, S. 369; vgl. ebd. Register, S. 834.

249 Robert Marut] Recknagel 1982, S. 58.

249 Hauses Nr. 2] Das Grundstück ist, wie auch die Nachbarhäuser, bebaut, es könnte sich jedoch um Rekonstruktionen handeln.

249 Schoemann] Autor einer Festschrift zur Feier des 350jäh-

rigen Bestehens des städtischen Gymnasiums in Danzig (Danzig 1908).

249 f. Fragment] Typoskript in der RMS/UCR. Erwähnt wird auch ein über 400 Jahre altes Haus mit Beischlag in der Frauengasse; wie die Marienkirche in Maruts unmittelbarer Nachbarschaft.

250 langes Gedicht] Das siebenseitige Manuskript, eine korrigierte, vorläufige Reinschrift, befindet sich in der RMS/UCR.

250 Kurzgeschichte] Traven 1983, S. 98, zuerst 1912/13 in der »Bremer Bürger-Zeitung«.

251 Manuskript] RMS/UCR; vgl. Thunecke (Hg.) 2003, S. 85, Anm. 10, mit falscher Wiedergabe der Adresse.

251 Anekdote] ThC, Nr. 8440, 27.1.1910, S. 58.

251 erschien] ZaM, 3.6.1912 (Beilage zu Nr. 23).

251 Zeit am Montag] Der Jahrgang 1912 enthält u.a. Beiträge von Alfred Döblin, Paul Zech, Franz Diederich, Paul Scheerbart und, als Nachdruck, von dem eben ums Leben gekommenen Georg Heym.

251 Anfang Januar] Interview Heidemanns mit Elfriede Zielke am 5.5.1963 in Berlin; BTC/UCR, Slg. Heidemann.

251 Holzgasse 11] Siehe den Brief von Irene Zielke an Recknagel vom 2.4.1962 (Kramer/Ludszuweit 2002, S. 163). Das vermutlich im Krieg zerstörte Haus gehörte dem Lackierermeister Moritz, schräg gegenüber stand die Viktoriaschule, eine höhere Mädchenschule (im Gebäude befindet sich heute ein Universitätsinstitut). Haushaltsvorstand war laut Danziger Adreßbuch von 1912 (3. Teil, S. 117) der Werftwächter Röder; Zielke ist als Untermieterin nicht verzeichnet. Ein gemeinsames Wohnen kam für das unverheiratete Paar nicht in Frage (§ 180 RStGB).

251 Brief] Kramer/Ludszuweit 2002, S. 163.

251 Heirat] Recknagel 1982, S. 61.

251 Zähne] BTC/UCR, Slg. Heidemann.

252 Hände] Interview Heidemanns mit Elfriede Zielke am 5.5.1963 in Berlin; BTC/UCR, Slg. Heidemann.

252 Augen] Ebd.

252 Regisseur] Notizen Heidemanns nach einem Gespräch mit Irene Zielke am 7. Mai 1963 in Berlin/DDR; BTC/UCR, Slg. Heidemann.

252 Sportlich] Ebd.

252 Geld] Interview Heidemanns mit Elfriede Zielke am 5.5.1963 in Berlin; BTC/UCR, Slg. Heidemann.

252 Alkohol] Ebd.

252 Religionen] Interview Heidemanns mit Anni Faust, Berlin, 19.4.1969; BTC/UCR, Slg. Heidemann. Die Aussage ist glaubhaft. Otto Feige kam als religiöser »Dissident« nach Gelsenkirchen, Ret Marut »ohne Rel.« nach Ohrdruf. »Buddhistische Weisheit« ist eine Haupteigenschaft des Theaterdirektors Raßmann in Maruts gleichnamiger Kurzgeschichte (DGA, 1./2.2.1913, Nr. 32/33; Traven 1983, S. 29).

252 herrschsüchtig] Interview Heidemanns mit Anni Faust, Berlin, 19.4.1969; BTC/UCR, Slg. Heidemann.

252 Brief] Kramer/Ludszuweit 2002, S. 154 f.

252 Erinnerung] Interview Heidemanns mit Elfriede Zielke am 5.5.1963 in Berlin; BTC/UCR, Slg. Heidemann.

252 Bremer Bürger-Zeitung] Da das Bremer Melderegister erst ab 1930 erhalten ist, konnte ein eventueller Aufenthalt Maruts in der Hansestadt durch das Staatsarchiv Bremen nicht festgestellt werden.

252 Schnurre] Text bei Guthke 1987, S. 631–633.

253 Essay] Marut, »Kino« 1912, S. 66 f. Ein fragmentarisch überlieferter, zweiseitiger handschriftlicher Entwurf befindet sich in der RMS/UCR.

253 provinziell] Jacobsohn 1904, S. VIII.

253 Ausstattung] DAZ, Nr. 24, 29.1.1912.

254 Subventionen] ThC, Nr. 802, 6.5.1909, S. 282.

254 292 Vorstellungen] DZ, 17.5.1912, Nr. 229.

254 eigenen Worten] Brief an Louise Dumont, Danzig, 2.12.1911, BTC/UCR, Slg. Heidemann; vgl. Recknagel 1982, S. 61 f.

254 Berichterstatter] »A. H.«, »-ll«, »F. F.«, »ho.« und »r.«; die Kritiken der DZ sind durchweg ungezeichnet und können daher von mehreren Verfassern stammen.

255 Einsatz] Wiederauftritte werden im Folgenden nur im Ausnahmefall genannt.

255 redliche Mühe] DAZ, Nr. 216, 14.9.1911.

255 Gespräch] Hans Erich Lampl, »Ein Treffen mit Traven«, in: Traven 1986, S. 461–465, hier S. 463 f.; vgl. Guthke 1987, S. 572.

255 schöne Geste] DNN, Nr. 264, 9.11.1911, S. 1–2; gezeichnet »–ll.«

256 löblichen Darstellung] DZ, 24.10.1911, Nr. 500, Abend-Ausgabe.
256 Mittelmäßigkeit] Ebd., 25.10.1911, Nr. 502.
256 Bummelstudenten] »Bummelstudenten. Große Berliner Posse mit Gesang und Tanz in 5 Bildern [...] von Rudolf Bernauer u. Rudolf Schanzer«, Berlin: Theaterverlag Eduard Bloch 1911. Das Stück beginnt damit, daß die Heidelberger Studenten einen »Salamander reiben«. Der alte Traven zitiert das Ritual (wenngleich nicht ganz korrekt) in der Tonaufnahme, die seine Stieftochter Malú 1999 den Teilnehmern des Stockholmer Traven-Kongresses als Audiokassette geschenkt hat (als CD Beilage zu Kramer/Ludszuweit 2002).
256 Aufführungen] Rezension in: DZ, 2.11.1911, Nr. 516, Abend-Ausgabe, 2. Blatt; Marut nicht erwähnt.
256 gelobt wird] Ebd., 3.11.1911, Abend-Ausgabe, 2. Blatt.
257 Artusrunde] DNN, Nr. 272, 18.11.1911.
257 Stimmung] DZ, 18.11.1911, Nr. 544, Abend-Ausgabe, 2. Blatt.
257 Rastelbinder] Rezension ebd., 25.11.1911, Nr. 554, Abend-Ausgabe, Marut nicht erwähnt.
257 Götz] Ebd., 26.11.1911, Nr. 555, Abend-Ausgabe.
257 Das Familienkind] Rezension von »r.« in DAZ, 30.11.1911, Nr. 281, und in DZ, 30.11.1911, Nr. 562, Abend-Ausgabe; Marut nicht erwähnt.
257 Rotkäppchen] DZ, 27.12.1911, Nr. 604, Abend-Ausgabe.
257 f. bemängelte] Ebd., 6.1.1912, Nr. 9, Abend-Ausgabe.
258 bescheinigte er] DAZ, 8.1.1912, Nr. 6.
258 Spiele Ihrer Exzellenz] Ebd., 12.1.1912, Nr. 10; DZ, 12.1.1912, Nr. 19, Abend-Ausgabe.
258 Rezensionen] DZ, 28.1.1912, Nr. 46, Mittags-Ausgabe; DAZ, Nr. 24, 29.1.1912.
258 Mittelmäßigkeit] DZ, 3.2.1912, Nr. 57, Abend-Ausgabe.
258 f. Wiederholungen] DAZ, 3.2.1912, Nr. 29.
259 F.F.] DAZ, Nr. 30, 5.2.1912, S. 1–2.
259 wenig Gegenliebe] DZ, 17.5.1912.
259 Rollenverzeichnis] DNW, 41. Jg., 7.2.1912, S. 243.
259 Er und seine Schwester] Ebd., 21.2.1912, Nr. 87, Abend-Ausgabe.
259 nicht erwähnt] DAZ, 3.2.1912, Nr. 29; DZ, 3.2.1912, Nr. 57, Abend-Ausgabe.

260 Rezensionen] Ebd., 5.3.1912, Nr. 109, Abend-Ausgabe; DAZ, 5. März 1912, Nr. 55.
260 überraschend gut] Ebd., 29.2.1912, Nr. 101, Abend-Ausgabe.
260 Spiel gut] DAZ, 29.2.1912, Nr. 51.
260 Hamlet] Ebd., 4.3.1912, Nr. 54. Marut wird hier ebensowenig erwähnt wie in der DZ vom selben Tag (Nr. 107, Abend-Ausgabe).
260 Zigeunerbaron] Die Rezension in der DZ, 4.3.1912, Nr. 107, Abend-Ausgabe, erwähnt Marut nicht.
260 Die fünf Frankfurter] Im 2. Akt zeigt er im 7, 8., 9. und 10. Auftritt stumme Bühnenpräsenz.
260 Opus] DAZ, 25.3.1912, Nr. 72.
260 Ausnahme] DZ, 30.3.1912, Nr. 153, Abend-Ausgabe.
260 f. leidlich] DAZ, 28.3.1912, Nr. 75.
261 Jüngling] DZ, 28.3.1912, Nr. 149, Abend-Ausgabe.
261 zärtlichen Verwandten] DAZ, 4.4.1912, Nr. 81; DZ, 4.4.1912, Nr. 161, Abend-Ausgabe.
261 Rezensionen] Ebd., 9.4.1912, Nr. 83; DZ, 10.4.1912, Nr. 167, Abend-Ausgabe.
261 Lear] Die Rezension in der DZ, 28.4.1912, Nr. 198, Mittags-Ausgabe, erwähnt Marut nicht.
262 Darstellung] DAZ, Nr. 103, 2.5.1912, S. 1.
262 unerwähnt] DZ, Nr. 205, 2.5.1912, Abend-Ausgabe.
262 kurzen Besprechung] Ebd., Nr. 209, 4.5.1912, Abend-Ausgabe.
262 gut am Platze] Ebd., Nr. 210, 5.5.1912, Mittag-Ausgabe.
262 f. ihr Bestes] DAZ, 5.5.1912.
263 mit Liebe] Ebd., 13.5.1912, Nr. 112.
263 Orkus] DZ, 17.5.1912, Nr. 229.
263 Lorbeeren] DAZ, 13.5.1912, Nr. 112; DZ, 17.5.1912, Nr. 229, Abend-Ausgabe.
263 Rückblick] DZ, 17.5.1912, Nr. 229.
264 zweiten Bandes] »Kampfjahre« (München: Albert Langen 1911).
264 Entwurfs zu einem Brief] Möglicherweise gehören noch zwei weitere Seiten zu diesem Briefentwurf, die gleichfalls an eine »gnädige Frau« adressiert sind und vom Mordwunsch eines Marut bekannten jungen Barons handeln. Ebenfalls in der RMS/UCR befinden sich drei dem Kampf um das Frauenwahlrecht gewid-

mete Seiten (p. 87–89) aus einer längeren Abhandlung mglw. zur Frauenemanzipation.

264 Herzblut] RMS/UCR.

264 Zeitungsaufsatz] Marut, »Kino«, 1912, S. 66 f. Damit läßt sich eine beiläufige Bemerkung des »Ziegelbrenner«-Publizisten aus dem Jahr 1917 verbinden: »Denn sobald Geschäft oder Unfähigkeit zu wuchern beginnen, hört das Theater auf, Ausdrucksmittel der Kultur zu sein« (Z, Heft 2, 1.9.1917, S. 10).

264 f. versicherte ihm] RMS/UCR.

265 2. Dezember 1911] Datierung von Recknagel 1982, S. 61 f.

265 Louise Dumont] Anfang 1913 nutzte Marut die Gelegenheit einer Rezension von Louise Dumonts Kochbuch »Für zwei in einem Topf« zu einer Hommage an seine Prinzipalin: Sie sei »gegenwärtig Deutschlands berühmteste Tragödin«, »von der wir immer etwas Besonderes, ja Außerordentliches erwarten, weil wir wissen, sie kann es uns geben« (Ret Marut, »Die Tragödin in der Küche«, in: DZ, 20.1.1913).

266 Hochverehrte ... Stadttheater] BTC/UCR, Slg. Heidemann; vgl. Recknagel 1982, S. 61 f. Auf dem Brief findet sich die Erledigungsnotiz: »Soll herkommen oder Ende des Monats nach Berlin« (Abkürzungen aufgelöst).

266 mit Brief] BTC/UCR, Slg. Heidemann; vgl. Recknagel 1982, S. 62, ohne Datum.

266 f. Seine Antwort] BTC/UCR, Slg. Heidemann; vgl. Recknagel 1982, S. 62 und Guthke 1987, S. 161.

267 Solotänzer] Ein eingeklammertes Ausrufezeichen hinter dem Wort stammt vermutlich von Marut selbst, könnte aber auch erst in Düsseldorf hinzugefügt worden sein, was anhand der mir vorliegenden Fotokopie der Original-Durchschlagkopie nicht zu entscheiden ist.

268 seinem Brief] BTC/UCR, Slg. Heidemann.

268 am 22.2.] Ebd.

269 Beitrag] Marut, »Kino«, 1912, S. 66 f.

269 mitteilen] BTC/UCR, Slg. Heidemann.

269 eingeladen] Ebd.

269 weiteren Brief] Ebd.; Abb. bei Guthke 1987, S. 163.

269 Dreijahresvertrag] BTC/UCR, Slg. Heidemann; Abb. bei Guthke 1987, S. 156.

270 zum 1.5.1915] BTC/UCR, Slg. Heidemann und TMD.

270 am 2. Juni] BTC/UCR, Slg. Heidemann.

270 Friedrichstraße 49] Das Haus gehört zu den Kriegsverlusten von 1943, die in dieser Umgebung besonders zahlreich waren. Das Grundstück ist heute neu bebaut.

271 einige aufzählt] »Palais de Danse« in der Hüttenstraße, ferner die holländische Likörstube von Erven Lucas Bols in der Graf-Adolf-Straße 18, »Schlösser« und »Kantorowicz«; DüZ, Nr. 554, 29.10.1912, Unterhaltungsbeilage.

271 Meldekarte] StA Düsseldorf, Mf 408.

271 Herzogstr. 72] Das Haus wurde nach der Kriegszerstörung von 1943 nicht mehr aufgebaut.

271 Registereintrag] NThA 1913, S. 401 und 829; vgl. Schönherr 1963, S. 250.

271 findet er sich] S. 415. Im Register heißt es fehlerhaft »Marut, Re, Sch. 16635. Düsseldorf III« (S. 836). Vgl. Schönherr 1963, S. 250.

271 Fürstenplatz 6] Unter dieser Adresse verzeichnet ihn auch das DBJ 1915, S. 392; im Personenregister ist er diesmal korrekt als »Marut, Ret« mit der Bühnengenossenschafts-Mitgliedsnummer 16635 verzeichnet (S. 722), desgl. im Jg. 1916 (S. 743). Trotz seines Ausscheidens im Sommer 1915 war er »dem Lokalverband angeschlossen« geblieben (DBJ 1916, S. 395). Vgl. Schönherr 1963, S. 251.

272 Wollenberg kommentierte] Kramer/Ludszuweit 2002, S. 70.

272 behauptet] Traven 1926, S. 34–38.

272 Mitteilung] BTC/UCR, Slg. Heidemann.

272 Brief vom 3.8.1912] Ebd.

272 Am 4.8.] Ebd.

272 Begleitbrief] Ebd. Das Verzeichnis selbst ist nicht überliefert.

272 Haus-Ordnung] Ebd.

273 Sonntagnachmittagsvorstellung] »Garderobe und Theaterzettel« waren »gratis«, die Besucher wurden vom Bildungs-Ausschuß gebeten, »jede Störung durch unangebrachtes Lachen oder Geflüster zu vermeiden und dem Ernst des Stückes entsprechend die größte Ruhe zu bewahren« (Theaterzettel in den BTC/UCR, Slg. Heidemann).

273 Die fünf Frankfurter] Berlin: S. Fischer 1912 (Regiebuch im

TMD). Das Stück brachte es in der Spielzeit 1912/13 auf zwanzig Aufführungen und gehörte damit zu den vier erfolgreichsten.

273 f. Filmzauber] Es war mit fünfundzwanzig Aufführungen zusammen mit »Hinter Mauern« das erfolgreichste Stück der Spielzeit 1912/13.

274 Schneider Wibbel] Abb. des Theaterzettels bei Heinrich Riemenschneider, »Theatergeschichte der Stadt Düsseldorf«, Düsseldorf 1987, Band 2, S. 45; dort auch Szenenfoto mit 14 Darstellern, darunter Marut.

274 abgeben ... tauschen] Dafür nur eines von zahlreichen Beispielen: Weil er – vielleicht seiner journalistischen Beziehungen wegen – über eine Monatskarte der Reichsbahn für die Strecke nach Köln verfügte, wurde er am 9.5.1914 gebeten, für ein dortiges Gastspiel »die Rolle des Dieners in ›Der Snob‹ [...] übernehmen zu wollen«. Eine Theaterkritik in der »Mülheimer Zeitung« vom 19.5.1914 bescheinigte Marut, er habe sich darin »verdienstlich« erwiesen.

274 eine einzige Probe] Zu »Don Carlos« am 16.3.1915, wofür er mit 1 Mark bestraft wurde.

274 sein Schreiben] BTC/UCR, Slg. Heidemann.

275 Bemerkung Gustav Lindemanns] Lindemann an den Pressedienst der VVN in Düsseldorf, 2.2.1950; Schönherr 1963, S. 253.

275 Brief vom 17. Januar] BTC/UCR, Slg. Heidemann.

275 f. Brief vom 10. Februar] Ebd., Slg. Heidemann.

276 Schauspielschule] Franck 1961, S. 219.

276 Kriegswirren] Ebd.

276 gelesen ... begutachtet] Ebd., S. 234.

276 f. versicherte er] Marut an W. A. Ane, 17.12.1914, TMD.

277 bemerkte er] BTC/UCR, Slg. Heidemann.

277 urteilte er] Ebd.

277 Akademiekorrespondenz] Ebd.; Briefe an Hans Franck vom 19.3.–28.6.1914 im StA Schwerin.

277 f. nahm er ... teil] BTC/UCR, Slg. Heidemann.

278 Durchschlagkopien] TMD, vgl. »Das Schauspielhaus Düsseldorf«, 1997, S. 576, und BTC/UCR, Slg. Heidemann.

278 Prospekts] BTC/UCR, Slg. Heidemann.

278 eine Notiz] TMD.

278 Drucklegung] Exemplar im TMD.

278 Brief vom 1.4.1914] Recknagel 1982, S. 62 f.

278 erinnerte sich] Stellungnahme für den Pressedienst der VVN vom 2.2.1950; Abschrift im Nachlaß Hans Franck, Korrespondenz mit Recknagel, StA Schwerin.

278 Berthold] Matzigkeit 1990, S. 238 f.

279 von Franck ... herausgegeben] Nachfolger Francks als verantwortlicher Herausgeber war von Anfang November 1918 bis Mitte April 1919 Gustav Landauer in Krumbach (Schwaben); siehe Matzigkeit 1990, S. 248 ff.

279 Artikel] Vgl. Recknagel 1982, S. 62 f.

279 Regieaufgaben] Am 5./6.1. und 2.2.1915.

279 Brief vom 16.12.1914] BTC/UCR, Slg. Heidemann.

279 Der Idiot] DüZ, Unterhaltungsbeilage, 2.8.1912; zuvor erschienen am 17.6.1912 in ZaM, Beilage zu Nr. 25.

279 305 Mark] Ebd.

279 Geschäft ist Geschäft] DGA, Nr. 242, 1.9.1912, Unterhaltungsbeilage.

279 Brief nach Berlin] DüZ, Nr. 554, 29.10.1912, Unterhaltungsbeilage.

279 Raßmann] DGA, Nr. 32/33, 1./2.2.1913, Unterhaltungsbeilage.

279 Ehrlichkeit] Ebd., Nr. 35, 4.2.1913, Unterhaltungsbeilage (mit der Verfasserangabe »Ret Murat«).

279 teure Souper] Ebd., Nr. 123, 4.5.1913, Unterhaltungsbeilage.

279 Vom Anschluß] Ebd., Nr. 136, 18.5.1913.

279 Regie] Ebd., Nr. 46, 15.2.1914, Unterhaltungsbeilage.

279 Schauspieler] Ebd., Nr. 68, 9.3.1914

279 Opernglas] Ebd., Nr. 77, 18.3.1914, Unterhaltungsbeilage (einem »Herrn Doktor« vom Schauspielhaus Düsseldorf bereits am 17.11.1912 als »noch unveröffentlichte Arbeit« angeboten; Abb. bei Guthke 1987, S. 174).

279 Kleines Kerlchen] DüZ, 13.12.1914.

279 Feststellungen] »Berliner Tageblatt«, 24.3.1913.

280 Mülleimer] FfZ, 20.4.1913.

280 Paradoxa] Ebd., 18.5.1913.

280 Höflichkeit der Könige] Ebd. (vermutlich im Mai 1913 u.d.T. »Höflichkeit«).

280 goldene Mund] »Berliner Tageblatt«, 9.6.1913.

280 Eule] »Vorwärts«, 10.11.1913.
280 Mohn] Ebd., 11.12.1913.
280 Akrobaten] Ebd., 22.6.1914.
280 ungedruckte ... Manuskripte] BA Berlin, RY 20/II 145/39, SPD-Parteivorstand, Korrespondenz Feuilletonredaktion »Vorwärts«.
280 Kölner Tageblatt] RMS/UCR. Wahrscheinlich schrieb er für die Beilage »Illustriertes Unterhaltungsblatt«, die ich bislang in keiner deutschen Bibliothek nachweisen konnte.
280 Inhaltsverzeichnissen] RMS/UCR; Abb. bei Guthke 1987, S. 175; Goldwasser 1989, S. [8].
280 Ablehnungen] Abgelehnt wurden Textangebote an die Direktion des Schauspielhauses (siehe Marut an Lindemann, 15.7.1915, als Beilage werden erwähnt: »7 von den gewünschten Arbeiten«; Abb. bei Recknagel 1982, S. 64), an (vermutlich) die Hauszeitschrift »Masken« (Marut an einen »Herrn Doktor [Arthur Berthold?]«, 17.11.1912, Beilage: »Das Opernglas«, Abb. bei Guthke 1987, S. 174), an den »Simplicissimus« (siehe die redaktionelle Notiz in »Simplicissimus«, 23. Jg., Nr. 37, 10.12.1918, S. 462) und an den »Vorwärts« (siehe S. 280 oben). Laut Recknagel hat Marut auch den Zeitschriften »Buch für alle« und »Jugend« vergeblich »einige Arbeiten angeboten« (Recknagel 1982, S. 66).
281 Anarchist] ZaM, 3.6.1912; Traven 1983, S. 71.
281 Sozialdemokrat] »Der Zeitgeist«, Beilage zum »Berliner Tageblatt«, 9.6.1913; Guthke 1987, S. 641.
281 Arbeiterumzüge] »Vorwärts«, 22.6.1914; Guthke 1987, S. 645.
281 verhüllenden Worten] »Betrüger«, BA Berlin.
281 Groteske] ZaM, 3.6.1912 (Beilage zu Nr. 23). Ms. und Typoskript in der RMS/UCR.
281 Tutsch] Goldwasser 1989, S. [11].
281 f. Siegeszug] Marut, »Die Fackel«, 2008, S. 81.
282 Der Jugend die Zukunft] Unter diesem Titel erstveröffentlicht in Marut 2009, S. 138–145.
282 Der Eisgraue] Goldwasser 2003, S. 79 f.
282 Sozialisierungsplan] Richter 1977, S. 399; Viesel (Hg.) 1980, S. 494.
282 Beurteilung der Todesstrafe] »Der Zeitgeist«, Beilage zum »Berliner Tageblatt«, 9.6.1913; Guthke 1987, S. 638–643; »März« 1916, Band 2; Guthke 1987, S. 646–649.

282 Aphorismen] Guthke 1987, S. 633–636.

282 Besprechung] Marut, »Tragödin«, 1913.

282 Fragment] Ms. in der RMS/UCR, p. 87–89.

282 f. Pankhurst ... Sylvia] Siehe S. 468 f.

283 Reminiszenzen] Außer acht gelassen habe ich dabei Orte, die nur nominell Erwähnung finden, wie die Ostseebäder (Graal-) Müritz und Heringsdorf und die Nordseeinsel Norderney, die Garnisonsstadt Rummelsburg in Pommern (heute Miastko, Polen) sowie Darmstadt und Stuttgart als Sitz Technischer Hochschulen (siehe Marut, »Die Fackel«, 2008, S. 87). Ein »kleiner Kurort an der Ostsee« mit Wäldern und Dünen erscheint in Marut, »Der Mann Site«, 2008, S. 151.

284 Zwei Väter] »Der Sammler«, Unterhaltungsbeilage der »München-Augsburger Abendzeitung«, 20.5.1916; Traven 1983, S. 196.

284 Kolonialroman] Alle Zitate auf S. 284–286 nach Marut, »Die Fackel«, 2008, S. 15–20, 58, 68, 80, 113, 60.

284 Guthke] Guthke 1987, S. 134.

284 Thunecke] Siehe S. 287–289.

284 bot ... an] RMS/UCR.

284 Vermittlung] Marut, »Die Fackel«, 2008, S. 15.

284 zugleich] Der Doppelcharakter ist in Vautours Namen angelegt, der mit »Aasgeier«, im übertragenen Sinn auch mit »Ausbeuter« übersetzt werden kann.

284 Raub und Ausbeutung] Das Thema berührt Marut noch einmal in seinem Aufsatz »Pressefreiheit oder Befreiung der Presse«: »Was und wieviel und in welch brutaler Weise ist denn in den Kolonien enteignet worden? Meist ohne Entschädigung, damit die enteigneten Eingeborenen zu billigen Lohnsklaven gemacht werden sollten« (10. April 1919; Viesel (Hg.) 1980, S. 484).

285 die Urkraft] Marut, »Die Fackel«, 2008, S. 85 f.

286 linksorientierten] Das ergibt sich aus dem Sujet und der »Vorwärts«-Referenz im Antwortbrief. Das Angebot könnte an S. Fischer für seine »Bibliothek zeitgenössischer Romane« gegangen sein.

286 Band mit Novellen] Partiell vermutlich identisch mit dem Novellenband »Der goldene Berg«, den Marut Anfang Juli 1913 einem anderen Verleger angeboten hatte (RMS/UCR; Abb. bei Guthke 1987, S. 175).

286 längeren Brief] Marut, »Die Fackel«, 2008, Anhang, S. 127.
286 f. Zweifel … zerstreuen] Marut, »Die Fackel«, 2008, Anhang, S. 126–128.
287 Auflistung] Ebd., S. 127, Anm. 2.
287 Aufsatz] Thunecke 2003, in: Thunecke (Hg.) 2003, S. 83–131. Alle Zitate hiernach.
287 außer Zweifel] Den Beweis bleibt Thunecke allerdings schuldig.
288 jüngste Buch] Louis-Félix-Edmond Rouyer, »Histoire militaire et politique de l'Annam et du Tonkin depuis 1799«.
289 Landesbibliothek] Unter der Signatur alg a286 sind die Bände dort immer noch vorhanden. Auch zwei der drei deutschsprachigen Werke auf seiner Liste finden sich im Bestand der alten Düsseldorfer Landesbibliothek: Adolf Bastian, »Die Völker des östlichen Asien« (Sign. Gust 27) und Hans Ferdinand Helmolt, »Weltgeschichte«, Band 2 (Sign. AG 322(4): 2).
289 Anam] MGKL, Band 1, 1905, S. 477–479.
289 Französisch-Indochina] Ebd., Band 7, 1905, S. 29 f.
289 Kotschinchina] Ebd., Band 11, 1907, S. 542–544.
289 Tonking] Ebd., Band 19, 1908, S. 607–609.
289 punktuell … bedient] Vgl. die Aufzählung von Baumarten in Marut, »Die Fackel«, 2008, S. 37, und MGKL, Band 9, 1906, S. 354.
289 erheblich höher] Thunecke 2003, S. 91.
290 Titel] Die »grünglitzernde Frau« gibt sich erst auf S. 150 die Ehre.
290 expliziten Seitenblicken] Marut, »Der Mann Site«, 2008, S. 103 und 23. Alle folgenden Zitate danach.
290 Ausdruck sucht] Vom Ausdruckstanz handelt auch ein undatiertes handschriftliches Prosafragment, von dem nur die erste Seite überliefert ist: Die »Bewegungen« der Tänzerin, heißt es dort, »waren aber von so einem eigenartigen kraftvollen Rhythmus und einer so wunderbaren Melodienfülle, daß man die Musik vergaß« (RMS/UCR).
290 Ausdruck … verlangte] Marut, »Der Mann Site«, 2008, S. 35. In Thuneckes Edition enthält dieser Satz gegenüber dem Typoskript (S. 450) zwei Abweichungen.
291 das große weiße Haus] Marut, »Der Mann Site«, 2008, S. 66.
292 Trilby] Nur dank »jahrelanger Bekanntschaft und Geschäfts-

verbindung« sei der Direktion Lange die Verpflichtung gelungen; siehe SW, 4.9.1910.

293 Guipet] Siehe z. B. Franz Roberts, »Die Schlaftänzerin Madeleine G.: Ein Protest gegen den Mißbrauch der Wissenschaft«, München 1904.

293 Wochenblatt] SW, 8.9.1910.

293 Gutachten] Ebd., 17.9.1910.

293 umgeformt verwendet] Z, Heft 26–34, 30.4.1920, Nr. 26–34, »Khundar«.

293 »Ziegelbrenner«-Diktion] Vgl. S. 348 f. und 355.

294 Liliom] »Liliom. Vorstadt-Legende in 7 Bildern und einem szenischen Prolog von Franz Molnár. Für die deutsche Bühne bearbeitet von Alfred Polgar«, Wien und Leipzig: Deutsch-Österreichischer Verlag 1912 (Regiebuch im TMD).

295 Meilensteine] »Milestones. A Play in Three Acts by Arnold Bennett and Edward Knoblauch«, London 2. Aufl. 1912 (eine deutsche Ausgabe ist nicht nachzuweisen, das Regiebuch im Theatermuseum Düsseldorf nicht mehr vorhanden).

295 Rösselsprung] »Rösselsprung. Lustspiel in drei Aufzügen von Carl Rößler«, Berlin: S. Fischer Verlag 1914.

296 Mühlenstraße 25] Heute Hans-Böckler-Straße; nach Abriß neu bebaut.

296 Gastspiel] Henckels 1960, S. 19.

296 gespielt wurden] »Deutsches Theater-Adreßbuch«, 4. Jg. 1914/15, S. 508.

296 Abreisetermin ... verschoben] Briefe an Marut vom 31.5., 10.6. und 29.6.1914; BTC/UCR, Slg. Heidemann.

296 Gollierstraße Nr. 7] Abb. der Münchner Meldekarte bei Guthke 1987, S. 190.

296 f. Gelbe Jacke] Vgl. die Abb. bei Recknagel 1982, S. 68; Guthke 1987, S. 164.

297 Aushangzettel] TMD.

297 geschlossen] Recknagel 1982, S. 63.

297 Schon ... sollte] Henckels 1960, S. 21 f.

297 Notgage] DBJ, Jg. 1916, S. 392; BTC/UCR, Slg. Heidemann.

297 in einem Brief] Siehe S. 316. Drei volle Monate können es indes nicht gewesen sein, da zwischen dem 17.5. und 29.6. kontinuierlicher interner Briefwechsel mit der Direktion des Schau-

spielhauses überliefert ist. Maruts München-Aufenthalt und anschließender Urlaub dauerte vom 3.7. bis zum 23.8.1914.

297 gute Ortskenntnisse] Marut, »Die Fackel«, 2008, S. 103–108. Erwähnt werden außerdem: Kesselbergstraße, Kesselbach, Hotel zur Post (mit Postagentur) in Urfeld (dort Gespräch mit dem Besitzer über den vorjährigen, total verregneten Sommer am Walchensee), Breitenörter, Altlach, Försterei, Zwergern, Klösterl, Herzogstand, Hotel Jäger am See in Urfeld. Möglicherweise besuchte er von dort aus auch Mittenwald und die Karwendelspitze (Marut, »Die Fackel«, 2008, S. 87). Recknagel und Guthke haben im Traven-Nachlaß »Griebens Reiseführer« und »Meyers Reisebücher« aus der Zeit von 1914 bis 1921 entdeckt, darunter sind auch solche zu Bayern (Guthke 1987, S. 230 und 560) bzw. Südbayern (Recknagel 1982, S. 329).

297 Roman … angeboten] Siehe Maruts Antwortschreiben vom 14.5.1914, abgedruckt im Anhang von Marut, »Die Fackel«, 2008, S. 126–128.

298 Lebenslauf] National Archives, Washington; siehe Guthke 1987, S. 652 f.; Abb. ebd. S. 654–657; Fotokopie in den BTC/UCR, Slg. Päßler. Die Akten des für Düsseldorf zuständigen Stellvertretenden General-Kommandos des 7. Armeekorps in Münster sind 1945 in Potsdam verbrannt.

298 sich stellen] BTC/UCR, Slg. Heidemann.

298 fälschlich … verbucht] Meldekarte von 1912 im StA Düsseldorf, Mf 408; siehe S. 271.

298 Konsul in Barmen] Der dortige amerikanische Konsul hieß George E. Eager; Vizekonsul war Julius Festner.

298 erklärte ihm] Wyatt 1982, S. 240.

298 in Köln] Der dortige amerikanische Konsul hieß Emil Sauer, Vizekonsul (seit 1916) war L. Raphael Geisler.

298 zu sparen] Wyatt 1982, S. 240.

299 This is … 1882] Wyatt 1980, S. 234; im Auszug zit. bei Raskin, S. 83; Fotokopie in den BTC/UCR, Slg. Päßler.

299 legitimieren] Siehe die Meldekarte im StA München, Abb. bei Guthke 1987, S. 190.

299 Gewinnbeteiligung] DBJ, Jg. 1915, S. 392.

299 Verlängerungen] BTC/UCR, Slg. Heidemann. Eine persönliche Bestätigung dieses Vertrags mit Maruts Unterschrift, da-

tiert vom 27.1.1915, befindet sich ebenfalls in der Slg. Heidemann.

299 Minna von Barnhelm] Brachte es, wie auch Ibsens »Brand«, in der Spielzeit 1913/14 auf siebzehn Aufführungen.

300 Die Journalisten] Hinter »Schneider Wibbel« (siebenundzwanzig) mit zwanzig Aufführungen in der Spielzeit 1913/14 das erfolgreichste Stück.

300 acht ... eingezogen] Intendant Gustav Lindemann, Gesamtvorstand Fritz Holl, Kapellmeister Adolf Wach, Kastellan Gottlieb Waschik, Bühnenwart Wilhelm Hau, Türdiener Heinrich Lauffs, die Schauspieler Gottfried von Falkenhausen und August Weber.

300 Zuschuß ... reduziert] Franck an Bruhn, 9.7.1915, TMD.

301 Einzelkündigung] Recknagel 1982, S. 64.

302 Zustimmung] BTC/UCR, Slg. Heidemann.

302 Weiterbeschäftigung] Ebd.

302 darunter Marut] Ebd.

302 neuen Kontrakt] Ebd.

303 nur besucht] Interview Heidemanns mit Elfriede Zielke am 5.5.1963 in Berlin; BTC/UCR, Slg. Heidemann.

303 kehrte ... zurück] Später arbeitete sie als Garderobiere bei Elisabeth Bergner (Heidemann 1977, S. 198, und Interview Heidemanns mit Elfriede Zielke am 5.5.1963 in Berlin; BTC/UCR, Slg. Heidemann).

303 kam mich besuchen] Interview Heidemanns mit Elfriede Zielke am 5.5.1963 in Berlin; BTC/UCR, Slg. Heidemann.

303 Theatergesellschaft] »Eine Theater-Saison beginnt hier Theaterdirektor Theodor Hoppe morgen (Sonntag) im ›Stadt-Theater‹ mit der Aufführung des prächtigen Lustspiels von Blumenthal und Kadelburg »Im weißen Röß'l«. Die hier noch neue Theatergesellschaft hat zuletzt in Schleiz längere Zeit erfolgreich gespielt und sie gedenkt sich auch hier das Vertrauen des Publikums zu erwerben. Das äußere Auftreten der Mitglieder der Gesellschaft berechtigt zu den schönsten Hoffnungen, und wenn, wie uns die Direktion versichert, sich gute schauspielerische und Gesangskräfte darunter befinden, mit denen ein größeres Personal erfordernde Lust-, Schauspiele und gute Operetten älteren und neueren Datums mit Erfolg aufgeführt werden können, dann wird die Gesellschaft auch hier die verdiente Unterstützung finden« (»Tangermünder Anzeiger«, 2.8.1913). Gespielt wurden: »Zum weißen

Rößʼl« (3.8.), »Alt-Heidelberg« (7. und 9.8.), »Die Regimentstocher« (8.8.1913), »Staatsanwalt Alexander« (14.8.), »Eine lustige Doppelehe« (22.8.), »Der Herr Senator« (25.8.), »Heimat« (29.8.1913). In den kurzen Aufführungsbesprechungen werden die Schauspieler namentlich nicht erwähnt.

303 besuchte sie] »In Tangermünde war mein Vater zu Besuch bei meiner Mutter, die dort im Engagement stand. Das war der Grund« (Irene Zielke an Recknagel, 27./28.3.1961; siehe Kramer/Ludszuweit 2002, S. 155). In den Meldeunterlagen oder Polizeiakten im StA Tangermünde finden sich dazu keine Eintragungen.

303 zeichnete … begabt] Recknagel 1982, S. 61; Brief von Irene Zielke an den Journalisten Erich Grisar vom 5.4.1948 (Fritz-Hüser-Archiv, Dortmund).

303 Garding] Recknagel 1982, S. 61.

303 Irene Zielke] Brief an Recknagel vom 7.4.1961; siehe Kramer/Ludszuweit 2002, S. 155.

303 fiel … an der Front] Vgl. die Notizen Heidemanns nach einem Gespräch mit Elfriede Zielke am 5.5.1963 in Berlin; BTC/UCR, Slg. Heidemann.

303 wundervollen Brief] Interview Heidemanns mit Elfriede Zielke am 5.5.1963 in Berlin; BTC/UCR, Slg. Heidemann.

303 gute Freunde] Notizen Heidemanns nach einem Gespräch mit Elfriede Zielke am 5.5.1963 in Berlin; BTC/UCR, Slg. Heidemann.

304 hielt … aufrecht] »Dieser schrieb noch mir und an meine Großmutter, soweit ich mich erinnere, etwa bis 1918. Dann hörte auch das auf« (Irene Zielke an Recknagel, 27./28.3.1961; siehe Kramer/Ludszuweit 2002, S. 155).

304 Schülerbuch] »Schüler der Hochschule für Bühnenkunst«, 1915; TMD.

304 Irenes … Angaben] Aufzeichnungen Heidemanns nach einem Gespräch mit Elisabeth von Braitenberg, der 1929 geborenen, ältesten Tochter Irene Mermets in Meran, Zenoburg, am 5. August 1967; BTC/UCR, Slg. Heidemann.

304 Bierbrauerfamilie] Heidemann 1977, S. 93.

304 Tod ihrer Mutter] Aufzeichnungen Heidemanns nach einem Gespräch mit Elisabeth von Braitenberg am 5. August 1967; BTC/UCR, Slg. Heidemann.

304 starb 1926] Recknagel 1982, S. 72.

304 Laut Recknagel] Seine Vermutung, wonach es sich dabei »um die gut organisierte und populäre ›frei-sozialistische Siedlungsgemeinde (Volksland-Bund)‹ in Köln« handelte (Recknagel 1982, S. 72 mit der Fußnote: »Der freie Arbeiter, Berlin, 14. Jg. 1921, Nr. 12, S. 3), dürfte kaum zutreffen.

304 Porträt] Recknagel 1982, S. 73.

304 etwa 1920] Guthke 1987, S. 197.

304 f. Irene was ... war] Raskin 1980, S. 24.

305 Schulung ... zeigten] Franck an Bresges, 5.7.1915, TMD.

305 spielte sie ... die Pero] Schülerbuch, Notiz vom 24. November 1915, TMD; vgl. Recknagel 1982, S. 71.

306 in einem Brief] 5.2.1916, RMS/UCR.

306 Meldekarte] StA Düsseldorf; Abb. bei Recknagel 1982, S. 71.

306 Schülerbuch] Notiz vom 24. November 1915, TMD; vgl. Recknagel 1982, S. 71.

306 Versuche] Schülerbuch, Notiz vom 24. November 1915, TMD; vgl. Recknagel 1982, S. 71. Irene Mermets Schülerakte, in der sich entsprechende Korrespondenz des Schauspielhauses mit dem Stiefvater befunden haben muß, ist nicht mehr vorhanden.

306 f. Frisch ... erinnerte sich] Aus einer Leserzuschrift Frischs, zitiert im Artikel »Ein höchst problematischer Autor« von »–as«, in: »Die Welt«, 16.10.1948). Frisch wurde am 31.3.1915 zwangsexmatrikuliert und durfte sich nicht als Schüler der Hochschule bezeichnen; er selbst gab in seinem Leserbrief an, »Inspizient« gewesen zu sein, was sich nicht belegen läßt.

307 am 25. August] Recknagel 1982, S. 65.

307 Ströher & Erdmann] RMS/UCR. Das Geschäft gibt es noch heute: Büromaschinen, Bürokommunikation Ströher & Erdmann GmbH & Co KG, Konrad-Adenauer-Platz 9, 40210 Düsseldorf.

308 Angaben ... Haeckers] Marta Haecker verh. Schubert im Interview mit Heidemann, 7.7.1967; BTC/UCR, Slg. Heidemann.

308 Der fremde Soldat] In: »Der März«, 9. Jg. 1915, Heft 42, 23.10. 1915, S. 50–54.

308 März] Bei dem in der RMS/UCR vorliegenden Exemplar von »Die Männer im Feuerofen«, einem Sonderdruck aus »Reclams Universum« von 1915, könnte es sich um ein Geschenk des Verfassers Kurt Aram (d.i. Hans Fischer, 1869–1934) handeln, der Mitherausgeber des »März« war.

308 Reclams Universum] Ret Marut, »Mutter Beleke«, in: »Reclams Universum«, 31. Jg. 1915, 2. Halbband, Heft 42, 22.7.1915, S. 840 f. (gekürzt in »Kriegsnovellen«, Band 7, Leipzig: Philipp Reclam jr. 1916, S. 35–42; RUB 5855); »Geschichten vom Bahnhof. Kriegsskizzen 1. Die Mutter 2. Die Frau 3. Urlaub 4. Das Kind«, in: »Reclams Universum«, Kriegsausgabe, 32. Jg. 1916, 1. Halbband, 11.11.1915, S. 120 f.
308 Westermanns Monatshefte] Ret Marut, »Ungedienter Landsturm im Feuer«, in: »Westermanns Monatshefte«, 60. Jg., Band 119, Heft 712, Dezember 1915, S. 602–608 und Heft 713, Januar 1916, S. 754–759.
308 f. überreichte er] Abb. bei Recknagel 1982, S. 64.
309 Lebenslauf] National Archives, Washington; Guthke 1987, S. 652 f.; Abb. S. 654–657; Fotokopie in den BTC/UCR, Slg. Päßler.
309 behauptete Marut] Siehe Maruts Meldekarte im StA München; Abb. bei Guthke 1987, S. 190.
309 Brief vom 10. August] Recknagel 1982, S. 64 f.
309 Gebrauch machte] Ebd., S. 65.
309 Brief vom 31. August] Ebd.
309 f. zahlte … seine Beiträge] DBJ, Jg. 1916, S. 743, Jg. 1917, S. 742, Jg. 1918, S. 747; sämtlich mit der Mitgliedsnummer 16635.
310 1920 und 1921] »Marut, Ret. Sch. 33534« (Jg. 1920, S. 813), »Marut, Ret. Sch. 33534« (Jg. 1921, S. 818); der Jg. 1919 des »Deutschen Bühnen-Jahrbuchs« war mir nicht zugänglich.
310 Morian] Maria Ludwig geb. Morian war nur in der Spielzeit 1914/15 am Schauspielhaus Düsseldorf als Sekretärin angestellt. Sie irrte sich daher, als sie im zitierten Brief ebenfalls schrieb: »Als der Krieg 1914 im August ausbrach, war Ret Marut spurlos verschwunden.«
310 Brief an … Luján] Guthke 1987, S. 110.
310 seinem … Roman] Als Autornamen wählte Marut Richard Maurhut.
310 Tänzerin] Auch in Maruts »Fackel des Fürsten« wird getanzt (2008, S. 94).
311 1881 … geboren] Den Hinweis verdanke ich Dr. Peter Michael Braunwarth, Österreichische Akademie der Wissenschaften.
311 in Marienbad] Zu diesem Zeitpunkt galt sie als »bisher ziemlich unbekannt«. Siehe »Die Woche«, Berlin, 6. Jg., Nr. 37, 10.9.

1904, S. 1660, Artikel »Die junge Geigerin Amelie Heller« (mit Porträtfoto). Außer einer Notiz in der Wiener »Fackel« konnte ich weiter nichts über sie herausfinden: »Zum Schlusse eine kleine Reklamenotiz für die Geigerin Amely Heller, die nicht berichtigt werden muß. Amely Heller hat ›bereitwilligst zugesagt‹, am soundsovielten im großen Musikvereinssaale zu gunsten des Österreichischen Friedensvereins zu konzertieren, und die Schloßherrin von Oroszvar hat das Protektorat übernommen« (»Die Fackel«, 8. Jg., Nr. 217, 23.1.1907).

311 Dokumentensammlung] Amely Heller, »H. W. Ernst im Urteile seiner Zeitgenossen«, zuerst Brünn 1904.

311 Gastspielvertrag ... weiteres Gastspiel] Beide Verträge, mit Andersens Unterschrift, befinden sich im TMD; ebenso ein von Knut Ström, damals Bühnenbildner am Schauspielhaus, entworfenes Plakat zu »Das Märchen vom geigenden Tod«.

311 zwei Typoskripte] RMS/UCR.

311 brieflichen Bemerkungen] Siehe S. 312.

311 Zeitungsausschnittdienstes] Klose & Seidel, Bureau für Zeitungs-Ausschnitte, Berlin NO 43, Georgenkirchplatz 21. Der einmalige Auftrag kostete 6 Mark (RMS/UCR).

312 Briefresümee] Marut an Karl Wolff, Chefredakteur des »Kölner Tageblatts«, 5.2.1916; RMS/UCR.

312 suchte Marut sie ... auf] Marut an Friedrich Reime, Direktor des Excelsior-Hotels in Köln, 12.1.1916; RMS/UCR.

312 sehr viel Geld] Marut an Karl Wolff, Chefredakteur des »Kölner Tageblatts«, 5.2.1916; RMS/UCR. Für Gastspiele über 200 Mark Honorar konnte ein Stellenvermittler laut Gebührentarif 10% beanspruchen.

313 an Karl Wolff] RMS/UCR.

314 an Friedrich Reime] Ebd.

315 nahm ... Stellung] Ebd.

315 Deutsche Chemie] Maruts Artikel dürfte die Verleihung des Nobelpreises für Chemie 1915 an den deutschen Juden Richard Willstätter würdigen und entweder anläßlich der Bekanntgabe Anfang Oktober oder der Verleihung am 10. Dezember erschienen sein. Der entsprechende Jahrgang des »Illustrierten Unterhaltungsblatts« ließ sich nicht auffinden.

316 Brief Maruts] Marut an »Frau August Er(c)kens« in Düsseldorf, 12.1.1916; RMS/UCR.
316 angeblich erklärt] Marut an Fritz Mermet in Köln-Rodenkirchen, 5.2.1916; RMS/UCR.
316 Brief an Marut] Ebd.
316 f. Brief vom 12.1.1916] Marut an »Frau August Er(c)kens« in Düsseldorf, 12.1.1916; RMS/UCR.
317 f. Brief vom 5.2.1916] Marut an Fritz Mermet in Köln-Rodenkirchen, 5.2.1916; RMS/UCR.
319 spätestens 1920] Vielleicht schon im Februar 1918, als Irene in Köln weilte, wie aus dem Gesellschaftervertrag für den Ziegelbrenner-Verlag hervorgeht (notariell beglaubigte Zweitschrift in der RMS/UCR).
322 wie es ... hieß] Z, Heft 2, 1.12.1917, 3. Umschlagseite.
322 Studentin] Z, Heft 15, 30.1.1919, S. 13 f.; vgl. Richter 1977, 281.
322 Clemensstraße 84] Ein zeitgenössisches Foto des Hauses Clemensstraße 84 befindet sich in der RMS/UCR.
323 im Interview] 7.7.1967; BTC/UCR, Slg. Heidemann.
323 Pfliegler ... erinnerte sich] Recknagel 1982, S. 35 f.; das Interview stammt aus dem Juli 1963. Bei dem »Fräulein« handelt es sich offenbar um Marta Haecker.
323 drei Interviews] BTC/UCR, Slg. Heidemann.
324 Ohly erinnerte sich] »Münchener Stadtanzeiger«, Nr. 8, 25.2. 1949, S. 3 f.; vgl. Recknagel 1982, S. 35.
324 Herzogstraße] Wahrscheinlich täuschte sich Ohly, indem er die Verlagsadresse für die Wohnung hielt, in der er zu Besuch gewesen war.
324 belegen ... erwähnt] Marut an Ohly, 26.8.1918; RMS/UCR.
324 Ornament] »Münchener Stadtanzeiger, Nr. 8, 25.2.1949, S. 4.
325 auf einen Tag] Marut an »Frau August Er(c)kens« in Düsseldorf, 12.1.1916; RMS/UCR.
325 Arbeitsüberhäufung] Marut an Karl Wolff in Köln, 5.2.1916; RMS/UCR.
325 Mann an der Fräse] »Licht und Schatten. Monatsschrift für Schwarz-Weiss-Kunst und Dichtung«, Berlin, 6. Band 1915/16, Nr. 11, 1.3.1916, S. 2–3.
325 Liebe des Vaterlandes] »Reclams Universum«, 32. Jg. 1916, 1. Halbband, 2.3.1916, S. 445–449.

325 Zwei Väter] »Der Sammler. Unterhaltungsbeilage der München-Augsburger Abendzeitung«, 85. Jg., Nr. 61, 20.5.1916.

325 Indizien ... Nebel] »März. Eine Wochenschrift«, 10. Jg. 1916, Heft 21, 27.5.1916, S. 155–157 und Heft 27, 8.7.1916, S. 14–17. Im Jahr zuvor war hier bereits »Der fremde Soldat« erschienen (9. Jg. 1915, Heft 42, 23.10.1915, S. 50–54).

325 Trümpfe in der Hand] »Die Wochenschau. Illustrierte Zeitung«, Essen, Düsseldorf, Berlin: W. Girardet, 9. Jg., Heft 3, 20.1. 1917.

325 Das Seidentuch] »Reclams Universum«, 33. Jg. 1917, 2. Halbband, 16.8.1917, S. 897 f. Vgl. auch Maruts Schreiben vom 27.2.1918 an G. Mayer von »Reclams Universum«, in dem er ihm für seine Worte über den »Ziegelbrenner« dankt und hofft, ihm in Bälde wieder etwas für das »Universum« anbieten zu können; RMS/UCR.

325 Ablehnungsbescheide] RMS/UCR.

325 vor dem 25.3.1917] An diesem Tag erschien eine Rezension K. von Perfalls in der »Kölnischen Zeitung«, Beilage Nr. 12, S. 2.

326 Pseudonym] Marut benutzte es auch für sein Romantyposkript »Der Mann Site und die grünglitzernde Frau« (siehe die vierte Anm. zu S. 310).

326 mit Brief] RMS/UCR.

326 Verlagsankündigung] Z, Heft 1, 1.9.1917, 3. Umschlagseite. Vgl. auch die Werbung in den Heften 2, 3 und 4 (jeweils 3. Umschlagseite).

326 Weill ... kritisierte] Auszug in Z, Heft 5–8, 9.11.1918, S. 148.

326 seiner Antwort] Marut an Weil, 5.5.1918; RMS/UCR.

327 beschimpft] Z, Heft 5–8, 9.11.1918, S. 148.

327 verteidigte sie] Ebd.

327 f. Schreiben an ... Brüning] Schriftleitung des »Ziegelbrenner« an A. Brüning in Paderborn, 26.4.1918; BTC/UCR, Slg. Heidemann; zit. nach Richter 1977, S. 384 f.

327 Kriegsnovellen] Novelle wohl nicht im engeren, gattungspoetischen Sinn, sondern als Bezeichnung für eine epische Kurzform.

328 Tollkühnheit] Traven 1983, S. 204.

328 Was schiert mich] Ebd., S. 205.

328 Eigennutz] Ebd., S. 243.

328 f. Zwei Vorgesetzte] Ebd., S. 232 und 243.

329 Beweggründe] Ebd., S. 253.

329 Müssener ... gezeigt] Vgl. Müssener 2003, in: Thunecke (Hg.) 2003, S. 132–157.
330 eine Maschine] Traven 1983, S. 253.
330 wohltuend] 26.4.1918; BTC/UCR, Slg. Heidemann; zit. nach Richter 1977, S. 384.
330 blosse Dichtung] Schriftleitung des »Ziegelbrenner« an A. Brüning in Paderborn, 26.4.1918; BTC/UCR, Slg. Heidemann; zit. nach Richter 1977, S. 384.
330 seiner Werbung] Vgl. Z, Hefte 1–4, jeweils 3. Umschlagseite.
331 verweigert] Z, Heft 5–8, 9.11.1918, S. 149.
331 Mäzenen] Oskar Maria Grafs Mäzen war Anton van Hoboken, ein millionenschwerer holländischer Schieber mit einer Villa in Schwabing (»Walhalla«), 1918/19 Treffpunkt der Schwabinger Boheme (Graf 1928).
331 auf zwei Briefen] RMS/UCR.
332 Regulierung] Hier klingen Ideen an, die sich bereits bei Wilhelm Weitling, »Garantien der Harmonie und Freiheit«, 1842, finden.
333 Brief« an Russell] Briefe von Georg von Kaufmann an Bertrand Russell vom 23.1. und 19.5.1917 sowie vom 25.10.1919 haben sich im Russell-Nachlaß erhalten.
333 George Kaufmann jr.] George von Kaufmann jr. (1940 änderte er seinen Namen in George Adams, den Mädchennamen seiner Mutter) wurde am 8.2.1894 in Maryampol/Ostgalizien (damals Österreich-Ungarn) geboren. Kurze Zeit nach seiner Geburt zog die Familie nach Solotwina bei Stanislawow in den Vorbergen der Karpaten. Um 1897 trennten sich die Eltern, der Vater ging eine zweite Ehe mit einer jungen Deutschen ein, die Mutter kehrte ohne ihre drei Kinder nach England zurück. George jr. wuchs mit Englisch, Deutsch und Polnisch auf, besuchte ab 1905 das Mill Hill Internat in London und trat 1912 ins Christ's College der University of Cambridge ein, wo er zunächst Chemie studierte. Auf Anregung von Bertrand Russell verlegte er seinen Studienschwerpunkt auf theoretische Physik und projektive Geometrie. Um 1914 machte er Bekanntschaft mit der Anthroposophie von Rudolf Steiner und wurde 1916 in London Mitglied des Emerson-Zweigs der Anthroposophischen Gesellschaft. Siehe Whicher 1973 und Ziegler 2001.
333 f. Kopie eines ... Briefs] Im selben Brief teilt Helen Bowen

Wedgwood mit, daß George seiner Courage wegen in ihrer Familie als Pfundskerl gelte, wofür sie den umgangssprachlichen Ausdruck »brick« verwendet, »Ziegel«.

334 mit Brief] Marut an Georg v. Kaufmann, 8.5.1918; RMS/UCR.

336 Paßantrag] Wyatt 1982, S. 240–242.

336 laut Goldwasser] Goldwasser 1989, S. [26].

336 Lektüre englischer Zeitungen] Z, Heft 1, 1.9.1917, S. 17; Heft 3, 16.3.1918, S. 63 (hier erwähnt er namentlich »The Nation«, die für einen Verständigungsfrieden und für die Beschwerden der Kriegsdienstgegner eintrat, und den zum Sozialismus neigenden »The New Statesman«, der sich gegen den Krieg und die allgemeine Wehrpflicht aussprach); vgl. Richter 1977, S. 226.

336 Übersetzungen] Z, Heft 1, 1.9.1917, S. 8; Heft 4, S. 73–77.

337 crime of murder] Richter 1977, S. 231.

337 1) Ret James ... time] Wyatt 1980, S. 236 f.

337 eigenhändige Note] Ebd., S. 237.

337 f. In my opinion ... States] Ebd., S. 238.

338 Antrag] Raskin zufolge suchte Marut noch bei verschiedenen anderen amerikanischen Konsulaten um einen Paß als amerikanischer Staatsbürger nach, darunter in Den Haag am 23. April (Raskin 1980, S. 242). Möglicherweise hat Raskin die Dokumente lediglich falsch gedeutet.

338 Ablehnungsbescheid] Wyatt 1982, S. 243 f.

338 Erklärung] RMS/UCR.

338 unterließ ... sprach ... betonte] Z, Heft 4, 27.7.1918, S. 79 und S. 88.

339 Der Antrag] Staatsarchiv für Oberbayern, München, Kriegsarchiv, Stellv. Gen. Kdo., Band 293; Abb. bei Guthke 1987, S. 194; Teilabb. bei Recknagel 1982, S. 39 und 74.

339 erzählte sie] Interview Heidemanns mit Elfriede Zielke am 5.5.1963 in Berlin; BTC/UCR, Slg. Heidemann.

339 hin und wieder] Irene Zielke an Recknagel, 27./28.3.1961; siehe Kramer/Ludszuweit 2002, S. 155.

339 sandte ... Pakete] Notizen Heidemanns nach einem Gespräch mit Irene Zielke am 7.5.1963 in Berlin/DDR; BTC/UCR, Slg. Heidemann.

339 f. erinnerte sich ... Zielke] Interview Heidemanns mit Elfriede Zielke am 5.5.1963 in Berlin; BTC/UCR, Slg. Heidemann.

340 Neujahrsgruß] Abb. bei Recknagel 1982, S. 61.
340 schrieb sie am 7. Juni] BTC/UCR, Slg. Heidemann.
340 Irenes Brief] Heidemann 1977, S. 204 f.
340 Dementi] Abb. bei Guthke 1987, S. 168.
341 sagte Luján] Raskin 1980, S. 23.
341 Zeitschriften- und Bücherverlage] Laut den Vermerken sowohl auf der Meldekarte als auch in der Gewerbeliste wurde der Verlag am 19.10.1918 abgemeldet (Abb. bei Guthke 1987, S. 190 f.).
341 gab ... in Druck] Z, Heft 9–14, 15.1.1919, S. 16 f.
341 Brief ... vom 10.6.] München, Kriegsarchiv 14006/1918; Richter 1977, S. 386 f.
341 erinnerte sich] Z, Heft 9–14, 15.1.1919, S. 15.
341 gestrichen ... verkürzt] Vgl. ebd., S. 16–18.
341 Brief an ... Werveke] RMS/UCR.
342 Die Lese ... Die Welt-Literatur] Allein in diesen beiden Stuttgarter und Münchner Wochenzeitschriften hat Marut, wie Richter herausfand, zwischen dem 22.12.1917 und dem 1.5.1919 dreiundachtzigmal (56 u. 27) inseriert; weitere Anzeigen (u. a. in der Leipziger »Illustrierten Zeitung« und im »Vorwärts«) wurden von Richter in Form von Stichproben, ohne Anspruch auf Vollständigkeit, ermittelt (Richter 1977, S. 26 u. Anm.). Die »Welt-Literatur. Jede Woche ein Werk. Die besten Romane und Novellen aller Zeiten und Völker« (München: Verlag Die Welt-Literatur Walther C. F. Hirth) brachte in wöchentlichen Einzelheften zu 10 Pfg. Literatur im Zeitungsformat; ein Konzept, das wenig später von Rowohlts Rotationsromanen fortgesetzt wurde. Beide Zeitschriften empfahl Marut den Lesern des »Ziegelbrenner« in Heft 5–8, 9.11.1918, 4. Umschlagseite.
342 um 6000 M. höher] Z, Heft 5–8, 9.11.1918, S. 111.
342 zuschießen] Heidemann 1967, S. 64.
342 übernahm] Recknagel 1982, S. 79.
342 mit Brief] Marta Haecker verh. Schubert an Heidemann, 10.6.1967; BTC/UCR, Slg. Heidemann.
342 suggestive Frage] Heidemann 1977, S. 41.
342 außer Frage] Guthke 1987, S. 199.
342 Privatvermögen] Marut an Martha Buhlmann, 24.4.1918, RMS/UCR; Marut an Major Kiesel, 24.4.1918, RMS/UCR; Z, Heft 4, 27.7.1918, S. 79; Heft 16–17, 10.3.1919, S. 10.

342 um Kredite bemühte] Marut an Georg v. Kaufmann, 8.5.1918; RMS/UCR; Marut an Götz Ohly, 9.10.1918, RMS/UCR; Marut an Major Kiesel, 24.4.1918, RMS/UCR.

343 600 … Buchhändler] Marut an J. A. Meier, 29.3.1918; vgl. Marut an den Verlag Naturwissenschaften G.m.b.H. in Leipzig, 22.1.1918; RMS/UCR.

343 2 500 Stück] Marut an Verlag Naturwissenschaften, 22.1.1918, RMS/UCR.

343 vergriffen] Z, Heft 4, 27.7.1918, 2. Umschlagseite, und Heft 5–8, 9.11.1918, 2. Umschlagseite.

343 nie ganz verkauft] Z, Heft 35–40, 21.12.1921, 3. Umschlagseite.

343 Richter … schätzt] Richter 1977, S. 39.

343 Erinnerung … Haeckers] Ebd., S. 177, Anm. 183.

343 ein Darlehen] Marut an Götz Ohly, 9.10.1918, RMS/UCR.

343 Restexemplare] Z, Heft 35–40, 21.12.1921, 3. Umschlagseite.

343 Gönner] Z, Heft 20–22, 6.1.1920, 3. Umschlagseite. Beim »Gönner« wäre auch an Fritz Mermet zu denken, der Geld in eine Kölner Filmproduktion, vielleicht auch in andere kulturelle Unternehmungen investierte (siehe S. 457 ff.). Für finanzielle Unterstützung durch ungenannte »Ziegelbrenner«-»Gesellen« bedankte Marut sich in Heft 18–19 (3.12.1919, S. 14).

343 neue Auflage] Marut an Unbekannt, 28.1.1920, RMS/UCR.

344 1906 Stück] Marut an Unbekannt, vermutlich 30.1.1920, RMS/UCR.

344 Auflage von Seiwerts] Jatho 1964, S. 10.

344 zum »30fachen] Z, Heft 35–40, 21.12.1921, 3. Umschlagseite. Dabei ist die allmähliche Geldentwertung zu berücksichtigen, die den Verkaufspreis etwa der Wochenzeitung »Rheinische Republik« von 15 Pfg. im September 1919, 20 Pfg. im Oktober 1919 und 25 Pfg. im Januar 1920 auf 50 Pfg. im März 1920, 60 Pfg. im März 1921 und 1 M. im Oktober 1921, als vieles um das 10–20fache teurer geworden war, klettern ließ. Ein Jahr später lag er dann bei 36 M.

344 Brief an … Buhlmann] RMS/UCR.

345 Preußengegner] Fischer 1973, S. 41.

345 Verhandlungsstil] Ebd., S. 35 und 30.

345 frustriertes Opfer] 1887/88 mußte sich v. Sonnenburg drei militärischen Ehrengerichtsverfahren unterwerfen, 1889 wurde

er in der Heilanstalt Neu-Wittelsbach wegen seiner Morphiumsucht behandelt, 1892 bei der Beförderung übergangen, 1893 als Major zum Bataillonskommandeur ernannt, 1895 erneut übergangen, woraufhin er seinen Abschied nahm. Bei Kriegsbeginn wurde er als Major reaktiviert, ins Kriegsministerium berufen und als 60-Jähriger zum Oberstleutnant befördert. Sein unmittelbarer Vorgesetzter war der Leiter der Armeeabteilung, vom 1.3.1916 bis zum 21.2.1919 Gustav Freiherr Kress von Kressenstein. Als Kurt Eisner vom Arbeiter-, Soldaten- und Bauernrat zum ersten Ministerpräsidenten des neuen Freistaats gewählt worden war, bewarb sich v. Sonnenburg mit immerhin 67 Jahren um die Stelle des Pressereferenten (Fischer 1973, S. 51); für Eisner verfaßte er im Dezember 1918 eine Denkschrift über die Parteienentwicklung seit Juli 1914, in der er als evolutionärer Sozialist auftrat und sich gegen die kapitalistische Wirtschaftsform aussprach.

345 f. Weltanschauung] Fischer 1973, S. 83 f.

346 von Müller] Ebd., S. 35.

346 Mühsam … Foerster] Hüsmert/Giesler 2005, S. 44 und 185.

347 Personifizierung] Ebd., S. 519. Erich Mühsam dagegen bezeichnete Roth als »völkischen Konterrevolutionär« (zit. nach Viesel 1976, S. 17 f.).

347 anerkennende Worte] Z, Heft 4, 27.7.1918, S. 90.

347 Brief an … Werveke] RMS/UCR; Textlücken aufgrund von Beschädigung.

348 Achtet auf alles] Z, Heft 15, 30.1.1919, S. 13; auch Schluß des Flugblatts »Die Welt-Revolution beginnt«; Viesel (Hg.) 1980, S. 492.

348 für Völkerverständigung] Gegen Völkerverhetzung (Heft 2, 1.12.1917, S. 44; Heft 3, 16.3.1918, S. 59); »Frankreich ein treuer Freund Deutschlands« (Heft 9–14, 15.1.1919, S. 3); Sympathie mit Polen, auch dessen territorialen Zugewinnen gegenüber (Heft 16–17, 10.3.1919, S. 1).

348 gebildeten] Marut an Major Kiesel, 24.4.1918; RMS/UCR.

348 Politik … gleichgültig] Marut an die Presse-Abteilung des Stellvertretenden General-Kommandos, 19.12.1917; RMS/UCR.

348 Pfaffen] Heft 9–14, 15.1.1919, S. 18. Die Geistlichkeit galt Marut als »gottverlassene Volksbetrüger« (ebd., S. 89), als »ver-

fluchte und nichtswürdige Kreaturen, die sich Diener Gottes und Stellvertreter Christi auf Erden nennen« (S. 88). Der Staat solle die Kirchen keinesfalls »unterstützen« (S. 90), ob »protestantisch, katholisch oder jüdisch« (S. 89).

348 Sozialdemokratie] Schon in Heft 5–8 vom 9.11.1918 hieß es, »die deutsche Sozialdemokratie« habe »bei den Völkern der Erde so viel an Kredit verloren« (S. 160). Nach Eberts Wahl zum Reichspräsidenten wurden »Scheidemann, Ebert, Landsberg, Noske, Wissel« als Betrüger gebrandmarkt (Heft 16–17, 10.3.1919, S. 2). Rhetorisch fragte Marut: »Was ist von dieser Partei, die einmal die Hoffnung aller Unterdrückten und Gequälten, die Morgendämmerung der Menschheit schien, geworden?: Eine Operetten-Vorstellung für das verluderte deutsche Bürgertum« (S. 23). Noch schärfer hieß es dann in Heft 18–19, die SPD befinde sich im »Zustand der Verkommenheit« (3.12.1919, S. 11); »die Sozialdemokratie [züchtete] ein Papsttum, schlimmer als das der katholischen Kirche« (S. 10).

348 Greueltat] S. 87.

348 Kapitalismus] Ebd., S. 4 f. Vielfach wandte sich Marut gegen den »raubgierigen Kapitalismus« (Heft 16–17, 10.3.1919, S. 19) und gegen eine Welt, »die Geschäfte machen will« (Heft 5–8, 9.11.1918, S. 147).

348 Denn wo … Kretins] Ebd., S. 52.

349 Journalist … Pfaff] Ebd., S. 88.

349 Die kaiserliche … Gewerkschaft] Ebd., S. 17 und 54 f.

349 Lektüre] Z, Heft 1, 1.9.1917, S. 17; Heft 3, 16.3.1918, S. 63.

349 Übersetzungen] Ebd., Heft 1, 1.9.1917, S. 8; Heft 4, S. 73–77; Heft 2, 1.12.1917, S. 31 f. Die Auswertung französischer Zeitungen, die im Sommer 1917 erwähnt wird, möchte ich, ebenso wie die Übersetzung »aus einem alten französischen Lesebuch«, obgleich Marut sie für sich selbst reklamiert, Irene Mermet zuweisen, von der Kontakte nach Frankreich belegt sind (siehe S. 466).

349 kein Arbeiter … Länder der Erde] Z, Heft 15, 30.1.1919, S. 6, vgl. auch Heft 5–8, 9.11.1918, S. 131 (»asiatischer Kuli«).

350 Vorbild] Vgl. Richter 1977, S. 41–45. Als Parallelen nannte Richter an anderer Stelle »die Attitüde des einsam-mutigen und unerbittlichen Sittenrichters über die Zeit, der stolze Abstand zum Publikum, der Verzicht auf Mitarbeiter, der Bruch mit publizis-

tischen Traditionen wie der regelmäßigen Erscheinungsweise, die Vermittlung des Ungeheuerlichen in den kleinen Tagesereignissen, die exzessive Presse-Glossierung und der vehemente Kampf gegen den Journalismus überhaupt« (Richter 1976, S. 93). Man kann noch die gemeinsame Hochschätzung von Goethe und Claudius nennen; die anfängliche Bewunderung Heines nahm Marut, vermutlich ebenfalls von Kraus inspiriert, in Heft 9–14 (15.1.1919, Umschlagseite 3) zurück.

350 Gegenteil behauptete] Ebd., Heft 9–14, S. 91.

350 lobte] Ebd., S. 7.

350 ganzes ABC] Aus dem Anfang 1921 verfaßten Artikel-Typoskript »Dilettantismus in der Kloake des Herrn Runge« (RMS/UCR) lassen sich noch ergänzen: Büttel, Blödiane, Dilettanten, Esel, Tröpfe.

351 kompensierte] Vgl. Richter 1977, S. 116 ff.

351 verblödet] Im Artikel-Typoskript »Dilettantismus in der Kloake des Herrn Runge« (RMS/UCR) finden sich noch die Varianten »blöde«, »blödsinnig«, »verblödend«, »dreiviertelverblödet«.

351 Schluß von Heft 4] Z, Heft 4, 27.7.1918, S. 104.

351 f. Keine arme ... worden] Ebd., Heft 5–8, 9.11.1918, S. 119.

352 gebildeten] Marut an Major Kiesel, 24.4.1918; RMS/UCR.

352 mit Brecht] »An die Nachgeborenen«.

352 herausragenden Texten] Etwa die Wiedergabe einer Münchner Weinstubenszene und der Kommentar zum »Flieger«-Gedicht von Georg Freiherr von Ompteda, beides in Z, Heft 4, 27.7.1918, S. 80 und 99 f.

352 Aphorismen] Ebd., Heft 1, 1.9.1917, S. 7; Heft 2, 1.12.1917, S. 32 f.

352 Abhandlung] Möglicherweise war Marut inspiriert durch den Essay von Otto zur Linde, »Die grade Linie«, erschienen in Heft 5 (1911) des »Charon«, dessen Essenz ebenfalls lautet, daß es in der gesamten Natur keine gerade Linie gibt.

353 Unfug] Z, Heft 20–22, 6.1.1920.

353 bis zum 30.11.] Ebd., Heft 4, 27.7.1918, S. 96.

353 wurde mitgeteilt] Z, Heft 3, 16.3.1918, 2. Umschlagseite.

353 wieder verkauft] Marut an Martha Buhlmann in Guben, 24.4.1918; Marut an Soennecken, 26.2.1918; RMS/UCR.

354 Herausgeber ... Schriftleiter] Richter 1977, S. 21.

354 Brief an … Meier] Marut an J. A. Meier, 29.3.1918; vgl. Marut an den Verlag Naturwissenschaften G.m.b.H. in Leipzig, 22.1.1918; RMS/UCR.

354 keine Kapitalisten] Marut an J. A. Meier, 29.3.1918; RMS/UCR.

355 die Rede gewesen] Recknagel 1982, S. 31, der sich auf eine Mitteilung von Rudolf Pfannkuchen vom 11.4.1962 bezieht. Auf welche Weise der Berliner Student Ohly dem Polizeichef in München diese Neuigkeit hätte entlocken können, bleibt unerfindlich; handelte es sich um den Polizeipräsidenten der 2. Räterepublik, Johann Dosch, würde es eventuell Sinn machen.

355 Papiermangel beklagte] Marut an den Verlag Naturwissenschaften G.m.b.H. in Leipzig, 22.1.1918; RMS/UCR; Marut an A. Brüning in Junfermann's Buchhandlung in Paderborn, 21.3.1918; BTC/UCR, Slg. Heidemann; Richter 1977, S. 382.

355 preußenkritischen] Z, Heft 5–8, 9.11.1918, S. 152, Heft 9–14, 15.1.1919, S. 18 und 38, Heft 15, 30.1.1919, S. 3, Heft 16–17, 10.3. 1919, S. 1.

355 Die Geschichte eines Films] RMS/UCR. Siehe S. 457 ff.

355 Brief an Soennecken] 26.2.1918, RMS/UCR.

356 Brief an … Reimann] RMS/UCR.

356 11. Juni 1918] Ebd.

356 zu Wucherpreisen] Z, Heft 9–14, 15.1.1919, S. 37.

356 Münchner Publikum] Richter 1977, S. 16.

356–358 Essay] Z, Heft 1, 1.9.1917, S. 5–7.

358 Altschrift-Bund] Im Mitgliederverzeichnis des Deutschen Altschriftenbundes ist der »Verlag ›Der Ziegelbrenner‹« aufgeführt (Richter 1977, S. 175).

358 Völkerverständigung] Z, Heft 3, 16.3.1918, S. 64 f.; vgl. Maruts Schriftwechsel mit dem Deutschen Altschrift-Bund vom 30.7., 10.9., 5.10.1917 und 24.10.1918; RMS/UCR.

359 11.1.1918] RMS/UCR.

359 was er … auch tat] Z, Heft 3, 16.3.1918, wiederholt in Heft 4; abgewandelt (Empfehlung der »Gottfried Keller'schen Bücher«) in Heft 5–8 und 9–14, jeweils 4. Umschlagseite.

359 bot er … an] Marut an den Verlag Naturwissenschaften G.m.b.H. in Leipzig, 22.1.1918; RMS/UCR.

359 Kaufempfehlung] Z, Heft 3, 16.3.1918.

359 angeführt] Ebd., Heft 2, 1.12.1917, S. 36.

360 druckte ... ab] Vgl. die Kritik eines Ungenannten an den »Totengesängen« (Druck: Z, Heft 4, 27.7.1918, S. 104) sowie drei Briefe von ungenannten Frauen, die sein »Schreien« kritisierten (Druck ebd., S. 101).

360 fand sich ... wieder] Z, Heft 2, 1.12.1917, S. 47.

360 Werveke ... Michels] Vgl. insgesamt Mannes 2007. Gast Mannes danke ich für die Überlassung von Scans und Transkriptionen des Briefwechsels van Werveke bzw. Michels/Marut.

360 Erinnerungsbericht] Richter 1977, S. 406.

360 Briefzensurstelle in Trier] Van Wervekes Briefe durchliefen sämtlich die Post-Überwachungsstelle des VIII. Armee-Korps Trier.

361 Verbindungsmann] Erinnerungsbericht von Gust van Werveke vom 5.4.1971; Richter 1977, S. 406.

361 ersten Brief] RMS/UCR.

361 Brief vom 24.9.] Ebd.

361 f. kündigte ... an] Van Werveke an Marut, 2. Oktober 1917, RMS/UCR.

362 ließ Marut ... wissen] RMS/UCR.

362 prompt ... warb] Z, Heft 3, 16.3.1918, S. 59.

362 Brief vom 14.11.] RMS/UCR.

363 zwei Briefe] Ebd.

363 Ausfuhr ... verboten] Marut an die Presse-Abteilung des Stellvertretenden General-Kommandos, 19.12.1917.

363 Auskunft ... erteilt] Hüsmert/Giesler 2005, S. 261. Die dort angegebene Archivsignatur ist auf Bayr HSTA München, KA, Stv. Gen. Kdo. I. AK 1936 zu korrigieren.

363 Heft ... beigefügt] Laut einer von Marut in Heft 18–19 zitierten »Verordnung« bestand die Pflicht zur Ablieferung eines Belegexemplars an die Polizeidirektion (3.12.1919, 3. Umschlagseite).

363 Anweisung] Ebd., S. 262.

363 20.11. ... am 22.] Z, Heft 9–14, 15.1.1919, S. 21 und 96.

364 vergriffen] Ebd., Heft 3, 16.3.1918, 2. Umschlagseite; Marut an A. Brüning in Junfermann's Buchhandlung in Paderborn, 13.3. 1918, BTC/UCR, Slg. Heidemann; Richter 1977, S. 382; Marut an Verlag Naturwissenschaften, 22.1.1918, RMS/UCR.

364 zweite Auflage] Marut an A. Brüning in Junfermann's Buch-

handlung in Paderborn, 13.3.1918; BTC/UCR, Slg. Heidemann; Richter 1977, S. 382; Marut an Verlag Naturwissenschaften, 22.1.1918, RMS/UCR.

364 zur Neige] Marut an den Verlag Naturwissenschaften G.m.b.H. in Leipzig, 22.1.1918; RMS/UCR.

364 Verlagsmitteilung] Z, Heft 3, 16.3.1918, 2. Umschlagseite.

364 Bezugsberechtigte] Marut an Reimann, 27.5.1918; RMS/UCR.

364 vergriffen] Marut an Frau Kleiner, 13.7.1918; RMS/UCR.

364 Zensurstriche ... reduziert] Z, Heft 9–14, 15.1.1919, S. 27.

364 Anzeigentausch bemerkt] Ebd., S. 21.

364 rechnete ... mit dem Verbot] Ebd.

364 Alldeutschen Verbands] Vgl. Heft 2, 1.12.1917, S. 33; Heft 5–8, 9.11.1918, S. 141–144 und 149–151.

365 Schreiben vom 19.12.1917] RMS/UCR.

365 Protest ... zurückgewiesen] RMS/UCR. Im Umgang mit dem Presse-Referat des Stellv. General-Kommandos bewies Marut auch danach Charakter: Mit Brief vom 22.5.1918 etwa forderte er Erstattung der Porto- und Schreibkosten für Heft 3, das nicht nach Riga/Lettland ausgeführt werden durfte (RMS/UCR).

365 Ausfuhr-Verbot] Auszug in Z, Heft 9–14, 15.1.1919, S. 51.

365 f. nächsten Brief ... nächste Brief] Michels' Briefe befinden sich sämtlich in der RMS/UCR.

366 sandte Marut ... Abschrift] Gust van Werveke an Marut, 25.3.1918, RMS/UCR.

367 f. zitierte Marut] Z, Heft 16–17, 10.3.1919, S. 21 f.

368 Brief vom 25.2.] RMS/UCR; Auszug in Z, Heft 4, 27.7.1918, S. 85.

368 freimütige Antwort] Marut an Seehof, 17.4.1918; RMS/UCR.

368 kleine Arbeit] Ebd. kündigte Marut an, daß der Beitrag honoriert werde (RMS/UCR).

368 leitete sie ... ein] Z, Heft 4, 27.7.1918, S. 85.

368 Briefe von Li Remmers] RMS/UCR.

368 Klosterfrau] 62. Jg. 1918, Band 123, Heft 738, Februar 1918, S. 689–698.

368 beeindruckt] Auch die Verlags- und Schulbuchhandlung von Paul Even war angetan von der Novelle. In nicht weniger als vier Briefen (10., 16., 23., 31.7.1918) versuchte der Verleger, von Marut die Erlaubnis zu einem Nachdruck zu erhalten (RMS/UCR),

was dieser, mißtrauisch gegenüber der Presse, bisher stets abgelehnt hatte. Weil Even rein literarische Interessen geltend machte, scheint er, so Goldwassers (1989, S. [57]) Vermutung, am Ende Maruts Vertrauen gewonnen zu haben.

369 Antwortschreiben vom 27.8.] RMS/UCR.

369 herzlichen Brief] Jacobsohn an Marut, 12.3.1918; RMS/UCR; Auszug in Z, Heft 9–14, 15.1.1919, S. 11.

370 Entwürfe] RMS/UCR.

370 Schon … gewechselt] Marut an Jacobsohn, 17.6.1914, TMD.

370 Pontzen] Geb. 28.10.1897 in Malmedy; 1918 Mitarbeiter der Berliner »Aktion«, 1919 der Kölner »Sozialistischen Republik«.

370 am 2.7.1918] RMS/UCR.

370 Kennig] Ebd.

370 Hartenfels] Ebd.

371 Funder] Ebd.

371 fünfzehn Anzeigen] Richter 1977, S. 376 f.

371 Shelley] Ein Leser namens Gustav Henning erhielt von Marut am 21.8.1918 seine Shelley-Übersetzungen anempfohlen, des weiteren »Das Feuer« von Henri Barbusse (RMS/UCR).

371 Hellingrath … Schreiben] Kriegsarchiv München, 13907 / Anl. 164274; Richter 1977, S. 388.

371 Innenministerium … Schreiben] Ebd., 13908 / Anl. 6934; Richter 1977, S. 389.

371 f. Buhlmann] RMS/UCR.

372 Postwendend] Marut an Martha Buhlmann, 24.4.1918; RMS/UCR; ein Schreiben Maruts an ein »Fräulein B.« vom 16.5.1918 könnte ebenfalls an sie adressiert sein.

372 Wittenhagen] RMS/UCR.

372 am 24. und 26.4.] Ebd.

372 am 5.5.1918] Ebd.

373 Marut antwortete] Ebd. Bei einem weiteren Brief vom 9.7.1918 handelt es sich sehr wahrscheinlich um das Begleitschreiben zu Heft 4 des »Ziegelbrenner« (ausgegeben am 8.7.1918, siehe Z, Heft 9–14, 15.1.1919, S. 51), das Marut mit charmant-poetischen Worten überreichte.

373 Dankschreiben] Ein kurzer schriftlicher Dank an E. D. F. K. R. vom 5.6.1918 ist vermutlich ebenfalls an Ellen Diehl-Förster in Köln am Rhein gerichtet. Einem Brief an Diehl-Förster vom 22.7.1918

lag eine Vergütung für ihre Hilfe (wohl bei der Shelley-Übersetzung) bei (RMS/UCR).

373 noch nicht … übertragen] Eine entsprechende Auskunft besorgte sich Marut am 25.5.1918 bei der Kgl. Hof- und Staatsbibliothek in München (RMS/UCR).

373 Schreiben vom 11. Juni] RMS/UCR; Goldwasser 1989, S. [47].

373 Brief vom 15. Juli] RMS/UCR.

374 Kloss] RMS/UCR; Goldwasser 1989, S. [62].

374 in Abwesenheit] BTC/UCR, Slg. Heidemann; Richter 1977, S. 173, Anm. 71.

374 unter dem Ladentisch] Richter 1977, S. 25, nach einem Bericht Brünings von 1970.

374 fünf Ausgaben] Marut an A. Brüning in Junfermann's Buchhandlung in Paderborn, 13.3.1918; BTC/UCR, Slg. Heidemann; Richter 1977, S. 382.

374 Brief vom 21. März] Marut an A. Brüning in Junfermann's Buchhandlung in Paderborn, 21.3.1918; BTC/UCR, Slg. Heidemann; Richter 1977, S. 383.

374 Siebenhar] RMS/UCR.

375 Müller] RMS/UCR. Müller wohnte Mittelstraße 15 in Köln.

375 Ventilator] Bohnen 1981, S. 19.

375 Anzeigen … druckte] »Die Sozialistische Republik. Kölner Wahlzeitung der Unabhängigen Sozialdemokratischen Partei«, Nr. 6, 22.1.1919 (Anzeigen zu Heft 4 und zum Flugblatt »Die Rede des Ziegelbrenner«), Nr. 9, 8.2.1919 (Anzeigen zu Heft 4 und Heft 9–14; »Ev. Matthäi 26, Vers 33–35«); auf derselben Seite stehen Anzeigen von O. H. Müller, zum »Ventilator« und der Antinationalen Sozialisten Partei. Später umbenannt in »Die sozialistische Republik. Organ der KPD (Sektion der 3. Internationale), Bezirk Mittelrhein«. In Nr. 4 vom 15.1.1919 finden sich Passagen aus Lassalles Text gegen die Presse von 1863, die wahrscheinlich Marut zur Verfügung gestellt hatte, denn er selbst zitierte sie am 10.4.1919 in den »Münchner Neuesten Nachrichten« (Text bei Richter 1977, S. 398).

375 Maruts Kommentar] Z, Heft 9–14, 15.1.1919, S. 87–90.

375 Brief vom 13.3.] Marut an A. Brüning in Junfermann's Buchhandlung in Paderborn, 13.3.1918; BTC/UCR, Slg. Heidemann; Richter 1977, S. 382.

375 Forum-Verlag] RMS/UCR.

375 Herzog] Kurt Eisner, mit dem Herzog seit 1912 befreundet war, übertrug ihm im November 1918 kurzfristig die Leitung des »Presse- und Propagandabüros« des Arbeiter- und Soldatenrates in München; vgl. Müller-Feyen 1996, S. 158 f.

376 nannte Marut ihn] Z, Heft 2, 1.12.1917, S. 46 f.

376 Schreiben vom 2.8.] Zwei weitere Schreiben Maruts an den Verlag der »Fackel«, bezüglich der Bezahlung eines Abonnements und einzelner Hefte, datieren vom 15.8. und 2.10.1918 (RMS/UCR).

376 zitierte Marut] Z, Heft 9–14, 15.1.1919, S. 83.

376 50 Offiziere] Marut an Falkner von Sonnenburg, 10.6.1918, München, Kriegsarchiv; Richter 1977, S. 386 f.

376 dreihundert Offiziere] Siehe Z, Heft 18–19, 3. Dezember 1919, S. 20.

376 Leonhard] RMS/UCR.

376 Kiesel] Ebd.

377 am 25. März ... 24.4.1918] Ebd.

377 Kneisner] Ebd.

377 Hantke] Ebd.

377 Fetscher] Vater des Historikers Iring Fetscher.

377 Brief vom 30. Mai] RMS/UCR.

378 Marut überließ] Marut an Reimann, 27.5.1918; RMS/UCR.

378 Kraus-Verehrer] Vgl. Reimann 1959, S. 349 und 134. Daß Reimann mit Marut »in München 1918/19« regelrecht »zusammen« gewesen ist, wie er dort behauptete, entbehrt eines Nachweises.

378 Briefen vom 3. und 5.6.] RMS/UCR.

378 Kleiner] Marut an Frau Kleiner, 13.7.1918; RMS/UCR.

378 Dondorf] RMS/UCR.

378 Urban] Ebd. Das Zitat steht in Heft 2 vom 1.12.1917 auf S. 36.

379 in einer Zuschrift] Nr. 385 vom 1.7.1918.

379 Stellungnahme ... veranlaßt] BTC/UCR, Slg. Heidemann; Richter 1977, S. 389.

379 Aktenvermerk] Ebd., S. 390.

379 Druckpapier] Fischer 1973, S. 54.

379 am 4.6.1918] Recknagel datierte die Bekanntschaft begründungslos auf das Jahr 1910 (Recknagel 1982, S. 463), ohne zu bedenken, daß Ohly damals erst 16 oder 17 Jahre alt war. Der Brief belegt eindeutig, daß sich beide vorher nicht kannten.

379 Brief vom 4. Juni] RMS/UCR.

379 Schauspielunterricht] Interview Heidemanns mit Susanne Ohly und ihrem Sohn Burghard Ohly, Uffingen, 2.7.1966; BTC/UCR, Slg. Heidemann. In Berlin gab es zu dieser Zeit ca. 20 Theaterschulen; siehe Rickelt 1910, S. 15 f.

379 drei weiteren Briefen] RMS/UCR.

380 Jacobsohn] Im Brief vom 9.10.1918 mahnte Marut Ohly, ihm seine »Erlebnisse und Erfahrungen mit J.«, die er ihm fest »zugesagt« hatte, nicht vorzuenthalten.

Brief vom 26.8.] RMS/UCR.

380 Ausführungen über v. Richthofen] Die stark korrigierte Durchschlagkopie ist erhalten; RMS/UCR.

380 verwenden] Siehe »Die deutsche Kulturschande«, zitiert aus dem Brief eines »preußischen Offiziers«, in: Z, Heft 5–8, 9.11.1918, S. 156–159.

380 Brief ... vom 9.10.] RMS/UCR.

380 Sommermann] Dieses und die nachfolgend zitierten Dokumente befinden sich in der RMS/UCR. Meine Inhaltsangaben beziehen sich häufig auf Goldwassers Katalog (1989, S. [39]-[53]).

381 Heinz] Maruts Antwortschreiben datiert vom 27.8.1918.

381 Aufruf] Die korrigierte Durchschlagkopie enthält eine Bleistiftnotiz von Irene Mermet zum Bescheid des Zensors.

382 Müller ... attackiert] Z, Heft 1, 1.9.1917, S. 10 f.

382 Gedichte ... Briefauszug] Ebd., Heft 4, 27.7.1918, S. 83 f.

382 achtseitiges Typoskript] Das Titelblatt trägt ein Motto aus dem Anfang des 3. Gesangs von Dantes »Göttlicher Komödie«, der auch in Travens »Totenschiff« zitiert wird.

382 Berlin N 54] Bezeichnet die Adresse eines Postamts in der Lothringer [heutigen Tor-] Straße in Berlin-Mitte.

382 Bagienski] »Dichtungen von Trußka von Bagienski« waren 1905 im (Selbst-) Verlag W. Schäffer in Berlin erschienen; 1912 »Die aufgeklärte Frau. Ein Lebensbuch« (Berlin: Bermühler).

383 Brief vom 27.12.] Auszug in Z, Heft 3, 16.3.1918, S. 70 f.

383 Brief vom 4.5.] Maruts Antwortschreiben datiert vom 26.8. 1918.

384 Hagemeister] Wahrscheinlich Empfänger des Antwortschreibens von Marut an H.H. in Geesthacht (südöstlich von Hamburg) vom 26.8.1918.

384 Pfeiffer] Auch dieses Antwortschreiben datiert vom 26.8.1918.

384 Königer] Druck: Z, Heft 16–17, 10.3.1919, S. 2.
384 Peter Stru] Druck ebd., S. 3 f.; dort auch Maruts Erwiderung. Postalisch erhielt sie am 24.7. eine anderslautende kurze Antwort, die Ansichten Maruts über Frauenemanzipation enthielt (RMS/UCR).
385 rächte sich] »Simplicissimus«, München, Nr. 37, 10.12.1918, S. 462. Nach der Zerschlagung der Räteherrschaft beteiligte sich der »Simplicissimus« an der konterrevolutionären Propaganda, von der er bis dahin Abstand genommen hatte.
385 seiner Replik] Z, Heft 9–14, 15.1.1919, S. 96.
385 Kassel] Er schrieb am 9. und 13.9.1918 noch zwei weitere Postkarten, in denen es um die Bezahlung seines Abonnements ging.
386 Schreiben vom 10.2.] Richter 1977, S. 379 f.
387 pazifistisch angekränkelten] Interne Stellungnahme der Zensurbehörde, 27.2.1918; BTC/UCR, Slg. Heidemann; zit. nach Richter 1977, S. 380.
387 stellte ... in Aussicht] Ebd., S. 381.
387 erhebliche Abstriche] Ebd.
387 ›Der Ziegelbrenner‹-Verlag] Im Münchner Adreßbuch für 1919 erscheint mit der Adresse Clemensstraße 84/III, ohne Nennung eines Inhabers, die »Ziegelbrenner Verlag GmbH«.
388 Gesellschaftervertrag] Notariell beglaubigte Zweitschrift aus Maruts Besitz (Gesch. K. Nr. 694) in der RMS/UCR.
388 laut Auskunft] Richter 1977, S. 23 f.
388 Brief an ... Soennecken] Marut an Friedrich Soennecken, 26.2.1918; RMS/UCR.
389 Anzeige] Richter 1977, S. 374.
389 Heidengeld] Z, Heft 9–14, 15.1.1919, S. 26.
389 unangetastet] Ebd.
389 wies ... hin] Im Anschluß an einen Auszug aus einem Aufsatz Ellen Keys über »Nietzsche und Goethe«, siehe Z, Heft 3, 16.3.1919, S. 71 f.
389 2 500 Stück] Marut an Verlag Naturwissenschaften, 22.1.1918, RMS/UCR.
389 mehr als die Hälfte] Marut an Georg von Kaufmann, 8.5.1918; RMS/UCR.
389 geringe Anzahl] Z, Heft 4, 27.7.1918, 2. Umschlagseite.

389 nicht mehr zu haben] Ebd., Heft 5–8, 9.11.1918, 2. Umschlagseite.

390 Datierungsannahme] Marut an Marta Haecker, o. D., vermutlich Juni 1918; RMS/UCR.

390 erzählte sie ... Heidemann] Marta Haecker verh. Schubert im Interview mit Heidemann, 7.7.1967; BTC/UCR, Slg. Heidemann; vgl. Heidemann 1977, S. 42 f.; Richter 1977, S. 23 und 171, Anm. 46.

390 von ihr erledigt] Richter 1977, S. 57.

390 Hilfskraft] Vgl. Marut an Frau Buchleitner, 22.5.1918, wonach er das Maschinenschreiben an jemand anders vergeben habe und Arbeit bei der Verpackung anbiete.

390 in zwei Briefen] RMS/UCR.

390 f. Bericht von 1967] Marta Haecker verh. Schubert im Interview mit Heidemann, 7.7.1967; BTC/UCR, Slg. Heidemann.

390 Mädchen] Bei dem Mädchen handelte es sich um ein Frl. Gries (Richter, S. 23 und 171, Anm. 46); siehe auch Seite 436.

391 persönlichen Schreiben] Marut an Falkner von Sonnenburg, 10.6.1918; München, Kriegsarchiv 14006/1918; Richter 1977, S. 386 f.

391 am 8.7.1918] Z, Heft 9–14, 15.1.1919, S. 51; vgl. die Anzeige in »Welt-Literatur«, 13.7.1918.

391 um 100 %] Marut an Ellen Diehl-Förster, 11. Juni 1918; RMS/UCR.

392 Brief an ... Reimann] RMS/UCR.

392 zusätzliche 4000] Ebd.

392 noch lieferbar] Siehe Z, Heft 5–8, 9.11.1918, 2. Umschlagseite.

392 antisemitische Vorurteile] Vgl. dazu auch Baumann 1989. Einige – nicht alle – von Marut-Travens projüdischen Äußerungen werden von Baumann zwar erwähnt, jedoch nicht weiter untersucht. Auch das Bekenntnis der Freundschaft zu jüdischen Intellektuellen (Mühsam, Landauer, Axelrod, Wadler) ist hier zu berücksichtigen, siehe S. 434.

392 Judenstereotypen] Etwa in Heft 5–8, 9.11.1918, 20.3.1920, S. 111 und Heft 23–25, 20.3.1920, S. 18.

393 nie geantwortet] Stone 1977, S. 19; Fußnote.

393 äußerte ... Groll] Stone 1977, S. 85.

393 gab ... zu verstehen] Raskin 1980, S. 20 f.

393 Judenhetzen] Marut, »Die Fackel«, 2008, S. 72.

393 gleiche Rechte] Z, Heft 4, 27.7.1918, S. 76.

393 unerträgliche ... Hetze] Ebd., Heft 20–22, 6.1.1920, S. 47.

393 Judenbengels] Thomas Mann, »Tagebücher 1918–1921«, hg. von Peter de Mendelssohn, Frankfurt am Main 1979, S. 63.

393 Beitrag über ... Wedekind] Ebd., Heft 4, 27.7.1918, S. 94.

394 Weltenraum] Ret Marut, »Lieder eines Menschen«, unveröffentlichtes Ms., RMS/UCR, S. 27.

394 Otto Hupp] Siehe Marut an Hans Wolff, 8.9.1918; RMS/UCR. Im Antiquariatshandel wurde kürzlich ein Exemplar für EUR 800 angeboten.

394 ein Schreiben] Abb. bei Goldwasser 1989, S. [38].

394 Annonce] Richter 1977, S. 253, Abb. S. 378. Damit textidentisch ist ein auf rosa Papier gedruckter Werbezettel in der RMS/UCR.

395 Kluge] Richter 1977, S. 253.

395 Kompromisse] Z, Heft 5–8, 9.11.1918, S. 147.

395 druckte ... kommentierte] Ebd., S. 146 f.

395 am 14.9.] RMS/UCR.

396 Typoskript Maruts] »Die Geschichte eines Films«, RMS/UCR (siehe S. 458).

397 Der Krieg war zuende] Unter den Papieren der RMS/UCR befindet sich auch ein Konvolut von ca. 60–80 Seiten geheimer Militär-Dokumente des General-Kommandos des XXVI. Reservekorps vom Juli/August 1918 zu einer Operation in der Picardie mit dem Code-Name »Otto«, die in letzter Minute abgeblasen wurde (siehe Goldwasser 1989, S. [79]). Das zeitlich jüngste Dokument, datiert auf den 11.8.1918 und unterschrieben vom kommandierenden General des XXVI. Reservekorps, Oskar Freiherr von Watter, gibt »Hinweise zur Tankabwehr«. Es handelt sich dabei um eine anlaßbezogene taktische Anweisung, die in 88 Ausfertigungen verteilt wurde. Diese Originalunterlagen zu einem geplanten deutschen Angriffsunternehmen wären für die gegnerische Seite zweifellos von hohem Wert gewesen. Es ist aber unwahrscheinlich, daß sie zu diesem Zweck entwendet wurden. Marut (oder Mermet) könnten sie, als er (oder sie) wegen Zensurfragen das Presse-Referat beim Königlich Bayerischen Stellvertretenden General-Kommando in München aufsuchte, eingesteckt haben. Zu diesem Zeitpunkt wa-

ren die Dokumente natürlich längst nicht mehr brisant. Vielleicht fanden sie sich auch 1919 unter Altpapier und wurden von Marut als Souvenir bzw. Trophäe mitgenommen.

397 rote Striche] Z, Heft 9–14, 15.1.1919, S. 56.

398 Feldpost-Abonnenten] Ebd., Heft 16–17, 10.3.1919, 2. Umschlagseite.

398 546 verlor] Ebd., Heft 23–25, 20.3.1920, S. 40.

398 um 6000 Mark höher] Ebd., Heft 5–8, 9.11.1918, S. 111.

398 Marut-Gedicht] Ebd., S. 105.

398 englischen ... französischen] Ebd., S. 129.

398 Höflichkeit der Könige] Ebd., S. 132.

398 setzte er sich ... auseinander] Z, Heft 5–8, 9.11.1918, S. 107.

398 Geißler ... gewarnt] »Das Größere Deutschland«, Heft 22, 31.5.1918, S. 701.

398 kommentierte er] Ebd., S. 109–111.

398 weiterer Artikel] Ebd., S. 141–144.

398 kommentierte ... Katsch] Ebd., S. 125–127.

398 f. Auszüge aus Briefen] Ebd., S. 146–149.

399 Ohlys ... Aufsatz] Ebd., S. 156–159.

399 Recknagel] Recknagel 1982, passim.

399 Machinek] Machinek 1986.

399 Eßbach] Eßbach 1976, S. 376–383. Für ihn »ist Stirner auf jeder Seite, die Marut-Traven geschrieben hat, präsent«. Immerhin räumte er ein, daß es sich um ein »verschwiegenes Verhältnis« handle (S. 376). Wenn das Verschweigen nun aber bloß einfaches Schweigen wäre?

399 f. Maruts ... Lektüre] Siehe S. 374 und 389.

400 das Nötige] Guthke 1987, S. 205.

400 Symposions] Erfreulicherweise hat Beate Kramer auf der Tagung gerade die »Unterschiedlichkeit des Denkens« beider Autoren beleuchtet (Kramer 2010, S. 96).

400 Bombenschmeißer] Notizen Heidemanns nach einem Gespräch mit Irene Zielke am 7.5.1963 in Berlin/DDR; BTC/UCR, Slg. Heidemann (siehe S. 226).

400 Vorträge ... halten] Siehe S. 149 und 151. Kenntnis der englischen Maschinenstürmer des 19. Jahrhunderts verrät zudem ein Zeitungsaufsatz aus dem Jahr 1912 (Marut, »Kino«, 1912, S. 66 f.).

400 Kulturentwicklung] MZ, Nr. 36, 7.9.1907; siehe S. 165.

401 Kommunist] Siehe dritte Anm. zu S. 457.

401 Brief ... vom 15.7.] RMS/UCR.

401 begrüßte Marut] Z, Heft 5–8, 9.11.1918, S. 113; vgl. Heft 16–17, 10.3.1919, S. 19.

401 Klarer ... formulieren] Ebd., S. 1.

401 f. Flugblatt] »Die Rede des Ziegelbrenner / Die Welt-Revolution / beginnt«; zit. nach Viesel (Hg.) 1980, S. 489–492.

402 nichts gegen Spartacus] Marut an ein »Fräulein« in Dortmund, 14.1.1919; RMS/UCR.

402 verpfaffte Frauen ... betrügt] »Die Rede des Ziegelbrenner / Die Welt-Revolution / beginnt«; zit. nach Viesel (Hg.) 1980, S. 489–492.

403 erläuterte] Z, Heft 9–14, 15.1.1919, S. 94.

403 Erwiderung vom 5.3.] »München-Augsburger Abendzeitung«, 5.3.1919.

403 rechtfertigte im März] Richter 1977, S. 396.

403 rief im April ... auf] Ebd., S. 398 f.

403 f. Im Flugblatt] Ebd., S. 393.

404 lehnte Marut ... ab] Marut an Quidde, 11.3.1918; RMS/UCR.

404 Masse ist Tod] Im geplanten Flugblatt »Der Selbe« vom 1.5.1919; Richter 1977, S. 392.

404 Seid Einzelmenschen] Z, Heft 18–19, 3.12.1919, S. 9.

404 f. formulierte er] Ebd., S. 3–9.

405 warnte Marut] Ebd., S. 10 f.

405 1921 stellte er] Ebd., Heft 35–40, 21.12.1921, S. 16.

405 f. Abschiedsworten] Ebd., S. 12 f.

406 auf den ... macht] Ebd., S. 15 und 17.

406 sprach sich ... aus] B. Traven, »Land des Frühlings«, Berlin 1928, S. 414.

406 mustergültig] Ebd., S. 416.

406 Eigenheit] Ebd., S. 419.

406 Kooperation] Ebd., S. 420.

407 Angeblich erhielt er] Z, Heft 18–19, 3.12.1919, S. 14.

407 Freund in Berlin] Ebd., Heft 9–14, 15.1.1919, S. 96.

407 Studentin in Bonn] Ebd., Heft 15, 30.1.1919, S. 22–24.

407 Thiel] Ebd., Heft 16–17, 10.3.1919, S. 10.

407 Unbekannten in München] Ebd., S. 6–8.

407 Troppenz] Ebd., S. 23 f.

407 Engels] Ebd., S. 16–19.

407 Friedmann] Ebd., S. 7.

407 Durchschlagkopien] Sämtlich in RMS/UCR.

407 Gesellen] Siehe z.B. Z, Heft 18–19, 3.12.1919, S. 14.

407 Marut an Brüning] BTC/UCR, Slg. Heidemann; Richter 1977, S. 173, Anm. 71.

408 Schwabinger Druckerei] Eine durchaus bürgerliche Firma, die häufig Dissertationsdrucke übernahm. 1914 ließ hier Franz Schoenberner, später Redakteur der »Jugend« und des »Simplicissimus«, sein studentisches Manifest »Incipit« herstellen.

407 f. Flugschrift] Exemplare in der Bayerischen Staatsbibliothek München und im TMD; Viesel (Hg.) 1980, S. 489–492. Nachdruck in der Hamburger Zeitschrift »Der Pionier. Das Blatt der Unterdrückten und Totgeschwiegenen«, Nr. 3; in der gleichen Nr. die Ankündigung einer neuen Zeitschrift »Der Freiheitkünder. Die Briefe des Einzigen. Herausgegeben von einem Namenlosen«, »schärfer, ätzender« noch als der »Ziegelbrenner«; diese erschien 1923/24 in zwei Nummern. Bestellungen sollten »c/o Verlag ›Das Signal‹« erfolgen, »Hamburg, Gothenstr. 50/4«.

408 7000 Exemplare] Die Zahl findet sich auch in einem Brief an ein unbekanntes »Fräulein« in Dortmund vom 14.1.1919 (RMS/UCR).

408 Irene Mermet] Richter 1977, S. 281.

408 von Frauen ... Exemplare] Z, Heft 15, 30.1.1919, S. 13 f.

409 gedruckten Programm] RMS/UCR.

409 1. Vortragsabend] Ebd., S. 281–283.

409 Bericht ... zufolge] »Münchener Neueste Nachrichten«, 17.12.1918, Morgenausgabe.

409 antwortete ... Marut] Marut an Martha Buhlmann, 24.4.1918; RMS/UCR.

410 späterem Bericht] Z, Heft 15, 30.1.1919, S. 15–24.

410 Haecker erinnerte sich] Marta Haecker verh. Schubert im Interview mit Heidemann, 7.7.1967; BTC/UCR, Slg. Heidemann; vgl. Richter 1977, 283.

410 Brief vom 14.1.] Marut an ein Fräulein in Dortmund, 14.1. 1919; RMS/UCR.

410 Eichinger] Von Richter mit der Anschrift München, Alramstraße 7 identifiziert (Richter 1977, S. 284).

410 druckte ... und den Brief] Z, Heft 15, 30.1.1919, S. 19 und 22.
410 f. In einem Schreiben] RMS/UCR.
411 nahm Marut ... Stellung] RMS/UCR.
411 seines Berichts] Erschienen in Z, Heft 15, 30.1.1919.
412 1000 Stück ... abgegeben] Ebd., Heft 16/17, 10.3.1919, Umschlagseite 3.
412 Graf ... erzählt] Graf 1928, S. 246–249.
412 Brief an Recknagel] Recknagel 1982, S. 85.
412 Maruts Bericht] Z, Heft 16–17, 10.3.1919, S. 4–9.
412 15. Januar 1919] Die Anzeige in der »Neuen Zeitung« vom 29.1.1919 scheint nicht den Ausgabetag zu bezeichnen.
412 nur noch ein Viertel] Z, Heft 16–17, 10.3.1919, S. 8.
412 f. Höchststand ... 5000] Richter 1977, S. 39.
413 Komödien] »Wohingegen. Komödie in 1 Akt. Spieldauer 125 Sekunden«, in: »Der Ziegelbrenner, Heft 9–14, 15.1.1919, S. 32 f.
413 kurz vor der Auslieferung] Ebd., Umschlagseite 2.
413 verlor ... weiteres Drittel] Ebd., Heft 16–17, 10.3.1919, S. 8.
413 druckte Marut ... ab] Ebd., S. 21.
413 f. ergriff Marut Partei] Ebd., Heft 15, 30.1.1919, S. 1–6.
413 bin ich ein Bolschewist] Immerhin erkannte Marut keine sechs Wochen später im Bolschewismus eine »Kultur-Bewegung«, »die größte [...] vielleicht seit zweitausend Jahren«, »die neue Welt-Ordnung« (Heft 16–17, 10.3.1919, S. 1).
414 f. Verbot ... forderte] Z, Heft 15, 30.1.1919, 4. Umschlagseite.
415 Lassalle gefordert] Richter 1971, S. 288. Veröffentlicht in der Broschüre »Die Feste, die Presse und der Frankfurter Abgeordnetentag. Drei Symptome des öffentlichen Geistes. Eine Rede, gehalten in den Versammlungen des Allgemeinen deutschen Arbeiter-Vereins [...] September 1863«; Abdruck: von Rüden/Koszyk 1981, S. 211–215.
415 Antwortschreiben] Marut an LIZ-Verlag in Berlin, 7.2.1919, RMS/UCR.
415 gegenteilige Versicherung] Z, Heft 4, 27.7.1918, S. 101.
415 Republik] Mglw. ist »Die Republik. Tageszeitung für die deutschen Arbeiterräte«, Berlin 1918–1919, gemeint.
416 politische Digressionen gestrichen] Daß er bereit war, sie bedingungslos zu opfern, spricht nicht gerade für seine politische Charakterfestigkeit.

418 wüste Farce] Klaus Mann, »Der Wendepunkt«, Frankfurt am Main 1952, S. 68.

419 Zeitungen sich verpflichteten] Richter 1971, S. 282.

419 Gustav Klingelhöfer] Laut Richter war er »mutmaßlicher Leiter der Presseabteilung des Zentralrats« (Richter 1971, S. 291). Wegen seiner Tätigkeit als stellvertretender Oberkommandierender der Roten Armee unter Ernst Toller wurde er im Juni 1919 zu fünfeinhalb Jahren Festungshaft verurteilt, die er in Niederschönfeld verbüßte. Nach seiner Haftentlassung war er von 1924 bis 1933 Wirtschaftsredakteur beim »Vorwärts«.

419 hatte ... notiert] Staatsarchiv München, 2077/3; Abb. bei Richter 1971, S. 291.

419 Brief an Recknagel] Recknagel 1982, S. 85.

419 Leitartikel von ... Funk] »München-Augsburger Abendzeitung«, Nr. 104, Abendausgabe, Titelseite.

420 In seiner ... Replik] Ebd.

420 Typoskript] Staatsarchiv für Oberbayern, München, Staatsanwaltschaft 2077/2, Akten Klingelhöfer; Richter 1977, S. 396 f.

420 f. seine »Forderung«] Z, Heft 16–17, 10.3.1919, 4. Umschlagseite.

421 gedruckt ... bei Schuh] Richter 1977, S. 24.

421 noch lieferbar] Z, Heft 35–40, 21.12.1921, 3. Umschlagseite.

421 wie Marut ... mitteilte] Ebd., Heft 18–19, 3.12.1919, S. 13.

421 schilderte ... den Verlauf] Ebd., Heft 16–17, 10.3.1919, S. 4–6.

421 f. »Zeichen«] Um den Marut-Abschnitt gekürzt, erschien es in zwei Folgen im Mai und Juni 1925 in der Zeitschrift »Die Aktion«. Text bei Bohnen 1981, S. 221–225.

422 Welt zum Staunen] Das Buch wurde Anfang 1919 von den Jathos in einer Auflage von 600 Exemplaren gedruckt (Jatho 1964, S. 10).

422 Sonderblatt] Vielleicht dachte Marut dabei an das Flugblatt »Der Selbe / Herausgegeben vom Ziegelbrenner für die Gemeinschaft der Selben« (siehe S. 443).

422 Alleinige-ALLEINIGE] Marut an Seiwert, 3.4.1919, RMS/UCR.

422 einzigartige Mischung] Bohnen 1981, S. 5.

422 Ernst Kállai] Zit. ebd., S. 63.

422 unbeirrbar] Ebd., S. 19.

422 Erlösungsidee] Jatho 1964, S. 13.

423 Antinationalen Sozialisten-Partei] Bohnen 1981, S. 18.
423 Otto Freundlich] Zit. ebd., S. 63.
423 Rost ... Schmitz] Im Interview mit Heidemann; BTC/UCR, Slg. Heidemann.
423 Geschäftsumschläge] Bohnen 1981, S. 58, Anm. 75.
423 Flugblatt zur Pressesozialisierung] Traven-Nachlaß, Mexiko; Abb. bei Recknagel 1982, S. 88 f.; Viesel (Hg.) 1980, S. 495; auf der Rückseite Holzschnitt »Profit« von F. W. Seiwert.
423 Richter zitiert] Richter 1977, S. 191, Anm. 297, mit Bezug auf die »Münchner Neuesten Nachrichten«, Nr. 288, 23.7.1919, S. 4: »Der Standgerichtsprozeß gegen Dr. Neurath«.
423 f. ein Exemplar] STA München, Arbeiter- und Soldatenrat 26; Richter 1971, S. 289 und Anm. 47.
424 letzten Anstoß] Richter 1977, S. 191, Anm. 297.
424 30. März ... Besprechung] Richter 1971, S. 281. Protokoll-Auszug bei Guthke 1987, Abb. S. 212.
424 offizieller Bericht] Durchschlagkopie mit Bleistiftkorrekturen von unbekannter Hand.
425 Zillibiller] Er erhielt später 1½ Jahre Festungshaft auf Bewährung.
425 hinter den Kulissen] Tagebuch, Typoskript-Abschrift im Staatsarchiv München; zit. nach Viesel (Hg.) 1980, S. 41.
426 Brief an Recknagel] Abschrift im Johannes-Schönherr-Archiv der Akademie der Künste, Berlin, Nr. 62.
426 Kulturbeauftragter] In seinem Erinnerungsbuch »Wir sind Gefangene« berichtet Graf von einem Treffen mit Georg Schrimpf und Ado von Achenbach, zu dem Titus Tautz dazugestoßen sei, der die Frage nach neuen Nachrichten mit der Auskunft »Der Generalstreik soll vorläufig abgebrochen werden ... Bewaffnung wird beraten, Landauer und Marut sind Kultusräte« beantwortet habe (Graf 1928, S. 265).
426 Kriegsverehrung] »Salzburger Chronik«, Nr. 84, 12.4.1919, S. 1; Richter 1972, S. 599.
426 würde ... verachtet haben] »Bayerischer Kurier«, 3./4.5.1919, Nr. 124/125, S. 1; zit. nach Richter 1971, S. 286.
427 8. April ... Diskussion] Siehe »Die Fachpresse. Fachblatt für das gesamte Fachzeitschriftenwesen«, Heidelberg, 3. Jg., Heft 9, 1. Mai 1919, S. 97–99; Abb. bei Guthke 1987, S. 213–215.

427 f. Sozialisierungsplan für die Presse] »Münchner Neueste Nachrichten«, Nr. 163, Morgen-Ausgabe, S. 1–2; auch in »Der Mitmensch. Hefte für sozialistische Literatur«, hg. von Arthur Seehof, Berlin, 1. Jg. 1919, Heft 1, S. 27–29; Richter 1977, S. 399; Viesel (Hg.) 1980, S. 493–495.

427 laut Protokoll] STA München, MH 13909, Prozeßakte Mühsam, Bl. 293; vgl. Recknagel 1982, S. 384, und Guthke 1987, S. 217.

427 komplett verbieten] Z, Heft 15, 30.1.1919, 4. Umschlagseite.

428 öffentlich-rechtlichen Charakter] Richter 1971, S. 288.

428 Abhandlung] »Münchner Neueste Nachrichten«, 10.4.1919, Morgenausgabe, Nr. 163; Richter 1977, S. 398 f.; Viesel (Hg.) 1980, S. 479–486.

429 Revolutionstribunals] Recknagel 1982, S. 384.

429 wählte ihn] Siehe Sitzungsprotokoll des Zentralrats vom 8.4. 1919, Ziffer 10, Staatsarchiv für Oberbayern, München, Staatsanwaltschaft München I, Nr. 2131, Band 1, Blatt 293; Richter 1977, S. 301; vgl. Maruts Bericht in Z, Heft 18–19, 3.12.1919, S. 15.

429 sollten ... bestehen] Vgl. »Münchner Neueste Nachrichten«, Nr. 163, 10.4.1919, S. 1.

429 Wollenberg] Kramer/Ludszuweit 2002, S. 91.

430 Marut ... gewählt] Z, Heft 18–19, 3.12.1919, S. 15.

430 Laut Protokoll] Sitzungsprotokolle des Provisorischen Arbeiter-Kontrollrates vom 17. und 20. April 1919, Staatsarchiv für Oberbayern, München, Staatsanwaltschaft München I, Nr. 2242, Band 1, Blatt 214 und Nr. 2131, Band 1, Blatt 223; Richter 1977, S. 301; STA München, Prozeßakte Toller, Bl. 151; Guthke 1987, S. 217.

430 f. die große Weltgerechtigkeit] Richter 1977, S. 399; Viesel (Hg.) 1980, S. 484.

431 Victor Klemperer] Sächsische Landesbibliothek – Staats- und Universitätsbibliothek Dresden, Mscr. Dresd. App. 2003, 118 (4), Abschr.

431 Sitzung ... geplant] Z, Heft 18–19, 3.12.1919, S. 14 f.

431 Café Maria Theresia] Der Besitzer des »Wiener Café« Maria Theresia, drei Minuten von den Kammerspielen, warb für sein Etablissement mit dem Hinweis auf die große Zeitschriftenauswahl. Auch der »Ziegelbrenner« brachte Ende 1917 ein Inserat und wies auf »die reichhaltigste Auswahl der neuesten Tageszeitungen und

Zeitschriften aller politischen Richtungen des In- und Auslandes« hin (Heft 2, 1.12.1917, 3. Umschlagseite).

432 f. Bericht über seine Verhaftung] Z, Heft 18–19, 3.12.1919, S. 14–23.

434 Graf ... nur zweimal] Briefe an Recknagel vom 1.5. und 30.7. 1959; Recknagel 1982, S. 85 und 96.

434 in Frauenkleidern] Brief an Recknagel vom 1.5.1959, Abschrift im Johannes-Schönherr-Archiv der Akademie der Künste, Berlin, Nr. 62.

434 Niekisch] Recknagel 1982, S. 85.

434 Wollenberg] Brief an Recknagel vom 23.12.1966; Kramer/Ludszuweit 2002, S. 71 f. Wollenberg büßte mit zwei Jahren Festungshaft.

434 Trautner] Trautner, Jg. 1890, Mitglied des Aktionsausschusses revolutionärer Künstler, Arzt der Roten Armee in Dachau, 1919 Schriftleiter für Literatur von »Der Weg«, wurde wegen Beihilfe zur Flucht Tollers zu 5 Monaten Gefängnis verurteilt.

434 Politisch aktiv ... verfolgt« worden] Beide Male irrt sich Wollenberg.

434 Massenfestnahmen] Erich Wollenberg, Brief an Recknagel, 3.6.1966; Kramer/Ludszuweit 2002, S. 52 f.

434 Landauer] Z, Heft 23–25, 20.3.1920, S. 1. In der RMS/UCR befinden sich ein am 2. August 1919 erschienenes Heft der »Aktion« (9. Jg., Nr. 30/31) mit einem Porträt Landauers auf der Titelseite und die Ende Mai/Anfang Juni 1919 erschienene »Gedenkausgabe für Gustav Landauer« der »Masken«, der Hauszeitschrift des Schauspielhauses Düsseldorf, die zuletzt Landauer von Krumbach bzw. München aus redigiert hatte (14. Jg. 1919, Nr. 18–19).

434 Axelrod ... Wadler] Z, Heft 18–19, 3.12.1919, S. 14.

434 Mühsam] Ebd.

434 Abneigung] Zit. nach Viesel 1976, S. 43.

435 charlatan] Stone 1977, S. 79.

435 Karl Horn] Z, Heft 18–19, 3.12.1919, S. 24; Richter 1977, S. 303.

436 alles weitergemacht] Marta Haecker verh. Schubert im Interview mit Heidemann, 7.7.1967; BTC/UCR, Slg. Heidemann.

436 undatierte ... Brief] BTC/UCR, Slg. Heidemann; Abb. bei Guthke 1987, S. 227.

436 Brief ... Mermets] BTC/UCR, Slg. Heidemann.

437 Material abzuholen] Brief Maruts an eine Unbekannte, Januar 1920; RMS/UCR.

437 sehr gutes Foto] Marta Haecker verh. Schubert an Heidemann, 10.6.1967; BTC/UCR, Slg. Heidemann.

437 Möbel ... Bücher ... verhört] Marta Haecker verh. Schubert im Interview mit Heidemann, 7.7.1967; BTC/UCR, Slg. Heidemann.

437 Meldekarte] Abb. bei Guthke 1987, S. 190.

437 Besitz ... übergeben] Marta Haecker verh. Schubert an Heidemann, 10.6.1967; BTC/UCR, Slg. Heidemann.

437 Mermet ... geschrieben] Marta Haecker verh. Schubert im Interview mit Heidemann, 7.7.1967; BTC/UCR, Slg. Heidemann.

437 ein paar Briefe] Marta Haecker verh. Schubert an Heidemann, 10.6.1967; BTC/UCR, Slg. Heidemann.

437 nur geschrieben, was] Marta Haecker verh. Schubert im Interview mit Heidemann, 7.7.1967; BTC/UCR, Slg. Heidemann.

438 erfuhr von ... Pfliegler] Recknagel 1982, S. 104.

438 drei Interviews] BTC/UCR, Slg. Heidemann.

438 Dorninger] Pfliegler irrte sich im Namen: Marut wohnte zur Untermiete bei Schmidt.

438 Sonderblatt] »Bayerisches Polizeiblatt. Herausgegeben von der Polizeidirektion München«, Nr. 76. Sonderblatt, 23.6.1919, S. 292; Guthke 1987, Abb. S. 229.

438 Fahndungsblatt] »Rädelsführer zur Zeit der Räteregierung in München / Vor- und Zuname: Ret Marut, Geschäftsführer. / Geburtszeit und Geburtsort: 1882, 25.2. San Franzisko, konfessionslos. / Abstammung: William und Helene M, geb. Ottarrent, Impresario in San Franzisko. / Staatsangehörigkeit: San Franzisko, seit 3.7.14 z. Zt. Clemensstr. 84/3 b. Schmidt / Art der Tätigkeit: Mitglied des Propagandaausschusses. / Signalement: [freier Raum]« (STA München, Akte Staatsanwaltschaft München I, 3122 »Rädelsführer«; Guthke 1987, S. 217; Abb. bei Recknagel 1982, S. 105).

438 des Flüchtigen] Als »flüchtig« verzeichnet ist Marut auch in einer Fahndungsakte, die die Nachrichtenabteilung des bayerischen Gruppenkommandos am 19.12.1919 anlegte: »Führer, Personalien und Bilder. // I. Liste / Kommunisten, Spartakisten / Rotgardisten / u. s. verdächt. Personen. / K. P. D. ›Organisation‹ / MitgliederVerzeichnis / München, den 19/12 1919 / Nachrichten-Abteilung / Bayerisches Gruppen-Kommando 4 / P / Hauptmann«.

Darin heißt es: »Ergebnis der Fahndung. / Flüchtig. / War Schriftleiter des ›Ziegelbrenner‹ und Mitglied der Aufklärungskommission während der Räteregierung« (Guthke 1987, Abb. S. 228 f.).
439 Ersatzreserve-Paß] Guthke 1987, S. 79.
439 Personalausweis ... Reisepaß] Ebd., S. 238.
439 Patent ... Kreitz] Vgl. ebd., S. 79.
439 Reiseführern ... Reisebüchern] Ebd., S. 230 und 560.
439 Auskunft seiner Witwe] Ebd., S. 230.
439 Fahrkarte] Ebd., S. 225.
439 plante ... auszuliefern] Marut an Unbekannt, 28.1.1920; RMS/UCR.
439 Brief vom 30.9.] Baumann 1989, S. 34.
440 eigenen Angabe] Z, Heft 18–19, 3.12.1919, S. 21 f.
440 Londoner Lebenslauf] Manuskript, National Archives, Washington; Guthke 1987, S. 652 f.; Abb. S. 654–657, Fotokopie in den BTC/UCR, Slg. Päßler. Siehe auch S. 478 f.
440 Lebenszeugnisse und Materialien] Guthke 1987, S. 226.
440 erzählte Hal Croves] Hans Erich Lampl, »Ein Treffen mit Traven«, in: Traven 1986, S. 461–465; vgl. Guthke 1987, S. 572.
440 Budapest] Die Opfer der Konterrevolution in Ungarn erwähnt Marut in Heft 23–25 seiner Zeitschrift (20.3.1920, S. 15).
441 Figueroa Flores] Guthke 1987, S. 226.
441 als Adresse] Z, Heft 18–19, 3.12.1919, 2. Umschlagseite.
441 seit 1918] Richter 1977, S. 293.
441 mußte ... einräumen] Z, Heft 23–25, 20.3.1920, 4. Umschlagseite.
441 werde er ... nennen] Genannt wurde Heinrich Otto Becker in Köln-Nippes (siehe S. 455).
441 Firma dieses Namens] Richter 1977, S. 25.
441 Berlin vermutet] Recknagel 1982, S. 107.
441 Vertrieb ... organisiert] Marut an Unbekannt, 28.1.1920; RMS/UCR.
441 Aufstellung ... für den ... Zoll] Wyatt 1980, S. 254; Guthke 1987, S. 272, Abb. S. 264.
441 Exemplar] Guthke 1987, S. 560.
442 fliegenden Verlag] Z, Heft 18–19, 3.12.1919, S. 14.
442 kreuz und quer] Marut an Unbekannt [Götz Ohly?], 26.1.1920 (RMS/UCR). Der unbekannte Adressat des Briefs ist ein Freund von

P[eter] S[tru] in Minden, besitzt einen Vertrauten in Gera und hat von Marut Briefe erhalten, die »für Wilmersdorf, für Stoecker u. Freiheit« bestimmt waren.

442 Typographie] Recknagel vermutete, daß die letzten Hefte von der Berliner Buchhandlung Twardy (Potsdamer Straße 12) gedruckt und vertrieben wurden (Recknagel 1982, S. 107).

442 konnte ... mitteilen] Marut an Unbekannt, vermutlich 30.1. 1920; RMS/UCR.

442 Kündigungen] Z, Heft 18–19, 3.12.1919, S. 14.

442 sogar 546] Ebd., Heft 23–25, 20.3.1920, S. 40.

442 Geldsummen] Ebd., Heft 18–19, 3.12.1919, S. 14.

442 Die Post ... verwendet] Marut an Unbekannt, 28.1.1920; RMS/ UCR.

442 sind vergriffen] Ebd.

442 Helferkreis] Brief Marut an eine Unbekannte, Januar 1920; RMS/UCR.

442 Vertraute und Freunde] Z, Heft 35–40, 21.12.1921, 4. Umschlagseite.

442 Organisationsfäden] Marut an Unbekannt, 26.1.1920; RMS/ UCR.

443 auf die Liste] Z, Heft 18–19, 3.12.1919, S. 24.

drei Monate Gefängnis] Marut an Unbekannt, 28.1.1920; RMS/ UCR.

443 korrigiertes Typoskript] BTC/UCR, Slg. Heidemann; vgl. Richter 1977, S. 392–394; Guthke 1987, S. 649–652; Teil-Abb. ebd. S. 648.

443 erweiterte Fassung] Z, Heft 35–40, 21.12.1921, S. 9–20.

443 Denkt ... selbst!] Richter 1977, S. 393 f.

443 Regierungs-Soldaten] Ebd., S. 392.

444 gegenüber Wollenberg] Kramer/Ludszuweit 2002, S. 35–37.

444 beschlagnahmt ... verhaftet ... verhört] Z, Heft 18–19, 3.12. 1919, S. 1. Recknagels Angabe, dies habe sich im Juni 1919 ereignet, ist wie so oft nicht zu verifizieren (Recknagel 1982, S. 385).

444 Beleidigung ... Reichswehrministers ... Reichswehr] Vgl. Z, Heft 18–19, 3.12.1919, S. 8 f. und 23 f.

444 Haecker ... bestätigte] Richter 1977, S. 293.

444 Sanatorium] Möglicherweise paßt dazu eine Visitenkarte von Irene Mermet im Traven-Nachlaß: »Irene Mermet. Königswinter, Haus Schönaich« (Recknagel 1982, S. 329).

444 beschlagnahmt wurden] Z, Heft 18–19, 3.12.1919, S. 1. Vielleicht wurde darüber hinaus auch ein zur Rückgabe an den Verfasser vorbereiteter Entwurf zur Pressesozialisierung beschlagnahmt, an den eine mit der Unterschrift Marta Haeckers versehene Musterabsage (vom 20.2.1919?) geheftet war (Allgemeines Staatsarchiv München, Arbeiter- und Soldatenrat 30); siehe Richter 1977, S. 391.

444 Brief ... vom 30.1.] Marut an Unbekannt, vermutlich 30.1. 1920; RMS/UCR.

445 Berliner Zeitschriften] Es sind dies zwei Doppelhefte der »Aktion« vom 24.1. und 27.11.1920 (10. Jg., Nr. 3/4 und 47/48), des »Sozialist« (Theorieorgan der USPD) vom 24.1.1920 (6. Jg., Nr. 4) und von Maximilian Hardens »Zukunft« vom 10.4.1920 (28. Jg., Nr. 27/28).

445 Brief an Recknagel] Wollenberg an Recknagel, Hamburg, 23.4.1966; siehe Kramer/Ludszuweit 2002, S. 35–37.

446 Puppen] Raskin hat diese Wollpüppchen mit Knopfaugen und langem, goldenem Haar im Nachlaß Travens gefunden; Rosa Elena Luján hat dazu erklärt: »Irene made these dolls from old rags; Marut stood on a busy corner in Berlin and sold them for a few marks. [...] That was the most difficult time of his life [...]. He slept in alleys and doorways listening for the police« (Raskin 1980, S. 68 f.).

446 Karte an ... Mühsam] Kramer/Ludszuweit 2002, S. 46.

446 bei sich in Berlin] Recknagel hat den Aufenthalt begründungslos auf Juni 1921 datiert und Charlottenburg-Westend, Leistikowstraße 3 als damalige Adresse Ohlys genannt (Recknagel 1982, S. 386 und 463).

446 meinem Paß] Der Paß war passend: Ohly war 1,69 groß und hatte dunkelblondes Haar.

446 Leserbrief] »Die Welt«, 16.10.1948; Guthke 1987, S. 226.

447 nicht eingeführt] Z, Heft 18–19, 3. 12.1919, S. 24.

447 Ausgabe-Ort] Ebd., 3. Umschlagseite.

447 Prag ... Bayern ... Schweiz] Marut an Unbekannt, 28.1.1920; RMS/UCR.

447 Telegramm] Marut an Unbekannt, vermutlich 30.1.1920; RMS/UCR.

448 Haßtirade] Z, Heft 18–19, 3. 12.1919, S. 4–9.

448 Vernichtung] Ebd., 3. Umschlagseite.

448 Gewalt und Mord] Ebd., S. 24.

448 ausgerottet] Ebd., S. 8.

448 der Stärkste] Ebd., 3. Umschlagseite.

448 Sturmwind] Ebd., S. 2.

448 Gönner] Ebd., Heft 20–22, 6.1.1920, 3. Umschlagseite.

448 neue Auflage] Marut an Unbekannt, 28.1.1920; RMS/UCR.

449 USA] Vgl. den Brief eines Deutschen aus Randolph, einer Kleinstadt in Wisconsin, vom 8.11.1919, als Auszug abgedruckt in Z, Heft 23–25, 20.3.1920, S. 40.

449 Universitäten] Marut an Unbekannt, 28.1.1920; RMS/UCR.

449 Ausgabe-Ort] Z, Heft 20–22, 6.1.1920, 2. Umschlagseite.

449 »Aufruf] Lübbe 1965, S. 22, zit. nach Richter 1978, S. 305.

449 laienhaften Versuch] Vgl. dazu ausführlich Richter 1977, S. 306–308 und ebd. Dokument 68.

450 ureigene Bahn] Z, Heft 20–22, 6.1.1920, S. 37.

450 Mir gehört die Welt] Ebd., S. 44.

450 in zwei Tagen] Ebd.

450 Einstein] Ebd., S. 46.

450 Flucht vor Mücken] Ebd., S. 44.

450 f. Brief aus dieser Zeit] Marut an eine Unbekannte, Januar 1920; RMS/UCR.

450 im Januar 1920] Zur Datierung: In dem Schreiben wird der bevorstehende Versand der »neuen Sachen« angekündigt und gleichzeitig ein Heft erwähnt, das »seit Mitte November fertig« liege und wegen der fehlenden Karten (vermutlich mit den Adressen) nicht hatte versendet werden können; dabei muß es sich um Heft 18–19 vom 3.12.1919 handeln. Gleichzeitig wird es als »das vorige« bezeichnet, woraus sich ergibt, daß mit den »neuen Sachen« das nächste Heft (Nr. 20–22) vom 6.1.1920 gemeint war.

451 Mördern entgehen] Marut an eine Unbekannte, Januar 1920; RMS/UCR.

451 1914 ... Gemeinden] Hartlapp 2008.

451 zwei ... Fahrkarten] Guthke 1987, S. 231; Abb. bei Schilf 1994, S. 38.

452 ab 30. Januar 1919] Freundlicher Hinweis von Heiko Müller, Schichtshöhn.

452 Kalltalgemeinschaft] Im Frühjahr 1922 gaben die Jathos ihr

»nicht zuletzt unter dem Einfluß Tolstois« entstandenes Siedlungsprojekt auf und kehrten nach Köln zurück (Jatho 1964, S. 10 und 13).

452 Publizisten und Schriftsteller] Von Käthe Jatho fand Recknagel im Traven-Nachlaß u. a. die unter dem Pseudonym Karl Zimmermann verfaßten Werke »Der Hauptmann Deutschle. Ein Buch für Enkel«, Zürich: Verlag Rascher & Cie. 1919, »Die Gemeinschaft der Einsamen. Eine Huldigung dem Christentum in seinen Genien Platon, Franziskus, Richard Wagner, Friedrich Nietzsche«, Jena: Eugen Diederichs Verlag 1919 und »Himmelfahrt der Venus«, Jena: Eugen Diederichs Verlag 1920; von Franz Nitsche »Zwischen Morgen und Abermorgen. Zeichnungen und Aufzeichnungen im Kriege«, Jena: Eugen Diederichs Verlag 1919; von Carl Oskar Jatho »Von der Gesellschaft zur Gemeinschaft«, Jena: Eugen Diederichs Verlag 1919.

452 Künstlerbuch] Angekündigt wurde es u. a. in »Der Strom«, Nr. 3, Köln 1919 (am »Strom« arbeiteten u. a. Seiwert, Pol Michels, Hans Franck und Max Ernst mit).

452 »Rufe«] Abb. bei Bohnen 1981, S. 235–238.

452 mit … sechs Texten] Der Text »Ihr Spieler des Lebens« und die Grafik »Karl Liebknecht Rosa Luxemburg« erschienen zuvor im »Buch zwei des Aktivistenbundes«, Düsseldorf 1919; die Grafik »Revolution« ist auch als Einzeldruck mit der Datierung 1919 nachgewiesen (Bohnen 1981, S. 171). Ein Exemplar befindet sich in der RMS/UCR, außerdem eine zweiseitige Durchschlagkopie von »Endlos rollendes Rad« (»Rufe«, S. [7] und [9]). Im Seiwert-Nachlaß befindet sich das Manuskript einer Widmung »An Ret Marut« (Text bei Bohnen 1981, S. 215; Guthke 1987, S. 237).

453 im Kalltal … entstand] Jatho 1964, S. 23, Anm. 6.

453 Besuch … Mermets] Bohnen 1981, S. 25.

453 Lewiné … Landauer] Z, Heft 23–25, 20.3.1920, S. 1.

453 Auszügen] Ebd., S. 3–7.

453 Abrechnung] Ebd., S. 8.

453 verknüpfte … Bibelzitate] Ebd., S. 7–39.

453 f. Trotz erwecken] Ebd., S. 34.

454 weiteren Aufruf] Z, Heft 26–34, 30.4.1920, 2. Umschlagseite.

454 sänger Khundar] Ebd., S. 26. Vgl. S. 107.

454 Schutzhinweise] Ebd., S. 72.

455 nicht im ... Adreßbuch] Richter 1977, S. 324.

455 galt ... als ... aufgehoben] Z, Heft 35–40, 21.12.1921, 4. Umschlagseite.

455 als ... Seiwert zurückkehrte] Jatho 1964, S. 10.

455 Schmitt-Rost ... Schmitz] BTC/UCR, Slg. Heidemann. Beide, vormals Mitglieder der »Progressiven«, die politisch zwischen Sozialdemokraten und Kommunisten anzusiedeln sind, lernten Marut nicht persönlich, Seiwert erst Mitte der 20er Jahre kennen.

455 Brief an ... Michels] Bohnen 1981, S. 21.

456 Arbeitsbeziehung] Auch Seiwerts Freundin Else Schuler soll Marut sehr gut gekannt haben (BTC/UCR, Slg. Heidemann).

456 WIR DREI] Bohnen 1981, S. 28 und Anm., Abb. ebd., S. 174; Abb. auch bei Recknagel 1982, S. 129.

456 verhielt sich ... diskret] Guthke 1987, S. 277.

456 Restexemplare] Abb. bei Recknagel 1982, S. 125.

456 mehrere Dokumente] Guthke 1987, S. 231.

456 Postlagerkarte] »Postlagerkarten (kurz: PLK) wurden 1910 eingeführt. Die Karte berechtigte zum Empfang gewöhnlicher Briefsendungen, die die Bezeichnung ›Postlagerkarte‹ sowie die in der Karte angegebene Nummer und den Namen der ausstellenden Postanstalt trugen. [...] Die Postanstalten stellten Postlagerkarten auf Antrag an Jedermann gegen eine Ausstellungsgebühr aus, ohne einen Ausweis über die Person des Antragstellers zu verlangen« (http://de.wikipedia.org/wiki/Postlagerkarte [Dezember 2011]).

456 f. Monatskarte] Siehe zweite Anm. zu S. 274.

457 Vortragskurse] Siehe »Der Einzige«, hg. von Anselm Ruest, Organ des Individualistenbundes, Berlin-Britz, Oktober 1921, S. 217–220; Abb. bei Recknagel 1982, S. 112.

457 Probe-Aufführung] Dabei gaben einige Besucher ihrem Unmut durch lautes Zischen Ausdruck, sechs Personen verließen das Kino (RR, Nr. 25, 18.6.1921).

457 Sozialistische Republik] Ich schließe das aus der Formulierung »für uns als Kommunisten« (»Dilettantismus in der Kloake des Herrn Runge«; RMS/UCR).

458 Die Geschichte eines Films] Die Ähnlichkeit nicht nur des Titels eines in der »Rheinischen Republik« erschienenen Aufsatzes »Die Geschichte eines rheinischen Films« (RR, Nr. 8–13, 17, 20

und 23 vom 19. und 27.2., 5., 12., 19. und 26.3., 23.4., 14.5. und 4.6. 1921) ist frappierend, doch scheint es bei dem jetzigen Kenntnisstand so, daß der jüngere Aufsatz vom älteren lediglich inspiriert ist; Übereinstimmungen gibt es nur in der Tendenz. Eine Mitarbeit Maruts ist möglich, aber wohl kaum beweisbar.

458 Kloake] Der Ausdruck »Kloake« in Verbindung mit dem Namen Runge erscheint auch in einer Artikelüberschrift in Nr. 2 der »Rheinischen Republik« vom 8.1.1921, S. 1 (»Eine Spitzelkloake im besetzten Gebiet. Herr Runge, SPD und die Orgesch Arm in Arm«); von »Kölner Kloaken« ist auch im Artikel »Der Herr Redakteur Georg Beyer von der Rheinischen Zeitung in Köln« die Rede (RR, Nr. 25, 18.6.1921, gez. »Klick Klack«).

458 Qui non ... Germaniam] Vgl. Aretz/Schoor 2004, S. 91 f. und S. 359. Ausgewertet wurden dort ein Bericht in der »Kölnischen Zeitung« und ein Schreiben Runges an den Wiesbadener Polizeipräsidenten.

458 Geschichte ... Gestaltung] »Ein Prozeß gegen die ›Rheinische Republik‹«, in: RR, Nr. 46, 10.11.1921.

459 beschlagnahmt wurde] Siehe »Zerstörungstrieb preußischer Behörden gegen rheinländische Unternehmer«, in: RR, Nr. 7, 12.2. 1921, S. 3.

459 Vater und Tochter] Im Smeets-Prozeß (siehe S. 460) waren beide als Zeugen geladen; ihre Aussagen wurden jedoch vom Gericht als nicht glaubwürdig bewertet, siehe »Die Rheinische Republik vor Gericht«, in: RR, Nr. 10, 9.3.1922.

459 Die Mörder ... Interesse hat] »Dilettantismus in der Kloake des Herrn Runge«; RMS/UCR. Ein Artikel »Der sozialdemokratische Parteisekretär Paul Runge« (RR, Nr. 29, 16.7.1921, gez. »Kakophonius«) hat keinen Filmbezug.

459 f. Wer Herrn ... geblieben] »Dilettantismus in der Kloake des Herrn Runge«; RMS/UCR.

460 beanstandete ... Zwischentitel] »Ein neuer, frecher Uebergriff der Polizei«, in: RR, Nr. 2, 8.1.1921.

460 Prozeß ... Geldbuße] »Dilettantismus in der Kloake des Herrn Runge«; RMS/UCR.

460 21 Artikel] »Ein neuer, frecher Uebergriff der Polizei«, in: RR, Nr. 2, 8.1.1921; »Zerstörungstrieb preußischer Behörden gegen rheinländische Unternehmer«, in RR, Nr. 7, 12.2.1921 (intime

Kenntnisse über den Umfang des Posteingangs der Filmgesellschaft lassen eine Mitarbeit Maruts vermuten); »Die Geschichte eines rheinischen Films«, in: RR, Nr. 8–13, 17, 20, 23 vom 19. und 27.2., 5., 12., 19. und 26.3., 23.4., 14.5. und 4.6.1921 (gelegentliche stilistische Übereinstimmungen lassen Marut als Mitarbeiter an der Artikelserie vermuten); »Polizeikommissar Pfitze aus Leipzig«, in: RR, Nr. 16, 16.4.1921 (stilistische Übereinstimmungen lassen Marut als Verfasser vermuten); »Der Herr Staatsanwalt hat das Wort«, in RR, Nr. 19, 7.5.1921, S. 3 (stilistische Übereinstimmungen lassen eine Mitarbeit Maruts vermuten); »Französische Filmpropaganda im Rheinland«, in: RR, Nr. 22, 28.5.1921; »Das Solidaritätsgefühl der rhein. Film-Interessenten erwacht«, in: RR, Nr. 24, 11.6.1921; »Der Herr Redakteur Georg Beyer von der Rheinischen Zeitung in Köln«, in: RR, Nr. 25, 18.6.1921, gez. Klick Klack; »Der Prozeß Smeets-Pfitze«, in RR, Nr. 32, 6.8.1921; »Ein Prozeß gegen die ›Rheinische Republik‹, in RR, Nr. 46, 10.11.1921; »Der Prozeß Smeets-Beyer«, in RR, Nr. 4, 26.1.1922; »Die Rheinische Republik vor Gericht«, in: RR, Nr. 10, 9.3.1922; »Die Urteile gegen Smeets«, in RR, Nr. 11, 16.3.1922. Auch in der bürgerlichen Kölner Presse und in Fachzeitschriften wurde über die Vorgänge diskutiert, Berichte finden sich in der »Kölnischen Zeitung« (Verfasser: Georg Beyer), im Berliner »Film-Kurier« und in der Düsseldorfer »Westdeutschen Film-Zeitung« (Verfasser: Helmuth Bauringer).

461 Ventilator] Siehe S. 375.

461 Reiseführer] Guthke 1987, S. 560.

461 drei ... Fahrkarten] Ebd., S. 238.

461 Geldscheine] Ebd., S. 230.

461 Notgeldschein] Ebd.

461 Köln vermutet] Richter 1977, S. 25; vgl. BTC/UCR, Slg. Heidemann.

461 die Auflage] Von Richter vorsichtig auf 500 Exemplare geschätzt (Richter 1977, S. 40).

461 Vertrieb ... Seiwert] Erinnerungen von Hans Schmitt-Rost und Hans Schmitz; BTC/UCR, Slg. Heidemann. Laut Bohnen hat Seiwert zusammen mit Schmitz den »Ziegelbrenner« im englisch besetzten Niederrheingebiet vertrieben (Bohnen 1981, S. 25).

461 Heidemann erfuhr] BTC/UCR, Slg. Heidemann. Nach Seiwerts Tod (1933) soll seine Lebensgefährtin Rosa Tromm aus Furcht vor

Unannehmlichkeiten seine politische Korrespondenz vernichtet haben.

461 f. Die Abonnenten-Liste ... Preises] Z, Heft 35–40, 21.12.1921, 3. und 4. Umschlagseite.

462 wie arm] Ebd., S. 10.

462 Beherrschtseinwollende] Ebd., S. 11.

462 Knechtschaft] Ebd., S. 17.

462 ein Selbe] Ebd., S. 12 f.

462 Himmelreich] Ebd., S. 15.

462 letzten Hose] Ebd., S. 20.

462 Liebknechts Schrift] Zuerst Vortrag 1872; siehe von Rüden/ Koszyk 1981, S. 24 und 26.

463 versteigern] Auktion 275, 24./25. Mai 1989, S. 461.

463 B. Traven Collections] Vgl. Berger 2003, in: Thunecke (Hg.) 2003, S. 51–68, hier S. 61–67.

463 Beitragszahlungen] Siehe S. 309 f.

464 distanzierte ... sich] Guthke 1987, S. 277. Mermets Briefe werden von Guthke durchweg bloß paraphrasiert.

464 Kronen-Schein] Ebd., S. 230.

464 Notgeld-Gutschein] Guthke 1987, S. 230.

464 Neustadt] Meldedaten zu Ret Marut, Irene Mermet oder Arthur Terlehn ließen sich laut Auskunft des Amts für gesellschaftliche Angelegenheiten/Bürgerbüro der Stadt Neustadt in Holstein vom 16.10.2008 im Archiv nicht ermitteln.

464 zu Sammelzwecken] Nach Auskunft des Notgeld-Experten Hans Grabowski, Regenstauf.

464 Notgeld-Gutschein] Guthke 1987, S. 230.

Oldenburg] Meldedaten zu Ret Marut oder Irene Mermet ließen sich laut Auskunft des Kulturamts der Stadt Oldenburg im Stadtarchiv nicht ermitteln.

464 Rüstringen] Die am 1.5.1911 neu gebildete Stadt Rüstringen, die 1937 mit Wilhelmshaven vereinigt wurde, war damals vor allem durch ihre Werftindustrie bekannt; siehe Büsing 1991. Meldeunterlagen zu Ret Marut sind im StA Wilhelmshaven laut Auskunft vom 15.10.2008 nicht vorhanden.

464 im Traven-Nachlaß] Guthke 1987, S. 230.

465 Verkehrsausgabe] Ebenfalls nach Auskunft von Hans Grabowski, Regenstauf.

465 in Dänemark] Aufzeichnungen Heidemanns nach einem Gespräch mit Elisabeth von Braitenberg, der 1929 geborenen, ältesten Tochter Irene Mermets in Meran, Zenoburg, am 5. August 1967; BTC/UCR, Slg. Heidemann.

465 Brief an Judy Stone] Wyatt 1982, S. 213 f.

465 Oscar II] Foto des Schiffes im Peabody Essex Museum.

465 f. gab sie ... an] »First Name: / Irene / Last Name: / Mermet / Ethnicity: / Germany, German / Last Place of Residence: / Koln, Germany / Date of Arrival: / Aug 14, 1923 / Age at Arrival: 31y Gender: F Marital Status: S / Ship of Travel: / Oscar ll / Port of Departure: / Copenhagen / Manifest Line Number: / 0027« (www.ellisisland.org [Dezember 2011]). Recknagels Behauptung, sie sei mit einem Paß auf den Namen Irene Schott eingereist (laut Käthe Jatho war ihr Deckname Scholl; siehe S. 453), ist also frei erfunden (Recknagel 1982, S. 72).

465 R.F.D.] Abkürzung für Rural Free Delivery, ein ländlicher Zustelldienst.

466 Croton on Hudson] 45 Meilen nördlich von New York.

466 Frank ... Marie Mermet] Vgl. www.ellisisland.org (Dezember 2011).

466 französischen Verwandten] Heidemann 1977, S. 92. Heidemann hatte dies am 9. Oktober 1968 bei einem Besuch im Dumont-Lindemann-Archiv erfahren, als ihm Archivleiter Kurt Loup berichtete, daß »Ms. Henkels remembered that Ret Marut's girlfriend, Irene Alda (Mermet) would buy herself a designer dress in Paris each year, then would alter it by accessorizing« (BTC/UCR, Slg. Heidemann). Vielleicht stammt auch aus ihrem, nicht aus Maruts Besitz die Ausgabe von »La Vie Parisienne«, 61. Jg., Nr. 37, 15.9.1923, die in der RMS/UCR überliefert ist (s. Goldwasser 1989, S. [35]). Allerdings war auch sie zu diesem Zeitpunkt nicht in Paris.

466 wollten wissen] BTC/UCR, Slg. Heidemann.

466 Ehglücksfurtner] Vgl. Bohnen 1981, S. 59, Anm. 86 a.

466 häufig zu Gast] Jatho 1964, S. 6.

466 Onkelchen] Recknagel 1982, S. 126.

466 in den Mund gelegt] Heidemann 1977, S. 225.

467 erinnerte sich] Interview Heidemanns mit Susanne Ohly und ihrem Sohn Burghard Ohly, Uffingen, 2.7.1966; BTC/UCR, Slg. Heidemann.

467 in Verbindung stand] Ein Brief Ohlys an Seiwert vom 22.6. 1925 ist im Seiwert-Nachlaß erhalten (Bohnen 1981, S. 30).
467 Gelegenheit] Seiwert stellte 1919 in Berlin aus und war 1921 nachweislich dort (ebd., S. 12 und 30).
467 im Traven-Nachlaß] Insgesamt 55 Seiwert-Bilder aus Travens Besitz, von denen fast die Hälfte aus dem Jahr 1923 stammen (etwa ein Drittel ist undatiert, darunter vier Marut-›Porträts‹, rund ein Dutzend Arbeiten ist auf die Jahre 1920–1922 datiert), sowie 9 von Künstlern der »Progressiven«, wurden 1977 von Travens Witwe der Stadt Köln geschenkt und dem Museum Ludwig übergeben (ebd., S. 4; Porträt-Abb. S. 115, 147, 174).
467 Profit I] Abb. ebd., S. 23 f.
467 Belege] Guthke 1987, S. 230.
467 gestohlen] »Münchener Stadtanzeiger«, Nr. 8, 25.2.1949, S. 4.
467 auf einer Karte] Recknagel an Erich Wollenberg, 27.4.1966; Kramer/Ludszuweit 2002, S. 41 f.
467 präzisierte] Recknagel 1982, S. 471.
467 Ansichtskarte] Erich Wollenberg an Recknagel, Hamburg, 23.4.1966; Kramer/Ludszuweit 2002, S. 35–37.
467 legal in Großbritannien] Wyatt 1982, S. 245 f.
467 f. He landed … Canada] Boylston A. Beal an Norman Armour, 22.1.1924 (Wyatt 1980, S. 240 f.; Fotokopie in den BTC/UCR, Slg. Päßler).
468 Lebenslauf] National Archives, Washington; Guthke 1987, S. 652 f.; Abb. S. 654–657.
468 19. August] Wyatt 1980, S. 245–249 mit Abb.; Guthke 1987, S. 128, Abb. S. 242; Fotokopie in den BTC/UCR, Slg. Päßler.
468 mechanic] Laut »Court Register«, Abb. bei Wyatt 1980, vorletzte Bildtafel vor S. 243.
468 Arnolds … Barker] Brief von Boylston A. Beal an Norman Armour, 22. Januar 1924; Wyatt 1980, S. 240 f.; Fotokopie in den BTC/UCR, Slg. Päßler.
468 Communist circles] Ebd.
469 Hallinan] Er war damals mit der amerikanischen Journalistin und Frauenrechtlerin Hazel Hunkins liiert, die Wyatt 1978 noch in Sachen Marut befragen konnte.
469 Dossier] Beilage zum Brief von Boylston A. Beal an Alexander Kirk, 15.12.1926; Fotokopie in den BTC/UCR, Slg. Päßler.

469 Empfehlungsschreibens] Beilage zum Brief von Boylston A. Beal an Alexander Kirk, 15.12.1926; Fotokopie in den BTC/UCR, Slg. Päßler.

470 common interest] Wyatt 1980, S. 250 f.

470 im Besitz eines ... Personalausweises] Brief des amerikanischen Generalkonsuls in London, Robert P. Skinner, an das Außenministerium in Washington, London, 11.1.1924; Fotokopie in den BTC/UCR, Slg. Päßler.

470 Meldebestimmungen] Artikel 18.1.a der »Aliens Order« von 1920; siehe »Statutory Rules and Orders« 1920, No. 448.

470 verhaftet ... vorgeführt] Laut »Court Register«, Abb. bei Wyatt 1980, vorletzte Bildtafel vor S. 243.

470 Untersuchungshaft] Wyatt 1982, S. 191 f.

470 Nach ... Anhörung ... verlegt] Wyatt 1982, S. 192.

470 Brixton] Nach Auskunft von David Keysell vom Data Access and Compliance Unit, Information Directorate im Justizministerium, sind aus Brixton keine Akten zum Fall Marut überliefert. Auch die National Archives meldeten Fehlanzeige. 1978 waren sie noch vorhanden, aber Wyatt durfte sie nicht einsehen. Nur mit Hilfe eines Freundes fand er heraus, daß Marut dort als »Lithuanian« geführt wurde (Wyatt 1980, S. 187). Verbindungen Maruts nach Litauen sind bisher nicht bekannt.

470 f. mug shots] Margarethe Henze kommentierte die Fotos ihres Bruders aus der Londoner Polizeiakte mit den Worten: »Was für ein böses Gesicht er da macht. Das Kinn ist wie bei meiner Mutter« (Wyatt 1982, S. 301).

471 Besonderheiten der Gesichtsgeometrie] Wyatt 1980, S. 182 f.

471 registriert] Die Akte trägt die Namen »Ret or Rex Marut alias Albert Otto Max Wienecke alias Adolf Rudolf Feige alias Barker alias Arnolds«. Weitere Anmerkungen im Ausweisungsbefehl stammen aus dem Jahr 1948, wahrscheinlich anläßlich der routinemäßigen Überprüfung nach 25 Jahren. Sie besagen, daß es sich um einen »German communist« handle, »who was recommended for deportation in 1923«, 1924 »he left the country as a ship's fireman«. Am 12. April 1948 wurde die Ausweisung widerrufen, Marut amnestiert. Die Akte ist 1978 noch im Home Office am Queen Anne's Gate vorhanden gewesen, wo Wyatt sie eingesehen hat (Wyatt 1980, S. 183 f.). Heute sind die einschlägigen Londo-

ner Archive außerstande bzw. nicht willens, ihren Verbleib festzustellen.

472 als Hauslehrerin] Wyatt 1982, S. 214.

472 Brief vom 11. Januar] Wyatt 1980, S. 239; Wyatt 1982, S. 244; Abb. des gesamten Briefs bei Guthke 1987, S. 246 f.; Fotokopie in den BTC/UCR, Slg. Päßler.

472 Hallinan räumte ein] Brief von Boylston A. Beal, amerikanische Botschaft in London, an Alexander Kirk, Department of State in Washington, 15.12.1926; Fotokopie in den BTC/UCR, Slg. Päßler.

472 Pankhurst erklärte] Ebd.

472 Am 22. Januar] Boylston A. Beal an Norman Armour, 22. Januar 1924; Text bei Wyatt 1982, S. 245 f., Fotokopie in den BTC/UCR, Slg. Päßler.

473 Hermann Otto Albert Maximilian Feige] Es handelte sich offensichtlich um ein Mißverständnis, als Boylston A. Beal am 10. März 1924 in einem Brief an Norman Armour ergänzte, Marut habe auch die Namen Adolf Rudolf Feige und Albert Otto Wienecke getragen (Wyatt 1980, S. 243; Fotokopie in den BTC/UCR, Slg. Päßler). Beide Namen dürfte Marut im Zuge seiner Befragung genannt haben: den seines Vaters und seinen eigenen, wie er im Schwiebuser Geburtsregister eingetragen worden war.

473 Special Branch] David Capus vom Metropolitan Police Service, Records Management Branch, hat in den überlieferten Akten der Metropolitan Police Special Branch aus dem Zeitraum 30. November 1923–15. Februar 1924 keine Dokumente in Sachen Marut auffinden können.

473 kannte sich … gut aus] B. Traven, »Der Busch«, Berlin 1930, S. 74; Nordhausen 2005, S. 3; Guthke 1987, S. 684.

474 veranlaßte] Wyatt 1980, S. 243 f.

475 keinen Beleg] Fotokopie in den BTC/UCR, Slg. Päßler.

475 Schreiben von … Newson] Wyatt 1980, S. 242/251 u. 323/339; Datierung bei Guthke 1987, S. 245; Fotokopie des Briefs in den BTC/UCR, Slg. Päßler.

475 einem späteren Brief] Boylston A. Beal an Alexander Kirk, 15.12.1926; Fotokopie in den BTC/UCR, Slg. Päßler.

476 erinnerte sich … Ernst] BBC-Interview vom 25. Mai 1978. Zuvor hatte Ernst schon in einem Telefonat mit dem BBC erklärt, die

Familie habe nur noch ein einziges Mal von ihm gehört: Nach dem Ersten Weltkrieg sei er in England gewesen und dort von den Behörden rausgeschmissen worden (Wyatt 1982, S. 297).

476 seine Existenz] Wyatt 1982, S. 311.

476 von ... Margarethe] Ebd., S. 311 f.

476 Die Mutter ... abgezogen] Wyatt 1982, S. 311 f.

476 sie hätten keinen Sohn ... Otto] Margarethe wieder im BBC-Interview-Originalton: »Und da haben sie gesagt, das ist unser Sohn nicht. Und danach [...] ist er dann so verschollen«.

476 mysterious individual] Dorsey Newson an Boylston Beal, 25.1.1924; Fotokopie des Briefs in den BTC/UCR, Slg. Päßler.

476 entlassen] »Discharged by order of the court«; Wyatt 1980, S. 187.

477 Marut hatte ihn ... zitiert] Z, Heft 3, 16.3.1918, S. 62 f.

477 Antrag auf Registrierung] Wyatt 1980, S. 245–249 mit Abb.; Guthke 1987, S. 128, Abb. S. 242; Fotokopie in den BTC/UCR, Slg. Päßler.

477 f. diktierter Lebenslauf] National Archives, Washington; Guthke 1987, S. 652 f.; Abb. S. 654–657; Fotokopie in den BTC/UCR, Slg. Päßler.

479 kullemper] Wyatt 1980, S. 299 f. nach Informationen von Richard E. Mezo (Mezo hatte auf Anfrage vom 17.3.1978 eine Auskunft des norwegischen Seemannsamtes in Oslo vom 11.4.1978 erhalten; Fotokopie in den BTC/UCR, Slg. Päßler); Guthke 1987, S. 245–251.

479 coalpass] Guthke 1987, S. 679.

479 Schiffahrtsregister] Wyatt 1980, S. 190.

479 Yorikke] Guthke 1987, S. 671 f. und 690.

479 f. Am 16. April ... 13. Mai] Wyatt 1980, S. 190 f.; Angaben aus Lloyd's Schiffsregister und Lloyd's Anzeiger.

480 schloß die Akte] Guthke 1987, S. 251.

480 in der Musterrolle ... gestrichen] Wyatt 1980, Abb. S. 300; Guthke 1987, Abb. S. 250.

480 nicht ... antrat oder ... wechselte] Wyatt hat Passagier- und Mannschaftslisten anderer Schiffe durchgesehen, die zu dieser Zeit London und andere britische Häfen Richtung Mexiko verließen, fand aber keine Spur von ihm (Wyatt 1980, S. 300).

480 Der Krach] B. Traven, »Das Totenschiff«, Berlin 1926, S. 27.

PERSONENREGISTER

Die Namen Hal Croves, Otto Feige bzw. Wienecke, Ret Marut, Traven Torsvan, B. Traven und Berick/Barbick Traven wurden nicht berücksichtigt.

Hermann Burger, *Der Lachartist,* aus dem Nachlass herausgegeben von Magnus Wieland und Simon Zumsteg, Deutsch, 41 Seiten, 1 Abbildung, französische Broschur, Fadenheftung, Zürich: Edition Voldemeer, Wien / New York: Springer, 2009, ISBN 978-3-211-95983-1, CHF 23 / EUR 14 — »Es ist dies das Besondere an dieser nachgelassenen Erzählung, dass sie wie in einem Brennspiegel das gesamte burgersche Metaphern-Vokabular noch einmal bündelt und vom Mutter-Trauma über die magische Berufung bis hin zum Wüstenfluch der Depression alle Motive aufgreift, die für sein Werk tonangebend waren [...] so als hätte der Autor nicht nur seinen [...] Vorbildern Nietzsche und Kierkegaard, sondern auch sich selbst und seinem Werk noch einmal die Reverenz erweisen wollen, bevor er endgültig von der Bühne des Lebens abtrat« (Klara Obermüller, *Tages-Anzeiger*). — »Das bisher unbekannte Prosastück *Der Lachartist* besticht mit abenteuerlicher Bildgewalt. Es führt mitten hinein in Burgers Mythologie, ist eine Engführung von Mutterhass, Kindheitsqual und brillanter Artistik. Auch hier treibt er es bunt. Er lässt die Sätze zu Monstern anschwellen, unterbricht sie, versetzt ihnen Schläge ins Genick und bringt sie doch immer grandios zu Ende« (Beatrice von Matt, *Neue Zürcher Zeitung*).

Huang Qi 黄琪 (ed.), *Chinese Characters then and now* 漢字古今談, essays by Qi Gong 啟功, and by Hou Gang 侯剛, Zhao Ping'an 趙平安, Chen Guying 陳鼓應, Zhao Jiping 趙季平, Yau Shing-Tung 丘成桐, translated by Jerry Norman, Helen Wang, and Wang Tao, English / Chinese, 352 pages, 122 illustrations, 23 × 33 cm, hardcover, Zürich: Edition Voldemeer, Wien / New York: Springer, 2004 (= Ginkgo Series Volume 1), ISBN 3-211-22795-4, CHF 148 / EUR 89 — »[...] eine der schönsten sprachwissenschaftlichen Publikationen der letzten Jahre [...] ein ausserordentlich umsichtiges Grundlagenwerk« (Ludger Lütkehaus, *Neue Zürcher Zeitung*).

Roman Kurzmeyer, *Viereck und Kosmos – Künstler, Lebensreformer, Okkultisten, Spiritisten in Amden 1901–1912: Max Nopper, Josua Klein, Fidus, Otto Meyer-Amden,* Deutsch, 264 Seiten, 80 Abbildungen, gebunden, Fadenheftung, Zürich: Edition Voldemeer, Wien / New York: Springer, 1999, ISBN 3-211-83371-4, CHF 46 / EUR 29 — »Kurzmeyer hat die Faktengeschichte [...] minuziös recherchiert und [...] Kontexte (Lebensreform, ›Tempelkunst‹) des Projekts von Nopper und Klein in dem ästethisch sehr ansprechend gestalteten Band dargestellt« (HZ, *Neue Zürcher Zeitung).*

Eva Meyer / Vivian Liska (eds.), *What does the Veil know?,* Jan van Eyck Academie, Maastricht / Institute of Jewish Studies, University of Antwerp, English, 193 pages, 22 × 28 cm, 84 illustrations, softcover, Zürich: Edition Voldemeer, Wien / New York: Springer, 2009, ISBN 978-3-211-99289-0, CHF 64 / EUR 42 — *Contributors:* Heike Behrend, Stéphanie Benzaquen, Ayşe Erkmen, Rike Felka, Silvia Henke, Benda Hofmeyr, Rembert Hüser, Ils Huygens, Carol Jacobs, Elfriede Jelinek, Vivian Liska, Eva Meyer, Willem Oorebeek, Johannes Porsch, Laurence A. Rickels, Avital Ronell, Hinrich Sachs, Eran Schaerf, Gisela Völger. — »[...] wer das Buch aufschlägt, entdeckt ein Kunstprojekt. Dass die Herausgeberinnen und die Zürcher Edition Voldemeer sich bei einem hochpolitischen Thema wie diesem dafür entschieden haben, überrascht – und macht glücklich. Denn hier wird ein Denkraum sondergleichen aufgemacht [...]« (Anne Haeming, *taz*) — "What we are dealing with here is the radical import of strangeness into our language."

Harald Szeemann, *with by through because towards despite: Catalogue of all exhibitions 1957–2005,* edited by Tobia Bezzola and Roman Kurzmeyer, English, 768 pages, 22 × 28 cm, 962 illustrations, hardcover, with a Chinese supplement, Zürich: Edition Voldemeer, Wien / New York: Springer, 2007, ISBN 978-3211-86632-3, CHF 133 / EUR 86 — "This book documents an outstanding working biography, functioning as a catalogue raisonné of Szeemann's curatorial projects. The list of exhibitions, writings, and other projects is astonishing. This record of Szeemann's professional work reveals a personality whose idiosyncratic, wide ranging interests, energy, and passion changed the understanding and experience of contemporary art" (Josef Helfenstein, The Menil Collection). — "He [Szeemann] ushered in changes in how art is shown that were as radical, imaginative, and challenging as well as engaging to the viewer as the work he responded to and made known to the general public. [...] He was, as T.S. Eliot said of Ezra Pound, 'il migliore fabbro'" (Robert Storr, Yale School of Art). — «[...] l'un des plus grands, pour ne pas dire le plus grand commissaire d'expositions de la seconde moitié du XXe siècle [...] Dans l'héritage de son auteur, ce livre a donc le mérite de rassembler toutes ses ‹*mythologies individuelles*› sans chercher à les interpréter.» (Valérie Da Costa, *mouvement*). — "[...] a collage writ a little too large, with all the rough edges still showing. The volume contains a chronological dossier of specs and photographs of each and every one of his shows, along with retrospective commentary elicited from Szeemann" (Peter Plagens, *Art in America*).

EDITION VOLDEMEER ZÜRICH / SPRINGER WIEN NEW YORK

Simon Zumsteg, *›poeta contra doctus‹: Die perverse Poetologie des Schriftstellers Hermann Burger,* 416 Seiten, 6 Abb., französische Broschur, Fadenheftung, Zürich: Edition Voldemeer, Wien / New York: Springer, 2011, ISBN 978-3-7091-0165-0, ca. CHF 64 / EUR 53 — Nichts hat sich auf Hermann Burgers Schriftstellerei so tiefgreifend ausgewirkt wie seine literaturwissenschaftliche Bildung. Um diese Auswirkung geht es hier. Als *poeta doctus,* als gelehrter Dichter, der sich in der Literaturgeschichte bestens auskennt, gerät Burger in den Bann des Eindrucks, alles Sagenswerte sei doch eigentlich längst gesagt. Er leidet also verstärkt an dem, was der amerikanische Literaturtheoretiker Harold Bloom »Einfluss-Angst« nennt. Wie dominant diese Angst in Burgers Schaffen ist und wie sie sich in seinem Œuvre manifestiert, wird exemplarisch am Roman *Die Künstliche Mutter* gezeigt. Dessen Analyse, die auf der Folie von Blooms Theorie und unter stetem Einbezug von Materialien aus Burgers Nachlass erfolgt, führt vor, dass die Textentstehung im Kern über die kämpferische Auseinandersetzung mit der Tradition verläuft: Der Schriftsteller wird, was er ist, indem er sich – einem Schachspieler vergleichbar – gegen seine literarischen Vorfahren zur Wehr setzt und ihre Erzeugnisse verkehrt, sie pervertiert.